Wolfgang Dietrich

Variationen über die vielen Frieden

Schriften des UNESCO Chair for
Peace Studies der Universität Innsbruck

Herausgegeben von
Wolfgang Dietrich

United Nations
Educational, Scientific and
Cultural Organization

UNI TWIN
Twinning
and University
Networks

Wolfgang Dietrich

Variationen über die vielen Frieden

Band 1: Deutungen

VS VERLAG FÜR SOZIALWISSENSCHAFTEN

Bibliografische Information der Deutschen Nationalbibliothek
Die Deutsche Nationalbibliothek verzeichnet diese Publikation in der Deutschen Nationalbibliografie; detaillierte bibliografische Daten sind im Internet über <http://dnb.d-nb.de> abrufbar.

1. Auflage 2008

Lektorat: Katrin Emmerich

VS Verlag für Sozialwissenschaften ist Teil der Fachverlagsgruppe Springer Science+Business Media.
www.vs-verlag.de

Umschlaggestaltung: KünkelLopka Medienentwicklung, Heidelberg
Druck und buchbinderische Verarbeitung: Krips b.v., Meppel
Gedruckt auf säurefreiem und chlorfrei gebleichtem Papier
Printed in the Netherlands

ISBN 978-3-531-16253-9

Inhalt

Vorwort

Im Juni 2008, als mich der Generaldirektor der UNESCO, Koichiro Matsuura, zum UNESCO Chairholder for Peace Studies an der Universität Innsbruck ernannte, war ich damit beschäftigt, den ersten von drei geplanten Bänden meines auf zehn Jahre angelegten Forschungsprojekts über die Interpretationen der vielen Frieden und deren Vermittlung in der akademischen Bildung fertig zu stellen. Das mag wie ein Zufall aussehen, drückt aber den inhaltlichen Zusammenhang beider Ereignisse sehr gut aus. Meine Forschung war und ist durch den laufenden Kontakt mit Studierenden und Lehrenden der Friedensstudien aus aller Welt geprägt. Dieses Buch wäre nie geschrieben worden, hätten nicht so viele von ihnen mir ihre persönlichen und sozialen Friedenserfahrungen anvertraut. Umgekehrt hat diese Erfahrung das Curriculum, die Methoden, den Stil und die Inhalte des Innsbrucker Universitätslehrgangs für Friedensstudien so beeinflusst, dass sich die UNESCO veranlasst sah, unsere Arbeit mit der Errichtung des UNESCO Chairs auszuzeichnen. Darüber bin ich sehr glücklich.

Die zeitliche Übereinstimmung legt es nahe, meine aktuellen Arbeitsergebnisse in jener eigens für diesen Zweck gegründeten Schriftenreihe des Innsbrucker UNESCO Chairs für Friedensstudien zu publizieren, die dieser Band eröffnet. Auf ihn werden im Laufe der nächsten Jahre zwei weitere Bände aufbauen, in denen es um die methodische Umsetzung der hier vorgestellten Deutungen des Begriffs Frieden in der akademischen Lehre und in der angewandten Konflikttransformation gehen wird. Zudem wird diese Reihe auch den Mitarbeiterinnen unseres Innsbrucker Projektes Raum bieten, ihre Forschungsergebnisse der Fachwelt vorzustellen, wobei der Schwerpunkt entsprechend der Ausrichtung unseres Programms hauptsächlich im Bereich der *transrational peaces* und der *elicitive conflict transformation* liegen wird, um dieser spezifischen Richtung der Friedensforschung ein entsprechendes Forum zu geben.

Meinen Kolleginnen und Kollegen aus dem Innsbrucker Projekt möchte ich an dieser Stelle meinen Dank für ihre Mithilfe und sachliche Kritik beim Entstehen und vor allem bei der Redaktion dieses Buches aussprechen. Über die Jahre hinweg war es eine kaum zu überblickende Zahl von Menschen, die mich beim Abfassen dieses Buches begleitet und geleitet hat. Bei der Endredaktion bewährte sich aber einmal mehr die Innsbrucker Herzensfakultät, wie wir zu sagen pflegen, weshalb mein Dank namentlich Josefina Echavarría, Daniela Ingruber, Martina Kaller-Dietrich, Norbert Koppensteiner, Albrecht Mahr, Gerhard Oppl und Sylvester Walch gilt.

Du bist, was Du suchst.
Hinduistische Weisheit[1]

Einleitung

1 Perspektivenbildung

Die Unterscheidung zwischen dem, was ich in diesem Buch als *moralisch* begründetes Welt- und Friedensbild bezeichnen werde, und dem, was ich *energetisch* nenne, ist mir im Grunde seit meiner Kindheit geläufig. Die entsprechenden Begriffe lagen und liegen in der Luft und wollen ausgesprochen werden, so wie eine Melodie, die in der Luft liegt, danach verlangt, gesungen und gehört zu werden. In meinem Bewusstsein gewannen sie aber erst nach langen Jahren eines akademischen Nomadenlebens Bedeutung, das mich nicht nur etliche Male um den Erdball, sondern auch quer durch viele wissenschaftliche Disziplinen führte.

Ich las die explizite Unterscheidung zwischen *moralisch* und *energetisch* begründeten Weltbildern erstmals bei Franz von Magnis-Suseno,[2] als ich mich mit *damai*, dem Wort für Frieden in Bahasa Indonesia, der offiziellen Landessprache Indonesiens, und seinen von Buddhismus, Hinduismus und Islam überlagerten Bedeutungen beschäftigte. Es geht bei *damai*, kurz gesagt, nicht um letzte Wahrheiten, um eine Vorstellung von dem, was die Welt im Innersten zusammenhält, als vielmehr um das Verständnis der eigenen Existenz. *Damai*, sagt Magnis-Suseno, diene vor allem als Hilfe, die verwirrenden Elemente der Erfahrungswelt in einen überschaubaren Rahmen zu fassen, damit mensch dem Chaos des Unberechenbaren entrinnen und sich in seiner Existenz orientieren könne. *Damai* sei ein Werkzeug im Bemühen, einen Zustand der inneren Ruhe, Gelassenheit und Ausgeglichenheit zu finden, einen psychischen Zustand, der sich in harmonischen Beziehungen zwischen den Mitgliedern der Gesellschaft, ihrer Mitwelt und dem Kosmos

1 Zitiert nach Rosenberg/Rand/Asay 1996 S. 350.
2 Magnis-Suseno 1989 S. 61ff.

ausdrücke. Das Ziel menschlichen Daseins sei es, seinen Ort in der Welt zu finden. Dies geschehe über die Beachtung von Tradition, Respekt vor dem und den anderen, konsensuale Konflikttransformation und Selbstbescheidung. „Suche Deinen Ort und handle danach", lautet denn eine javanische Weisheit, die den zentralen Inhalt dieser Weltsicht zusammenfasst.

So unterscheidet sich *damai* doch recht deutlich von dem, was ich in der idealistischen Tradition der deutschsprachigen Friedensforschung gelernt habe. Andererseits ist *damai* den Friedensvorstellungen, die ich in den Jahren zuvor bei den Mayas Zentralamerikas, in Indien oder Afrika studieren durfte, sehr ähnlich.

Diese offensichtlichen Abweichungen im Verständnis eines so zentralen Begriffs für die Gestaltung des menschlichen Lebens in Gesellschaft, Natur und Kultur nahmen wir im zeitgenössischen Europa unter anderem durch die erbitterte Debatte um die Universalität der Menschenrechte im Vorfeld der Wiener UN-Konferenz von 1993 verstärkt wahr. Ich verband meine Erfahrungen als damals leitender Mitarbeiter von *amnesty international* und meine Beobachtungen über diese fundamentalen Auffassungsunterschiede anschließend mit der Philosophie der *Postmoderne*, wie sie Jean-Francois Lyotard[3] interpretiert hatte. Daraus entstand mein meist zitierter und in viele Sprachen übersetzter Aufsatz *A Call for Many Peaces,*[4] in dem ich, kurz gesagt, dafür eintrat, das Wort Frieden als Plural zu verstehen, weil die auf einem idealistischen und in der Folge einzigen, starken und ewigen Friedensbegriff fußenden Vorstellungen in einem kommunizierenden System gewalttätig wären. Damals ging es mir primär um das Argument der Vielheit von Frieden. Die einzelnen Beispiele aus meiner eigenen Erfahrungswelt, mit denen ich das Argument empirisch zu untermauern trachtete – neben *damai* der Maya-Begriff *utzilaj k'aslen* und *kindoki* aus dem Kongobecken – waren mir für sich selbst noch nicht so wichtig. Entscheidend war mir damals der bloße Nachweis, dass es mehr als nur eine legitime Möglichkeit gebe, Frieden zu denken und zu leben.

Ein gutes Jahrzehnt später erscheint mir dieses Argument so selbstverständlich, dass mich nur das immer wieder kehrende Staunen der nachwachsenden Generationen von Studierenden in meinen Vorlesungen über Friedens- und Konfliktforschung daran erinnert, dass andere das nicht so sehen.

3 Lyotard 1994.

4 In Deutsch, Englisch und Spanisch neu aufgelegt in Dietrich/Echavarría/Koppensteiner 2006.

Vor allem Menschen, die in Europa oder Nordamerika sozialisiert sind, begreifen Frieden affektiv als Singular – so wie sie auch Gott, Vernunft, Wahrheit, Gerechtigkeit oder Sicherheit als eine singuläre Größe betrachten.

Die Suche nach didaktischen Mitteln, um diese Vielheit zu vermitteln, führte mich dazu, mit interessierten Studierenden und KollegInnen aus aller Welt, so etwas wie eine gemeinsame Archäologie der Frieden zu beginnen. Ich bat die aus aller Welt kommenden Studierenden in meinen Seminaren darum, die etymologische Herleitung des Wortes für Frieden in ihren jeweiligen Muttersprachen zu erforschen, und ich erinnere die Fassungslosigkeit einer Klasse, als ein Student aus Burkina Faso sagte, dass das Wort für Frieden in seiner Muttersprache nichts anderes als „frische Luft" bedeute.

In diesem Augenblick, als ich schon etliche solche Bedeutungen und Herleitungen gesammelt hatte, wurde mir klar, dass ich mich nicht nur auf den empirischen Nachweis beschränken darf, *dass* es eine Vielzahl von unterschiedlichen Friedensbegriffen auf der Welt gibt. Vielmehr geht es – ganz im Sinne der *postmodernen* Philosophie – darum, *wie* sie sich konkret definieren, unterscheiden und zueinander in Beziehung stehen. Friedensphilosophie, so wurde mir klar, ist zu allererst die Metawissenschaft der Ethik und Ästhetik empirisch nachweisbarer Friedensbegriffe.

Auf das Erstaunen über die frische Luft folgte nämlich die Begeisterung über die Schönheit des Wortes: Kann es einen besseren Weg geben, den Frieden zu erfahren, als frische Luft zu atmen? Ja, ist das Atmen an sich nicht das fundamentale, verbindlichste Tun aller Geschöpfe für sich selbst und doch in zwangsläufiger Beziehung zueinander – und damit der lebendigste Maßstab der Frieden schlechthin? Nehmen wir nicht mit jedem Einatmen die ganze Mitwelt in uns auf? Geben wir nicht selbst mit jedem Ausatmen etwas aus unserem tiefsten Inneren, etwas sehr Intimes und Authentisches, an die Mitwelt ab? Dringen Partikel unseres Atems nicht wieder in die Lungen und Körper anderer Lebewesen, sodass wir sagen können, dass alles Lebende über das Atmen inniger miteinander verbunden ist als durch irgendeine andere Tätigkeit? Ist Atmen nicht das elementare Zeichen des Lebens, in vielen Sprachen synonym mit Seele, und ist daher die frische Luft nicht die bestmögliche Beschreibung eines friedlichen Daseins?

Was uns der Kollege aus Burkina Faso vermittelt hatte, umschreibt die tiefste Einsicht des Mystizismus, die für Hindus, Buddhisten, Taoisten, Tantrika, Sufis, Yogis, Asketen und Schamanen aller Richtungen sowie für SängerInnen, TänzerInnen und SchauspielerInnen keineswegs erstaunlich ist. Für sie alle steht die bewusste Steuerung des Atems im Zentrum jeder Tätigkeit, bei der es um inneren oder auch sozialen Frieden, um Verbundenheit und Ästhetik geht.[5] Es bedarf, scheint mir heute, nach langen Jahren des Studiums, einer gehörigen Entfremdung des Menschen von der Natur, um über die frische Luft als Friedensbegriff zu staunen.

Aus dieser Erfahrung entwickelte sich über die Jahre hinweg das Erkenntnisinteresse, das ich dieser Trilogie zu Grunde lege: In welcher Weise unterscheiden sich Gesellschaften, welche die Frieden *energetisch*, also etwa als frische Luft, wahrnehmen können, von solchen, welche die letzte Erklärung des Friedens durch ein Gebäude normativer, *moralischer* Ge- oder Verbote ersetzt haben? Wie und warum ist das geschehen? Und gibt es noch weitere idealtypische Modelle?

Wer diese Fragen stellt, findet sich rasch in einer Diskussion, die weit von dem abweicht, was wir in Europa unter dem Titel *pax, peace, paz, paix, pau, pace* diskutieren.[6] Damit meine ich nicht nur die so genannten Friedenspläne der hohen Diplomatie und Tagespolitik der letzten Jahre. Es geht um weitaus mehr, um die Tiefe unseres Verständnisses von Frieden, die, wie wir allenthalben lesen können, etwas mit Vertragsabschlüssen, mit aus der *pax* abgeleiteten Pakten und Sicherheit zu tun haben soll.

Die anfängliche These war somit, dass es zumindest zwei große Familien von Weltsichten und dazugehörigen Friedensvorstellungen geben müsse. Die eine, die auf wie auch immer begründeten Normen fußt, die sich über Gott, Vernunft, Gesetz, Macht oder *Moral* legitimieren, und die andere, welche die Frieden aus dem *energetischen* Erleben des Seins herausspürt, über die Dynamik des Lebens und das Zusammenhängen aller Wesen wahrnimmt, die Frieden als mystische, harmonische und ästhetische Resonanz interpretiert. Von vornherein musste es sich, so meine Annahme, dabei nicht um eine Dualität handeln. Das eine kann mit dem anderen verbunden (gewesen) sein. Das erschien mir von Beginn an wahrscheinlich. Dennoch blieb die Frage, wo und wie diese Deutungen den Bezug zueinander so weit verlieren konnten, dass die Kommunikation zwischen den entsprechenden *frameworks* im Sinne Lyotards schwierig bis unmöglich wurde.

---

5 So zum Beispiel Eliade 1999 S. 69–83.

6 Der germanische Begriff *fridu*, aus dem sich das heutige, mit den Bedeutungen von *pax* aufgeladene, deutsche Wort *Frieden* ableitet, meinte ursprünglich ganz anderes. Das wird Gegenstand meiner Untersuchungen sein.

Es löste in mir anfangs ein tiefes Unbehagen aus, einer Kultur anzugehören, die zur Idee des Friedens nicht mehr beigetragen haben soll als die Form des Vertrages, der einen Streit oder Krieg beendet und die Verhältnisse zwischen Menschen normativ regelt. Der Wunsch, es genauer zu wissen, wurde immer größer und stand als Leitmotiv am Anfang des mehrjährigen Forschungsprojektes, das schließlich zu diesem Buch führte.

Am Beginn des Unterfangens stand aber auch ein aus meiner *moralisch-modernen* Sozialisation resultierender Selbstzweifel. Wie konnte ich mir – auf den Grundfesten einer weißen, männlichen, aufgeklärt katholischen und bildungsbürgerlichen Identität der tiefsten Provinz Österreichs – anmaßen, in die Tiefen fremder Kulturen hinabzusteigen, sie erfahren und verstehen zu wollen? Ich unterscheide mich doch in kaum einem Aspekt meiner Lebensführung vom biederen Mainstream meiner Herkunftsgesellschaft – und mehr noch, ich fühle mich dabei wohl!

Freilich gibt es da ein gewisses Maß an Oberflächlichkeit in den Alltagsritualen dieser Saturiertheit, das stets Misstrauen in mir geweckt hat. Kann das katholische Christentum wirklich so moralisierend, eifernd und „geistlos“ gemeint sein, wie es mir die lokale Praxis seit meiner Kindheit vermittelt? Im Zuge meiner Forschungen sollte ich herausfinden, dass im Aramäischen, der Sprache, die Jesus wahrscheinlich verwendet hat, das Wort Geist dasselbe ist, mit dem auch Atem, Luft oder Wind übersetzt werden.[7] Der christliche Friedensbringer, der Heilige Geist, wäre demnach zumindest auch als „Heilige Luft“ vorstellbar und damit der frischen Luft meines späteren Studenten aus Burkina Faso verwandter als all die Staunenden in der Klasse und ich selbst zuerst gemeint hatten. Die tiefere, geradezu mystische Botschaft liegt unter der Oberfläche der Begriffe und Rituale verborgen, und ich vermutete, dass das nicht nur im katholischen Christentum so wäre.

Die Berufung zu der Suche nach der tieferen Bedeutung der unterschiedlichen Vorstellungen von Frieden und ihren Beziehungen zueinander lag doch tiefer in meiner bürgerlichen Biographie eingeschrieben als ich selbst es lange Zeit wahrhaben wollte. Die solide Sozialisation meiner Herkunftsfamilie erfuhr nämlich im Schicksal meines Vaters einen nicht unbedeutenden Bruch. Zwar stammte er selbst aus einer angesehenen Juristenfamilie Brünns, in der heutigen Tschechischen Republik, aber er erlebte in seiner Jugend nicht nur den ganzen Schrecken der Ostfront des Zweiten

---

7 Douglas-Klotz 2001 S. 9–14.

Weltkriegs, sondern als Angehöriger der deutschsprachigen Minderheit auch die anschließende Vertreibung aus der damaligen Tschechoslowakei, den Verlust der Staatsbürgerschaft und seiner sozialen Zugehörigkeit. Gewiss, zwischen der gewaltsamen Vertreibung seiner Familie und meiner Geburt in der Tiroler Provinz liegt ein gutes Jahrzehnt, in dem er sein Studium zu absolvieren und die verlorene soziale Position wiederzuerlangen vermochte, doch die Verwindung der traumatisierenden Flucht und die Lebensumstellung vom bürgerlichen Ambiente Brünns ins bäuerliche Dorfleben ist meinem Vater nie richtig gelungen. Er blieb für die lokale Bevölkerung, allem beruflichen und gesellschaftlichen Erfolg zum Trotz, ein skurriler „Zugereister",[8] und ich als sein Sohn einer, dem im Falle eines Konfliktes unter Kindern oder Jugendlichen gerne zu verstehen gegeben wurde, dass er eigentlich nicht zu den eingesessenen, Land besitzenden Familien der bäuerlichen Dorfaristokratie gehöre.

Daraus resultierte ein latentes Gefühl der Ausgeschlossenheit, das meine Wahrnehmung von Erzählungen und ihrem tieferen Gehalt schärfte. Aufgrund dieser gesteigerten Aufmerksamkeit schien ich mir letztlich aber keineswegs der einzige Unpassende in meinem Dorf zu sein. Ja, eher entstand der Eindruck, dass es voll von solchen Unpassenden war und kaum einer zu erfüllen schien, was die herrschende Erzählung vorgab.

Das Dorf liegt in einem Landstrich, der oft als „Karrnerparadies" bezeichnet wird. Karrner ist das umgangssprachliche Wort für fahrendes Volk, und genau dieses prägte über Jahrhunderte hinweg die Kultur dieser Gegend. Sesshafte Bauern, Handwerker und Kleinkrämer waren die Minderheit bis ins 20. Jahrhundert, umgeben von wandernden Mägden und Knechten, die so arm waren, dass ihnen die Obrigkeit selbst das Heiraten und die Elternschaft zu untersagen vermochte,[9] und eben fahrendes Volk, das den ganzen Landstrich in Sprache und Kultur nachhaltig prägte.[10]

Das ist eine Behauptung, welche die offizielle Geschichtsschreibung und der Stammtisch nicht gerne hören. Niemand verachtet den Knecht

---

8 Mein Vater hat sich in seinen unveröffentlichten Memoiren ausführlich mit dieser Kernfrage seines Lebens befasst. Dietrich (unveröffentlicht).

9 Jäger 1999 S. 99–118; Mungenast 2001; Pescosta 2001; Salzlechner 1997; Streng/Bakay 1997.

10 Über die Sprache lässt sich dieses Argument sehr gut belegen. Der lokale Dialekt ist voll von Begriffen und grammatikalischen Konstruktionen aus dem Rotwelschen, der Sprache der Landstraße, und unterscheidet sich deutlich von dem anderer Gegenden, die bäuerlicher geprägt sind. Jäger 1998 S. 315–332; Nitsche 1991.

mehr als der Befreite, den Migranten mehr als der Eingebürgerte, und niemand schaut auf den Vaganten mehr herab als der sesshaft Gemachte.[11] Und so haftet den stolzen Erzählungen über die reiche Tradition der Waffen tragenden Bauern im „Heiligen Land Tirol" immer auch der Geruch einer Lüge über die eigene Herkunft an, die jeder kennt, aber keiner auszusprechen wagt. Die einschlägigen Wissenschaften stützen die Legende, wie Heide Göttner-Abendroth für den teils verdeckt, teils unverhüllt zu Tage tretenden Nationalismus und Patriotismus der einschlägigen Wissenschaften im gesamten deutschen Sprachraum konstatiert:

> Er spiegelt sich bereits darin, dass die orale Tradition einer bestimmten Schicht, nämlich der Bauern, zur Tradition des ganzen Volkes hochstilisiert wird, wobei „Volk" zu einem mehr oder weniger mystischen Begriff gerät. In der Romantik wurde diesem „Volk", das ja nur von der bäuerlichen Schicht abstrahiert wurde, noch eine „Volksseele" angedichtet, die aus den angeblich kollektiven Dichtungen „des Volkes" abzulesen sei.[12]

Die zahlreichen, immer wieder neu erzählten Legenden um den Knecht Raffl, der den fundamentalistischen Bauernrebellen[13] Andreas Hofer an die Napoleonischen Truppen verraten hat, steht als Metapher dafür, wie traumatisierend diese Verdrängung aus dem kollektiven Gedächtnis bis heute wirkt.[14]

Als Unpassender unter Unpassenden bin ich also aufgewachsen, mit aufmerksam gespitzten Ohren, wenn es um die Nuancen über das Selbst der Gemeinschaft ging, in endlosen Auseinandersetzungen um Erzählweisen, auf die sich die Erzählenden nicht einigen konnten. Als ich zu studieren begann, zog es mich fast zwangsläufig zu diesen Themen hin – der Grund und die Kunst des Erzählens in der Geschichtswissenschaft und Literatur;

---

11 So die Erfahrung des von mir betreuten Studenten Toni S. Pescosta, der bei seinen Interviews mit sesshaft gewordenen „Karrnern" oftmals allen Evidenzen zum Trotz bereits an der schlichten Leugnung der Herkunft durch seine Gesprächspartner scheiterte. Pescosta 2001.

12 Göttner-Abendroth 1988 S. 117.

13 Bei der Definition dieses Begriffs halte ich mich an Hobsbawm 2007.

14 Zuletzt belegt durcht den Film „Die Freiheit des Adlers" von Xaver Schwarzenberger und nach einem Buch von Felix Mitterer 2002, oder durch die wiederholte Neuaufnahme des 1897 entstandenen Dramas „Der Judas von Tirol" von Karl Schönherr im Rahmen der Tiroler Volksschauspiele 2006. Dasselbe Stück wurde auch 2005 von Werner Asam neu verfilmt [Erstverfilmung durch Franz Osten 1933].

das Recht und die Kunst der Setzung und Deutung von Normen, die Musik und die Geheimnisse ihrer unerhörten Botschaften, und schließlich die Interpretation der Welt in Kultur, Philosophie, Psychologie und Religion.

Die Universitäten Österreichs waren damals nicht gerade der ideale Spielplatz für ein Kind solchen Geistes. Die Studentenbewegung pflegte dogmatischen Marxismus. Die Lehre orientierte sich überwiegend am rüden Positivismus des Wiener Kreises. Karl Popper war allgegenwärtig.[15] Selbst der Idealismus, der das akademische Leben Deutschlands bestimmte, wirkte irgendwie fremd, gar nicht zu reden von den postmarxistischen Ansätzen der Frankfurter Schule oder den hier völlig unverstandenen Ideen, die vom ferneren Westen, aus Frankreich und England, und im Extremfall sogar vom Osten her ins Land schwappten. „Worüber man nicht sprechen kann, darüber muss man schweigen", wurde der junge Wittgenstein[16] oft, gerne und im falschen Zusammenhang zitiert. „Ich" galt als wissenschaftliches Unwort, das in Seminararbeiten nicht vorkommen durfte. Positivisten brauchen keine Perspektive, weil ihnen Wahrheit objektiv ist. Zwar hatte Frederick S. Perls schon 1947 geschrieben:

> Früher nahm man an, der Wissenschafter beobachte eine Reihe von Gegebenheiten und ziehe Schlüsse aus ihnen. Wir haben heute jedoch verstehen gelernt, dass die Beobachtungen eines jeden von uns durch spezifische Interessen bestimmt werden, durch vorgefaßte Meinungen und eine – oft unbewußte – Einstellung, die in entsprechender Weise Fakten sammelt und auswählt. Anders ausgedrückt: Die objektive Wissenschaft gibt es nicht, und da jeder Autor einen bestimmten subjektiven Blickwinkel hat, ist auch jedes Buch von der Geisteshaltung des Autors abhängig.[17]

Doch solches Denken war an den mitteleuropäischen Universitäten dieser Zeit nicht gefragt, ja kaum bekannt. Es ist wohl kein Zufall, dass Perls' Buch erst mehr als 30 Jahre nach seinem Ersterscheinen ins Deutsche übersetzt wurde. Das war kein ideales Ambiente für einen, der nach Tiefenkulturen, Vieldeutigkeiten und frischer Luft sucht, auch wenn er letzteres damals noch nicht wusste. So begannen meine Wanderjahre durch die Disziplinen, Länder und Kulturen, bis ich mein akademisches Tun unter dem Titel „Frie-

15 Sehr gut kommentiert in Kreuzer/Haller 1982 S. 12ff.
16 Wittgenstein 2003 Satz 7.
17 Perls 1989 S. 15/16.

densforschung“ zusammenfassen und letztlich zum Ausgangspunkt und tieferen Beweggrund meiner Suche zurückkehren konnte.

Am Ende der langen Reise stand schließlich nichts anderes als die Erkenntnis, dass ich auf der Suche nach etwas gewesen war, das ich immer schon hatte – mich selbst – und dass mich die Sehnsucht trieb, die Beziehungen zu den anderen Unpassenden in eine Form zu bringen, die ich als harmonische Resonanz der wahrnehmbaren Dinge erleben dürfe. Um das geht es in meiner Wissenschaft – und dieses Anliegen steht hinter den Überlegungen, die ich in dieser Trilogie anstellen werde.

2 Erkenntnisinteresse

Meine Ausgangsthese war, dass es zumindest zwei große Familien von Weltsichten und dazugehörigen Friedensvorstellungen gibt, die ich in Anlehnung an Mangis-Suseno *energetisch* und *moralisch* nannte. Da es sich dabei für mich als Autor dieses Buches um selbst erfahrene Kategorien handelt, war es mir ein Anliegen, diese These über die systematische Aufbereitung des Materials, das ich durch die Jahre gesammelt hatte, zu verifizieren. „Zumindest“ ist dabei ein wichtiges Wort, denn wenngleich ich mich der Philosophie der *Postmoderne* nicht verpflichtet fühlte, hatte ich diese doch in meinem erweiterten akademischen Horizont, in den größeren Kontext meines Wissens und Denkens integriert und vor diesem Hintergrund differenziert. Daher musste ich nicht jeden empirischen Befund zwangsläufig in die beiden genannten Kategorien einordnen, um die These aufrechterhalten zu können. Friedenbegriffe jenseits dieser Kategorien erschienen mir vorstellbar und erschreckten mich nicht, weil ich davon ausgegangen war, dass ich keinen rüden Dualismus zwischen *energetischen* und *moralischen* Friedensbegriffen finden würde, sondern eher kommunikative Muster in sozialen Systemen, die im Zuge ihrer Veränderungen gelegentlich gewisse Zusammenhänge aus dem Bewusstsein der Menschen verdrängten. Wenn es so sein sollte, dass *energetische* und *moralische* Frieden in einem grundsätzlichen Zusammenhang stünden, der aber in die eine oder andere Richtung aus der Wahrnehmung der sozialen Akteure verschwinden kann, so war nicht auszuschließen, dass sogar beide Deutungen vergessen und durch eine dritte Größe ersetzt würden. Sollte ein solches Phänomen auftreten, so musste nur überprüft werden, in welchem Verhältnis es zu diesen beiden Grundkategorien stehe.

In welcher Weise, fragte ich weiter, unterscheiden sich Gesellschaften, welche die Frieden primär *energetisch*, also etwa als frische Luft, wahrnehmen, von solchen, die die letzte Erklärung des Friedens durch ein Gebäude normativer, *moralischer* Ge- oder Verbote ersetzt haben? Wie und warum ist das geschehen?

Würde ich davon ausgehen, dass diese Kategorien da und dort unabhängig voneinander entstanden sind und existierten, reichte es aus, sie empirisch zu erheben und in der Folge einfach darzustellen. Als Autor des 21. Jahrhunderts muss ich aber annehmen, dass, selbst wenn sie unabhängig voneinander, in völlig getrennten *frameworks*, entstanden sein sollten, heute im Zuge der Globalisierung ein Zusammenhang besteht und dieser jedenfalls einen zentralen Teil des Erkenntnisinteresses bildet.

Daraus folgte die Frage, wie diese Arbeit anzulegen ist. Gegen eine chronologische Darstellung regte sich in mir Widerstand, weil das vektorale Geschichtsbild Teil einer mechanistischen Weltsicht ist, der ich für mich selbst und meine Leserschaft entkommen wollte. Eine evolutionistische Darstellung, die das *energetische* Konzept magischen und mythischen Entwicklungsstufen der Menschheit zuschreibt, das *moralische* aber der rationalen *Moderne*,[18] erschien mir einerseits verlockend, andererseits unzulänglich, weil, wer einmal die Sache mit der frischen Luft akzeptiert hat, den Frieden nicht mehr als reine Frage der *Moral* begreifen kann. Auch das erkennende Subjekt des 21. Jahrhunderts atmet und ist daher mit den *energetischen* Frieden verbunden.

Dies führte zu einer Hinwendung zu systemtheoretischen Ansätzen, die auch in der Friedensforschung eine gewisse Tradition haben. In deren Rahmen wurde rasch klar, dass das Differenzieren von Friedensbildern wohl in Wirkungszusammenhängen, nicht aber in chronologischer Linearität erfolgen kann. Dies stellte eine der größten Herausforderungen für den vorliegenden Band dar. Die in den letztlich fünf Kapiteln gewählte Systematik ist der Versuch, dieser Herausforderung zu begegnen. Im Zuge der Arbeit hat sich gezeigt, dass sich aus der Grundannahme der *energetischen* und der *moralischen* Kategorien weitere Verknüpfungen ergeben, die je nach Perspektive Merkmale bündeln, die eine eigene Bezeichnung rechtfertigen und verlangen.

18 Habermas 1976.

3 Methode und Struktur

Ich will diesen Text als eine Art Dialog zwischen meinen beiden wissenschaftlichen Hauptidentitäten anlegen, einerseits zwischen meinem ursprünglich erworbenen Besitz an Weltsicht als idealistischer, eventuell kritischer, jedenfalls aber kontinentaleuropäischer Friedensforscher und andererseits meiner Erfahrung als akademischer, die Welt durchschreitender Vagant,[19] der aus dem reichen Schatz zusätzlicher Erfahrungen all jener Menschen schöpfen darf, die ihm am Weg begegnet sind. In meinem Fall sind das nicht zuletzt die vielen Studierenden, KollegInnen und FreundInnen aus aller Welt, die mich ein Stück weit begleitet haben und an ihren Geschichten teilhaben ließen. Dabei geht es mir bei meinem Ringen nicht um einen argumentativen Wettbewerb zwischen Besitz und Erfahrung, sondern um die Harmonie, die entsteht, wenn beide Stimmen in Resonanz miteinander treten.

Deshalb mag diese Arbeit in ihrer Struktur dem Schema mancher bereits geschriebener Lehrbücher zur Friedensforschung nicht unähnlich sein, in der Argumentation aber laufend von Interferenzen, die aus diesem inneren Dialog kommen, gebrochen werden. Der Dialog steht dabei für den systemtheoretischen Ansatz. „Die Grenzen meiner Sprache bedeuten die Grenzen meiner Welt", meinte Wittgenstein.[20] Ihm zustimmend versuche ich in diesem Text, wie in meinem Leben, an die Grenzen zu gehen und dabei auch zu riskieren, widersprüchlich zu sein. Das scheint mir spannender als mechanistische Logik. Es ist dies nichts anderes als der Ausdruck jener Rückkoppelungen, die wahrnehmbar werden, wenn sich das erkennende Subjekt denn selbst als Teil des Erkannten erkennt.

Die Gliederung erfolgt nach einem traditionellen Schema: Ich werde mich zuerst an die beiden Begriffsfamilien *energetische* und *moralische* Frieden annähern, wobei es mir aufgrund des weit verbreiteten Staunens über die frische Luft vorteilhaft scheint, mit den *energetischen* Frieden zu beginnen. Die Beziehung zwischen *energetisch* und *moralisch* wird in jedes weitere Kapitel eingebaut sein. Es geht dann um die Differenzierung in *moderne, postmoderne* und *transrationale* Friedensbegriffe, die alle auch mit diesem Spannungsver-

19 „Akademischer Karrner" wäre allein im Hinblick auf die Lebenszeit, die ich in Eisenbahnwagen, Bussen oder Autos – im weiteren Sinn des Wortes alles Karren – verbracht habe, eine Bezeichnung, mit der ich mich identifizieren könnte. Das wäre aber eine unnötige Provokation derer, die den Begriff emotional anders besetzen.

20 Wittgenstein 2003 Satz 5.6.

hältnis zu tun haben. Dieser Beziehung wird somit kein eigener Abschnitt gewidmet, um nicht durch die Struktur eine Trennung zu insinuieren, die vom Erkenntnisinteresse her abgelehnt wird. Je weiter der Text voranschreitet, desto einfacher wird es, die Beziehungsstruktur zu erkennen.

Das hier herangezogene Material basiert zwangsläufig auf sehr viel Literatur, auf Vorarbeiten, die andere, ohne es zu beabsichtigen, für mich erledigt haben. Soweit es sich dabei um AutorInnen im klassischen Sinn handelt, werde ich das ausweisen und den für mich wichtigsten von ihnen im nächsten Kapitel dankbare Aufmerksamkeit widmen. Viele Anregungen und Hinweise habe ich aber auch von meinen Studierenden in nicht zitierbaren Seminararbeiten oder einfach in Diskussionen innerhalb und außerhalb des Hörsaals erhalten. Ich subsumiere diesen Wissenserwerb unter Erfahrung, wo er sich mit den Gesprächen mit Menschen aller Art, mit persönlichen Eindrücken und Beobachtungen verbindet, die ich als Zeuge in diesen Text einbringen werde. Streng wissenschaftlich ist das nicht ganz unproblematisch, weil sich die Gespräche meist im informellen Rahmen, oft ganz überraschend, ergeben haben und maximal in meinen eigenen Erinnerungsprotokollen festgehalten wurden. Interviews im technischen Sinn des Wortes habe ich selten gemacht, weil ich festgestellt habe, dass die Form hier zumeist den Inhalt bestimmt, noch weit mehr als das die gewöhnliche Beobachtung tut. Ich wage mich demnach auch methodisch an die Grenze dessen, was nach herkömmlicher akademischer Sichtweise gestattet ist. Wenn ich mich selbst dann und wann als Kronzeuge meiner eigenen Argumente aufrufen muss, werde ich versuchen, dabei so *moralisch*, also so aufrichtig wie möglich zu sein. Ich werde einen Stil der intersubjektiven Kommunikation mit meinem Publikum wählen, der es prinzipiell ermöglicht, meine Aussagen zu überprüfen, zu bestätigen oder zu falsifizieren. Das heißt, als Autor dieser Arbeit erhebe ich selbstverständlich den Anspruch auf Wissenschaftlichkeit, wenngleich ich mir bewusst bin, dass mich das Erkenntnisinteresse phasenweise an die Grenzen des normierten Wissenschaftsverständnisses zwingen wird.

Die außergewöhnliche Spannweite des verwendeten Quellenmaterials ist eine Herausforderung für das Gebot einer konsistenten Zitierweise. Ich habe mich entschlossen, durchgängig in Fußnoten jene Textversionen zu zitieren, die ich tatsächlich verwendet habe. Das kann manchmal irreführend sein, da Neuauflagen und vor allem Internetversionen wenig bekannter, klassischer oder älterer Texte dadurch außerhalb des erzählten zeitlichen

Kontexts zu stehen scheinen. Ich habe daher in der Bibliographie durchgängig auch das Datum der jeweiligen Erstauflage angeführt, um meinem Publikum eine entsprechende Orientierung zu erleichtern. Bei den Internetquellen zitiere ich immer das Zugriffs-, nicht das Erstellungsdatum, selbst wenn dieses auf der Seite angeführt ist. Zudem führe ich in den Fußnoten auch die Geburts- und Sterbedaten der zentralen AutorInnen und Akteure an und hoffe dadurch die stellenweise schwierige Orientierung in der Chronologie der Ereignisse zu erleichtern, ohne im Haupttext den argumentativ großräumigen Erzählstrang zu oft unterbrechen zu müssen.

4 State of Art

Wer mehr als 50 Jahre nach der offiziellen Geburtsstunde der Friedensforschung als akademische Disziplin ein innovatives, umfassendes Werk über die Deutung des Begriffs Frieden zu schreiben beabsichtigt, wird nicht umhin kommen, sich auf die großen Namen dieser Disziplin zu beziehen. Seien das Kenneth Boulding, John Paul Lederach oder Nigel Young im angelsächsischen Raum, Ekkehard Krippendorff, Dieter Senghaas oder Norbert Ropers im deutschsprachigen, Johan Galtung, Hakan Wiberg oder Maria Stern in Skandinavien, Vicent Martínez Guzmán, José Maria Tortosa oder Vicent Fisas in Spanien, Ervin Laszlo, Ferenc Miszlivetz, Dean Adjukovic in Osteuropa, Kumar Rupesinghe, Sikander Mehdi oder Vinya Ariyaratne in Südasien, Ali Mazrui, Mahmood Mamdani oder Macharia Munene in Afrika, um jeweils nur einige wenige zu nennen. Ihre Texte bestimmen den aktuellen Stand der Diskussion und sind für diese Arbeit wichtig. Es ist aber nicht meine Absicht, in diesem Buch einen zusammenfassenden Überblick über das zu geben, was im Rahmen der Friedensstudien von diesen KlassikerInnen produziert wurde. Vielmehr möchte ich meine eigene Sicht, die natürlich von ihnen allen und vielen mehr beeinflusst ist, als neue Perspektive vorschlagen, die geeignet ist, die engen Grenzen der klassischen Schulen zu überblicken, ohne dabei so eklektizistisch zu werden, wie das manche Schlüsseltexte der Friedensstudien sind.

Daher möchte ich eher jene Werke ansprechen, die üblicherweise nicht in der Rubrik Friedensforschung zu finden sind, die aber für die Kernthesen meiner Arbeit zentrale Bedeutung haben. Aus den Friedensstudien im engeren Sinn kann ich diesbezüglich eigentlich nur Karlheinz Koppes „Der vergessene Frieden" herausgreifen, nicht weil mir Koppes idealistischer Zugang und seine deskriptive Schreibweise so viel mehr liegen würden als manche andere, sondern weil dieser sorgfältig zusammengestellte und didaktisch sehr gut aufbereitete Band eine Fülle von Materialien systematisiert, die sich auch für mich als wichtig erwiesen haben. Alle anderen Texte aus diesem Kreis werden bei Verwendung zitiert, hier aber als bekannt vorausgesetzt.

Im Kapitel über die *energetischen* Frieden habe ich zuerst die Grenze zwischen Friedensstudien und Frauenforschung überschritten, weil einige Schlüsseltexte der feministischen Geschichtsschreibung weitaus mehr Sinn für *energetische* Weltbilder zeigen als die *moderne* Friedensforschung. Dabei geriet ich fast zwangsläufig an das bis heute heiß diskutierte Thema der Matriarchatsforschung und habe mich unter anderem mit Heide Göttner-Abendroths Klassikern „Die Göttin und ihr Heros" und „Das Matriarchat – Geschichte seiner Erforschung" auseinandergesetzt. Für meine Zwecke war dabei weniger entscheidend, wie überzeugend diese umstrittene Autorin auf der Faktenebene arbeitet, als vielmehr ihre grundsätzliche Darlegung zum *energetischen* Weltbild, die mir sehr nützlich erschien. Zudem ist mir nicht ganz einsichtig, warum enzyklopädisch arbeitende Autorinnen, wie etwa Barbara Walker, weniger umstritten sein sollten. Aus *The Women's Encyclopaedia of Myths and Secrets* lassen sich ähnliche Schlüsse ziehen wie aus Göttner-Abendroths Arbeiten, nur dass diese Autorin das dem Publikum selbst überlässt. Jedenfalls scheint mir die Matriarchatsthese, wie der Feminismus generell, in der Friedensforschung viel zu wenig reflektiert, was dieser Branche nicht zu unrecht den häufigen Vorwurf einträgt, eine Männerdomäne zu sein. Ausgewiesene Friedensforscherinnen wie Elise Boulding, Mary Kaldor, Jenny Pearce, Maria Stern oder Annette Weber sind tatsächlich eine Minderheit in der Disziplin und etliche von ihnen sehen sich zudem nicht als Feministinnen. Deshalb war es mir wichtig, diesen Aspekt in meinen Text einzubauen, selbst auf die Gefahr hin, von Feministinnen wie Friedensforschern dafür gleichermaßen gegeißelt und wegen der Oberflächlichkeit des Unterfangens kritisiert zu werden. Dass es *energetische* Friedensbilder gibt, weiß ich aus schlichter Erfahrung und Beobachtung des Alltags.

Für die Abschnitte über die *Heilige Hochzeit* und die *Große Triade* habe ich eher auf theologische, philosophische und anthropologische Literatur gegriffen. Besonders beeindruckt haben mich Alain Daniélous *Gods of Love and Ecstasy – The Traditions of Shiva and Dionysus,* Helmut Uhligs „Das Leben als kosmisches Fest – magische Welt des Tantrismus" sowie die Klassiker

„Der Yoga des Patanjali" von Mircea Eliade und „Der Weg des Tao" von Jean Campbell Cooper. Bei all diesen Arbeiten handelt es sich um teils sehr enthusiastische „Übersetzungen" dessen, was landläufig als östliche Weisheit bezeichnet wird, in die aufgeklärte wissenschaftliche Sprache des so genannten Westens. Dies mag meine eigene Erkenntnis in gewisser Weise einschränken und manipulieren. Die Auseinandersetzung mit der spirituellen Literatur aus den betreffenden Kulturräumen, wie etwa Swami Veda Bharatis grandiosen *Yoga-Sutras of Patanjali with the Exposition of Vyasa* hat mir aber deutlich vor Augen geführt, dass ein selbständiges und ernsthaftes Eintauchen in all diese Welten zumindest meine wissenschaftliche Lebenszeit in ihrer Gesamtheit überfordern würde. Generalisierende Überblicksarbeiten, wie die hier beabsichtigte, könnten niemals entstehen, müsste solche Tiefe dem Erkenntnisinteresse vorausgesetzt sein. Da es mir aber nicht darum geht, Detailfragen zu den einzelnen Religionen und Philosophien zu diskutieren, sondern auf allgemeiner Ebene den friedensphilosophischen Gehalt ihrer Narrative und die praktischen Konsequenzen daraus aufzuzeigen, bin ich für diese vereinfachenden Übersetzungen durch westliche AutorInnen sehr dankbar. Dessen ungeachtet habe ich mich während meiner Aufenthalte in den entsprechenden Regionen darum bemüht, soviel wie möglich relevantes Wissen aus diesen unerschöpflichen kulturellen Tiefen in mich aufzunehmen.

Für die Abgrenzung der einzelnen Kapitel und die Zuordnung der Begriffe haben Autoren, die teilweise lange vor mir von einem ähnlichen Erkenntnisinteresse getrieben waren, große Bedeutung. An erster Stelle muss ich Karl Jaspers nennen, mit dem ich mich in vielerlei Hinsicht verwandt fühle, obwohl ich seinen Thesen „Vom Ursprung und Ziel der Geschichte" ebenso viel verdanke wie widerspreche. Was mich mit ihm verbindet, ist vor allem das große Staunen über die umfassende Vielfalt des menschlichen Daseins und der Versuch, es irgendwie mit den eigenen Sinnen und Begriffen zu erfassen und zu strukturieren. Seine These von der Achsenzeit erscheint mir faszinierend, aber nicht durchgängig haltbar. Dennoch sind allein das Herangehen und die Fragen von Jaspers sehr hilfreich. Ich habe mich über weite Strecken an ihnen abgearbeitet, als ich den Zusammenhang und Übergang von *energetischen* zu *moralischen* Friedensbildern zu finden suchte.

In ähnlicher Weise war mir Ken Wilber und vor allem sein bekanntestes Werk „Eros, Kosmos, Logos" hilfreich, als es darum ging, die *moralischen* von den *modernen* Friedensbegriffen abzugrenzen. Wilbers evolutionistisches

Weltbild ist mir grundsätzlich suspekt. Ich folge ihm nicht. Dennoch kann ich nicht abstreiten, dass seine methodisch wie inhaltlich sehr breit angelegten Arbeiten – bei aller berechtigten Kritik, der sich ein Extremgeneralist wie er notwendigerweise aussetzt – Einsichten ermöglicht, die engere Blickwinkel nicht zulassen. Seine Abhandlung über den Einfluss reduzierter Platon-Interpretationen und des Neoplatonismus bieten der Friedensphilosophie überaus wertvolle Einsichten.

Für den Übergang vom *modernen* zum *postmodernen* Friedensbild gibt es wohl kaum eine überzeugendere Literatur als Fritjof Capras „Wendezeit". Dieser Schüler von Werner Heisenberg ist ein Autor, der von vielen Seiten angegriffen wurde, weil er die Grenzen seiner Disziplin, der Physik, hemmungslos überschritten und deren Erkenntnisse in fachfremden Kontexten eingesetzt hat. Das Ergebnis ist eine aus meiner Sicht überzeugende Erklärung des großen Wandels der Welt und damit der Friedensbilder zwischen *Moderne* und *Postmoderne*, für die ihm Philosophie, Geschichts- und Politikwissenschaft dankbar sein können. Capra ist damit ein Vorreiter für etliche AutorInnen. Übersehen wir nicht, dass viele bekannte Namen der Friedensforschung ursprünglich nicht aus den Sozial- sondern aus den Naturwissenschaften und der Systemtheorie gekommen sind, angefangen mit Albert Einstein bis hin zu unbestrittenen Ikonen der Friedensforschung wie Kenneth Boulding oder Ervin Laszlo.

Bis hierher standen mir Begriffe zur Verfügung, die in der geistes- und sozialwissenschaftlichen Debatte gängig und daher auch in der Friedensforschung problemlos anwendbar sind. Ein wesentliches Anliegen dieser Bandes ist es aber, nicht einfach deren Werdegang nachzuzeichnen, sondern den Drang nach einem *transpersonalen* und *transrationalen* Friedensbegriff, wie er heute in der Praxis beobachtet werden kann, theoretisch zu begleiten. Konzeptionell konnte ich dafür wieder auf Ken Wilber und Fritjof Capra greifen, welche diese Begriffe schon lange vor mir aus der psychologischen Fachsprache in eine breitere geisteswissenschaftliche Diskussion herübergeholt haben. Ihre Thesen über *Transrationalität* auch auf die Frage der Frieden jenseits der *Postmoderne* anzuwenden, ist eine Aufgabe, die sich bislang noch niemand gestellt hat. Die Grenze zwischen *postmodernen* und *transrationalen* Friedensbildern musste ich folglich selbst finden, und was danach kommt, ist friedenswissenschaftliches Neuland.

Für die Ausarbeitung der Kapitel über die *moralischen* und die *modernen* Friedensbegriffe benötigte ich hingegen keine Schlüsselliteratur, da es dabei um Inhalte geht, die bereits auf breitester Basis diskutiert sind. Daher erschien es mir reizvoll, die vermeintlichen Selbstverständlichkeiten mit provokanten Gegenthesen zu konfrontieren, wie beispielsweise „Der Prophet aus der Wüste“ von Neil Douglas-Klotz oder der *Revolutionary Forgiveness*[21] von Mark Ellis, und dann daraus meine eigenen Schlüsse zu ziehen. Ich denke, dass dadurch ein spannendes Narrativ entstanden ist, welches das Publikum auch im Bereich dieser eher abgegriffenen Thematik zum Nachdenken anzuregen vermag.

Viel schwieriger war es mit dem Kapitel über die *postmodernen* Friedensbegriffe, denn in meiner Wahrnehmung ist die Friedensforschung insgesamt eine *postmoderne* Disziplin. Damit will ich nicht sagen, dass alle oder auch nur die meisten FriedensforschInnen AnhängerInnen der *postmodernen* Philosophie wären. Ich beziehe mich dabei auch nicht auf den Eklektizismus einiger „Väter“ der Disziplin, wie etwa Johan Galtung oder Kumar Rupesinghe, sondern ich meine, dass die zentralen Fragen der Friedensforschung als akademische Disziplin aus dem *postmodernen* Befinden der entsprechenden Gesellschaften entstanden sind. Deshalb war es mir wichtig, dieses Kapitel an die Wurzeln *postmoderner* Philosophie zurück zu führen. Ich hatte mich folglich auf den Friedensbegriff Friedrich Nietzsches einzulassen und seinen Weg durch die Hypothesen Sigmund Freuds über den Strukturalismus und Poststrukturalismus herauf zu verfolgen. Daraus bildete sich so etwas wie eine bekennende Subgruppe *postmoderner* Philosophie innerhalb der Friedensforschung, deren herausragender Vertreter mir Francisco Muñoz zu sein scheint. Dessen *paz imperfecta* hat aus meiner Sicht die ganze Diskussion innerhalb der Disziplin zusammenfassend abgeschlossen. *Postmoderne* PhilosophInnen, die sich selbst nie als FriedensforscherInnen gesehen haben, etwa Michel Foucault, Gilles Deleuze, Peter Sloterdijk und vor allem Jean-Francois Lyotard und Gianni Vattimo, haben aber mehr zur Debatte über die *postmodernen* Frieden beigetragen als die sich selbst so verstehende Disziplin, weshalb ich auch deren Werke in meine Betrachtungen einbeziehe. Dennoch, auch dies ist eine Debatte, die mir im Wesentlichen als abgeschlossen erscheint.

Deshalb wird sich das letzte Kapitel dieses Bandes mit jenem friedenswissenschaftlichen Neuland befassen, das mir für das aktuelle Verständnis der Frieden besonders wichtig erscheint, bislang im Rahmen der Disziplin

21 Ellis 2000.

aber kaum Beachtung fand. Es ist daher der am schwierigsten zu vermittelnde Teil. Ich habe mich für diesen Zweck zu einen Rückgriff einerseits auf die psychologischen, andererseits auf die außereuropäischen Wurzeln dieser Debatte um das *Transpersonale* und *Transrationale* entschieden. Die Lektüre von Sri Aurobindos *The Life Divine* ist mir sehr hilfreich gewesen. Die in vielfältiger Form publizierten Mitschriften der Reden von Jiddu Krishnamurti fand ich im gleichen Maße tiefgründig wie anregend und unterhaltsam. Er diente mir als sehr wichtige Inspiration, wenn nicht als die wichtigste überhaupt. Rückgekoppelt in meinen Lebenskreis finde ich diese der indischen Philosophie entnommenen Gedanken in einigen Schulen der europäischen und amerikanischen Psychologie wieder. Zuerst bei Carl Gustav Jung, später in der humanistischen Psychologie und schließlich in jener *transpersonalen* Psychologie, die auf Abraham Maslows und Stanislav Grofs Arbeiten gründet.[22] Ich könnte beinahe jeden Text der Pioniere des *Human Growth Movement* oder auch *Human Potential Movement*, das im kalifornischen Esalen seinen Fokus hatte, als relevant für diesen Band anführen, ob sie nun von Grof selbst, von Frederick Perls, Paul Goodman oder anderen geschrieben wurde. Im wenig verbreiteten Werk und viel mehr noch in der Praxis eines dieser Pioniere, nämlich Jeru Kabbals,[23] fand ich die klassischen Ansätze der Psychoanalyse und der humanistischen Psychologie auf originelle Art mit den Lehren des Sufismus, des Zen, des Tantra und dem Advaita-Vedanta verbunden.[24] Da das im zweiten Band dieser Trilogie einen größere Rolle spielen wird als in diesem ersten, verweise ich statt einer weiteren Auflistung auf den Einfluss, den all diese Vorarbeiten auf ausgewiesene Friedens- und Konfliktforscher wie John Paul Lederach gehabt haben, dessen Texte[25] derzeit wohl den höchsten Diskussionsstand der Disziplin markieren. An dieser Stelle muss ich nochmals Ken Wilber und Fritjof Capra nennen, deren Blick auf die Frage des *Transrationalen* mir beim schwierigsten Unterfangen dieses Bandes überaus dienlich war.

---

22 Im deutschen Sprachraum existiert seit 1994 zu diesem Schwerpunkt die Fachzeitschrift Transpersonale Psychologie und Psychotherapie – Wissenschaft des Bewusstseins.

23 1930 bis 2000. Unter seinem bürgerlichen Namen Richard Dorin Shoulders bekannt als Begründer der Dehypno-Therapie, die aus den Ansätzen der Gestalttherapie und des holotropen Atmens hervorgegangen ist. Sie ist mit den Techniken des Neurolinguistischen Programmierens und der Neurolinguistischen Psychotherapie verwandt.

24 Kabbal 2008.

25 Bedeutend sind Lederach 1995; Lederach 1997; Lederach 1999; Lederach 2003; Lederach 2005.

Sollte mir gelingen, was ich vorhabe, so wird dieser Band die befreiende Wirkung *transrationaler* Friedensbilder in einer weitgehend *postmodern* empfindenden Welt vermitteln. Es wäre freilich gegen die Denkweise dieser Schule, irgendjemanden von ihrer Überlegenheit gegenüber anderen überzeugen zu wollen. Dieses Buch missioniert nicht und es appelliert nicht, es schlägt nur unterschiedliche Perspektiven auf die Deutung der Frieden vor. Vielleicht dient es der Erweiterung des Horizonts und des Spektrums der uns zugänglichen Deutungen, Empfindungen und Erzählungen von Frieden. Zumindest aber diene es einem offeneren Verständnis für die Interpretation von Frieden durch andere, was in Zeiten irritierter interkultureller Kommunikation bereits als Erfolg anzusehen wäre.

Wer vermöchte zu leben, wer vermöchte zu atmen, wenn dieses innere Leuchten der Wonne nicht wäre?
Taittiriya-Upanishad 2.7[1]

[2]

A. *Energetische* Friedensinterpretationen

Der in die nächtliche Stille hingeworfene Bergsee, in dessen tiefgründigem Wasser das Sternenlicht die Unendlichkeit des Kosmos spiegelt, weiß nicht, dass er friedlich ist.

Wenn der Wirbelsturm eine Spur der Verwüstung durch die subtropische Küstenlandschaft zieht, hat er nichts Böses im Sinn.

Dem Hasen in seiner ultimativen Begegnung mit dem Fuchs mag der Schrecken jedes Nackenhaar rühren. Die Todesangst mag ihn erstarren oder noch einen letzten, heillosen Haken versuchen lassen. Am Grauen des Fangbisses mag der körperliche Schmerz noch das Erträglichste sein. Aber der Hase wird seinen letzten Atemzug nicht für einen Gedanken über die Ungerechtigkeit der Welt verschwenden.

Der Fuchs seinerseits, wenn ihm die Stunde schlägt, wird ohne die geringste Reue über seine Gewalttaten in den Tod gehen. Fuchs und Hase sind in gleichem Maße unschuldig.

Damit der Bergsee friedlich, der Wirbelsturm schrecklich, der Hase zum Opfer und der Fuchs zum Mörder wird, benötigen sie alle einen Beob-

1 Zitiert nach Das 2000 S. 34.

2 Das Symbol für Yin und Yang ist eine idealtypische Darstellung *energetischer* Frieden. Alles ist in Allem enthalten. Frieden bedeutet die Aufhebung aller Dualitäten und die umfassende Harmonie von Himmel, Mensch und Erde.

achter, der sich seines eigenen Daseins in der Welt bewusst und daher in der Lage ist, so abstrakte Kriterien wie friedlich oder schrecklich, arm oder böse für sich selbst und in der Folge für andere zu entwerfen.

Der Bergsee und der Wirbelsturm gehören der Physiosphäre an, die aus nicht selbständig lebenden Elementen zusammengesetzt ist und solche Kriterien nicht kennt. Der Fuchs und der Hase sind darüber hinaus Geschöpfe der Biosphäre, welche sie wohl das Leben leiden macht, ihnen aber nicht zumutet, das auch zu reflektieren. Das Nachdenken über das eigene Dasein und das der anderen Geschöpfe ist der Geisteswelt vorbehalten, der Noosphäre, die sich nach unserem Wissensstand bislang nur der Spezies Mensch eröffnet hat.[3]

Der Bergsee ist weder objektiv noch für sich selbst friedlich,[4] sondern sein Anblick kann ein Gefühl des Friedens im menschlichen Beobachter auslösen. Die Kombination der Aspekte Stille, Tiefe, Unendlichkeit, Geborgenheit, Wasser und Sternenlicht hat auf viele Menschen eine Wirkung, die sie mit Frieden verbinden und nach der sie suchen. Aus dieser ewigen Sehnsucht der Menschen entstand vor undenklichen Zeiten die östliche Yoga-Praxis, deren Ziel der dritte und der vierte Spruch von Patanjalis Yoga-Sutra beschreibt:

> Yoga ist jener innere Zustand, in dem die seelisch-geistigen Vorgänge zur Ruhe kommen. Dann ruht der Sehende in seiner Wesensidentität.[5]

Yoga ist also eine Praxis, die uns einen von mehreren möglichen Wegen zur subjektiven Wahrnehmung von Frieden weist, einem Frieden, für den ich der Einfachheit halber im Weiteren die Metapher des Bergsees vorschlage und verwende.

Wenn aber der Mensch über die Welt und sich selbst zu reflektieren vermag, und wenn die Metapher des Bergsees zur Umschreibung einer Empfindung von Frieden taugt, so stellt sich die Frage, warum er nicht in

---

3 Ich folge den Schichtungen nach Hartmann 1950. Sein Ansatz wird ausführlich diskutiert bei Gloy 1996 S. 168ff und bei Wilber 2001b S. 24ff.

4 Tierische Dramen, die sich an den Ufern und in den Tiefen realer Bergseen abspielen, könnte mensch bei näherer Betrachtung kaum als friedlich wahrnehmen. Aber es geht hier nicht um Tatbestände, sondern nur um ein vom Bild ausgelöstes Gefühl.

5 Zitiert nach der Übersetzung von Swami Veda Bharati 1986 S. 114–134. Der Autor liefert auch eine ausführliche und überzeugende Deutung der Sätze. Meine Übersetzung ins Deutsche.

Erkenntnis dessen sein ganzes Leben meditierend an seinem inneren Bergsee verbringt. Er wäre für sich selbst und andere ein verträgliches Wesen. Diese Frage führt zu der Erkenntnis, dass die Spezies Mensch die einzige zu sein scheint, der sich die Noosphäre erschließt. Dies bedeutet aber nicht, dass sie ausschließlich dort leben und erleben kann.

Im Gegenteil, das zweite thermodynamische Grundgesetz sagt, dass sich in der Physiosphäre alle Systeme von der Ordnung zur Unordnung hin entwickeln, während die Biologie davon ausgeht, dass das Leben grundsätzlich aus der einfacheren die komplexere Form hervorbringt und daher zur Entwicklung jeder neuen Art auf schon vorher vorhandene Muster greifen muss.[6] Wem sich die Geisteswelt erschließt, der ist auch und vorher ein Geschöpf der Physiosphäre und der Biosphäre, was bedeutet, dass er sich stets gleichzeitig mit wachsender Unordnung und zunehmender Komplexität des Systems, dem er unentrinnbar angehört, auseinandersetzen muss.

In diesem Sinn genießt die komplexe Form gegenüber der einfachen keine Privilegien. Das Bewusstsein braucht ein Gehirn und dieses Materie. Die Materie kann aber ohne Gehirn, und dieses ohne Bewusstsein auskommen. Erweist sich eine komplexe Spezies als langfristig unverträglich für das System, verschwindet sie auf die eine oder andere Art wieder, wovor die Spezies Mensch nicht grundsätzlich gefeit ist. Das System kann sich mit dem Einfacheren bescheiden und neu formieren. Das Artensterben ist eine konstante Dynamik aller Systeme und keine Errungenschaft der *Moderne.* Lediglich seine Entdeckung ist das. Das ist weder zu begrüßen noch zu bedauern, auch wenn das die selbst reflektierende Spezies Mensch mit Existenz- oder Zukunftsangst erfüllt. Es ist.

Der lebenslangen Meditation am inneren Bergsee des Menschen steht demnach zu allererst der Mensch selbst mit seinen fundamentalen Bedürfnissen im Weg:[7]

- Als lebendes Wesen ist er Stoffwechselprozessen ausgeliefert und dazu verdammt, Nahrung aufzunehmen. Diese muss er suchen, bewahren, zubereiten, aufnehmen und ausscheiden.

---

6 Laszlo 1987 S. 9.

7 Das ist meine stärker an der Chakra-Psychologie des Yoga orientierte und daher leicht modifizierte Leseweise der Maslow'schen Bedürfnispyramide. Maslow 1943 S. 370–96 und Maslow 2005.

- Als sterbliches Wesen ist er prinzipiell nicht auf narzisstische Einzigartigkeit hin angelegt, sondern Glied in einer Kette, oder besser: Knoten in einem Netz des Lebens. Die darauf bezogenen Rituale beschäftigen ihn sein Leben lang, und sie halten ihn dazu an, seine Kinder bis zu deren Selbsterhaltungsfähigkeit zu betreuen.
- Da die ersten beiden Punkte für Individuen, wenn überhaupt, nur unter sehr günstigen Bedingungen und vorübergehend leistbar sind, bildet die Spezies Mensch Gemeinschaften. In diesen muss sich jedes Mitglied einen angemessenen Platz sichern, entsprechend handeln und die Beziehungen zu den anderen gestalten. Darüber hinaus suchen diese Gemeinschaften ihrerseits einen angemessenen Platz in der Welt und pflegen Beziehungen zueinander.

Das alles lenkt uns Menschen vom friedlichen Daueraufenthalt an unserem inneren Bergsee ab. Dabei stehen diese drei Faktoren in einem prekären Verhältnis zu einander. Als einfache Faustregel könnte ich sagen, dass innerhalb einer gewissen Größe der Gemeinschaft die Wahrscheinlichkeit, dass die Frage der Ernährung ein die Existenz bedrohendes Problem für den einzelnen darstellt, sehr gering ist, ja, Mangel so selten auftritt, dass ich ihn als natürliche oder soziale Katastrophe, als Ausnahmefall, bezeichne.

Auch die Spiele und Rituale, die sich rund um die Frage der Fortpflanzung und daraus abgeleitetes Tun, Sexualität, ergeben, leben sich in Gruppengrößen, in denen die Auswahl an potenziellen Partnern ausreichend, aber doch überschaubar ist, entspannter. Nicht umsonst etwa ist im Deutschen Wort Befriedigung der relationale Kernbegriff Frieden enthalten. Werden die oben genannten Kategorien akzeptiert, ist die Frage, auf welche Konventionen sich eine Gesellschaft im Bezug auf die Befriedigung einigt, nämlich wirklich elementar für ihr Verständnis von Frieden. Selbst-Befriedigung ist ein in der Praxis häufig auftretendes Paradoxon, weil die Beziehungshaftigkeit dabei maximal eine vorgestellte ist. Umgekehrt impliziert bei weitem nicht jede manifeste körperliche Vereinigung eine befriedigende, Frieden schaffende Verbindung oder Beziehung auf allen Daseinsebenen. Im Gegenteil, das ist die Ausnahme. Befriedigung (Sexualität) ist imperfekt und ein paradoxer Beziehungsfaktor in Gesellschaften, der ihrer Friedenspraxis Spannung, Ungewissheit, Vielfalt, Dynamik und *Energie* verleiht. Umso bewusster sie sich dieses Umstandes ist, umso flexibler wird sie damit umgehen und umso weniger konventionsbezogene Konflikte werden in ihr auftreten.

Der Preis für die Entspannung in größeren Gruppen ist, dass sie schwerer überschaubar sind und eine komplexere Organisation verlangen. Sich in dieser zu orientieren, seinen Ort zu finden und seine Beziehungen zu pflegen, wird daher eine entsprechend größere Herausforderung für den Einzelnen, welche ihn wiederum von seiner Meditation am inneren Bergsee abhält.

Diese Darstellung des menschlichen Dilemmas mit den Frieden mag stark verkürzt sein, aber ich denke, dass sie sich gerade wegen ihrer Unschärfe in den meisten bekannten Gesellschaftsformen nachweisen lässt. Sie ist nichts anderes als die Erzählung von der Vertreibung aus dem Paradies. Der Preis für den Eintritt in die Sphäre des Geistes ist die Gewissheit, dass sich ein guter Teil des Lebens nicht dort alleine verbringen lässt. Aus diesem Bewusstsein leitet sich die Frage ab, wie sich Menschen organisieren, damit sie sich individuell und kollektiv die Möglichkeit bewahren, ihren inneren Bergsee mit zufrieden stellender Frequenz aufsuchen zu können. Die Antwort auf diese Frage sagt viel, sehr viel, über diese Gesellschaften und ihre Frieden aus. Ich werde zeigen, dass es viele mögliche Antworten, viele unterschiedliche Wege zu den Frieden gibt. Vom asketischen Versuch der Unterdrückung weltlichen Begehrens, um stets am inneren Bergsee zu verweilen, bis zum völligen Verzicht auf seine hingeworfene Stille zugunsten einer strategisch versuchten Stellung in der manifesten Welt. Dieses Buch handelt von den entsprechenden Möglichkeiten.

1 Die Große Mutter und die energetischen Frieden

In den letzten Jahrzehnten hat die Frauenforschung[8] das Thema der *Großen Mutter*, Großen Göttin und Großen Hure wiederholt zur Diskussion gestellt. Ich möchte aus der Perspektive der Friedensforschung die vorläufigen Erkenntnisse aus diesen Bemühungen nutzen. Denn in jedem Fall erscheint mir die These interessant, dass in jenen Gesellschaften, in denen diese Mutterkulte herrsch(t)en, Krieg und Gewalt, falls überhaupt, eine deutlich gerin-

8 Beispielsweise: Boulding 2000; Daly 1980; Eisler 1987; Sanday 1981; Spretnak 1981; Vélez Saldarriaga 1999; Voss 1988; Walker 1993; Werlhof 2006; Wolf 1994. Zudem Campbell 1959–1968.

gere Rolle spiel(t)en als in patriarchalen Organisationsmustern.[9] Im heiß umstrittenen Klassiker von Heide Göttner-Abendroth zum Matriarchat[10] steht die Frage der Frieden zwar nicht explizit im Mittelpunkt des Erkenntnisinteresses. Ihre Darstellung des Matriarchats[11] baut aber auf die These, dass dieses freier, gerechter und harmonischer – friedlicher eben – (gewesen) wäre als das Patriarchat:

> Die Gentilgesellschaften, die im Fall des Matriarchats keineswegs nur auf einfacher Hordenstufe blieben, sondern Stadtkulturen entwickelten, hatten Staat in diesem Sinne nicht nötig. Denn [...] Verwandtschaftssystem und politische Organisation waren bei ihnen identisch. Keine Fremden hatten sie erobert und nahmen ihnen die Früchte ihrer Arbeit weg, sondern sie alle waren untereinander verwandt und kannten sich, eine „homogene" Gesellschaft. Die Situation war nicht-ausbeuterisch und vertrauensvoll. Keinen Staat [...] zu brauchen, wenn „Staat" Zwang und öffentliche Gewalt, Gesetz, Strafe, Polizei und Gefängnis, Steuern und Staatsbeamte einschließt, ist eher ein Verdienst als ein Defizit. Es zeugt von höherer sozialer Intelligenz, eine große Menschengruppe ohne Zwang und Polizei zu lenken, als solche Mittel zu brauchen. Darum war die matriarchale Staatsbildung davon höchst verschieden: Auf der hoch entwickelten Stufe war sie ein loser Bund von „Mutterstädten" und „Tochterstädten", die sich freiwillig und ohne Militär zusammen taten.[12]

In der historischen Matriarchatsforschung wird soviel Substanzielles zum Thema Frieden gesagt, dass auch eine gegenwartsbezogene Friedensforschung an diesen Thesen nicht achtlos vorbeigehen kann. Dabei ist an dieser Stelle weniger der geschichtswissenschaftliche oder ethnologische Streit um die Interpretation der Quellen relevant als die Erzählung selbst.[13] Wenn

---

9 Trotz seiner scharfen Kritik am Mythos des Matriarchats kann sich auch Wesel diesem Befund nicht entziehen. Wesel 1980 S. 48.

10 Göttner-Abendroth 1988 S. 8.

11 Damit von einem Matriarchat gesprochen werden kann, müssen nach Göttner-Abendroth vier Bedingungen erfüllt sein: 1. Auf religiöser Ebene eine Erdgöttinnen- oder Mondgöttinnenmythologie, 2. auf ritueller Ebene Jahreszeitenfeste der Initiation, 3. auf gesellschaftlicher Ebene Mutterrecht und weibliche Herrschaft, und 4. auf wirtschaftlicher Ebene Garten- oder Ackerbau und Gemeinschaftsbesitz der Sippe. Göttner-Abendroth 1980 S. 13/14.

12 Göttner-Abendroth 1988 S. 54.

13 Die Matriarchatsthese hat viel Protest, Kritik und Modifikationen in der Nomenklatur hervorgerufen, die für meine Fragestellung allerdings nicht weiter bedeutend sind. Den vorläufigen Höhepunkt dürfte die Aufregung in der polemischen Arbeit von Cynthia

matriarchale Gesellschaften – egal ob in der fernen Vergangenheit oder unmittelbaren Gegenwart – in dieser Art beschrieben werden können, bewegen sie sich als politisch relevantes Muster innerhalb unseres Vorstellungshorizonts. Das heißt, sie können als Referenzpunkte in die aktuelle Debatte um die Frieden eingeführt und argumentiert werden. Daher möchte ich Göttner-Abendroths These im Kontext meiner Fragestellung näher beleuchten.

Die ältesten aller kultischen Funde in Europa liegen in Laussel, im heutigen Frankreich. Auch wenn die Interpretation dieser ältesten Reliefs, Skulpturen und Malereien spekulativ bleiben muss, sind die Hinweise auf den Kult dicht und schlüssig.[14] Ob das tatsächlich heißt, dass die Gesellschaften, die jenem Mutterkult huldigten, auch matriarchal organisiert waren, wie Göttner-Abendroths Eingangsthese unterstellt, ist umstritten. Ken Wilber etwa meint, dass gerade jene frühen Gesellschaften, die den Mutterkult betrieben, „körperlich maskulin" organisiert gewesen wären, und sich das Matriarchat erst als Folge des Ackerbaus herausgebildet hätte.[15] Für das evolutionistische Denken Wilbers gibt es also noch frühere Organisationsformen als das Matriarchat. Dessen ungeachtet weicht seine Beschreibung von jener Göttner-Abendroths wenig ab:

> Es herrscht fast allgemeine Übereinstimmung darüber, dass es in den typhonischen Kulturen praktisch keinen Mord gegeben hat. Soweit uns bekannt, gab es keine Kriege. In der Opferung einzelner Fingerglieder bestanden die gewalttätigsten Ersatzopfer, die uns bekannt sind. Von Fingern jedoch zu vollständi gen Menschen und von einzelnen Menschen zu ganzen Nationen – das ist die Geschichte der Ersatzopfer.[16]

Für Wilber treten Mord und Krieg als Vehikel von Ersatzopfern erst in der Zeit eines entwickelten temporalen Ackerbaubewusstseins auf. Damit meint er, dass aus der bewusst gewordenen Angst vor der eigenen Sterblichkeit der Mord am anderen als Ersatzhandlung geübt wird, die Unsterblichkeit symbolisieren und vorspiegeln soll. Die Formel lautet, umso größer das Blutopfer der anderen, umso wahrscheinlicher die eigene Unsterblichkeit. Aus

---

Eller erreicht haben, die ihrerseits wegen ihrer methodischen Mängel heftig angegriffen wurde. Eller 2000.

14 Uhlig 1998 S. 38–48.

15 Wilber 2002 S. 147.

16 Wilber 2002 S. 177.

dieser Formel wären Machtstreben und Grausamkeit geworden und zu immer größeren Vernichtungstaten ausgeufert.

In jenem Großraum zwischen Ägypten und Indien, der unter Einbeziehung des Nahen Ostens als ägeo-afroasiatischer bezeichnet werden könnte,[17] lassen sich mindestens 55 Kulturen, für welche die *Große Mutter*, Große Göttin oder Große Hure das oberste Prinzip darstellte, benennen.[18] Die Zahl der in diesem Raum gefundenen Miniaturskulpturen von Göttinnen geht in die Zehntausende.[19] Die meisten AutorInnen benützen die Begriffe *Große Mutter*, Große Göttin oder Große Hure unterschiedslos. Ken Wilber führt aber eine richtungsweisende Unterscheidung ein. Er verwendet für das Mutterbild in seinen naturhaft-biologischen Aspekten *Große Mutter* und für das Mutterbild in seinen transzendenten und mystischen Aspekten Große Göttin. Dabei sieht er die *Große Mutter* der Großen Göttin vorgelagert. Viele der entsprechenden Göttinnen beginnen ihre „Karriere" also gleichsam als lokale Fruchtbarkeitssymbole. In den Tempeln und Ritualen verwandeln sie sich aber schrittweise zur Personifizierung der Macht von Raum, Zeit und Materie, innerhalb deren Grenzen alle Wesen entstehen und vergehen. Alles was Form und Namen hat, entstammt ihrem Mutterschoß.

Für Wilber erschließt sich der fundamentale Unterschied zwischen der *Großen Mutter* als einfachem biologischen Fruchtbarkeitssymbol und der Großen Göttin als subtilem Einssein der Transzendenz.[20] Es sind für ihn also zwei unterschiedliche Bedeutungen der oftmals selben Gestalt, die in verschiedenen Bewusstseinsstrukturen parallel bestehen. Beide Bedeutungen mögen in den entsprechenden Ritualen als exoterische und esoterische As-

---

17 Eliade 1999 S. 162.

18 Galimberti 2005 S.75.

19 Gimbutas 1982.

20 In der feministischen Literatur wird die Zuschreibung des reinen Fruchtbarkeitsaspekts zur großen Mutter oftmals als patriarchale Leseweise abgelehnt. Die entsprechenden Autorinnen deuten die Großen Göttinnen als Ausdruck einer noch nicht vom Patriarchat unterdrückten und daher freien weiblichen Sexualität. Die Verbindung der weiblichen Sexualität mit Fruchtbarkeit wäre demnach der Beginn männlicher Unterdrückung der Frau. Siehe etwa Voss 1988. Aus der Sicht der Friedensforschung scheint dieses Argument wenig überzeugend. Demnach wäre schon die Idee eines Friedens aus Fruchtbarkeit patriarchale Denkgewalt. Um das fundamentale Thema unseres Daseins, Entstehens und Vergehens auf eine reine Herrschaftsfrage zu reduzieren, ist es für die Friedenforschung zu wichtig.

pekte gleichzeitig vorhanden gewesen und je nach Neigung und Begabung der Teilnehmerinnen wahrgenommen worden sein.[21]

„Große Hure" verwendet Wilber gar nicht, weil dieser Begriff missverstanden werden kann und es dem Autor darum geht, seinem christlichen Publikum den Aspekt der Jungfräulichkeit zu verdeutlichen. Er betont, dass die *Große Mutter* eigentlich zweigeschlechtlich ist, denn jene Männer, welche die Mutter sich als Liebhaber aussucht, können sie schwängern, können selbst Fruchtbarkeitsgötter sein, doch sie bleiben stets nur phallische Gefährten der *Großen Mutter*, gleichsam Drohnen, die der Bienenkönigin dienen. Wenn sie also stets als Jungfrau dargestellt wird, heißt das nicht, dass sie keinen Geschlechtsverkehr hätte. Im Gegenteil, Männer sind für sie beliebig auswechselbare Träger des Gefährtenphallus. Sie ist Jungfrau in dem Sinne, dass sie immer dieselbe ist, dass sie keinem der Männer, die kommen und gehen, gehört. Sie herrscht über die Phalluskulte. Die Fruchtbarkeitsgöttin ist sowohl Mutter als auch Jungfrau, die Hetäre, die keinem Mann gehört.[22] Wenn dieses Verständnis der Jungfräulichkeit mitgedacht wird, ist der Begriff der Großen Hure tatsächlich entbehrlich. Ich werde ihn dennoch weiter verwenden, um die jeweils unterschiedlichen Aspekte der Großen Göttin eindeutiger benennen zu können.

Die in Anatolien liegende Stadt Çatal Höyük gibt Evidenz über eine der ältesten Kulturen der Erde. Sie hat etwa 7000 Jahre vor unserer Zeitrechnung über Jahrhunderte hinweg in ihrer Blüte gestanden. Çatal Höyük, das als der größte neolithische Siedlungshügel der Welt gilt, wenn auch nicht als der älteste, ist nie erobert oder auch nur angegriffen worden. Spuren kriegerischer Aktivitäten sind nicht zu finden. Es gibt aber Hinweise auf eine matriarchale Gesellschaftsordnung, was einen von vielen möglichen Belegen für die eingangs zitierte These des Zusammenhangs von Matriarchat und geringer Gewaltneigung, beziehungsweise hoher Friedensfähigkeit, darstellen könnte.[23]

Ein in derselben Weise faszinierendes Ergebnis brachten die Forschungen zur dravidischen, also vorarischen Kultur Indiens in Harappa und Mohenjo Daro. Sie blühte vor allem im vierten und dritten Jahrtausend vor unserer Zeitrechnung. Ihre Träger verwendeten eine eigene Schrift, leisteten Erstaunliches in der Landwirtschaft, im Städte- und Kanalbau. Ihr Einfluss-

21 Wilber 2002 S. 143 und 161.

22 Neumann 1973.

23 Mellaart 1962; Uhlmann 2006; ausführlich dazu auch Uhlig 1998 S. 48–56.

bereich dehnte sich in ihrer Jahrhunderte währenden Blütezeit bis ins heutige Afghanistan hinein aus. Die Ausgrabungen lassen aber auf keine größeren Kämpfe oder Zerstörungen schließen. Es wurden nicht einmal Waffen gefunden, mit denen benachbarte Gemeinschaften überfallen werden hätten können. Auch wenn im Detail nicht bekannt ist, wie es zu dieser Blüte und Ausdehnung kam, scheinen landwirtschaftliches Geschick, Diplomatie und Gastlichkeit eine deutlich größere Rolle gespielt zu haben als Krieg und Gewalt.[24] Einige Autoren[25] wollen einen Zusammenhang zwischen der Friedfertigkeit dieser Kultur und dem Shaktismus als ihrer archaischen Religion sehen. Darauf gehe ich weiter unten ein.

Unterhaltsam ist auch die Verwirrung des Archäologen Arthur Evans, der an der Wende zum 20. Jahrhundert auf Kreta erfolgreich nach den Palästen des König Minos grub. Es war ihm zunächst unverständlich, dass er keine Darstellungen kriegerischer Götter- oder Königsgestalten fand, stattdessen aber solche der Muttergöttin jener altkretischen, seit damals minoisch genannten Kultur samt einigen schmalen, nackten Jünglingen, welche die Göttin bedienten. Schließlich erkannte er in ihr jene Figur, welche die griechische Mythologie als *Rhea* bezeichnet. Als solche ist sie eine der ältesten bekannten Verkörperungen der Großen Göttin in dieser Region und Repräsentantin einer Ordnung, die sich vermutlich in der prädynastischen Zeit Ägyptens aus dem Nildelta heraus in der gesamten Ägäis und Kleinasien ausbreitete.[26]

Bevor ich nun auf weitere Beispiele derartiger Großer Göttinnen eingehe, ist es notwendig, eine Systematisierung ihres Auftretens im Mythos voranzustellen: Das weibliche Prinzip steht im Zeichen der *Großen Mutter* für Fruchtbarkeit, Leben, und das wird als identisch mit dem erlebt, was wir heute Frieden nennen. In den archaischen Formen wird dies durch eine einzelne Erdgöttin symbolisiert. Diese differenziert sich in der astralen Mondgöttin, die jene Triade darstellt, die meines Wissens alle Kulturen der Erde entdeckt, wenn auch verschieden besetzt, benannt und gedeutet haben – Himmel, Erde, Unterwelt.

Dieser dreigliedrige Kosmos wird als vollkommen von Leben, weiblicher *Energie,* durchdrungen gesehen, die in verschiedenen Formen und Farben, symbolisiert durch den uterinären Zyklus und zugleich die Lebensalter

24 Koppe 2001 S. 63.
25 Nachdrücklich dazu Daniélou 1984 S. 77 ff.
26 Göttner-Abendroth 1988 S. 97–102.

der Frau, dargestellt wird. Das wilde Mädchen steht für den Aufbau des Blutes und die himmlische Form der *Energie* (weiß), die sexuell aktive und gebärende Frau für die Fülle des Blutes und irdische Form der *Energie* (rot), die weise Alte für den Abbau des Blutes und die Unterwelt (schwarz), wobei in deren ewiger Abfolge auch der Zyklus der Vegetation und des Lebens gesehen wird.[27] In der Mythologie taucht daher weibliche *Energie* in verschiedenen Lebensaltern, Namen und Gestalten auf. Auch personell neu interpretierte Göttinnen werden immer nur als weitere Aspekte derselben *Energie* gesehen. Jede dieser Göttinnen stellt demnach die Triade dar. In der älteren Form tut sie das noch allein, ohne männlichen Aspekt.

Zumindest in der mediterranen Mythologie erscheint die Große Göttin nicht nur zyklisch in verschiedenen Lebensaltern, sondern auch in der Abfolge von Generationen. Aus der Erdmutter *Gäa* wird *Rhea* und deren Tochter ist *Hera/Demeter*. Immer aber ist es dieselbe Göttin in von Generation zu Generation verjüngter Form.[28] *Rhea* tritt als Mädchen *Amaltheia*, als Frau *Io* und Greisin *Adrasteia* auf, *Demeter* sodann als Mädchen *Kore*, Frau *Persephone* und Greisin *Hekate*.[29] Auch aus indischen Mythen ist dasselbe Muster bekannt: Die Erdmutter *Uma* personifiziert sich in der Dreifaltigkeit von *Parvati*, *Shakti* und *Kali*.[30]

Der männliche Aspekt tritt nach dieser Interpretation der weiblich-göttlichen Dreifaltigkeit erst in den jüngeren Varianten hinzu, vorerst allerdings nicht als Gott, sondern als Heros, als Sohn/Geliebter der Göttin.[31] Seine Erscheinungsformen sind an jene der Göttin angepasst und durch sie erhält er seine manifeste Rolle in der fruchtbarkeitsbezogenen Abfolge von *Heiliger Hochzeit*, Opfer, Wiederkehr. Wo dieser Ritus entsteht, wird die Göttin bei den zyklischen Jahreszeitenfesten durch ihre Priesterinnen repräsentiert. Der sakrale König, der Heros, als Aspekt des Menschlichen vereinigt sich selbst mit ihr und opfert sich schließlich, um dem Volk neues Leben – Frieden – zu schenken. Diese Rituale wurden nicht nur symbolisch, sondern tatsächlich vollzogen. Die Initiation verlieh die Königswürde. Die öffentli-

27 Voss 1988 S. 58–60.

28 Göttner-Abendroth 1980 S. 38.

29 Göttner-Abendroth 1980 S. 35.

30 Göttner-Abendroth 1980 S. 92.

31 Das Wort selbst leitet sich etymologisch von der Göttin *Hera* ab und findet sich etwa im Mythos des *Herakles*, dem Sohn/Geliebten der *Hera*, der zu ihrem Ruhm wirkt, wieder.

che *Heilige Hochzeit* mit der *Großen Mutter* ist der Ausdruck der Fruchtbarkeit, des Lebens, des Friedens in diesem Weltbild. Das Blut des geopferten Königs sollte alles Leben für den nachfolgenden Zyklus fruchtbar machen. Im nächsten Zyklus ersteht der König sodann in der Gestalt seines Nachfolgers wieder auf. Dieser wird als „Sohn" bezeichnet, vereint sich neuerlich mit der Großen Mutter und wird wieder geopfert. Die Selbstopferung für Land und Volk ist die Apotheose des Heros. Das Männliche vergeht, das Weibliche bleibt.[32]

Ich folge nun jener nicht widerspruchsfreien Interpretation *energetischer* Friedensbegriffe – von der *Großen Mutter* über die *Heilige Hochzeit* zur *Großen Triade* – und betrachte dabei insbesondere die sich verändernde Beziehung zwischen dem weiblichen und dem männlichen Prinzip.

Eine der ältesten bekannten Großen Göttinnen ist die phönizische *Astarte*, die als das oberste Fruchtbarkeitsprinzip verehrt wurde, aus dem sich männliche Heroen, Könige und Institutionen als Sohn-Geliebte ableiteten. Ihr entsprechen als alles Leben erschaffende, erhaltende und zerstörende Göttinnen auch die sumerische *Inanna,* die hethitische *Kubaba* oder *Arinna*,[33] die phrygische *Kybele*, die syrische *Atargatis,* die arabische *Al'Lat*, die in prä-islamischen Zeiten an der Kaaba verehrt wurde, und die bereits genannte mykenische *Demeter*. Auch die persische *Anahita* oder *Mitra* mit ihrem Heros *Mithra,* der später zum Sonnengott *Mithras* aufsteigt, um vom zoroastrischen *Ahura Mazda* bekämpft und abgelöst zu werden, gehört hierher.[34]

Der alt-semitische Name der Großen Göttin ist *Isthar*. Manchmal heißt sie auch *Anat*, *Aschera, Ashtoret, Aschterot*. In der Bibel ist ihr Name *Ester,* Mutter aller männlichen Götter.

Der sexuelle Aspekt der *Isthar* ist *Har,* die Große Hure, die in ihrer unterschiedslosen Barmherzigkeit Frieden ist.[35] Dieser Aspekt der Großen Göttin mag aufs Erste erstaunen. Er weist aber auf eine wichtige Differenzierung hin. Als *Große Mutter* steht sie für Frieden aus Fruchtbarkeit, als Große Hure ist sie immer noch dieselbe Göttin, repräsentiert aber das Lustprinzip, das ich gleich als Frieden aus Harmonie beschreiben werde. Die

32 Göttner-Abendroth 1980 S. 20.

33 *Arinna* ist die astrale Variante der Erdgöttin *Kubaba.*

34 Camphausen 1999 S. 68.

35 All diese Aspekte der Großen Hure werden samt den notwendigen Referenzen bei Walker 1993 ausführlich beschrieben.

Große Göttin ist das Symbol des Lebens schlechthin, die Dreifaltigkeit von zyklischem Erschaffen, Erhalten und Vergehen.

Im Ritual der Großen Hure ist die geschlechtliche Vereinigung selbst der Ausdruck für die Verehrung der Göttin, des Lebens und des Friedens. Die rituelle Vereinigung wird über den Zusammenhang der handelnden Personen gestellt. Auf das Ideal einer vollkommenen Befriedigung der Beziehung in allen Lebensaspekten wird im rituellen Rahmen zugunsten eines imperfekten Friedens der Beteiligten und ihrer Gesellschaft verzichtet. Deshalb ist die Darstellung *Isthars* als in körperlicher Vereinigung auf ihrem Geliebten hockende *Har* der friedliche Aspekt dieser Göttin. Zeugnisse dieses Verständnisses von Frieden lassen sich quer durch den gegenständlichen Raum bis in den Himalaja finden, wo *Shakti* oder *Tara* ebenso in Vereinigung dargestellt wurden wie *Har* am Mittelmeer.

In den Tempeln und Ritualen der *Har* wurde dem entsprechend die körperliche Vereinigung als Frieden zelebriert. Die Friedenspriesterinnen wurden *harines* genannt, Griechisch *horae* und Persisch und Arabisch *huri*. Ihre Bezeichnung als Tempelhuren ist im Grunde zwar korrekt, aber doch problematisch, wenn das Wort in das *moderne* Verständnis von Prostitution übertragen wird, das in diesem Zusammenhang fehl am Platz ist. Die *huri* wurden als ewig junge und jungfräuliche – weil zu keinem Mann gehörige – engelhafte Wesen verstanden. Ihre *energetischen* Rituale haben mit der später von Männern installierten und ausgebeuteten „gewerbsmäßigen Unzucht" nichts zu tun.[36] Das in der abendländischen Literatur schon früh benutzte Wort für die Vermarktung des – vor allem - weiblichen Körpers kann nicht auf diese rituellen Handlungen angewendet werden. Es trifft erst im Zeichen der Staatswerdungen und religiösen Institutionalisierung, also mit dem Aufstieg des Patriarchats.[37]

Har und die *harines* waren in ihrer gesellschaftlichen Funktion Friedensbringerinnen. Ihre Dienste wurden als göttlich angesehen. *Malkuta*, ihr Ehrentitel in Kanaan, ist dasselbe aramäische Wort, das Jesus laut den Evangelien zur Bezeichnung dessen verwendet haben soll, was gemeinhin als Him-

36 Kaller-Dietrich 2004 S. 104.

37 Uhlig 1998 S. 73. Prostituierte (von *pro-stituere*, Zurschaustellen) ist heute der amtliche Begriff für Hure. Unter Berücksichtigung der obigen Bemerkungen könnte das so verstanden werden, dass das kommodifizierende Anbieten des Körpers im Rahmen patriarchaler Ordnung eher geduldet wird als die ursprüngliche Haltung der Hure, die in der Umgangssprache noch durchklingt.

melreich übersetzt wird, aber erhellender Königinnenreich genannt werden müsste.[38]

Der Zusammenhang ist überzeugend: Die geschlechtliche Vereinigung wird im Tempel nicht als Notwendigkeit zur Fortpflanzung gesehen und auch nicht als rasche Befriedigung von Lust. Sie ist eine *energetische* Beziehung der Körper, die lange tradierten Ritualen folgend über Atem, Bewegung und Stimme Ekstase zu erreichen suchen, in denen sich das Königinnenreich erschließen lässt, ein gleichsam todloses Schweben im Göttlichen – *alaha*.[39] Geschlechtliche Vereinigung, so praktiziert, ist ein Gebet, eine Meditation, die zum inneren Bergsee, zum rituellen Erfahren eines Friedens führt, der von den Bürden des irdischen Daseins frei und deshalb kosmisch ist. Er überwindet rituell den Tod, die Grenze zwischen Person und Göttlichem. Es existiert darin nur das Eine, die Heilige Einheit der Großen Göttin – *alaha*[40] – „Das Eine, das hier und jetzt verkörpert ist".[41]

Abgesehen davon, meint Douglas-Klotz, haben wir es bei *malkuta*

> ...mit einem Wort zu tun, das von seiner Wurzel (MLK) her auf eine voll ausgebildete (M) Ausformung der Kraft (L) hinweist, welche gesammelt und bestimmt ist (K). Es ist das Zeichen des schöpferischen Wortes, der kraftgebenden Vision, des für eine Gruppe effizienten Rates. Auf persönlicher Ebene meint die Wort-Wurzel jenes innere Motiv, das zum Leben sagt „Ich kann".[42]

Mit diesem Verweis auf die Wortwurzel im Sinne eines Bija-Mantras[43] wird noch deutlicher, wieso der Friedensbegriff im Kontext der Großen Göttin ein *energetischer* ist. Das Wort Mantra[44] bedeutet Werkzeug des Geistes. Mantren dienen der spirituellen Praxis, der rituellen Verehrung verschiedener Wesenheiten, als Heilmittel auf physischer, *energetischer* und seelischer Ebene,

---

38 Douglas-Klotz 2003 S. 106.

39 *Alaha* ist das aramäische Wort für das Göttliche, die Heilige Einheit, das All, die äußerste Kraft, das Eine ohne Gegenteil.

40 *Allat* oder *elat* sind weitere Bezeichnungen für *alaha* im Nahen Osten. Das arabische Wort *Allah* für das Göttliche oder Gott ist damit eng verwandt und wird nicht nur von Moslems verwendet.

41 Douglas-Klotz S. 42/43.

42 Douglas-Klotz S. 105.

43 Bija sind einsilbige Keim-Mantren, die speziell in der Meditation oder in Zeremonien verwendet werden und auf das jeweilige Energiezentrum wirken.

44 Zusammengesetzt aus den Sanskrit-Wurzelsilben *man* für Denken, Bewusstsein oder Geist und *tra(m)* für Aktivität oder Fahrzeug.

in unserem Kontext aber besonders wichtig: der Reinigung und Beruhigung des Geistes, der Stärkung des Mitgefühls und der Kraft zur Transformation und Befreiung.[45]

Der Vajrayana-Buddhismus etwa geht davon aus, dass alles Manifeste oder Vorgestellte keine wirkliche Existenz hat, sondern nur Darstellung des Einen, ungeteilten Göttlichen – *Shunya* – sei. Die Darstellung auch einer Vielzahl von Gottheiten – stets als Aspekte des Menschlichen – wird jedoch als nützlich für die Kontemplation und damit die Frieden angesehen, weshalb der menschliche Geist sich mit dem Göttlichen verbinden muss, um sich mit diesen Gottheiten identifizieren zu können. Da Gottheiten jedoch keine wirkliche Existenz haben, müssen sie mit entsprechenden Hilfsmitteln in den Bereich des Geistes gezogen werden. Im Fall des Bija-Mantras nimmt das Göttliche die Gestalt eines Wesens in Übereinstimmung mit der Keimsilbe an und existiert in der Folge als positive Idee im Geist des Praktizierenden, womit es wirklich wird.[46]

Das „Ich kann" umschreibt einen schöpferischen Akt auf persönlicher wie gemeinschaftlicher Ebene, der von den Lasten des Alltags befreit und das Königinnenreich eröffnet. Der innere Frieden und die Freiheit von materiellen Verpflichtungen gehen Hand in Hand. Dieser Frieden zielt auf keinen normierten oder normativ bestimmbaren Zustand ab, sondern sowohl aus der Sicht des Einzelnen wie auch der Gemeinschaft auf *Harmonie*. Dieses Wort leitet sich aus dem Namen der Friedensbringerin *Har,* der Heiligen Hure, ab und ist ein Grundbegriff jedes *energetischen* Friedensverständnisses. Der Name der Göttin selbst sagt in seinen Lauten nichts anderes, wird er nur als Bija-Mantra gehört: H-A-R steht für Göttlicher Atem, Lebenshauch (H), das All-Eine (A), Rhythmus, Ritual (R).[47]

Die Frage, ob es bei den Ritualen der *Großen Mutter* und der Großen Hure um Fortpflanzung oder „nur" um bloße Lust geht, scheint daher nur auf den ersten Blick eine historiographische Sektiererei zu sein. Aus Sicht der Friedensforschung handelt es sich hier um die erste wesentliche, noch innerhalb des *energetischen* Verständnisses angesiedelte Trennlinie zwischen zwei unterschiedlichen Interpretationen von Frieden: Frieden aus Fruchtbarkeit als archaisches Prinzip des Lebens und Frieden aus Harmonie als transzendentes Konzept. Im Sinne der schon zitierten Unterscheidung von

45 Riccabona 2004 S. 2f.

46 Uhlig 1998 S. 178.

47 Riccabona 2004 S. 8–11.

Wilber ist Frieden aus Fruchtbarkeit dem Bild der *Großen Mutter* zuzuordnen und zumeist von lokaler, konkreter und damit gemeinschaftsbezogen begrenzter Reichweite, während Frieden aus Harmonie als Prinzip der Großen Göttin oder eben der Großen Hure Raum und Zeit durchschreitet und die lokalen Bedeutungen verwindet.

So ist das Symbol der *Har* und der *harines,* die weiße Taube, ein tiefenkultureller Grundbestand (zumindest) aller mediterranen Deutungen von Frieden.[48] Die Erhabene Taube, *Jahu,* war ursprünglich der sexuelle Aspekt der sumerischen *Inanna*. Von ihr usurpierten die eindringenden semitischen Stämme sowohl den Namen als auch das Symbol. Ihnen wurde die Taube zwar zu einem zentralen Opfertier, seine sexuelle Komponente aber wurde verdrängt.[49] Aus *Jahu* wurde *Jahwe*, der Name für den Fruchtbarkeits-, Atmosphären-, Wetter- und Kriegsgott, und aus der Taube als Symbol für weibliche Sexualität das Friedenszeichen des asketischen Heiligen Geistes.[50]

Ein anderes im Mittelmeerraum weit verbreitetes und tiefenkulturell bedeutsames Symbol der *energetischen* Frieden ist die Mondsichel, die im Zusammenhang mit *Artemis, Diana, Tanit, Venus* und etlichen anderen Großen Göttinnen dieser Region bis hin zur christlichen Jungfrau Maria verwendet wurde und deutlich auf den weibliche Fruchtbarkeitszyklus verweist. Nach dem Sturz der Göttinnen wurde das Symbol in vielen Städten, Tempeln und Wappen weiter verwendet.[51] So auch in Byzanz/Konstantinopel. Die islamische Lehre lehnte ursprünglich die Verwendung heiliger Symbole ab. Als die Osmanen 1453 Konstantinopel eroberten, übernahmen sie die Mondsichel (samt Stern) zuerst als Symbol ihrer weltlichen Herrschaft. Diese überdauerte Jahrhunderte, in denen sie auf das Engste mit dem sunnitischen Islam verbunden war, was schließlich zur Identifikation der Mondsichel mit dem Islam führte. Heute kann sie auf den Flaggen der meisten islamischen Staaten gefunden werden, aber wenige wissen um die archaische Verbindung des Symbols mit dem *energetischen* Friedensverständnis.

---

48 Der Begriff *harem* bezeichnete ursprünglich den entsprechenden Sektor der Tempel. Ebenso kommt das Wort *hora* für Stunde vom Stundentanz der *horai*, der ägyptischen Tempelhuren. Auch der Begriff *Häresie* leitet sich von hier ab.

49 Das lässt sich etwa in der berühmten Erzählung der Vertreibung der Händler aus dem Tempel durch Jesus bei Johannes 2–23 nachvollziehen, in der die Taube als Opfertier, nicht aber als Symbol der Sexualität vorkommt.

50 Göttner-Abendroth 1980 S. 82.

51 Walker 1993 S. 733-737.

Als dieses im Mittelmeerraum noch sozialmächtig war, mussten die Heroen, um Könige im Sinne der Frieden aus Fruchtbarkeit zu werden, ihre Zeugungskraft beweisen, indem sie *harines* schwängerten. Später übernahmen Priester diese Aufgabe, bis die Rituale der Frieden aus Harmonie zu überwiegen begannen. Nicht nur Priesterinnen spendeten diese Gnade. Die Rituale der *Har* und all der Großen Huren wurden in vielen Gesellschaften auch von einfachen Frauen zelebriert, die auf diese Art periodisch ihre Friedensfeste mit den Besuchern der Tempel feierten, die bei den *harines* neben Rat und Geborgenheit sexuelle Ekstase und mystische Erleuchtung suchten und diese wohl auch fanden. In Babylon dienten viele einfache Frauen vor der Ehe im Tempel. In all diesen Gesellschaften nahmen die Heiligen Huren einen hohen gesellschaftlichen Rang ein und wurden für ihre Bildung geschätzt.[52] Eine Erinnerung daran lebt in der islamisch-sufistischen Vorstellung von den *huris*, die im Paradies warteten, fort.[53]

Arthur Evans schreibt zur minoischen Kultur folgendes:

> Das orgiastische Element, das so charakteristisch ist für diese ostmitteleuropäische Gruppe, ist hier ebenfalls sichtbar. Wir sehen, dass Früchte oder Säfte vom heiligen Baum als Mittel für spirituelle Obsession gebraucht werden, sie führen zu einem ekstatischen Tanz und manchmal sicherlich zu einer schamanischen Trance.[54]

Im griechischen Olymp lebten *Isthar*, *Astarte* oder *Har* als sinnveränderte Interpretation der ursprünglich zypriotischen *Aphrodite*, nicht als Friedensgöttin *Eirene*, und in Rom als *Venus*, nicht als Friedensgöttin *Pax*, weiter. Dadurch wurde die Trennung von Liebe und Frieden mythologisch vollzogen und der Friedenskult all dieser Göttinnen musste neuen Institutionen und den arischen Invasionen weichen. Er ging aber nicht völlig unter. In Indien erreichte er im Rahmen tantrischer Praktiken ab dem zweiten Jahrhundert unserer Zeitrechnung eine neuerliche, nachhaltige Blüte und wurde erst durch die islamische Invasion weiter zurückgedrängt. Im mediterranen Raum ging er in den *Kybele-*, *Dionysus-* oder *Bacchus*kulten auf und hatte somit

---

52 Walker 1993 S. 346f. und 882ff.

53 Beispielsweise in der Poesie des türkischen Meisters Yunus Emre. Zitiert in Makowski 1997 S. 167. Ausführlich dazu Chebel 1995 S. 196/197.

54 Evans 1931 S. 41.

in der griechischen und römischen Klassik noch lange Bedeutung als gegen die Macht der Polis und des Imperiums rebellierende Praxis.[55]

Im Kult um die Große Göttin wird die elementare Erfahrung des Menschen, untrennbar mit dem nährenden Schoß der „Mutter Erde" verbunden zu sein, anerkannt. Nicht Gegensatz, sondern Einheit, nicht Verworrenes, sondern Verwobenes stehen am Anfang. John Paul Lederach belegt dies sehr eindrucksvoll mit den Ergebnissen seines Versuchs, Alltagssprache als Ressource der Konflikttransformation anzuwenden. Er bringt dafür Beispiele aus Mexiko und Zentralamerika:

In Mexiko (sowie überall in Lateinamerika und auch in Spanien) etwa wird das Wort *desmadre* als Ausdruck einer konfliktiven Erfahrung verwendet. Wörtlich bedeutet es, ohne „anständige" Mutter zu sein, meint aber viel mehr, etwa Unordnung oder Chaos, die Abwesenheit des Friedensfaktors Mutter im System Familie.[56] Lederach ergänzt das mit einem anderen umgangssprachlichen Begriff für Konflikt, *enredo*, was als wörtliche Übersetzung mit „Verwicklung" wieder nicht ausreichend beschrieben ist. Es illustriert vielmehr die Grundvorstellung von vernetzten Beziehungen. Netze[57] verwickeln sich zeitweise, müssen dann entworren, gepflegt, eventuell neu verwoben und geknüpft werden. Gesellschaft ist aber Vernetzung und daher dieser Notwendigkeit dauerhaft unterworfen.[58]

Der Nachdruck, mit dem sich die Vorstellung von der *Großen Mutter* manifestiert, ist zumeist in Garten bauenden Subsistenzkulturen besonders groß. In dieser Form des Unterhalts spielt der physische Unterschied zwischen Mann und Frau eine geringere Rolle als im Ackerbau, der Viehzucht oder gar der Jagd. Selbst Schwangerschaften oder Säuglinge schränken die Frau im Gartenbau vergleichsweise wenig ein. Bei anderen Tätigkeiten, die

55 Im imperialen Rom gibt noch die Geschichte der Messalina, der Gattin Kaisers Claudius', ein relativ spätes Zeugnis davon, das die offizielle Geschichtsschreibung in eine schlichte *moralische* Verurteilung der Messalina zur Königin und Hure gewandelt hat.

56 Das müsste der Vollständigkeit halber mit dem Trauma der Massenvergewaltigungen im Zuge der *Conquista* in Verbindung gebracht werden. Die *chingada* ist (nicht nur) in der Tiefenkultur Mexikos ein Schlüsselbegriff, der in die Alltagssprache Eingang fand. Ebenso der *hijo de puta*, der aus der Vergewaltigten geborene Hurensohn. All diese Begriffe gemeinsam zeugen von der Langzeitwirkung der Gewalt gegen Frauen in all ihren Konsequenzen für die Identitätsbildung der mestizischen Kulturen. Diesen größeren Zusammenhang erwähnt Lederach nicht. Siehe dazu belletristisch, aber eindrucksvoll Esquivel 2006.

57 Der spanische Kernbegriff zu *enredo*, *red* bedeutet Netz und verweist in die Fischerei.

58 Lederach 1995 S. 76.

einen größeren Bewegungsradius oder mehr physischen Einsatz erfordern, ist das eher der Fall.[59] In diesem System wird die Fruchtbarkeit mit Weiblichkeit gleichgesetzt. Das in einem doppelten Sinn: Einerseits gibt die „Mutter Erde“ den Menschen Nahrung. Andererseits ist es die Frau, aus welcher die Frucht der eigenen Art geboren wird. Fruchtbarkeit ist weiblich und weiblich ist daher der Friede aus Fruchtbarkeit. Wenn die Früchte des Gartens und der eigenen Art ausreichend gedeihen, lässt sich der Ort der Zugehörigkeit finden, die Beziehung zu den Mitmenschen leben – und der innere Bergsee öfter aufsuchen. Aus diesem Grund wird die Große Göttin nicht nur in den Ritualen verehrt, sondern in jeder Frau Friede als göttlicher Aspekt geachtet.[60]

Dennoch liegt die Organisation der Gemeinschaften oft in der Hand von männlichen Führungspersönlichkeiten, die als Söhne der *Großen Mutter* betrachtet werden, als Geliebte der Großen Hure und meist als beides in einem. Der auf diese Art legitimierte Heros/König hatte die noble Aufgabe, dafür zu sorgen, dass es dem Volk der *Großen Mutter* wohl ergehe. Wenn die Felder Früchte trugen, das Vieh gesund war, das Fortkommen der eigenen Gruppe gesichert, war Frieden im Namen der *Großen Mutter*. Wurde dieser Zustand durch Missernten, Krankheit, Streit oder Invasionen gestört, so wurde dies als Unfrieden empfunden und der Geschäftsführung des Königs angelastet, der davongejagt oder als Sündenbock geopfert werden konnte, um sie wieder gütig zu stimmen. Sein Blut wurde der *Astarte*, der *Isthar*, oder wie immer sie lokal heißen mochte, geopfert, damit die Erde wieder fruchtbar würde, das Vieh Nachwuchs bekäme, die Krankheit verginge, der Streit aus der Gemeinschaft oder der Feind aus dem Land weiche.

Dieser Aspekt der Großen Göttin erscheint grausam, gewalttätig und unfriedlich. Ja, die Empathie für deren Friedensbegriff ist eine große Herausforderung für jeden *moralisch* oder idealistisch denkenden Menschen – eben weil er *moralisch* oder idealistisch denkt, bewertet und urteilt.[61] In einem *energetisch* begründeten Welt- und Friedensbild gibt es aber keine letzten Werte, sondern nur dynamische Beziehung. Daher sind in dieser Weltsicht

---

59 Wilber 2001b S. 203 und 463–472 unter Verweis auf Sanday 1981 und Chafetz 1984.

60 Shaw 1997 S. 284.

61 In diesem Sinn ist etwa der Umgang mit dem Sündenbockmuster im Werk des Religionsphilosophen René Girard zu lesen, das mir wegen seines anthropologischen Pessimismus in der Friedensforschung wenig dienlich erscheint. Beispielhaft für viele andere Texte Girard 1988.

absoluter Gewaltverzicht oder eine mimetische Spirale der Gewalt nicht einmal denkbar. Wie jedes Leben speist sich auch das menschliche aus anderem pflanzlichen oder tierischen Leben. Daher kann es nicht völlig auf das Verzehren anderen Lebens verzichten, sondern maximal zu Dankbarkeit und Respekt vor dem lebenserhaltenden Dienst des Sterbens des anderen für die Erhaltung des eigenen Lebens führen. Eventuell entsteht daraus eine *Moral*, die den Konsum jedweden Lebens ablehnt, das nicht selbst getötet wurde.[62] Deshalb ist der Begriff des Vernakulären in diesem Kontext so wichtig. Er unterscheidet nämlich nicht nur das selbst, am eigenen Hof oder im eigenen Haus Hergestellte vom am Markt Zugekauften, sondern er schließt auch das selbst Getötete mit ein. Es geht um die harmonische Balance aller Elemente. Gerät die Situation in irgendeine Richtung aus dem Gleichgewicht, sind Maßnahmen erforderlich, welche die Wiederherstellung dieser Balance zwischen Gesellschaft, Mitwelt und Göttinnenwelt (Himmel) erlauben. Gewalt ist dafür eines von mehreren möglichen Werkzeugen und selbst ein Menschenopfer hat in einem derartigen Weltverständnis offensichtlich seine Richtigkeit.

Das rührt daher, dass die Menschen solcher Gesellschaften Blut buchstäblich als Saft des Lebens interpretierten. Da Leben aus Blut geboren wird, braucht im Rahmen eines Friedens aus Fruchtbarkeit die alles erschaffende *Große Mutter* auch Blut, um neues Leben hervorzubringen. Das Blutopfer des Königs war daher nicht zwangsläufig als Strafe für sein Versagen zu verstehen, sondern als selbstverständliches Opfer für das Gedeihen der Art. Aus diesem Grund wurden die entsprechenden Rituale auch immer am Beginn des Vegetationszyklus durchgeführt.

Eine *moralische* Verurteilung dieses Umstandes mag der Selbstzufriedenheit des *modernen* Beobachters dienen, nicht aber dem Erkenntnisgewinn. Es gilt zuerst zu untersuchen, ob innerhalb dieses Rahmens, der Vorstellungswelt von der *Großen Mutter* oder der Großen Hure, alle Gesellschaften in derselben Weise zu Gewalt geneigt oder diese verweigert haben. Es überrascht nicht, dass es dazu unterschiedliche Ergebnisse gibt. Bei allen Unsicherheiten, welche die spärlichen Quellen offen lassen, scheint es manchen Gemeinschaften über erstaunlich lange Zeiträume hinweg gelungen zu sein, diese Balance zu halten und mit sehr wenig Gewalt auszukommen. Dabei scheint mir die Beobachtung entscheidend, dass in diesem Weltbild Gewalt

62 Daniélou 1984 S. 175ff.

zwar ein mögliches und durchaus akzeptiertes Mittel zur Wiederherstellung verlorener Harmonie war, zugleich aber keine sozialen oder spirituellen Regeln herrschten, die Ziele setzten, welche den Einsatz von Gewalt unvermeidbarer Weise verlangten. Es oblag dem Geschick derer, die diese Struktur verwalteten, die Balance zu halten und damit die Frieden zu sichern.

Bei der Betrachtung der grausamen Darstellungen von und Erzählungen über Menschenopfer ist zudem Vorsicht angebracht. Sehr oft dienten sie als Allegorien des Menschlichen und nicht als wahrhaft angenommene Manifestation des Göttlichen. Das heißt, sie sind dann Aufzeichnungen psychischer oder spiritueller Prozesse – von Träumen, Ängsten, Visionen – und nicht positive Quellen, die Geschichte erzählen wollen. Schließlich sei nochmals festgehalten, dass die *Große Mutter* auch als Aspekt des Vergehens auftritt und dann auch furchterregend aussehen kann. Dabei ist das Schreckliche nicht unfriedlich, weil das zyklische Vergehen, der Tod, als natürlich, zum Leben gehörig, verstanden wird. Diese zyklisch denkenden Kulturen verdrängen den Tod nicht aus dem Bewusstsein und akzeptieren das Sterben als Aspekt des Göttlichen, als transzendentes Einswerden mit dem Einen, *alaha*, sodass der Tod den Menschen lebend findet und das Leben nicht den Tod. Hier kommt wieder Wilbers Differenzierung zwischen der *Großen Mutter* und der Großen Göttin ins Spiel, denn die Art des Opfers, das den beiden darzubringen ist, ist höchst unterschiedlich:

> Der entscheidende äußere Unterschied besteht darin, dass die Opfergaben für die Große Mutter stets echten körperlichen Tod oder blutigen Mord zum Gegenstand hatten, während das Opfer der Seele für die Große Göttin ein Ich-Opfer war, das sich im Herzen abspielte und niemals körperlichen Mord zum Inhalt hatte. Mit Ausnahme des Blutopfers konnten sich alle anderen äußeren Formen der Rituale und Zeremonien recht ähnlich sein und waren es oft auch.[63]

Die Bedeutung des Ich-Opfers werde ich später im Kapitel über die *transrationalen* Frieden noch ausführlich diskutieren. Wilbers Hinweis auf sie bereits an dieser Stelle erscheint mir hilfreich, weil er damit auf die weniger spektakuläre, aber inhaltlich viel tiefere Interpretation des Ich-Opfers als spirituellen Weg zum höheren Bewusstsein hinweist und überdies ins Bewusstsein ruft, dass nicht jedes Ritual ein barbarisches Blutbad war. Das Schreckliche

63 Wilber 2002 S. 164.

des Todes ist die Vorstellung von Wesen, die ihre Grenzen nicht aufgeben können oder wollen. Ihnen kann der Tod nichts anderes bedeuten als bedrohliche, physische Sterblichkeit.[64] Die Angst vor ihm als Motivation für das *moralische* oder gar *moderne* Philosophieren über den Frieden benötigt die Vorstellung vom Vergehen im Tod.

Es geht hier noch nicht um einen solchen Vorstellungshorizont. Später werde ich diskutieren, dass die Grenzen des Seins, die das *moderne* Ich-Bewusstsein wahrnimmt, letztlich auch nur illusorisch sind. Denn wenn verstanden wird, dass das Ich keine definitive Einheit verkörpert, kann das, was sich im Tod auflöst, nicht das wirkliche Sein sein, sondern bloß eine Grenze, die nie real, sondern stets vorgestellt ist. Hat sich das Individuum die Illusion des Ich und seiner Grenzen erst einmal geschaffen, fürchtet es nichts mehr als dessen Auflösung, strebt nach symbolischer Unsterblichkeit.[65] Dieses Befinden ist allerdings ein zeitlich und räumlich begrenztes Projekt ganz bestimmter Gesellschaften. Auch wenn diese in den heute herrschenden Erzählweisen der Geistesgeschichte eine dominante Rolle spielen, liefern sie weder die einzige noch eine überzeitliche Interpretation des Seins. Ich komme darauf noch öfter zurück.

2 Die Frieden der Heiligen Hochzeit

Die zweite Perspektive auf *energetische* Friedensvorstellungen, die ich ansprechen möchte, leitet zur Vorstellung von Frieden aus Harmonie über. Frieden aus Fruchtbarkeit ist ihr nicht unbekannt, aber sie verwindet diese Vorstellung, was für die weiteren Betrachtungen in diesem Band ein wesentlicher Schritt sein wird.[66] Die äußeren Abweichungen zur ersten sind oft geringfügig, die Rituale ähnlich, Überschneidungen häufig und Übergänge fließend. Ich wende die Aufmerksamkeit aber von der *Großen Mutter* als lokalem und magischen Fruchtbarkeitssymbol in der Vorstellung von einem

---

64 Göttner-Abendroth 1980 S. 100. Siehe dazu auch Wilber 2001b S. 156. Ausführlich zu diesem Thema das Kapitel über die *transrationalen* Friedensinterpretationen in diesem Buch.

65 Wilber 2002 S. 388.

66 Damit sei auf das Kapitel E.3 dieses Buches verwiesen, in dem die Frieden aus Harmonie nochmals nachdrückliche Aufmerksamkeit erfahren.

matriarchalen Monotheismus[67] hin zu den eher mythischen Ritualen der Personifizierung von Macht und Raum, von Zeit und Materie, symbolisiert in der Feier der *Heiligen Hochzeit* als Friedensfest. Diese wurzelt im magischen Fruchtbarkeitsritual. Hier interessiert aber ihre Bedeutung in Gesellschaften, in denen Fruchtbarkeit und in der Folge Frieden nicht allein weiblich gedacht werden, sondern als Beziehung oder Einheit von weiblich und männlich. Es geht um Zusammenhänge, in denen sich der männliche Aspekt vom Heros zum Gott emanzipiert. Sehr oft spielt in diesen Gesellschaften Viehzucht eine größere Rolle.

Der Wandel vollzieht sich im Zusammenhang mit der Ausbildung politischer Macht einzelner Bevölkerungsgruppen und der Stellung ihrer männlichen Anführer. Mit dem Entstehen von Rivalitäten zwischen den einzelnen Gemeinschaften und dem dadurch bedingten Hervortreten von männlichen Herrscherpersönlichkeiten beginnen sich neue Gesellschaftsstrukturen auszubilden, in denen nicht nur allmählich die Unterdrückung der Frau im Alltag Platz greift, sondern auch eine Umdeutung des Rituellen. Die Männer emanzipieren sich in die Götterwelt, und Religion ist nicht länger Ausdruck des kosmischen Allzusammenhangs aus der Urkraft des Leben gebärenden und erhaltenden Weiblichen, sondern auch zweckbestimmter Ritual- und Kultverbund zum Errichten und Bewahren von Macht.[68]

Der Begriff *hieros gamos* oder *Heilige Hochzeit* bezieht sich auf die Vereinigung zwischen zwei Göttern, einem menschlichen und einem göttlichen Wesen, oder zweier Menschen im Ritual. Ursprünglich meinte er im alten Mesopotamien die ritualisierte und öffentliche Vereinigung zwischen dem Heros und der Priesterin als Repräsentantin der Großen Göttin. Verschiedene Überlieferungen bezeugen, dass dies im Rahmen eines öffentlichen Rituals stattfand.[69]

Dies wurde von dem Glauben begleitet, dass die menschlichen Partner während der Teilnahme an dem Ritual göttlich würden. In der *Heiligen Hochzeit* vereinigen sich also das Göttliche und das Menschliche im Geschlechtsakt. Mann und Frau nehmen die Identität der entsprechenden Göttin und des Gottes an und zelebrieren als Liebende deren Einheit. In diesem Ritual geht es den Teilnehmern und Teilnehmerinnen einerseits um Fruchtbarkeit für sich selbst, ihr Land und ihr Volk, andererseits und immer mehr um eine

67 Göttner-Abendroth 1988 S. 100.
68 Uhlig 1998 S. 56.
69 Kramer 1963 S. 485–527.

tiefe spirituelle Erfahrung – den Besuch am inneren Bergsee, demnach Frieden aus Harmonie.[70]

Habe ich vorher die Abbildung der *Inanna* als auf ihrem Heros *Tammuz* hockend angesprochen, vergleichbar der *Astarte* mit *Adonis* oder *Cybele* mit *Attis*, so bekommt in dieser Leseweise das Männliche zunehmend eine eigenständige Rolle. Es dient nicht einfach der Großen Göttin, sondern ist selbst Aspekt des Fruchtbarkeits- und Friedensprinzips, hat Namen und Funktion. Hier handelt es sich um die Vereinigung der Großen Göttin mit dem jeweiligen Vegetationsgott, der als jugendliche Gestalt nur ein kosmisches Jahr durchlebt, um mit dem Ende der Vegetationsperiode zu sterben und im Frühling als junger Gott wiedergeboren zu werden. Die bekanntesten Beispiele dazu kommen aus Mesopotamien, die dauerhaftesten aus Indien und China. Da vor allem aus den tantrischen Philosophien.

Tantra ist der Sammelbegriff für all jene Praktiken, Methoden, Riten und Techniken, in denen die Jahrtausende alten Erfahrungen der Yogis mit den universellen Prinzipien der Sankhya Philosophie verbunden werden. In seinem Kern bedeutet der Begriff Freiheit von allen geistigen Konstruktionen, Freiheit von allen Spielereien des Verstandes, Freiheit von allen Strukturen. Tantra interpretiert den Kosmos als göttlichen Körper und hält eine selbständige, außerhalb dieses universellen Körpers handelnde Person, einen unabhängigen Schöpfergott für undenkbar. Der Tantrismus nutzt daher alle physischen, psychischen, intellektuellen und spirituellen Potenziale des Menschen, um den Zusammenhang zwischen den diversen Aspekten des physischen Lebens und dem kosmischen Körper zu erfahren. Sexualität wird nicht mit Tabus belegt. Kein Leben, kein Fühlen, kein Denken und keine Spiritualität sind dem Tantrismus ohne den physischen Körper und seinen Lebensfunktionen möglich, die er als Basis, als „Fahrzeug göttlicher Erfahrung" betrachtet.[71] Dabei verehrt Tantra das Weibliche als schöpferische *Energie*, von der alles ausgeht und zu der alles zurückkehrt.

Tantrismus als Friedenslehre verstehen und gerecht beurteilen kann im Westen wohl nur, wer sich aus gewohnten Ordnungen und Prinzipien, wie sie die Institution Staat und patriarchale Religionen aufgestellt haben, befreit. Die durch das kirchliche Christentum oder auch den Islam vermittelten Wertmaßstäbe, die Dualismen von Gut und Böse, von Sittlich und Un-

70 Voss 1990.

71 Daniélou 1984 S. 148.

sittlich verstellen den Blick auf die tantrisch interpretierten und *energetisch* erlebten Frieden.

Im Tantra wird zwar wie auch im *matriarchalen Monotheismus* das weibliche Prinzip, *Shakti* oder *praktri,* als Tätige oder als Ernährende und Gebärende an erster Stelle verehrt. Sie kann aber nicht mehr ohne ihren männlichen Aspekt, *Shiva* oder *purusha,* als lenkendem Geist, der Kontemplation und Ruhe auskommen. Entscheidend ist, dass in dieser Lehre nicht in monotheistischer Weise die Personifikation einer einzigen Großen Göttin oder eines Gottes vorgestellt wird, sondern pantheistisch *das Göttliche* als eine einzige, allumfassende, aber unpersönliche *Energie*. Den menschlichen Sinnen manifestiert sich diese göttliche *Energie* dann eben als *purusha*, dem als männlichen, spirituell-*energetisch*, bewusst und passiv interpretierten Prinzip, sowie *praktri*, dem als weiblich, materiell-*energetisch,* unbewusst und aktiv verstandenen.[72] Das beinhaltet keine Wertung und im Grunde sind diese scheinbaren Gegensätze Eines.

Das Wort Tantra wird von der Sanskritwurzel *tan* für ausdehnen abgeleitet. Tantra bedeutet somit „das, was die Erkenntnis erweitert."[73] Der ganze Kosmos spiegelt sich im menschlichen Körper. Jedes Individuum ist gemäß tantrischer Lehre eine Manifestation der kosmischen *Energie.* Der Tantrismus als Erkenntnislehre stellt die Identität von absoluter und manifester Welt an den Beginn seiner Kosmovision. Das *Kalachakra*[74] illustriert diese Sicht. Es bedeutet Zyklen oder Rad der Zeit und beschreibt die Synchronisation, die Harmonisierung der äußeren und inneren Welten.

Das Äußere *Kalachakra* ist eine Beschreibung des Entstehens und des Aufbaus der manifesten Welt, der Planeten und der Sterne. Es stellt äußere Lebens- und Zeitzyklen, wie etwa die Tage des Jahres, dar und beinhaltet eine umfassende Kosmologie. Das Innere *Kalachakra* beschreibt die Lebens- und Zeitzyklen des menschlichen Körpers, insbesondere den Atem und den Fluss der subtilen *Energien* im feinstofflichen Körper. Dies dient auch als Grundlage der medizinischen Wissenschaft in Indien und China. *Das Kalachakra* stellt ein umfassendes Übungsprogramm für Praktizierende dar. Es beschreibt Methoden, wie die im Äußeren und Inneren *Kalachakra* beschriebene Basis, unsere Mitwelt und unsere Körper, in den Zustand der Erleuch-

---

72 Swami Veda Bharati 1986 S. 28/29 unter Bezug auf die Interpretation der Sankhya-Schule.

73 Uhlig 1998 S. 28.

74 Kalachakra for World Peace 2006.

tung umgewandelt, wie Harmonie und Frieden erreicht werden können. Ein wesentliches Element des Tantra besteht darin, dass sich die Praktizierenden nicht mit ihrem alltäglichen Ego und dessen endlosen Problemen identifizieren, sondern sich in entsprechenden Übungen als erleuchtete Wesen erleben.

Der Körper, der Kosmos und die Zeit sind die drei Elemente der tantrischen Weltsicht, wobei die Zeit nicht linear gedacht wird, sondern als zyklische *Energie* alles Seienden. Für die tantrische Metaphysik, ob nun in der hinduistischen, der buddhistischen oder der taoistischen Version, vereinigen sich im Urgrund alle Dualitäten und Polaritäten.[75] Daraus folgt die Darstellung und Vergegenwärtigung geistiger Prinzipien mittels sexueller Symbolik, da angenommen wird, die Polaritäten aktiv und passiv, weiblich und männlich, *Shakti* und *Shiva* bilden das Universum. Die *Energie*, die zwischen ihnen fließt, ist das Leben. Sie im Ritual zu vereinigen und vergegenwärtigen, bedeutet den Besuch am inneren Bergsee – Frieden.

Tantrische Praxis ist also ein spiritueller und mystischer Weg, der auf metaphysischen Annahmen beruht, zugleich aber dem sehr praktischen Friedensziel, nämlich der Aufhebung aller Dualitäten folgt. Da angenommen wird, dass alle Wirklichkeit *energetischer* Natur ist, Mikrokosmos und Makrokosmos verwoben sind, führt Tantra äußere Handlungen als Spiegel dieser inneren Ziele aus, wobei es sich dazu Bilder, Formen und Erzählweisen verschiedenster Religionen und Philosophien bedienen kann. Die Tantrika sehen die Sinneswelt nicht negativ. Sie sind keine Anhänger der Askese, weil diese mit ihrem ständigen Kreisen um Verzicht und Entsagen nur die Kehrseite eines heftigen Verlangens nach Besitz und Konsum ist. Der Asket mag diese Wünsche verdrängt haben, dennoch beschäftigt er sich durch sein Bestreben, Besitz und Konsum zu unterdrücken, unausgesetzt mit diesen. Tantrika benutzen alle Mittel körperlicher und geistiger *Energie*, um zur kosmischen Vereinigung zu gelangen, die sie als göttlich bezeichnen.

Die Große Göttin wohnt in dieser Version nicht in einem als irgendwo außen verstandenen Himmel. Die göttliche *Energie* liegt viel mehr im Körper jedes Menschen. Konkret wird sie an der Basis der Wirbelsäule jedes Menschen als *Kundalini-Energie* ruhend vorgestellt. Wenn sie mittels meditativer Praktiken und Rituale zum Leben erweckt wird, steigt sie auf, um auf ihrem

75 Eliade 1999 S. 165.

Weg die verschiedenen Chakren[76] zu öffnen und schließlich im obersten mit *Shiva,* dem männlichen Aspekt, vereint zu werden.

Ebenso wohnen nach dieser Vorstellung alle Hauptgottheiten im menschlichen Körper, meist im Zentrum der Chakren, und sie können als Aspekte der betreffenden Persönlichkeit gelesen werden. So wie *Shiva* und *Shakti* (*Parvati*) in der Figur des *Ardhanarishvara* in einem Körper vereint sind, wäre nach dieser Vorstellung auch die rechte Hälfte jedes Menschen männlich und damit *Shiva,* während die linke, weibliche Hälfte der *Shakti (Parvati)* entspräche. Auf diesen Aspekt der androgynen Einheit gehe ich weiter unten ein.[77]

Im hinduistischen Tantra besitzen alle weiblichen Göttinnen einen männlichen Gegenpart, woraus sich eine Vielzahl von Paaren und entsprechenden Glaubens- und Ritualgemeinschaften ableitet. *Radha* und *Krishna, Lakshmi* und *Narayana, Rama* und *Sita, Shiva* und *Parvati, Purusha* und *Prakriti* seien als unterschiedliche Manifestationen dieser im Kern stets gleich bleibenden Einheit der göttlichen *Energie* genannt.[78]

Die Meditationsgottheiten des jüngeren buddhistischen Tantra oder Vajrayana können in friedvollen, freudvollen und zornvollen Formen als Aspekte von Entstehen, Bestehen und Vergehen oder Himmel, Erde, Unterwelt erscheinen, wobei die freudvollen Gottheiten in sexueller Vereinigung, tibetisch dem *yab-yum,* dargestellt und visualisiert werden. Der Tantrismus tritt in vielen religiösen und philosophischen Strömungen in unterschiedlichen Erscheinungsformen, Ritualisierungen und Erzählungen auf. Jüngere sind dabei das chinesische Chen-yen oder Mizong, das japanische Shingon-shu[79] und vor allem das tibetische Vajrayana.

Im Tibetischen verbindet sich die Kernsilbe *shi* (Frieden) zu mehreren Bedeutungen: *Shi wa* bedeutet als Hauptwort *Frieden,* als Verb *befrieden, beruhigen. Shi de* ist die am meisten benutzte Kombination der Kernsilbe und heißt Frieden aus Glück, wobei durch diese Kombination die untrennbare Einheit von Frieden und Glück ausgedrückt wird und sich das Wort auf alle Bereiche vom persönlichen bis zum zwischengesellschaftlichen beziehen

---

76 Subtile Energiezentren, die als rotierende Räder vorgestellt werden. Zumeist werden sieben solcher Chakren vom Wurzelchakra bis zum Scheitelchakra angegeben. Ich komme darauf im Kapitel E.2 zurück.

77 Uhlig 1998 S. 34.

78 Das 2000 S. 179.

79 Camphausen 1999 S. 64–70. Mehr dazu in Kapitel C.1.

kann. *Shi ne* meint den Frieden, der aus und in der Meditation gewonnen wird.[80] In all diesen Variationen ist der Friedensbegriff mit der Vorstellung von der Leerheit und Einheit aller Dinge verbunden, wie sie für den tibetischen Buddhismus grundlegend ist.

In vielen Kulturen gibt es Paare von Göttern und Göttinnen oder abstrakte Prinzipien wie *Yin* und *Yang*, die Polaritäten und komplementäre Gegensätze bilden und in einem Prozess gegenseitiger Durchdringung, Wandlung, Trennung und Vereinigung, die höchste Einheit, die Frieden schlechthin, verkörpern. Die heilige Form der sexuellen Vereinigung, der *hieros gamos*, die *Heilige Hochzeit*, ist ein weit verbreitetes Phänomen, das sich in immer wieder neuen Formen seinen Weg bahnt und ein archetypisches Bild der Menschheit zu sein scheint.[81]

Die Welt der Großen Göttinnen ist nicht gottlos. Sie ist bevölkert von einer Vielzahl männlicher Heroen, die allmählich vergöttlicht werden. *Baal*, der Herr, bei den alten Semiten, ist der Heros, der Sohn und Liebhaber der Großen Göttin. Zugleich ist *Baal* auch die Bezeichnung für sterbliche Könige, deren Herrschaft einst durch rituelle Opferung beendet wurde. Im Zuge voranschreitender Staatsbildungen differenzierten und integrierten diese *Baalim* das Prinzip der Großen Göttin, wodurch die Einheit des weiblichen, für den Ackerbau zuständigen, und des männlichen, für die Viehzucht zuständigen, Fruchtbarkeits- und Friedensbildes ein häufig beobachtbares und gut nachvollziehbares Phänomen wird.[82]

Der sumerische Mythos von der *Heiligen Hochzeit* der Göttin *Inanna* mit dem *Tammuz* (*Baal*) entstand in vorhistorischen Zeiten. Der entscheidende Wandel, der sich seit dem dritten Jahrtausend in diesem Kulturgeschehen vollzogen hat, ist die zunehmende männliche Dominanz beim *hieros gamos*. War es zuerst der menschliche Heros, der zur Göttin *Inanna* hinauf stieg und so zum König wurde, so kam mit fortlaufender Institutionalisierung der männliche Gott von oben herab und vereinigte sich mit der irdischen Priesterin der Göttin *Isthar* oder *Inanna*, womit Abstieg und Unterdrückung des

---

80 Lekshe Tsomo, Karma (unveröffentlicht)

81 Lama Thubten Yeshe 1998.

82 Nur einer dieser Baalim, *Jahwe*, überwand letztlich die *Große Göttin* und unterdrückte seine männlichen Kollegen. Mit dieser männlichen Form des Monotheismus entsteht ein völlig neues Friedensbild. Walker 1993 S. 86–89. Weiler 1984 S. 92 ff.

weiblichen Elements manifest wurden. In letzter Konsequenz führte das zur Profanisierung des Rituals und zur Erniedrigung der Frauen.[83]

Göttner-Abendroth sieht den Aufstieg des männlichen Prinzips in den Mythen und Religionen entlang folgender Stufen:

- phallische Urschlange als Wasser oder Wind
- chthonischer Fruchtbarkeitsheros (Erdaspekt)
- astraler Fruchtbarkeitsheros (Sonnenaspekt)
- vergotteter Heros: Fruchtbarkeits-, Wetter-, Sonnen-, Totengott, sterbender und wiederauferstehender Gott
- unsterblicher Himmelsgott (Sonnengott)
- Fruchtbarkeitsgott (Land und Meer)
- Totengott (frühpatriarchale Triade)
- Allmächtiger Vatergott mit Sohn
- Verabsolutierter Vatergott als einziges Prinzip.[84]

Die Erniedrigung der Frau im aufsteigenden Patriarchat darf bei den weiteren Betrachtungen nicht übersehen oder vergessen werden, weil sie schwerwiegende Konsequenzen für die Wahrnehmung von Frieden in jeder Gesellschaft hat. Etwas provokant könnte ich sogar die These aufstellen, dass sich die Friedfähigkeit von Gesellschaft nicht zuletzt am Umgang mit ihren Huren ablesen lässt. Jedenfalls betrachte ich die Kommodifikation der *Heiligen Hochzeit* als Verirrung, die den Blick auf ihre tiefere Bedeutung nicht verstellen sollte, denn sie ist für unseren Kontext vorerst von größerer Bedeutung als *moralische* Kritik.

Ägyptische Inschriften lassen wissen: „Am Anfang war Isis, die Älteste der Alten. Sie war die Göttin, aus der alles Werden wuchs."[85] Das ist ein

83 Uhlig S. 68–75.

84 Göttner-Abendroth 1980 S. 123. Die Autorin setzt auf das zitierte Schema noch „abstrakte Prinzipien ohne Personifikation" und das „Nirwana" als oberste Stufen. Das scheint mir polemisch und so irreführend, dass ich es nicht aus dem sonst einsichtigen und hilfreichen Schema übernehme. Mir ist keine personifizierte Vatergottheit bekannt, die sich in abstrakte Prinzipien aufgelöst hätte. Göttner-Abendroth nennt kein Beispiel dafür. Vielleicht meint sie die Aufklärung, die Gott in Vernunft verwandelt hat, aber sie sagt das nicht. Es ist in ihrem Kontext jedenfalls widersinnig, da der allmächtige Vatergott stärkster Ausdruck eines moralisierenden Patriarchats mit einem letzten Wahrheitsbegriff außerhalb der manifesten Welt ist. Die abstrakten Prinzipien ohne Personifikation und das Nirwana im Buddhismus entstehen nicht entlang dieses Schemas.

weiteres altes Beispiel der *Großen Mutter*, die in Ägypten zuerst als Erdmutter *Nout* oder *Neit* auftritt, als deren Tochter *Hathor*, der Geliebten, Mutter und Tochter des *Re/Horus*, und schließlich als die bekannteste Form in der Gestalt der *Isis*. Auch sie ist Spenderin und Zerstörerin allen Lebens und Mutter aller Heroen/Könige/Götter.[86]

Isis/Hathor stand für den Thron Ägyptens. Die Pharaonen saßen auf ihrem Schoß und waren durch die Arme und Flügel der *Isis* beschützt.[87] In der ägyptischen Mythologie wird beschrieben, dass *Isis* und ihr Bruder *Osiris*, der männliche Gott der Fruchtbarkeit, der Erlösung und der Unterwelt, sich schon im Mutterleib liebten und einander Schutz und Geborgenheit spendeten. Deshalb wurden sie auch als Erwachsene ein Paar. Im entsprechenden Kult verschlang *Isis* den *Osiris* alljährlich und schenkte ihm das Leben wieder. Er wurde in Stücke gerissen und wieder zusammengesetzt. *Isis* formte ihm dabei einen neuen Penis aus Ton und hauchte ihm Leben ein. Daraufhin erhob sich *Osiris* und sie hielten *Heilige Hochzeit*, womit das Leben weitergehen konnte.[88]

Isis und *Osiris* bilden somit ein Götterpaar, in dessen alljährlicher kultischer Vereinigung der Zyklus der Schöpfung, des Lebens und der Zerstörung zelebriert wurde. Über die Ursprünge und gesellschaftlichen Auswirkungen dieses Kultes können wir forschen, spekulieren und streiten.[89] Sicher ist, dass er sich in verschiedensten Variationen über lange Zeiträume hinweg und großflächig ausbreitete, sowie Vorläufer vieler großer Erzählungen über das Geheimnis des Lebens und der Wiederauferstehung, Wiedergeburt und Erlösung war.

In welchem Verhältnis die nahezu weltweiten Entsprechungen dieses Kultes jeweils zueinander stehen, bleibt ebenfalls Gegenstand von Spekulationen oder wissenschaftlichen Interpretationen. Darin möchte ich mich nicht verlieren. Es sollten aber einige dieser Entsprechungen noch stellvertretend für viele andere genannt werden, um das Thema der *Heiligen Hochzeit* für die Zwecke der Friedensforschung weiter zu erhellen.

---

85 Zitiert nach Walker 1993 S. 464.

86 Göttner-Abendroth 1980 S. 54.

87 Galimberti 2005 S. 76.

88 Ausführlich dazu Walker 1993 S. 464–468 und S. 819–825.

89 Exemplarisch seien die diametral entgegengesetzten Einschätzungen und Interpretationen von Wesel und Göttner-Abendroth genannt. Wesel leugnet die Existenz des Matriarchats schlichtweg und Göttner-Abendroth hält es auf der Basis derselben Quellen für belegt. Wesel 1980; Göttner-Abendroth 1988.

Im römischen Kontext wird *Mars* zumeist als Gott des Kriegs überliefert. Zu diesem wurde er aber erst unter griechischem Einfluss, mit Entstehen des römischen Staatswesens und durch die Übernahme der hellenistischen Vorstellungen vom Kriegsgott *Ares*. In der älteren, etruskischen Phase war er noch der Gott der Viehzucht. Mythologisch ist er in dieser Version[90] der Sohn der *Marica*, der weiblichen Dreiheit von Geburt, Dämmerung und Neuem Jahr, die in dieser Version auch den Gott-König *Latinus*, den Stammvater aller latinischen Stämme zur Welt gebracht hat.[91] Ebenso bezeichnet das römische Wort *pax* als Wurzel zahlreicher europäischer Begriffe für Frieden (*peace, pace, paz, pau, paix* ...) im alten Latein zunächst das Prinzip der Fruchtbarkeit im Ackerbau.

Bei den Etruskern wurde eine Triade aus der Erdgöttin *Ceres* sowie dem männlichen und weiblichen Aspekt der animalischen Fruchtbarkeit, *Liber* und *Libera*, verehrt. Wie andere ältere Formen, wurden sie später mit griechischen Bedeutungen belegt, in denen sie *Demeter, Dionysus* und *Kore* entsprachen. Aus der Verehrung dieser Triade resultierten die *Liberalia*, die orgiastischen Festkulte, in deren Rahmen den jungen Männern erstmals die Männertoga umgelegt wurde. Wie *Liber* wurde auch der unteritalische *Bacchus* mit *Dionysus* assoziiert, sodass die drei Götter und ihre Verehrung letztlich allesamt für den *energetischen,* exzessiven und orgiastischen Aspekt des Friedens aus Fruchtbarkeit und Harmonie stehen.

Wie viele andere leiten sich *Pax* und *Mars* als komplementäre Prinzipien aus dem vernakulären Ambiente der vorimperialen Zeit ab und bekamen erst im Laufe der Staatswerdung Roms ihre hellenisierten Bedeutungen. Davor bildeten sie ein ganzheitliches, harmonisches Friedens- und Fruchtbarkeitsprinzip. Sie wurden erst durch die Ausbildung des römischen Staates und Imperiums und durch die Übernahme griechischer Vorstellungen zum Gegensatzpaar Krieg/Frieden pervertiert.[92]

Die Eigenschaften der *Pax* wurden in imperialer Zeit zunehmend auch mit *Venus* assoziiert, der alten römischen Variation der Großen Göttin, des Aspekts von Geburt, Liebe und Tod. In ihren Tempeln gab es, wie in den

90 Später, als Gott des Kriegs, wurde er zum Sohn des Götterkönigs *Jupiter* und seiner Gemahlin *Juno*. Ab da zählte er zu den bedeutendsten römischen Gottheiten und galt als Vorfahre des römischen Volkes und Vater der legendären Gründer Roms, Remus und Romulus.

91 Walker 1993 S. 679/680.

92 Simon 1988 S. 71–77.

zuvor beschriebenen Fällen, Schulen, in denen unter Aufsicht der *venerii*, der Heiligen Tempelhuren, sexuelle Praktiken gelehrt wurden, die den Weg zur göttlichen Gnade, der *venia,* öffnen sollten.[93] Im Zuge der Hellenisierung wurden die Eigenschaften der (domestizierten) griechischen Liebesgöttin *Aphrodite* auf die *Venus* übertragen, während *Pax* mit der griechischen *Eirene* gleichgesetzt wurde. Unter Kaiser Augustus gipfelte das in der kulthaften und gemeinsamen Verehrung der Göttin *Pax* als Symbol der römischen Weltherrschaft *(pax romana* oder *pax augusta*) mit der Siegesgöttin *Victoria* im Sinne eines Siegfriedens.[94]

Aus der *Heiligen Hochzeit* von *Mars* und *Pax/Venus* wurden so äußerst unterschiedliche Symbole und die hellenisierte *Pax* fand sich schließlich in einem dualen Gegensatz zum ebenso hellenisierten *Mars*. Ältere Darstellungen lassen über die ursprüngliche Praxis, den Bezug zu *hieros gamos* und die schrittweise Umdeutung, keinen Zweifel offen. So bezeugen sie die folgenschwere Verirrung der vormaligen Fruchtbarkeits-, Friedens- und Liebesgöttinnen zur imperialen *Pax Victoria* und *Venus Victrix* als „Bringerinnen des Sieges".[95] Auf römischen Münzen wird *Pax* mit dem Lorbeerkranz des Siegers, bewaffnet mit Lanze, Speer und Schild, den Fuß im Nacken eines besiegten Feindes abgebildet, *Mars* mit gesenkter Lanze und einem Ölzweig.

Ein ähnliches Bild liefert der europäische Nordwesten. In Irland tritt die den Landesnamen stiftende Erdgöttin *Erin* mit dem Heros *Lug* auf, in der keltischen Variante als Erdmutter *Dana* mit ihrem Heros *Dagda*. In Wales heißen sie *Modron* und *Bran.*[96] In der germanischen Mythologie tritt das Geschwister- und Liebespaar idealtypisch in *Freya* und *Frey* auf. Sie sind die Kinder der Erdmutter *Jörd*[97] und gehören zum Göttergeschlecht der (matriarchalen) Wanen, die im Gegensatz zu den kriegerischen (patriarchalen) Asen, mit Segen, Frieden und Reichtum assoziiert werden.[98]

Freya, die Bezeichnung für die Liebes- und Fruchtbarkeitsgöttin aus den ältesten Glaubensvorstellungen der Germanen war ursprünglich kein Name, sondern ein allmählich zum Range eines Namens aufsteigendes Nennwort

93 Walker 1993 S. 1132/1133.
94 Dinkler 1973 S. 22/23.
95 Mars/Venus 2006.
96 Göttner-Abendroth 1980 S.107.
97 Von den Römern als *Nerthus* überliefert.
98 Golther 2003 S. 191ff.

für „die Geliebte“.[99] Dies betont den in ihrem mythologischen Charakter am deutlichsten hervortretenden Aspekt. Dennoch ist *Freya* eine Göttin, die in allen Aspekten der Triade auftritt, auch als Mädchen und Greisin.

Da es keine südgermanischen Überlieferungen zu *Freya* gibt, wird angenommen, dass in der Wikingerzeit[100] eine Loslösung der wasischen Aspekte Liebe und Liebesmagie von dieser Großen Göttin unter dem Namen *Freya* erfolgte, während ihre asischen Aspekte, in *Frigg*, der Gattin *Odins* repräsentiert wurden. Damit wäre die Entwicklung ähnlich wie bei *Pax* und *Venus*. *Freya*, die unter weiteren Namen[101] auftritt, ist ursprünglich jedenfalls die „Herrscherin“ und zugleich wichtigste Liebes- und Fruchtbarkeitsgöttin, die viele Aspekte dessen repräsentiert, was ich bereits über die mediterranen Großen Göttinnen gesagt habe.

Auch *Freyas* Bruder *Frey*[102] hat eigentlich keinen Namen. Er ist der „Herr“ oder der „Same“. Als höchster Fruchtbarkeits- und Vegetationsgott wacht er über Regen, Sonnenschein und das Wachstum der Erde. Es überrascht nach allem bisher Gesagten nicht, dass sein Kult starke sexuelle Elemente enthielt und er zuweilen überhaupt nur in der Gestalt eines Phallus auftritt. *Frey* und *Freya* gemeinsam symbolisieren Frieden aus Harmonie, weibliche und männliche Lust und Fruchtbarkeit in sehr anschaulicher Weise. Zur Zeit ihrer *Heiligen Hochzeit* feierte auch das gemeine Volk in Riten sexueller Freizügigkeit. Wenn ihnen ein Opfer dargebracht wurde, stärkte dies jene Aspekte der RitualteilnehmerInnen und trug auf diese Weise zu Fruchtbarkeit und Harmonie bei. So folgten auch die alten skandinavischen Kulturen dem vertrauten Bild der *Heiligen Hochzeit* der Göttin mit dem Heros/König. In vorchristlicher Zeit heiratete *Freya,* oder ihre jeweilige Entsprechung den Heros und machte ihn dadurch zum König. Als Ehegatten der Fruchtbarkeitsgöttin erleiden diese den wirklichen oder den symbolischen Heldentod, wenn die Zeit ihrer Herrschaft zu Ende geht, wogegen die Göttin niemals stirbt.[103] Die mediterranen und nordeuropäischen Mythen

---

99 Golther 2003. S. 337ff.

100 Als solche wird zumeist der Zeitrahmen zwischen 517 und 1066 unserer Zeitrechnung angesehen.

101 Auch *Syr* (die Sau), *Gefn* (die Geberin), Frau, *Härn* oder *Hörn* (die heilige Hure), *Gerd* (Mutter Erde), *Lofn* (Liebe). Zur archaischen Symbolik der Sau im Kult der Großen Mutter siehe ausführlich, wenngleich nicht durchgehend überzeugend, Voss 1988 S. 69–242.

102 Auch *Freir, Fro, Frö.*

103 Walker 1993 S. 282–284.

sind bezüglich ihres über die Große Göttin und die *Heilige Hochzeit* transportierten Friedensverständnisses nicht nur ähnlich. Es bestehen etliche augenfällige Gemeinsamkeiten. In einigen Fällen ist der Wanderweg des Mythos und des Rituals vom Südosten in den Nordwesten nachweisbar.

Auch am anderen Ende der Welt, in Japan, gibt es in den Zwillingen *Izanami,* der Verkörperung des uterinen Meeres, und *Izanagi*, dem Symbol des phallischen Blitzes, ein fast deckungsgleiches Bild. Der Mythos berichtet, wie die beiden die Sexualität entdeckten und als Schöpfungsmagie benutzten. *Izanagi* versetzte das Meer in schäumende Bewegung, sodass die „Ur-Gebärmutter" die feste Materie hervorbrachte.[104]

In der Mythologie der Lakota Nordamerikas setzt sich das „Große Geheimnis", *Wankan Tanka*, stets aus einem weiblichen und einem männlichen Aspekt zusammen, die miteinander in Liebe verbunden sind. So etwa *Inayan*, der Felsen, mit *Wankinyan*, dem Donner, oder *Wi*, die Sonne, mit *Hanwi*, dem Mond.[105]

Es geht bei der *Heiligen Hochzeit* also um ein urbildliches Grundmuster, in dem sich Frieden aus der Dreiheit des als allgegenwärtig erlebten Göttlichen, das sich in der Großen Göttin manifestiert, dem Entstehen des Irdischen in lebenden Wesen und dem Opfer des Menschlichen, durch das sich diese mit dem Göttlichen verbinden, zusammensetzt. Die Umsetzung der entsprechenden Rituale mag örtlich und zeitlich, je nach kulturellen Umfeld variieren, vom faktischen Vollzug aller Beteiligten über öffentliche oder geheime Rituale der Aristokratie in Gemeinschaften mit zunehmender Männerherrschaft bis hin zu symbolischen Andeutungen und Ersatzhandlungen unter meist feindseligen Rahmenbedingungen patriarchal und *moralisch* orientierter Herrschaften.

Damit zurück zum tantrischen Denken, in dem es keinen Dualismus gibt, sondern nur eine Allverbundenheit der Erscheinungen, die ihren höchsten Ausdruck in der bildlichen Vereinigung der nur scheinbaren Gegensätze in den zahlreichen, vielgliedrigen und komplizierten *yab-yum*-Gruppen von Gottheiten findet. Dieses Bild steigert sich gelegentlich noch weiter zur Vorstellung von androgynen Gottheiten. So etwa im indischen Epos Kumarasambhava, in dem aus der endlos langen Begattung der *Parvati* durch *Shiva* eine zweigeschlechtliche Gottheit entsteht, *Ardhanarisvara.* Die Haartracht der Figur ist halb männlich, halb weiblich. Nur eine Hälfte des Kör-

104 Walker 1993 S. 469.

105 Little-wound 2008.

pers zeigt eine weibliche Brust und der Gesichtsausdruck vereint Schönheit, Anmut und Kraft. Auf manchen Darstellungen trägt die eine Hälfte weibliche Kleider, die andere männliche.

Fast deckungsgleich erzählt die griechische Mythologie von *Hermaphrodit*, dem Sohn des *Hermes* und der *Aphrodite*, aus dem durch die feste und dauerhafte Umarmung mit der Nymphe *Salmakis* ein zweigeschlechtliches Wesen entstand.

Helmut Uhlig[106] behauptet, dass in fast allen Volksreligionen der alten Hochkulturen androgyne Züge zu entdecken wären. Er deutet dies als einen Hinweis auf den archaischen Glauben, die Geschlechterteilung habe nicht immer bestanden, sondern stelle einen Spätzustand des Menschseins dar. Uhlig sieht neben *Ardhanarisvara* im körperlichen Einssein der großen Hindugottheiten *Vishnu* und *Lakshmi* eine weitere indische Parallele zu dieser Vorstellung. Er beruft sich auch auf Platons *Symposion*, in welchem der Autor den Komödiendichter Aristophanes als Charakter auftreten lässt, der von einem ursprünglich zweigeschlechtlichen Kugelmenschen erzählt. Dieser wäre durch seine Schnelligkeit und Geschicklichkeit den Göttern gefährlich geworden, weshalb *Zeus* den *Apollo* anwies, den Kugelmenschen so in zwei Hälften zu teilen, dass dabei Mann und Frau entstünden.[107] Seither verzehren sich die Menschen in der Sehnsucht nach Wiedervereinigung.[108]

Uhlig deutet das tantrische Ritual als einen Versuch, die Einheit der getrennten Geschlechter wieder herzustellen. Doch erst im Tod kann nach tantrischer Vorstellung diese alte Einheit, das geschlechtslose Sein, wiedergefunden werden. Frieden in diesem Sinne heißt Geschlechtsüberwindung, Rückkehr in jenen androgynen Zustand des kosmischen Seins, der nach diesem Glauben am Anfang war. Hier ist der Androgyn Ursprung und Ziel des Seins.

Alain Daniélou assistiert mit der Aufzählung eines weiteren Dutzends androgyner Gottheiten aus Kleinasien[109] und führt damit eine Erzählweise ein, die unserer bisherigen Geschichte auf das Erste zu widersprechen scheint. Für Daniélou wird ursprünglich der besagte Raum zwischen Ägypten und Indien nämlich friedenskulturell nicht durch den *matriarchalen Mono-*

106 Uhlig 1998 S. 20–34.

107 Dass just *Apollo* den Kugelmenschen entzweit, wird auch im Kapitel über die *Postmoderne* diskutiert.

108 Platon 2007.

109 Daniélou 1984 S. 64.

theismus verbunden, sondern durch die sich gegenseitig beeinflussenden Lehren und Riten um *Osiris, Shiva* und *Dionysus*, der unter den Namen *Bacchus* und *Liber* schließlich weit über Rom hinaus in den europäischen Norden und Westen dringt.

Der Widerspruch ist nur ein scheinbarer. Im bis heute gepflegten und aus vorvedischer Zeit stammenden Shivaismus Indiens wird, wie in den parallelen Mythen um *Dionysus* und *Osiris*, die Zentrifugalkraft, die zum Anfang des Universums führte, *Shiva* genannt. *Shakti* ist dem gegenüber die Zentripedalkraft, welche die Sonnensysteme und Sterne zusammenhält. Die harmonische und vitale Gleichzeitigkeit und Gleichwertigkeit der Gegensätze in allen Aspekten des Lebens prägt all diese Weltbilder und daher ist die Zuschreibung von männlich und weiblich zur einen wie zur anderen Kraft vorerst unerheblich und bloß perspektivisch, was das göttliche Androgyn perfekt symbolisiert. Dies dürfte für alle *energetischen* Welt- und Friedensbilder gelten, die von einem polymorphen Monotheismus geleitet sind.

Erst die zunehmende Institutionalisierung von Gesellschaft und Religion bringt die harmonische Deutung des Bildes ins Ungleichgewicht. Sie schreibt den Gegensatz der als weiblich interpretierten *Energie* zu der als männlich verstandenen Ordnung fest, und ersetzt mit den männlichen Aspekten *Vishnu* oder *Apollo*, was im Shaktismus als weiblich gegolten hatte.[110] Die im Mythos ausgedrückte Übernahme des Prinzips Materie, Ordnung oder Form in die männliche Sphäre verweist die als weiblich interpretierte *Energie* aus einer ursprünglich und untrennbar komplementären Position in eine nachrangige.

Das äußere Erscheinungsbild des *Dionysus* veränderte sich im Laufe der Zeit erheblich. Verkörpern seine frühen Darstellungen eher einen alten, bärtigen König, bei dem die männlichen Aspekte dominieren, erscheint er ab dem fünften Jahrhundert vor unserer Zeitrechnung – jener Achsenzeit, auf die ich noch ausführlich eingehen werde – als zarter Jüngling mit langem Haar, in Frauenkleider gehüllt. Ebenso sind die *Satyrn*, lüsterne Waldgeister, die *Dionysus* begleiten, in älteren Darstellungen halb Mensch, halb Bock, später anmutige Jünglinge. Männer, die an den *dionysischen* Ritualen teilnahmen, wurden im Laufe der Zeit immer öfter als verkleidete, Weintrauben tragende Frauen dargestellt.[111] Der androgyne *Dionysus* wird zum Repräsentanten der ursprünglich weiblichen *energetischen* Sphäre, die im Zeichen der

110 Daniélou 1984 S. 67.

111 The University of North Carolina 2006.

Herrschaft des männlichen, materiellen und Ordnung schaffenden *Apollo* als nachrangig, minderwertig und bestenfalls noch böse und bedrohlich betrachtet wird.

Diese Entwicklung hat einen wesentlichen Einfluss auf die Friedensbilder. In den älteren Erzählweisen wurden die androgynen Götter je nach Version von Titanen, der Dreifachen Göttin, drei Prinzessinnen, Priesterinnen, einem Eber oder einem Stier in Stücke gerissen. Die Variationen dieser Opfermythen zeigen *Dionysus* mit dem phallusförmigen Zepter als Urtyp des Erlösergottes. Anfangs wurde tatsächlich der König geopfert, um die Erde mit Blut zu befruchten. Der „Wein seines Blutes" wurde als Opfergabe dargebracht und *Dionysus* als Weinstock oder als Heiliges Kind wiedergeboren und in eine Getreideschwinge gelegt.

Im *dionysischen* Ritual erreichten die Priesterinnen, die *Maenaden* oder *Bacchantinnen*, durch ihre Hingabe und die Communio selbst Göttlichkeit, indem sie ein Opfertier, das den früheren Sündenbock-König und seinen die Erde erlösenden Tod repräsentierte, zerstückelten (*sparagmos*), sein noch warmes Fleisch und Wein in sich aufnahmen (*omophagia*) und nackt in Trance tanzten. Dazu sangen und spielten sie den Dithyrambus, einen enthusiastischen Wechselgesang.[112] Die TeilnehmerInnen an den Ritualen des *Shiva, Osiris* oder *Dionysus* vollzogen nicht bloß mehr oder minder brutale und lüsterne symbolische Akte. Die Verhaltensregeln, wie sie im *Linga Purana* festgehalten sind, geben über diesen Aspekt Auskunft:[113] Wer sich diesem Weg zur Suche nach Weisheit oder „Friede aus Glück" verschreibt, darf nicht stehlen, muss ein Wanderleben führen und von den sozialen Verpflichtungen der Ehe Abstand nehmen, absichtslos sein, auf materielle Güter verzichten und Gewaltlosigkeit (*ahimsa*) leben. Hinzu kommen Zügelung von Zorn, Gehorsam der SchülerInnen gegenüber den LehrerInnen, Sauberkeit, mäßige Diät und eifriges Studium. Die SchülerInnen mussten langwierige und strenge Übungen auf sich nehmen, um auf die Rituale entsprechend vorbereitet zu sein. Erst dann offenbart sich nach dieser Lehre der Friede in ekstatischen Ausbrüchen der schöpferischen Urkräfte des Alls. Der Sünder dieser Welt ist der Asket, ihre frömmste Gestalt die Bacchantin.[114] Die ursprüngliche Deutung des *energetischen* Prinzips als „Friede aus

112 Das Wort *Enthusiasmus* leitet sich von diesem ekstatischen Tun ab. Es meint wörtlich den Gott in sich haben.

113 Erstes Kapitel, 89, 24–29, zitiert nach Daniélou 1984 S. 210.

114 Schubart 2001 S. 29ff.

Fruchtbarkeit" scheint mir bis hierher unübersehbar. Zugleich wird damit aber auch ein zweiter Aspekt der *Heiligen Hochzeit* angesprochen, der mit diesen ekstatischen Ritualen untrennbar verbunden ist: die Suche nach Frieden als innerem Bergsee in der Vereinigung selbst. Daniélou weist darauf hin, dass im Shivaismus der Aspekt der Fruchtbarkeit nicht Teil des Vereinigungsrituals ist, und er hebt das Moment des unmittelbar erfahrenen Friedens aus Glück oder Frieden aus Harmonie in diesem Rahmen hervor. Sexualität und Tanz wären die unmittelbarsten Wege zur Verbindung des Menschen mit dem Übernatürlichen. Diese sei Zweck des Rituals.[115]

Im *Dionysus*-Kult lassen sich demnach Erlösungsvorstellungen beobachten, die mit der tantrischen Tradition Indiens und Ägyptens in den wesentlichen Aspekten übereinstimmen. Viele seiner Attribute gelten als Vorlage für spätere biblische Erzählungen vom Erlösergott. In jedem Fall leitet es in die Irre, die *Heilige Hochzeit* als simple Orgie oder „sündigen" Sex abzuqualifizieren. Im Shivaismus wie im *Dionysus*-Kult geht es um die Durchschreitung des Sexuellen – den zweiten Aspekt meiner einleitenden Überlegungen – zum Zweck der Erlösung, wie es sich idealiter in den androgynen Darstellungen von *Ardhanarisvara, Hermaphrodit, Dionysus, Osiris* oder auch von *Obatalá* im Voodoo, auf das ich noch eingehen werde, manifestiert. Ein gereifter Bacchant benötigt keine externen Ritualpartnerinnen, weil er jederzeit friedlich und glücklich dem weiblichen Prinzip in sich selbst begegnen kann, was umgekehrt auch für die Bacchantin gilt.[116] An dieser Stelle vereinen sich die yoginischen und die asketischen Traditionen zu einem Frieden aus Harmonie.

Wenn es im *dionysischen* Ritual nicht um Fruchtbarkeit sondern um Ekstase geht, bleibt dennoch die Frage offen, ob sich beide einfach trennen lassen. Daniélou[117] betont, dass der Shivaismus ursprünglich auf einer matriarchalen Gesellschaftsordnung basierte. Eigentum, Häuser, Land und Gesinde gehörten den Frauen und wurden von der Mutter zur Tochter weitergegeben. Der Mann führte in den vor-arischen Gesellschaften Indiens ein beschauliches Leben als Wanderer, Künstler, Intellektueller oder Krieger

115 Daniélou 1984 S. 76/77, 157, 199 und 214. Ebenso Kaller-Dietrich 2004 S. 104. und Campbell 1997 S. 90.

116 Dieses Thema werde ich im Kapitel D.4 im Zusammenhang mit der poststrukturalistischen Theorie des Feminismus von Judith Butler und Rosi Braidotti in neuer Form aufgreifen.

117 Daniélou 1984 S. 212.

und diente den Frauen im Übrigen zur Erbauung und Reproduktion. Der Mann war dieser Darstellung nach frei von der Sorge um den Nachwuchs und die Frage der Fruchtbarkeit mag tatsächlich im Wissen und Wollen der Frauen gelegen sein. Unter dieser Voraussetzung resultiert der Friede aus Fruchtbarkeit ausschließlich aus dem Geschick der Frauen, während der direkte Zugang zum Frieden aus Harmonie beiden Geschlechtern zugänglich ist. Zugleich ist er der einzige den Männern bekannte. Damit liegt es nahe, die Erzählung vom Frieden aus Harmonie als tendenziell männlich und jene vom Frieden aus Fruchtbarkeit als tendenziell weiblich zu qualifizieren. Und schon stellt sich die Frage, was mit einer solchen Übereinkunft passiert, wenn sich die gesellschaftlichen Rahmenbedingungen so elementar verändern, wie es im Indien der arischen Invasion geschehen ist.

Dass der konkrete Reproduktionsakt in der Ehe stattfinden und nicht mit einem ekstatischen Ritual verbunden werden soll, ist als *moralisches* Gebot nachvollziehbar. Doch genau das macht das Argument so verdächtig, denn gehört diese *Moral* nicht bereits zu einer Welt, in der das männliche Prinzip mit all seinen Vaterschaftsängsten und Besitzansprüchen die Oberhand gewonnen hat? Ist der Ausschluss des Fruchtbarkeitsprinzips vom Ritual der *Heiligen Hochzeit* als Voraussetzung für den Frieden aus Harmonie nicht der entscheidende Schritt, der Frauen, welche die Fruchtbarkeit der Welt und ihres Körpers feiern, in Objekte männlichen „Glücksbedürfnisses" verwandelt? Ja, leiten sich aus diesem Gebot nicht bereits Elitenbildung und Professionalisierung dessen ab, was ein gemeinschaftliches und gemeinschaftsbildendes Ritual war? War durch die Trennung der Friedensbilder von Fruchtbarkeit und Harmonie im Verlauf des Patriarchats die Unterwerfung unter seine *moralischen* Zumutungen nicht schon vollzogen? Sind elitäre Geheimlehren, wie sie quer durch die Geschichte vom *Dionysus*-Kult bis zum Voodoo nachgewiesen werden können, und professionalisierte Prostitution etwas anderes als das Resultat dieser Trennung?

Ich behalte diese Frage im Auge, wenn es im zweiten Kapitel über die fundamentalen Veränderungen geht, welche die so genannte Achsenzeit gebracht hat.

3 Die Große Triade

Ergänze ich die bisher gewonnenen Resultate um einen zusätzlichen Aspekt, gelange ich nicht zu einer neuen Kategorie, sondern zu einer Perspektive, die einen erweiterten, vielleicht vollständigeren Blickwinkel bietet. Am besten ausgedrückt fand ich sie in der Beschreibung der *Großen Triade* des Taoismus. Sie bezieht sich auf das Verhältnis von Himmel, Mensch und Erde. Mit dem Himmel ist dabei der Geist, das Wesen, „göttlicher Atem" gemeint, aber niemals ein als Person gedachter Gott.[118] Mit der Erde werden Materie und Natur bezeichnet und mit dem Menschen der Mittler, der an beiden teilhat. Die vollendete Friedfähigkeit des Menschen zeigt sich in der Ausschöpfung seines Potenzials in allen *yin-yang*-Aspekten. Als Synthese und Mittler nimmt er im Spannungsfeld von Himmel und Erde die zentrale Position ein und erkennt die zugrunde liegende Einheit der scheinbaren Gegensätze. In der Welt der Erscheinungen werden Geist und Materie vom dritten Element, dem Menschen, zusammengehalten, in dem sich die zwei vereinigen. Himmel, Erde und Mensch sind die Grundlage der Schöpfung. Der Himmel erschafft sie, die Erde nährt sie und der Mensch vollendet sie.[119]

Die häufigste Übersetzung des Begriffs „Tao" ist Weg und meint den Lauf der Gestirne, den Rhythmus der Vegetation, das Geschick von Gemeinschaften und Individuen. Die Auflösung scheinbarer Dualitäten und die harmonische Beziehung in der *Großen Triade* ist eine vollständige Umschreibung des *energetischen* Friedensbegriffs, die weit über die Grenzen Chinas und des Taoismus hinaus Gültigkeit besitzt. Sie spiegelt sich in verschiedensten Konstellationen, Beschreibungen, Begriffen, Ethiken und Ritualen vieler Kulturen wider und wird im Weiteren als zentraler Referenzpunkt dienen. Nicht zuletzt wird sie später an eher unerwarteter Stelle, nämlich im Zusammenhang mit der Strukturhypothese Sigmund Freuds in der berühmten Form von Überich – Ich – Es auftauchen.[120] Das Prinzip von *yin* und

118 Wimmer 2004 S. 189. Vergleiche hier den Widerspruch zu Göttner-Abendroths These. Im Tao beruht die Vorstellung des Göttlichen nicht auf der Vergöttlichung eines Heros. Eine ausgeprägte patriarchale Struktur lässt sich auf dieser Basis nicht konstruieren.

119 Cooper 1977 S. 87.

120 Siehe dazu das Kapitel E.2. über das *transpersonale* Friedensverständnis.

yang für weiblich[121] und männlich[122] schließt aber vorerst an das vorangegangene Kapitel an.

Die Vorstellung der symbolischen Vereinigung beider Prinzipien in der *Heiligen Hochzeit* und ein gleichsam androgyner Zustand der ursprünglichen und endzeitlichen Harmonie zwischen ihnen fällt nach allem bisher Besprochenen nicht mehr schwer. Der Androgynos ist ein anderes Wort für das *yin-yang*, das die vollkommene und absolute Einheit im Tao wiedererlangt hat. Es gibt kein strenges Entweder-oder mehr. Wer im Taoismus von „gut" oder „schlecht" spricht, fällt kein endgültiges, sondern ein Veränderungen unterworfenes Urteil. Er sagt, dass ihm etwas in den eigenen Augen, gerade jetzt, in einem bestimmten Zusammenhang als gut oder schlecht erscheint. Daher gibt es nichts, was an sich gut (richtig) oder an sich schlecht (falsch) wäre. Wie bei gut (richtig) und schlecht (falsch) gibt es auch bei schwach und stark keine Entscheidung, was das Bessere ist. Schwach wird nicht in einem herabsetzenden Sinn gebraucht, sondern es deckt sich symbolisch mit *yin*, das stets eines *yang* bedarf und es schon in sich trägt. Die Welt ist ein fließendes Spiel von Gegensätzen, die einander bewirken und sich wieder auflösen. Argumente, Standpunkte, Ideen sind relativ und relational. Alle mögen richtig oder falsch sein. Ich-Bewusstsein und Wahrnehmung täuschen. Das bedeutet, dass jedes Urteil auf die jeweilige Perspektive und die je eigenen Beziehungen baut, und das bezieht sich auf alle Sachverhalte. *Yin*, das negative Prinzip ist von erhabener Passivität, *yang*, das positive Prinzip von kraftvoller Aktivität. Die Wechselbeziehung zwischen beiden mündet in jene Harmonie, durch die alle Dinge geschaffen werden.

Somit wird klar, dass Frieden in dieser Weltsicht nur als vom Menschen wahrnehmbare und herstellbare Harmonie zwischen Himmel und Erde verstanden werden kann. Alles, was außerhalb dieser Harmonie steht, sei es physisch, psychisch oder geistig, sei es im Individuum oder in der Welt im Allgemeinen, muss als ein Versagen oder eine Störung des Gleichgewichts von *yin* und *yang* betrachtet werden. Diese Störung ist ein natürlicher, alltäglicher Vorgang. Ebenso die Homöostase, der natürliche Drang zur Rückkehr zum Gleichgewicht. Aus der Balance und ins Gleichgewicht zu geraten, wäre demnach ein natürlicher Vorgang im Leben von Einzelnen und Grup-

121 Daraus abgeleitet: unten, kalt, rückwärts, abwärts, Kontraktion, Absinken, Wasser, dunkel, Materie, Stillstand, passiv, Wirklichkeit, Welt.

122 Daraus abgeleitet: oben, warm, vorwärts, aufwärts, Expansion, Aufsteigen, Feuer, hell, Energie, Bewegung, aktiv, ideal, Geist.

pen, und eine scharfe Trennlinie zwischen beiden lässt sich nicht ziehen. Sie ist dynamisch.[123] Diese Erkenntnis veranlasste Karl Jaspers zu der poetischen Aussage:

> Wir leben nicht in der Ewigkeit vollendeten Einklangs der Seelen, sondern in der Zeit des stets unvollendeten Anderswerdenmüssens.[124]

Ist das *yin-yang* aber einmal so weit aus dem Gleichgewicht geraten, dass dem Drang zur Harmonie nicht mehr gefolgt werden kann, zerfallen die zwei großen kosmischen Kräften zur Dualität von einfachem Gut und Schlecht, was die Existenz von guten und schlechten Akteuren nahe legt. Diese Vermutung breitet sich dann im Bewusstsein der Massen aus und verbindet sich mit deren Emotionen, Wünschen und Leidenschaften, wie sie dem Menschen eigen sind, zur Inbalance des Systems, Unfrieden, der seinerseits Angst erzeugt und dadurch das Ungleichgewicht in dynamischer Weise in die Katastrophe führt.

Aus diesem Grund ist der Begriff für Frieden im chinesischen Kanton, *he ping*, ein abgeleiteter. Er verbindet Frieden (*ping*) mit Harmonie (*he*) zu einem philosophischen Konzept, das vorerst mit „Friede aus Harmonie" übersetzt werden kann. Dabei ist das Zeichen für *ping* ein Zusammengesetztes. Dessen Elemente lassen sich getrennt mit „alles auf der Welt"[125] und „ruhiger Atem" übersetzen, womit Frieden „ruhiger Atem auf der ganzen Welt" wäre.

Aufgrund der *Großen Triade* ist Friede, ruhiger Atem auf der ganzen Welt, aber für sich allein, als Einzelbegriff oder Zustand, im Tao nicht denkbar, sondern nur als aus der Harmonie von *yin* und *yang* abgeleitete Wahrnehmung. Das Zeichen für Harmonie, *he*, ist ebenfalls zweigliedrig, wobei der eine, linke Teil, das angeatmete *h* die Aussprache vorgibt und für Göttlicher Atem oder Lebenshauch steht,[126] der zweite auf Mund als Inhalt verweist und zusammengesetzt Echo oder Resonanz in einem musikalischen Sinn meint.[127] Der Begriff wurde deckungsgleich ins Japanische übernom-

123 Capra 1987 S. 174.

124 Jaspers 1955 S. 150.

125 Alles unter dem Himmel.

126 Riccabona 2004 S. 8–11.

127 Eine andere Bedeutung stammt aus der Küche und meint das geschmackvolle Zusammensetzen der Ingredienzen für eine Speise.

men und lautet dort *he wa*. Frieden aus Harmonie ist in all den aus dieser Wurzel stammenden Bedeutungen die „Resonanz des Göttlichen Atems". Der entsprechende Friedensbegriff meint in seiner Ganzheit den „ruhigen Atem in Resonanz mit dem Göttlichen Atem in der ganzen Welt",[128] womit ich wieder bei einer Entsprechung der einleitenden Metapher von der frischen Luft und am sprichwörtlichen Bergsee angelangt wäre.[129] Auf dem Weg zu diesem Bergsee spielt im Tao die Rhythmisierung und Kontrolle der Atmung eine zentrale Rolle. Diese Technik ist im Westen als embryonale Atmung, *t'ai-si,* bekannt geworden. Im Gegensatz zum indischen *Pranayama* dient sie nicht der Vorbereitung zur spirituellen Konzentration, sondern sie verwirklicht diese für sich selbst.[130]

Harmonie entsteht im Tao, wenn der Mensch die Resonanz des göttlichen Atems, den Fluss des Natürlichen, möglichst wenig stört. Daher liegt die hohe Kunst in jeder Art des Denkens, des Sprechens und des Handelns im Tao darin, nicht willkürlich in den Lauf der Dinge einzugreifen. Wenn keine Verwirrung gestiftet wird, verhalten sich alle Dinge entsprechend ihrem Tao und es herrscht Friede. Das Geschehenlassen, *wu-wei*, ist eine Tugend des taoistischen Friedensverständnisses.[131]

Das mag einfach klingen, ist aber in der Praxis schwer zu leben, weil jede neue Situation, jede neue Herausforderung eine unmittelbare Reaktion des Menschen erfordert, der nach taoistischem Verständnis zu leben versucht. Er kann dabei auf keinen festgeschriebenen Kanon, keine Normen oder ewigen Gesetze zurückgreifen und unterliegt dennoch einer kosmischen Ethik. Für Menschen, die eine dem Tao entsprechende Lebensform, *te*, anstreben, stehen nur literarisch anspruchsvolle Lehrgedichte, Anekdoten, Betrachtungen, Sinngeschichten und Allegorien zur Verfügung, die das chinesische Menschenbild zutiefst geprägt haben und Orientierung geben mögen, nicht aber verbindliche Handlungsanleitungen zur Erhaltung der Harmonie, der Resonanz mit dem göttlichen Atem in der ganzen Welt der *Großen Triade*.[132]

Harmonie, die Resonanz des göttlichen Atems, entsteht in diesem Sinn zuallererst im Menschen selbst. Daraus wächst die Harmonie mit den ande-

---

128 Kam-por (unveröffentlicht).
129 Kam-por (unveröffentlicht).
130 Eliade 1999 S. 73.
131 Wimmer 2004 S. 189.
132 Wimmer 2004 S. 190.

ren und daraus wiederum die Harmonie mit der Welt. Es ist die Bestimmung der menschlichen Welt, der Harmonie der natürlichen Welt zu folgen. Für den Einzelnen geht es dabei um das Vermeiden von Schwierigkeiten, das Nachgeben und maximales Verständnis für die Haltung anderer. Auf einer höheren Ebene ist es die Leidenschaftslosigkeit, die zur Befreiung von Spannungen und auf den Weg zur eigenen Verwirklichung führt. Friede manifestiert sich durch die Nicht-Begierde und das Nicht-Bestimmen-Wollen, das Geschehenlassen.[133]

> Wu Wei, wenn es wirklich erreicht wird, wenn es ganz verwirklicht ist, ist einer der seltenen Augenblicke des Lebens, die als wirklich, echt, spontan, rein, natürlich und frei betrachtet werden dürfen. Diese seltenen Augenblicke bedeuten in unserem Leben den Höhepunkt einer unaussprechlichen „Entsprechung", einer süßen Harmonie des Friedens und der Ruhe.[134]

Wu-wei bedeutet Geschehenlassen, Verzicht auf Sicherheit. Das Leben ist dynamisch, stets sich verändernd. Die Idee der Sicherheit weckt unweigerlich den Gedanken an die mögliche Unsicherheit. Durch die Beschäftigung mit dem Morgen, dessen Probleme vielleicht nie kommen werden, wird Angst kreiert und die Gegenwart bleibt ungelebt. Daher ist im Tao der völlige Verzicht auf Sicherheit paradoxerweise die einzige Möglichkeit zur Sicherheit, die jemals existierte.[135]

Wu-wei schließt auch Mission und Bekehrung aus, die den einzelnen nur verwirren und vergewaltigen. Die Frieden sind nicht exportierbar, denn das würde voraussetzen, dass die einen mehr darüber wüssten als die anderen, was in einem harmonischen System, in dem der gleichmäßige Atem in der ganzen Welt widerhallt, nicht der Fall sein kann. Im Tao kann kein Gott, keine Herrschaft, keine Wissenschaft oder Autorität zeigen, was richtig ist. Jedes Ding und jedes Lebewesen hat seine eigentümliche Natur, und wird erst vollkommen, wenn es diese verwirklicht. Daraus folgt, dass jede Form der Gewalt, also auch intellektuelle und kulturelle, für den Menschen im Tao eine Unmöglichkeit bedeutet. Sie ist immer symptomatisch für Unbeherrschtheit, kennzeichnet Inbalance und damit das Ende der menschlichen

---

133 Cooper 1977 S. 77.

134 Béky 1972 S. 88.

135 Dieses Argument wird ebenso unterhaltsam wie überzeugend aufgearbeitet von Watzlawick 1991.

Würde. Wer einen Konflikt beginnt, wird als Verlierer betrachtet. Wer die Waffe, auch die geistige, zuletzt erhebt als tapfer. In einer solchen Atmosphäre des Denkens werden Krieg und Gewalt als unnatürlich betrachtet, als tiefe Entwürdigung des Menschen.

Frieden bedeutet in dieser Denkweise Gewaltlosigkeit und basiert nicht auf Schwäche oder Feigheit, sondern ist nur bei jenen möglich, die den wahren Mut der Zurückhaltung und Klugheit besitzen, den Hang zur Vergeltung zu überwinden. Das Gesicht zu wahren, wie es die alten Chinesen forderten, hat somit einen tieferen Sinn. Wenn beide Parteien vorweg anerkennen, dass das Vorliegen eines Streits bereits Folge ihres Handelns oder Begehrens ist, und ihren Anteil an der Disharmonie akzeptieren, bleibt im Zuge der Konflikttransformation keine Verbitterung zurück, aus der sich künftige Konflikte ableiten könnten. Die *win-win*-Maxime der *modernen* Mediation war in der taoistischen Weltsicht immer schon angelegt.

Aus all dem folgt, dass im Tao die Menschen im natürlichen Zustand einfach leben. Erst mit der Herrschaft kommen Künstlichkeit und Nützlichkeit in die Gemeinschaften. Jede Regierung zwingt in dieser Weltsicht die Menschen dazu, denselben Standards zu folgen, was der Natur jedes einzelnen zuwiderläuft. Regierungslosigkeit wäre somit die beste Regierung. Für den Taoismus bedeutet die Institution Störung der Harmonie und damit des Friedens. Ebenso wird die Idee des Fortschritts abgelehnt, weil sie den Menschen von seinem Ursprung wegführt.[136]

In diesen letzten Punkten spiegelt der Taoismus die gesellschaftlichen Verhältnisse der Zeit seiner Entstehung. Auch wenn, wie immer in solchen Fällen, keine präzise Geburtsstunde dieser Lehre genannt werden kann, gewinnt er doch auf älteren Traditionen basierend in der berühmten Achsenzeit zur Mitte des letzten Jahrtausends vor unserer Zeitrechnung Gestalt. Er schlägt sich im Tao Te King nieder, das dem Laotse zugeschrieben wird und zu den meistgelesenen und meistzitierten Texten der Welt gehört. Die historische Existenz des Laotse ist umstritten, aber der Taoismus weist in jene Phase der chinesischen Geschichte, in welcher der Übergang vom Gemeineigentum zum Privateigentum an Grund und Boden erfolgte, das Geldwesen entstand, arbeitsteilige Wirtschaftsformen eingeführt wurden und damit das Feudalwesen mit einem festen Beamtenapparat entstand.[137] Der Taoismus ist der philosophische Ausdruck des Widerstands gegen diese

136 Cooper 1977 S. 77–87.
137 Wimmer 2004 S. 86.

Entwicklung, weshalb er trotz aller Synkretismen mit dem konformistisch-normativen Konfuzianismus im Widerstreit stand.

Der Taoismus liefert in philosophischer Hinsicht die wahrscheinlich klarste, einfachste und zugleich reifste Interpretation *energetischer* Friedensvorstellungen. Die Überzeugungskraft des Konzeptes sollte aber nicht zu der Einschätzung verleiten, dass es so einfach zu leben wäre, wie es zu verstehen ist. Aus der *energetischen* und daher ästhetischen Grundlage der *Großen Triade* folgt ein ethischer, aber niemals vollständiger Wertekanon, den Menschen wie Gemeinschaften situativ auslegen und dementsprechend handeln müssen. Dies erfordert ein hohes Maß an ethischer Reife und ästhetischem Feingefühl, denn der natürliche Gang der Welt in all seinen Zusammenhängen muss vom Menschen, der taoistisch handelt, gelesen und gelebt werden können. Diese Anforderung liegt weit ab von der bequemen, weil fest verfügten Moralität der *modernen* Gesellschaften, und doch – sie ist menschenmöglich, was quer durch die Geschichte in vielen Zusammenhängen gedacht, gelebt und bewiesen wurde.

Vom Friedensbegriff des Tao ist es nicht weit zum indischen *ahimsa*, das nicht nur nach den bisherigen Betrachtungen, sondern auch aufgrund der dem westlichen Geist zugänglichen Übersetzungen und Interpretationen, die vor allem Mahatma Gandhi hinterlassen hat, leicht nachvollziehbar ist.[138]

In vielen indischen Sprachen wird für Frieden das Sanskrit-Wort *shanti* verwendet. Es bedeutet eigentlich die Befreiung der menschlichen Seele von der Wiedergeburt und ist ein metaphysischer Begriff. Das im Westen bekanntere Wort *ahimsa* steht im Sanskrit nicht für Frieden, sondern wörtlich für Nicht-Verletzen und meint Gewaltlosigkeit, nach der kein Lebewesen getötet oder verletzt werden soll. In der Tradition des Yoga gilt *ahimsa* auch und vor allem dem eigenen Körper, weshalb Exzesse asketischer Praxis hier abgelehnt werden. In Analogie zum Tao steht *shanti* demnach auf der Ebene von *he ping*, und *ahimsa* auf der von *wu-wei*. Zur Kontextualisierung dieser Friedensvorstellung sind einige zusätzliche Grundbegriffe aus der indischen Philosophie[139] als Bezugspunkte nötig: *ātman*, *brahman, karma* und *dharma.*

---

138 Gandhi 1968; Parekh 1997; Richards 1992.

139 Wo ich diesen bewusst unscharf gewählten Begriff verwende, meine ich Gemeinsamkeiten der Vedanta-Schulen mit der Samkhya-Philosophie und allen in Indien vertretenen Richtungen des Buddhismus. Wenn ich mich im Weiteren auf eine bestimmte Lehre beziehe, wird dies jeweils gesondert ausgewiesen.

Atman erinnert phonetisch an das deutsche Wort Atem. Es ist etymologisch mit ihm verwandt und meint auch dasselbe. Es bedeutet Lebenskraft und Ich-Bewusstsein, nicht aber das Ich der manifesten *persona*.[140] Denn die Geschöpfe der Welt existieren nur in ihrem Bewusstsein und dieses ist Teil einer allgemeinen Weltseele, dem *brahman*,[141] in der alles mit allem verbunden ist.[142] Als anschaulicher Ausdruck dieser Allverbundenheit diene das Bild vom Netz des *Indra*, des hinduistischen Gottes der Atmosphäre, des Sturms, des Regens und der Schlacht. Er hat vier Arme. Einer hält einen Blitz, der zweite einen Speer, der dritte Pfeile und der vierte das besagte Netz. Dieses besteht aus unzähligen geschliffenen Edelsteinen mit einer Vielzahl von Facetten, in denen sich die Edelsteine widerspiegeln und bis ins Unendliche reflektiert werden. Keiner davon existiert für sich. Jeder ist verbunden und spiegelt sich in allen anderen wider.[143]

> World existence is the ecstatic dance of Shiva, which multiplies the body of the God numberlessly to the view; it leaves that white existence precisely where and what it was, ever is and ever will be; its sole absolute object is the joy of dancing. The Supreme in itself is the timeless and spacelesse pure Existence, one and stable, to which measure and measurelessness are inapplicable. [144]

Neues wird daher nie geschaffen, aber die *Energie* verändert ständig ihre Form. So, wie der Topf schon im Tonklumpen vorhanden ist, die Skulptur im Holzklotz, der Eiswürfel im Wasser ist *ātman* in *brahman* angelegt und verändert stetig seine Form.[145] Beide bilden eine untrennbare Einheit. Befreiung der menschlichen Seele von der Wiedergeburt meint damit das Aufgehen der persönlichen Aspekte in der Weltseele, das Verschwinden der individuellen Wesenhaftigkeit.

Aus dieser Vorstellung von Erlösung leitet sich eine Ethik ab, die dem Individuum Hinweise gibt, wie dieses Ziel erreicht werden kann. Dies geschieht nicht in Form von Geboten, sondern durch die Erklärung einer Kette von Kausalitäten, die *karma* genannt wird. Je nach der Wirkung der

---

140 Siehe dazu ausführlich das Kapitel E.2 über *transpersonale* Frieden.

141 *Brahman* ist nicht mit dem jüngeren Gott *Brahma* zu verwechseln.

142 Ich folge der Auffassung der Advaita-Vedanta nach Shankara. Zu allem hier Gesagten wird in anderen Schulen auch die gegenteilige Position vertreten.

143 Zettel 2006.

144 Sri Aurobindo 1960 S. 119.

145 Swami Veda Bharati 1986 S. 29/30.

Taten im einen Leben findet sich das Wesen im nächsten in der einen oder anderen Form wieder, bis die Erlösung von diesem Kreislauf im Aufgehen des *ātman* in der Urenergie des *brahman* erfolgt. Dieser Weg wird in den Upanishaden vorgeschrieben. Er umschreibt das Hauptziel der asketischen Entsagungskulte.[146]

Shanti ist ein *energetischer,* persönlicher und metaphysischer Friedensbegriff. In der materiellen Welt kann er sich nicht selbst manifestieren sondern nur durch die Taten und Beziehungen der einzelnen Wesen, die sich im Sinne der Lehre auf ihn zubewegen. Ebenso ist das *karma* selbst nicht manifest. Es äußert sich durch die Taten der Wesen.

Der Bezugspunkt dafür ist das *dharma.* Das ist ein absolutes und allgemeines ethisches Gesetz, das alle sekundären, bedingten und besonderen *dharmas* umfasst und transzendiert. In den Veden gibt es ein ultimatives Gesetz, das aus der Urenergie resultiert, aber seine konkrete Manifestation hängt vom Erkennenden ab, wodurch es trotz seines Absolutheitsanspruchs nicht hermetisch ist. Die meisten Hindus gehen davon aus, dass das *dharma* zwar ewig ist, inhaltlich aber veränderbar und nicht zu allen Zeiten gleich. Das wiederum ist nur aufgrund ihres perspektivischen Verständnisses von Wahrheit möglich.[147]

Diese Sicht repräsentiert nicht die indische Philosophie schlechthin, denn ihr Weltbild wird nicht nur von den *nástika*-Philosophien[148] des Buddhismus, Jainismus und Cárvaka teilweise oder vollständig abgelehnt, sondern auch von hinduistischen Reformbewegungen, welche die Belohnung für ethisches Verhalten in der manifesten Welt erwarten. Der Hinduismus ist kein geschlossenes Glaubenssystem, das auf einer einheitlichen Lehre fußen würde. Mehr als eine Religion ist er die Zusammenfassung unterschiedlicher Philosophien, Ritualformen und Nomenklaturae, deren größte Gemeinsamkeit der polymorphe Monotheismus darstellt, auf dem all diese Systeme fußen.[149]

Das *dharma* wird im brahmanischen Hinduismus einfach zum rechten Handeln gemäß den sittlichen Geboten und Pflichten der Kaste. Hier be-

146 An diesem Punkt unterscheiden sich die asketischen Traditionen Indiens substantiell von den tantrischen, obwohl sie viele mythische Aspekte, Bilder und Praktiken teilen.

147 Sharma 2003 S. 384.

148 *Nástika* bedeutet die Leugnung der transzendenten Welt und im indischen Kontext das Bestreiten der Autorität der Veden. Zahner 1970 S. 70 und Wimmer 2004 S. 212ff.

149 Sharma 1939 S. 10.

kommt das *dharma* einen normativen und hermetischen Charakter, den es in der vorherigen Interpretation nicht hatte. Was aber alle Lehren gemeinsam haben, und das ist an dieser Stelle von größerer Bedeutung als die Myriade von Abweichungen und Sekten, ist *ahimsa,* der Grundsatz, kein Lebewesen zu töten. Obwohl dieser Grundsatz nicht eigentlich Frieden bedeutet, ist er doch die manifeste und damit zentrale Konsequenz dieses in seinem Ursprung *energetischen* Friedensbegriffs. Auch *ahimsa* unterliegt der perspektivischen Relativität des *dharma* Begriffs, weshalb es gläubigen Hindus einiger Ausrichtungen, etwa des Shivaismus, durchaus möglich ist, blutige Opferrituale durchzuführen.

Die indischen wie auch die chinesischen Friedensbegriffe strahlten weit über die Grenzen der jeweils eigenen Kontexte hinaus. Im gesamten ost- und südostasiatischen Raum lassen sich ihre Einflüsse beobachten. Dort vermischten sie sich mit vernakulären Auffassungen und anderen externen Einflüssen, sodass es in großen Ländern wie Indonesien oder Malaysia sehr schwer ist, von flächendeckenden Friedenskulturen zu sprechen, obwohl sich gerade diese beiden Länder offiziell zum Islam bekennen. Doch durch die dünne Oberfläche dieser Staatsreligion schimmern überall in der Region hybride Tiefenkulturen. Daher ist es erhellend, von lokalen Ethiken zu sprechen, nicht von regionalen Kulturen oder Religionen.

Ein Aufriss der Geschichte dieses Großraumes ergibt die Vorstellung von aufeinandergelegten Folien, von denen keine durch die jeweils nachfolgende gänzlich überdeckt wird. Aus dem Ungewissen einer jahrtausendealten Vielfalt von schamanischen Minisystemen tritt um das Jahr 670 nach unserer Zeitrechnung zuerst das Reich von Srivijaya von Java aus in die Geschichte. Es überdauerte knapp 700 Jahre[150] und war ein buddhistisches Reich, das auf der Vorstellung vom *deva-raj,* dem guten König in einem Personenverband, beruhte. Im späten 13. Jahrhundert folgte das Reich von Majapahit. Diese hinduistische Herrschaft war um 1100 auf Java entstanden und löste ab 1293 das buddhistische Srivijaya ab. So wie Srivijaya seine schamanischen Wurzeln nie vollständig überwinden wollte, ersetzte der Hinduismus Majapahits nicht vollständig den Buddhismus Srivijayas, doch es erfolgte in dieser Zeit bereits eine gewisse Vereinheitlichung in Richtung hinduistischen Gedankenguts, hinduistischer Symbolik und Begrifflichkeit. Ohne die deutlich sichtbaren Spuren der vorangegangenen Kulturen zu

150 Howell/Palmer 1995 S. 20.

löschen, breitete sich schließlich ab 1400 das islamische Reich von Malakka als chronologisch drittes bedeutendes Herrschaftsgebilde dieser Region vor der christlichen Invasion aus. Der Kontakt des Archipels zur arabischen Welt reicht in vorislamische Zeit zurück. Die Ausbreitung des Islam erfolgte hier überwiegend friedlich und sukzessive. Demgemäß neigt auch er zu Synkretismen und präsentiert sich in einer undogmatischen Variante.

Die javanische Friedensethik[151] setzt sich aus Elementen all dieser Folien zusammen. In der javanischen Umgangssprache kann im *energetisch* besetzten Begriff *tentrem* für Frieden unschwer die Sanskrit-Wurzel Tantra unter der islamischen Patina, die das Arabische *salam* verwendet, erkannt werden.[152] Die Umschreibung des Begriffs mit „Vielheit in Einheit" weist auch auf das politische Verständnis Majapahits und die indische Wurzel hin. Die Nationalsprachen Indonesiens und Malaysias sprechen aber von *damai* als Frieden, wenn sich alle Elemente der Welt auf dem ihnen zugehörigen Platz, in harmonischer Ordnung, befinden. *Damai* basiert auf der Annahme, dass der höchste Wert, den die Menschen in den Beziehungen zu ihren Mitmenschen, zur Natur und zum Kosmos respektieren sollten, die Harmonie wäre. Die Struktur der *Großen Triade* ist in dieser Vorstellung nicht zu übersehen und alles bisher über sie Gesagte gilt auch hier.

Wie im Tao, leitet sich auch hier Frieden aus Harmonie ab. Unfrieden äußert sich in Unruhe, Aufregung, Gefahr, in Unfällen, Krankheit, Schicksalsschlägen, Kriegen, Katastrophen und sonstigem Unglück. Demgemäß ist es Aufgabe der Menschen dafür zu sorgen, dass die grundlegende Harmonie der *Großen Triade* als umfassender Frieden gewahrt bleibt – oder wiederhergestellt wird, sobald sie sich gestört zeigt. „Suche Deinen Ort und handle danach", lautet die zentrale, dem weltlichen Hinduismus sehr verwandte Botschaft *damais*, die eher eine pragmatische als eine religiöse ist, während *tentrem* den *energetischen* und *salam* den *moralischen* Aspekt abdeckt.[153]

Es ist erstaunlich, wie belastbar und flexibel sich diese pragmatische und zugleich *energetische* Weltsicht durch die Wechselfälle der Geschichte erwiesen hat. Allerdings schenkte sie der ganzen Welt auch ein anschauliches Beispiel dafür, was geschieht, wenn das harmonische Gleichgewicht in der Wahrnehmung so empfindender Menschen verloren geht. Das weltweit verwendete Wort *amok* stammt vom malaiischen Begriff *meng-âmok*, der sich

151 Siehe dazu auch die entsprechenden Absätze in der Einleitung zu diesem Buch.

152 Wiyono 2007.

153 Magnis-Suseno 1989 S. 61ff.

seinerseits wohl aus dem Wort *amuco* für todesmutiger Krieger im Hindi ableitet, und bezieht sich auf tödliche Gewalttaten in rascher Abfolge, die oft im Suizid enden. Die psychische Situation, in der ein Amoklauf erfolgt, wird als blinde Wut, extreme Gewaltbereitschaft oder Unzurechnungsfähigkeit umschrieben. Doch das trifft den Punkt nur jenseits des malaiischen Kontexts. Der Begriff erlangte Berühmtheit, als die holländische Kolonialmacht 1906 die hinduistische Insel Bali im Zuge einer Strafexpedition invadierte.[154] Zum besseren Verständnis dieser Geschichte seien hier einige Bemerkungen über das dortige Welt- und Friedensbild vorausgeschickt, das sich nicht allzu sehr vom bisher beschriebenen unterscheidet.

Das allerhöchste Wesen wird in Bali nicht als eine personifizierte Gottheit angesehen, sondern als Zusammenhang aller göttlichen Kräfte. Die wichtigste Erscheinungsform der höchsten *Energie* wird durch die vermännlichte Variante der hinduistischen Dreieinigkeit *Brahma*, den Schöpfer, *Vishnu*, den Bewahrer, und *Shiva*, den Zerstörer, symbolisiert. Nach balinesischer Vorstellung herrscht im Universum eine wohlgegliederte Ordnung. Ihre Welt ist zweigeteilt, was in der Gegenüberstellung von Himmel und Erde, oder auch Sonne und Mond, zum Ausdruck kommt. Durch das Zusammenwirken beider Sphären wird das Leben der Menschen, die in einer dritten, geliehenen Zwischenwelt existieren, erst möglich. Aus diesem Grund ist es für den Menschen lebenswichtig, beiden Sphären gleichermaßen Beachtung zu schenken. Die negativen Kräfte werden nicht zu beseitigen versucht, sondern sie sollen in Bahnen gelenkt werden, die dem Wohl der Gemeinschaft dienen. Harmonie wird daher durch die Ausgeglichenheit aller Dualitäten erzielt. Auch im menschlichen Körper spiegelt sich die kosmische Ordnungsstruktur wider. Der Himmel hat seine Entsprechung im Kopf, die Menschenwelt im Rumpf und die Erde in den Füßen. Da Harmonie nur durch ein Gleichgewicht aller Sphären zu erzielen ist und die manifeste Welt der Menschen gerne von Göttern und Dämonen besucht wird, zeichnet sich das Leben der Balinesen durch die rituellen Handlungen zur

154 Die europäische Literatur nahm sich der Nachricht umgehend an. Hermann Hesse verarbeitete sie in „Klein und Wagner" 1919. Berühmt wurde Stefan Zweigs 1922 erstveröffentlichte Novelle „Der Amokläufer", die wesentlich zur Verbreitung des Begriffs beigetragen hat. Beide haben jedoch den eigentlichen Punkt des Begriffs nicht getroffen, denn sie fokussieren auf das Böse, um das es im malaiischen Kontext überhaupt nicht geht.

Huldigung der Überirdischen und zur Besänftigung der Unterirdischen aus.[155]

Als 1906 die holländische Invasion bevorstand, erkannte der Raja Agung Made von Badung, dass er der gegnerischen Streitmacht mit seinem nahezu unbewaffneten Gefolge hoffnungslos unterlegen war. Dennoch – oder besser: deshalb – entschloss er sich zu einem Angriff (*puputan*) auf die holländischen Truppen. Diesen organisierte er im Stil eines traditionellen Beschwörungsrituals, bei dem die Menschen in Trance geraten, um sich schlagen und jeden attackieren, der sich ihnen in den Weg stellt. Dieses Verhalten, das im Ritual zur Austreibung von Dämonen, oder profaner, als soziales Überdruckventil, diente, wurde *amok* genannt. Der kollektive Amoklauf von Badung führte aber zur völligen Auslöschung der Gemeinde. Tausende kamen um, mit ihnen der gesamte Hofstaat. Niemand ergab sich. Von den Holländern nicht getötete Kämpfer begingen Selbstmord. Zwei Jahre danach ereignete sich dasselbe in Klungkung, wieder auf Bali.

Dieses „barbarische" Verhalten der Balinesen erregte großes Aufsehen und brachte den Begriff *amok* weltweit in Verruf. Dabei wurde allerdings nur der spektakuläre äußere Aspekt kommuniziert. Entscheidend für den kollektiven Amoklauf und Massenselbstmord war aber die Ansicht, dass die Harmonie der Sphären so weit gestört war, dass der Raja und sein Gefolge nicht mehr in der Lage waren, die Balance herzustellen, ihren Ort zu wahren – die zentrale Aufgabe des Menschseins zu erfüllen. Dazu muss erläutert werden, dass der Vorwand für die Invasion, der Strandraub nach dem Kentern eines holländischen Schiffes, im Selbstverständnis der Balinesen kein *moralisches* oder rechtliches Vergehen war. Angeschwemmtes Gut gehört nach dem keineswegs exotischen Landesbrauch dem, der es findet. Die Übersetzung der unterschiedlichen Normsysteme funktionierte aber nicht, und den Balinesen blieb aus ihrer Sicht daher nur die Möglichkeit, würdevoll aus dem Leben zu scheiden, weil sie sich nicht in der Lage sahen, den Sinn ihres Daseins zu erfüllen.

In dieser Hinsicht ist das Verhalten der Balinesen keine Ausnahme. Der Massenselbstmord der Eroberten ist in der Kolonialgeschichte oft belegt.[156] Im heute weltweit üblichen Gebrauch des Wortes *amok* erinnert vielleicht das Argument der sozialen und kulturellen Entwurzelung an den ursprüngli-

155 Stöhr/Zoetmulder 1965.

156 Ich habe dazu selbst einen entsprechenden Fall aus der Karibik untersucht. Dietrich 1995a.

chen Zusammenhang, was einem *energetischen* Welt- und Friedensbild allerdings nicht gerecht wird. In seinem Kontext steht *amok* für das endzeitliche Entgleisen der kosmischen Harmonie, der *Großen Triade*, nicht bloß für das persönliche und soziale Drama entwurzelter Einzeltäter.

Dies lässt sich auch in ganz anderen Winkeln der Welt, weit abseits hinduistischer, buddhistischer oder taoistischer Friedensvorstellungen beobachten. Die Maori Neuseelands betrachten die Welt ebenfalls als einen kosmischen Vorgang, in dessen Zentrum die immaterielle, untrennbare und metaphysische Verbindung von allem mit allem steht. Rhythmische Muster von reiner *Energie* wären in miteinander verbundenen Feldern verwoben und dienten als integratives Element quer durch alle Bereiche des Lebens. Das Universum ist ihnen ein Vorgang, der Geist allgegenwärtig, aller *Energie* innewohnend. Alle Dinge werden durch den Atem des Lebens erneuert, ernährt, gefördert. Das Prinzip des All-Einen verbindet alles mit allem. Menschen sind daher gleichzeitig menschlich und göttlich und ein integraler Prozess der natürlichen Ordnung. Der Zugang der Maori zum Leben ist ein holistischer, der keine scharfe Trennung zwischen Kultur, Gesellschaft und ihren Institutionen kennt. „Reziprokes Leben" ist die essentielle Natur aller Wirklichkeit. *Tohunga* nennen sie das ethische Prinzip zur Stärkung aller Beziehungen, das die Menschen mit allen Dingen zu *whanaungatanga* verwebt. *Whanaungatanga,* der Kern dieses Friedensbegriffs, hält alle Maori durch Bande von Vereinigung und Verpflichtung zusammen. Daraus erwachsen ethische Werte wie Loyalität, Großzügigkeit, Mitgefühl und das Teilen, die dem erweiterten Selbst dienen. Dieser holistische Ansatz soll die Harmonie gewährleisten, die für ein gutes Leben notwendig ist.

In der Götterwelt der Maori entstehen alle Verbindungen aus der Vereinigung von *Paptuanuku*, der Mutter Erde, mit *Ranginui*, dem Himmelvater. Die Verbindung zwischen ihnen und der menschlichen Sphäre ergibt sich aus *whenua*, dem Wort für Plazenta oder Land, aus welchem die Menschen ihre Nahrung empfangen. *Whenua* ist ihnen ein göttliches Geschenk, das über die Generationen gepflegt werden muss und niemals ein ökonomisches Gut werden kann.[157] Das Friedensbild der Maori ist den bisher im Rahmen der *Großen Triade* besprochenen sehr ähnlich und wir erkennen das als ein auf der ganzen Welt verbreitetes Prinzip.

157 Zu den Maori Horsley (unveröffentlicht).

Auch das Welt- und Friedensbild der Maya Mittelamerikas ist zwar komplex und differenziert, den vorher genannten in seinen Grundannahmen aber erstaunlich ähnlich. Im Schöpfungsmythos der Mayas begann die Welt mit einem roten Edelstein, der alle Essenzen des Himmels sowie die Tropfen der Verwandlung enthielt. Die ersten Schritte der Schöpfung gingen selbsttätig, ohne Eingreifen eines Schöpfergottes, vor sich. Aus dem roten Edelstein[158] entstanden Sonne und Mond, das Himmelgewölbe und die schwarzen Wasser der Unterwelt. Erst an dieser Stelle tritt der Schöpfergott *Hunab Ku* auf, der aus dem roten ein ganzes Netz von Edelsteinen hervorzog, das den Webplan des Kosmos enthielt. Dieser dehnte sich nun im Raum aus. Im Webplan des kosmischen Netzes war die vollständige Weltordnung enthalten. Indem der Schöpfer es entfaltete, wurden die Götter geboren, die diese Schöpfung regieren sollten. Das Edelsteinnetz enthielt bereits die Ordnung der Kalendertage, der Mond- und Sonnenmonate, der vielen Kalender und ihre Verschränkungen zum großen Räderwerk der Zeit. Nach dieser Schöpfung bestand die Welt aus 13 Himmeln, in denen 13 Gottheiten residierten und neun Unterwelten, in der ebenso viele Gottheiten wohnten. Dazwischen lag die Menschenwelt, für welche die Götter in einer komplexen Geschichte die geeigneten Bewohner suchten. Nach etlichen gescheiterten Experimenten schufen sie schließlich den aus Mais geformten Menschen als das ideale Wesen. Der war allerdings vernunftbegabt und konnte weitaus mehr sehen und verstehen als die eifersüchtigen und machtbewussten Gottheiten ihm zugestehen wollten. Daher verschleierten sie seine Augen, sodass der Mensch seither nur noch sehen kann, was ihm nahe und klar ist.[159]

Der Schöpfungsmythos der für ihre astronomischen Fähigkeiten berühmten Maya erzählt in seinen Worten nicht nur das, was auch die *moderne* Theorie vom Urknall behauptet, sondern beschreibt mit dem Verhältnis von Materie, *Energie* und Zeit alle Aspekte der Relativitätstheorie. Aus der komplexen Struktur dieser Schöpfung ergibt sich das bereits bestens bekannte Bild der *Großen Triade*: Eine himmlische Sphäre, eine unterirdische Sphäre und die manifeste Welt der Menschen, die in diesem Fall aus ihrem zentra-

---

158 Verblüffend ähnlich dazu etwa das Bild vom Weltanfang in HAK bei den Aleviten. Siehe dazu das Kapitel C.1 über den neuzeitlichen Mystizismus.

159 Ich folge Bandini 1998. Aufgrund der fragmentarischen Quellenlage gibt es auch Darstellungen, die in den Details von dieser abweichen, ohne ihr in der Grundaussage über die *Große Triade* zu widersprechen. Siehe etwa Wagner 2006 S. 280–293.

len Nahrungsmittel, dem Mais, geschaffen wurden. Die Allverwobenheit alles Seienden wird im Bild des kosmischen Netzwerks aus Edelsteinen symbolisiert, das auf verblüffende Weise dem vorher besprochenen Netz des *Indra* entspricht.

Es überrascht nicht, dass auch das aus dieser Kosmovision abgeleitete Friedensbild den vorherigen ähnelt. Es bezieht sich auf das geistige und materielle Wohlbefinden der Menschen und umschreibt in der Weltsicht das Eins-Sein von Gesellschaft, Natur und Universum. Der Mensch ist Mittler zwischen Himmel und Erde. Die Wahrung der kosmischen Einheit erfordert den Respekt jedes Menschen vor jedem anderen, vor der Gemeinschaft und vor der Mitwelt. Diese Mitwelt objektivieren und funktionalisieren die Maya nicht zu einer Umwelt im Dienste des Menschen, sondern sie begreifen sich selbst und alles materiell und spirituell Seiende als schöpferische Elemente des Ganzen. Wenn der Respekt vor Individuen, Gemeinschaft, Natur oder Universum fehlt, geht in der Kosmovision der Maya der Gleichklang dieser Dreifaltigkeit verloren. Denn die Welt funktioniert wie ein Lebewesen – mit einem Herzen, mit Energiebahnen und Kraftpunkten. Sind die Orte und Elemente im Ungleichgewicht, herrscht Unfrieden und sie bedürfen der Heilung. Die irdische Aufgabe der „Maismenschen" liegt also wie bei den Taoisten Chinas oder den Hindus Indiens und Balis darin, die Harmonie der *Großen Triade* zu wahren. In den zahlreichen Sprachen der Maya gibt es dafür viele Wörter. Die Maya-Kakchikel nennen diesen *energetischen* Frieden in ihrer heutigen Sprache *Utziläj k'aslen.*[160]

Um mich hier nicht in zu vielen Einzelbeispielen zu verlieren, sei erwähnt, dass die ethnologische Mythenforschung schon früh in ihren vergleichenden Arbeiten die Ähnlichkeiten der indigenen Mythen von Nord- und Südamerika festgestellt hat. Sowohl der Schöpfungsmythos der Maya als auch das daraus abgeleitete, *energetische* Friedensbild sind am Doppelkontinent, mit Abweichungen und Varianten, weit verbreitet, weshalb ich mich auf ein weiteres Exempel der Friedensethik indigener Völker der Amerikas beschränken darf.[161]

In der Andenregion findet sich in der heute *Pachamama* genannten Vorstellung ein weiteres Beispiel für eine chthonische Muttergottheit, die – an-

160 Dietrich 1995b.

161 Ehrenreich 1915. Ausführlich zu diesem Thema Mader 2006.

ders als in der Ägäis – ursprünglich nicht als Person visualisiert wurde,[162] sondern als abstrakte göttliche *Energie*, als Prinzip des Lebens und der Fruchtbarkeit. Die entsprechende Kosmovision umfasst alle schon beschriebenen Sphären der *Großen Triade*. Für den dazugehörigen Friedensbegriff gibt es in den unterschiedlichen lokalen Dialekten des Quechua und Aymara viele Vokabel. Das Grundwort *kawsay* im Quechua oder *ph'ajtata* in Aymara meint ein „ruhiges Leben“, wobei diese Ruhe einmal mehr auf Harmonie in allen Sphären der *Großen Triade* rekurriert. Diese Frieden beziehen sich auch hier auf eine gute Ernte, einen lebensspendenden Regen, Fruchtbarkeit, aber auch auf den Wind, der sanft über den Mais bläst, den Sonnenaufgang am Morgen, die im Schatten spielenden Kinder oder ekstatische Momente in der Harmonie eines Rituals.

Während sich der Friedensbegriff im gesamten Sein in den Anden in nichts von den hier früher zitierten Beispielen unterscheidet, verdienen die dortigen Rituale aufgrund ihrer spezifischen Funktion in der Konflikttransformation eine eigene Erwähnung. Weder die Andenvölker noch die Bewohner des Amazonasbeckens bewerten ihre Beziehung mit den Kategorien gut oder schlecht. Das Prinzip der Schuld im *moralischen* Sinne kennen sie nicht. Im Kontext der *Großen Triade* gehen sie davon aus, dass alle Menschen, ja alle seienden Dinge – inklusive der Gottheiten – fehlbar sind und daraus Konflikte entstehen. Ein Konflikt liegt vor, wenn irgendetwas oder irgend jemand sich nicht an dem ihm zugehörigen Platz befindet. In diesem Fall geht es für die Gemeinschaft nicht darum, Schuldige zu finden und zu bestrafen, sondern Maßnahmen zu ergreifen, die das gesamte System wieder ins Lot bringen.

In realistischer Einschätzung der menschlichen Wesen wird davon ausgegangen, dass in deren Kontext laufend solche Konflikte entstehen. Deshalb werden die zumeist mit den Zyklen des Ackerbaus verbundenen Rituale und Feste so angelegt, dass es zu einer „Begleichung der Rechnungen“ in allen Konfliktlagen kommt. Das heißt, die Rituale sehen bereinigende Auseinandersetzungen zwischen Konfliktparteien vor, in denen diese auf leidenschaftliche, geradezu therapeutische Weise ihre Angelegenheiten unter öffentlicher Aufsicht miteinander abarbeiten, mit dem Ziel, sich am Ende ebenso symbolisch wie öffentlich auszugleichen und zu versöhnen. Die Konflikte werden rituell gemeinschaftlich bearbeitet, was ihr verborgenes

162 Bildhaft wurde sie erst durch den Synkretismus mit der christlichen Gottesmutter Maria in der kolonialen Epoche.

Anschwellen bis zur plötzlichen Explosion verhindern und ihre destruktiven Auswirkungen auf die Gemeinschaften reduzieren soll.

In der Praxis bezieht sich dieser Vorgang vor allem auf die menschliche Sphäre, prinzipiell meint er allerdings alle Bereiche des Seienden. So werden Schädlinge im Ackerbau oder im Haushalt nicht mit dem Ziel ihrer Austilgung verfolgt, sondern die menschliche Gemeinschaft sucht einen Ausgleich mit ihnen, wenn sie zum Schluss gelangt, dass jene „genug *Energie* gegessen" hätten. Mit epidemischen Krankheiten wird ebenso verfahren. Sie werden wie Personen behandelt und um eine ausgleichende Lösung gebeten. Da es keine Unterscheidungen zwischen Gut und Böse gibt, entstehen keine Feindbilder und keine Austilgungsphantasien, sondern Maßnahmen, die auf Ausgleich zwischen allem abzielen und häufig in ritualisierter Form abgewickelt werden.

Diese Kosmovision hat sich in den ländlichen Zonen aus präkolumbischer Zeit bis in die Gegenwart erhalten und zeigte ihre erstaunliche Tragfähigkeit etwa in Peru, als dieser im aufgeklärten Sinn schwache Staat in den 1980-er Jahren kollabierte und in einer Gewaltorgie zwischen den offiziellen Ordnungskräften und dem gewalttätigen Widerstand des *Sendero Luminoso* versank. Nach allem, was damals passierte, wäre aus *moderner* Sicht eine fortgesetzte, auf Rache und Vergeltung basierende Weiterbewegung der Gewaltspirale durch die schwer traumatisierte Täter-Opfer-Bevölkerung zu erwarten. Dass dies in einem weitaus geringeren Maß geschah als vermutet, führen viele auf jene *energetische* Sicht der Welt, der Konflikte und der Frieden in der ländlichen Bevölkerung zurück.[163]

Auch bei der Suche nach einem nicht-islamischen und nicht-europäischen Grundbegriff in afrikanischen Gesellschaften, der ins Deutsche als *Frieden* übersetzbar wäre, fand ich viele Vokabeln, aber stets *energetische* Interpretationen, die auf die Harmonie von Gesellschaft, Natur und Kosmos abzielen. In der okzidentalen Afrikanistik wird dabei immer wieder die Sorge um die weite Verbreitung okkulter Praktiken und magischer Rituale als Konsequenz missglückter Modernisierungsprozesse beschworen. So werden gelegentliche Berichte über grausame und obskure Vorgänge im Kontext der Hexenkulte gerne aufgegriffen, um in unverändert kulturimperialisti-

163 Zu all dem Rengifo (unveröffentlicht).

scher Tradition gleich die gesamte Kosmovision der „Bantu“ zu verurteilen.[164]

Bantu bedeutet nichts anderes als Menschen. Eine einheitliche Kultur Afrikas gibt es nicht, weshalb im Französischen wohl nicht zu Unrecht von *Les Afriques*, den Afrikas, im Plural gesprochen wird. All diese Afrikas gehen von einem aus ihrer Wirklichkeitserfahrung abgeleiteten Weltbild aus, in dem die Bantu, also die Menschen, die Mitwelt und der Himmel miteinander vernetzt sind. Dieses magische Energiefeld, das quer über den Kontinent unter so verschiedenen Namen auftritt wie *ewu* in Kamerun, *imáana* in Rwanda und Burundi oder *kindoki* im Kongo, bezieht sich auf persönliche Gesundheit ebenso wie auf gesellschaftliche Harmonie oder natürliche Phänomene und umschreibt damit das *energetische* Verständnis von Frieden in den entsprechenden Gesellschaften. Umgekehrt werden individuelle Krankheit, gesellschaftliche Disharmonie oder ungünstige Naturphänomene als Inbalance des Netzwerkes, als Unfrieden, betrachtet und bedürfen, wie im Weltbild der *Großen Triade* üblich, entsprechender Interventionen durch die Menschen.[165] Die *condition humaine* oszilliert in der Bantu-Philosophie in einer polarisierten Welt zwischen konstruktiven und destruktiven Dynamiken, Chancen und Risken, Glück und Missgeschick, Solidarität und Bedrohung, deren Balance als Frieden erlebt wird.

Die entsprechenden Deutungen der Zusammenhänge und Techniken, sowie ihre Beeinflussung liegen in der Hand von geistigen und spirituellen Autoritäten, die westliche Beobachter meist abwertend als Hexer oder Zauberer bezeichnen, sofern nicht überhaupt von Scharlatanen die Rede ist. Dessen ungeachtet genießen diese Personen hohes Ansehen in ihren Gemeinden und die Menschen vertrauen ihnen, wenn es darum geht, die Oszillation zwischen Ordnung und Unordnung, Nomos und Anomie, Leben und Tod, Stabilität und Zerfall, Notwendigkeit und Zufall zu balancieren und zum Heil-Sein der Gemeinden zu öffnen und zu sichern. Wie in den vorangegangenen Beispielen gibt es auch hier kein abschließendes Urteil über gut und schlecht, sondern eine dynamische Interpretation der Dinge.

---

164 Exemplarisch die BBC nach einem Fall hexereibezogener Kindesmisshandlung in England. BBC 2006.

165 Friedli 1995a. Mit seiner *energetischen* Interpretation von *Imáana* und *Kindoki* grenzt sich Friedli scharf von monotheistischen Auslegungen ab. Ich folge ihm gerne. Anders Bénézet 1986; Mbiti 1974; Kufulu Mandunu 1992.

Deshalb kennt auch das viel diskutierte Palaver als praktische Methode der Konflikttransformation keinen ultimativen Referenzpunkt, keine letztverbindliche Norm. Es reicht auch nicht, seinen Zweck als Konsensfindung in Krisensituationen zu beschreiben. Es ist viel mehr. Ob es sich um ein Rechtssprechungspalaver oder ein Vergemeinschaftungspalaver handelt, es ist ein therapeutisches Ritual, in dem durch indirekte und metaphorische Kommunikationsformen wie Sprichwörter, Parabeln, Geschichten, Fabeln, Tanz und Musik direkte Konfrontation vermieden und das bedrohte, beunruhigte, verunsicherte oder gar zerstörte Beziehungsfeld wieder in ein ruhiges Fließen gebracht werden soll. Im Konflikt geht es nicht um ultimative Wahrheit, nicht um Aburteilen oder Bestrafen, sondern um die Versöhnung des gesamten *energetischen* Kraftfelds von Gesellschaft, Mitwelt und Kosmos. In der Transformationsstrategie des Palavers sind nicht Schock und Zusammenprall die Leitbilder, sondern die harmonische Resonanz der *Energie* in der Ganzheit der *Großen Triade.*[166] All dies macht die Betrachtungen, die ich in der Einleitung zur frischen Luft angestellt habe, ohne vorerst auf die *Große Triade* Bezug genommen zu haben, besser verständlich.

Mirembe bedeutet Frieden in Luganda, einer der wichtigsten unter den vielen Sprachen, die im heutigen Uganda gesprochen werden. Wie bei den oben erläuterten Begriffen, geht es auch hier um Balance, Stabilität auf persönlicher, gesellschaftlicher, natürlicher und spiritueller Ebene, wobei das eine nicht vom anderen getrennt werden kann.[167] *Mirembe* enthält auf den ersten Blick alle Elemente der *Großen Triade*, überrascht dann aber doch durch seine Einbettung in eine religiöse Tradition, die in *Katonda* einen Schöpfergott nach christlichem oder islamischem Muster aufweist. Möglicherweise handelt es sich, ähnlich wie bei der *Pachamama* Perus, um eine im Zuge der Kolonisierung erfolgte Personifizierung der Vorstellung von Urenergie, denn anders als *Jahwe* oder *Allah* greift *Katonda* nicht in das Schicksal der Menschen ein. Er ist auch kein einsamer und eifersüchtiger Gott, sondern nur ein Schöpfer, den eine Vielzahl von Göttern und Geistern umgibt. Aus denen ragt neben dem Wettergott *Kiwanuka* mit *Nalwanga* eine Fruchtbarkeitsgöttin heraus, die von den Frauen besonders verehrt wird. Priesterinnen sind in Buganda hoch geachtet und keineswegs selten, und die Matrilinearität des königlichen Kabaka-Clans weist wohl auch in jene *energetische* Richtung, die ich in diesem Kapitel in verschiedensten Kontexten ausge-

166 Friedli 1995b.
167 Nzita/Mbaga-Niwampa 1998.

führt habe.[168] Das ist keine Besonderheit der Baganda. Es kann das überall im Großen Seengebiet beobachtet werden. Bei den Tutsis im heutigen Rwanda, leitete die Mutter des Königs, *Umgabekazi*, aus ihrer Fruchtbarkeit selbst die Autorität über den Herrscher ab.[169] Auch hier steht die Klanstruktur in einem ganzheitlichen Verständnis, das von der spirituellen Ebene über soziale Einbindung und Gastrecht, wie ich es im nächsten Kapitel ansprechen werde, bis zum simplen Gruß reicht, im Mittelpunkt. Das Schicksal der einzelnen Person ist untrennbar mit dem des gesamten Clans und seiner Einbettung in die Natur verbunden. Alle politische oder soziale Aktivität baut auf diesem Prinzip auf. Die Antwort auf die Begrüßung *elade* in Luganda, was soviel heißt wie „Ist alles in Ordnung?", lautet *mirembe* – „Ich bin in Frieden".

Im Übrigen entspricht *mirembe* in der konkreten und gelebten Ausgestaltung jenen Friedensbegriffen, die überall in Afrika jenseits von Islam und Christentum beobachtet werden können. Obwohl es am Kontinent einen unglaublichen Reichtum an Friedenskulturen gibt, können einige der Gemeinsamkeiten mit dem ostafrikanischen *mirembe* auch in Westafrika konstatiert werden. Auffallend ist überall die Orientierung an Gemeinschaft und Gemeinschaftlichkeit im Kontext der *Großen Triade*. Kofi Asare Opoku[170] merkt dazu an, dass sich afrikanische Friedensbegriffe nicht nur auf manifeste Dinge und Beziehungen beschränken, sondern auch essentielle, nichtmaterielle Aspekte einbeziehen. Gesellschaft wird nicht einfach als Gesamtheit ihrer sichtbaren Mitglieder verstanden. Sie schließt auch die unsichtbaren Wesen mit ein. Das Göttliche, die Großen Geister und Höchsten Wesen, die Ahnen und auch jene, die noch geboren werden. Die Gesellschaft umschließt Tiere und die gesamte Natur als integralen Teil der Weltordnung. Das Leben blüht und Friede ist, wenn die Beziehungen zwischen Menschen, der spirituellen Welt und der Natur harmonisch sind. Frieden können hier nur als Totalität aller materiellen, physischen, ethischen und spirituellen Aspekte verstanden werden. Die Frieden repräsentieren alles, was das tägliche Leben vollständig und unbelastet macht. Die Metaphern der frischen Luft und des Bergsees, kehren hier wieder. Die Gesellschaft, fährt Opoku speziell für die ghanesischen Akan fort, ist dazu da, das Leben in seiner vollen Dimension zum Blühen zu bringen. Das kann nicht ohne

168 Reid 2003.

169 Strizek 2006 S. 37.

170 Opoku (unveröffentlicht).

Gemeinschaft erreicht werden. Harmonische Beziehungen zwischen den Mitgliedern einer Gemeinschaft sind daher eine Grundvoraussetzung für die Frieden.

Ubuntu ist schließlich ein Friedensbegriff, der im Zuge der südafrikanischen Befreiungskämpfe und der Kodifikationen neuerer Rechtsordnungen eine gewisse Popularität erreicht hat und weniger umstritten ist als etwa *kindoki*. Auch dieser Begriff meint eine kollektive Verantwortung der Menschen für die Verteilung der natürlichen und spirituellen Lebensmöglichkeiten zum Besten der Allgemeinheit. Sinngemäß übersetzt bedeutet er „kollektive Persönlichkeit", oder wörtlich: „Ich bin, weil wir sind". Wie im Tao gibt es auch hier die Aufhebung aller Dualitäten als *energetisches* Friedensprinzip und eine daraus abgeleitete Morallehre, die zu Respekt, Solidarität, Fürsorge, Mitgefühl, Liebe und Verantwortung führt. *Ubuntu* akzeptiert alle Menschen ohne Unterschied in Rasse, Geschlecht und Eigenschaft und feiert deren Dasein in der Dreifaltigkeit der *Großen Triade* – in ihrem gesellschaftlichen, natürlichen und spirituellen Aspekt.[171]

All das findet sich auch im Voodoo, einer Religionenfamilie und einem Begriff, die ihren Ursprung in Westafrika haben und von Menschen, die von dort verschleppt wurden, als Mischreligion in Unterdrückung und Ausbeutung am amerikanischen Doppelkontinent, und da besonders im großkaribischen Raum, geschaffen wurde. Sie verbindet ekstatisch-magische Riten ihrer unterschiedlichen afrikanischen Ursprünge mit christlichen, islamischen und hinduistischen Elementen. Die Bezeichnung der einzelnen Richtungen und der entsprechenden Kulte variiert erheblich von Land zu Land und zum Teil auch innerhalb der einzelnen Regionen. Allein in Brasilien gibt es Macumba, Umbanda, Xango, Candomblé, Batuque und andere Variationen. Voodoo im weiteren Sinne ist daher keine Religion von einheitlicher und systematischer Lehre, sondern eine synkretistische Vielfalt von Kulten und Praktiken, die sich in einigen Punkten decken:

Alle Varianten entstanden aus verbotener Sklaven-Spiritualität und haben daher den Charakter einer Protestreligion. Sie sind geheim, verrucht, verboten und nur denen zugänglich, die sich mystischen Erfahrungen öffnen. Sie denken *energetisch*. Die Welt ist ihnen voller positiver und negativer *Energien* und Wesenheiten. Die sichtbare Welt der Menschen und die unsichtbare der Geistwesen sind nur durch die dünne Wand des Alltagsbe-

171 Miller 2005 S. 48–50.

wusstseins getrennt. In der Ekstase bricht diese Wand ein und die geistigen Wesenheiten nehmen von den so genannten „Pferden", den Medien, Besitz. Diese göttlichen Wesenheiten sind heilsame Schutzgottheiten, aber auch wilde und gefährliche Kräfte. Mit beiden richtig umzugehen ist die Kunst, die allein der erfahrene Priester oder die Priesterin beherrscht. Voodoo als praktische Lebenshilfe sucht und findet für alle Probleme des menschlichen Alltags magische Lösungen.[172]

Wie viele andere geht auch das Friedensbild des Voodoo davon aus, dass es eine *energetische* Verbindung zwischen dem Göttlichen und den Menschen gibt. Die Menschen können in den Ritualen nicht nur zu Gott beten, sondern Gott/göttlich sein. Die unbegrenzte kosmische *Energie* und die ewige Ganzheit aller vermeintlichen Dualitäten werden durch die göttlichen Schlangen *Damballah,* den Fruchtbarkeitsgott, und seine Gattin *Ayida-Weddo*, die himmlische Regenbogengöttin, repräsentiert. Sie treten immer gemeinsam auf. Nur wenn deren kosmische *Energien* balanciert sind, kann Frieden zwischen Individuen und Gesellschaften herrschen. Krankheiten, Katastrophen und andere Widrigkeiten werden als Störungen der spirituellen Sphäre wahrgenommen. Diese Störungen oder Einflüsse werden von den Priestern, *Houngan* und *Mambo*, interpretiert, die in ihren Ritualen versuchen, das Verhältnis zwischen Kosmos, Natur und Gesellschaft wieder ins Lot zu bringen.

In der afro-kubanischen, vor allem auf der Yoruba-Kultur Nigerias fußenden Variante des Voodoo, der Santería, mag es um die 600 derartige Wesenheiten geben, unter denen der androgyne *Obatalá* als die Personifikation höchster ethischer Gesinnung gilt. Er verkörpert einerseits die fruchtbringende männliche Potenz, andererseits die Reinheit, die Barmherzigkeit. Er ist Frieden und sein Symbol ist – die weiße Taube.[173]

Mit der Potenz, der Fruchtbarkeit, dem Androgyn, der weißen Taube, den Tempeljungfrauen und der Barmherzigkeit finden sich im Voodoo alle Elemente der magisch-*energetischen* Friedensinterpretationen. Deren Strahlkraft ist ungebrochen. 1859 inspirierten die Rhythmen der Kulte den baskischen Musiker Sebastian de Yradier bei seinem Aufenthalt in Havanna zu einem in der Form der Habanera geschriebenen Lied, das als *La Paloma*, die weiße Taube, zum weltweit meist interpretierten Musikstück des 20. Jahrhunderts werden sollte.[174] Das Lied spielte eine wichtige Rolle im deutschen

172 Evangelische Informationsstelle Kirchen – Sekten – Religionen 2007.
173 Evangelische Informationsstelle Kirchen – Sekten – Religionen 2007.
174 Ausführlich zur Geschichte des Liedes Dietrich 2003 S. 44–60.

Widerstand gegen den Nationalsozialismus und Pablo Picasso aktualisierte das Symbol der weißen Taube in der darstellenden Kunst. Auf Kuba spielte eine weiße Taube eine historische Rolle, als sie sich im Augenblick seiner ersten Rede nach dem Einzug in Havanna auf Fidel Castros Schulter setzte. Im Kontext der Santería war das ein kraftvolles Zeichen, das zur Begründung des Mythos Castro einen nicht unwesentlichen Beitrag leistete.[175]

Voodoo und all seine Varianten haben afrikanische Wurzeln. Doch auch in diesem Synkretismus lässt sich der symbolische Widerhall der *Heiligen Hochzeit* unschwer erkennen.[176] Die rassistisch begründete Kommodifikation menschlicher Wesen als *moderne*[177] und agro-industrielle Sklaven ist vielleicht eines der dramatischsten, aber keineswegs das einzige Beispiel eines gewalttätigen sozialen Bruchs, als dessen Konsequenz die *Heilige Hochzeit* von einem öffentlichen und Gemeinschaft bildenden Ritus in eine klandestine und symbolische Form des Widerstands verwandelt wurde.

Ich kann diese *tour de force* durch die Kontinente und Zeiten nicht schließen, ohne zumindest kurz auf jene europäische Denkschule einzugehen, die den Begriff der Harmonie als *energetischen* Friedensbegriff in den Mittelpunkt ihres Weltbildes gestellt hat. Der mögliche Ausgangspunkt dieser Weltsicht ist die Ionische Naturphilosophie, und da besonders die Suche des Thales von Milet und des Anaximens von Milet nach dem Ursprung und Endziel des Alls[178] und die dem Pythagoras von Samos[179] zugeschriebene Entdeckung der mathematischen Struktur der Naturtonreihe. Der berühmte Versuch mit dem Monochord zeigt die Relationalität der natürlichen Intervalle in den numerischen Gleichungen 1:2 (Oktave), 3:2 (Quinte), 4:3 (Quarte) und so fort. Dem Tonspektrum liegt eine mathematische Ordnung zu Grunde, aus der das ästhetische Empfinden für Schönheit und Bezie-

---

175 Drekonja-Kornat 2007 S. 9–41. Einige Quellen behaupten, dies wäre kein Zufall, sondern inszeniert gewesen. Wenn das zutrifft und das Symbol des weißen Taube von den Revolutionären vorsetzlich verwendet wurde, belegt das seine Bedeutung im kubanischen Kontext umso eindrucksvoller. Jedenfalls wurde der Zwischenfall ein interessanter Mosaikstein in der Mythenbildung um Castro.

176 Bandini 1999.

177 Sklavenhandel und Hexenverbrennung sind in ihrer globalen und massenhaften Erscheinungsform nicht Phänomene des Mittelalters sondern der Neuzeit und stehen materiell an der Wiege der *Moderne*.

178 Thales vermutete ihn im Wasser, Anaximens in der Luft. Geyer 1995 S. 53–62.

179 Er hat möglicherweise im sechsten Jahrhundert vor unserer Zeitrechnung in Kleinasien, Italien und Mesopotamien gelebt.

hung erwächst. Die Pythagoreer legten diese Einsicht ihrer Interpretation der Ganzheit der Welt, die sie *kósmos* nannten, zu Grunde. Ihr Verständnis von Welt und Harmonie manifestiert sich in einer durch Zahlen ausdrückbaren universalen Ordnung und Verwandtschaft aller Dinge zueinander. Auch der berühmte Lehrsatz des Pythagoras wurzelt in diesem Ordnungsdenken. Das auf der Spitze stehende Dreieck galt ihm als Symbol weiblicher Fruchtbarkeit, und die Beschäftigung mit ihm resultierte aus dem mystischen Antrieb der Erforschung aller Ordnung und Harmonie.[180]

Dabei verstand er den *kósmos* als lebendige und nur in diesem Sinne göttliche *Energie*, mit der die menschliche Seele kommuniziert. Dieser Seele wird aber keine Individualität wie später bei Platon und im Christentum zugesprochen. Hinsichtlich ihrer eigenen Qualität wie ihrer je zufälligen Verkörperung scheint die pythagoreische Seele eher eine unspezifische, beliebige Größe zu sein, ohne engere Beziehung zu dem Leib, in dem sie verkörpert wird.[181]

Die sich an den natürlichen Vorgängen orientierende Vorstellung des atmenden *kósmos* und die physikalische Interpretation der unsterblichen Seele als Luft oder Atem erlauben das ideale Bild von einem rhythmischen Gleichklang oder synchronem Schwingen alles Seienden als Ausdruck des Friedens. Pythagoras sah Musik und Rhythmus im Zentrum jeder Existenz. Ein Fels sei nichts anderes als zu Stein gewordene Musik, soll er gesagt haben. Das nimmt die *moderne* Erkenntnis vorweg, dass alle Materie bloß *Energie* in einer bestimmten Geschwindigkeit ist, oder, wie Ernst-Joachim Berendt es ausdrückte – die Welt ist Klang.[182] Alles, was ist, ist *Energie*, und materialisiert sich erst durch sein Schwingen in Resonanz zum Beobachter.

Das daraus abgeleitete Ideal der Gottgleichheit oder Friedfähigkeit des Menschen lässt sich durch die Arbeit an der Seele erreichen, die für die Pythagoreer vor allem in der Introspektion liegt und in der Philosophie, der Reflexion der Welt mit dem Ziel, sie besser zu verstehen. Der Philosoph, der die kosmische Ordnung, die mathematische Harmonie und Vollkommenheit der göttlichen Welt studiert, bringe sich selbst dadurch mit ihr in Einklang. Er selbst wird *kósmos*, vollkommen und schön. Was in diesem relationalen, ästhetischen Friedensbild den Menschen mit dem göttlichen Weltganzen, den Mikrokosmos mit dem Makrokosmos verbindet, ist das

180 Camphausen 1999 S. 45/46.

181 Geyer 1995 S. 70.

182 Berendt 1981 S. 115.

Element des *kósmos* in beiden. Dessen Aktualisierung ist identisch mit Frieden, es verwirklicht die Gottgleichheit, gibt den Schlüssel zum Verharren am inneren Bergsee.

Im sechsten und fünften Jahrhundert vor unserer Zeitrechnung hatte die pythagoreische Schule erheblichen Einfluss auf das griechische Denken. Danach erlischt ihre politische Bedeutung. Sie erlebte unter geänderten Vorzeichen immer wieder Renaissancen. Pythagoras galt neben Platon bis zur Wiederentdeckung des Aristoteles im europäischen Hochmittelalter als wichtigster Philosoph der Antike.[183] Das macht den später noch zu besprechenden und scheinbar paradoxen Gleichklang zwischen Mechanik und Mystik in den Arbeiten von Johannes Kepler und Isaac Newton leichter nachvollziehbar.[184]

In dieser Betrachtung schließt der Kreis von Fallbeispielen zur *Großen Triade*, die zwar nicht deckungsgleich sind, aber doch mit Friedensvorstellungen aus äußerst unterschiedlichen Kontexten aufwarten, deren Grundzüge auf oft erstaunliche Weise korrespondieren.

4 Was ist ein *energetisch* begründetes Friedensbild?

Die bisherige Auflistung von Beispielen *energetischen* Friedensverständnisses ist nicht erschöpfend.[185] Es sind das bloß einige wenige, aber anschauliche und relativ bekannte Beispiele, deren Zusammenstellung zeigen soll, dass *energetische* Friedensvorstellungen quer durch Zeit und Raum überall gefunden werden können. Einige davon sind längst verklungen, andere für viele Menschen auf diesem Erdball verbindlich. Beim *energetischen* Weltbild darf ich davon ausgehen, dass nichts davon von ausschließlich historischem Interesse ist, denn in dieser Weltsicht geht keine *Energie* verloren. Nichts bleibt ohne Folgen, nichts verschwindet spurlos in der Geschichte, alles wird auf die eine oder andere Art verwunden und bewahrt.

So gesehen mag es zwar zutreffen, dass sich die Lebensverhältnisse ganzer Gesellschaften im Rahmen dessen, was wir *Modernisierung*, Entwicklung oder Fortschritt nennen, so verändern, dass ihnen die Aufmerksamkeit für *energetische* Friedensvorstellungen abhanden kommt. Bei genauerem Hin-

183 Geyer 1995 S. 62–71.

184 Siehe dazu Kapitel C.5.

185 Sie mag zwar das Publikum erschöpfen, aber sie selbst ist keineswegs erschöpft.

sehen finden sich aber überall unter der Oberfläche einer kapitalistisch in Wert gesetzten Welt Hinweise auf *energetisches* Welt- und Friedensverständnis. Oft sind dabei gerade die *modernen* Sprachen verräterisch. Wenn Begriffe wie (nicht) in guter Stimmung sein, eine spannende Geschichte oder entspannende Atmosphäre, übereinstimmende Meinung, beschwingte Musik, elektrisierende Neuigkeit, strahlendes Lächeln, knisternde Erotik und ähnliche zur Beschreibung sozialer und kommunikativer Vorgänge verwendet werden, geben sie uns Zeugnis von einer Tiefenkultur, einer kollektiven Erinnerung und einem Sensorium, in welchen das Potenzial für ein solches Verständnis angelegt ist. Im Zuge der *Modernisierung* mag einiges vom Bewusstsein dafür verloren gegangen, die entsprechende Sozialtechnik verkümmert sein. Die Möglichkeit, sie zu aktivieren und zu trainieren ist aber stets eine Option.

Ich versuche in diesem Sinn als Substrat aus den bisherigen Beispielen eine Definition von *energetischen* Frieden zu gewinnen. Dazu ist notwendig, nochmals zu betonen, dass die drei Kapitel über die *Große Mutter*, die *Heilige Hochzeit* und die *Große Triade* nicht drei unterschiedliche Kategorien beschreiben, sondern lediglich drei Perspektiven auf denselben Inhalt.

a) Ich beginne mit der Feststellung, dass *energetische* Welt- und Friedensbilder keinen personifizierten Weltenschöpfer am Anfang stehen haben. Das erste und oberste Prinzip bildet in ihnen immer eine *Urenergie*, um deren Beschreibung diese Bilder ringen. Ich habe von einem roten Edelstein erzählt, der am Anfang stand und alle Essenzen des Himmels sowie die „Tropfen der Verwandlung" enthielt, alle Aspekte von Materie und *Energie*. Weiters gab es *brahman*, die Weltseele, oder *kósmos*, die Ganzheit der Welt, den göttlichen Atem in der *Großen Triade*, das magische Energiefeld der *kindoki* und vieles mehr.

Der matriarchale Monotheismus, den ich in diesem Kontext auch beobachtet und ohne Rücksicht auf die entsprechenden Streitigkeiten in der Geschichtswissenschaft, Theologie und Ethnologie als real, weil zumindest im Diskurs befindlich, angenommen habe, ist kein Widerspruch dazu. *Malkuta*, das Königinnenreich, oder *alaha,* die heilige Einheit der Großen Göttin, die Erd- oder Mondgöttin selbst sind Variationen von Vorstellungen, die den oben genannten sehr nahe kommen und zumindest einmal *energetisch* gedacht sind. Auch sie umschreiben eine *Urenergie*, an der alles Seiende, so auch der Mensch, teilhat. Die *Große Mutter* ist eine Interpretation, eine Visualisierung, ein Name für das Dasein des Menschen und seiner Wahrnehmungen. Deshalb ist sie die dreifaltige Hervorbringerin, Bewahrerin und Zerstörerin des Lebens. Aber weder ist sie Schöpferin der heiligen Einheit, noch kann sie uns Menschen Bedingungen für die Teilhabe daran stellen. Daher gibt sie uns keine Normen, sondern nur Zeichen in der Form von Veränderungen des Wahrnehmbaren, und sie verlangt laufend nach neuen Interpretationen dieser Zeichen.

Übersetze ich dieses archaische Verständnis in eine *moderne* Sprache, so heißt das, dass jede Aktivität in dem abgeschlossenen System Welt dauerhaft weiter wirkende Folgen für alle und alles hat. Deshalb ist Friede die harmonische Schwingung des All-Einen. Diese Einsicht kommt auch in etlichen *modernen* Sprachen zum Ausdruck. So etwa im Russischen, wo der Begriff *Mir* aus gutem Grund gleichzeitig für Welt und Frieden steht, deutlicher aber vielleicht noch im Serbokroatischen *Sve-mir*, in dem die wörtliche Bedeutung des All-Einen als Frieden vollständig erhalten geblieben ist. Das Bild von der Großen Göttin erinnert den Menschen laufend daran. Als Aspekte der Fruchtbarkeit beinhalten ihre Zeichen die extremen Möglichkeiten der Prosperität und des Untergangs. Die Kunst liegt in der ausgewogenen Deutung dieser Zeichen. Die Verantwortung des Anführers von Gemeinschaften, der sich zum Wissenden dieser Deutung erhebt, ist dementsprechend groß.

Die *Große Mutter* ist als Aspekt der Fruchtbarkeit für alle Fragen des Lebens zuständig, aber das ist nicht alles, was die heilige Einheit zu bieten hat. Ich sagte, dass die Noosphäre die Biosphäre braucht und beide die Physiosphäre, aber nicht umgekehrt. Alles Leben könnte vergehen, der Mensch und selbst die *Große Mutter* wären hinfällig, und doch würde die heilige Einheit weiterbestehen. In dieser Konsequenz unterscheidet sich das Bild von der *Großen Mutter* fundamental vom patriarchalen Monotheismus, worauf später einzugehen ist. Ich beschränke mich hier auf die Feststellung, dass dieser Umstand den fruchtbarkeitsorientierten Kult der *Großen Mutter* an die Seite jener Weltsichten stellt, die über kein Bild eines personifizierten Urgottes, sondern nur einer *Urenergie* verfügen.

Das hält all diese Kosmovisionen nicht davon ab, sich Gottheiten und Dämonen zu schaffen. Diese sind nicht frei herumgeisternde Wesen, sondern mehr oder minder freundliche Erscheinungen der Bewegung innerhalb des Systems. Weil dieses sich laufend verändert, können auch sie ständig neue Formen und Namen annehmen, neue Plätze besetzen, alte verlassen und auch an mehreren gleichzeitig sein.

Zum Erreichen der Frieden ist es in dieser Weltsicht nötig, das Illusionsgespinst, das wir Realität nennen, mit all seinen Täuschungen loszulassen. Ob die Gottheiten und Dämonen Wesen sind oder Vorstellungen, die Ängsten oder Hoffnungen entspringen, spielt daher in einem *energetischen* Weltbild keine Rolle. Beides gehört zur irdischen Welt des vom Menschen Wahrnehmbaren Beides ist bloß *Energie* in einer bestimmten Form. Die letzte Wahrheit dazu bleibt eine Frage der Interpretation und Perspektive. Deshalb können sich diese Gottheiten ruhig durch Geschichte, Geschichten und Erzählungen bewegen, sich zu materiellen Idolen oder philosophischen Metaphern transformieren und in immer neuen Gestalten auftauchen, ohne ihre Relevanz für Gläubige oder Ungläubige, Ahnungslose oder zu wissen Meinende, zu verlieren. Im abgeschlossenen System der heiligen Einheit geht ihre *Energie* nie verloren. Frieden, den inneren Bergsee, erreichen wir nicht durch intellektuelles Verstehen oder empirische Beweisführung, sondern durch das Loslassen von allen Konzepten, die uns in diesem Erdenleben binden. Für jedwede *energetische* Weltsicht stellt die uninterpretierbare *Urenergie* selbst das erste und höchste Prinzip dar. Selbst Große Göttinnen und Demiurgen sind ihr nachgeordnet.

b) Aus dieser ersten Setzung folgt die Frage nach der Deutung der menschlichen Existenz in einer derart ganzheitlich und *energetisch* begründeten Welt. Darüber wurden schon Bibliotheken geschrieben, und es ist unmöglich, all diese Aspekte zu erläutern. Ich versuche, diese Frage auf die kleinstmögliche Dimension zu reduzieren, die für die Definition des *energetischen* Friedensbegriffs unerlässlich ist.

Entscheidend erscheint mir erstens die Annahme, dass der Mikrokosmos des menschlichen Körpers und Geistes nicht nur untrennbarer Teil des Universums ist, sondern diesem auch in all seinen Aspekten entspricht. Zweitens folgt aus der Vorstellung, dass dieses Universum göttlicher Atem oder *Energie* ist, der Wunsch des Mikrokosmos, im Einklang mit dem Makrokosmos zu schwingen. Dabei tritt das Paradoxon auf, dass der Mikrokosmos unter der Bedingung des völligen Gleichklangs mit dem Makrokosmos verschwindet. Dieser Fall ist in einigen jener Weltbilder Ziel und Bestimmung des Daseins. Zugleich ist das, was wir Existenz nennen, überhaupt nur wahrnehmbar, wenn sich seine „Frequenz“ von der des Universums unterscheidet. Die Differenz macht das Wesen, somit auch den Menschen, dessen bloßes Dasein bereits Abweichung bedeutet und während der gesamten Dauer seiner materiellen Existenz um die Grundstimmung des Universums schwingt, bis er wieder mit ihm in Einklang kommt und dadurch verklingt.

Das menschliche Dasein ist daher im doppelten Sinn relational – im Verhältnis zu den anderen Lebewesen und zum Universum. Im Zusammenklingen dieser Schwingungen entsteht Harmonie oder Disharmonie. Im Sinne des Pythagoras ist es nicht Sinn des irdischen Daseins, im völligen Einklang mit dem Universum zu schwingen, wohl aber in einer harmonischen Beziehung zu ihm. Daraus resultiert, was mit den menschlichen Sinnen als Frieden wahrnehmbar ist.

Also liegt die Kunst des Menschseins zum einen darin, die Zeichen des göttlichen Atems richtig zu deuten. Um auch entsprechend handeln zu können, ist es unerlässlich, das „Fahrzeug", das für das Abenteuer des irdischen Daseins zur Verfügung steht, das Selbst, zu kennen, zu pflegen und einzusetzen. Auch dafür gibt es viele Begriffe und Erklärungen, etwa die Vorstellung von einer Seele, von *ātman*. Die Buddhisten sprechen vom *Vajra*, dem Diamanten, die Sufis von Essenz, und *malkuta* sagt „Ich kann". Der kleine Edelstein des so gemeinten „Könnens" liegt unter dem Schlamm der Lasten und Ablenkungen des Alltags verborgen. All diese Kosmovisionen erheben deshalb die Introspektion zur Tugend. Dafür schaffen sie Hilfsmittel und Rituale, aber erst wenn es dem Menschen gelingt, dieses innere Können in Harmonie mit dem göttlichen Atem des Universums zu bringen, wird er fähig Frieden wahrzunehmen.

Energetischer Frieden ist deshalb nie ein Zustand und nicht an objektive Bedingungen gebunden. Dieser Frieden beginnt im Inneren des Selbst und breitet sich von dort als harmonische Schwingung in der Gesellschaft, der Natur und dem Universum aus. Der Mensch, der den Frieden nicht zuerst in sich sucht, wird ihn im Äußeren nicht finden, weil es dort keinen objektivierbaren Frieden gibt. Selbst wenn es ihn gäbe, wäre er nicht wahrnehmbar, solange das „Ich kann" des Beobachters nicht gefunden und aktiviert ist. Im Buddhismus wird das Erleuchtung oder Erwachen genannt. Da dies bekanntlich nur wenigen gelingt, wird in diesen Begriffen erkennbar, wie schwer *energetische* Frieden zu erleben sind.

Zugleich verlangen diese Lehren nicht nach Perfektion. Da es keinen verbindlichen Standard gibt, muss Frieden als Plural gelesen werden. Es gibt so viele „Diamanten“ wie Menschen und jeder davon kann ein funkelnder Knoten im Netz des *Indra* sein. Auf profanerer Ebene ist auch die Einsicht hilfreich, dass Frieden im Selbst beginnt und von da aus die Beziehungen zu den Mitmenschen, der Gesellschaft, den anderen Geschöpfen, der Natur und zum Universum gestaltet werden. Auch wenn der einzelne vielleicht nicht gerade ein Erleuchteter ist, können Konflikte auf der Basis einer solchen Weltsicht transformiert werden und die Aussichten auf gewaltfreie Beziehungen sind unter diesen Bedingungen nicht so schlecht.

c) Aus den ersten beiden Punkten dieses Kapitels folgt, dass *energetische* Welt- und Friedensbilder nicht auf ultimative Wahrheiten rekurrieren. In den meisten Fällen rechnen sie gar nicht mit solchen. Da, wo religiöse oder poetische Texte den Versuch machen, eine Wahrheit zu formulieren, wie etwa im indischen *dharma*, relativieren sie diese durch das Eingeständnis, dass Wahrheit jenseits dessen liegen muss, was sich durch Sprache ausdrücken lässt. Dies ergibt sich aus der Erkenntnis über die Perspektivität jeder Betrachtung. Da das erkennende Subjekt stets Teil des Weltganzen ist, kann es dieses auch nur aus seiner eigenen Perspektive betrachten, nie in seiner Gesamtheit – so wie das Auge zwar in der Lage sein mag, alles Mögliche auf und in der Welt zu sehen, niemals aber die ganze Welt. Denn kein Auge kann sich selbst sehen und doch sind alle Augen Teil der Welt.[186]

Diese Einsicht charakterisiert *energetische* Friedensbilder in ihrer praktischen Anwendung. Da die letzte Wahrheit als unerkennbar angenommen wird, bemühen sie nicht das Recht, sondern die Beziehung als erstes Kriterium für die Gestaltung gesellschaftlicher Fragen. Alle Entscheidungen in der manifesten Welt sollen im Hinblick auf ihre Auswirkungen auf das Netz an wahrnehmbaren Beziehungen zwischen den Menschen, ihrer Mitwelt und dem *kósmos* hin getroffen werden, nicht auf der starren Basis einer letztverbindlichen Norm. Die Verhältnisse ändern sich laufend, mit jedem Atemzug. Daher müssen auch die Entscheidungen diesen Veränderungen angepasst werden. Was hier und heute richtig ist, kann morgen oder anderswo falsch sein. Das hat nichts mit Beliebigkeit zu tun. Auch in einer *energetischen* Weltsicht begründen sich Ethik und Norm, um den Menschen

186 Wittgenstein 2003 Satz 5.633: Wo in der Welt ist ein metaphysisches Subjekt zu merken? Du sagst, es verhält sich hier ganz, wie mit Auge und Gesichtsfeld. Aber das Auge siehst du wirklich „nicht“. Und nichts „am Gesichtsfeld“ lässt darauf schließen, dass es von einem Auge gesehen wird.

eine Orientierung in der Welt zu ermöglichen. Aber sie sind sich der fließenden Beziehungshaftigkeit des Grundes bewusst, auf dem sie sich bewegen. Eine Illustration davon gibt James Hilton in seinem berühmten Roman *Lost Horizon* aus dem Jahr 1933, in dem sich Conway, der britische Held des Stücks, mit Tschang, einem tibetischen Mönch über Moral und Politik in der versteckten Lamaserei *Shangri-La* unterhält, in die er entführt worden war:

> Aber die letzte Grundlage von Gesetz und Ordnung blieb Conway noch immer ein Rätsel; es schien weder Militär noch Polizei zu geben, und doch musste für die Unverbesserlichen irgendeine Vorsorge getroffen sein. Tschang erwiderte, dass Verbrechen nur selten seien, teils weil nur wirklich ernste Missetaten für Verbrechen angesehen würden, teils weil jeder einzelne alles, was er vernünftigerweise begehren könne, in ausreichendem Maß genieße. Als letztes Mittel seien die besonderen Diener der Lamaserei ermächtigt, einen Übeltäter aus dem Tal zu vertreiben – allerdings werde dies für die höchste und allerschrecklichste Strafe gehalten und nur sehr selten angewendet. […]
>
> Conway fragte, ob es niemals Streit um Frauen gebe. „Nur selten, denn es wird nicht für gute Sitte gehalten, eine Frau zu nehmen, die ein anderer Mann begehrt." „Angenommen, jemand begehrt sie so heftig, dass er keinen Deut darum gäbe, ob es manierlich sei oder nicht." „Dann, mein werter Herr, erfordert die gute Sitte von dem andern, zurückzutreten, und von der Frau, ebenso zuvorkommend zu sein. Sie wären wirklich überrascht zu sehen, wie ein bisschen Höflichkeit aller in allem dazu beiträgt, diese Fragen reibungslos zu lösen."[187]

Auch wenn dieser Text aus einem utopischen Roman stammt, der sich auf den tibetischen Buddhismus bezieht, zeigt er, wie sehr sich eine Ästhetik der Frieden von starren Normen unterscheidet, die im Vertrauen auf die Verbindlichkeit einer letzten Wahrheit gebaut sind. Und es zeigt, an welcher Stelle Konflikttransformation in so einem Rahmen ansetzen und welche Methoden sie anwenden kann.

d) Wenn ich vorher sagte, dass die Kunst des Menschseins in einem *energetischen* Welt- und Friedensbild in der ausgewogenen Deutung der Zeichen liege, welche die Große Göttin oder „das System" aussendet, so steigert sich diese Kunst zur Aufhebung aller scheinbaren Dualismen durch entspre-

187 Zitiert nach der deutschen Übersetzung Hilton 1979 S. 99/100.

chendes Denken, Sprechen und Handeln. Dem Menschen kommt in diesem Weltbild als Jongleur der himmlischen und irdischen *Energien* eine nicht ganz bescheidene und für ihn selbst existenzielle Aufgabe zu. Er benötigt die Harmonie in der *Großen Triade*, aus der Frieden folgt, um selbst leben zu können. Nur in Harmonie florieren die eigene Art und die Mitwelt, mit der er in Resonanz steht. Diese Resonanz kann auch dissonant sein. Dann ist es seine Aufgabe, die Stimmung wieder herzustellen. Deshalb sind solche Gesellschaften zumeist sehr durchlässig und aufnahmebereit für Fremdes. Respekt, Gastlichkeit und Interesse für das andere ergeben sich aus ihrem Streben nach Harmonie. Diese kompetitive Schwäche ist zugleich kooperative Stärke, denn die Fähigkeit zur Absorbierung von Elementen anderer, bereichert und fördert das eigene.

Fehlt die Resonanz, entsteht Anomie, Orientierungslosigkeit der einzelnen und der Gesellschaften. Daher ist es für diese Menschen unmöglich, ihre Existenz losgelöst vom Himmel oder der Mitwelt zu denken oder gar zu leben. Werden sie in derartige Situationen getrieben, so geschieht das, was ich am Beispiel Balis als *amok* bezeichnet habe – die totale Selbstvernichtung, weil es nicht mehr möglich ist, den eigenen Platz in der Welt zu finden und zu halten.

Das Streben nach der Aufhebung der Dualitäten begründet sich im Glauben, dass im Ursprung alles eins wäre und wieder eins würde. So können männlich und weiblich in der *Heiligen Hochzeit* eins werden oder gar im Androgyn eins sein. Die Rituale dazu sind anschaulich. Da alles in letzter Instanz als eines gesehen wird, ist in dieser Weltsicht auch die Trennung von Geist und Körper nicht möglich, woraus wiederum folgt, dass beide uneingeschränkt als „Fahrzeuge" zur Transformation eingesetzt werden können.

Eine asketische, körperfeindliche Einstellung ist in dieser Kosmovision unwahrscheinlich. Im Alltag sind die Menschen, die ihr anhängen, weder Hedonisten noch Asketen. Das gilt für alle Bereiche ihrer Ethik. Sie sind mäßig in ihrem Konsum, in ihren Leidenschaften und Begierden, in ihrem Stolz und ihrem Zorn, aber ebenso mäßig, was Fleiß, Leistung, Tapferkeit, Ordnung, Pflichtbewusstsein oder Keuschheit angeht. Diese pragmatische Haltung resultiert aus der Ansicht, dass jedes Ding in der materiellen Welt, daher auch jede Tugend, nur durch das Vorhandensein seines Gegenteils Wirklichkeit erfährt. Daher werden reine Dualismen als unmöglich angesehen und argumentativ vermieden. Niemand kann nur gut, nur stark, nur klug sein. Alles beinhaltet auch sein Gegenteil. Im Buddhismus entstand aus dieser Einsicht eine eigene Schule nach Nāgārjuna,[188] die der Mittlere Weg genannt wird und frei von extremen Sichtweisen philosophiert. Der Begriff darf auch profaner aufgefasst und über die Grenzen des Buddhismus hinaus angewendet werden.

Da alle Dinge in ihrem Erscheinen einem stetigen Wandel unterworfen sind und sich in ihrer *Energie* transformieren, gibt es im *energetischen* Verständnis von Welt und Frieden auch kein von Todesangst getriebenes Philosophieren. Aus dem Zugang zur Noosphäre, der Fähigkeit zur reflektierenden Erkenntnis des eigenen Seins, folgt nicht die Angst vor dessen sicherem Vergehen, dem Tod, sondern die Überzeugung, dass der Tod nichts anderes als eine Transformation von *Energie*, der Übergang von manifestem in transzendentes Dasein, ist. Das finale Verschwinden im harmonischen Gleichklang mit dem Makrokosmos wäre sogar das größtmögliche Glück, das einer menschlichen Seele widerfahren könne. Todesangst mag daher ein subjektives Empfinden sein, nicht aber Triebfeder für philosophisch begründetes Handeln.

In weiterer Konsequenz bauen solche Weltbilder nicht auf dem Prinzip der Sicherheit, weil sie wissen, dass es sie nicht gibt. Das Rüsten für den Fall des Falles ergibt in ihrem Zusammenhang keinen Sinn, denn sie wissen, dass jeder Gedanke an Sicherheit bereits den an Unsicherheit impliziert, so wie jede Sicherheitsmaßnahme neue Unsicherheit hervorbringt. Das macht diese Gesellschaften tendenziell gewaltfrei und risikofreudig. Hohe Risikobereitschaft und Frieden haben offensichtlich miteinander zu tun, wenn es nach dieser Denkweise geht. Das hängt auch mit ihrer Bereitschaft zum Geschehenlassen aller Dinge zusammen. So wie im Mikrokosmos des Körpers Wohlbefinden eintritt, wenn alle Blockaden in Atemwegen, Muskeln und Gefäßen beseitigt sind, so nehmen sie die Welt als friedlich wahr, wenn die Dinge ihren Lauf nehmen und von keiner Institution eingegriffen wird. Wer die Welt als *energetisch* wahrnimmt, will, dass alle *Energien* ungehindert fließen können. Ist das der Fall, wird Frieden erlebt.

e) Da Körper und Geist als nicht getrennt wahrgenommen werden, können sie ohne Einschränkung als Fahrzeug zur Aufhebung aller Dualitäten, zur Erkundung des inneren Bergsees, eingesetzt werden. Frieden sind zuerst

188 Er soll im zweiten Jahrhundert unserer Zeitrechnung gelebt haben und gilt als Begründer des Mahāyāna- Buddhismus.

dort zu suchen und strahlen von da nach außen, nicht umgekehrt. Daher kann *energetischer* Frieden weder gelehrt noch exportiert oder über objektive Bedingungen „gemacht", sondern nur erfahren und in Beziehung gesetzt werden. Das Sensorium für die entsprechende Erfahrung liefern in der manifesten Welt all unsere Sinne, Körper und Geist.

Zur Kunst des Menschseins gehört auch und vor allem der entsprechende Umgang mit diesem Sensorium, der gelernt und geübt sein will. Zumeist wird die Methode als Meditation bezeichnet. Resonanz hat immer mit Schwingung zu tun. Will sich der Mensch mit all seinen Möglichkeiten in eine harmonische Resonanz mit dem Makrokosmos des Universums bringen, Frieden wahrnehmen, muss er all jene Aspekte seines Fahrzeuges zum Einsatz bringen, die schwingen können. Erfahrungsgemäß sind dies Atem, Stimme und Bewegung. Aus diesem Grund sind dies die zentralen Mittel *energetischer* Rituale und Friedensfeste, aus denen Musik, Tanz und Schauspiel als von Friedrich Nietzsche so genannte „*dionysische* Künste" hervorgingen:

> In der dionysischen Kunst und in deren tragischer Symbolik redet uns dieselbe Natur mit ihrer wahren, unverstellten Stimme an: „Seid wie ich bin! Unter dem unaufhörlichen Wechsel der Erscheinungen die ewig schöpferische, ewig zum Dasein zwingende, an diesem Erscheinungswechsel sich ewig befriedigende Urmutter!"[189]

f) Da in den folgenden Kapiteln die zeitgenössischen Ansätze der *transpersonalen* Psychologie und *transrationalen* Frieden eine wichtige Rolle spielen werden, schließe ich dieses Kapitel mit einigen Gedanken über den Zusammenhang *energetischer* Weltbilder mit Evolution, Entwicklung und Erfahrung.

Ken Wilber, der in seinem 1995 erstmals erschienenen Buch „Eros, Kosmos, Logos"[190] die einschlägige Debatte des 20. Jahrhunderts zusammenfasst, schließt sich in seiner diesbezüglichen Argumentation dem Ansatz von Jürgen Habermas[191] an, der vorschlägt, die Evolution der Menschheit als Analogie zur Entwicklung des Individuums zu interpretieren. Er nennt die entsprechenden Stufen archaisch, magisch, mythisch und mental. Die ausführlichen Darstellungen beider Autoren sind insofern überzeugend, als

189 Nietzsche 1983b S. 642.

190 Wilber 2001b.

191 Habermas 1976.

sich Belege für sie in jedem Kinderzimmer der Welt zu finden scheinen, andererseits keine der vorherrschenden Denkschulen der *Moderne* in einem fundamentalen Widerspruch zu ihnen steht.

Das 20. Jahrhundert war geprägt vom liberalen Fortschrittsglauben, dem historischen Materialismus, dem Faschismus, und in seiner zweiten Hälfte vom idealistischen Entwicklungsmythos. So gegensätzlich diese Positionen zu sein scheinen, so sehr sie sich bekriegten, so wenig wichen sie voneinander ab, was ihr vektorales Zeitverständnis, ihre latente Gewaltneigung und ihre Vorstellung von Entwicklungsstufen der Spezies Mensch betrifft. Während bei Autoren von Friedrich Engels[192] oder Walt Rostow[193] bis Jürgen Habermas aufgrund ihrer deklarierten Zugehörigkeit zu den entsprechenden Denkschulen der Rückgriff auf das Bild einer linearen Stufenlehre nicht überrascht, verwundert bei Ken Wilber, der seine Leserschaft zur *transpersonalen* Psychologie führt, der im doppelten Sinn des Wortes ausladende Exkurs in diese Stufenlehre und seine Apotheose Hegels[194] doch einigermaßen.

Das Problem dieser vektoralen Stufenlehren ist wohl, dass sie die Evolutionslehre Darwins, die sich auf die Biosphäre bezieht, just auf jene Phase der Menschheitsgeschichte anwenden, in der sich dem Menschen die Noosphäre erschließt. Sowohl für Habermas als auch für Wilber stellt die evolutionäre Schwelle zum *homo sapiens*, in der die organisch-kulturelle Mischform der Evolution einer ausschließlich sozialen wich, ein argumentatives Problem dar. Für Habermas kommt „der natürliche Evolutionsmechanismus zum Stillstand",[195] was wohl nur meinen kann, dass die Spezies hinsichtlich ihrer biologischen Merkmale ab nun keine nennenswerten Veränderungen mehr durchläuft. Dennoch setzt für beide Autoren die historische Stufenlehre erst an dieser Stelle an. Sie gehen davon aus, dass die Evolution in der Noosphäre so weiterläuft wie in der Biosphäre. Nachdem Wilber schon erklärt hat, dass die Entwicklung in der Biosphäre vom Einfacheren zum Komplexeren, vom Niederen zum Höheren verlaufe, bedeutet die

192 Engels 1884.

193 Rostow 1960.

194 Besonders nachdrücklich in Wilber 2002 S. 357–365. Mir scheint seine Fixierung auch deshalb fragwürdig, weil er am Ende seines Hauptwerkes in seinem Abgesang auf den Idealismus selbst feststellt, wie sehr Hegels Denken irreleiten kann. Diese Einsicht kann über weite Strecken desselben Buches nicht beobachtet werden. Wilber 2001b S. 590.

195 Habermas 1976 S. 147f.

Übertragung dieser Beobachtung in die Noosphäre, dass auch der menschliche Geist sich vom Einfacheren zum Komplexeren, vom Niederen zum Höheren bewege. Das beinhaltet eine deterministische Wertung, die im Weltbild von Habermas kein Problem ist, obwohl das 20. Jahrhundert deren Gefahren deutlich aufgezeigt hat. Für Wilbers Weg zum *Transrationalen* ergibt der evolutionistische Ansatz etliche Widersprüche. Denn Wilber belegt seine Behauptung, dass im Menschen ein Potenzial angelegt wäre, das ihn in die Lage versetze, in seiner Wahrnehmung als soziales Wesen die Grenzen der Rationalität integrierend und differenzierend zu überschreiten, oft und gerne mit Verweisen auf prä-rationale Weisheiten und insbesondere auf große Persönlichkeiten der so genannten Achsenzeit.[196] Wie also erklärt er die Leistungen von Buddha, Laotse, Zarathustra, Patanjali, Jesaias, Christus, Mohammed, Hildegard von Bingen, Franz von Assisi, Teresa von Ávila und all den anderen großen Mystikern, die, sofern überhaupt, zweifelsfrei in der Vergangenheit gelebt haben? Wie geht er damit um, dass viele der bedeutenden Friedenslehren zu Zeiten entstanden sind, die aus unserer Perspektive in grauen Vorzeiten liegen?

> Wir dürfen sie nicht als Erbe der Vergangenheit auffassen; sie sind unbekannte Attraktoren, die in unserer Zukunft liegen, Omega-Punkte, die noch nie eine kollektive Verwirklichung gefunden haben, sondern sich jedem einzelnen als Strukturpotenziale darbieten, als künftige Strukturen, nicht als vergangene.[197]

Das ist aus *energetischer* Sicht nachvollziehbar und sympathisch. Da in einem System keine *Energie* verloren geht, bleiben laut Wilber Buddha, Jesus und all die anderen der Menschheit als Attraktoren erhalten. Das beantwortet nicht wirklich die Frage, die er selbst aufgeworfen hat. Denn wie immer diese großen Persönlichkeiten im allzeitlichen System als Potenziale wirken mögen, sofern sie historisch sind, hatten auch sie als Emanationen bedeutender Lehren einen Kontext. In ihrem Menschsein waren auch und gerade sie relational, nicht monadisch und nicht anomisch. Das heißt, keine dieser Lehren darf als geniale Einzelleistung eines isolierten und besonders inspirierten Geistes im Hegel'schen Sinne gelesen werden, sondern als jeweils kollektive Hervorbringung eines gesellschaftlichen Ganzen, die unter dem

---

196 Dazu ausführlich das nächste Kapitel.

197 Wilber 2001 S. 313/314. Noch ausführlicher wiederholt er dasselbe Argument in Wilber 2002 S. 212ff.

Namen einer Persönlichkeit, als Emblem, in die kollektive Erinnerung eingegangen ist. Das widerspricht der Annahme einer quasi-biologischen Evolution des menschlichen Geistes. Wenn Gedanken, die aus heutiger Sicht in eine spirituelle Zukunft weisen, vor zwei-, dreitausend Jahren als kollektive Leistung gedacht und ausgesprochen werden konnten, was für eine Aufgabe hätte die Evolution in den 100 bis 200 Generationen seither gehabt?

Dieser Evolutionismus führt im Rahmen eines *energetischen* Weltbildes, das Wilber im Gegensatz zu Habermas letztlich vorschlägt, zu einer unnötigen Hierarchie von Werten und Weltsichten, wie sie sich im 19. Jahrhundert als Zivilisierungsparadigma und im 20. im Entwicklungsdenken ausgedrückt haben. Diese gehen davon aus, dass spätere Generationen entwickelter wären als frühere, und dass mit Hilfe entsprechender Maßnahmen von Entwickelten, die Unterentwickelten[198] rascher aus ihrem Jammertal befreit werden könnten. Irgendwie scheint da vor lauter *Chronos* der *Kairos* verloren gegangen zu sein, der bei Wilber ansonsten eine so große Rolle spielt. Dies ist im Sinne eines *energetischen* Friedensbildes immer mit Gewalt verbunden, ja für sich selbst bereits Denkgewalt.

Ich denke im Gegensatz zu den genannten Autoren, dass von einer Evolution des Menschen nur insoweit gesprochen werden sollte, als dass die Spezies mit dem Potenzial zur Erschließung der Noosphäre – und vielleicht darüber hinaus, wie Wilber meint – ausgestattet worden ist. Das heißt aber, dass bereits der ersten Generation des *homo sapiens* die Noosphäre mit all ihren Potenzialen grundsätzlich zugänglich war, was ihn letztlich definiert. Die evolutionäre Ausstattung in der Biosphäre schaffte alle Voraussetzungen. Ein weiterer Schritt der Evolution würde Veränderungen bedeuten, deren Konsequenzen kaum vorstellbar sind. Er würde die Gattung Mensch, so wie wir sie kennen, zum Verschwinden bringen. Das heißt mit anderen Worten, alles, was wir in der Noosphäre leisten, ist nicht Gegenstand der Evolution, sondern der Erfahrung – just weil wir dazu in der Lage sind. Erfahrung wird von Generation zu Generation weitergegeben, sodass durch die Anhäufung von entsprechendem Wissen in einzelnen Sachbereichen erstaunliche Kulturleistungen möglich sind. Das mag einmal zum Pyramidenbau führen, ein anderes Mal zum Internet oder zu *transpersonaler* Psychologie. Im Gegensatz zur vektoralen Entwicklung, wie sie Liberale, Idealisten und Marxisten annehmen, ist Erfahrung relational. Es obliegt den jeweiligen

198 Der Begriff wurde 1949 von Harry Truman in die politische Debatte eingeführt und erlebte in der zweiten Hälfte des 20. Jahrhunderts eine enorme politische Konjunktur.

Generationen und Kontexten zu befinden, was sie für erinnernswert erachten und weitergeben und was nicht. Spätere Generationen haben den Vorteil, dass sie auf Wissensbestände greifen können, die frühere erarbeitet haben. Das ist aber keine Angelegenheit der Evolution, sondern der Aufmerksamkeit, des Bewusstseins, des Lehrens, Lernens, Erinnerns und Aufzeichnens innerhalb jenes Potenzials, das der Spezies Mensch als temporäre Erscheinung der Evolution zur Verfügung steht. Kollektives Wissen wird immer mehr, nicht aber zwangsläufig besser.

Dieser Ansatz impliziert auch das Schweigen und das Vergessen. Kein Wert, kein Wissen und kein Faktum sind an sich besser oder erinnernswerter als andere, sondern immer nur situativ. Viele werden zur Vermeidung eines individuellen oder kollektiven Erschöpfungstodes durch Vielwissen vergessen. Zwar gehen sie in einem geschlossenen System, wie das *energetische* Weltbild annimmt, nicht endgültig verloren, aber eventuell müssen sie später unter Anwendung geeigneter Methoden mühsam wieder gesucht und rekonstruiert werden.

Diese im *energetischen* Konzept fußende Annahme passt besser als der Evolutionismus zu Wilbers Verlangen nach Spiritualität. Unter diesen Voraussetzungen kann akzeptiert werden, dass Buddhas Lehre als ein Omega-Punkt in der Zukunft auf ihre Verwirklichung wartet, aber eben als ein im System angelegtes Potenzial der gesamten Spezies, nicht als unzeitgemäße Einzelleistung eines Erleuchteten.

Ich fasse zusammen, dass es sich mit der Frage von Evolution und Erfahrung nicht anders verhält als mit der Quantenphysik und der Newton'schen Mechanik. Obwohl uns die Quantenphysik die Beschränktheit der mechanistischen Annahmen Newtons und seiner Nachfolger aufzeigte, bleibt die klassische Physik mit all ihren Regeln ein wichtiges Instrument zur Bewältigung des Alltags. Ebenso mag zutreffen, dass der Mensch als Spezies dem Prozess der Evolution unterworfen ist, die ihn in ungeahnte Sphären tragen wird. Nur ist diese Bewegung so großräumig, dass wir sie in unserer irdischen Beschränktheit nicht fassen können und uns auf die Möglichkeiten von Geist und Körper bescheiden müssen. Beide haben ein Potenzial, das durch die Gesamtheit unserer gemeinsamen Erfahrungen und Erinnerungen noch bei weitem nicht ausgeschöpft ist. Von da aus kann ich mit Wilbers Überlegungen zur *transpersonalen* Psychologie und zum *transrationalen* Frieden viel leichter mitgehen als auf der Basis seines evolutionistischen Vorschlags.

Wenn aber die Freiheit zusammenfällt mit der Notwendigkeit des Wahren, so bleibt unsere Freiheit jederzeit brüchig. Denn wir sind des Wahren nie im Ganzen und endgültig gewiss.
Karl Jaspers[1]

2

B. *Moralische* Friedensinterpretationen

Das Panorama, das im vorangegangenen Kapitel gezeichnet wurde, könnte den Verdacht erwecken, *energetisches* Friedensverständnis sei gewissermaßen eine anthropologische Konstante, der Normalfall, seit Menschen Frieden denken. Auch die Evidenz *moralisch* auslegender Deutungen widerspricht dem aufs Erste nicht, denn sie sind nicht die Antithese zum *energetischen* Verständnis. Eher sind sie eine aus diesen abgeleitete Teilmenge. Wenn in der Bibel angenommen wird, dass am Anfang „das Wort" war, oder bei den Maya Mittelamerikas „der rote Edelstein", nimmt das stets auf jene Urenergie Bezug, die vor dem wie auch immer verstandenen Schöpfergott da war. Jede unter Berufung auf ihn gesetzte und gemeinte Norm begründet sich daher im menschlichen Versuch, mit dieser Urenergie im Gleichklang zu schwingen. Das Vokabular und die Erzählungen rings um diese Vorstellung

1 Jaspers 1955 S. 151.
2 Das Auge Gottes symbolisiert die *moralische* Friedensvorstellung, die in letzter Instanz auf einen außerhalb der Welt stehenden Gott rekurriert, der mit menschlichen Wesenszügen eines liebenden und strafenden Vaters identifiziert wird, allmächtig und allwissend ist. Er ist das Wahre, Schöne, Gute. Ob die Menschen seinem Frieden gerecht werden, interpretiert in der manifesten Welt eine Elite geistlicher Herren.

variieren, lassen sich aber auf diesen kleinsten Nenner reduzieren, sofern es um *energetisch* begründete Welt- und Friedensbilder geht.

In diesem Kapitel werde ich zeigen, dass es Bilder gibt, die nicht auf diese Urenergie Bezug nehmen. Sie greifen für ihre Annahme der Gültigkeit ewiger Gesetze und ultimativer Wahrheit auf andere Rechtfertigungen zurück. Manche davon sind nur in dieser Version bekannt, andere transformieren sich und emergieren gleichsam aus dem *energetischen* Grundmuster. Sie differenzieren dessen Charakteristika und integrieren sie in eine neue Erzählung. Die bekanntesten Beispiele betreffen den mediterranen Raum, namentlich Judentum, Christentum, Islam und in weiterer Folge deren säkularisierte Ableitungen. Ähnliche Tendenzen lassen sich im weltlichen Hinduismus, im asketischen Jainismus, in manchen Interpretationen des Theravada- und Mahāyāna-Buddhismus, in Hochkulturen der Amerikas und im Konfuzianismus und seinen Ableitungen beobachten, was Habermas oder Wilber dazu verleitete, die *energetischen* Vorstellungen einer archaisch-magischen Entwicklungsstufe der Menschheit zuzuschreiben und das *moralische* Friedensbild der mythischen. Daraus ergäbe sich die mentale oder, wie Wilber es nennt, egoisch-rationale Schaulogik der Aufklärung.[3]

Als Friedensforscher des 21. Jahrhunderts erhebe ich Einwände gegen diese evolutionistische Sichtweise, weil Relativitätstheorie, Quantenphysik und Urknalltheorie meiner aktuellen Wahrnehmung ein prinzipiell *energetisches* Friedensbild abverlangen, das neben sozialer Kreativität auch die laufende Neubewertung aller Ergebnisse rationalen natur- und sozialwissenschaftlichen Forschens erfordert. Aus dieser Perspektive ergibt sich, dass das *moralisch*-rationale Friedensbild das primitivere wäre, das es zu verwinden gilt, und das *energetische* das hochkomplexe, das mühsam (neu) erschlossen werden muss.

Das heißt vorerst, dass das *energetische* Friedensverständnis nicht als Charakteristikum primitiver Entwicklungsstufen abgetan werden kann, sondern eine menschliche Fundamentalerfahrung darstellt, welche in der Sprache Religionen begründender Mythen ebenso erzählt werden kann wie in komplizierten naturwissenschaftlichen Formeln und Zahlenreihen. In diesem Kapitel wird es darum gehen, die Charakteristika *moralisch* begründeter Friedensbilder zu diskutieren, ihre Geschichten zu erfragen, ihre Leistungsfähigkeit und ihre Grenzen zu erkunden.

---

3 Wilber 2001b S. 258ff.

Methodisch hilfreich dafür ist der Begriff der Achsenzeit, den Karl Jaspers[4] in seinen geschichtsphilosophischen Betrachtungen für die Zeitspanne von 800 bis 200 vor unserer Zeitrechnung eingeführt hat. Laut Jaspers wurden in jener Achsenzeit unabhängig voneinander in mehreren Kulturräumen jene außergewöhnlichen philosophischen und technologischen Fortschritte vollbracht, welche die Grundlagen aller Zivilisation der Menschheit bilden. In diesem Punkt distanziert er sich explizit von der Hegel'schen Stufenlehre. In der Achsenzeit sind nach Jaspers die Grundformen erarbeitet worden, in denen wir noch heute denken. Jaspers bezieht sich besonders auf das Entstehen der großen Weltreligionen, den Kampf des Einen Gottes gegen die Dämonen, die es nicht gibt, und nennt diese Veränderung des Menschseins auch Vergeistigung, den Kampf des *Logos* gegen den *Mythos*, oder, weil diese Entwicklung bei den Griechen mit der Staatsform der Polis verbunden ist, die Entstehung des Politischen.[5]

Die angesprochenen Kulturräume nach Jaspers sind:

a. China, wo in dieser Zeit Konfuzius und Laotse gewirkt haben sollen.
b. Indien, wo zuerst die Upanishaden die Naturphilosophie des Hinduismus begründeten und zwischen 500 und 300 vor unserer Zeit die Lehre Buddhas dem Kulturraum seine Prägung gab.
c. Der Orient, wo Zarathustra im Persien des siebten oder sechsten Jahrhunderts vor unserer Zeitrechnung als Religionsstifter und Prophet den Kampf zwischen Gut und Böse in der Form einer eigenen Kosmovison lehrte.
d. Israel, dessen biblische Propheten, insbesondere Jesaja, mit ihren Weissagungen ein wesentliches Moment der geistigen Schöpfung dieser Achsenzeit hervorbrachten.
e. Griechenland, wo mit den homerischen Epen Ilias und Odyssee im achten Jahrhundert vor unserer Zeitrechnung, den Naturphilosophen seit der ersten Hälfte des sechsten Jahrhunderts sowie anschließend durch Sokrates, Platon und Aristoteles die Grundlagen der europäisch-abendländischen Weltanschauung geprägt wurden.

---

4 Jaspers 1955 S. 14–31. Joseph Campbell nennt dieselbe Beobachtung „Große Umkehr". Campbell 1962. Ich halte mich an Jaspers' Terminologie.

5 Jaspers 1955 S. 15/16.

Jaspers betrachtet die letzten drei gemeinsam als den einheitlichen Kulturraum des Abendlandes, sodass er von drei Welten spricht.

Karlheinz Koppe[6] übernahm den Begriff der Achsenzeit und Jaspers' lineares Geschichtsverständnis in die Friedenswissenschaft. Ich halte das methodisch für einen hilfreichen Vorschlag, wenngleich mein Umgang mit der Achsenzeit und ihre Interpretation von jener Jaspers' und Koppes abweichen werden. Jaspers' Grundbekenntnis: „Bei meinem Entwurf bin ich getragen von der Glaubensthese, dass die Menschheit einen einzigen Ursprung und ein Ziel habe.“,[7] kann ich nicht folgen, aber ich halte es für sinnvoll, mit dieser Jasper'schen These in einen Dialog zu treten.

Bereits Koppe modifiziert die Auswahl von Jaspers' wichtigsten Denkern für seinen friedenswissenschaftlichen Zweck. Verlagere ich diese Auswahl von der zivilisationsfreundlichen Präferenz Koppes hin zum Prinzip der vielen Frieden,[8] fehlt einerseits die Berücksichtigung der Amerikas, Zentral- und Nordasiens und des Pazifikraums, wo Jaspers Völker ohne Geschichte vermutet. Im Falle Afrikas benötigt Jaspers den Kunstgriff, Ägypten, Kusch und Meroe mit ihrem gesamten Einflussgebiet zum Abendland zu zählen, um den übrigen Kontinent aus seiner Betrachtung auszugliedern. Der Klassiker über die Geschichte Schwarzafrikas von Joseph Ki-Zerbo[9] hat dieses Bild später korrigiert.

Dessen ungeachtet dient die Vorstellung von einer Achsenzeit im Sinne Jaspers' als Hilfsmittel für den Einstieg in die weitere Diskussion. Ich prüfe, ob aus friedenswissenschaftlicher Perspektive Konfuzius, Laotse, Buddha, Zarathustra, Sokrates, Platon und Aristoteles wirklich so in eine Reihe gestellt werden können, wie Jaspers das tut. Um das sinnhaft beginnen zu können, ist zuerst die Frage zu beantworten, was in ein und demselben geographischen Gebiet weg vom *matriarchalen Monotheismus*, der *Heiligen Hochzeit* und der *Großen Triade* und hin zu den neuen Lehren der Achsenzeit geführt haben könnte.

---

6 Koppe 2001 S. 61ff.
7 Jaspers 1955 S. 13.
8 Dietrich 2006 S. 140–164.
9 Ki-Zerbo 1981.

1 Die *Eine* Wahrheit des *Phobos*

Die vorherrschende Lehre der Sprachwissenschaft und Völkerkunde nimmt an, dass zwischen 2200 und 1500 vor unserer Zeitrechnung prähistorische Völker in das iranische Hochland und nach Indien eingewandert sind und dort einen kulturellen Umbruch einleiteten. Diese Völker mögen aus dem zentralasiatischen Raum gekommen sein und bezeichneten sich selbst als Arier. In der Forschung werden sie oft als Urindoeuropäer geführt, wobei dieser eher irreführende Begriff linguistisch, nicht ethnologisch zu verstehen ist. Als gemeinsames Merkmal kann aufgrund nachweisbarer Vokabeln in ihrer Sprache eine patriarchal organisierte, halbnomadische Gesellschaft angesehen werden, die den Pflug kannte und das Pferd nutzte. Die so genannte indoeuropäische oder arische Invasion bildet ungefähr zur selben Zeit wie im Iran und Indien auch einen Wendepunkt in der Geschichte Griechenlands.

In allen Fällen gibt es an den entsprechenden Hypothesen erhebliche geschichts- und sprachwissenschaftliche wie auch ethnologische Zweifel. Es ist hier nicht der Ort, an dem das entschieden werden könnte. Für meine Absicht, die von Jaspers beschriebenen Gebiete zu studieren, liefert die Invasionstheorie auch kein großes Erklärungspotenzial, denn selbst wenn es wahr sein sollte, dass diese aus dem jeweiligen Norden kommenden Gruppen kriegstechnisch überlegen, eventuell Reiter und patriarchal organisiert waren, erklärt das nicht, warum sie so ganz anders waren als die in der direkten Konfrontation Unterlegenen. Wie also ist ihr Patriarchat entstanden?

In der Tradition von Marx und Engels[10] könnte dafür das Entstehen des Privatbesitzes an Produktionsmitteln als Begründung angeführt werden. Doch auch das beantwortet die Frage nicht, denn an diese einleuchtende Hypothese schließt sich die neuerliche Frage an, warum das Privateigentum und die entsprechende Produktionsweise in bestimmten Gesellschaften überhaupt entstanden wären. Göttner-Abendroth[11] führt in diesem Zusammenhang eine Studie von Christian Sigrist über Gentilgesellschaften in Afrika an, mit deren Hilfe sie sich einer generellen Antwort auf diese Frage nähert. Sigrist[12] hat festgestellt, dass es in den von ihm untersuchten Gemeinschaften unter alltäglichen Bedingungen wohl eine „natürliche Autorität"

10 Engels 1995.

11 Göttner-Abendroth 1988 S. 56– 61.

12 Sigrist 1979.

männlicher Persönlichkeiten gab, die aber nicht als Herrschaft im engeren Sinn bezeichnet werden kann, weil sie stets all ihre Vorhaben der Gemeinschaft zur Beschlussfassung vorlegen musste. Erst unter außergewöhnlichen Bedingungen, ausgelöst durch drastische Veränderungen der Umwelt oder vom Menschen gemachte Bedrohungen, entstehe eine Wandergefolgschaft um einen charismatischen Führer, der in diesem Kontext einen „Erzwingungsstab" für seine Befehle errichten kann. Ist ihm das einmal gelungen, setzt er die üblichen ökonomischen Umverteilungsprozesse über die politische Hierarchie außer Kraft und installiert ein auf Privatbesitz beruhendes Akkumulationsmodell zu seinen Gunsten. Um sich zu legitimieren, achtet er darauf, den Herrschaft begründenden Ausnahmezustand etwa durch fortgesetzte Wanderschaft oder Kriegsführung aufrecht zu erhalten. Daraus bildet sich im Laufe der Zeit eine patriarchale Kriegerethik, welche die entsprechenden Umweltbedingungen sucht und auf diese Art reproduziert.[13] Sigrists funktionelle Erklärung des Patriarchats, die auch schon Jaspers, basierend auf den viel älteren Überlegungen Alfred Webers, andeutete,[14] hat sich in der Frauenforschung durchgesetzt.[15] Sie überzeugt insofern, als sie überprüfbar ist und eine ethno-politische Zuschreibung von Charakteristika an bestimmte „Stämme", „Völker" oder „Volksgruppen" entbehrlich macht. Die weitgehend unbegründet bleibende „Arier"- oder „Indogermanen"-These liefert lediglich das Bild einer Invasion gewalttätiger Barbaren in die Welt friedlicher Hochkulturen. Mit Sigrist lässt sich eine plausiblere Erklärung finden, warum diese Gemeinschaften so funktionierten. Allerdings erklärt auch Sigrist nicht, warum und wie die durch Ausnahmesituationen an die Macht gekommenen Männer ihren Erzwingungsstab durchsetzen, wenn die Gefahr vorbei ist. Hier kommt wieder Ken Wilber mit seiner These des Mordes als Ersatzopfer für den gefürchteten Tod des Ich ins Spiel.

> Und diese Todesdrohung ist es, die auf der Ebene der Gruppenzugehörigkeit zu jener besonders krankhaften, bösartigen und ungedämpften Form von Aggression extrovertiert wird, die es nur beim Menschen gibt.[16]

13 Sehr ähnlich argumentiert auch Chafetz 1984.
14 Jaspers 1955 S. 62/63.
15 Siehe etwa Werlhof 2006
16 Wilber 2002 S. 181.

Wilber fragt, woher die Popularität des Kriegs komme, und antwortet selbst, dass er ein einfach und leicht zugängliches Unsterblichkeitssymbol wäre, weil zum Kriegführen kein besonderes Talent erforderlich wäre. Wenn zur Wahrnehmung der Frieden der Tod des Ich Voraussetzung wäre, würde die Angst vor dem Tod den Zugang zu den Frieden verstellen. Die entsprechende Frustration wecke das Verlangen nach Ersatzopfern. Der tiefste Wunsch des Menschen laufe darauf hinaus, das eigene Ich zu opfern, um Transzendenz zu finden. Wenn das nicht gelinge, neige der Mensch dazu, jemanden anderen als Ersatz umzubringen. Auf diese Weise versuche er, die Furcht vor der Konfrontation mit dem eigenen Tod zu bewältigen. [17] Mord und Krieg sind demnach nicht das Gegenteil von Frieden, sondern die Ersatzhandlungen für versagte Frieden. Die Erfahrung des Friedensentzugs bringt die Rituale der angstgetriebenen Ersatzhandlungen hervor, die immer größeres Ausmaß und raffinierte Verregelung erfahren und eine Kriegerethik ausbilden, die auf der Basis ihrer selbst definierten Vernunft unwiderstehlich scheint.[18] Daraus folgt, dass Transzendenz das beste Heilmittel für das vernunft- und spiritualitätsbegabte Tier „Mensch“ wäre. [19]

Die Zusammenschau von Sigrists und Wilbers Ansätzen erscheint mir überzeugender als der ebenfalls sehr populäre Ansatz René Girards.[20] Der geht davon aus, dass alle Kulturen auf einem „Gründungsmord“ nach dem Sündenbockmuster basieren. Im Sinne seiner Hypothese des mimetischen Begehrens ergibt sich daraus ein von Angst getriebener anthropologischer Pessimismus. Menschen sind böse, weil sie das ursprünglich Böse in sich stets steigernder Form nachahmen. Das einzige Heil für die verkommene Menschheit liege daher in durchschlagskräftigen Institutionen. Ich glaube nicht, dass dieser Weg des Denkens und Empfindens sehr hilfreich ist, wenn es darum geht, Übergänge von *energetischen* zu *moralischen* Friedensbildern zu erforschen.[21]

Ich übernehme also die Annahme, dass einzelne Heroen krisenhafte Ausnahmesituationen nutzten, um ihrer schicksalhaften Bestimmung im

17 Wilber 2002 S. 187.

18 Dazu eindrucksvoll Sorgo 1997 S. 12–14.

19 Das ist ein zentraler Diskussionspunkt im Kapitel E über *transrationale* Frieden.

20 * 1923

21 In der Innsbrucker Plattform Weltordnung – Religion – Gewalt wird der an der theologischen Fakultät hoch geschätzte René Girard häufig und äußerst kontroversiell diskutiert. Siehe dazu ausführlich Palaver/Exenberger/Stöckl 2007.

Opfer zu entgehen, sich an der weltlichen Macht festzukrallen und die *energetischen* Frieden ihrer Gemeinschaften in eine Schieflage zu bringen, die es ihnen erlaubte, eine dauerhafte Herrschaft aufzubauen. Das Vehikel dafür sind politisch-wirtschaftlich-militärische Institutionen, welche die Akkumulation von Privateigentum und dessen Verteidigung ermöglichen. Im Erfolgsfall verwandelten sich die Heroen in dieser Position in Patriarchen. Der Begriff ist aber irreführend, denn Patriarchen sind keine guten Väter, die dem Gang der Natur entsprechend der nächsten Generation den Weg bereiten, sondern Heroen, die durch ihre Opferverweigerung der nächsten Generation den Weg verstellen. Sie altern in ihrem Amt, aber sie reifen nicht. Patriarchen sind alt gewordene und machtbesessene Heroen, die sich ihrem Schicksal verweigern. Ich kann daher Jutta Voss' provokantem Vorschlag, die trickreiche Herrschaft der alt gewordenen Helden, der *good old boys*, eher als Puerichat zu bezeichnen denn als Pariarchat, einiges abgewinnen. Um nicht weitere Begriffsverwirrung zu stiften, belasse ich es allerdings bei diesem Hinweis auf die ausführliche Diskussion der Autorin zu diesem Thema und verwende im Weiteren den allgemein üblichen Begriff des Patriarchats.[22]

Ich beginne dessen Diskussion mit Sigrist in der Annahme, dass sich zuerst in den weiten Ebenen Zentralasiens aufgrund dauernd notwendiger Wanderschaften hierarchische und stabile Strukturen eines Patriarchats ausbildeten, die auf der Basis ihrer nomadisierenden Lebensweise schließlich in die privilegierten Küstenregionen und Flusskulturen Indiens, des Irans und Griechenlands getragen wurden. Das Thema dieses Kapitels bildet die Auswirkung dieser Kriegerethik auf den Friedensbegriff sesshafter Gesellschaften.

Diese Invasionen geschahen grob gesprochen ab 2000 vor unserer Zeitrechnung und markieren vorerst einen Verfall der sozialen und kulturellen Ordnung der entsprechenden Regionen. Die patriarchale Herrschaftslogik und Kriegerethik benötigte Jahrhunderte, ehe sie jene organisatorische und philosophische Tiefe hervorbrachte, die Jaspers so optimistisch von einer Achsenzeit sprechen lässt. Insbesondere benötigte sie die vollständige Überwindung der alten Weltsicht, die militärisch bald besiegt war, sich aber tiefenkulturell als sehr resistent erwies, sodass sich immer wieder Opposition gegen die weltliche Herrschaft des Kriegerethos erhob.

---

22 Voss 1988 S.73–84.

Wäre es also nicht gerechtfertigt, die Nabe der Achsenzeit in jenen Invasionen zu suchen, welche die Verhältnisse wirklich substanziell veränderten? Jaspers sah das nicht so. Sein Vorschlag zielt in Anlehnung an Nietzsche auf jene Zeit, in der die patriarchale Hierarchie und der Kriegerethos ausreichend erstarkt waren, um sich selbst philosophisch zu legitimieren, womit er eine grundlegende Entscheidung traf, auf der sein zivilisationsfreundlicher Befund beruht.

Sigrists These scheint mir über das Gesagte hinaus hilfreich, weil sie sich auch auf China anwenden lässt, wo es zwar keine „arische" Invasion gab, wohl aber als Parallele dazu den Einfall von Reitervölkern gegen Ende des zweiten Jahrtausends vor unserer Zeitrechnung. China war seit vorgeschichtlichen Zeiten eine Region permanenter Wanderungen, unruhiger und sich oft verändernder Lebensverhältnisse, die den vermeintlichen Ausnahmezustand im Sinne dieser These zum Normalfall werden ließen. Matrilineare oder gar matriarchale Gesellschaften, wie die Moso,[23] sind nur in den Randgebieten, etwa an der Grenze zu Tibet, nachgewiesen. Männliche Herrschaft und Kriegerethos haben in China seit längerem Bestand. Ich habe schon im vorangegangenen Kapitel festgestellt, dass die großen friedensphilosophischen Leistungen der Achsenzeit auch in China im Zusammenhang mit der Ausbildung des Privateigentums und des Geldwesens stehen. In der „Zeit der streitenden Reiche"[24] bringen die städtischen Zentren Kunst und Wissenschaft auf hohem Niveau hervor, während am Land die agrarischen Riten weiter gepflegt werden, sodass eine gewisse achsenzeitliche Parallele zu den Verhältnissen der Vergleichsregionen gegeben ist.[25]

Auch im Falle Israels, um Jaspers' Vorgabe zur Gänze zu folgen, handelt es sich um eine Landnahme durch nomadisierende Hirtenvölker. Wenn ich mich in diesem Fall nicht auf die Bibel verlasse, sondern auf eine geschichtswissenschaftlich einigermaßen abgesicherte Zeit konzentriere, darf ich annehmen, dass das Einsickern und Sesshaftwerden der verschiedenen Nomadenstämme im Kulturland Palästinas ab etwa 1500 vor unserer Zeitrechnung erfolgte. Die biblischen zwölf Stämme entwickelten nur langsam eine gemeinsame Sprache und Führung. Das Gefühl der Zusammengehörigkeit begründete sich vor allem durch den an bestimmten Kultorten geübten Glauben an *Jahwe*, den „Herrn der Heerscharen", welcher die alten Göt-

23 Yang/Mathieu/Röhl 2005.

24 Fünftes bis drittes Jahrhundert vor unserer Zeitrechnung.

25 Wimmer 2004 S. 186/187.

tinnen und Götter schrittweise verdrängte.[26] Die Besonderheit dieses männlichen Gottes lässt sich schon an seinem Tetragrammaton ablesen, *JHWH,* welches ihn als allmächtigen und alleinigen Schöpfergott ausweist,[27] eine Rolle, die bis dahin kein männlicher Gott für sich beansprucht hat.

Jeder der zwölf Stämme, die ihm huldigten, verfügte über ein hohes Maß an Selbstbestimmung und brachte seine eigenen Riten und Geschichten mit. Den Zusammenhalt begründeten vor allem die Heiligtümer, an denen regelmäßige Opferfeste stattfanden. Im Falle äußerer Bedrohung eines oder mehrerer Stämme vollzogen sie gemeinsame Feldzüge. Erst in der Königszeit wurden Söldnerheere zusammengestellt. Max Weber[28] sah diese Stämme als Eidgenossenschaft, die als Kriegsbündnis wechselnder Mitglieder konzipiert war. *Jahwe* war ihr gemeinsamer Bezugspunkt. In ihm drückt sich der mühsam errungene Glaube der Israeliten an ihre Besonderheit unter den übrigen Völkern aus. Sie sahen es als ihre Aufgabe an, der Welt ihren Gott als einzigen Schöpfer aller Menschen bekannt zu machen, wodurch sie eine neue Form von Hass in die Geschichte einführten – den Hass auf Heiden, Ketzer und Götzendiener.[29] Für Max Weber war der ursprünglich lokale Wettergott des Nordsinai, *Jahwe,* daher ein Kriegsgott.[30] Der sakrale Männerbund dieser Königs- und Tempeltheologie hat eine machtvolle Interpretation dieses Einen Gottes betrieben, die über Jahrhunderte hinweg jede Art von Expansionskrieg rechtfertigen konnte.[31]

Jaspers' Achsenzeit geht in allen Fällen eine längere Periode von kriegerischer Landnahme durch (semi-)nomadische Hirten- oder Reitervölker patriarchalen Zuschnitts voran. Friedenswissenschaftlich betrachtet sind die Philosophien der Achsenzeit eine Verbesserung gegenüber diesen kriegsorientierten Epochen. Das Bild eines von da ausgehenden und als Bewegung verlaufenden Monotheismus zivilisatorischen Fortschritts ist aber unvollständig. Die Vernichtung der *energetisch* orientierten Friedenskulturen durch diese Invasionen ist ein bedeutsamer Vorlauf, der die zivilisatorische Vorstellung eines linearen Geschichtsverständnisses verbietet.

26 Walker 1993 S. 86 und 472.
27 Riccabona 2004 S. 11.
28 Weber 1981.
29 Assmann 2006.
30 Eine Auffassung, die im Europa des 20. Jahrhundert umstritten blieb.
31 Huber/Reuter 1990 S. 35.

Auch wenn Jaspers Sokrates, Buddha, Konfuzius und Jesus als die größten Philosophen und maßgeblichsten Menschen betrachtet, steige ich mit dem Propheten Jesaja in die friedenswissenschaftliche Betrachtung der Achsenzeit ein. Dieser lebte im achten vorchristlichen Jahrhundert und kritisierte als erster die an *Jahwe* orientierte Kriegerethik der sesshaft gewordenen Stämme Israels, indem er für eine Trennung zwischen Gott und Militärmacht eintrat. Für ihn schließen sich das Vertrauen in Gott und jenes in das Militär gegenseitig aus. Als Alternative zur militärischen Gewalt rät er zum vertrauensvollen und gelassenen Gewaltverzicht als probatem Mittel für die Erhaltung der Gemeinschaft. Er sieht im Gewaltverzicht die einzige Überlebenschance der Gemeinschaft und die Grundbedingung für Frieden mit den Nachbarn.[32]

Welchen Frieden meint er?

> Shalom, das hebräische Wort für Frieden, ist Ausdruck für ein umfassendes, den ganzen Menschen, seinen Leib, seine Seele, die Gemeinschaft, die Gruppe, die natürliche Mitwelt, ja alle Beziehungen, in denen er lebt, umgreifendes Heilsein und Wohlergehen.[33]

Die Keimsilbe SLM[34] umschreibt Kraft, Leben, vollkommener Mensch und manifestierte Gottheit.[35] Sie bedeutet Versöhnung in und mit Gott und meint eine Lebensform, in der alle miteinander Lebenden genug haben, zunächst im Sinne der Erfüllung der materiellen Grundbedürfnisse, dann aber auch im emotional-sozial-mental-spirituellen Sinne. Gerechtigkeit und Frieden liegen also eng beisammen. Ausgehend von dieser Grundbedeutung drang das Wort in die verschiedensten Kontexte ein, von der Grußformel über das gesundheitliche oder materielle Wohlbefinden im Alltag bis zu transzendenten Begrifflichkeiten.[36] Dieselbe Keimsilbe bezieht sich auf *shelemut*, was Ganzheit heißt. Dieser Begriff beinhaltet ein Gefühl für Harmonie, rechtes Leben und Beziehung.[37] Der *energetische* Ursprung, in dem Friede das Teilhaben an *alaha*, dem Reich Gottes, dem Haus Gottes, Name Gottes und damit die Wahrnehmung des Göttlichen selbst war, ist unübersehbar.

32 Koppe 2001 S. 70/71.
33 Huber/Reuter 1990 S. 35.
34 Sie liegt auch dem aramäischen *Shalim* und dem assyrischen *Shlomo* zu Grunde.
35 Riccabona 2004 S. 11.
36 Tunger-Zanetti 2008.
37 Ellis (unveröffentlicht)

Das Wort wird mit „genug haben“ gedeutet, was heißt, dass Frieden als eine Lebensform verstanden wird, in der allen in allem Genüge getan wird. Das wirft die folgenschwere Frage auf, wer „alle“ sind: Alle Menschen auf der Welt oder nur die Mitglieder der eigenen Gemeinschaft? Denn bereits zu biblischen Zeiten hat der Begriff eine materielle Schlagseite, die es erforderlich macht, *shalom* als einen Frieden aus Gerechtigkeit zu interpretieren. Schon als Gruß inkludiert der Begriff im nomadischen Kontext seiner Entstehung das Angebot von Obdach. Das Wort meint in diesem Kontext die Befreiung aus dem möglichem Drangsal des Irdischen.[38]

Shalom bedeutet also nicht die Abwesenheit von Krieg und Gewalt und inkludiert den Konflikt um der Gerechtigkeit Willen. Das Gegenteil von *shalom* ist im klassischen Hebräisch nicht Krieg, sondern *mahloket*, was Zwist oder Streit bedeutet. Die Bemühung, Zwist zu überwinden, ist das Ziel von *tikkun olam*, der Verbesserung der Welt, traditionell mit der Absicht, Gottes Reich auf Erden zu errichten, was die Befreiung der Menschen vom Leiden, das Erreichen gegenseitigen Respekts unter den Völkern und den Schutz der Erde bedeutet. Das hebräische *shalom* ist aber nur in Verbindung mit dem spezifischen Kriegsgott Israels denkbar:

> Werdet ihr in meinen Satzungen wandeln und meine Gebote halten und tun, so will ich euch Regen geben zur rechten Zeit, und das Land soll sein Gewächs geben und die Bäume auf dem Felde ihre Früchte bringen. Und die Dreschzeit soll reichen bis zur Weinernte, und die Weinernte soll reichen bis zur Zeit der Saat. Und ihr sollt Brot die Fülle haben und sollt sicher in eurem Lande wohnen. Ich will Frieden geben in eurem Lande, dass ihr schlafet und euch niemand aufschrecke. Ich will die wilden Tiere aus eurem Lande wegschaffen, und kein Schwert soll durch euer Land gehen. Ihr sollt eure Feinde jagen, und sie sollen vor euch dem Schwert verfallen.[39]

Es ist ein Friede, der *energetisch* Gesellschaft, Natur und Übernatur verbindet. Der Zwist wird als Gegenteil zum Frieden gesehen, als innere Angelegenheit des vom Schöpfergott auserwählten Volkes und seiner Freunde. Zur Bekämpfung der Feinde und zur Verbesserung der Welt ist Krieg nicht ausgeschlossen. *Shalom* ist jener Bezugspunkt, von dem aus die Verbesserung der Welt vor sich gehen soll, wenn in der messianischen Zeit die Entzweiung

38 Friedli 1981 S. 57.
39 3 Mose 26, 4–8. Ausführlich kommentiert bei Schmid 1971 S. 57/58.

der Welt ihr Ende findet.[40] Vor diesem Hintergrund bringt Jesaja die Bedeutung von *shalom* auf folgenden Punkt:

> Der Gerechtigkeit Frucht wird Friede sein, und der Ertrag der Gerechtigkeit wird ewige Stille und Sicherheit sein.[41]

Was ist Gerechtigkeit, wenn sie gleichsam als Same dieses Friedens gilt? Das Substantiv *sädäk* (SDK) bezeichnet die kosmische Ordnung, die sich in Weisheit und Recht konkretisiert und vom König im Rahmen des Irdischen zu gewährleisten ist. *Sedake* (SKDH) bedeutet dementsprechend das in diesem Horizont ordnungsgemäße oder Ordnung schaffende Handeln.[42]

Die Krise der Babylonischen Gefangenschaft brachte eine Interpretation der prophetischen Aussage des Jesaja hervor, die ihre Realisierung und die Wiederherstellung des so gedachten Friedens in eine Zukunft verlegt, in welcher der Messias Gerechtigkeit und Frieden in und mit der Welt schaffen wird.[43] In dieser Denkstruktur ist unschwer eine Vorwegnahme des Idealismus zu erkennen, der nicht zufällig das Jesaja-Zitat von der Verwandlung der Schwerter zu Pflugscharen und Spießen zu Sicheln[44] übernahm. Mit ihm transformiert Jesaja den Kriegsgott *Jahwe* zu einem Friedensstifter zwischen den Völkern, der mit dem Krieg nichts mehr zu tun hat. Es geht also eine regelrechte Transformation der kriegerischen *Energie Jahwe*s vonstatten, die den Ausdruck Achsenzeit durchaus rechtfertigt.

Das hat seinen Preis: Statt einer kosmischen *Energie* und ihren sichtbaren Allegorien tritt nun der personifizierte Schöpfergott *Jahwe* als alleiniges und oberstes Prinzip an den Vorstellungshorizont der Gläubigen. Das verengt die entsprechende Friedensvorstellung erheblich. Der Friede dieses Gottes manifestiert sich in irdischer Gerechtigkeit, auch und gerade weil sie angekündigt bleibt. Dadurch wird ein lineares Zeitverständnis in den bis dahin *energetischen* Friedensbegriff eingeführt, was diesen säkularisiert. Das heißt, Friede wird nicht mehr hier und jetzt wahrgenommen, sondern von einem jämmerlichen Jetzt in eine bessere Zukunft verschoben, die erst vorgestellt werden muss.

---

40 Ellis (unveröffentlicht)

41 Jesaja 32, 17.

42 Schwager 1986 S.11.

43 Jesaja 11, 1.

44 Jesaja 2, 2-4.

Verbindet sich dieses vektorale Verständnis sozialer Zeit mit dem materiellen Aspekt der Gerechtigkeit, ist der Weg in eine Ideologie nicht mehr weit, die Rache für in der Vergangenheit erlittenes Unrecht, Hass im Jetzt auf die anderen, die Ketzer, und Gier nach mehr von solcher Gerechtigkeit in der Zukunft auf ihre Fahnen schreibt. Die Verbindung von Rache mit Vergangenheit, Hass mit Gegenwart und Gier mit Zukunft ergibt eine sehr problematische Friedensethik. Es ist das eher eine angstgetriebene und ausschließende Legitimation von Gewalt und Krieg.[45]

Seinen Charakter als Kriegsgott überwindet *Jahwe* nicht, denn er bleibt eifersüchtig und zornig, wenn jemand andere Götter neben ihm verehrt, was die subjektive Suche nach dem inneren Bergsee nicht erleichtert. Der Herr der Heerscharen verlangt absolute Gefolgschaft auf dem Weg in die Zukunft, Einverständnis mit dem eigenen Leiden im Jetzt und verspricht dafür die Erlösung. Entscheidend an diesem Gerechtigkeitsbegriff ist nicht die äußere Bestrafung des Täters für seine Untat, sondern dass die Missachtung des göttlichen Gebots auf den oder die Täter selbst zurückfällt. Das Alte Testament schafft dem Menschen somit eine Art schicksalswirkender Tatsphäre, die dem indischen *Karma* nicht unähnlich ist und ihn je nach seinem Handeln heilsam oder unheilsam umgibt. Anders als beim *Karma* aber richtet der personalisierte und Eine Gott sein Volk, indem er es selbst den Folgen seiner absolut guten oder schlechten Taten ausliefert. Das schafft permanente Angst vor Verdammnis und nur vage und an zahllose Bedingungen gebundene Hoffnung auf Erlösung.[46] Diese erkauft sich der Gläubige durch den Verzicht auf Eigenmacht. Ich könnte sagen, dass in der Zeit der Babylonischen Gefangenschaft und ähnlicher subjektiver Lagen dieser Preis in einer Währung gerechnet wurde, der Freiheit, die ohnedies nicht zur Verfügung stand. Doch dieser Zusammenhang führt am Problem vorbei. Entscheidend ist, dass aus der angstgetriebenen Hingabe an diesen engen Standard göttlicher Hierarchie sehr rasch das Einverständnis mit weltlicher Hierarchie folgt, von der die Menschen letztlich Gerechtigkeit erhoffen und vorgegaukelt bekommen.

Das führt zur Wechselwirkung *shaloms* mit semantisch verwandten Friedensbegriffen. Neuere Forschungen versuchen zu belegen, dass sich der dualistische Eingottglaube der Hebräer von der geheimnisvollen und gewaltträchtigen Geschichte des ägyptischen Pharaos Echnaton im 14. Jahrhun-

45 Maes/Schmitt 2004 S. 191.

46 Schwager 1986 S. 13.

dert vor unserer Zeitrechnung ableitet. Er ließ den strahlenden Sonnengott *Aton* verehren und die Darstellungen aller anderen Götter vernichten. Diese Gewaltherrschaft endete nach wenigen Jahrzehnten. Ägypten kehrte wieder zum Vielgottglauben zurück. Die Spekulationen gehen dahin, dass die geschichtswissenschaftlich umstrittene Biographie des Moses mit Echnaton in irgendeiner Weise verbunden war und der Eingottglaube auf diese Weise auf den Sinai gelangte, wo er die Neuinterpretation von *Jahwe* beeinflusste. Sowohl Echnaton als auch Moses kommen in dieser Version als Gewalttäter vor. Wichtiger als die physische Gewalt, die Echnaton der Quellenlage nach angewendet hat, ist seine Rolle als Prototyp des weltlichen Herrschers, der sich die alleinige Auslegung des Willens und Wortes seines Gottes anmaßt. Die Legitimierung der Autorität durch exklusive Interpretation des Willens eines außerhalb der Welt stehenden Einen Gottes, also das Verbot der anderen Möglichkeit, ist die Blaupause für ein Herrschaftsmodell, das in der mediterranen Geschichte über Generationen wieder und wieder aufgelegt werden sollte. Auf diese Art schoben sich die Experten des Glaubens zwischen das Göttliche und die Welt. Der friedlose und dualistische Charakter des Eingottglaubens wäre demnach bereits in seiner Entstehungsgeschichte als Grundmatrix angelegt.[47]

Koppe[48] weist auf soliderer historiographischer Grundlage auf den Einfluss des Kodex Hammurabis von Babylonien[49] auf Israel hin. In diesem findet sich früh die Einsicht eines erfolgreichen Kriegsherrn und Eroberers, dass Recht und Gerechtigkeit gut für die Stabilität eines Staatswesens sind. Berühmt ist das hier belegte Talionsprinzip, das sich später auch in der Bibel wieder findet. Ob die „zivilisatorische Einsicht" Hammurabis tatsächlich eine Friedensleistung ist, die, wie Koppe meint, im Widerspruch zu seinen umfangreichen und grausamen Feldzügen steht, möchte ich bezweifeln. Ich sehe darin eher einen folgerichtigen und zeitgemäßen Ausfluss achsenzeitlicher Denkweise. Seine Übernahme ermöglicht erst die Ausbildung jener Institutionen, welche die neue Zeit bestimmen werden, und das Gerinnen kriegerischer Ethik in den entsprechenden Philosophien.

---

47 Assmann 2006. Das Argument geht schon auf Sigmund Freuds letzte vollständige, erstmals im Jahr 1938 aufgelegte Arbeit unter dem Titel „Moses, sein Volk und die monotheistische Religion" zurück. Darauf Bezug nehmend Maciejewski 2002. Das Thema wurde noch früher von Daniélou 1984 S. 226–235 bearbeitet.

48 Koppe 2001 S. 65–72.

49 1793 bis 1750 vor unserer Zeitrechnung

Dasselbe gilt für die Lehre des Zarathustra, der spätestens im sechsten Jahrhundert vor unserer Zeitrechnung gewirkt haben dürfte. Seine Religion geht auf die arische Verehrung des Himmelsgottes *Ahura Mazdā* zurück. Sie ist monotheistisch, aber *Ahura Mazdā* erschuf die Welt nach einem dualistischen Prinzip. Jede Erscheinung beinhaltet einen guten und einen bösen Aspekt. Als Widersacher des Himmelsgottes gilt der böse Dämon *Ahriman*. *Ahura Mazdā* und *Ahriman* sind sinnbildlich gesprochen Zwillinge, durch deren Zusammenwirken die Welt besteht. Damit Gutes existieren kann, braucht es das Böse und umgekehrt. Bei diesem Zusammenspiel ist es den Menschen überlassen, sich für das Gute zu entscheiden und den Kampf *Ahura Mazdas* gegen das Böse zu unterstützen, womit zur Verwirklichung des Planes Gottes beigetragen wird. *Ahurā Mazda* zwingt die Menschen zu nichts. Sie sind mit Verstand ausgestattet und können durch freie Entscheidung und persönliche Einsicht zu Gott gelangen, wenn sie den Grundsätzen gute Gedanken, gute Worte, gute Taten folgen.

Der Fromme, der auf den Pfaden der Weisheit wandelt, erlangt im irdischen Leben Reichtum, Nachkommenschaft, Macht, Gesundheit und ein langes Leben. Die Götzendiener, die sich für das Böse entschieden haben, werden am Jüngsten Gericht verurteilt und an einen schlechten Ort, die Hölle, gebracht. Der Gegensatz zwischen Wahrheit, Gerechtigkeit, Gutem und Ordnung einerseits und Lüge, Ungerechtigkeit, Bösem und Chaos andererseits, ist von zentraler Bedeutung.[50]

Dualismus gibt es auch in der *Heiligen Hochzeit* der *energetischen* Friedensbilder. Im *moralischen* Kontext der arischen Kriegerkultur hat er aber eine andere Bedeutung. Anders als im *Yin-Yang* oder im Bild von *Shiva-Shakti* vereinen sich hier die Gegensätze von männlich und weiblich nicht zur kosmischen Harmonie, sondern die Zweiheit wird als unvereinbarer Gegensatz zwischen Gut und Böse gedacht. Dem Menschen wird unter Androhung grausamer Strafen zugemutet, sich für das eine und gegen das andere zu entscheiden. Die Bewertung des Guten oder Bösen liegt nicht relational zwischen den Menschen, sondern beim Schöpfergott. Der steht über der Willenskraft und befindet sich im Besitz der absoluten Wahrheit.

Die arische Kriegerethik schuf sich ihre eigene Religion, die sich über die Avesta, das religiöse Buch der Zoroastrier, erschließt. Diese beeinflusste auch das Alte Testament. In *Ahriman* lässt sich unschwer die Blaupause für

---

50 Stausberg 2005.

den Teufel erkennen. Der Dualismus von Himmel und Hölle, der im Judentum vorher nicht existierte, wurde eingeführt. Im Aramäischen gab es kein Böses, das von der Einheit *alahas* getrennt werden hätte können.[51]

Im Bild der *Daeva*, der Unholdinnen, die nach Zarathustra mit bösen Menschen in fleischlichem Verkehr stehen, die Guten zu verführen trachten, und so vegetative Trockenheit, Misswuchs, Seuchen und andere Plagen über die Welt bringen, verklingt der überwältigte Dualismus der *Heiligen Hochzeit* im *Mitra* Kult,[52] über den sich diese Religion gewaltig und gewalttätig erhebt. Wer sich auf die alte Ethik einlässt, wird der Hölle anheimfallen. Die Willensfreiheit der Menschen paart sich mit der nackten Angst vor dem absolut Bösen. Das erwies sich langfristig als hervorragendes Herrschaftsmittel, denn auf diese Art wurde aus dem relationalen und unbedingten Wahrheitsanspruch des *energetischen* Friedensbildes der absolute des *moralischen*.[53]

Unter unbedingtem Wahrheitsanspruch versteht Jaspers in Anlehnung an Nietzsche einen inhaltlich offenen und auf Transzendenz angelegten, in dem die Frieden subjektiv wahrnehmen kann, wer „ganz er selbst“ oder „sie selbst“ ist und so in harmonischen Gleichklang mit dem Göttlichen kommt. Der absolute Wahrheitsbegriff hingegen beansprucht objektive Richtigkeit. Er ist inhaltlich bestimmt, unterliegt der herrschaftlichen Interpretation einer elitären Wissensverwaltung, die sich dogmatisch auf einen ultimativen Referenzpunkt außerhalb der Welt beruft und sich von da aus gegen Kritik abschottet. Dieses Bild lässt keine Abstufungen und Differenzierungen zu. Es greift auf einfache Freund-Feindbilder, welche die Ausgrenzung des bösen Anderen legitimieren und das Leiden der Gläubigen durch das Versprechen eines in der Zukunft gelegenen Heils zu kompensieren versprechen. Da diese ultimative Festlegung gegen den Fluss des Lebens gerichtet ist, kann sie in der Phantasie von der totalen Vernichtung jeder Andersheit pathologische Züge annehmen. Das hat sich in der Geschichte oft genug über die explosionsartige Abreaktion der aufgestauten Ängste geäußert.[54]

In dieser extremen Ausprägung lässt sich der absolute Wahrheitsbegriff in keinem historischen Kontext ausleben. Er kann weder einer Religion

51 Douglas-Klotz 2003 S. 160.

52 … und auch des zum Sonnengott aufgestiegenen Mithras.

53 Jaspers 1955 S. 31. Er bestreitet an dieser Stelle ausdrücklich die Existenz einer letzten Wahrheit.

54 Hier folge ich Salamun 2006 (unveröffentlicht).

noch einer Kultur oder gar einer ethno-politischen Gruppe als alleiniger Leitsatz unterstellt werden. Es kann aber nicht geleugnet werden, dass er seinen Eingang in die Bibel gefunden und von da aus eine tiefenkulturelle Grundstruktur in allen monotheistischen Religionen des Mittelmeerraumes angelegt hat. Er vermischt sich immer wieder mit deren relationalen Aspekten und fördert ihren Hang zu hermetischen Erklärungsbildern und Handlungsanleitungen, besonders da, wo die Morallehre die Oberhand über die *energetischen* Friedensaspekte der jeweiligen Religion gewinnt. Monotheistische Buchreligionen verwechseln in ihrem Glauben, die Wahrheit in Worte fassen zu können, gerne das Wort mit der Wahrheit selbst und übersehen dabei, dass ein Wort nie mehr als der Hinweis auf die Wahrheit ist.

Jesus von Nazareth und seine Anhänger hatten keine politische Macht. Sie strebten sie nicht an. Ihr *energetisches,* am inneren Bergsee, nicht an der großen Politik orientiertes Friedenskonzept bedeutete gerade deshalb einen revolutionären Bruch mit den damals herrschenden Institutionen. Die Umdeutung dieser Botschaft Jesu in eine von Experten bewachte Morallehre, Jahrzehnte nachdem er zu Tode gefoltert worden war, gehört zu den folgenschwersten Kapiteln der Geschichte von Frieden und Unfrieden.[55]

Im Falle des Judentums gerann diese im Talmud, dem nachbiblischen Hauptwerk, in dem sich eine Art sekundärer Durchbruch der Achsenzeit manifestiert. Es entstand in mehrhundertjähriger mündlicher und schriftlicher Überlieferung und wurde am Ende der Spätantike um 500 unserer Zeitrechnung abgeschlossen. Bezeichnend ist, dass im Laufe dieser Entwicklung der ursprüngliche Aspekt des Friedens aus Gerechtigkeit in einen dualen Kontext eingebettet wurde. Das bedeutet einen erheblichen Bedeutungswandel. Aus dem zuerst relationalen Genügehaben wird ein binäres Entweder-oder von Gerechtigkeit und Ungerechtigkeit, das die Bedeutung und Praxis des Friedens erheblich verändert.

Das wirft folgende Fragen auf: Liegt im *moralischen* Friedensverständnis der als ultimativ vorgestellte Wahrheitsbegriff relational innerhalb des sozialen Ganzen und seiner Glaubenssätze oder objektiv außerhalb? Sind die daraus abgeleiteten Normen unbedingt oder absolut? Wer ist zu ihrer Interpretation und Anwendung berufen? Wird das Eine als harmonischer Gleichklang des Vielen im Ganzen oder als Überhöhung des Selbst unter Beseitigung jedes anderen vorgestellt?

---

55 So die zentrale Aussage von Douglas-Klotz 2003.

Ich nähere mich der Antwort durch die Gegenüberstellung der Überlieferung des Zarathustra mit jener des historischen Buddha. Denn Zarathustras Grundsätze gute Gedanken, gute Worte, gute Taten finden sich im „achtfachen Weg" des Buddhismus nahezu deckungsgleich. Dieser umschreibt *magga*, die vierte der „vier edlen Wahrheiten", die das Fundament des Buddhismus bilden.

Buddhas Lehre entsteht in den Königreichen und Adelsrepubliken Indiens nach der arischen Landnahme. Mit zunehmender Sesshaftigkeit nahmen dort die Priester, die Brahmanen, die spirituelle Vorrangstellung ein. Sie begründeten auf den vorarischen Lehren des Shivaismus und Shaktismus und den heiligen Texten der Veden einen komplexen Opferkult, der auf weltlichen Reichtum, Nachkommen und Glück gerichtet und von ihnen eifersüchtig verwaltet und interpretiert wurde.

Dem gegenüber entstand seit dem achten Jahrhundert vor unserer Zeitrechnung die asketische Gemeinschaft der Jains. Sie folgten der Lehre des legendären Parshavanatha. Ihr Name leitet sich vom Begriff *Jina* ab. Das bedeutet Eroberer. Sie verstehen sich als diejenigen, die es verstehen, Leidenschaft und Begehren im Sinne einer Überwindung zu erobern.[56] Im sechsten Jahrhundert, etwa zur Lebenszeit des historischen Buddha, soll Mahavira die religiöse Lehre formalisiert haben, die sich unter anderem durch das Prinzip der Gewaltlosigkeit, *ahimsa*, charakterisiert.[57] Die Lehre der Jains ist nicht atheistisch. Sie geht aber davon aus, dass der Mensch nicht mit Sicherheit wissen kann, ob es ein Schöpfungsprinzip gibt oder nicht. Daher hält sie es für überflüssig, sich mit diesem Problem zu befassen. Folglich stehen rituelle und dogmatische Fragen hinter ihrer richtungsweisenden Morallehre zurück, in der es um das Nichtverletzen von Lebewesen, Vegetarismus und Armut geht. Der Einfluss der Jains reichte von Indien bis Griechenland. Über den Hinduismus, der von ihnen die Idee der Seelenwanderung und den Vegetarismus übernahm, die es in den Veden oder dem Shaktismus so nicht gibt, strahlte ihre Lehre bis Südostasien.[58] Parshavanatha und Mahavira sind demnach weitere wichtige achsenzeitliche Akteure.

Buddha suchte einen Weg zwischen der hierarchischen Rigidität des normativen Brahmanismus und der ebenso rigiden, auf spirituelle Entwick-

56 Sharma 2003 S. 49.
57 Dundas 2002.
58 Daniélou 1984 S. 28.

lung ausgerichteten Askese der Jains. Dabei konnte er auf die Upanischaden greifen. Die speisten sich aus den *energetischen* Glaubensinhalten der religiösen Lehre der bei der Invasion unterworfenen dravidischen Bevölkerung Indiens und zielten auf die Überwindung der Trennung von *brahman* und *ātman* ab. Als geeigneten Weg dorthin entdeckt Buddha Erkenntnisarbeit und Meditation. Er lehnt aber die Vorstellung von *ātman* und *brahman* ab. Im Grunde weist er wie Mahavira die Möglichkeit zurück, über ein absolutes Prinzip sprechen zu können oder die auch noch so vage Erfahrung des wahren Selbst zu haben, solange der Mensch nicht zum eigentlichen Erwachen findet.[59] Buddhas Lehre ist einem *energetischen* Verständnis verpflichtet, das ohne personifizierte Gottheit auskommt. Er leitet von da einen Weg zum Endziel, das *nirvāna* ab, dem unterschiedslosen Aufgehen der subjektiven, irdischen *Energie* in der kosmischen. Der Weg dorthin ist ein Prozess, der mit Selbsterkenntnis beginnt. Der Suchende muss die Ursachen des ständigen Entstehens und Vergehens der Lebewesen und die Rolle, die das *karma* als Folge des eigenen Handelns dabei spielt, erkennen. Dieses wird nach Buddhas Lehre von den drei Geistesgiften Gier, Hass und Unwissenheit verdorben.[60] Der Begriff *karma* ist allerdings kein *moralischer* im Sinne einer Belohnung oder Bestrafung für bessere oder schlechtere Taten. Gemeint ist damit eine Wirkungskette von Ereignissen, so wie etwa eine schmerzhafte Brandblase keine Strafe für das Berühren heißen Eisens ist, sondern seine Folge.[61]

Durch die Selbstreinigung von den Geistesgiften soll es Buddha gelungen sein, die so genannten vier edlen Wahrheiten zu formulieren, auf denen seine Lehre beruht: die Wahrheit vom Leiden, die Wahrheit vom Ursprung des Leidens, die Wahrheit vom Aufhören des Leidens, und die Wahrheit vom Weg, der zum Aufhören des Leidens führt.[62] Die vierte Wahrheit ist zugleich der Weg zum Glück, der so genannte achtfache Pfad. Buddha gliedert den Prozess der Bewusstseinsläuterung hin zum Erwachen des Geistes in jene acht synchronen Schritte, die unter drei Aspekten zusammengefasst

---

59 Eliade 1999 S. 144.

60 Diese sind ganz ähnlich den älteren hinduistischen *gunas*, die den Leib in der Scheinwelt der *maya* binden: *sattva* (Eitelkeit), *raja* (Neid, Eifersucht), *tamas* (Unwissenheit). Das 2000 S. 67–80.

61 Schumann 1995 S. 58.

62 Golzio 1998 S. 14–26.

werden: Praxis von Ethik und Sittlichkeit; Meditation und Geistessammlung; Weisheit.

Die acht Schritte bauen aufeinander auf, ergänzen und stützen einander. Der achte Schritt verweist wieder auf den ersten. Deshalb wird die Lehre oft als achtspeichiges Rad symbolisiert. Die acht Schritte sind rechte Sicht, rechte Absicht, rechte Rede, rechtes Handeln, rechter Lebenswandel, rechtes Bemühen, rechte Achtsamkeit und rechte Sammlung.[63]

Das aus dem Sanskrit stammende Wort *samyak*, das ich als „recht“ wiedergebe, wird auch als „ganzheitlich“ übersetzt. Das schützt es möglicherweise besser vor Reflexen *moralischer* Interpretation als das etwas biblisch klingende, aber meist verwendete „recht“. Die rechte Sicht bedeutet Offenheit für Neues oder den Verzicht auf vorgefasste Ansichten. Die rechte Absicht meint, dass die Offenheit von dem Ziel geleitet sein soll, weltliches Begehren loszulassen und alles zu vermeiden, was Gier, Hass oder Unwissenheit schürt. Die rechte Rede weist darauf hin, dass sprachliches Verhalten nicht nur machtvoll nach außen, sondern auch auf die sprechende Person selbst wirkt. Das Reden ist zunächst nur der sprachliche Ausdruck der eigenen Absichten und Vorsätze, aber mit dem Reden legt der Sprechende sich auch auf ein übereinstimmendes Verhalten fest. Dieses rechte Handeln soll von Töten, Stehlen, Gewalt und körperlichem Fehlverhalten absehen. Daraus ergibt sich, dass der rechte Lebenswandel als ein Lebenserwerb verstanden wird, der ohne Neid und Habgier auskommt. All dies vervollständigen die drei weniger praktisch als spirituell orientierten Größen: Das rechte Bemühen ist die Haltung, die das Beschreiten des achtfachen Pfades ermöglicht. Es umschreibt alles, was vor Gier, Hass und Unwissenheit bewahrt. Die rechte Wahrnehmung meint auch die kritische Selbstwahrnehmung von Körper, Geist, Gefühlen und Umständen. Die rechte Sammlung ist die Meditation, wird in der Version des Mahāyāna aber auch als Bereitschaft gedeutet, sich die Befreiung anderer Wesen zum Herzensanliegen zu machen. Sie ist somit die friedenswissenschaftlich relevante Zusammenfassung dieser Lehre.[64]

Die Lehre vom achtfachen Pfad ist keine Auflistung von Vorschriften, Geboten oder Verboten, die erfüllt oder verletzt werden könnten, sondern eine Aufzählung von *karmisch* heilsamem Verhalten. Ob sie befolgt wird, obliegt einzig der praktizierenden Person. Sie kann nicht mit den zehn Ge-

63 Brucker/Sohns 2003 S. 26ff.

64 Gäng 2002 S. 83–86; Keown 2001 S. 71.

boten des Christentums, der *faraid* des Islam oder ähnlicher Pflichtenlehre gleichgesetzt werden.

Details würden an dieser Stelle eher verwirren als aufklären. Im Grundgerüst des buddhistischen Denkens findet sich der Wegweiser zum inneren Bergsee. Die Lehre vom Leiden, das aus dem Begehren entsteht, ist eher eine Analyse der menschlichen Natur als eine Handlungsanleitung. Die Geistesgifte sind unvermeidbarer Bestandteil der menschlichen Existenz. Sie verleiten zum Begehren von Dingen, Menschen und Situationen. Da diese aber unbeständig, unvollkommen und unwirklich sind, entsteht das Leiden aus der Enttäuschung. Leiden ist die Angst vor dem Verlust des Genusses, oder die Angst, ihn nicht zu bekommen. Diese Angst versperrt den Blick auf den inneren Bergsee.

Obwohl sich aus diesen Überlegungen eine sehr differenzierte Ethik ableitet, bleibt diese offen, denn es gibt keine letzte Instanz, die das Rechte im achtfachen Pfad beurteilen würde. Die Praktizierenden merken an den Folgen ihres Bemühens, ob sie an ihrem inneren Bergsee ankommen. Der Buddhismus liefert dazu nur Hilfestellungen, keine Anweisungen oder Urteile. Grundsätzlich kann nach den Lehren des Buddhismus jeder Mensch, der die Mühe nicht scheut, jenes Erwachen erreichen, das Buddha erlangt hat.[65] Wer es nicht ins *nirvāna* schafft, muss nach seinem Tod zurück in den Kreislauf der Wiederverkörperungen, die nicht als Wiedergeburt derselben *persona* zu verstehen sind, sondern als jene *Energie*, die beim Tod des Wesens nicht im Gleichklang mit dem Universum schwingt und dadurch die Verkörperung dieser *Energie* in einem weiteren Wesen bewirkt.[66] Aus dieser Kette des abhängigen Entstehens manifestiert sich die *Energie* des verstorbenen Wesens in einem der sechs Bereiche der leidhaften Existenz aufs Neue.[67]

Der Buddhismus liefert das Idealbild eines *energetischen* Friedensverständnisses, wobei er Relationalität und Rationalität eng miteinander verknüpft. Daraus folgt eine überzeugende, aber nicht zwingende Ethik, die das Unbedingte vom Absoluten trennt.

Möglicherweise hatten andere Lehren der Achsenzeit ähnliche Ziele und es war nur ihre Einbettung in die patriarchale Kriegerethik ihrer Bezugsgesellschaften und die Verfügung hierarchischer Priesterkasten, die

65 Vessantara 1999 S. 71/72.

66 Golzio 1998 S. 19.

67 Welt der Götter und Halbgötter, Welt der Menschen, Welt der Hungergeister, Welt der Höllenwesen, Welt der Tiere. Brucker/Sohns 2003 S. 29f.

ihnen eine andere sozialmächtige Ausrichtung gaben. Avesta, Talmud und Bibel lassen sich auch auf ihre relationalen Aspekte hin lesen. Wer etwa Gut und Böse bei Zarathustra nicht als normative Begriffe versteht, sondern als innere Aspekte des Menschen, der um seinen Weg zum inneren Frieden ringt, nähert sich dem buddhistischen Verständnis einigermaßen an. Nur die historische Wirkung legt es aus friedenswissenschaftlicher Perspektive nahe, den möglichen Hang zum Absoluten in diesen Fällen aufzuzeigen.

Auch der Buddhismus blieb nicht frei von solchen Interpretationen. Jeder Ansatz der Bewusstseinsentwicklung kann in festen Formen erstarren. Der frühe Buddhismus, wohl nicht ganz unbeeinflusst von seiner brahmanischen Umgebung, neigte zur dogmatischen Buchstabengläubigkeit und seine Anhänger verbrachten viel Zeit damit, negative oder positive Geistesverfassungen zu klassifizieren und fein säuberlich zu unterscheiden.[68] Dies führte zu mönchischen Streitigkeiten über die Auslegung der Lehre durch die entstehenden Gruppen von Experten und zur Aufsplitterung in mehrere Denkschulen.

Die Vertreter der alten Schule, Theravada, lehnen bis heute alle neuen Interpretationen ab. Sie behalten den ursprünglichen Ansatz zur Suche nach dem Erwachen als „Alleinverwirklicher", *arhat*, bei. Sie sehen sich in der Lage, die höchste Erkenntnis aus eigener Kraft zu erlangen, oder, besser gesagt, mit dem *nirvāna* eins zu sein. Diese konservative Auslegung charakterisiert sich dadurch, dass sie den Weg zum Bergsee als alleinigen Daseinszweck betrachtet, dadurch allerdings zu einer dogmatischen Weltabgewandtheit neigt, die den relationalen Charakter der Lehre Buddhas vernachlässigt. Beziehungshaft ist hier nur die Auflösung des Selbst in der Ganzheit des *nirvāna*. Der Weg dahin ist individuell. Oft wird den Anhängern der alten Schule, Theravada, oder auch des kleinen Fahrzeugs, Hinayana, nachgesagt, dass ihnen das Mitgefühl, ihre gewonnenen Erkenntnisse mit anderen Wesen zu teilen und diesen so den Weg aus dem Leiden zugänglich zu machen, fehle.

Im 20. Jahrhundert herrscht in allen Ländern, in denen Theravada-Buddhismus eine sozialmächtige und mehrheitsfähige Lehre darstellt, Sri Lanka, Kambodscha, Myanmar, Laos, die Chittagong Hills in Bangladesh und im geringeren Maß auch Thailand, andauernde und oft extreme physische Gewalt. Der substanzielle Beitrag des Theravada zur Konflikttransformation ist

68 Vessantara 2003 S. 8.

dabei marginal. Die affektive Wendung nach Innen neutralisiert im Konfliktfall scheinbar die in dieser Schule prinzipiell erkannte Verbundenheit aller Dinge und führt in der Praxis zu Segmentierung und Fraktionierung.[69] Damit unterscheidet sie sich an der Oberfläche nicht vom dualistischen Denken.

Dieses Mitgefühl propagieren die Anhänger des Mahāyāna, des großen Fahrzeuges. Sie stellen den *bodhisattva* in den Mittelpunkt ihrer Lehre, der wie der *arhat* die Fähigkeit erreicht, mit dem *nirvāna* eins zu sein. Sein endgültiges Eingehen schiebt er aber zum Wohle aller Wesen auf, bis auch das letzte von ihnen die Befreiung erreicht hat. Durch die immer neue Verkörperung des *bodhisattva* ist er in der Lage, andere Wesen aus dem Kreislauf der Wiedergeburten zu befreien. [70]

> Je nach Perspektive kann man im Mahāyāna entweder eine Reformbewegung sehen, die sich gegen Erstarrungen im klösterlichen Buddhismus richtete, oder eine Lehre, die neue Schwerpunkte setzte, oder eine Weiterentwicklung oder gar Verfälschung des „ursprünglichen" Buddhismus.[71]

Mahāyāna erscheint aus friedenswissenschaftlicher Perspektive vorerst sozialer, altruistischer oder idealistischer als die Theravada-Auslegung. Bei näherer Betrachtung ergeben sich jedoch Fragen und Zweifel, die aus dem weiten Spektrum jener Lehren resultieren, die teilweise lange nach dem Tod des historischen Buddha entstanden sind, ihm aber dennoch zugeschrieben werden. Das wird so begründet, dass die entsprechenden Texte verborgen blieben, bis ausreichend Praktizierende verständig genug geworden wären, die neue Lehre aufzunehmen, sodass Buddha sie in seiner kosmisch-transzendenten Form lehren konnte.[72] Es entstand eine Bewegung der sich von der buddhistischen Lehre der privilegierten, geistlichen Elite benachteiligt fühlenden Schicht, die Gleichberechtigung forderte. Das war kein Klassenkampf im eigentlichen Sinne des Wortes, denn weder handelte es sich um einen manifesten Kampf, noch ging es dabei um materielle Güter. Die kritisierte geistliche Elite, die Mönche und Nonnen, waren vielmehr auf die Versorgung durch die Besitzenden, Laien, angewiesen und sohin keine Elite

69 Ariyaratne (unveröffentlicht)
70 Golzio 1998 S. 44/45.
71 Gäng 2002 S. 151.
72 Brucker / Sohns 2003 S. 49.

im wirtschaftlichen, sondern nur im spirituellen Sinn.[73] Damit hat aber der narzisstische Charakter des brahmanischen Hinduismus auch Eingang in die alte Lehre des Buddhismus gefunden. Dagegen wandte sich die Reformbewegung des Mahāyāna. Sie berief sich auf Buddha selbst, der den Lebenswandel und nicht, wie die Brahmanen es taten, die Geburt als Maßstab für die Bewertung des Menschen in den Mittelpunkt gestellt hatte. Buddha hat den brahmanischen Superioritätsanspruch rigoros abgelehnt.[74]

Im Zuge der so motivierten Neuerungen fanden Volksreligiosität, lokale hinduistische Gottheiten, Vergöttlichungen und Neuinterpretationen zahlreicher Buddhas und *boddhisatvas*, endzeitliche Paradiese und ähnliche Vorstellungen Eingang in den Buddhismus. Während dem Hīnayāna in extremis seine Verbindung zum Spirituellen abhanden kam, neigte das Mahāyāna dazu, sich in Abstraktionen und Archetypen zu verlieren. Seine reiche Vorstellungskraft und Phantasie bewahrte es zwar im Allgemeinen vor Dogmatismus und Enge, doch ob der Zersplitterung ergab sich auch eine Variation philosophischer Lehrmeinungen, die unterschiedliche Auffassungen von der Wirklichkeit vertraten. Sie stellten zwar nicht den *energetischen* Friedensbegriff in seinem Kern in Frage, belegten die entsprechende Praxis aber mit Kriterien, welche die *moralischen* Aspekte so in den Vordergrund rückten, dass daraus eine ritual- und normenverpflichtete Expertokratie der Mönche wurde, die in ihrem äußeren Erscheinungsbild den Resultaten des *moralischen* Friedensbegriffs nicht unähnlich ist. Die Klöster wurden nicht nur zu Zentren der Gelehrsamkeit und Spiritualität, sondern auch zu solchen von streitbarer Macht und Reichtum.

Der Buddhismus war als Versuch entstanden, einen Weg zwischen brahmanischer Tradition und Asketismus zu finden. Er schaffte es, die Extreme seiner eigenen Lehre immer wieder zu balancieren. Auf diese Art entstand auch das Vajrayāna oder das buddhistische Tantra. In ihm manifestiert sich ein neuerlicher Impuls zu einem *energetischen* Ansatz, den der traditionelle Buddhismus aus seiner Begegnung mit der tibetischen Bön-Religion erhielt.

Das Vajrayāna sieht das Endziel völliger Befreiung im Schmutz und Staub des Alltags verborgen. Das steht nicht nur im Widerspruch zu den älteren Lehren, sondern insbesondere zum kulturellen Umfeld, in dem narzisstische Reinigungsrituale aller Art eine zentrale Stellung haben und sogar

73 Schneider 1997 S. 180.
74 Schneider 1997 S. 70.

die gesellschaftliche Stratifikation bestimmen. Das buddhistische Tantra stellt diese Logik auf den Kopf. Es entwirft eine radikale Alternative, die sich darin ausdrückt, dass es sich nicht auf die Texte der Sutren stützt, welche die klassische Lehre Buddhas einem Faden gleich in aufbauender Weise präsentieren, sondern auf die Tantras, die als ein von Buddha stammendes, aber geheimes und äußerst komplexes Gewebe von Lehrinhalten bezeichnet werden. Ihr Verständnis ist dem Suchenden nur mit der Hilfe eines erfahrenen Lehrers, eines Gurus, zugänglich.

Tantra gehört zu jenen Praktiken, mit denen die Magie im Buddhismus einkehrt. So muss der Versuch verstanden werden, spirituelle Kräfte durch natürliche zu beeinflussen. Dabei ist der buddhistische Tantrismus pragmatisch. Ihn interessieren keine geistreichen Spekulationen. Das Tantra zielt darauf ab, die buddhistischen Wahrheiten direkt erfassbar, zugänglich und erlebbar zu machen. Es begreift das Universum als Spiel der *Energien* und sieht daher keinen Grund, irgendwelche Erfahrungen abzulehnen. Jede Form von *Energie*, einschließlich der scheinbar negativen, ist Wasser auf seine Mühlen. Wer die Dinge als etwas Festes, Unveränderliches, begreift, muss gewisse Erfahrungen ablehnen. Wer die Welt als *Energie* wahrnimmt, wird *Energie* erleben, die vorübergehend in begrenzenden oder als negativ erlebten Formen eingeschlossen ist. Gleichzeitig ist diese *Energie* eine Kraftquelle, ein Potenzial, das befreit und genutzt werden kann. Das ist ein zentraler Satz für das entsprechende Verständnis der Konflikttransformation. Die negative *Energie* des Konfliktes kann genutzt, transformiert und in positiver Form wahrgenommen werden. Aus diesem Grund geht das Vajrayāna anders mit negativen Gefühlen um als Theravada und die Hautströmung des Mahāyāna. Diese versuchen durch die Übung von Achtsamkeit, Gefühle von Begehren und Abneigung auf Abstand zu halten. Das Vajrayāna hingegen lässt diese Gefühle als einen Ausdruck höchster Wirklichkeit ebenso zu wie alle anderen. Sie gelten ihm als mächtige *Energie*, Rohstoff für die persönliche Transformation.[75]

Der magische Ansatz des tantrischen Buddhismus liegt freilich weit jenseits, nämlich lange nach der Jasper'schen Achsenzeit. Ich erwähne ihn hier nochmals, weil ich bemerkenswert finde, dass Buddha eine rational-*energetische* Philosophie in die Achsenzeit eingebracht hat, seine Lehre in der Folge aber immer wieder von Tendenzen der Institutionalisierung und Moralisie-

---

75 Vessantara 2003 S. 17/18.

rung eingeholt wurde. Der Widerstand dagegen hat mythische und magische Elemente aus anderen Lehren und Traditionen in den Buddhismus eingewoben. So ist just die jüngste Form des Buddhismus, Vajrayana, jene, die am meisten magische Elemente aufweist, während die älteste die rationalste zu sein scheint, was den evolutionistischen Ansätzen und linearen Geschichtsbildern widerspricht. Mircea Eliade weist darauf hin, dass der Tantrismus sich in den weniger hinduisierten Grenzregionen Indiens besser entwickelte, „dort nämlich, wo sich die Gegenoffensive der indischen Ureingeborenen gegen den arischen Hinduismus voll entfaltete."[76] In der Figur der *Tara* kommt auf diese Art die Große Göttin zurück in das arische Indien. Im Hinduismus wird *Shakti* als die kosmische Kraft verehrt.

> Diese Priorität Shaktis – in letzter Instanz der Frau und göttlichen Mutter – im Tantrismus und allen daraus resultierenden Bewegungen darf auf gar keinen Fall unterschätzt werden.[77]

In Indien widersetzte sich demnach das *energetische* Welt- und Friedensbild durch die Jahrhunderte bis zur islamischen Invasion relativ erfolgreich den normativen Intentionen der Kriegerethik. Im Grunde lässt sich kein strenger Dualismus zwischen den beiden beobachten, eher eine auto-korrektive Wechselwirkung. Alle indischen Philosophien und Religionen fußen auf einer *energetischen* Sichtweise, und keine von ihnen ist immun gegen normative Institutionalisierungen, was sich in einigen Aspekten wie dem brahmanischen Kastenwesen drastisch ausdrückt. Aber es kann kaum von einer Rivalität geschlossener Systeme gesprochen werden. Eher integrieren und differenzieren Brahmanismus, Jainismus, Buddhismus, Hinduismus und die Spielarten des Tantrismus beide Dynamiken in sich. Die Durchlässigkeit zwischen den Lehren des einen und des anderen ist bemerkenswert. Indische Philosophen vertreten oder begründen nur selten eigene Denkschulen. Meistens begnügen sie sich damit, die traditionelle Lehre in der Sprache ihrer jeweiligen Zeit zu interpretieren. Über die letzten Dinge herrscht dabei kein substanzieller Dissens, was allen notwendigen Abstrichen zum Trotz das Bild erstaunlich resistenter Friedenskulturen vermittelt.

Die Geschichte des Buddhismus als Friedenslehre lässt erkennen, dass seine Grundhaltung immer wieder durch seine Institutionalisierung und

76 Eliade 1999 S. 160.
77 Eliade 1999 S. 162.

durch seine Umdeutung in eine Religion bedroht ist. Das heißt, wenn er in einen für alle Zeiten gültigen und von einer Priesterschaft kontrollierten Glauben verwandelt wird, gerät das Vermögen der institutionalisierten Religion, den Staat mit *moralischer* Legitimität zu versehen und gleichzeitig die Frömmigkeit der Machtlosen zu befriedigen, in den Mittelpunkt des Interesses.[78]

Als der Buddhismus, lange nach der Jasper'schen Achsenzeit, nach China gelangte, traf er auf die *energetischen* Traditionen des Tao, denen er nicht unähnlich war. Soweit er in diese Sphären eindrang, war er, manchen Rivalitäten zum Trotz, eher eine Bereicherung und Ergänzung als ein Widerspruch. Laotse, so es ihn gegeben hat, war als wichtigster Lehrer dieser Richtung nicht nur das Pendant zu Buddha in China, sondern auch ein Gesinnungsgenosse im Sinne des *energetischen* Friedensbegriffs. Wenn Koppe[79] ihn als rationalen Pazifisten bezeichnet, so könnte das auch für Buddha gelten.

Das gilt auch für Mo Di, den ebenfalls um diese Zeit lebenden Begründer der Mohistischen Schule. Anders als das ältere Tao ist der Mohismus eine unmittelbare, pazifistische Reaktion der Unterschichten auf die aristokratischen Konfuzianer. Den Ausgangspunkt bildet für sie ein radikaler anthropologischer Pessimismus. Wie die Konfuzianer, anerkennen die Mohisten die Notwendigkeit der Etablierung eines autoritären Staates, leiten von da aber die Forderung nach einer rigorosen Kontrolle der Mächtigen und deren Hang zum Luxus ab. Sie bezeichnen Luxus als das größte Übel des Menschen und verstehen Krieg als dessen extremste Form. Das ist nicht weit entfernt von Buddhas Ansicht über das Begehren als Ursache des Leidens. Luxus ist nach Mo Di nur durch materielle Ausbeutung möglich und verhindert das Glück des größten Teils der Menschen. Krieg als der verderblichste Luxus verhindere, dass die Bauern die Felder bestellen. Der Staat gerät in Unordnung. Das Resultat sei am Ende nur noch mehr Staat und mehr Macht für die Mächtigen. Kriege wären daher aufwändige Kindereien, die Leid erzeugen. Mo Di verurteilt den Krieg nicht nur aus pragmatischer Sicht, sondern auch aus *moralischer*. Blind wäre, wer im Krieg das Unrecht nicht sehe. Obwohl in expliziter pazifistischer Opposition zum Konfuzianismus, hat der Mohismus dessen ideologische Paradigmen nicht verwun-

---

78 Batchelor 2003 S. 29/30.
79 Koppe 2001 S. 80–84.

den, sondern sich als eine reinigende Reformbewegung verstanden, die deshalb nicht von eigenständiger historischer Dauerhaftigkeit war.[80]

Der Taoismus ist seit der Achsenzeit das *energetische* Gegenstück zur *moralischen* Staatsideologie des Konfuzianismus, die sich anmaßt, das Leben des gesamten Volkes zu regeln, indem sie Pietät und Loyalität gegenüber Höhergestellten in den Vordergrund stellt und einen genau festgelegten Sittenkodex entwirft. Er ist diesseitig und missbilligt Lehren, die weltliche Bindungen zugunsten eines spirituellen Zieles aufgeben.[81]

Im Spannungsverhältnis zwischen Tao und Konfuzianismus entstand im fünften Jahrhundert vor unserer Zeitrechnung „Die Kunst des Kriegs“ des Generals Sunzi.[82] In diesem ältesten bekannten Buch über militärische Strategien legt der Autor großen Wert darauf, dass Krieg und Kampf möglichst vermieden werden, weil sie Staat und Volk ruinieren. Sunzis Ansicht nach ist es am Besten, die Strategie des Feindes zu vereiteln. Als zweitbesten Ansatz empfiehlt er, die Bündnisse des Feindes aufzubrechen. Erst an dritter Stelle folgen Kämpfen und Siegen. Insoweit ist das Buch taoistisch. Es stammt auch etwa aus derselben Zeit wie das Tao de King. Sunzi beginnt mit der Mahnung, dass der Krieg ein großes Wagnis sei, Ausgangspunkt für Leben und Tod, ein Weg zum Weiterbestehen oder zum Untergang. Damit bewegt er sich im Rahmen der taoistischen Tradition, jeder kriegerischen Auseinandersetzung mit Vorsicht gegenüber zu treten, verfolgt im übrigen aber politische und strategische Ziele im Sinne des Konfuzianismus. Sein Buch muss in Anbetracht seiner Langzeitwirkung und seines Einflusses auf Politiker, Diktatoren aller Zeiten und Länder – und neuerdings auch auf Manager – für jedwede achsenzeitliche Evaluation ebenso beachtet werden wie die philosophischen Werke.

Der Konfuzianismus sucht den Maßstab und die Gesetze für das richtige Leben nicht wie das Tao in der Natur, sondern im Studium der alten Schriften, Institutionen und in der Tradition. Was aus deren Studium gelernt werden kann und soll, ist das richtige Verhalten in den menschlichen Beziehungen. Vom Verhältnis des Kindes zu den Eltern, über den Untertan zum Staatsbeamten, bis hin von jenem des Ministers zum Kaiser werden diese Beziehungen genau geregelt. Die Regeln sollen das friedliche Miteinander in und zwischen den Gesellschaften garantieren. Durch die Belehrung der

80 Wimmer 2004 S. 196/197

81 Golzio 1998 S. 60/61

82 Sun/Griffith 2006.

Beamten, deren stetes Vorbild und fortgesetztes Studium der Schriften sollen die Regeln des Konfuzius im Volk verankert werden. Insofern ähnelt seine Weltsicht dem Idealismus in der europäischen Tradition der Aufklärung.[83]

Im vierten Jahrhundert vor unserer Zeitrechnung zerfiel diese in China sozialmächtige Denkrichtung in die „idealistische“ Lehre des Menzius und die „realistische“ des Xun Kuang.[84] Menzius hielt den Menschen für gut von Natur aus, Xun Kuang beschrieb ihn in seinem berühmten Buch *Xunzi* als schlecht. Beide aber leiteten daraus die Forderung nach totalitärer Erziehung ab, mit deren Hilfe der Mensch kultiviert und seine Gewaltneigung eingedämmt werden könnten. Aus dem Konfuzianismus und seinen Ableitungen folgt immer wieder die Forderung nach Institutionalisierung und autoritärer Lenkung der Gesellschaft.

Am Ende jener Epoche, die Jaspers als Achsenzeit bezeichnet, herrschte in China schließlich die Qin-Dynastie. Die nach ihr benannte legalistische Staatsphilosophie vertritt die lückenlose Normierung des öffentlichen und privaten Lebens über das Strafrecht. Ausgehend von einem pessimistischen Menschenbild und der Perspektive einer konsolidierten Herrschaftspolitik bezieht der Qin-Legalismus sich nicht auf Moral, Tugend oder Vernunft als Friedensstifter, sondern auf einen rigiden Rechtspositivismus. Ein idealer Staat sei gegeben, wenn die Bevölkerung versorgt wäre und jeder Angriff von außen abgewehrt werden könne. Beides könne durch hoheitliche Maßnahmen und technischen Fortschritt erreicht werden.[85] Der Legalismus in dieser extremen Form ging als Staatsideologie mit der Qin-Dynastie unter, bildet aber ein nachhaltiges Segment des tiefenkulturellen Friedensverständnisses in China.

Das ist kein geistiges Umfeld für den Buddhismus, der *moralische* Erziehung wohl als nützlich für Staat und Gesellschaft einstuft, nicht aber als Orientierungshilfe für befreiendes Verhalten. Für ihn ist die Wirklichkeit ihrem Wesen nach frei, weil sie als dynamisches Spiel von Beziehungen veränderlich, ungewiss, zufällig und leer ist. Erwachte oder erwachende Menschen sind sich ihrer eigenen Frieden bewusst und entdecken sich selbst in jenem dynamischen Spiel von Beziehungen. Solange jemand glaubt, die Dinge seien unwandelbar, eindeutig, absolut, undurchsichtig und fest, wird

83 Schleichert 1990.

84 Xun Kuang wird in der Literatur zuweilen wie sein Buch Xunzi genannt.

85 Wimmer 2004 S. 197–199.

er eingeschränkt, entfremdet, empfindungslos, frustriert und unfrei bleiben.[86] Genau darauf zielt der Konfuzianismus ab. So bildet er einen rüden Gegensatz zum buddhistischen Friedensbild. Buddha und Konfuzius mögen ungefähr zur gleichen Zeit gelebt haben. Sofern sie aber beide ihren Gesellschaften achsenzeitliche Orientierung gaben, wiesen diese in denkbar unterschiedliche Richtungen:

> Ein Herbsthaar und der blaue Ozean, in dem es treibt, sind noch eher miteinander vergleichbar als die konfuzianischen Regeln, die sich mit den sozialen Beziehungen befassen; sie sind in ihrer Gestalt so winzig im Vergleich zu der buddhistischen „Großen Lehre", dass Worte den Unterschied nicht zu fassen vermögen.[87]

Dessen ungeachtet wurde der Buddhismus, sobald er China erreicht hatte, Gegenstand machtpolitischer Ränke. Dies nicht etwa als friedensphilosophischer Gegenentwurf zur konfuzianischen Herrschaftslehre, sondern als zunehmend von seiner ursprünglichen Idee entfremdetes, messianisch angehauchtes und zur Gewalt neigendes Emblem einer sich institutionalisierenden Staatsreligion.[88] Dies strahlte weit über die Grenzen Chinas aus. Auch in Korea wurde der Buddhismus in einer herrschaftsorientierten Variante Staatsreligion. Von dort gelangte er nach Japan, wo er zur Hofreligion aufstieg und der buddhistische Klerus über lange Zeit weltliche Macht ausübte. Die japanische Variante ist als Zen weltbekannt. Sie vertritt das Prinzip der spontanen Erleuchtung aus eigener Kraft mittels Meditation.

Die Zen-Lehren kreisen um das Bild des Kriegers, der dem Tod mit Gleichmut ins Auge zu blickt. Die durch Meditation erlangte Disziplin fördere den Kampfgeist. Fechten und Bogenschießen sind im Zen nicht einfach Kampftechniken, sondern meditative Tugend und Praxis. Im Laufe der Zeit verstrickte sich diese Orientierung in Japan mit der weltlichen Herrschaft, bis die buddhistischen Schulen, Klöster und Mönche Japans nicht nur über andere, sondern auch übereinander herfielen.[89] Ein Beleg dieser Entwicklung ist das *Hagakure*, der Klassiker der japanischen Samurailiteratur, in dem die Lektionen, Regeln und Erzählungen des Samurai Tsunetomo

---

86 Batchelor 2003 S. 117.

87 Text des Mönchs Zong Bing aus dem Jahr 433 über die Unendlichkeit von Zeit und Raum und die Stellung der buddhistischen Lehre dazu. Zitiert nach Golzio 1998 S. 64.

88 Golzio 1998 S. 66/67.

89 Golzio 1998 S. 82–103.

Yamamoto festgehalten sind.[90] Der Text stammt aus dem frühen 18. Jahrhundert, verweist aber auf eine viel ältere Tradition. Er wurde weit über die Grenzen Japans hinaus berühmt, als 1868 der *Shinto* als mythologisierte Erzählung einer japanischen Urreligion zur staatstragenden Ideologie erhoben wurde. Im Zuge des beeindruckenden wirtschaftlichen und militärischen Aufschwungs, den Japan in dieser Zeit erlebte, wurde das *Hagakure* zu einer idealisierenden Erklärung des Phänomens und in der Folge zur beliebten Literatur autoritärer, totalitärer und faschistischer Ideologen auf der ganzen Welt.

Staatsshinto sah im Tenno, dem Kaiser, die vergöttlichte Personifizierung des Staates, der als *kokutai*, der Entsprechung des verhängnisvollen Begriffs Volkskörper im Deutschen, interpretiert wurde. Dieses Verständnis gestattete das Eindringen der staatlichen Institutionen in alle Bereiche des täglichen Lebens. War im alten Japan der Tenno der höchste Repräsentant der Menschen, der im Ritus seinen göttlichen Ahnen begegnete, sollte im Staatsshinto der einfache Bürger dem vergöttlichten Repräsentanten des Staates Verehrung und Gehorsam bis in den Tod geloben. Dies wies den fatalen Weg in die japanische Spielart des Faschismus, die gedanklich eher in konfuzianische als buddhistische Denkart verweist, institutionell aber über die japanische Interpretation des Buddhismus mittransportiert wurde. Ab 1925 entwickelte der Staatsshinto seine volle Entfaltung, machte sich in der öffentlichen Erziehung und im Alltag breit und wurde parallel zu den europäischen und amerikanischen Erscheinungsformen des Faschismus eine Massenbewegung. Ich behaupte nicht, dass der Zen-Buddhismus diesen Weg bereitet oder befürwortet hätte, verordnete und pflegte der Staatsshinto doch die Unterscheidung zwischen den Buddhisten und den *kami*, also seinen wahren Anhängern. Doch philosophisch gesehen ist diese Unterscheidung konstruiert. Zen erwies sich als anfällig für die Vereinnahmung und Instrumentalisierung durch den Faschismus. Die oft so heilsame Verwindung des dualistischen Denkens von Gut und Böse und die fehlende philosophische Gründung in der Todesangst können sich im Angesicht totalitärer Institutionen in ethische Indifferenz und menschenverachtende Brutalität verkehren. Das japanische Beispiel möge diesbezüglich als Warnung vor romantisierender Verklärung des Buddhismus in der westlichen Friedenswissenschaft dienen.

90 Yamamoto 2000.

Die Ideologie des Staatsshinto, nach dem Zweiten Weltkrieg durch die von der amerikanischen Besatzung oktroyierte Shinto-Direktive verboten, blieb als kulturelles Phänomen weitgehend unaufgearbeitet bestehen. Es gab Kritik am Staatsshinto, aber keine grundlegende ethische Neuorientierung. Etliche seiner symbolträchtigen Embleme existieren nach wie vor. Das umstrittenste davon ist der *Yasukuni*, der so genannte Schrein des friedlichen Landes, in dem die Seelen der für Japan gefallenen Soldaten als Helden, *kami,* verehrt werden.[91] Ich halte es für unwahrscheinlich, dass diese Embleme in absehbarer Zeit verschwinden und betrachte die Bearbeitung der verdrängenden Indifferenz im Umgang damit als große Herausforderung für die zeitgenössische Friedensforschung Japans.

Als japanischer Gegenentwurf wird manchmal *Sōka Kyoiku Gakkai* genannt, die 1930 durch den Pädagogen Tsunesaburō Makiguchi gegründete ‘“Werteschaffende Erziehungsgesellschaft“. Das ist eine buddhistische Laienorganisation, die nicht bereit war, das Prinzip der Gewaltlosigkeit zugunsten der militaristischen Politik des Kaiserreichs aufzugeben. Ihre Mitglieder wurden 1943 wegen kriegsfeindlicher Aktivitäten inhaftiert. Nach dem Krieg lebte die Gemeinschaft als *Sōka Gakkai* wieder auf und verbreitete ihre Lehre von der „menschlichen Revolution“ auf der Basis von Frieden, Wohlstand, Gesundheit und persönlichem Glück weit über die Grenzen Japans hinaus. Seit 1983 ist *Sōka Gakkai International* als Gesellschaft für Frieden, Kultur und Erziehung eine den Vereinten Nationen angegliederte Nichtregierungsorganisation mit Beraterstatus in ECOSOC und UNESCO. Sie genießt somit erheblichen Einfluss, obwohl sie innerhalb der buddhistischen Schulen eher isoliert ist und sich wiederholt Vorwürfen ausgesetzt sah, die um Zwang und Gewalt gegenüber ihren Mitgliedern kreisen, ein Thema, das im japanischen Buddhismus offensichtlich einer gründlichen Diskussion bedarf.

Damit kehre ich ins mediterrane Europa der Achsenzeit zurück, um diesen Rundgang durch die Jasper'sche These zu beenden. Seiner Meinung nach entstand im antiken Griechenland eine Freiheit, die nirgendwo sonst in der damaligen Welt zu finden war. Damit legte die antike *Polis* aus seiner Sicht

91 Ausführlich dazu Hardacre 1991.

> … den Grund allen abendländischen Freiheitsbewusstseins, sowohl in der Wirklichkeit der Freiheit wie des Freiheitsdenkens. China und Indien kennen in diesem politischen Sinne keine Freiheit.[92]

Ich stimme Jaspers darin zu, dass sich Europa seit Platon grundlegend von der übrigen Welt unterscheidet. Die Griechen haben das Abendland als geistige und politische Kategorie gegründet. Jaspers' zivilisatorischer Euphorie und seinen eurozentristischen Bewertungen dieses Umstandes kann ich als Friedensforscher des 21. Jahrhunderts aber nicht folgen. Deshalb endet mein gemeinsamer Weg mit Jaspers an dieser Stelle in Anerkennung seiner Vision, aber ohne Übereinstimmung in der weiteren Bewertung der Geschichte.

Die mythologische Entführung der Jungfrau *Europa* durch den als Stier auftretenden, indoeuropäischen Vatergott *Zeus*, die der Dichter Moschos im zweiten Jahrhundert vor unserer Zeitrechnung erstmals aufgeschrieben hat, drückt die radikale Abwendung Europas von seiner phoenizischen Herkunft und der übrigen Nachbarschaft richtungsweisend aus. Der Jungfrau *Europa* träumt, dass zwei Kontinente in Frauengestalt um ihren Besitz stritten. Die eine war Asien, die ihr Mutterrecht geltend machte, die andere eine Fremde, die das Mädchen mit kräftigen Armen von der Mutter wegzog und erklärte, dass es *Europas* Bestimmung wäre, dem Welterschütterer *Zeus* als Braut auf einen neuen Erdteil zu folgen und ihm Kinder zu schenken. In der Legende wurde ein Sohn aus dieser Verbindung, *Minos*, zum Namensgeber jener altkretischen Kultur, die Herodot[93] im fünften vorchristlichen Jahrhundert als erste Thalassokratie[94] der Region von den politisch-militärischen Systemen der umliegenden Landmächte unterschied.[95]

Der Gegensatz Europas zu allem bishin Bekannten lässt sich unter anderem an seinem Friedensbegriff erklären. *Eirene*, das griechische Wort für Frieden, ist der Name einer Göttin, welche die indoeuropäische Einwanderung samt ihrem Kriegerethos nach Griechenland gebracht hat. Diese Gesellschaft definierte sich durch den Krieg und die Tugenden des Kriegers. Friede, *Eirene*, ist in ihrem Wertesystem der Zustand des Nicht-Kriegs, die Stille zwischen den Tönen der Kriegs-Melodie. In dieser binären Weltsicht

92 Jaspers 1955 S. 68.
93 Herodot 2001.
94 Seemacht.
95 Übersetzung der Legende bei Schwab 1972 S. 28–30.

ist Friede, der bloß der Erholung und Aufrüstung für weitere, ruhmreiche Kriegstaten dient, nur als Nicht-Krieg denkbar. Er hat an sich keinen Wert.[96]

Mythologisch ist *Eirene* eine Tochter des *Zeus*, der Macht, des Welterschütterers, der sinnfälligen Manifestation des kriegerischen Patriarchats, und der *Themis*, des Gesetzes. Friede ist somit eine Ableitung aus militärischer Stärke und politischer Norm. Ihre Schwestern sind *Eunomia*, die Ordnung, und *Dike*, die Gerechtigkeit. Alle zusammen symbolisieren die Grundlagen des Staatsverständnisses von Athen, Argos und Olympia. Die von da aus gedachte griechische Demokratie und die entsprechende Form der Freiheit, die Jaspers so begeisterte, beginnen als politische Organisationsform für den Krieg. Zwar ist der Weg zu dieser Demokratie ein Weg zur „Höhe", doch führt er zuerst über Verblendung und Verbrechen.[97]

Mit der Ausbildung der Institution der *polis* bekommt dieses binäre Verständnis eines wenig geschätzten Friedens den rechtlich-institutionellen Charakter eines Vertrages. Die kriegskulturelle Philosophie der Griechen wirkte nach Rom, wo sie das neue und über Jahrtausende wirkende Verständnis der *Pax/pax*[98] bestimmte. Sie verstümmelte in ihren Übersetzungen die *energetische* Lehre des Jesus von Nazareth bis zur Unkenntlichkeit[99] und beflügelte den streitbaren Aspekt der islamischen Philosophie und Theologie, die auf der aristotelischen Logik als methodische Grundlage aufbauten.[100] Nach Koppe ist das eher die Geburt einer nachhaltigen Kriegskultur als die Wiege jener einzigartigen Freiheit, die Jaspers wahrnahm.[101] Bezeichnend dafür sind die differenzierten Kriegsbegriffe, die in dieser Kultur auftreten. Im tugendhaften Tun des griechischen Kriegers macht es einen Unterschied, ob dieser sich an seinesgleichen, Griechen, misst oder an Fremden, die unterschiedslos als Barbaren bezeichnet werden.

> Wenn Griechen mit Barbaren und Barbaren mit Griechen kämpfen, so führen sie – so sagen wir – Krieg und sind natürliche Feinde. Diese Feindschaft ist Krieg [polemos] zu nennen. Wenn aber Griechen mit Griechen kämpfen, die

96 Muñoz/Molina Rueda 1998; Weiler 1995.

97 Geyer 1995 S. 9.

98 Mit *Pax* wird ab hier der Name der Göttin umschrieben, mit *pax* die gegenständliche Bedeutung des Begriffs.

99 Douglas-Klotz 2003 S. 22–39.

100 Ulrich 2004 S. 91.

101 Koppe 2001 S. 93.

doch natürliche Freunde sein sollen, dann ist Griechenland im Augenblick krank und lebt in Zwist. Diese Feindschaft ist Zwist [stasis] zu nennen.[102]

Platon, der wichtigste griechische Denker der Achsenzeit, entwickelt aus dieser Unterscheidung einen ersten Ansatz dessen, was später als *ius in bello* bezeichnet wurde. Dies aber nur für die *stasis*. Weder folgt daraus irgendeine Einschränkung der Gewalt im *polemos* gegen die Barbaren, noch bezweifelt er grundsätzlich das *ius ad bellum*, das Recht auf Kriegsführung. Für ihn ist der Krieg eine notwendige Folge der kulturellen Entwicklung zu einem funktionierenden Staatswesen, weshalb den Barbaren kein wie auch immer gearteter Friede gelten kann. Die Menschen stehen für ihn vor der Entscheidung zwischen Kultur und Frieden. In dieser binären Logik ist es zwar nicht Ziel des Staates, Krieg zu führen, sondern für das Wohl des Gemeinwesens zu sorgen. Dazu gehöre aber auch der Schutz vor den möglichen Angriffen anderer Staaten. Diese sind nie auszuschließen, weshalb der Sieg im Krieg bei Platon in Abweichung von der früheren Interpretation der *Eirene* zwar keinen höheren Wert, wohl aber ein notwendiges Übel zur Erfüllung der Aufgabe der Wohlstandssicherung bedeutet.

Dieser Auffassung geht eine grundsätzliche Entscheidung über die Natur von Mensch und Gesellschaft voraus. Wenn sich der Wert eines Menschen an der Menge der Güter misst, die er im Laufe seines Lebens anhäuft, ist der Zweck von Gemeinschaft, Gesellschaft und Staat, die Rahmenbedingung für entsprechende Unternehmungen zu schaffen. Der Staat, der dies leistet, ist diesem Verständnis nach legitim und kulturell hochstehend. Unter dieser Voraussetzung ist Krieg ein notwendiges Übel. Doch dieses Menschenbild übersieht alle, die sich willentlich oder unwillentlich nicht am Unternehmen der Güteranhäufung und Wohlstandssicherung beteiligen. Was ist ein Mensch, der nur ist, was er hat, wenn er verliert, was er hat? Nichts als ein besiegtes, gebrochenes, erbarmenswertes Wesen, Zeugnis einer falschen Lebensweise?

Wer verlieren kann, was er hat, macht sich Sorgen, dass er verlieren wird, was er hat. Menschen und insbesonders Gesellschaften, die so denken, fürchten sich vor Dieben, vor wirtschaftlichen Veränderungen, vor Krankheit, vor dem Tod, und sie haben Angst zu lieben, Angst vor der Freiheit, vor der Veränderung und vor dem Unbekannten. So leben sie in ständiger Sorge, in chronischer Hypochondrie. Sie werden defensiv, hart, misstrau-

102 Platon 1982 S. 27.

isch, einsam und vom Bedürfnis getrieben, mehr zu haben. Die Angst und die Unsicherheit, die durch die Gefahr entsteht, dass der Mensch verliert, was er hat, gehört zum Friedensverständnis dieser Kriegerethik. Wer ist, wer er ist, und nicht, was er hat, kann nicht beraubt oder bedroht werden. Während sich beim Haben das, was der Mensch hat, durch Gebrauch verringert, nimmt das Sein durch die Praxis zu.[103] Diese Überlegung findet in Platons Friedensverständnis keinen Raum. Ich kann seine Leistung, den Frieden aus der Position der bloßen Unterbrechung des Kriegs zu lösen und zu einem positiven, eigenständigen Wert zu erheben, anerkennen, glaube aber, dass nachhaltige friedenskulturelle Impulse von seinem Denken nicht ausgehen konnten, da es in seinem Kern kriegskulturell geprägt war.[104]

Dasselbe gilt für Aristophanes, der oft als Friedensdenker der Achsenzeit bezeichnet wird. Sein Lustspiel Lysistrata genoss im 20. Jahrhundert eine gewisse Popularität, weil die Idee, einen weiblichen Liebesstreik gegen die patriarchale Kriegerethik auszurufen, so gut in das Weltbild der Generation von 1968 zu passen schien. Dabei wurde übersehen, dass deren Losung *make love not war* nicht das Konzept der zweieinhalb Jahrtausende älteren Komödie war, sondern *war or love.* Denn Lysistrata handelt nicht von einem Frieden der Geschlechter als Alternative zur patriarchalen Kriegerethik, sondern, ganz im Gegenteil, der Preis des Friedens in Lysistrata ist selbst wieder ein Kampf. Dieser Frieden wird mit Handgreiflichkeiten, Hinterlist und Druck erstritten. Er wird gleichermaßen erbeutet. Bei Aristophanes verlangt Friede Kampf und Mühe. Er kommt nicht dadurch zu Stande, dass die Leute ihr Herz entdecken. Er wird auch nicht stabiler, wenn sie ihre Kampfeslust idealistisch tabuisieren. Friede braucht andere Kräfte als Beschwörung und Bann. Er braucht den Mut zur Offensive und die Klugheit der Balance. Beides besitzt – und das ist das Besondere an diesem Stück – Lysistrata, die „Heeresauflöserin“. Sie kann nur siegen, weil sie und ihre Mitstreiterinnen ein Druckmittel haben – ihren Körper, den sie den Männern verwehren, bis der Krieg endet. So gelingt es ihnen, den Frieden zu erobern. Doch dieser Friede als Produkt verweigerter körperlicher Lust ist nicht dasselbe wie Harmonie. Es ist kein Friede der Frauen mit den Männern, sondern einer, den die Frauen gegen die Männer erzwingen.

Dass die Geschlechter bei Aristophanes einander bei aller Konvergenz der Interessen an Frieden, Lust und Liebe auch fremd und gegnerisch blei-

103 Fromm 1976 S. 110/111.

104 Ricken 1988 S. 1–16.

ben, kann nicht übersehen werden. Die Sexualität ist bei ihm nicht die harmonische Aufhebung des Gegensatzes zwischen männlich und weiblich, sondern vielmehr dessen Genuss. So ist für die Genusssteigerung sogar die Akzentuierung dieses Gegensatzes erforderlich, nicht seine Aufhebung. Selbst wenn am Schluss des Stückes die ganze Bühne in sexueller Lust aufgeht, hat dies nichts mit der Lust der *Heiligen Hochzeit* oder mit dem Friedensideal des Androgyns zu tun – es bleibt ein kriegerischer Friede zwischen den Geschlechtern.[105] Auch bei Aristophanes überwindet der Dualismus die Harmonie.

Die politische Philosophie des Aristoteles spielte im Gegensatz zu seiner Metaphysik in Griechenland zunächst eine geringere Rolle als die Platons. Erst durch die späte Rezeption durch Thomas von Aquin erreichte sie ihre Wirkung im Abendland. Aufs erste sieht es dabei so aus, als ob Aristoteles der Idee eines positiven Friedens näher stünde als Platon. Durch anthropologische und moralphilosophische Überlegungen will Aristoteles zeigen, dass der Mensch nur im politischen Frieden sein Glück finden kann. Friede ist ihm mehr als die Abwesenheit von Krieg und er versucht, den Begriff eines Lebens im Frieden inhaltlich zu füllen.

> Und, die Glückseligkeit scheint in der Muße zu bestehen. Wir opfern unsere Muße, um Muße zu haben, und wir führen Krieg, um in Frieden zu leben. Die praktischen Tugenden nun äußern ihre Tätigkeit im bürgerlichen Leben oder im Kriege. Die Aktionen auf diesen Gebieten aber dürften sich mit der Muße kaum vertragen. Die kriegerische Tätigkeit schon gar nicht. Niemand will Krieg und Kriegsrüstungen des Krieges wegen. Denn man müsste als ein ganz blutdürstiger Mensch erscheinen, wenn man sich seine Freunde zu Feinden machte, nur damit es Kampf und Blutvergießen gäbe.[106]

Doch gelten all diese Überlegungen nur den Eliten, für die er philosophiert. Die Ausgrenzung der Barbaren, der Sklaven und entrechteten Massen, deren Unterdrückung und Bekriegung indes, nimmt er hin.[107]

> Denn, wie das Sprichwort sagt: „Muße ist nicht für Sklaven", Staaten aber, deren Staatsbürger nicht tapfer die Gefahr zu bestehen vermögen, werden Sklaven des ersten besten, der sie angreift.[108]

---

105 Aristophanes 2003 S. 9–33.

106 Aristoteles 2007.

107 Ricken 1988 S. 24.

Daher bleibt auch sein Staatskonzept, einschließlich der Außenpolitik, von militärischen Aspekten und Überlegungen bestimmt, die später Cicero, Augustinus und Thomas von Aquin zur These vom gerechten Krieg ausformulieren sollten.[109] Mit der griechischen Achsenzeit und nicht zuletzt in Aristoteles tut sich eine Denkstruktur auf, die das abendländische Friedensverständnis in seiner christlichen Prägung langfristig ausmachen wird: Die Ausgrenzung und Verfolgung des anderen, das in dualistischer Logik das Böse sein muss, weil das Eigene das Gute ist.

Das Friedensverständnis der achsenzeitlichen Griechen blieb eine nur leicht variierte Kriegerethik und eingebettet in eine andere ihrer Leistungen, die es eher rechtfertigt, vom europäischen Sonderweg zu reden als irgendein anderer Aspekt. Ich meine die Erfindung der Wahrheit, den philosophischen Blick auf die ausschließende Totalität aller Dinge. Europäisch beginnt rationales Weltverhalten mit der Frage nach den letzten Gründen, Ursachen und Prinzipien. Das bedeutet, dass die philosophische Wahrheit ab jetzt nicht mehr die Struktur einer Beschreibung hat, wie in der mythischen Erzählung, sondern die der Negation. Sie beansprucht die Fähigkeit, ja die Notwendigkeit, all das auszuschließen, was sie nicht bejahen kann. Die Fähigkeit zum Ausschluss wird sich Fundament oder Grund nennen und fundiert oder begründet werden jene philosophischen Diskurse sein, die sich nicht darauf beschränken, etwas zu bejahen oder zu beschreiben, sondern in der Lage sind, die Notwendigkeit der Bejahung und die Unmöglichkeit des Gegenteils zu argumentieren.

Die derart konstruierte Wahrheit trennt die griechische Philosophie von den orientalischen Weltanschauungen, in denen das Ziel nicht die Schaffung des unumstößlichen Wissens ist, sondern die Befreiung des Menschen von der Illusion der Welt. So viele sprachliche und begriffliche Übereinstimmungen sich zwischen den zwei Formen des Wissens auch aufspüren lassen, die Distanz bleibt unüberbrückbar, so wie die Trennung zwischen dem Problem des Friedens aus Harmonie, in dem sich orientalische Philosophien aufhalten, und dem Problem des Friedens aus Wahrheit.[110]

Mit der Erfindung der Wahrheit wird Europa tatsächlich eine andere Welt, wie das im Mythos angekündigt ist. Das griechische Wort für Seele, *ánemos,* steht auch für Wind und *psyché* bedeutet Hauch, Atem. Die ursprüng-

108 Aristoteles, Politik VII 15, 1334a 20–22. Zitiert in Susemihl 1992.
109 Koppe 2001 S. 99–102.
110 Galimberti 2005 S. 85.

liche Verwandtschaft zu den Konzepten der Nachbarschaft, die ich im Kapitel über die *energetischen* Frieden angesprochen habe, ist unübersehbar. *Ànemos* und *ātman* sind wesensverwandt und die aus dieser Vorstellung abgeleiteten Frieden ebenso. Doch durch die um die Seele entstandene Konstruktion von Vernunft, Logik und Wahrheit entwirft das Europa der Achsenzeit einen neuen Friedensbegriff, der nicht mehr nach Relationalität fragt, Relativität mit Unbegründetheit gleichsetzt, und es schafft, den letzten Grund für die Wahrheit des Friedens der Definitionsmacht der Parteien zu entziehen. Auf diese Art eröffnet sich weniger der grandiose Weg in eine demokratische Freiheit, als der zur Möglichkeit, sich selbst begründende Wahrheiten zu setzen. Diese werden von Experten, wie Priestern, Juristen und Politikern verwaltet. Weil sie nicht beziehungshaft sind, werden sie unanzweifelbar und unangreifbar. Der Schritt zur Institutionalisierung dieser Wahrheit in der *polis*, im Staat, dem Imperium, in Kirchen wird zur Zumutung, sie dem Substrat dieser Organisationsformen – das sind die unterworfenen Menschen – aufzuzwingen und zum Charakteristikum dieser Denkweise. Mit dem Aufstieg des Kriegsgottes *Jahwe* zum Einen Gott werden Leitsätze geprägt, wie jene im Neuen Testament im Brief des Paulus an die Römer[111]:

> Jeder leiste den Trägern der staatlichen Gewalt den schuldigen Gehorsam. Denn es gibt keine staatliche Gewalt, die nicht von Gott stammt; jede ist von Gott eingesetzt.
>
> Wer sich daher der staatlichen Gewalt widersetzt, stellt sich gegen die Ordnung Gottes, und wer sich ihm entgegenstellt, wird dem Gericht verfallen.

Die Friedensforschung des 20. Jahrhunderts wird das als kulturelle Gewalt bezeichnen. Es ist erstaunlich, dass solche Logik von den *Dionysuskulten* bis zur *Postmoderne* immer wieder nur von Randgruppen in Zweifel gestellt wurde, obwohl sich ihr aggressiver und gewalttätiger Charakter mehr als zwei Jahrtausende lang manifestierte. Vielleicht liegt das daran, dass die so gesetzte Wahrheit für sich allein gar nicht in der Lage ist, das Potenzial ihrer Grausamkeit zu entfalten. Wäre das von der Wahrheit Ausgeschlossene bloß das

111 Brief an die Römer, Kapitel 13.1 und 13.2; zitiert nach Der Innsbrucker Theologische Leseraum 2008.
Gehorsam zur staatlichen Obrigkeit wird auch an anderen Stellen des Neuen Testaments gelehrt, wie etwa in Titus 3:1,2 oder in 1. Petrus 2:13-17.

Falsche, so ließe sich damit vielleicht leben. Sobald dieser fundamentale Dualismus zwischen Wahr und Falsch aber mit den früher vorgestellten Dualismen von Gut und Böse, Himmel und Hölle, Gott und Teufel zusammenfällt, gnadet dem Falschen nicht einmal mehr der Eine Gott, weil der unwillkürlich mit der Einen Wahrheit zusammenfällt.

Auf Platons Vorstellung vom Dasein als zum Wahren, Schönen, Guten aufsteigenden Weg basiert die griechische Interpretation des semitischen Kriegsgottes *Jahwe.* Das mag nicht die Intention des Jesus von Nazareth gewesen sein, dem oft ein *energetisches* Friedensverständnis zugeschrieben wird.[112] Es wurde aber geschichtsmächtig. Der Eine personalisierte Schöpfergott wurde als Anfang und Ende allen Daseins, als Quelle und Ziel alles Wahren, Schönen, Guten, als höchster und einzig wahrhaft befriedigender Sinn des Leben und Leidens entworfen.[113] Das Zusammentreffen von griechischer Philosophie und Christentum führte zum Bemühen der meisten philosophischen Theologien des Mittelalters und so gut wie aller platonisierenden Poeten und Philosophen der Neuzeit, christliche Inhalte in griechischen Kategorien zu denken.

> Griechische Texte werden von christlicher Glaubenserfahrung her gelesen, und christlicher Glaube wird mit Hilfe griechischer Philosophie reflektiert.[114]

Dieses Bemühen bezeichnet Ken Wilber[115] in Anlehnung an Alfred North Whitehead abfällig als gebrochene Fußnote zu Platon. Sein Versuch, Platons Werk von seiner Rezeptions- und Wirkungsgeschichte zu unterscheiden, ist für friedenswissenschaftliche Zwecke nicht unerheblich. Wilber folgt der vorherrschenden Erzählung so weit, dass er im Platon des *Symposions* und der *Politeia* den klassischen Philosophen des Aufstiegs erkennt. Platon denkt eine Bewegung vom Körper zum Geist, zur Seele, zum Kosmos, die in einem Guten (Gott) kulminiert. Dies ragt über das Sein hinaus und offenbart sich in einer Erleuchtung, die für die Reise der Seele in der Zeit das Ziel

---

112 Das ist die zentrale Aussage von Douglas-Klotz 2003.

113 Wilber 1999 widmet diesem Thema einen eigenen Band. Dieser ist meiner Ansicht nach allerdings ein wenig gelungener Aufguss des sorgfältiger ausgearbeiteten Klassikers von Wilber 2001b S. 391–419, der im US-amerikanischen Original bereits 1995 erschienen ist, zwei Jahre vor *The Eye of Spirit,* das 1999 auf Deutsch als „Das Wahre, Schöne, Gute" publiziert wurde.

114 Heinzmann 1998 S. 26.

115 Whitehead 1979, zitiert nach Wilber 2001 S. 391—419.

darstellt. Das Gute, Gott, ist das universale Objekt des Begehrens. Es ist nach Platon das, was alle Seelen zu sich hinzieht. Die Bestimmung des Menschen schon im materiellen Leben ist die Kontemplation dieses absoluten und essentiell Guten. Für sich allein genommen lässt diese Aufstiegsseite Platons die manifeste Welt als Schatten, als Kopie und Illusion erscheinen. Die Seele bewegt sich vom jämmerlichen, diesseitigen Jetzt in die erlösende, jenseitige Zukunft.

Das Bemerkenswerte, meint Wilber mit Arthur Lovejoy,[116] sei aber, dass Platon nicht nur dem europäischen Jenseitsdenken seine charakteristische Form, Ausdrucksweise und Dialektik gab, sondern im *Timaios* auch der gegenläufigen Tendenz – einer überschwänglichen Form der Diesseitigkeit. Denn er betont auch die Notwendigkeit und den Wert aller nur vorstellbaren endlichen, zeitlichen und unvollkommenen körperlichen Wesen. Das Manifeste ist nicht nur eine Welt der Schatten, sondern Ausstrahlung und Verkörperung des Wahren, Schönen, Guten. Dies ist für Wilbers Denken zentral. Platon ist ihm nicht nur der herkömmliche Philosoph des Aufstiegs vom Vielen, Irdischen zum Einen, Göttlichen, sondern zugleich jener des Abstiegs vom Einen, Göttlichen zum Vielen, Irdischen. Dem Streben nach dem Guten, Vollkommenen, Einen steht die Güte der Vielfalt des Daseins gegenüber. Der Pfad des Aufstiegs ist der des Guten. Der Pfad des Abstiegs ist jener der Güte, nicht des Schlechten oder des Teufels. In Wilbers Verständnis von Platon sind diese beiden Pfade gleichwertig und gleichzeitig. Wird diese Gleichwertigkeit und Gleichzeitigkeit ignoriert, entsteht Dualität, wird das Viele zum Falschen, Schlechten, Sündigen, zu Hölle und Teufel. Wilber führt eine Reihe von nicht-dualen Formulierungen dieses Kreislaufs vom Vielen zum Einen, zum Vielen zum Einen an. Die Hinwendung der Vielheit zur Einheit, sagt er, sei das Gute und nennt es Weisheit, Liebe, *Eros*.[117] Die Hinwendung des Einen zum Vielen wäre Güte[118] und wird als Mitfühlen, Erbarmen, *Agape* bezeichnet. Weisheit ohne Mitfühlen wäre ebenso dual wie Mitfühlen ohne Weisheit. Der Weg nach oben wäre der Weg nach unten. Der Weg nach unten wäre der Weg nach oben.

---

116 Lovejoy 1964 S. 45.

117 Wilber bezieht sich hier auf Sokrates und betont, dass Freud in seinem Bild von *Eros* und *Thanatos* die Auflösung des dualistischen Denkens nicht gelang. Wilber 2001 S. 403/404.

118 Der in der deutschen Übersetzung verwendete Begriff „Gutheit“ erscheint mir sperrig und nichts anderes zu bedeuten als „Güte“.

Wilbers These lautet, dass beide Wege, der des Aufstiegs wie der des Abstiegs, eine fatale Wendung nähmen, würden sie absolut gesetzt. Für ihn unterscheidet sich die Lehre Platons und vor allem die neo-platonische Denkweise des Plotin[119] nicht von den Denkweisen des Ostens. Mit Plotins Denken kommt er zu dem Schluss, dass jeder Schritt des Aufstiegs das Niedrigere umfangen und durchdringen müsse, sodass die aufsteigende und die absteigende Bewegung stets ineinander greifen. Weisheit müsse immer mit Mitgefühl verbunden sein. Auf diese Art entwirft er ein dynamisches Gleichgewicht und überwindet die Dualität zwischen Entwicklung und Stillstand. Er kann die Dynamik des Lebens annehmen, ohne in die zerstörerische Euphorie diesseitigen, vektoralen Entwicklungsdenkens zu verfallen.

Das dynamische Gleichgewicht dieses Friedensverständnisses scheitert, wenn sich *Eros* in *Phobos* oder *Agape* in *Thanatos* verwandeln. In der Gestalt des *Phobos* flieht der *Eros* vor den materiellen Aspekten des Lebens, wenn der Weg des Aufstiegs als Einbahn verstanden wird, wenn beim Streben nach dem Höheren, Göttlichen die Vielheit der irdischen Aspekte des Daseins nicht respektiert und integriert, sondern von sich gewiesen und unterdrückt werden. Daraus entsteht die Angst, alles Weltliche werde den Weg des Aufstiegs hindern, verunreinigen, beschmutzen oder herunterziehen. In der Logik des reinen, vektoralen Aufstiegsdenkens wird Angst vor der materiellen Welt, *Phobos*, zum alles beherrschenden Faktor. In seiner kopflosen Eile eine bessere Welt zu erreichen, treibt *Phobos* die reinen Aufsteiger zur asketischen Unterdrückung, zu Ablehnung, Furcht und Hass gegenüber allem Diesseitigen – Ablehnung der puren Lebendigkeit, der Sexualität, der Sinnlichkeit, der Natur des Körpers und immer auch der Frau. Das alles macht die vom Guten Beseelten, die reinen Aufsteiger, so gemein gefährlich. Hinter ihrer marktschreierisch verkündeten Liebe zum Höheren verbirgt sich die gewaltbereite Hand des *Phobos*, wenn es nicht gelingt, sie in der *Agape* zu versöhnen.

Umgekehrt ist *Thanatos* Abstieg, der sich vom Aufstieg gelöst hat. Er ist die Flucht des Weltlichen vor dem Göttlichen, oder besser, des Diesseitigen vor dem Jenseitigen, des Vielen vor dem Einen. *Thanatos* ist ein Mitfühlen, welches das Materielle nicht nur umfängt, sondern selbst zu ihm regredieren möchte. In der Gestalt des *Thanatos* flieht *Agape* das Göttliche. *Thanatos* ist *Agape* ohne *Eros*, die gebannt auf die Wunder der diesseitigen Vielheit starrt

119 205 bis 270

und versucht, das Unendliche im Endlichen unterzubringen. Auf diese Art wirft *Thanatos* den Schatten des als Nächstenliebe getarnten Strebens nach Macht.[120] Als vermeintlich aufgeklärt *modernes* Spiegelbild des *Phobos*, der rücksichtslos zum Göttlichen strebt, ist *Thanatos*, der sich in der rein materiellen Welt verfängt, nicht minder gefährlich. *Thanatos* durchschaut auf rationale Weise die fatale Wirkung des *Phobos*, ohne sich bewusst zu sein, dass ihn selbst nicht minder Dualität und Isolation treiben.

Aus *Phobos* wie aus *Thanatos* resultiert ein friedensunfähiges Sicherheitsdenken, das die jeweilige Tendenz von jeglicher Bewegung der anderen Richtung rein halten will. Da dies unmöglich ist, weil die Ganzheit und Gleichzeitigkeit der Bewegungen dem Sein als dynamisches Gleichgewicht eingeschrieben ist, resultiert aus diesem Sicherheitsstreben, sei es im Sinne des *Phobos*, sei es im Sinne des *Thanatos*, Unfrieden.

Wilbers Interpretation dieser grundlegenden Gedanken Platons und Plotins ist für das weitere Verständnis meiner Argumente zu den vielen Frieden wichtig. Ich versuche sie in einer Skizze zu veranschaulichen. Diese möge vor allem meine Deutung der so unterschiedlich verwendeten Begriffe *Eros, Agape, Phobos* und *Thanatos* im weiteren Verlauf dieser Arbeit illustrieren.

Für Wilber war es nicht das von Platon bescherte Wahre, Schöne, Gute, das Europa so fundamental von der Nachbarschaft getrennt hat, sondern die Serie der von Whitehead so bezeichneten gebrochenen Fußnoten, die diesem Denken folgten. In diesem Sinne wäre zu fragen, ob das Wahre, Schöne, Gute nicht eher, wie später bei Nietzsche oder Deleuze, als das Göttliche zu verstehen wären, denn als der Eine Gott. Der Unterschied ist für das Friedensdenken von großer Bedeutung.

120 Schellenbaum 2004 S. 44.

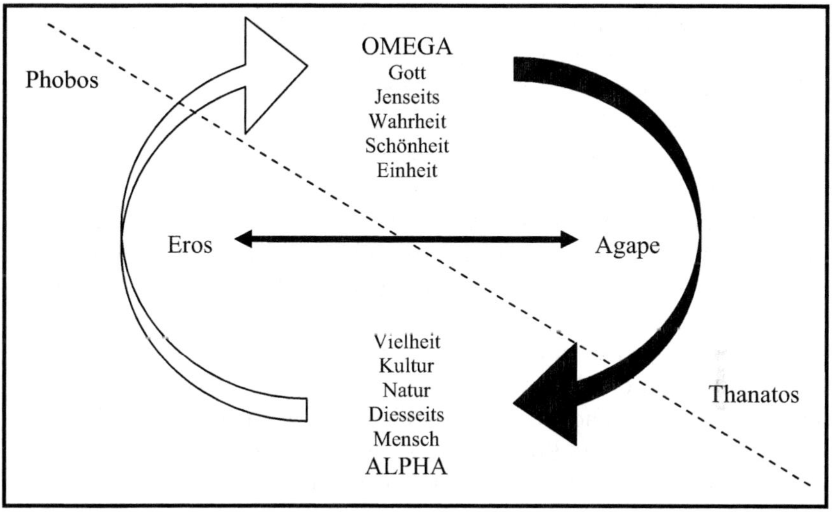

Auf- und Abstiegsdenkens nach Ken Wilber, graphisch dargestellt von Wolfgang Dietrich.

Wenn das Gute dem Göttlichen zustrebt, löst es sich jenseits jeder Persönlichkeit in göttlicher *Energie* auf, vergleichbar dem *brahman* im Advaita-Vedanta oder dem *nirvāna* im Buddhismus. Daraus geht die Güte für alles Irdische hervor. Wird die Welt aber dualistisch gedacht, endet der so verstandene Aufstieg bei dem Einen personalisierten, Welt und Normen schöpfenden Gott. Der Abstieg hingegen führt zu dessen ebenso personalisiertem Gegenbild, dem Teufel. Aus der Sicht *energetischer* Weltbilder ist das dualistische System ein unvollendetes, weil weder der Eine Gott, so er angenommen wird, noch die vielen Götter als das Finale gedacht werden, sondern das Göttliche, das sich in allen Aspekten der Vielheit manifestieren kann. Erst die Abtrennungen im Sinne des christlichen *Phobos* und aufklärerischen *Thanatos* haben die *energetischen* Erfahrungen aufgrund ihrer beschränkten, vektoralen Natur in aggressive philosophische Spekulationen verwandelt.

Manche bezeichnen das als den zweiten Durchbruch der Achsenzeit in der Spätantike. Gemeint ist damit die griechische Interpretation des Jesus von Nazareth, das Entstehen des Talmud, die Entwicklung des römischen *corpus iuris civilis* und schließlich der christlich-syrisch-aramäisch inspirierte Islam.[121] In Indien begründet zur selben Zeit Nagarjuna den Mahāyāna-Bud-

121 Ohlig/Puin 2005.

dhismus und der Tantrismus erblüht. Dieses Friedensbild strahlt bis China und Japan und unterscheidet sich immer mehr von jenem Europas.

Ich schließe dieses Unterkapitel mit einem kurzen Blick nach Amerika, da die Forschung seit Jaspers' diesbezüglichen Auslassungen Erhebliches geleistet hat. Die aktuelle Periodisierung der Maya-Kultur in Mittelamerika legt die späte Vorklassik mit starkem Bevölkerungswachstum, der Neugründung vieler Städte und großer Bevölkerungszentren, dem Entstehen des Königtums, der Verwendung der Hieroglyphenschrift, der Einführung von Bewässerungssystemen, der Terrassierungen und Hochacker-Wirtschaft in die von Jaspers beschriebene Achsenzeit.[122] Auch die Kulturen der Olmeken und Zapoteken scheinen um diese Zeit in ihrer Blüte gestanden zu sein. Was fehlt, um sie alle in die Achsenzeit-These eingliedern zu können, sind namhafte Autoren entsprechender Philosophien. Das ist eher ein historiographisches als ein historisches Problem, was bis auf Weiteres wohl für den gesamten amerikanischen Doppelkontinent gelten dürfte.

Andere Befunde erlauben es nicht, Amerika chronologisch in die Achsenzeitthese einzugliedern, doch sie stärken Sigrists Patriarchatsthese auf der inhaltlichen Ebene. Die Invasionen der nomadisierenden Nahua-Völker aus dem Norden, in die fruchtbaren Hochtäler Mexikos und bis hinunter in den Isthmus, fanden lange nach der Achsenzeit statt. Die Tolteken und Azteken mögen so ab dem siebten nachchristlichen Jahrhundert in diese Gegend eingedrungen sein und die ansässigen Gemeinden, darunter die blühende Kultur der Mixteken, überrannt haben. Ab da gibt es viele Parallelen zu den Invasionen der arischen, hebräischen und arabischen Nomaden in die älteren, sesshaften Kulturen.[123] Besonders interessant ist dabei die Aufrechterhaltung der Kriegerethik unter sesshafter Lebensführung. Der Schöpfergott der Tolteken ist *Quetzalcoatl*, der zugleich als Wetter- und Kriegsgott fungiert. Die Azteken übernahmen seinen Kult von den Tolteken und fügten ihn zur Anbetung ihres eigenen Sonnen- und Kriegsgottes *Huitzilopochtli* hinzu. Die Parallele zum Werdegang des Wetter- und Kriegsgottes *Jahwe* drängt sich auf. Hinzu kommt, dass Friede in Nahuatl, *paxia*, nicht nur sehr ähnlich klingt wie im Lateinischen, sondern in seiner Bedeutung fast ident mit der griechischen *Eirene* ist. *Paxia* umschreibt nur eine unvermeidbare Unterbrechung des tugendhaften Kriegshandwerks und hatte keine positive

122 Riese 2004.

123 Der Versuch von Denison, eine direkte Verbindung zwischen Ariern und Nahua-Völkern herzustellen, scheint mir unschlüssig. Denison 2003.

Konnotation, bis das Aztekenreich von den spanischen Invasoren und ihren Pferden vernichtet wurde.

2 Große *pax* und kleiner *vride*

War das Modell der *polis* noch ein staatspolitischer Versuch von begrenzter Reichweite, nahm das so genannte Abendland im römischen Imperium erstmals seine ungebrochene und umfassende, kriegskulturelle Gestalt an. Der Rechtscharakter der in diesem Kontext neu interpretierten *Pax Victoria* gibt dem Begriff in verschiedenen Anwendungen seine besondere Prägung. Der Begriff Sicherheit, *se-curitas*, ohne den Frieden von hier an nicht mehr gedacht werden kann, kommt von *se-curus* und meint das Freisein von Schuldansprüchen. Er ist eine römische Wortschöpfung ohne Vorläufer in einer anderen indoeuropäischen Sprache, und bezieht sich auf die Freiheit vor staatlichen Ansprüchen.[124] Die Vorstellung von Sicherheit setzt seit ihrem nachweisbaren Auftreten die Existenz der Institution Staat voraus, ist ohne sie nicht denkbar und folgt deren Entwicklung in ihrem eigenen Bedeutungswandel. Da institutionelle Sicherheit niemals absolut sein kann, wie etwa das religiöse Vertrauen in göttliches Geschehen, sind der militärische und der politische Sicherheitsaspekt der *pax* die Dimensionen des römischen Friedens, an denen sich das problematische Verhältnis von Idealbild und historischer Realität am besten aufzeigen lässt.

Kriegskulturelle Friedensdenker wie Thukydides, Polybios oder Cicero entfalteten in diesem Sinne Jahrtausende überdauernde Langzeitwirkung. Aus der Institutionalität der griechischen *polis* wachsen das römische Imperium und die christliche Kirche als mächtige, überregionale Einrichtungen, die auf Normen, Gesetzen und diktierten Glaubenssätzen beruhen und alle Bereiche des Lebens der ihnen unterworfenen Menschen zu regeln beanspruchen.[125] Die Spannung zwischen diesem institutionalisierten Friedensbegriff und allen Abweichungen beschrieb Ivan Illich eindrucksvoll:

> Für den semitischen Vater ist Frieden der Segen der Gerechtigkeit, den der eine wahre Gott über die zwölf Stämme sesshaft gewordener Hirten ausschüttet. Den Juden verkündet der Engel shalom und nicht die römische pax. Wenn der römische Statthalter die Standarte seiner Legion erhebt, um sie in die palästini-

124 Köbler 1995 S. 369.

125 Ein Klassiker zu diesem Thema ist Krippendorff 1985.

> sche Erde zu stoßen, blickt er nicht zum Himmel hinauf. Er blickt zu der fernen Stadt hinüber; deren Gesetz und deren Ordnung zwingt er den Völkern auf. Es gibt nichts Gemeinsames zwischen shalom und dieser pax romana, und doch bestehen beide am gleichen Ort und zur gleichen Zeit. [126]

Dieser Satz sollte nicht als Dualismus zwischen dem guten *shalom* der heimischen Semiten und der bösen *Pax* der imperialen Römer gelesen werden. Die zwölf Nomadenstämme hatten eine patriarchale Gesellschaftsstruktur und einen eifersüchtigen Kriegsgott in ihre Sesshaftigkeit mitgebracht, die keine *moralische* Überlegenheit über die siegreiche römische Normengöttin *Pax* beanspruchen können. An Illichs Beobachtung fällt die gleichzeitige Gültigkeit verschiedener Friedensbegriffe am selben Ort auf, wobei es sich um zwei *moralisch* dualistische Vorstellungen handelt, die sich gegenseitig ausschließen. Das Zusammentreffen der beiden *moralischen* Reduktionen einst *energetischer* Friedensbegriffe impliziert, dass beide versuchen, den jeweils anderen zu vernichten. In der Faktengeschichte hatten beide Friedensbegriffe ihre Konjunktur. Beide bewiesen ihr hohes Organisationspotenzial wie auch ihre Aggressivität gegenüber allen Abweichungen. Deshalb fährt Illich fort:

> Der Krieg tendiert dazu, die Kulturen einander anzugleichen, während der Friede jener Zustand ist, in dem jede Kultur auf ihre eigene Art blüht.[127]

Auch wenn dieser Begriff nicht fällt, ist der Friede, den Illich meint, ein *energetischer*, der weder mit dieser *Pax* noch mit diesem *shalom* ident ist. Er spricht schon im Titel seines Aufsatzes vom „gemeinen Frieden" und verbindet ihn mit den „vernakulären" Gemeinschaften, von denen er annimmt, dass sie frei von den Bedingungen des *moralischen* Friedens wären.

Das Vernakuläre, ein aus dem Römischen Recht entlehntes Schlüsselwort Illichs, bezeichnet alles, was am eigenen Ort, im eigenen Haus, am eigenen Hof, am eigenen Feld, in der eigenen Werkstatt, der eigenen Stube selbst geschaffen, getan oder hergestellt wird. Das reicht von Viehzucht und Ackerbau über Garten, Handwerk, Kunst, Sprache und Gesang zu allen Bereichen des menschlichen Tätigseins und unterscheidet sich von dem, was am überregionalen, später industriellen oder gar kapitalistischen Markt zuge-

---

126 Illich 2006 S. 16.
127 Illich 2006 S. 17.

kauft wird. In einem postmarxistischen Sinn geht es Illich um die Entfremdung des Menschen von seiner Arbeit, was er mit Unfrieden gleichsetzt. Diese Unterscheidung ist ihm grundlegend für jede Diskussion über Gesellschaft und Frieden, weil sich vernakuläre Gemeinschaften anders organisieren als von Institutionen durchdrungene. Illich hält seinen Friedensbegriff dem Imperium als Institution entgegen, so wie es in ihrer Zeit auch Gandhi oder Martin Luther King getan haben. Sie alle stehen für dieselbe Sorge und dasselbe Anliegen. Ich werde auf jenen widerspenstigen Friedensbegriff, der auf das Eigene abzielt, ausführlich zurückkommen, folge an dieser Stelle aber der vom Römischen Imperium ausstrahlenden Ethik des Friedens.

Cicero[128] übernimmt das vorher besprochene Fundament der griechischen Philosophie und behauptet, dass es ein Naturrecht gäbe, welches die Existenz der Institution Staat begründe und in einheitlicher, ewiger und unveränderlicher Geltung allen „normalsinnigen Menschen" einsichtig wäre.[129] Damit überhöht und trivialisiert er den platonischen Wahrheitsbegriff zum Fundament für sein kriegskulturelles Friedensverständnis. Er erklärt seine eigene Wahrheit zur natürlichen und allen „normalsinnigen Menschen" einsichtigen. Das erlaubt ihm, seine Bedingungen für einen gerechten Krieg zu formulieren, die gegeben wären, wenn es um die Ausbreitung der römischen Machtsphäre gehe, denn, so nimmt er an, die Unterworfenen fühlten sich nach der Unterwerfung durch Rom besser als zuvor. Die Natur gebe dem Tüchtigsten die Herrschaft über die Schwächeren zu deren bestem Wohl. Dass Einsicht und Tüchtigkeit Herrschaftsansprüche legitimieren und dass Uneinsichtige notfalls unter diese Herrschaft gezwungen werden dürften, blieb das politische Vermächtnis Ciceros. Der Autor selbst lieferte den *moralischen* Kanon für die Anwendung dieser „friedlichen Kriegerethik" mit. Krieg dürfe nur das letzte Mittel sein, um einen Streitfall zu entscheiden oder Unrecht zu beenden. Krieg dürfe kein Selbstzweck sein, sondern müsse einer guten oder gerechten Sache dienen. Krieg müsse auf einer rechtlichen Grundlage beruhen, die nur gegeben sein kann, wenn die Krieg führende Partei eine legitimierte Institution, im konkreten Fall das Imperium Romanum wäre. Wie die griechischen Philosophen, auf die er sich stützt, lehnt Cicero den Selbstzweck von Krieg als tugendhaftes Tun ab, bleibt ihm

128 106 bis 43 vor unserer Zeitrechnung.
129 Botermann 1987 S. 20.

aber als *ultima ratio* für seine technokratische Friedensvorstellung verpflichtet.[130]

Damit begründet Cicero die imperiale und seit Augustus realpolitisch verwirklichte Friedensethik Roms, nach der ein starkes Machtzentrum die Abwesenheit von Krieg dauerhaft sichern sollte. Die griechischen Schwestern *Eirene*, *Eunomia* und *Dike* kommen politisch gereift, als ideologische Dreifaltigkeit daher und ergreifen weit über den *orbis romanum* hinaus die Herrschaft über Jahrhunderte und Kontinente. Imperatoren und Diktatoren aller Couleurs maßen sich selbst die Rolle des Welterschütterers *Zeus* an, und wähnen *Themis*, das Gesetz, treu auf ihrer Seite. *Si vis pacem para bellum*, wenn du Frieden willst, bereite den Krieg vor, ist der sinnfällige Wahlspruch, der aus diesem Friedensverständnis resultiert. Es ist ein innerer politischer Friede der paktierten Angleichung und Unterwerfung, aus dem die Einhaltung eines kodierten Normenkataloges folgt, aber kein Weltfrieden im Sinne eines beziehungshaften Verständnisses zwischen Nachbarn. Diese bleiben Barbaren und stets Gegenstand von Maßnahmen „gerechter" physischer Gewalt. So geht es um Eintracht für alle, die sich dem Joch des Friedens unterwerfen.[131]

Das führt weiter zum Kirchenvater Aurelius Augustinus, dem Bischof von Hippo.[132] Er zog als Grenzgänger zwischen *energetischem* und *moralischem* Friedensverständnis aus seinen Erfahrungen folgenschwere Schlüsse. In seiner epochemachenden Schrift *De Civitate Dei* geht er von einem *energetischen* Friedensverständnis aus, führt die Begriffe *pax aeterna* und *pax temporalis* als Dualität ein und meint, dass ewiger Friede und ewige Gerechtigkeit nur im Zustand transzendenter Vollendung möglich wären. Im Rahmen des kosmischen Ordnungsprinzips müsse jedes Wesen seinen Platz finden, damit Frieden herrsche, und der Eine, Wahre Gott sei der Urheber dieses Friedens. Frieden und Gerechtigkeit auf Erden seien nur ein temporäres und unvollkommenes Abbild der *pax aeterna*. Daher müsse Gott stets als das Endziel jedes irdischen Friedens gesehen werden. Auf der Basis jüdischer Gerechtigkeitsvorstellungen und griechisch-römischen Wahrheitsdenkens unternimmt Augustinus die Uminterpretation der *energetischen* Friedensbotschaft Christi zum *moralischen* Prinzip, verwandelt den Frieden vom Namen Gottes zur Gabe Gottes, den Menschen vom Teilhaber am Haus Gottes

---

130 Forschner 1988 S. 8–17.

131 Huber / Reuter 1990 S. 31–34.

132 354 bis 430.

zum sündenbeladenen Wanderer am *moralischen* Weg zu Gott, der sich in der Kirche als Normen stiftende Institution manifestiere. Soziales Passen, Gehorsam im Diesseits, wird zum Imperativ für das zeitlich konstruierte Individuum. Das gestattet es, die dualistische Vorstellung von einem wahren und falschen Frieden einzuführen, wobei das Urteil darüber nicht bei den in Beziehung stehenden Menschen liegt, sondern in der Hand der kirchlichen Experten der Interpretation des Einen, Wahren und personifizierten Gottes. Der Bezugspunkt zwischen den Menschen ist ihm ein außerhalb der Welt stehender Gott. Auf das Jenseits wäre das Leben gerichtet, und das Wissen um die Vergänglichkeit der Welt bestimme die Menschen. Das einzige den Menschen Gemeinsame wäre ihre Abstammung von Adam. Daraus resultiere die Nächstenliebe, die Freundschaft durch und in Gott, die sich in guten Taten zeige. Nächstenliebe wäre die Liebe zu Gott, der im anderen vorhanden sei. Um das menschliche Urteilsvermögen vollends zu entmündigen, fügt Augustinus der *pax vera* auch noch einen scheinbaren Frieden, die pax *apparens,* hinzu. Selbst wenn die Menschen im Vollbesitz ihrer Sinne glauben, die Frieden zu leben und zu erleben, bleibt den Experten immer noch die Möglichkeit, darüber zu urteilen, ob es sich dabei nicht um eine *pax apparens* handle.[133] Aus der Unvollkommenheit des temporären Friedens und der temporären Gerechtigkeit auf Erden leitet Augustinus in Anlehnung an Cicero ein reduziertes Recht zum gerechten Krieg für den Frieden ab. *Ordo* wurde so zum Komplementärbegriff von *pax*, *bellum* der Gegenbegriff.[134] *Pacem volo, bellum paro* heißt das bei ihm: Den Frieden will ich, also rüste ich zum Krieg.[135]

Der moralisierende Aspekt seiner Philosophie und sein *moralisches* Friedensverständnis zeigen sich darin deutlich, denn Augustinus ist kein Kriegsethiker. Er erinnert das Gebot der Gewaltlosigkeit des Jesus von Nazareth und will den Krieg eindämmen, nicht rechtfertigen. Anders als Cicero kombiniert er die Gründe, die den gerechten Krieg erlauben würden, so, dass sie fast nicht vorkommen können. Erstens müsste sich die gegnerische Partei eindeutig ins Unrecht gesetzt haben (*iusta causa*), zweitens müsste der Krieg in der rechten Absicht geführt werden und das anzustrebende Wohl das Übel des Kriegs übersteigen (*intentio recta*), drittens müsste der gerechte Krieg von einer von Gott autorisierten Obrigkeit (*legitima podestas*) geführt

133 Breier 1992 S. 70ff.

134 Dinkler 1973 S. 8.

135 Garber/Held/Jürgensmeier/Krüger/Széll 2001.

werden.[136] So schwer ein gerechter Krieg nach diesen Kriterien gedacht werden kann, so leicht ist er in der Praxis zu führen. Augustinus selbst gibt mit seinem dualistischen Denken allen, die es wollen, die Disposition über gerecht und ungerecht, richtig und falsch, Wohl oder Übel, legitim oder illegitim in die Hand:

> Auch wer im Frieden lebt und dessen Beseitigung wünscht, ist nicht ein Gegner des Friedens, sondern möchte nur einen anderen, seinem Wunsch entsprechenden Frieden. Er will also nicht, dass kein Friede sei, sondern, dass ein Friede sei, wie er ihn wünscht. [...]Den Frieden also mit den Ihrigen wünschen alle zu haben; jedermann will, dass die Seinigen nach seinem Gutdünken ihr Leben einrichten. Denn auch der Kampf hat keinen anderen Zweck, als die Bekriegten womöglich zu den Seinigen zu machen, sie zu unterwerfen und ihnen dann die eigenen Friedensgesetze aufzuerlegen. [137]

Auf der Basis dieser Lehre wird das christliche Abendland zu allen Zeiten und in allen Ländern morden, foltern und brandschatzen – und Augustinus selbst gab mit seinem Vorgehen gegen Nestorianer, Donatisten und Arianer, somit durchwegs gegen Christen, das gewalttätige Vorbild.[138] Augustinus ist ein Philosoph des reinen Aufstiegs, von *Phobos* geleitet und daher gewalttätig. Sein Denken begründet in seiner Wirkungsgeschichte eine nachhaltige Philosophie der intellektuellen Gewalt, auch wenn es möglicherweise anders intendiert war.

Der Heilige Ambrosius,[139] ein anderer Kirchenvater, der im Streit mit den Arianern lag und ein Zeitgenosse des Augustinus war, schlug vor, die amorphen Völker, die unter dem Begriff Barbaren zusammengefasst wurden und nichts anderes gemein hatten, als dass sie jenseits des Limes wohnten, mit Wein und Wucher zu begegnen. Da, wo Kriegsrecht herrsche, meinte er, sei einerseits auch der Zins erlaubt, andererseits wäre der Wein das beste Mittel zur Selbstvernichtung des Feindes.[140]

Der christliche Dualismus richtete sich durch die Jahrhunderte immer wieder gegen alle Formen der Abweichung im Glauben und im Leben. Vernakuläre Gemeinschaften, wie Ivan Illich sie versteht, weichen aber immer

136 Koppe 2001 S. 113.
137 Augustinus 2007.
138 Koppe 2001 S. 114.
139 340 bis 397.
140 Rufin 1991.

ab, weil ihr Frieden definitionsgemäß nur ein eigener sein kann. *Freya* ist die Große Göttin, die am Anfang aller *energetischen* Friedensvorstellungen Nordeuropas steht. Vom germanischen Adjektiv *frija* leiten sich das althochdeutsche Stammwort *frí* für frei und letztlich die Begriffe Friede, Freiheit und Freund als Abstrakta ab. Die Bedeutung frei ihrerseits kommt etymologisch von *priya* (prai-, pri) für eigen oder auch nahe und lieb.[141] Das Eigene als Bezugspunkt zum Friedlichen ist nicht im *modernen* oder römisch-rechtlichen Sinn als das zu verstehen, wofür jemand einen Rechtstitel hat, sondern es geht dabei um das selbst Hervorgebrachte, wie Illich es beschreibt. Wer Gesellschaft, Freundschaft, Frieden und Freiheit so versteht, muss von der sich laufend bestätigenden Erfahrung ausgehen, dass nicht nur die eigene Gemeinschaft vernakulär tätig ist, sondern auch andere. Der Respekt vor dem vernakulären Tätigsein der anderen, ohne Gewissheit auf Gegenseitigkeit und ohne Rekurs auf die Sicherheit stiftende Kraft einer übergeordneten Instanz, ist die prekäre, riskante, aber einzig denkbare Möglichkeit zur Bewahrung der eigenen Freiheit nach diesem Verständnis. Wer einen Kompromiss mit der Sicherheit eingeht, gibt im Ausmaß seines Zugeständnisses die eigene, vernakuläre Freiheit auf.

Der Widerspruch zwischen diesen offenen, eigenen, vernakulären und *energetischen* Friedensbegriffen, die sich allein sprachlich von Nordeuropa bis zum altindischen *prinati* für erfreuen oder genießen verfolgen lassen, und dem sich ausbreitenden *moralischen* Frieden der Institutionen Staat und Kirche, wie Cicero und Augustinus ihn entworfen haben, könnte nicht größer sein. Da die vernakularen Frieden in diesem Sinne offen und verletzlich sein müssen, um sich selbst verstehen, um existieren zu können, der *moralische* Frieden aber oft dualistisch und ausschließend angelegt ist, ergibt sich aus deren Begegnungen eine Geschichte der Gewalt, der Verdrängung und Vernichtung.

Die Zerstörung vernakulärer Gemeinschaften und deren Frieden durch Staat und Kirche sind aller Gewalt zum Trotz keine lineare Vernichtungsgeschichte. Denn auch wenn die Auslöschung alles anderen ein pathologischer Auswuchs des *phobischen* Aufstiegsdenkens ist, zieht sich eine subtile Linie *energetischen* Widerstands von den Liberalia der Spätantike bis in die Gegenwart. Selbst im Abendland geben Gnosis, Hermetismus, griechisch-ägyptische Alchemie und Hesychasmus Zeugnis von deren Existenz.[142] Mystiker

141 Kluge 1989 S. 230.

142 Eliade 1999 S. 75ff. und 161ff. Nachdrücklich Gebelein 1996.

aller Art beweisen, dass *energetischer* Widerstand nicht nur aus vermeintlich autochthonen Gruppen kommt, sondern auch innerhalb des sich kriegerisch angleichenden und ausbreitenden Systems immer wieder neu entsteht. Sie alle widersprechen der christlich dualistischen These vom Urgegensatz zwischen einer göttlichen Sphäre im Himmel und einer menschlichen auf Erden.[143]

Die Ausbreitung des Christentums brachte die für das Denken über die Frieden neue Vorstellung vom Satan und seiner Macht in die Diskussion ein. Zugleich etablierte sich die Kirche als Institution, die jene verfolgte, die dieser suggerierten Macht des Teufels unterlagen oder auch nur – wie in den meisten Fällen – des Umgangs mit ihr verdächtigt und angeklagt wurden. In der Geschichte der Institution manifestierte sich das Dilemma des christlichen Dualismus, die Spaltung von Diesseits und Jenseits.[144] Das dualistische Aufstiegsdenken im Sinne des *Phobos* wurde auf diese Art etabliert und gewalttätig verwaltet. Es wurde nicht überwunden, bis Descartes und andere Denker der Aufklärung den aufsteigenden christlichen Dualismus des *Phobos* in den absteigenden des *Thanatos*, zur Trennung von Natur und Kultur, verkehrten.

Moralische Friedensbegriffe sind daher oft dualistisch und gewalttätig. Oder sie werden aus machtpolitischen Gründen so interpretiert. Das ist aber nicht notwendigerweise und immer so. Sie sind es nicht, wenn sie nicht unmittelbar an ultimativen Welterklärungen oder *phobischen* Wahrheitsansprüchen festgemacht werden. In diesem Fall emergieren sie entweder aus einem *energetischen* Weltbild als Konzepte minderer Reichweite oder bestehen neben diesen als pragmatische Regulative der Beziehungen des Alltags. Als solche fordern sie weder pazifistische Totalität ein, noch erreichen sie besondere spirituelle Tiefe. Andererseits sind auch sie nicht normativ unabhängig. Sie müssen in ein größeres Weltbild eingebettet sein, ohne deshalb gleich dessen Kernstück zu bilden.

Ein klassisches Beispiel dafür ist der Friedensbegriff, der sich in der deutschen Sprache aus der Vorgeschichte seit dem *energetischen* Ursprung von *Frey* und *Freya* zu einem *moralischen* entwickelte. Das mittelhochdeutsche Abstraktum *vride*, das aus dem althochdeutschen *fridu* und damit aus der vorher besprochenen Keimsilbe *pri* für frei, nahe, eigen hervorgeht, meint das Be-

---

143 Uhlig 1998 S. 227ff. und 239ff.

144 Uhlig 1998 S. 232.

handeln des anderen wie ein Mitglied der eigenen Sippe.[145] Die Bedeutungsnähe zu Freund und Freiheit bleibt erkennbar. Dies ist entscheidend für das Verständnis des normativen mittelalterlichen Friedensbegriffs.[146]

Denn *fridu* meint nicht die Abwesenheit von Krieg, sondern bedeutete den Schutz der Menschen und ihrer Subsistenzmittel gegenüber der physischen Gewalt. Der Begriff Krieg, der aus dem altfränkischen *gurei* oder althochdeutschen *werra* für Anstrengung oder Hartnäckigkeit (in der Folge Erwerbung) und schließlich Streit, Zwist hervorgeht, nahm erst im Mittelhochdeutschen die Bedeutung eines organisierten, bewaffneten Kampfes an.[147] Bis dahin konnten damit auch Streitigkeiten gemeint sein, die ohne physische Gewalt ausgetragen wurden, etwa ein Rechtsstreit. Jedenfalls ging es nur um Auseinandersetzungen von begrenzter Reichweite, die auf unterschiedliche Weise beigelegt werden konnten. *Fridu* und *werra* sind somit kein dualistisches Gegensatzpaar. Beide können gleichzeitig nebeneinander existieren, ja ohne *fridu* ist *werra* nicht machbar. Der Konflikt wird als Treibsatz sozialer Vorgänge akzeptiert und dennoch in seinem destruktiven Potenzial begrenzt.

Die *ve(he)de* hingegen, die Fehde, meinte eine offene, zürnende Feindseligkeit, das streitbare Verfolgen des eigenen Interesses als Recht jedes freien Mannes.[148] Das Gegenstück zur Fehde war die *treuga* – der Waffenstillstand. Folgerichtig musste die Streitbeilegung so beziehungshaft sein wie der Streit selbst. Hier liegt tatsächlich ein dualistischer Gegensatz vor – entweder es wird gekämpft oder nicht – aber der hat nicht unmittelbar mit dem Verständnis von Frieden zu tun.

Vride schützte Personen, Orte, Güter oder Zeiten, die von den Streithandlungen ausgenommen wurden. Persönlich war den meisten Menschen der Friede als Gastrecht der wichtigste. Darüber hinaus gab es in dieser Welt viele weitere Frieden nebeneinander: vom kleinen Hausfrieden über den räumlich größeren Sippen-, Ding-, Dorf-, Stadt-, Land-, Königs- und umfassenden Reichsfrieden zum zeitlich definierten Gottesfrieden, der sich auf Sonn- und Feiertage, Advent oder Fastenzeit bezog. In der Summe waren bis zu 260 Tage im Jahr dem *vride* vorbehalten – oder umgekehrt waren an

145 Kluge 1989 S. 232.

146 Hagenlocher 1992.

147 Ohler 1997 S. 13; Kluge 1989 S. 413.

148 Kluge 1989 S. 207.

80 bis 100 Tagen Kampfhandlungen möglich, die laufend von Perioden des *vride* unterbrochen wurden.[149]

Vride sollte Bauern, Händler, Frauen und Mönche vor den Folgen der Fehde schützen. Denn die Fehde galt als probates Mittel der Konfliktlösung zwischen den Eliten. *Vride* betraf also bestimmte Menschen, Zeiten und Orte. Wie blutig der Kampf zwischen den Fürsten und Rittern auch sein mochte, *vride* schützte den Ochsen und das Korn auf dem Halm. Er schützte den Notspeicher, das Saatgut und die Erntezeit. Allgemeiner ausgedrückt; *Vride* schützte den Nutzungswert der Allmende vor gewalttätigen Übergriffen. Er schützte den Zugang zu Wasser und Weide, zu Wald und Flur, den Zugang derer, die ihren Unterhalt aus diesen Gemeinheiten zogen. Für die Aristokraten mochte er nicht mehr sein als ein *ius in bello*, das, wie einst bei den Griechen, ihr *ius ad bellum* nicht berührte. Aus der Sicht der gemeinen Menschen, welche die überwiegende Mehrheit der Bevölkerung ausmachten, stellte er aber einen einigermaßen verlässlichen Rahmen von Normen zur *moralischen* Bewältigung des Alltags dar.

Ivan Illich,[150] dem ich in dieser Bewertung gefolgt bin, sieht in dieser Rechtsform den gemeinen Frieden, der trotz der Gewalttaten von Eliten Bestand haben kann. Illich deutet *vride* als beziehungshafte Norm des Gastrechts und akzeptiert sogar die parallele Anwesenheit von physischer Gewalt, solange diese als Ventil für die mögliche Balancierung der gesamten Gesellschaft dient. Damit kommt dieser institutionenkritische Mediavist zu einem weitaus positiveren Bild der mittelalterlichen Frieden als der zivilisationsfreundliche Friedensforscher Karlheinz Koppe.

Koppe[151] nimmt die Spätantike und das Mittelalter als eine nur von kurzen und lokalen Phasen des Friedens unterbrochene Periode des zivilisatorischen Verfalls wahr. Er sieht sie als dunkles Zeitalter, in dem weit über das Abendland hinaus auch in China, Japan, Indien und selbst im vorkolumbischen Amerika eine Unfriedensordnung herrschte, ehe nationale Friedensräume zur Entfaltung der westlichen Zivilisation der Neuzeit führten. Koppe sieht da eine neue Achsenzeit, wo Illich die Hinwendung zum *homo oeconomicus* als historische Fehlentwicklung bedauert. Der Unterschied in der Bewertung liegt nicht zuletzt darin, dass Koppe die Deutung des germani-

149 Ohler 1997 S. 303.

150 Illich 2006 S. 22.

151 Koppe 2001 S. 115–130.

schen *vride* als soziales Regulativ zwar anerkennt, der Kraft des Begriffs im vernakulären Alltag aber weniger Beachtung schenkt als Illich.

Wohl ist Koppe zuzustimmen, wenn er bemängelt, dass die mittelalterliche Gesellschaft keinen weltlichen Friedensbegriff als eigenen, höchsten Wert kennt, und grundsätzlich von einer Fehde-Ethik ausgeht, die den Kampf jedes gegen jeden postuliert und dann über paktierte Friedenszeiten und Friedensorte eindämmt, aber nicht ächtet. Seinen Apostrophierungen als Perversion oder Schizophrenie[152] entgeht aber, dass all diese Frieden der *moralischen* und gemeinsamen Übereinkunft und Disposition der beteiligten Akteure selbst unterlagen und zumindest zeitweise große Gemetzel verhinderten. Das trifft umso mehr zu, wenn die Fehde als tradiertes Streitverfahren zwischen Herren und Heeren betrachtet wird, von dem die Masse der Bevölkerung unbedingterweise verschont bleiben sollte. *Vehede* und *treuga*, *werra* und *fridu* sind unter dieser Voraussetzung Bestandteile einer sozialmächtigen Rechtsordnung tendenziell vernakulärer Gruppen, die ohne zentrales staatliches Gewaltmonopol auskommen können. Dies weckt die Sympathie bei Illich und die Sorge bei allen Idealisten der *Moderne*, die nach einem absoluten Friedensbegriff verlangen.

Diesen finden sie in der christlichen Fortschreibung der spätrömischen *pax*, die in ihrer theologischen und juristischen Bearbeitung über Kirche und Fürstenhäuser gepflegt wurde. Wie bei Augustinus und anderen können sie quer durch alle imperialen und institutionellen Versuche des Mittelalters beobachtet werden. Wieder einmal zeigt sich eine widersprüchliche Gleichzeitigkeit mehrerer Friedensbegriffe am selben Ort. *Pax* meint einen absoluten, abstrakten, am Einen, Wahren Gott und seinen obrigkeitlich gedeuteten Normen orientierten Frieden, aus dem sich unter bestimmten Voraussetzungen auch ein gerechter Krieg ableiten kann. *Vride* hingegen umschreibt einen konkreten, vernakulären Zusammenhang, der sogar während der Fehde bestehen blieb und bleiben musste, wollten sich die streitenden Eliten nicht des eigenen Unterhalts berauben.

Die *pax* und der gerechte Krieg erleben in der Kompromissethik des Thomas von Aquin,[153] der Krieg und Frieden als Dualismus denkt, schließlich einen weiteren Höhepunkt. Thomas von Aquin modifizierte dieses Prinzip, indem er den Krieg nur als Zweck des Friedens für zulässig erklärte. Dafür müssten einige Bedingungen gegeben sein. Es musste der Kriegsherr

152 Koppe 2001 S. 122.

153 1225 bis 1275.

die oberste Autorität sein (*auctoritas principis*), ein gerechter Grund vorliegen (*causa iusta*) und der Krieg das Gute fördern (*recta intentio*).[154] Dem fügt er die Verhältnismäßigkeit der Mittel (*debitus modus*) hinzu, die auch die Unterscheidung zwischen Kombattanten und Zivilisten beinhaltet.[155] Alles, was zu Cicero und Augustinus gesagt wurde, gilt auch hier, denn bei Thomas entscheidet die diagnostische Macht der Institution auf dualistische Art, was als gut und gerecht, und was als schlecht und ungerecht eingestuft wird.[156] Mehr noch, der institutionalisierte Krieg wird vom altgermanisch-anarchischen Begriff des Streits, der Fehde und der Frieden getrennt und zu einer *moralischen*, obrigkeitlichen Angelegenheit erklärt. Die *pax* wird zum negativen Nicht-Krieg.

Thomas von Aquin war ein wichtiger Wegweiser für die Friedensinterpretationen der Neuzeit, wie sie etwa durch Francisco de Vitoria, einen der Begründer des *modernen* Völkerrechts, weitergesponnen wurden. Wie Thomas legten auch andere Scholastiker die Staatslehre des Aristoteles, die durch islamisch-arabische Gelehrte nach Europa zurückgefunden hatte, ihren Überlegungen zu Grunde. Sie gelangten aber zu anderen Schlüssen. Marsilius von Padua[157] und William Ockham[158] leiteten daraus die für ihre Zeit nahezu ketzerische Idee der strickten Trennung von weltlicher Autorität und kirchlichem Amt ab. Als Autor eines bedeutenden und frühen Textes, der sich die Wahrung des Friedens ausdrücklich zum Thema macht, *defensor pacis*, optierte Marsilius für ein Fürstenrecht. Er bezeichnete den Anspruch der Päpste, auch in weltlichen Dingen das letzte Wort zu haben, als Störung des Friedens. Diese Ideen griffen später Nicolo Macchiavelli in seinem *Principe* und ganz anders John Locke mit seiner Version der Volkssouveränität versus Fürstensouveränität auf.

So unterschiedlich die Gedanken der einzelnen Scholastiker und erst recht ihre spätere Rezeption gewesen sein mögen, alle sorgten sich um den großen Frieden, die *pax*. Sie schätzten die Formen des kleinen, vernakulären Friedens durchwegs gering oder ignorierten sie. Ihr Blick war auf große Räume, hehre Ziele, endgültige Lösungen und unumstößliche Ideale gerichtet. Sie wollten die *pax* auch über die Grenzen der einzelnen Fürstentümer

---

154 Ohler 1997 S. 67.
155 Koppe 2001 S. 140/141.
156 Beestermöller 1990 S. 21.
157 1275 bis 1343.
158 1275 bis 1350.

und Reiche hinaus zu einem umfassenden, universellen Konzept ausdehnen. Auch Dante Alighieri[159] träumte schon um 1300 von einer *pax universalis* unter der Aufsicht des Römisch-Deutschen Kaisers. Ein Urahn des *modernen* Völkerrechts und Zeitgenosse Dantes, Pierre Dubois,[160] offenbarte die Crux eines jeden Universalismus. Er plädierte für einen christlichen Staatenbund, der durch ein vom Papst einzuberufendes Konzil gegründet und über eine Art internationales Schiedsgericht geregelt werden sollte. Die „universale" Größe dieser *pax* beschränkte sich so auf alle katholischen Herrschaften. Ihr ausdrücklicher Zweck war gegen die muslimischen Türken gerichtet. Diese ist nur eine von vielen Definitionsmöglichkeiten eines dualistischen Universalismus, der stets die anderen zu Barbaren erklärt und als Macht des Bösen definiert. Bis zum heutigen Tag konnte kein Universalismus, auch nicht jener der Menschenrechte, diese seit der Antike tradierte Struktur der Ausschließung überwinden. Das macht seinen latenten Hang zur kulturellen, strukturellen und letztlich auch physischen Gewalt sichtbar. Dies gilt auch für den wegen seiner detaillierten Verregelung oft zitierten Friedensentwurf des böhmischen Königs Podiebrad von 1464, den eigentlich der französische Abenteurer Antonio Marini verfasst hatte. Neben den Eigeninteressen Böhmens hatte auch er vor allem ein Bündnis gegen die Türken im Sinn.[161]

Durch Jahrhunderte wurden diese Setzungen eines absoluten Friedensbegriffs und die entsprechende Verregelung der Konflikte als zivilisatorischer Fortschritt angesehen. Was die idealistische Sympathie aber ignoriert, ist der Umstand, dass in dem Maß, in dem die mittelalterliche *pax* größer und stärker wurde, das heißt von einer durchsetzungskräftigen Zentralmacht als Land-, Reichs- oder Gottesfrieden verfügt werden konnte, auch der Krieg organisierter, größer und stärker wurde. Je besser es gelingt, die kleine Fehde zu unterdrücken und in den Bereich des obrigkeitlich geahndeten Verbrechens zu verschieben, desto verheerender werden die Gewalttaten der zentral organisierten Institutionen.[162] Wer Friede und Institution im Mittelalter gleichsetzt, kann folgerichtig nichts anderes feststellen als ein

159 1265 bis 1321.

160 1250 bis 1322.

161 Diese Entwürfe diskutiert Koppe 2001 S. 137–158 ausführlich. Da für die Zwecke dieser Arbeit eine ausführliche Beschreibung der einzelnen Ideen nicht zielführend wäre, sei summarisch auf ihn verwiesen.

162 Der Zusammenhang zwischen dem so definierten Verbrechen und der Staatsgewalt ist ein zentrales Thema des Klassikers von Hobsbawm 2007.

dauerhaftes Versagen von Eliten, von Staat, Kirche und deren Normen vor der sozialen Wirklichkeit. Jedenfalls so lange, bis sich in den ersten Nationalstaaten Gewaltmonopole ausbilden, die sich zur Aufgabe machen, die innere *pax* zu wahren und dies häufig mit großflächiger externer Kriegsführung verbinden.[163]

Durch das Erstarken der Institutionen verwandelte sich das dualistische Denken in puristische Pathologie. Hatten etwa der Apostel Paulus und Prudentius den Kampf zwischen dem Guten und dem Bösen zwar martialisch, aber als in der Seele des Menschen angesiedelt beschrieben, deuteten ihn mittelalterliche Allegorien immer öfter als physische Auseinandersetzung, die in der vollständigen Austilgung des Bösen, das sich in anderen Menschen manifestiert, enden sollte.[164] Dementsprechend galt es als gerecht, Ketzer, Heiden, Schismatiker, Juden, Moslems, Zigeuner und Vaganten oder schlicht andere als Verkörperungen des Bösen zu bekämpfen und zu vernichten, um die umfassende *pax* der absoluten Reinheit herzustellen. Aus diesem Denken speisten sich die großflächigen Gewalttaten der Ketzerverfolgung, Inquisition, Kreuzzüge, *Reconquista* und *Conquista*, Glaubenskriege, Judenverfolgung, Bauernlegen, Rassismus und der frühnationalistische Sprachpurismus des ausgehenden Mittelalters, die allesamt im Namen der *pax* begangen werden konnten. Die entsprechende Denkstruktur wurde in die Neuzeit übernommen und unterlegt die großen Themen, die den Kapitalismus als Weltsystem begründen sollten – Rasse, Klasse, Nation – in einer ebenso gewalttätigen, aber aufgeklärten und inhaltlich modifizierten Weise.[165]

Der Humanist Erasmus von Rotterdam[166] steht zwischen diesen Zeiten. Als im Jahr 1517, inmitten kriegerischer Wirren der frühen Neuzeit, ein großer Friedenskongress geplant war, erhielt Erasmus den Auftrag, eine Friedensschrift zur Mobilisierung aller friedliebenden Kräfte abzufassen. Es ist erstaunlich, wie rasch, klar und unzeitgemäß er in dieser Auftragsarbeit das Problem des puristischen Denkens formulierte. Auf Basis eines optimistischen Menschenbildes wendet er sich *moralisch* und radikal gegen die kirch-

163 Norbert Elias, die meist zitierte Referenz zivilisationsbegeisterter Friedensforschung im 20. Jahrhundert, war sich dieses Dilemmas bewusst und diesbezüglich weitaus skeptischer als viele derer, die sich auf ihn beriefen. Elias 1988 S. 178–181.

164 Ohler 1997 S. 62.

165 Balibar/Wallerstein 1990.

166 1466 bis 1536.

lich-obrigkeitliche Deutung der *pax* und den gerechten Krieg. Ihm gelten Kirche und Fürsten, die bei Augustinus oder Thomas noch Hüter der *pax* und notwendige Herren des gerechten Kriegs waren, als Urheber von Krieg und Elend:

> Kaum ein Friede ist so ungerecht, dass er nicht dem scheinbar gerechtesten Kriege vorzuziehen wäre. [...] Der größte Teil des Volkes verabscheut den Krieg und sehnt sich nach Frieden. Nur eine kleine Zahl, deren verruchte Glückseligkeit stets auf dem Elend der Allgemeinheit sich begründet, wünscht den Krieg. [...] Zeigt nun dieser Gefahr gegenüber, was Versöhnlichkeit und Wohltaten vermögen. Ein Krieg sät den anderen, Vergeltung zeugt Vergeltung. Möge nunmehr eine Freundschaft die andere gebären und eine Wohltat die andere hervorlocken. Derjenige soll für königlicher gehalten werden, der mehr von seinem Rechtsanspruch ablässt.[167]

Die für 1517 geplante Friedenskonferenz von Cambrai kam bezeichnenderweise nie zustande. Erasmus aber schrieb mit der „Klage des Friedens" einen unzeitgemäßen Klassiker von zeitenübergreifender Relevanz. Wichtig genug, um 1525 von der Pariser Theologischen Fakultät öffentlich verbrannt zu werden. Von ähnlicher Ausrichtung ist das „Kriegsbüchlin des Friedes" von Ersamus' Zeitgenossen Sebastian Franck. Er widersprach der Idee vom gerechten Krieg. Dies allerdings ebenso dialektisch wie dieser selbst gedacht war.[168]

Die subsistenzorientierte Bedeutung des *vride* ging verloren, als aus der Befriedung der Allmende ihre Einfriedung zum Zwecke der frühkapitalistischen Produktion wurde. Während *vride* bis dahin den Schutz jener minimalen Subsistenz bedeutet hatte, von der auch die Kriege zwischen den Eliten sich nähren mussten, fiel die Subsistenz selbst in der Folge einer angeblich friedlichen Aggression zum Opfer. Die Allmende wurde Beute expandierender Märkte und *vride* hörte auf, die konkreten Gemeinden und Güter vor physischer Gewalt und Vernichtung zu schützen.[169]

Der neue Friede im Zeichen des *Thanatos* strebte nach einem abstrakten Ideal. Er ist nach dem Maß des *homo oeconomicus*, des universellen Menschen geschneidert, der von Natur aus dazu geschaffen sein soll, sein Leben durch den Konsum von Waren zu fristen, die anderswo von anderen produziert

---

167 Steinmann 2001.

168 Raumer 1953.

169 Polanyi 1995 S. 113–124.

werden. So wie *vride* die Gemeinheit geschützt hatte, schützt nun die *pax oeconomica* die Produktion.[170]

3 Frieden als Gastrecht

Das Bild vom schwachen *vride* des Mittelalters ist nicht auf Europa beschränkt. Das *shalom* des Judentums meint als Gruß das Angebot von Obdach und Befriedigung der körperlichen Bedürfnisse des Gastes, die Befreiung aus dem unmittelbaren Drangsal des Irdischen. Er ist die *moralische* Versicherung und Bestätigung eines vernakulären Gastrechts.[171] Jeder ist für das Wohlergehen seines Gastes zuständig.[172] In dieser Anwendung umschreibt *shalom* weder eine politische Ordnung noch die kosmische Harmonie, sondern ein pragmatisches Verhalten zwischen Menschen, die sich begegnen. *Shalom* bleibt als *moralische* Norm von begrenzter Reichweite in ein größeres Weltbild eingebettet.

Dasselbe gilt auch für das arabische *silm*. Die Keimsilbe SLM liegt dem prä-islamisch arabischen Begriff *salima* oder *salamah* für Anerkennung, Übereinstimmung, Unterwerfung, Versöhnung, Bewahrung, aber auch Sterben, zugrunde. Daraus wurde im Arabischen später der gemeinhin bekannte und islamisch-religiös aufgeladene Friedensbegriff *sālam* für vollständig, heil sein. Selbst das Wort *Islam,* frei übersetzbar als Ergebung an Gott, geht auf diese Wurzel zurück. Islam heißt sich ergeben in Frieden, oder dass Frieden eintritt, wenn der Mensch sich der göttlichen Ordnung hingibt.[173] Der arabische Friedensgruß *sālam alaikum* bedeutet Friede sei mit euch. Er spricht das Angebot des Friedens als Gastrecht aus. Die Antwort darauf ist *wa alaikumu s-salām*, und auf euch Frieden, womit ein beiderseitiges Friedensverständnis der Grüßenden paktiert wird.[174]

> Wenn man sich gegenseitig mit „schalom", „schalama" oder „salaam" begrüßt, so kann das ein Augenblick von Sabbat sein: Beide Menschen haben dann die Gelegenheit, sich an ihre Ursprünge zu erinnern, als Wesen, deren Anfang

---

170 Illich 2006 S. 22.
171 Ellis (unveröffentlicht).
172 Schnübbe 1992 S. 9.
173 Haneef (unveröffentlicht).
174 Lewis 2002 S. 134.

> letztlich ein Geheimnis ist. Und eine solche Erinnerung kann helfen, Geschichten von ausgeteilten, empfangenen und weitergegebenen Verletzungen zu bereinigen. Sie kann Frieden auf einer sehr tiefen Ebene herstellen, nicht durch Gewissheit oder Idealismus, sondern durch Bewusstheit des Unsicheren und der letzthinningen Sterblichkeit aller Formen.[175]

Die Gastlichkeit geht vom Gastgeber aus und wird vom Gast gespiegelt, der gastlich beim Besuchten weilt. Das Geben ist im Arabischen eine heilige und soziale Pflicht. Der Gebende wird in jedem Fall hoch geschätzt. Eine rein sprachliche Deutung dieses gastrechtlichen Rituals würde aber zu kurz greifen. *Sālam* meint nämlich *energetisch* ein umfassendes Heilsein und Wohlergehen, den ganzen Menschen mit seinem Leib, seiner Seele, seiner Gemeinschaft, seiner Mitwelt in allen Beziehungen. In diesen größeren Kontext eingebettet, gilt die Formel seit dem Entstehen des Islam nur noch zwischen Moslems. Aus diesem ursprünglich *energetischen* Friedensverständnis wurde mit der verregelten Koranexegese ein normiertes und für Moslems exklusives. Für nicht-muslimische Gemeinschaften oder Personen ist der Begriff *sulh* oder *sulah* vorgesehen, was soviel heißt wie Waffenstillstand oder negativer Friede.[176] Vergeben wird als Vorstufe zum Frieden gesehen und nimmt eine zentrale Rolle ein. Das christliche Gebot der Nächstenliebe findet sich fast deckungsgleich in der Koranstelle 41:34 wieder, in der es heißt, dass der Mensch Böses mit Besserem vergelten soll. Dann würde sich der vormalige Feind als enger und geliebter Freund wiederfinden.[177] Auch im Koran werden Geduld, Vergebung und gegenseitige Konsultation als Aspekte der Frieden angesehen.

Die Unterscheidung zwischen *salām* und *sulh* erklärt sich aus den jüdisch-christlich-altarabischen, vor allem aber aus den hellenistischen Wurzeln des Islam.[178] Daher rührt das Konzept des Einen, Wahren und personifizierten Gottes, der platonische Wahrheitsbegriff und die Konstruktion einer privilegierten Glaubensgemeinschaft, der *ummah*, die dem Propheten Mohammed das bedeutet, was den Griechen das Griechentum war. Davon leiten sich auch die Regeln für interne und externe Konfliktaustragung ab. *Dar al islam*, die Welt des Islam, folgt der griechischen *stasis*. *Dar al harb*, die

---

175 Douglas-Klotz 2003 S. 203.
176 Haneef (unveröffentlicht).
177 Haneef (unveröffentlicht).
178 Koppe 2001 S. 130–136.

Welt des Kriegs, folgt dem griechischen *polemos*. Wie alle Weltbilder, die von einer letzten Wahrheit ausgehen, leitet auch der Islam aus diesem Glauben die Pflicht ab, diese Eine Wahrheit in alle Welt zu tragen. Als klassische Bekehrungsreligion verlangt der Islam den Rechtgläubigen ab, alle Nicht-Gläubigen von ihr zu überzeugen, und alle Ungläubigen zu bestrafen, zu unterwerfen oder zu vernichten.

An dieser Stelle ist die Idee vom Heiligen Krieg gegen Ungläubige von der vorher diskutierten Idee des gerechten Kriegs gegen Übeltäter zu unterscheiden. Geht letztere Idee von der Annahme aus, dass sich der Feind irgendwelcher Vergehen schuldig gemacht habe, so reicht für den Rechtgläubigen, dass der andere an den falschen Gott, den falschen Namen Gottes oder auf die falsche Art an den richtigen Gott glaube. Sämtliche posthellenistischen Monotheismen sind dieser Feindeskonstruktion erbarmungslos gefolgt. Die Kriege, die sie durch all die Jahrhunderte gegeneinander geführt haben, wurzeln in derselben radikal dualistisch und *phobisch* gedachten Wahrheits- und Gottesvorstellung. In der Tat eine Vorstellung: die Eine, aufsteigende Wahrheit vor den personalisierten Gott gestellt, um das absteigende Göttliche, das zu Toleranz und Respekt vor dem Irdischen und seiner Vielheit führt, nicht zu erkennen.

Aus der gemeinsamen Wurzel erklären sich auch die sonstigen strukturellen Ähnlichkeiten der mediterranen Monotheismen. Sie sind alle streng hierarchisch. Hierarchie bedeutet zwar die Unterwerfung unter die göttliche Ordnung, nicht unter die menschliche oder gar eine politische Institution, doch ob Papsttum oder Kalifat, Kloster oder Koranschule – überall verschafften sich irdische Experten der Auslegung des Willens des Einen, Wahren Gottes ausreichend diagnostische und institutionalisierte Macht, um die Massen zu manipulieren.

Der Vergleich zwischen *silm* und dem kleinen *salām* als Gastrecht mit *fridu* oder *vride,* zwischen dem großen, hierarchischen und exklusiven *salām* mit der imperialen und institutionalisierten *pax*, zwischen *sulh* und *treuga*[179] belegt Gemeinsamkeiten, die in der Ähnlichkeit des arabisch-islamischen *dschihad* mit der germanischen *werra* ihren stärksten Ausdruck erfahren. Wie *werra* bedeutet die Keimsilbe *dsch-h-d* ursprünglich umfassende Anstrengung für eine gute Sache. Als Einsatz für die Gerechtigkeit – ein Schlüsselbegriff, den der Islam mit Judentum und Christentum praktisch deckungsgleich in

179 Beide funktionell der griechischen *Eirene* entliehen.

aller Problematik teilt[180] – kann er auch Verteidigungsanstrengungen bedeuten. So ist es zu verstehen, wenn dieser Begriff im Koran im Sinne von Kampf oder höchster Einsatz verwendet wird. Aus der Zeit des Propheten Mohammed ist belegt, dass der *dschihad* nicht unbedingt mit Waffengewalt zu tun haben muss: „Der beste *dschihad* ist das Wort der Wahrheit und des Rechts vor einem ungerechten Herrscher",[181] erklärte der Prophet. Haneef definiert ferner einen primären oder großen, inneren und einen sekundären, kleinen oder äußeren *dschihad.* Ersterer ist der Kampf gegen die eigenen Unzulänglichkeiten und Fehler, gegen Egoismus und Triebhaftigkeit. Dagegen gilt der Kampf mit der Waffe zur Ausbreitung des Islam als kleiner *dschihad.*[182]

Der innere *dschihad* hat Vorrang, weil der Gläubige zuerst die innere Festigung und Überzeugung finden muss, bevor er den wahren Glauben nach außen verbreiten kann. Manche Rechtsschulen, besonders in der Shía, ziehen aus dem Prinzip der *taqiya*, der entschuldbaren Pflichtverletzung, den Schluss, dass es keine ultimative Verpflichtung zum sekundären *dschihad* gibt. Die Interpretationen variieren je nach Zeit, Region, Kontext und Rechtsschule. Letztlich steht der Islam, wie alle monotheistischen Aufstiegslehren, in einem Spannungsverhältnis zwischen *moralischer* Friedensliebe und ausschließender Feindeskonstruktion bei latenter Gewaltneigung. Das islamische Recht erlaubt im sekundären *dschihad* nur das Töten feindlicher Krieger. Nichtkämpfende Zivilisten, Alte, Frauen und Kinder sollen stets geschont werden. Auch dieses Friedensprinzip ist dem europäischen Denken sehr ähnlich. Wie immer der äußere *dschihad* interpretiert wird, der innere trifft sich in seiner *moralischen* Selbstbescheidung mit der christlichen Körperfeindlichkeit. Beide gemeinsam müssen als ein erhebliches psychisches Dispositiv für die Aggressionsneigung im äußeren Kampf betrachtet werden, was in der interkulturellen Diskussion oft weniger beachtet wird als die Aspekte der gegenseitigen physischen und kulturellen Gewalt.

Diese Überschneidungen ergeben sich aus den gemeinsamen Wurzeln, aber auch aus den häufigen Begegnungen der entsprechenden Glaubenssysteme. Der Islam und die arabische Welt befruchteten Europa durch die Jahrhunderte, dienten als Übersetzer und Multiplikatoren von Kunst und

180 Haneef (unveröffentlicht).

181 Überliefert von Abu Said in der Hadith-Sammlung von Tirmidhi. Zitiert nach Islamische Glaubengemeinschaft in Österreich 2008.

182 Hofmann 1992 S. 191f.

Wissenschaft aus außereuropäischen Gebieten, als Wiederentdecker antiken Kulturgutes, insbesonders der Lehre des Aristoteles, wobei die Frage offen bleibe, ob diese geistesgeschichtlich höchst bedeutsame Gabe auch eine friedenspolitisch hilfreiche war. Jedenfalls lässt sich die abendländische Renaissance ohne die arabisch-islamische Befruchtung nicht erklären.[183]

Südlich der arabischen Welt, bei den Kambaata in Äthiopien, ist Frieden, *tùmmu,* zuerst ein grundlegendes und *energetisches* Konzept, das alles umfasst, was zum guten Leben beiträgt.[184] Deshalb bezeichnet *hàwu*, Leiden, die Entsprechung für Unfrieden. Sie ist alles, was die Harmonie stört. Der Mangel an Futtermitteln ist ebenso *hàwu* wie der Streit zwischen Nachbarn oder der Tod eines Verwandten. *Ba'ànchu,* Konflikt, leitet sich etymologisch von *bà'u* ab, was „nicht sein" bedeutet, womit sich der Begriff auf die Auflösung konkreter Beziehungen bezieht. Fehlende Resonanz wird als schlimmer betrachtet als Dissonanz. Deshalb manifestiert sich Friede vernakulär als nachbarschaftlicher Friede, als gemeiner Frieden im Sinne Illichs.

Friede ist bei den Kambaata mehr als die Abwesenheit von Krieg oder physischer Gewalt. Er umschreibt die sozio-politischen Funktionen der Gemeinschaft, das nachbarschaftliche Grundverständnis. Frieden erschließt sich als Gastrecht über den Gruß *t'ùmmisu.* In ihm begründet sich die Beziehung zwischen Besucher und Gast. Nicht zu grüßen bedeutet, die Beziehung zwischen den Begegnenden zu ignorieren. Es ist das viel mehr als eine Unhöflichkeit.

Auch das Wort für Gast, *koichu*, das zugleich neu heißt, belegt diese Bedeutung. Im Gruß drückt sich das Bewusstsein aus, dass Neues und Ungewöhnliches eine Herausforderung für den gemeinen Frieden darstellen kann, zugleich aber auch die Notwendigkeit der Überwindung persönlicher Distanz. Der Gruß re-aktualisiert frühere Friedensbeziehungen. Feste und das berühmte Kaffeeritual bestärken sie periodisch.

Der Friedensbegriff der Kambaata verweist auf eine Vielzahl bekannter Elemente und Verbindungen, insbesondere die Beziehung zur Gerechtigkeit. Diese Vorstellungen bleiben im Rahmen eines kleinen, nachbarschaftlichen Friedens als Gastrecht. Für die großen Entsprechungen gibt es andere Vokabeln, die auch anders besetzt werden. *Ólu* meint den Krieg, den der Staat macht. Politik und Professionalisierung werden als Größen gedeutet,

---

183 Ausführlich Koppe 2001 S. 130–136 und Ohler 1997 S. 59–81.

184 Alle Angaben zum Friedensverständnis der Kambaata nach Gebrewold (unveröffentlicht).

welche die Menschen vom gemeinen Frieden entfremden. Die Lebensweise konkreter Gemeinschaften gerät unter den Bedingungen institutioneller Politik zum Konsum von Experten verwalteter Verhältnisse. Das ergibt bestenfalls Sicherheit und ist weit entfernt von vernakulären Friedensvorstellungen.

Ich wage einen großen Sprung durch Raum und Zeit zu den Enhlet, die im paraguayischen Chaco Südamerikas leben.[185] Der Sinngehalt von Frieden als Gastrecht wird an ihrem Beispiel noch deutlicher. Für die römische *pax* oder die daraus abgeleitete spanisch-kastilische *paz* gibt es in ihrer Sprache keine Entsprechung. Abstraktionen dieser Art verwenden sie nicht. Stattdessen umschreibt *nengelaasekhammalhcoo* eine soziale Praxis, die einen Raum harmonischen Zusammenlebens schafft und zur Minimierung von Konflikten dient. Es geht ihnen nicht um einen klar definierbaren Zustand oder bestimmte Bedingungen, sondern um einen ganzheitlichen Komplex sozialer Faktoren, deren dynamisches Zusammenschwingen als das verstanden wird, was als Frieden übersetzt werden könnte. Trotz dieser Unschärfe kennt auch diese Friedenspraxis einige feste Elemente.

Die Konstante für das Verständnis von *nengelaasekhammalhcoo* liegt in der Gastlichkeit. Dies drückt sich im Kochen und Essen aus. Es wird darauf geachtet, dass alle genug zu essen haben. Nachbarn und Besucher werden eingeladen und versorgt. Mensch isst nicht, wenn andere nichts haben. Aber die Enhlet teilen nicht nur das Essen, sondern auch die Zeit und das Leben, immer mit dem Ziel, dass alle in derselben Weise satt werden, beherbergt und glücklich sein sollen. Auch in dieser Friedenskultur ist der Gruß wichtig. Niemand entfernt sich aus der Gruppe, ohne die anderen über seine Pläne in Kenntnis zu setzen und deren Auswirkungen für das Wohl der Gemeinschaft zu diskutieren.

Eine weitere Konstante ist das Prinzip der Gegenseitigkeit, das nicht nur materiell zu deuten ist, sondern auch eine Gegenseitigkeit der Initiativen und Zuständigkeiten meint. Dies erklärt, dass ein solcher Frieden nie ein Zustand sein kann, weil aus jeder Aktivität die *moralische* Verpflichtung zum Ausgleich resultiert – eine ständige Pendelbewegung von gastlichem Geben und Nehmen.

Die dritte Konstante ist die Offenheit. Den anderen aufzunehmen, setzt die Bereitschaft voraus, sich für ihn und seine Anliegen zu öffnen. Es

185 Alle Angaben zum Friedensverständnis der Enhlet nach Kalisch (unveröffentlicht).

geht dabei nicht darum, die eigene Position aufzugeben, sondern um deren permanente Neukonstruktion in Verbundenheit mit allen anderen. Die Bereitschaft zur Offenheit ist untrennbar mit dem Selbstverständnis der jeweiligen Person verbunden. *Nengelaasekhammalhcoo* verbindet sich mit der Bestimmtheit, die eigene Freiheit zu bewahren. Damit ist nicht die Freiheit gemeint, alles zu tun, was man will, sondern die Freiheit, zu sein, wer man ist. Daher ist Frieden mit dem Gebot des Respekts für die eigene Persönlichkeit ebenso angereichert, wie mit dem für den anderen. Dies wiederum beinhaltet die Konstante der Disziplin. Unkontrolliertes Verhalten wird als die Gemeinschaft gefährdend angesehen und ist verpönt.

Die Friedenspraxis der Enhlet ist ein Geflecht von Größen, die mit Gastlichkeit, Gegenseitigkeit, Offenheit, Freiheit, Respekt und Disziplin umschrieben werden können, ohne dass diese Begriffe als Abstrakta in ihrer Sprache vorkämen. *Nengelaasekhammalhcoo* bedeutet nicht Frieden als Abstraktum, sondern eine Lebenspraxis, die zu sozialen Resultaten führt, die externe Beobachter mit dem Begriff Frieden belegen können. Dieses Behandeln der anderen wie Mitglieder der eigenen Sippe, um den germanischen Friedensbegriff in diesem Kontext zu paraphrasieren, bezieht sich auf alle Menschen, nicht nur auf Enlhet. Eine solche Friedenspraxis ist einerseits riskant, andererseits anpassungsfähig und kulturell dynamisch. Sie ist auf eine besondere Art *moralisch*, denn die soziale Praxis ist in die größere, *energetische* Kosmovision der Enlhet eingebettet, aber sie ist nicht deren spirituelle Drehscheibe. *Nengelaasekhammalhcoo* bezieht sich auf die menschliche Sphäre.

Nengelaasekhammalhcoo ist eine relationale und dennoch nicht originär *energetische* Friedenspraxis, sondern eine *moralisch* begründete. Allerdings konstruieren die Enlhet ihre spirituellen Beziehungen zu dem, was außerhalb des Menschen liegt, auf der Basis derselben Ethik und derselben Praxis. Deshalb spielen Feste und Rituale in dieser Kultur auch in spiritueller Hinsicht eine wichtige Rolle. In ihrer Wirklichkeit und Wirkung sind somit die menschliche und die spirituelle Friedenspraxis dieser Kultur ein und dieselbe. Das Gesamtbild unterscheidet sich nicht wesentlich von der *Großen Triade*, mit dem Unterschied, dass die materielle Welt nicht als abgeleiteter, sondern als gleichwertiger Aspekt des Seins erlebt wird.

In seinen Grundzügen lässt sich diese Art von Friedensverständnis in indigenen Traditionen über den gesamten amerikanischen Doppelkontinent beobachten. Auch *skennen*, der Friedensbegriff der Haudenosaunee-Föderation, die im Westen unter dem Namen Irokesen bekannt wurde, ist pragmatisch und ein aus der klanbezogenen Sozialstruktur abgeleitetes Gastrecht.[186] Die oral tradierten Lehren ihres *Kayanerekowa*, des Großen Gesetzes vom Frieden, sollen den Menschen helfen, die Konzepte der Liebe, Einheit, Gleichheit, Koexistenz, Zusammenarbeit, der Macht, des Respekts, der Großzügigkeit und der Gegenseitigkeit zu verstehen. Sie sind direkt und einfach zugänglich, weil sie auf konkreten Bedeutungen individueller und kollektiver Güter aufbauen. Sie erklären, wie materielle Ungerechtigkeiten vermieden, sowie die Natur und das soziale System für künftige Generationen erhalten werden. Sie regeln die Verwandtschaftsverhältnisse, die Verpflichtungen und Ritualformen.

Bis hierher handelt es sich um Handlungsanleitungen für die soziale Praxis. Schon an den verwendeten Begriffen lässt sich ablesen, dass *Kayanerekowa* ein diesseitsorientierter, *moralischer* Normenkatalog ist. Der Gruß, der Beginn des Gesprächs, spielt auch hier eine zentrale Rolle. Jede formelle Begegnung bei den Irokesen beginnt mit dem Ausdruck der Dankbarkeit. Dankbarkeit für das Sein, für den Großen Frieden und die kosmische Verwandtschaft aller Dinge bilden den poetischen Einstieg in jede Art von Gespräch oder Beratung.[187] Dankbarkeit stellt eine zentrale Kategorie dieses Friedensbegriffs dar, die für ihn jene Rolle spielt, die anderswo Sicherheit hat.

Wie im vorangegangenen Fall ist dies alles in eine *energetische* Kosmovision eingebettet und zielt darauf ab, *Karihwiio*, die Gute Botschaft, zu fördern, die notwendig ist, um Körper und Geist zu heilen und Harmonie in Vielfalt aufrecht zu erhalten.

Da die Irokesen lange Zeit als mächtiges und grausames Kriegervolk angesehen wurden, schenkte die Wissenschaft ihrem Friedensbegriff wenig Beachtung. Schließlich zog der Streit um ihre matrilineare, matrifokale oder matriarchale Gesellschaftsordnung mehr Aufmerksamkeit auf dieses Thema[188] als der Umstand, dass sich in ihrer Gesellschaftsordnung – und nicht in nur jener der Irokesen im indigenen Nordamerika – offensichtlich keine Gefängnisse, mehr noch, kein normiertes Strafsystem und kein Modus einer generellen hoheitlichen Kontrolle finden ließen. Krieger und Kriegshäupt-

186 Lauderdale (unveröffentlicht).
187 Vachon (unveröffentlicht).
188 Göttner-Abendroth 1988 S. 40f.

linge kommen im *Kayanerekowa* nicht vor und wurden durch „gute Männer" ersetzt.[189]

Der Rat der Konföderation wurde demokratisch bestimmt. Die Friedenshäuptlinge des Rates wurden von den Mitgliedern verschiedener Verwandtschaftsgruppen gewählt, und jeder von ihnen war Vertreter eines der matrilinear organisierten Klans seiner Gruppe. Die Position des Delegierten war den Friedenshäuptlingen vorbehalten. Jeder Delegierte musste sowohl vom Rat der Gruppe als auch vom Rat der Konföderation bestätigt werden. Falls ein Delegierter kein tadelloses Verhalten an den Tag legte oder die Gruppe das Vertrauen in ihn verlor, enthoben ihn die Frauen seines Klans seines Amtes und wählten einen Nachfolger. Die Konföderation selbst hatte kein Oberhaupt. Beschlüsse wurden vom Rat der Konföderation in der Regel in einstimmiger Wahl gefasst.

Dass eine derart hoch organisierte Gesellschaftsform und eine derart ausgereifte Ethik gleichzeitig ohne *moralische* Abstrakta, ohne Kontrollwesen und ohne differenzierte Strafordnung auskommen können, verunsichert institutionalistische und zivilisationstheoretische Betrachtungen und erklärt wohl auch, warum die interkulturelle Kommunikation zwischen den europäischen Invasoren mit ihrer *kingship*-Orientierung und den Irokesen mit ihrer *kinship*-Orientierung lange Zeit so schwierig war. Der Bund der Irokesen kannte weder Könige noch Untertanen, kein Eigentum, keinen Tribut und keine Unterwerfung. Sie hatten und haben in ihren Sprachen keine eigenen Begriffe dafür. Sie verstanden ihren Zusammenschluss als verwandtschaftlichen, gastlichen, nicht als herrschaftlichen, und sie suchten derartige Beziehungen auch zu dritten.

Schließlich setzte sich aber der von Angst getriebene Realismus der europäischen Invasoren als politische Maxime durch. Es wurde mit Gewalt gebrochen, was nicht zu verstehen war, weil es anders als das europäische Denken und daher gefürchtet war.

Von da kehre ich zurück zu Koppes Ansicht, dass es auch in den Amerikas während des europäischen Mittelalters einen kulturellen Verfall gab, der in eine neue Achsenzeit gemündet sein soll.[190] Da er das nicht näher ausführt, nehme ich an, dass er sich auf die Maya Mittelamerikas bezieht, deren Kultur ungefähr in dieser Zeit ihre nachklassische Phase durchlief. In dieselbe Zeit fällt aber auch der militärische, politische und kulturelle Auf-

---

189 Vachon (unveröffentlicht).

190 Koppe 2001 S. 115.

stieg der Azteken in Mexiko, der Inkas in Peru, der Chibcha in Kolumbien und anderer weniger bekannter Gesellschaften. Aus zivilisationstheoretischer Sicht lässt sich die Behauptung, dass es in den Amerikas während des europäischen Mittelalters einen allgemeinen Kulturverfall gegeben habe, kaum halten. Hier interessieren aber weniger die Datierungen von herrschaftlichen Blütezeiten, politischen Systemen, architektonischen Meisterleistungen, sozialen Stratifikationen und astrologischen Wundertaten, sondern die Frage der Frieden. Diesbezüglich ist das Bezeichnende an den indigenen Kulturen der Amerikas weniger ihre zivilisatorische Konjunktur als vielmehr ihr Grundverständnis, das an verschiedensten Plätzen und Zeiten immer wieder auftaucht.

Als der mexikanische Intellektuelle spanisch-zapotekischer Abstammung Gustavo Esteva in den 1980-er Jahren nach seiner herben Kritik am Entwicklungsdenken internationaler Organisationen gefragt wurde, was es denn jenseits des von ihm so verachteten Konzeptes gäbe, antwortete er mit einem Wort: Gastlichkeit.

> Das westliche Ethos, dessen letzter Ausdruck Entwicklung ist, definiert eine ungastliche Welt. Niemand kann, eingebettet in ein solches Verständnis und verwurzelt in dessen Konstrukt, ein Individuum in einer kulturell und politisch durch Grenzen geteilten Welt sein. Nur in einem konkreten, fest umschriebenen und gemeinschaftlichen Raum, dem man zugehört, kann man wirklich gastlich zu anderen sein. Es ist möglich, einander zu tolerieren, aber Toleranz ist das Gegenteil von Gastlichkeit. Zu anderen gastlich sein heißt nicht, ihnen zu folgen, für sie zu optieren, ihnen die Seele zu verschreiben. Es heißt lediglich, die anderen anzuerkennen und zu respektieren. […] „Wir“ können keine Form von Hilfe akzeptieren. „Wir“ versuchen nicht, irgendwelche allgemeinen, universellen Ziele zu erreichen. „Wir“ leben mit den verschiedenen Hoffnungen und Vorstellungen eines jeden einzelnen, und „wir“ sind gastlich zu allen. „Wir“ können keine allgemeinen Werte als Richtlinien annehmen. Ich kenne sie ja sehr gut. Ich wurde mit den Werten der Welt meines Vaters erzogen – mit westlichen Werten. Aber dann wurde ich von der Welt meiner Großmutter herausgefordert, einer Welt, in der die konkreten kulturellen Muster, die das allgemeine Verhalten bestimmen, so tief im Alltag verankert sind, dass es unmöglich ist, sie in abstrakten Definitionen zu isolieren. Meine Großmutter war absolut unfähig, die so genannten Werte der modernen Kultur, diese abstrakten Konstrukte, die irgendwann vor langer Zeit in Westeuropa formuliert wurden, zu erfassen. Sie konnte nicht in solchen Werten unterrichtet werden, und sie starb glücklich, ohne sie je zu kennen. […] Das bedeutet natürlich nicht das

> Fehlen von Leitprinzipien für das Leben in Gemeinschaft. Es bedeutet genau das Gegenteil: Sie in der Wahrnehmung und den alltäglichen Verhaltensmustern fest verwurzelt zu haben, anstatt zu versuchen, sie durch künstliche Konstruktionen, die vorgeblich universell und mehr oder weniger anachronistisch sind, zu ersetzen.[191]

Es scheint das wie eine *postmoderne* Vielheits- und Friedensdebatte, doch Esteva rekurriert explizit nicht auf diese philosophische Richtung, sondern er schöpft aus den Quellen seiner Abstammung, die ihre Entsprechungen weit im Süden und weit im Norden des Doppelkontinents hat, in dessen Mitte er lebt. Gastlichkeit ist der entscheidende friedenskulturelle Beitrag der Indigenen Amerikas zu meiner Untersuchung quer durch die Zeiten. Er ist dem vernakulär-*moralischen* Verständnis auf der anderen Seite des Atlantiks nicht fremd. Dieses wurde aber in der Ungleichzeitigkeit der *Moderne* von anderen Interpretationen überlagert, die Gegenstand der Untersuchungen im folgenden Kapitel sind.

4 Was ist ein *moralisch* begründetes Friedensbild?

Für das zusammenfassende Panorama *moralisch* begründeter Friedensbilder wäre der rasche Griff auf die Norm als alles erklärend verführerisch. Er wäre auch richtig. Ein *moralisch* begründetes Friedensbild liegt vor, wenn eine sich selbst durch ihre bloße Existenz und Sozialmächtigkeit rechtfertigende Norm die ultimative Erklärung dieses Friedens ausmacht. Im weitesten Sinne liegt so ein Befund vor, wenn Frieden als Pakt, als *pax*, verstanden wird.

Doch dieser normative Zugang führt in einen wenig erhellenden Zirkelschluss: Friede ist, weil Friede ist. Es muss daher die Frage folgen, warum sich manche Gesellschaften mit einem solchen Friedensverständnis begnügen, während andere auf das anspruchsvollere *energetische* greifen. Ich bemühe für die Antwort nochmals die Metapher vom inneren Bergsee. Alles, was ich dazu sagte, kreist letztendlich um die Frage des Bewusstseins. Der Bergsee wird mit den dem Menschen zur Verfügung stehenden Sinnen erlebbar, sofern das Bewusstsein nicht von Ängsten, Hoffnungen, Erinnerungen oder Leidenschaften getrübt ist. So einfach das klingt, so schwierig ist es in der

191 Esteva 1995 S. 21–23.

Praxis. Deshalb wurden, wie an den angeführten Beispielen gezeigt, Kulturtechniken entwickelt, welche die Reinigung und Beruhigung des Bewusstseins ermöglichen und den Frieden wahrnehmbar machen. Wenn in diesem Kontext auch Normen gesetzt werden, dienen sie diesem Endzweck und sind nicht selbst das Ziel.

Die Lösung der Norm aus diesem *energetischen* Zusammenhang und ihre Verselbständigung erfolgt über die *Moral*. Nicht jede Norm ist *moralisch*, aber ich konnte zahlreiche Beispiele finden, in denen die Umwandlung *energetischer* Friedensbegriffe in *moralische* eine Aufwertung der Normen nach sich zog, weil in solchen Konstrukten die Institution eine zentrale Rolle spielt, und für diese die Norm zuerst ein Werkzeug zur Herrschaft, dann aber ein Daseinsgrund ist. Solche Tendenzen können vor allem durch Krisensituationen von Gesellschaften ausgelöst werden, durch chronische Ausnahmezustände. Hier liegt die sensible Übergangslinie zwischen *energetischen* und *moralischen* Friedensbegriffen. Die Daseinsvorsorge ersetzt das Dasein.

Die Krise im Hier und Jetzt, die akute Bedrohung des Überlebens, erfährt jeder Mensch mit denselben Sinnen, mit denen er auch die *energetischen* Frieden, den inneren Bergsee, wahrnehmen kann. Die Bedrohung kann gehört, gesehen, gefühlt, gerochen und sogar geschmeckt werden. Die chronische Krise hingegen ist ein Konstrukt, eine Emotion, die sich diesen Sinnen verschließt. Sie zielt auf Erinnerung von Situationen, in denen die Menschen sich bedroht und hilflos fühlten. Diese Erinnerungen, Emotionen, müssen durch herrschaftliche Diskurse aktiviert werden, sodass sich die Menschen aus Angst, dass sich das sie traumatisierende Ereignis wiederholen könnte, den herrschaftlichen Normen unterwerfen, die vorgeben, sie vor diesen erinnerten Ängsten beschützen zu können. Die Wirkungszeit des *moralischen* Friedens ist somit nicht die Gegenwart, in der die Norm gesetzt wird, sondern die Zukunft, die von den Normsetzern herbeierzählt wird, wobei sie für diesen Zweck die *Moral* aus der Geschichte in ihrer Erzählweise der Vergangenheit benutzen.

Moralische Frieden haben viel mit Zukunft und Vergangenheit, aber wenig mit der Gegenwart zu tun. Das menschliche, von seinen Sinnen gesteuerte Bewusstsein lebt aber in der Gegenwart, weshalb *moralische* Friedensvorstellungen in erster Linie eine Angelegenheit für das von vergangenen Erfahrungen und Ängsten gesteuerte Unterbewusstsein sind.

Aus diesem Grund brauchen *moralische* Friedensbilder ein Thema. Sie können sich nicht selbst genügen, denn ohne traumatisierenden Urgrund

und ohne teleologischen Zweck wären sie nicht nachvollziehbar. Ein themenfreier Friede ist für unsere Sinne in der Gegenwart erlebbar, nicht aber als vergangenes Ereignis und nicht als zukünftiges. Um erzählbar zu sein, muss *moralischer* Friede ein Thema haben, weshalb er in den Spielarten von Friede und Sicherheit, Friede und Gerechtigkeit oder Friede und Wahrheit auftritt. Durch diese Kombination wird der *moralische* Friede erzählbar. Der Erzähler kann sich auf vergangene Situationen berufen, in denen die Gemeinschaft in ihrer Sicherheit bedroht war, in denen ihr Ungerechtigkeiten widerfuhren oder sie in Irrtümern verfangen war. Die Normsetzung erklärt die zukünftige Erlösung aus diesen Widrigkeiten zum Frieden und verspricht diesen, wenn die Menschen der Herrschaft und ihren Normen auf ihrem Weg folgen.

Damit diese Erzählungen Wirkungsmacht erlangen, benötigen sie ein weiteres diskursives Element – den Dualismus. In *energetisch* orientierten Modellen werden vorgestellte Dualismen wie männlich-weiblich, oben-unten, schwach-stark, hart-weich funktionell beurteilt und tendenziell aufgelöst, wobei als Ideal das Zusammenwirken oder gar Zusammenfallen der Gegensätze angesehen wird. Paradebeispiel dafür ist das Androgyn. In *moralisch* orientierten Erzählweisen hingegen lassen sich all diese Gegensätze in den Grundraster richtig-falsch oder gut-böse schreiben, und der Dualismus verwandelt sich zu binärer Ausschließlichkeit. Jemand oder etwas kann entweder gut und richtig oder böse und falsch, aber nicht beides gleichzeitig sein. Aus diesem Grund wird der Sieg des Guten über das Böse, des Richtigen über das Falsche, Gottes über Satan zum *moralischen* Gebot des Friedens.

Aus der Gegenwart heraus kann diese *Moral* nur vektoral verstanden werden. Das Schlechtere muss in der Vergangenheit liegen, das Bessere in der Zukunft. Sonst wirkt in der Gegenwart das Böse, das im Namen des Friedens vernichtet werden muss. Die *moralischen* Friedensvorstellungen weisen von der Unsicherheit zur Sicherheit, vom Unrecht zur Gerechtigkeit, vom Irrtum zur Wahrheit – und auf der Basis dieser Grundannahme sind die jeweiligen normativen Konzepte auch folgerichtig. Wer sich den Glaubenssätzen dieses Dualismus und der vektoralen Chronosophie verschrieben hat, wird keine andere Denkweise akzeptieren können als die *moralische.* Das Problem liegt dabei darin, dass solche Menschen und Gemeinschaften nicht auf Basis ihrer bewussten Wahrnehmung, sondern auf der von Erzählungen agieren, die das Unterbewusste mit Emotionen aufladen und aktivieren. Der Antrieb kommt aus Ängsten, die in der Erfahrung von Hilflosigkeit und eventuellen Bedrohungen in der Vergangenheit liegen und die grundlegende Matrix von Personen oder Personengruppen ausmachen. Das Funktionieren der Menschen auf Basis dieser Matrix hat mit erinnerter Wirklichkeit zu tun, nicht mit der in der jeweiligen Situation aktuellen. Werden diese Urängste institutionalisiert, daraus Morallehren konstruiert und für Herrschaftszwecke eingesetzt, entsteht ein Friedensbild, das nicht nur *moralisch*, sondern auch *phobisch* wirkt. Angstgetriebene Gesellschaften sehnen sich nach Frieden, aber sie verhalten sich dabei sehr gefährlich für andere. Sie erzeugen Spannung, denn sie versuchen, etwas anderes zu werden als sie sind. Sie akzeptieren das Sein nicht, sie verleugnen es, und erheben etwas anderes zum Ideal, das erreicht werden muss. Die grundlegende Spannung besteht zwischen dem, was ist, und dem Ziel. Das Ziel steht im Gegensatz zu dem, was ist, und führt zu Spannungen. Deshalb neigen *moralische* Menschen so sehr zu Konflikten. Sie verlangen etwas, das nicht einmal sichtbar ist. Konflikte entstehen aus nicht verwirklichten Möglichkeiten. In der reinen Gegenwart gibt es keine Spannung. Diese kommt immer aus der Vergangenheit und der Zukunftsorientierung, aus der Vorstellung.

Diese Spannung wurde in der Achsenzeit vor allem in Europa institutionalisiert. Europa wurde aus diesem Material erfunden, und dies hat den europäischen Traum so folgenschwer gemacht, obwohl es zu allen Zeiten Stimmen gab, die diese Gefahr erkannten und vor ihr warnten. Eine Kultur, die auf der Philosophie der Angst vor dem Überleben basiert, ist gefährlich, egal welche politisch-administrative Ordnung sie sich gibt.

Auch viele *energetische* Friedensbegriffe sind nur als Ableitungen oder in Kombination mit anderen Größen denkbar. Doch *wu wei* oder *shi de* sind Friedensbegriffe, die mit Harmonie oder Glück Größen kombinieren, die sinnlich und bewusst wahrnehmbar sind. Dies gilt auch für den Vorschlag Jeru Kabbals,[192] der Frieden mit Dankbarkeit kombiniert. Seine Friedenslehre schlägt vor, sich klar zu werden, was unmittelbar jetzt tatsächlich zum Überleben gebraucht wird. Die meisten Menschen werden zu allen Zeiten und allen Orten im unmittelbaren Augenblick dieser Frage feststellen, dass sie gerade jetzt alles haben, was sie zum Überleben brauchen. Die Angst, es im nächsten Moment nicht mehr zu haben, ist nach Kabbal keine des Bewusstseins, sondern eine aus dem Unterbewusstsein erinnerte und projizierte. Über diese simple Praxis könne jeder sich jederzeit Frieden vergegenwär-

192 Kabbal 2008 S. 173–179.

tigen. Alles, was über die grundlegende Notwendigkeit hinausgehe, sei eine Zugabe, die dankbar angenommen werden dürfe. Da die Angst das Sicherheitsbedürfnis, das Lechzen nach Gerechtigkeit oder Verlangen nach Wahrheit wachruft, wäre simple Dankbarkeit für die Existenz ein probates und praktikables Friedensmittel, nicht nur im privaten sondern auch im politischen Feld. Dankbarkeit neutralisiert, Gerechtigkeit polarisiert. Tom Porter, ein Weiser der Mohawks, drückt das so aus:

> So don't forget to say "thank you", simply "thank you". No great religion, no great complexity. Just humbly, honorably "thank you" to all that is life.[193]

Die aus einer energetischen Weltsicht abgeleitete Ethik basiert auf Herzensöffnung, Liebe, Anerkennung und Wahrhaftigkeit, Größen, die in einem normierten, *moralischen* oder *modernen* Weltbild nicht scharf und verbindlich genug erscheinen, in *energetischen* aber sozialmächtig bis zur Entscheidung über Leben und Tod sind. Das Zitat zeigt, wo das entscheidende Spannungsverhältnis zwischen diesen *energetischen* und den *moralischen* Friedensbegriffen liegt. Es ist nicht die Norm als solche, die den Unterschied macht, denn Normen kennt auch das *energetische* Friedensbild. Diese sind aber unbedingt, während das *moralische* auf absolute Normen greift.

Schließlich gibt es auch *moralische* Friedensbegriffe, die nicht auf eine ultimative, absolute Selbstreferenz angewiesen sind. Sie sind klein, von geringer Reichweite, örtlich und zeitlich begrenzt, relational und pragmatisch. Gastrechte illustrieren diesen Charakter sehr gut. Obwohl Frieden aus Gastlichkeit ein *moralisches* Konzept ist, lässt sich ein solcher Friede weder verordnen, noch androhen oder als Heilsversprechung verkaufen. Er findet zwischen Menschen statt, die sich in konkreten Situationen begegnen und sich aus für sie einsichtigen Gründen entscheiden, gastlich zu- und beieinander zu sein. Zwar kann gesagt werden, dass Gastlichkeit ein positiver Wert wäre, *moralisch* gut, doch ähnlich wie Dankbarkeit ist Gastlichkeit eine Größe, die sich nur bewusst im Hier und Jetzt erleben lässt. Gastlichkeit steht im Widerspruch zu Sicherheit und damit allen großen *moralischen* Friedenskonzepten. Als kleines, vernakuläres und schwaches Friedenskonzept, kann sie trotz ihres *moralischen* Charakters sowohl in einem *energetischen* wie auch in einem großen *moralischen* Umfeld von Friedenskulturen vorkommen. Charakteristisch ist die geringe Reichweite des Friedens aus Gastlichkeit.

193 Zitiert nach Vachon (unveröffentlicht).

Sobald er an die Fragen des letzten Grundes des Seins rührt, verliert er seinen selbständigen Charakter und geht entweder im größeren Konzept auf, oder er wird wiederum Opfer eines angstgetriebenen Sicherheitsdenkens, das die Gastlichkeit und ihren kleinen Frieden auflöst.

Vorbei war das unendliche Aufwärts, und das Abendland stellte sich ganz auf ein unendliches Vorwärts ein.
Ken Wilber[1]

[2]

C. *Moderne* Friedensinterpretationen

Im vorangegangenen Kapitel habe ich mich mit Ken Wilbers Interpretation der Philosopie des Aufstiegs, *Eros*, und der Philosophie des Abstiegs, *Agape*, befasst und festgehalten, dass *Eros* ohne *Agape*, Aufstieg ohne Mitgefühl, zu *Phobos*, der Angst des vermeintlich Höheren vor dem Niederen, oder deutlicher, des Einem vor dem Vielen, und entsprechendem Purismus führt. *Agape* ohne *Eros*, reine Diesseitigkeit, bedeutet hingegen zerstörerischen Materialismus, *Thanatos*. Für ersteres liefern die *phobischen* Auswüchse in der Geschichte nicht nur, aber besonders des Abendlandes mit der Verfolgung Andersgläubiger und den zahllosen Heiligen Kriegen der einen gegen die anderen ein dramatisches Beispiel. Mit der Kehrseite, dem aufklärerischen *Thanatos* und den ihm entsprechenden Friedensvorstellungen, wird sich dieses Kapitel befassen.

Bevor ich deren Analyse beginne, möchte ich aber einige ganz anders gelagerte Friedensbegriffe erwähnen, die im selben kulturellen Kontext ent-

1 Wilber 2001 S. 493.

2 Die Wahrnehmung der Welt als Uhrwerk oder Maschine ist charakteristisch für die *Moderne*. Dem entsprechend glauben *moderne* Friedensvorstellungen an die Herstellbarkeit von Frieden durch die Reparatur fehlerhafter sozialer Beziehungen, also durch Konfliklösung. Grundlage dafür ist der Glaube an eine der sichtbaren Welt vorausgesetzte Vernunft als Leitprinzip menschlichen Handens.

standen sind, um zu zeigen, dass das Friedensbild, das die europäische *Moderne* entworfen hat, keineswegs zwingend im Sinne eines aufgeklärten Menschenbildes war. Ketzerische Sichtweisen ziehen sich von den Dionysuskulten über Gnosis, Hermetismus und Neu-Manichäismus als Albigenser, Waldenser, Patarener, Bogomilen, Humiliaten, Katharer durch das europäische Mittelalter. Die Alchemie als Verbindung der ägyptischen Mysterientradition, der griechischen Philosophie und der technisch-metallurgischen Kunst der Handwerker und Schmiede ist die klassische Form vormoderner Wissenschaft in Europa. Die *Moderne* wird diesen ganzheitlichen Ansatz von Religion, Kunst und Wissenschaft auf die eindimensionalen Sichtweisen der Naturwissenschaft reduzieren, und vormodernes, ketzerisches Wissen wird von den christlichen Kirchen verfolgt werden, von der orthodoxen ebenso leidenschaftlich wie von der katholischen.[3] Verhängnisvoll war und ist das deshalb, weil in der Alchemie eine in ihren Übertreibungen und übereilten Schlüssen zwar irrige, in ihrem Verständnis der Einheit alles Seienden aber heilsame Weltsicht zugunsten eines mechanistischen Reduktionismus geopfert wurde. Letztlich glaubte, spekulierte und übertrieb die vormoderne Alchemie kaum weniger, als es die aus ihr hervorgegangene *moderne* Naturwissenschaft nach ihr tun sollte.[4]

Einer der Vernichtungsfeldzüge, der gegen die Katharer gerichtet war, begann im Jahr 1209, eben jenem Jahr, in dem ein junger Mann aus wohlhabendem Hause in Norditalien seine Ordensgemeinschaft gründete. Franz von Assisi[5] legte seine asketische Lehre von der Spiritualität der Armut aber so an, dass er dadurch nicht die Autorität der Kirche in Frage stellte. Dies ersparte ihm den Scheiterhaufen und bescherte dem Abendland eine der bedeutendsten Friedenslehren, die aus dem christlichen Weltverständnis schöpfte und dessen Potenzial aufzeigte.

1 *Eros* und *Agape* im *modernen* Mystizismus

Franz von Assisi stellte die Fähigkeit zum Mitleiden, *Agape*, in den Mittelpunkt seiner Friedenslehre. Damit war er in einer von puristischer Aufstiegsphobie geplagten Umgebung ein Unzeitgemäßer. Doch seine Grat-

3 Gebelein 1996 S. 17.

4 Stefan George, zitiert in Gebelein 1996 S. 382.

5 1181 bis 1226.

wanderung zwischen Ketzerei und Heiligenvita ging in ihrer Radikalität weit darüber hinaus. Sie war nicht auf den Frieden unter den Menschen begrenzt. Sie reichte über das Irdische hinaus in den Kosmos. Die Versöhnung aller Dualitäten war ihm ein Anliegen, nicht deren Unterscheidung in Gut und Böse. Das ermöglichte es ihm, sich nicht nur als Bruder aller Menschen zu fühlen, sondern in allen Lebewesen und Dingen seine Brüder und Schwestern wahrzunehmen. Allem und jedem wollte er mit Respekt begegnen.[6] In seinem viel zitierten und theologisch tiefgründigen Sonnengesang preist er Gott in all seinen Geschöpfen, wobei sein mystisches Weltverständnis in keiner Zeile verborgen bleibt. Er wandte sich mit vollem Risiko von den anthropozentrischen Tendenzen des *Phobos*, von der Trennung zwischen Himmel und Mensch ab und einer *energetischen* Sicht zu. Das ist bei vielen seiner Zeitgenossen zu beobachten. Die Abkehr vom institutionell erstarrten Machtapparat der Kirche hin zu einem spirituell inspirierten Armutsideal als *imitatio Christi* durchzog das gesamte Mittelalter. Aber wo immer solche Friedenslehren sozialmächtig wurden, stießen sie auf den Widerstand der Institution, die sie als Ketzer bekämpfte und vernichtete. Werk und Wirken des Franz von Assisi stellen hier gewissermaßen das Ausloten der möglichen Extreme innerhalb der Institution Kirche dar.

Mit seinem mystischen und radikalen Pazifismus befand sich Franz in bester *energetischer* Gesellschaft. Von den Derwischgemeinschaften im maurischen Spanien entlieh er sich die kleine Regel seines Ordens, samt der Idee der Laienbruderschaft, sowie seinen berühmten Sonnengesang:[7]

> Gelobt seist Du, Herr,
> durch die, so vergeben um Deiner Liebe willen
> Pein und Trübsal geduldig tragen.
> Selig, die's überwinden im Frieden:
> Du, Höchster, wirst sie belohnen.[8]

Ähnliche Zitate lassen sich im Christentum seit ältester Zeit beobachten. Ein früher Beweis dafür ist Bonifazius, der schon im achten Jahrhundert die Heilige Schrift so interpretierte, dass „nicht Böses mit Bösem, sondern sogar Böses mit Gutem zu vergelten wäre“. Er predigte gegen den *phobischen* Dua-

6 Huber/Reuter 1990 S. 59f.
7 Makowski 1997 S. 10.
8 Franz von Assisi 2007.

lismus an und gegen die Furcht vor denen, die den Körper töten. Die Seele lebe ewig und könne nicht vernichtet werden.[9] Diese Kraft lässt sich nicht dauerhaft unterdrücken. Sie manifestierte sich besonders mächtig in Franz von Assisi, aber im 13. Jahrhundert auch in Berthold von Regensburg, der in seiner großen Friedenspredigt meinte, dass nicht nur jeder Mensch, sondern jede Kreatur von Natur aus nach Frieden strebe. Geradezu als Vorwegnahme der humanistischen Psychologie beschreibt er die Natur allen Seins und geht dabei weit über den *moralischen* Frieden seiner Zeit oder die institutionalisierte *pax* hinaus.[10]

Der abendländische Mystizismus gipfelt in Leben, Werk und Wirken der Teresa von Ávila,[11] die der christlichen Mystik so bedeutend war wie Thomas von Aquin der Dogmatik.[12] Teresa ist nicht im engeren Sinne als Friedensdenkerin zu bezeichnen. Für die *energetische* Deutung des Friedensbegriffs sind aber zumindest ihre Schriften „Weg der Vollkommenheit" und besonders „Die innere Burg"[13] wertvolle, vom Sufismus beeinflusste Wegweiser zum inneren Bergsee. Daher sind sie Keimzellen, Potenziale, Ansätze für eine christlich inspirierte Friedenslehre, die auch und gerade der Sprache und Denkweise der *Moderne* gerecht werden kann.[14] Im „Weg der Vollkommenheit" gibt Teresa eine zeitlose Anleitung zum inneren Beten. Sie weiß aus eigener Erfahrung, schreibt sie, dass es nicht in der Macht des Menschen liege, Schlechtes einfach zu vermeiden. So gibt sie auch nicht den Rat, zuerst das Schlechte zu bekämpfen, sondern im Beten, in der Freundschaft mit Gott, auszuharren. Zum Wesen dieser Art des inneren Betens als einer augustinischen Freundschaft mit Gott – ich sage dazu: zur Erfahrung des inneren Bergsees – gehöre es, anderen daran Anteil zu geben. Teresas Ansatz der *Agape* weist in dieser Beziehung trotz ihrer Fixierung auf den Leidensweg in der *imitatio Christi* mehr Parallelen zum *energetischen*, an der Erkenntnis orientierten Friedensbegriff des Mahāyāna auf als zum *phobischen* Christentum ihrer Zeit. Deshalb wurde sie selbst heilig gesprochen, während

---

9 Zitiert nach Ohler 1997 S. 13; Kluge 1989 S. 76/77.

10 Koppe 2001 S. 144.

11 1515 bis 1582.

12 Ökumenisches Heiligenlexikon 2007.

13 Vogelsang 1979.

14 Ausführlich dazu Wilber 2001 S. 361–370.

ihr Werk und ihre Lehre von normativen und reaktionären Tendenzen in den von ihr selbst gegründeten Orden bekämpft wurden.[15]

Ich habe festgehalten, dass die Spannung zwischen einem tendenziell zur Gewalt neigenden Eingottglauben und einer balancierten Friedensphilosophie zwischen *Eros* und *Agape* nicht allein eine Sache des Christentums ist. In der moslemischen Welt stehen für dasselbe Phänomen die Sufis, die so wie die von ihnen beeinflussten christlichen Mystiker Franz von Assisi, Teresa von Ávila, Ignatius von Loyola, Johannes vom Kreuz oder Meister Eckhart eine Gratwanderung zwischen Zugehörigkeit und Häresie durchmachen. Sie selbst sehen sich großteils als besonders gläubige Moslems, werden von den Mehrheitsströmungen aber häufig ausgegrenzt und des Abfalls vom wahren Glauben bezichtigt. Beides hat seine Berechtigung, denn der Sufismus wurzelt im prä-islamischen Asketentum. Er hat in seiner ethischen Orientierung viel mit Platon, aber oft noch mehr mit dem Advaita Vedanta, dem Jainismus, dem Taoismus oder dem Buddhismus zu tun, mit denen er die *energetische* Friedensvorstellung vom Göttlichen Atem teilt. Yunus Emre, der türkische Mystiker des 14. Jahrhunderts, schrieb, dass jeder Mensch Teil von Gott wäre und nicht von ihm getrennt werden könne.[16] Die *unio mystica*, der Zustand des Einsseins mit dem Göttlichen, ist den Sufis das höchste Ziel. Mit meditativen Techniken streben sie nach Transformation ihres Ich und danach, das Göttliche in sich bereits im Diesseits zu erfahren. Der Sufi erkennt, dass nichts und niemand von Gott, dem Göttlichen, getrennt ist. Während die Vielfalt der göttlichen Schöpfung gepriesen wird, betont diese Lehre zugleich deren inhärente Einheit.[17]

Der Verzicht auf die Anhaftung an individuelle Eigenschaften, die Reinigung vom Ich aus Liebe zu Gott und das Aufgehen im Göttlichen sind Prinzipien der *energetischen* Frieden. Für Jalal ad-Din Rumi, den Gründer des Mevlevi-Derwischordens und herausragenden persischen Mystiker des 13. Jahrhunderts, beginnt dies in der Aufhebung aller Dualitäten. Er beschreibt auf poetische Art seine Erfahrung als Reise, in der die Gegensätze aufgehoben werden. Wer sich für die Philosophie der Liebe entschieden hat, kehrt bei ihm nie auf die Ebene des Hasses zurück, der fälschlicherweise als Gegensatz zur Liebe eingestuft wird. Hass löst sich nämlich in Liebe auf. Wie ein Feuer das Feuchte und das Trockene, das Gute und das Böse, das Schö-

15 Teresa von Ávila 2007.
16 Makowski 1997 S. 181.
17 Rehman (unveröffentlicht).

ne und das Hässliche gleichermaßen verbrennt, verwandelt die Flamme der Liebe alles, was nicht Liebe ist.[18]

Sufi bedeutet wörtlich „Kind des Augenblicks".[19] In diesem Sinn ist die Überwindung der Zeit ein wichtiger Teil dieser Lehre. Rumi bezeichnet das Schwelgen in der Vergangenheit und das Träumen von der Zukunft als Fesseln für den freien Geist und rät:

> Verbrenne die Knoten der Vergangenheit und der Zukunft, die wie Schleier zwischen dir und Gott stehen.[20]

All das verweist nur begrenzt in den *moralischen* Kodex der Hauptströmungen des Islam, an denen sich der Sufismus formell orientiert. Sein Weg folgt dem Gesetz, *Schari'a*, das zumeist an erster Stelle steht, untrennbar verwoben mit der Mystik, *Tariqa*, der Wahrheit, *Haqiqa*, und der Erkenntnis, *Ma'rifa*. In der sufistischen Tradition wird das mystische Wissen durch eine lebendige Linie übertragen. Deswegen ist es für den Sufi unerlässlich, sich der geistigen Führung eines *Sheikh*, Lehrers, anzuvertrauen, der durch eine Überlieferungskette mit der göttlichen Wissensquelle verbunden ist. Die Funktion des *Sheikh*, die jener des indischen *Guru* entspricht, ist nicht zuletzt deshalb unerlässlich, weil die Sufis um die Gefahren ich-hafter Täuschungen wissen.[21]

Die Sufis verstehen den Islam als einen Auftrag, der Ergebung und Frieden bedeutet, und sich selbst als Vermittler zwischen den Religionen. Ihnen bedeutet Islam nicht nur einen rituellen, normativen und *moralischen* Frieden, sondern einen *energetischen*, der die gesamte Schöpfung umfasst.[22] Daher verband sich der Sufismus im Laufe der Jahrhunderte mit zahlreichen islamischen und nicht-islamischen Strömungen zu Lehren, Glaubens-, Kunst- und Ritualformen, die sich allesamt durch ihre *energetische* Friedensdeutung, ihre weltliche Toleranz, ihren geringen Hang zum Dogmatismus, aber auch ihren gewitzten und entschiedenen Widerstand gegen religiösen und säkularen Institutionalismus auszeichnen.

---

18 Sheikhalaslamzadeh 2007 S. 70.

19 Arabisch: *sufi ibn ul waqt.* Sheikhalaslamzadeh 2007 S.70.

20 Jalal ad-din Rumi zitiert nach Sheikhalaslamzadeh 2007 S.70.

21 Schimmel 1995; Said/Funk/Kadayifci 2001.

22 Makowski 1997 S. 11/12.

Als besonders illustrativ und exemplarisch dafür sei die Philosophie des Alevitentums genannt,[23] in der sich sufistische Lehren seit dem 13. Jahrhundert mit der Schia, der jüdischen Kabbala, dem christlichen Mystizismus, dem Zoroastrismus und vorislamischen Lehren Mesopotamiens und Anatoliens verbinden. In ihrer Weltsicht steht *Ma'rifa* vor *Haqiqa,* also Erkenntnis vor Wahrheit. Die Philosophie des Alevitentums besagt, dass jedem Menschen die Wahrheit und das Göttliche zugänglich wären, weshalb ihr die Wissenschaft besonders wichtig ist. Aufgrund ihrer undogmatischen und aufgeklärten Haltung sind Aleviten heute häufig in demokratischen Parteien, humanitären Einrichtungen oder zivilgesellschaftlichen Bewegungen zu finden. Sie tendieren innerhalb jedweden Regimes zur Opposition. Wenn sie von *baris* sprechen, dem türkischen Wort für Frieden, verstehen sie es in einem relationalen Sinn, ohne missionarischen oder dogmatischen Anspruch. Das underscheidet sich markant von der etymologischen Herleitung des Wortes, nach der *baris* im Türkischen ein Parallelbegriff zur griechischen *Eirene* ist und negativen Frieden meint. [24]

Die Aleviten brauchen keine Moscheen, keine verbindliche Liturgie und kein Dogma. Musik, Poesie und esoterische Rituale, wie sie in ihrem heiligen Buch, dem Buyruk, festgehalten sind, spielen in ihrer Praxis hingegen eine wichtige Rolle. Sie lehnen die *Schari'a* ab, weshalb sie von den dominierenden Schulen üblicherweise nicht als Moslems anerkannt und häufig verfolgt werden. Ähnliches gilt für die undogmatische, unorthodoxe und unkonventionelle Religionsausübung der Bektaschi am Balkan und mit Abstrichen vielleicht auch für die Drusen und Alawiten in Syrien und im Libanon.[25]

Die *energetische* Ausrichtung aller (quasi)sufistischen Strömungen, die sich am Rand oder auch jenseits der islamischen Glaubenslehre bewegen, lässt sich eindrucksvoll an ihrer Einstellung zu Musik und Tanz illustrieren. Ohne die große Bedeutung der Poesie für die Sufis übersehen zu wollen, spielen diese *dionysischen* Künste in all ihren Variationen eine Schlüsselrolle für Gemeinschaftsbildung und Kontemplation. Eine *Cem*-Zeremonie ist ohne Musik unvorstellbar und für die Ausübung der religiösen Pflichten unverzichtbar. Musik schafft die mystische Stimmung, und durch sie kann der einzelne seinen spirituellen Einblick erlangen. Schon Rumi meinte:

23 Ich danke Alev Cakir für den wichtigen Hinweis auf dieses Thema.

24 Shankland 2003 S.1.

25 Zu den verschiedenen Richtungen aufschlussreich Gülcicek 1996.

> Alle geistigen Pfade führen zu Gott. Ich habe den Pfad des Tanzes und der Musik gewählt [...] Wer liebt, nährt seine Liebe, indem er der Musik lauscht, denn die Musik erinnert ihn an die Freuden der ersten Vereinigung mit Gott.[26]

Musik ist der *energetische* Ausdruck der Sufis auf ihrem Weg zum Frieden, zum inneren Bergsee. Das unterscheidet diese Lehren fundamental vom normativen Dogmatismus der Sunniten und Schiiten. Der aufgeklärte Mystizimus verwindet im Islam wie auch im Christentum die normative Moralität des monotheistischen Friedensbegriffs. Voraussetzung dafür ist, dass der Eine Gott in diesen Lehren nicht personifiziert, sondern mehr oder minder offen *energetisch* als das Göttliche gedeutet wird. So lehrte Hadschi Baktāsch Wali, der legendäre Mystiker, nach dem sich die Bektaschen nennen, dass das Universum nichts anderes sei als die sichtbare Gestalt Gottes, woraus eine entsprechende ethische Einstellung im Diesseits folge. Für die Aleviten existieren weder Himmel noch Hölle, und der Ursprung des Kosmos liegt in einem Licht, welches sie *HAK* nennen. In *HAK* sei bereits alles Wahrnehmbare, inklusive dem vergänglichen Menschen selbst, enthalten. Der Mensch vermittelt im Alevismus, wie im Taoismus, zwischen Himmel und Erde, und muss vergehen, um die Harmonie zwischen allem zu erhalten. Der menschliche Geist ist das Selbstverständnis von *HAK*, Verkörperung und Eigenschaft der Schöpfung. Daraus folgt der Respekt vor allen menschlichen Wesen, der Natur sowie die relationale und daher flexible Friedensethik dieser Philosophie.[27]

Der zeitgenössische Sufi A.H. Almaas schreibt in seinem Buch über die Essenz des Seins:

> Dienst am Nächsten ist nicht moralisch gutes Handeln. Es hat nichts mit Moral zu tun. Dienst ist die nützliche und notwendige Arbeit oder Handlung, die für die Verwirklichung und Entwicklung von Essenz notwendig ist, ohne Rücksicht auf die Grenzen zwischen einem selbst und anderen.[28]

Diese Ethik charakterisiert den Sufismus mit all seinen Ableitungen. Daran ändert auch der Umstand nichts, dass verschiedene Sekten von Persien über Syrien bis Nordafrika sufistische Techniken, insbesondere den *dhikr*, die

26 Zitiert nach Makowski 1997 S. 27.
27 Zeidan 2007.
28 Almaas 2003 S. 48.

rituelle und meditative Anbetung *Allahs* kultivierten, um sich auf gewalttätige und kriegerische Handlungen vorzubereiten. Das Potenzial für eine derartige Verwendung ist in jeder *energetischen* Lehre vorhanden und tritt vor allem dann auf, wenn die *energetische* Praxis des Rituals in ein *moralisches*, dualistisches und normatives Verständnis des Friedens transferiert wird. Das war bei den Ismailiten und Assassinen der Fall, kann aber ebenso im Überlebenskampf nordamerikanischer Gemeinschaften gegen die europäische Invasion oder in Schwarzafrika häufig beobachtet werden. Was in solchen Fällen bleibt, ist die rituelle Kraft einer *energetischen* Aufladung, die sich in einem dualen Kontext gegen das als böse oder minderwertig Wahrgenommene richtet und so zur Anwendung physischer Gewalt führt.

Der Sufismus ist eine in ihrem Kern vor-islamische Form des Mystizismus, deren großflächige und synkretistische Ausbreitung vor allem in jener Zeit Dynamik gewann, die in Europa als Beginn der Neuzeit bezeichnet wird. Ähnliches gilt für die spirituell und geographisch benachbarte Weltsicht der im Punjab beheimateten Sikhs. Auch ihre Lehre entsteht ab dem späten 15. Jahrhundert europäischer Zeitrechnung. Ihr Stifter, Guru Nanak, starb 1539. Ihm folgten bis 1708 neun weitere Gurus, deren Lehren und Schriften die Basis für den Sikhismus bilden.[29]

Obwohl die Sikhs größten Wert auf die Eigenständigkeit ihrer monotheistischen, pragmatischen und ganzheitlichen Religion legen, lassen sich hinsichtlich ihres Friedensverständnisses zahlreiche Parallelen zu den bisher angesprochenen Beispielen aller Religionen und Philosophien des indischen Subkontinents ausmachen. Auch der Sikhismus ist eine Buchreligion, wobei das spirituelle Vermächtnis der zehn Begründer im Guru Granth Sahib niedergelegt ist, einer poetischen, musikalischen und metaphorischen Lehrschrift. Die Verwendung verschiedener Sprachen, Melodien und Verse Heiliger unterschiedlichster Herkunft betonen den religionsübergreifenden und dennoch eigenständigen Charakter dieser Lehre.

Deren aus friedenswissenschaftlicher Sicht interessantestes Thema ist aus ihrem Umfeld bestens bekannt: Der Egoismus der Menschen. Laut den Gurus ist das Haupthindernis für inneren Frieden das Hängen am Ego und an weltlichen Dingen. Innerer Frieden, *mukti*, könne durch ein erwachtes Bewusstsein erreicht werden, das die Illusion des Getrenntseins von allem Existierenden durchschaut. Frieden bezieht sich bei den Gurus auf das Er-

29 Grewal 1994.

leben der schöpferischen Einheit zu Lebzeiten eines Menschen. Um ein erwachtes Bewusstsein zu erlangen, wäre die Nutzung von Urweisheiten, die dem Menschen potenziell innewohnen, entscheidend.[30] Ein Leben, das sich an diesen Weisheiten ausrichtet, zeichnet sich durch eine ganzheitliche Lebensführung aus, die von fortwährender Verbundenheit mit der Schöpfung geprägt ist, von innerer Zufriedenheit und Optimismus. Ein gemeinschaftliches Leben im Gleichklang von würdevoller Arbeit, spiritueller Entwicklung und sozialer Wohltätigkeit wird als vorbildlich angesehen. Okkultismus, Asketentum und religiöses Spezialistentum von Priestern oder Mönchen als Mittler zwischen dem Menschen und dem Göttlichen lehnen die Sikhs ab, da sie jedem Menschen das Potenzial zusprechen, das Göttliche in sich selbst und im Alltag mit anderen zu erfahren. Kastentum und brahmanische Traditionen werden weder gebraucht noch gebilligt. Ebenso werden Rituale, Pilgerfahrten, das Rezitieren von Mantren oder des Namen Gottes sowie die Ausübung spezifischer Yoga- und Meditationstechniken für eine tiefgehende religiöse Haltung als unwichtig erachtet. Sikhi ist ein spiritueller Lebensweg, der sich explizit von Gewaltanwendung aus aggressiven Motiven distanziert. Dennoch haben Sikhs in der Geschichte öfters an kriegerischen Handlungen teilgenommen und sie genießen den Ruf, große Kämpfer zu sein, was sie mit ihrem Recht auf Selbstverteidigung und dem Verlangen nach einem Leben in Freiheit begründen.

All das vollzieht sich im Sikhismus vor einem interessanten Gottesbild. Der Schöpfergott ist laut den Gurus liebend, unendlich, unfassbar, feindlos, namenlos, formlos und auch geschlechtslos. „Er“ ist also nicht zwangsläufig männlich. „Er“ kann auch in der Gestalt der Mutter als Schöpferin auftreten, und sollte wohl eher als göttliche *Energie* denn als personifizierter Gott vorgestellt werden.[31] Da aller Schöpfung das Göttliche innewohnt, gelten Mensch, Tier, Natur als beseelt. Das gesamte Universum wird als heilig angesehen.[32] Der Sikhismus unterscheidet sich auf pragmatische Weise von den institutionellen Erstarrungs- und Gewaltformen der ihn in seiner Entstehungszeit umgebenden philosophisch-religiösen Strömungen, insbesondere vom Islam und vom Brahmanismus, gegen dessen Kastenwesen er sich ebenso wendet wie die monotheistisch-hinduistische Bhakti-Bewegung, die

30 Guru Granth Sahib S. 39, 94, 466.

31 Guru Granth Sahib S. 103, Kaur 1993.

32 Guru Granth Sahib S. 1427. (???)

zu Lebzeiten des Guru Nanak in Nordindien florierte.[33] Dennoch vereint der Sikhismus Merkmale aller ihn umgebenden Lehren auf bemerkenswerte Weise zu einer spirituellen Neuinterpretation von Welt und Frieden. Einerseits den *moralischen* Monotheismus, wie er im Islam angelegt ist, andererseits die *energetische* Offenheit, wie sie im Hinduismus gepflegt wird, angereichert mit den wichtigsten philosophischen Einsichten, die der Buddhismus gebracht hat.

Der schon besprochene Tantrismus ist eine wichtige Inspiration all dieser Lehren, die im nordindischen Kontext wurzeln. Mit mehrtausendjährigem Vorlauf im Shivaismus und Shaktismus war er als neudravidische Revolution der arisch dominierten Geisteswelt entstanden. Die Blütezeit seiner linkshändigen Auslegung, des Vamacara, reicht von etwa 600 bis 1200 europäischer Zeitrechnung, und bringt um 1200 im Kulârnava Tantra seinen wichtigsten Text hervor. Nach der islamischen Invasion Nordindiens im zwölften Jahrhundert wurde diese Bewegung rasch zurück gedrängt, lebte aber in vielfältigen Synkretismen und von Gurus vermittelten Geheimlehren fort. Zahlreiche *moderne* Friedenslehren und Schriften schöpfen aus diesen uralten Erfahrungen. Neuzeitliche Mystiker Indiens wie Kabir,[34] der Tantriker Matsyendra Nath, der als Schöpfer des Hatha-Yoga gilt, und sein legendärer Schüler Gorakhnath oder Goraksha, dem die Gheranda Samhita zugeschrieben wird, lebten in jenem Ambiente des 15. und 16. Jahrhunderts europäischer Zeitrechnung, in dem diese Weltregion so viel Neuartiges hervorbrachte.

Dessen Strahlkraft reichte bis China und Japan. Der Legende nach brachte Bodhidharma den Buddhismus im fünften Jahrhundert von Indien nach China, wo er sich mit taoistischen und konfuzianischen Elementen vermischte. Angeblich hat Bodhidarma selbst im sagenumwobenen Shaolin-Kloster jene Kombination aus Meditation, Körperertüchtigung und Kampfeskunst gelehrt, die unter dem Namen Ch´an bekannt wurde. Während der Ming-Dynastie[35] blühte in China diese Kampfeskunst der Shaolin-Mönche, die zwar auf buddhistischen Meditationstechniken und Prinzipien beruht,

33 Die Bhakti-Bewegung kann einerseits als eine Art spirituelle Renaissance des Hinduismus betrachtet werden, die sich von der normativ-materiellen Renaissance des Westens diametral unterscheidet, andererseits ist ihr Gottesbild vor allem in Nordindien deutlich von externen, monotheistischen Einflüssen gekennzeichnet. Das 2001 S. 37.

34 1440 bis 1518.

35 1368 bis 1644.

deren Ausrichtung aber deutlich verändert, indem sie der Transformation aggressiver, feindlicher *Energie* das Moment des Sieges hinzufügt. Im zwölften Jahrhundert gelangte diese Schule nach Japan und erreichte von da aus unter dem Namen Zen Weltruhm.

Der tantrische Buddhismus tritt in China erst seit dem siebten Jahrhundert und unter dem Namen Mizong auf. Er erlebte dort eine erste Blüte im neunten Jahrhundert, in dem er sich auch schon nach Japan ausbreitete. Während er in China relativ rasch an Bedeutung verlor und erst im 14. Jahrhundert nochmals aufblühte, entwickelte er sich in Japan unter dem Namen Shingon-shu zu einer der stärksten und dauerhaftesten Interpretationen des Buddhismus.[36] Er befruchtete den vorher eher exoterisch orientierten Geist dieses Landes mit dem Ritualwesen und gab ihm so ein Ausdrucksmedium, das für lange Zeit, besonders aber zwischen dem zwölften und 16. Jahrhundert europäischer Zählweise, dem so genannten japanischen Mittelalter, eine zentrale Form der Religiosität darstellte.[37]

Zusammenfassend zeigt sich am Beginn jener Epoche, die in Europa Neuzeit genannt wird, eine auffällige globale Gleichzeitigkeit *energetischer* Friedenslehren, die sich mehr oder minder dicht und relevant von Japan durch ganz Asien bis zum Atlantik zieht. Hinzu kommen die kleinen Gastrechte Schwarzafrikas und beider Amerikas, die dieses Bild in keiner Weise stören. Die darin vertretenen Lehren wurzeln durchwegs in uralten Einsichten und Ritualen, treten aber in aktualisierten, strukturierten, zeit- und kontextgemäßen Formen auf. Sie zeigen Flexibilität in der Auseinandersetzung mit den *moralischen* Mehrheitsmeinungen der monotheistischen Religionen und reagieren auf deren Aggressivität nur fallweise mit Gegengewalt. Insgesamt zeigt dieser Befund das enorme friedenskulturelle Potenzial für einen balancierten Umgang mit dem seit damals absehbaren Niedergang der *phobischen* Gesellschaftsordnungen.

Dies kann gar nicht nachdrücklich genug betont werden, denn es belegt, dass noch am Beginn der Neuzeit ausreichend friedenskulturelle Alternativen zur *Moderne* zur Verfügung gestanden wären, denen die Bedeutung der Balance zwischen *Eros* und *Agape* einsichtig war. Die Friedensforschung des 21. Jahrhunderts könnte geneigt sein, hier in Anlehnung an Jaspers schon wieder eine Achsenzeit wahrzunehmen. Mit Teresa von Ávila, Hadschi Baktāsch Wali, Guru Nanak, Matsyendra Nath, Kabir und vielleicht

36 Yamasaki 1990.
37 Kōbō Daishi Kūkai 2007.

einem Denker des Shingon-shu als Referenzpersonen. Doch schon der Gedanke ist ketzerisch. Die offizielle Geschichtsschreibung schenkt anderen und anderem die Aufmerksamkeit. Der epochemachende Wechsel von *Phobos* zu *Thanatos* begründet die *Moderne*. Dessen zwingende Notwendigkeit gehört in den Bereich der großen Erzählungen, ebenso die These, dass dies ein evolutionärer Fortschritt gewesen wäre. *Energetische* Friedenslehren haben oft starr und unglaubwürdig gewordene *Morallehren* reformiert oder abgelöst. Ob dies gut oder schlecht war, darüber können Anhänger dualistischer Glaubenssätze streiten. Die *energetischen* Neuerungen folgen aber chronologisch immer wieder den institutionellen Erstarrungen der *moralischen* Friedensbilder und werden situativ als spirituelle Befreiung aus normativer Enge empfunden. Es lässt sich kaum leugnen, dass die entsprechenden Reformen dem Bedürfnis vieler Betroffener entsprangen, die sich bewusst unter dem Einsatz ihres Lebens dafür engagierten und sich als Kräfte der körperlichen, seelischen und geistigen Befreiung, und nicht als Agenten des konservativen Verharrens in *phobischer* Befangenheit, wahrnahmen.

2 Die Flucht vom *Phobos* zum *Thanatos*

Es stellt eine bemerkenswerte Koinzidenz dar, dass just 1492 die spanische Grammatik des Antonio de Nebrija als die erste einer *modernen* europäischen Sprache veröffentlicht wurde. Die Erstellung von Sprachregeln mag vordergründig ein wenig spektakulärer Akt sein, in ihrer tieferen Bedeutung ist sie aber ein Angriff auf vernakuläres Denken und Sprechen. Da Sprechen eine Funktion des Denkens ist, bedeuten Sprachregeln einen tiefen Eingriff in das Selbstverständnis von Menschen.[38] Wer sich einfach nur ausgedrückt hatte, konnte sich ab nun in dualistischer Logik richtig oder falsch ausdrücken, wodurch seine Wertigkeit, seine Zugehörigkeit, sein So-und-nicht-anders-Sein bestimmt wurden. Daher steht die Nebrija-Grammatik gleichberechtigt neben anderen symbolträchtigen Gewaltakten des Jahres 1492 in Europa.[39]

Das Ende der *convivencia* in Spanien, das 1492 im Fall Granadas als letzter muslimischen Stadt auf der iberischen Halbinsel seinen Ausdruck fand

38 Esteva 1995 S. 26.

39 Todorov 1985 S. 151. Zur Bedeutung von Sprache für die Wahrnehmung von Frieden ausführlich Kapitel D.4.

und Zehntausenden Tod und Vertreibung brachte,[40] gründete in seinem Kern nicht in einer Feindschaft gegen die betroffenen Menschen, sondern in dem abnehmenden Vertrauen der Christen in den eigenen Glauben. Der 1492 gewählte Rodrigo Borgia, der als Papst Alexander VI. in Rom eine Schreckensherrschaft führte und den Beutezügen der Franzosen in Italien nichts entgegenzusetzen hatte, symbolisiert das Spannungsverhältnis zwischen dem Anspruch der katholischen Kirche auf Universalität und ihrer geringen Fähigkeit, diese zu vertreten.

In dieses Sittenbild gehört auch des Wirken von Nicolo Macchiavelli,[41] dessen folgenschwere Schrift *Il Principe*, die entsprechenden Friedensvorstellungen dieses Kreises widerspiegelt. Als Vorlage für sein Idealbild der Fürstenherrschaft diente Macchiavelli Cesare Borgia, der Sohn des Papstes, der um die Jahrhundertwende im Kirchenstaat eine absolute und gewalttätige Herrschaft führte.[42] Macchiavellis Meinung war, dass das gesellschaftliche Chaos nur durch die starke Hand eines mit entsprechenden Machtkompetenzen ausgestatteten Fürsten eindämmbar wäre. Er war kein Zyniker, aber ängstlich getrieben von seinem pessimistischen Menschenbild glaubte er fest an die ordnende Kraft der starken Hand, deren möglichst effizientes Funktionieren um jeden Preis im Mittelpunkt seines Interesses stand. So berief er sich auf das Fürstenrecht, wie es einst Marsilius von Padua vorgeschlagen hatte, und wies den Weg zum späteren Denken eines Thomas Hobbes und der so genannten Realistischen Schule der Internationalen Beziehungen. In seiner Angstgetriebenheit verstärkte er kriegskulturelles Denken. Die einleuchtende, weil einfache Attraktivität seiner Lehre für die Herrschenden erschwerte es so mancher Friedensvorstellung der nachkommenden Generationen, sich Gehör zu verschaffen.[43]

1487, fünf Jahre vor Papst Alexanders Amtsantritt, war in Strassburg der so genannte Hexenhammer erschienen, der das Beweisverfahren in den hundert Jahre vorher in dieser Art begonnenen Hexenprozessen systematisieren sollte. Wie immer mensch die subjektive Absicht einzelner Inquisitoren deutet, ihr Werk war die Vernichtung vernakulärer und traditioneller Weisheit und deren TrägerInnen, in erster Linie Frauen, die in der Folge

40 Heine 1992 S. 61–71; Kienitz 1992 S. 37–45.
41 1469 bis 1527.
42 Hibbert 1992 S. 86–95.
43 Koppe 2001 S. 150.

durch Medizin als institutionalisierte Kompetenz von Experten abgelöst werden sollte.[44] Die durch Jahrhunderte tradierte und gewohnte Wahrnehmung der Mitwelt, der Gemeinschaft und selbst des eigenen Körpers sah sich durch diese Verfolgung bedroht, bis die Menschen selbst ihr nicht mehr trauten und sie zu verwerfen begannen.[45] Der Terror der Inquisition bereitete das geistige Trümmerfeld, aus dem sich die *Moderne* erheben sollte. Dabei entkleidete sie den christlichen Glauben zunehmend seines Charakters als Frage des Selbst-Verständnisses und verwandelte ihn zu einer Rechtsfrage. Der *moralische* Verfall der Kirche provozierte asketisch *moralisierende* Eiferer wie Girolamo Savonarola[46] und später die Reformation, die für eine zutiefst verunsicherte Gesellschaft jedoch weniger Ausweg als Ausdruck der sich ausbreitenden Orientierungslosigkeit war. Die alte Welt zerbrach an ihrer Angst vor sich selbst, bevor die Heilsversprechungen der neuen entworfen waren.

Die schleichende Bedrohung des Alltags, die *phobische* Wahrnehmung des Lebens als letzte Gelegenheit im Anschluss an die vernichtende Erfahrung epidemischer Krankheiten zeigte den Verlust der vernakulären Verfügungsmacht über den eigenen Körper und das eigene Bewusstsein auf dramatische Art.[47] Sie dürfte zur Ausbildung verschiedenster Ängste und Utopien und selbst zur Erfindung Amerikas als Materialisierung des europäischen Traums[48] kaum weniger beigetragen haben als die konkrete Bedrohung durch die Feldzüge und Kriege dieser Zeit.

Die Utopisten Thomas Morus,[49] Tomaso Campanella[50] und Francis Bacon[51] nehmen unter diesen Eindrücken auf unterschiedliche Weise die wichtigsten Komponenten dessen vorweg, was später als Idealistische Schule der Internationalen Beziehungen bezeichnet werden wird. Bei Morus' „Utopia"

44 Dazu ausführlich Illich 1981 und Knolle 1992. Nach neueren Studien sollen „nur" zwei Drittel der Opfer Frauen gewesen sein. Auch waren alle gesellschaftlichen Schichten von dieser Verfolgung betroffen, sodass die stereotype Erzählung von der alten, weisen Kräuterfrau als „Hexe" nicht als alleinige genommen werden darf. Dessen ungeachtet ist die Vernichtung des traditionellen Wissens eine der zahlreichen Folgen dieses Wütens.

45 Bahnbrechend dazu Duden 1990.

46 1452 bis 1498.

47 So die zentrale These im Klassiker von Gronemeyer 1996.

48 O'Gorman 1958.

49 1478 bis 1535.

50 1568 bis 1639.

51 1561 bis 1626.

stehen die Aspekte der Vernunft, Humanität und Gerechtigkeit im Vordergrund, die aus einer Position der wehrhaften Stärke verfochten werden. In Campanellas „Sonnenstaat" diktiert eine allmächtige Zentralgewalt, die sich aus einem *energetischen* und jedenfalls unpersönlichen Gottesbegriff in der Form echnatonischer oder mithratischer Sonnenverehrung legitimiert, die soziale Umverteilungs- und Arbeitsgerechtigkeit. Bei Bacons „Neu-Atlantis" steht der technische Fortschritt im Mittelpunkt. Allen ist gemeinsam, dass sie die jeweils gegenwärtigen Verhältnisse in ihren Gesellschaften verwerfen und ein ideales Jenseits in Romanform zeichnen, weil sich eine direkte Kritik an den Herrschaften für sie fatal ausgewirkt hätte und hat.

Nicht weniger utopisch sind die Friedenspläne des Emeric Cruce,[52] *Le Nouveau Cynée*, und *Le Grand Dessein* des Maximilien de Béthune, Herzog von Sully.[53] Cruce greift mit der Bedeutung des Freihandels für den Frieden ein weiteres Thema auf, das später zu den zentralen Überlegungen der Idealistischen Schule der Internationalen Beziehungen zählen sollte: Krieg lohnt sich nicht. Der gute Geschäftsmann braucht und produziert Frieden. Der Herzog von Sully brachte die Idee der europäischen Föderation neuerlich in die Debatte ein und griff dabei auf Altbewährtes: die Konstruktion des äußeren Feindes, gegen den ein Heiliger Krieg, ein Kreuzzug als Dauereinrichtung zur Sicherung der europäischen Einheit geführt werden sollte, die zu seiner Zeit durch die innerchristlichen Glaubenskriege zwischen Katholiken, Calvinisten, Hugenotten und Lutheranern gründlich erschüttert war.[54]

In den Themen dieser fünf Autoren kündigen sich lange vor dem Westfälischen Frieden und den berühmt gewordenen Klassikern der Aufklärung alle Ideale der *modernen* europäischen Friedensdebatte an: Vernunft, Humanität, Gerechtigkeit, Umverteilungs- und Arbeitsgerechtigkeit, technischer Fortschritt, Freihandel und Föderalismus.

Dass sich diese Themen durch die Jahrhunderte in immer neuen Narrativen wiederholen, liegt in ihren gemeinsamen tiefenkulturellen Wurzeln begründet, in einer Denkstruktur, die sich von Platon und Aristoteles heraufzieht und unter dem Begriff Naturrecht die Grundzüge des Denkens der so genannten Aufklärung mitgestaltet. Naturrecht ist die rechtsphilosophische Bezeichnung für das, was dem als durch Normen gesetzten, positiven Recht übergeordnet vorgestellt wird. Das Naturrecht wird als vor- und

52 1590 bis 1648.
53 1560 bis 1641.
54 Koppe 2001 S. 153–158.

überstaatliches ewiges Recht jedes Menschen kraft seines bloßen Daseins angesehen. In der Aufklärung sahen viele darin einen großen Unterschied zum christlich-mittelalterlichen Verständnis, dass die Freiheit durch gnädige Autoritäten wie Gott oder Fürsten verliehen seien, ohne ein Recht darauf zu begründen. Die Berufung auf überpositives Recht geht davon aus, dass bestimmte Rechtssätze unabhängig von der konkreten Ausgestaltung durch die Rechtsordnung Geltung beanspruchen und somit durch einen positiven Akt der Rechtsetzung weder geschaffen werden müssen, noch außer Kraft gesetzt werden können.

Solche Annahmen sind Voraussetzung für die Denkbarkeit der Universalität der Menschenrechte, können aber ebenso für die Legitimierung faschistischer Herrschaften herangezogen werden. Der Unterschied zum mittelalterlichen katholischen Kirchenrecht, das die europäische Geschichte geprägt hat, liegt primär im Formellen. Das *ius divinum naturale* wurde als aktive autoritäre Handlung verstanden, die keines Buchstabens bedürfe, während das *ius divinum positivum* in Texten dargestellt wurde. Die im Naturrecht gelehrten Rechtsprinzipien werden unterschiedlichen, aber immer externen, vom Menschen nicht beeinflussbaren Quellen zugesprochen.

Wenngleich die Aufklärung den mittelalterlichen, außerhalb der Welt stehenden Gott des Augustinus durch die Natur oder die Vernunft ersetzte, entkam sie dem grundsätzlichen Dilemma naturrechtlichen Denkens nicht. Da der letzte Grund des Seins im Diesseits nicht beweisbar ist, bleibt das, was scheinbar ein allen Menschen kraft ihres Daseins einsichtiger Wert sein soll, der Bewertung des Beobachters unterstellt. Wer die Macht hat, seine Bewertung zur universellen zu erklären, kann das unter Berufung auf Gott, die Natur, die Existenz oder die Vernunft tun, ohne den Beweis antreten zu müssen. Ob ein solcher Akt despotisch oder heilsam aufgenommen wird, bleibt dem Empfinden der Betroffenen überlassen. Naturrechtliche Grundsätze sind trotz ihres universellen Anspruchs den diskursiven Kontexten konkreter Gemeinschaften unterstellt und erlangen je nach entsprechender Bewertung soziale Mächtigkeit oder eben auch nicht.

Doch dies erhellt sich aus der Perspektive des 21. Jahrhunderts, insbesondere aus der Erfahrung einer intensiven Auseinandersetzung um die Universalität der Menschenrechte und aus dem Trauma des Faschismus. Diejenigen, deren Ideen auf naturrechtlichen Annahmen basierten und die ich in der Folge zitieren werde, konnten noch nicht auf diese Erfahrung greifen, ebenso wenig wie jene, die ihnen bis dahin den Weg bereitet hatten.

Viele der leidenschaftlich ausgefochtenen Antagonismen in der Geistesgeschichte wie der Realpolitik Europas gehen auf dieselben naturrechtlichen Grundannahmen zurück und (unter)schieden sich gerade deshalb so gewalttätig, weil ihnen diese Annahme auch die Möglichkeit einer ultimativen Wahrheit vorgaukelte.

Das Naturrecht hat nichts mit *energetischen* Friedensvorstellungen zu tun. Es schließt Relationalität auf rationale Weise aus. Es wurzelt im selben Grund wie die *moralischen* Friedensbegriffe und transponiert diese von der Sprachregel des *Phobos* in jene des *Thanatos*. Die Auseinandersetzungen der aufgeklärten europäischen Rechtsphilosophie um Naturrecht und Positivismus spielen sich jenseits der *energetischen* Friedensbegriffe ab und ignorieren diese konsequent.

Die Kriegsführung am Ende des 15. Jahrhunderts unterschied sich von der althergebrachten vor allem durch die Bedeutung der Artillerie. Seit diese beweglich und auf Schiffen einsetzbar war, schuf sie Großmächte. Nicht nur, dass sie 1492 in Granada den Aufstieg Spaniens zur Weltmacht ermöglichte, auch für das Vordringen der Osmanen im Osten Europas war sie ein entscheidender Faktor. Ob deren Machtentfaltung in der Levante, wie zumeist behauptet, die Ursache für die Expansion Europas nach Westen war, oder ob umgekehrt die Orientierung der europäischen Herrscherhäuser zum Atlantik deren Vordringen bis Wien erst ermöglichte, darf unbeantwortet bleiben. Die so genannte Türkengefahr blieb als Bedrohungsbild für das christliche Europa jedenfalls präsent.[55]

Kriege wurden seit der frühen Neuzeit mit einer Technologie geführt, der eine deutlich verstärkte Zerstörungskraft innewohnte. Gleichzeitig verlangte und ermöglichte sie immer größere Mobilität, immer größere Heere und damit immer aufwändigere Kriegsvorbereitungen. Die christliche Seefahrt erlebte in dieser Zeit durch die Rezeption arabischen und chinesischen Wissens eine technische Revolution. Die Verbindung von wirtschaftlicher und militärischer Macht wurde durch diese neue Art der Kriegsführung so eng, dass beide bald nicht mehr voneinander zu trennen oder auch nur zu unterscheiden waren. Die Allgegenwart des Kriegs, auch wenn einmal gerade nicht gekämpft wurde, sehen viele als den Beginn des kapitalistischen Weltsystems, als den eigentlichen Motor der fundamentalen Umgestaltung Europas an dieser Zeitenwende. Schon Max Weber[56] meinte, dass die tech-

55 Braudel 1992 S. 12–21.
56 Weber 1922 S. 647.

nologische und soziale Formation des Militärs die Gestaltung des *modernen* Staates und der Gesellschaft bestimmte und das Militär in der *Moderne* aufhörte, ein Werkzeug der Politik zu sein. Vielmehr wäre es Motor und Gestalter von Staat und Gesellschaft. Die auf Hierarchie beruhende Effektivität von Institutionen wie Klöstern wurde zum Vorbild für Kasernen und diese samt dem militärischen Drill zur Blaupause für Fabriken, Schulen, Krankenhäuser, allgemeiner: für eine effektiv produzierende Wettbewerbsgesellschaft. Michael Mann fasste das in einem prägnanten Satz zusammen:

> Though states have other purposes too, they have been principally concerned throughout history with warfare.[57]

Diese Beobachtung nimmt einen zentralen Diskussionspunkt der Friedensforschung des 20. Jahrhunderts vorweg[58] und rekurriert auf den sozialen Wandel am Beginn der *Moderne*, dem von den meisten Zeitgenossen nur ängstlich begegnet werden konnte. Die Angst bedingte die Sehnsucht nach dem Ausbruch, nach dem Land der unbegrenzten Möglichkeiten, dem Goldland, der Welt, in der Sehnsüchten, Leidenschaften, ritterlichen und niedrigen Trieben ungehemmt freier Lauf gelassen werden konnte. Der Kontrast zwischen dem *moralischen* Friedensbegriff der Metropole und dem der Kolonie sollte ein herausragendes Merkmal nicht nur spanischer Eroberungszüge werden. Das rituell nicht begründenswerte Massaker an Fremden (*polemos*) ist das Gegenteil des rituellen Scheiterhaufens in Europa (*stasis*) und des Menschenopfers in Amerika. Es ist der Bote des *Thanatos,* der am Beginn der *Moderne* noch im Namen des Christentums zum Durchbruch drängte.[59]

Europa ging schon schwanger mit der so genannten Neuen Welt, die, wie alle Ungeborenen, noch keinen Namen hatte, als Kolumbus über den Atlantik segelte. Von einer Entdeckung kann freilich nicht gesprochen werden. Nicht nur, weil der Entdecker nicht wusste, dass er einen neuen Kontinent entdeckt hatte, sondern vor allem deshalb, weil die Menschen, die seit Jahrtausenden diesen Erdteil bewohnten, sich nie die Mühe gemacht hatten, etwas zu ver-decken, was zu ent-decken Anlass gegeben hätte. In eigener Wahrnehmung befand sich Kolumbus in Asien, einem Kontinent, von dessen Existenz Europa längst wusste, der aber insofern zu ent-decken war, als

57 Mann 1988 S. 130.

58 Zum Beispiel Krippendorff 1986 und Wolf 1991 S. 189.

59 Bitterli 1986 S. 55–76.

die veränderte Machtkonstellation in der Levante den Weg dorthin verdeckt hatte.[60] Was immer Kolumbus selbst dachte, seine Fahrten hatten den europäischen Traum zum Leben erweckt. Nach wenigen Jahren war das Kind geboren, es nahm die Gestalt eines Doppelkontinentes und den Namen Amerika an. Die Europäer drängten unaufhaltsam nach Westen, um ihren Traum zu realisieren.

> Ein vulkanischer Wagemut, eine edle Neugier und Wissbegierde durchbrauste die Köpfe und Herzen. Man forschte nach dem Fabelland Indien und lernte etwas viel Märchenhafteres kennen: einen ganzen Weltteil mit Dingen, wie sie bisher noch keine Phantasie geträumt hatte.[61]

Die Entdeckung der eigenen Identität durch die Ausgrenzung anderer habe ich in den vorangegangenen Kapiteln als griechische Errungenschaft besprochen. Für die Spanier des beginnenden 16. Jahrhunderts war fremd gleichbedeutend mit nicht-christlich. Sie teilten die Fremden in Irrgläubige und Heiden. Die einen, gemeint waren die Mauren, galten als unbelehrbar. Kampf und Gewalt kamen als einzige Form der Begegnung mit ihnen in Frage. Den anderen, Schwarzafrikanern und Indianern, wurde hingegen das Potenzial zugestanden, den wahren Glauben aufzunehmen. Nur eine böse Fügung des Schicksals hätte ihnen die Frohbotschaft verwehrt.[62]

Bei der physischen Begegnung folgte die Wahrnehmung der anderen durch die Europäer einem Schema, das in den berühmten Disputen des Bartolomé de Las Casas und des Juan Ginés de Sepúlveda in Valladolid 1550 idealtypisch auftrat und in der viel diskutierten Arbeit Tzvetan Todorovs nachgezeichnet wurde.[63] Sepúlveda steht für die aristotelische Tradition der Unterscheidung zwischen Menschen, die zum Herren, und Menschen, die zum Sklaven geboren sind. Für ihn ist die Hierarchie der natürliche Zustand menschlicher Gesellschaft. Das Kriterium der Zuordnung teilt Superiorität von Inferiorität auf einer einzigen Werteskala. Da für ihn der spanische Mann das Idealbild des Menschen darstellt, setzt er jede Art von Differenz zu diesem mit Minderwertigkeit gleich.

60 Ausführlich und überzeugend dazu bereits O'Gorman 1958.
61 Fridell 1979 S. 265.
62 Bitterli 1986 S. 59 und 157.
63 Todorov 1985.

Las Casas geht hingegen vom egalitaristischen Prinzip der Aufstiegsphilosophie Platons und des Christentums aus, das Ungleichheiten und Opposition zwar anerkennt, die Unterscheidung aber zwischen Christen und Nicht-Christen, Guten und Bösen, zieht. Während für Sepúlveda vorgegebene Differenzen, wie etwa die zwischen Mann und Frau, Erwachsenem und Kind oder eben auch Spanier und Indianer, unüberwindbare Dualitäten und Herrschaft legitimierend sind, kann Las Casas solche faktischen Unterschiede aufheben. Im Prinzip kann jeder Christ werden, sich zum Guten bekehren. Las Casas findet ohne große Unterschiede viele Hinweise auf die Bereitschaft der verschiedensten Indianervölker zwischen Florida und Peru, ihre nach seiner Beobachtung faktisch gelebte christliche *Moral* auch mit der wahren Lehre Christi zu verbinden.

Todorov arbeitet überzeugend heraus, dass in den Schriften des Bartolomé de Las Casas kaum Information über diese Völker zu finden ist. Las Casas, der einen großen Teil seines Lebens in Amerika verbrachte, beschreibt sie zumeist in *moralisierenden* Negationen. Die Menschen in Neuspanien sind in seinen Augen ohne Fehler, nicht schlecht, nicht gierig, nicht hinterhältig und so fort. Umschreibt er sie positiv, so beschränkt er sich auf Begriffe wie Sanftmut, Bescheidenheit, Geduld und ähnliche, die für große Gruppen von Menschen wenig Aussagekraft haben. Dem gegenüber sind die Beschreibungen Sepúlvedas viel konkreter und erinnern an die Berichte jener Konquistadoren, vor allem Cortés, welche die Indianer genau kennen wollten, um sie besiegen, beherrschen, vernichten oder verändern zu können. Todorov meint, dass Las Casas die Indianer nicht kennt aber liebt, weil er davon ausgeht, dass sie zumindest potenziell gleich gut sind wie Spanier. Sepúlveda hingegen weiß, dass Indianer anders sind, stuft sie als minderwertig ein und hält deren Unterwerfung und Vernichtung für legitim.

Diese beiden Denkformen der säkularen Hierarchisierung und der abstrakten Liebe des anderen schöpfen aus europäischer Tiefenkultur und wirken in der Folge durch Jahrhunderte als charakteristischer Doppelmechanismus europäischer Wahrnehmung des anderen weiter. Gegenüber Amerika und seinen Einwohnern hat sich de facto zuerst Sepúlvedas Auffassung durchgesetzt und als Legitimation für einen der größten Völkermorde der Menschheitsgeschichte gedient. De iure behielt Las Casas die Oberhand. Dies führte zur zynischen Verbindung beider Elemente, die so aussah, dass die Indianer getauft und durch den *requerimiento*, einen Text, der ihnen auf Spanisch, meist ohne Übersetzer, vorgelesen wurde, aufgefordert wurden,

Untertanen des spanischen Königs zu werden, ehe sie unterworfen, ausgebeutet und ermordet wurden. Der *requerimiento* schuf eine von der sozialen Wirklichkeit der Eroberungszeit abgehobene Rechtslage. Er begründete einen Status, der in der Wahrnehmung der Betroffenen keine Kategorie war. Überdies interpretierte der *requerimiento* aus christlicher Sicht die Geschichte von Völkern, mit denen seine Autoren sich noch nicht einmal sprachlich verständigen konnten. Las Casas selbst verurteilte das scharf. Der *requerimiento* blieb zwar nicht als Recht, wohl aber als Idee durch Jahrhunderte bestehen.

Dies hängt damit zusammen, dass in Europa formalrechtliche Auffassungen die theologisch oder philosophisch begründeten zu verdrängen begannen. Die Metamorphose des *Phobos* zum *Thanatos* begann sich zu vollziehen. Für das rapide anwachsende Rechtswesen wurde das naturrechtliche Vorurteil der Gleichheit aller Menschen ein wichtiges Instrument, europäische Wertvorstellungen weltweit zu verbreiten, während das Vorurteil von der Minderwertigkeit des anderen als politisches Gewaltinstrument bestehen blieb. Stand in Spanien den Mudejaren[64] die Wahl zwischen Vertreibung als Minderwertige oder der formellen Gleichschaltung durch Massentaufe offen, so wurde dieses Modell bald auf die ganze Welt übertragen. Das *moderne* Völkerrecht sollte grundsätzlich für Indianer die gleiche Gültigkeit haben wie für Europäer.

Selbst wenn so bedeutende Humanisten wie Francisco de Vitoria,[65] einer der geistigen Väter des Völkerrechts, dies grundsätzlich als Schutz der Menschen verstehen wollten, transportierten sie mit diesen Normen ein europäisches *Moral-* und Rechtsverständnis. Das Recht, das für alle gleich gelten sollte, wurde vorher mit europäischen Wertvorstellungen aufgeladen und damit zu einer fatalen Legitimation der Kolonialkriege. Für Vitoria steht der kriegsführende Christenmensch nicht grundsätzlich mit dem Evangelium in Konflikt, weil es immer widerspenstige und zum Laster neigende Menschen gebe, die sich nur schwer durch Worte bewegen ließen. Diese müssten durch Zwang und Einschüchterung vom Bösen abgehalten werden. Es geht ihm um die Wahrung des zeitlichen Friedens des Gemeinwesens, was den Krieg als Mittel zur Durchsetzung der *lex humana* legitimiere. Ein gerechter Krieg diene der Heilsfürsorge, der Verteidigung der Ehre Gottes, da durch ihn Sünden verhindert würden. Daher existiere, so Vitoria, das

64 Die muslimische Bevölkerung, die auch nach der *Reconquista* in Andalusien blieb.
65 1480 bis 1546.

Faktum des gerechten Kriegs im Naturrecht. Damit nicht genug. Selbst der offensive Krieg kann nach Vitoria als gerecht gelten, denn seine abschreckende Wirkung auf Übeltäter diene der Einhaltung von Frieden und Sicherheit im Staate. Das Wohlergehen des ganzen Erdkreises hänge von der aktiven Eindämmung des Unrechts und dem Schutz unschuldiger wie rechtschaffener Menschen ab, was auch die Sicherung der Ecclesia Cristiana durch tatkräftige Herrscher mit einbeziehe.[66] Diese Rechtfertigung von Angriffs- oder Verteidigungskriegen durch selbst beurteiltes Unrecht der gegnerischen Partei stellt einen Reflex römischer Eroberungspolitik dar, deren Grundsätze in den Schriften der Kirchenväter die Jahrhunderte überdauerten und auch noch Vitorias Lehren prägten. In seiner Wirkung ist das *moderne* Völkerrecht aber der notwendige Normenkatalog für die Expansion des kapitalistischen Weltsystems und als solcher wurde es damals entworfen.

Als jene Utopien, die ich vorher angesprochen habe, unter dem Namen Zivilisation, Fortschritt oder *Moderne* in die Amerikas einzogen, mussten jene Menschen weichen, die vorher dort gelebt hatten. In den Chroniken werden Details über Grausamkeiten und Vernichtung beschrieben, die an Gemeinschaften und Gesellschaften begangen wurden, die oft spurlos aus der Geschichte verschwunden sind, noch ehe die Chronisten auch nur ihre Namen festhalten konnten. Die Frage, warum die Europäer so handelten, wird unterschiedlich beantwortet. Die Erklärung, dass sie so sehr mit ihrem Selbstverständnis und ihrer Angst beschäftigt waren, dass sie die anderen in ihrem Wesen gar nicht wahrnehmen konnten, ist eine von mehreren. Helmut Knolle verweist auf das Prinzip Wachstum als ideologische Eigenart der abendländischen Zivilisation:

> Ob es nun im Zeitalter der Entdeckungen das Territorium war, das wachsen sollte, ob es im Zeitalter der Auswanderung die Bevölkerung war, ob es in der Gegenwart die Wirtschaft ist – das „Prinzip Wachstum“ hat die abendländische Zivilisation [...] immer beherrscht [...] Ihr oberstes Gebot lautet nach wie vor: Seid fruchtbar und mehret Euch, bevölkert die Erde, akkumuliert Kapital![67]

Aus diesem Drang folgt eine paradigmatische Ignoranz alles Fremden, da die Konzentration von Kraft und Raum für das Wachstum des Eigenen

66 Runde 2007.

67 Knolle 1992 S. 80.

Vorrang vor der *Agape* mit dem Anderen hat. Für Gesellschaften, die Frieden als Gastrecht deuten, ist die Begegnung mit einer solchen Kraft letal. So wie *Thanatos* dem menschlichen Leben Vorrang vor allem anderen Leben einräumt und durch diesen Anthropozentrismus das natürliche Gleichgewicht stört, räumt er dem abendländischen Menschen Vorrang vor dem nicht-abendländischen ein und vernichtet dessen Lebensraum. Seit der Utopie des Francis Bacon und seit der Ausbildung des kapitalistischen Weltsystems wird dies Fortschritt genannt. Die absichtsvolle Beschäftigung mit dem anderen im Sinne Sepúlvedas hat Spuren durch die Jahrhunderte gezogen. Gleichheit als Vorurteil und Liebe als Methode im Sinne Las Casas' ist nicht das Gegenteil davon, sondern eher der langsam verklingende *phobische* Aspekt eines kollektiven Verhaltens, das unter dem Eindruck der heraufdämmernden Aufklärung immer mehr Züge des *Thanatos* annimmt, ohne dabei auch nur für kurze Zeit die Balance zwischen *Eros* und *Agape* halten zu können. Die Radikalität der europäischen Umgestaltung zwischen dem so genannten Westfälischen Frieden 1648 und der Französischen Revolution 1789 beeindruckt.

Kolumbus wird nachgesagt, dass er wohl Amerika, nicht aber die Amerikaner entdeckt hätte. In den umfangreichen Schriften des Bartolomé de Las Casas gibt es keinen Hinweis darauf, wie die Indianer ihn wahrgenommen haben. Auch scheint er von deren Bestimmung zum Christentum so überzeugt gewesen zu sein, dass ihn keine Zweifel plagten, wenn er die Heilige Schrift an Menschen vermitteln wollte, die selbst keine Schrift verwendeten und in ihrer Sprache Begriffe wie Schuld, Sühne, Gnade, Versuchung oder Glaube gar nicht kannten.[68] Die meisten Missionare scheinen sich nie die Frage gestellt zu haben, wie ihr Auftreten die innere Ordnung der betroffenen Gesellschaften veränderte. Welches Selbstverständnis mag spanische Mönche bewegt haben, die ohne Rücksicht auf tradierte Landbauformen den Hochlandindios in den Anden erklärten, wie sie ihre Äcker zu bestellen hatten? Wer nahm die Einfuhr der schweren Rinder mit ihren scharfen Hufen, die unwiderbringliche Schäden an den Grasnaben und Berghängen erzeugten, als Aggression gegen Amerika wahr?[69] Wie lange würde wohl eine Bestandsaufnahme jenes Schadens sein, der Amerika und seinen Bewohnern in bester Absicht, in *phobischer* Liebe, zugefügt wurde?

---

68 Bitterli 1986 S. 113.

69 Das ist ein wichtiges und gut ausgeführtes Argument bei Crosby 1986.

Erst Generationen nach Las Casas hielten französische Jesuiten am Sankt Lorenz-Strom fest, dass die dort lebenden Huronen eigentlich kein Interesse an der Lehre Christi hätten, dass sie „leben und nicht wissen" wollten.[70] Die Dokumente über das Scheitern der Jesuiten bei den Huronen bezeugen, dass deren Liebe zum Unbekannten einen inneren, sehr europäischen Motor hat:

> Man kann sich dem Eindruck nicht entziehen, die Missionare hätten dem Bekehrungsziel zunehmend weniger Gewicht beigemessen und ihre Arbeit im Laufe der Zeit stärker unter dem Aspekt einer in dornenvoller Auseinandersetzung mit dem Bösen erstrittenen persönlichen Bewährung gesehen. Es ist offensichtlich, dass viele Jesuiten einem frühen Tod durch Hunger, Entbehrung oder die Hand von Eingeborenen [...] mit einer Art von entzücktem Verlangen entgegensahen [...] der Marterpfahl der feindlichen Irokesen galt manchen Missionaren als Sinnbild für das Kreuz, an dem Christus gelitten hatte.[71]

Wenn Urs Bitterli mit diesem Eindruck richtig liegt, war der Wilde als konkrete Person für das angestrebte Martyrium dieser Missionare ein nützlicher Nebendarsteller. Las Casas hatte in den Reduktionen Guatemalas Zonen des „wahren Friedens" errichten wollen. Er experimentierte mit sozialen Gemeinschaftsprojekten, in denen die dort ansässig gemachten Maya nach christlichen Idealen leben und leiden sollten. Die entsprechenden *departementos* heißen noch heute *Vera Paz*, wahrer Friede, und die Mayas leiden dort immer noch. Ihre Werte und Anliegen zählten bem christlichen Projekt nicht. Ebenso verwirklichten die Jesuiten in den Reduktionen des heutigen Paraguay zwischen 1609 und 1768 einiges von den Utopien Tomaso Campanellas und schufen unter der Aufsicht des spanischen Gouverneurs eine Art theokratischen Sozialstaat.

Was in allen Fällen, ob sozial oder als Martyrium angelegt, zählte, war nicht der Indio selbst, sondern die Vorstellung der Missionare vom Abstraktum Indianer, das zur Erfüllung ihrer eigenen Wünsche benötigt wurde. Dieser Eindruck entsteht auch bei der Lektüre anderer Quellen, die den nackten Wilden das eine Mal als Objekt sexueller Phantasien, das andere Mal als Sinnbild für die Rückkehr ins Paradies zeichneten. Er taucht als

70 Bitterli 1986 S. 114.
71 Bitterli 1986 S. 118. Grundlegender dazu Sorgo 1997.

Menschenfresser auf, der grausamen Götzen dient, oder als die Inkarnation christlicher Tugend.[72]

Wenn nicht danach gefragt wurde, wie der Indianer sich selbst sah, wie er sich sehen wollte, was er wollte, was seine Ängste und Freuden waren, wenn er nur als lebende Referenz für die Vorstellungen der Europäer diente, wie unterschied sich diese *phobische* Liebe zu ihm von der Inwertsetzung seines Bodens und seiner Arbeitskraft im Namen des *Thanatos*? Auch die *phobische* Liebe ist in einem so bemerkenswerten Maß gewachsen, dass schließlich der lebende Bezugspunkt überflüssig wurde. Beides bezeugt ein unbalanciertes Verhalten, einmal getrieben von *Phobos,* das andere Mal von *Thanatos.*

Tatsächlich sind der Konquistador, der Kreole und der Mestize trotz aller *phobischen* Attitüden der Mission und Massentaufen bald Träger des *Thanatos*, des Wachstums, des Fortschritts, des kapitalistischen Weltsystems bei seinem Vordringen in die tiefgründigen Welten der Amerikas. Das ist eine Aufgabe, die sie besonders in der Gestalt des liberalen Reformers als Eisenbahnbauer, Stadtplaner, Krankenhaus- und Schulbauer und natürlich als Kaufmann ausfüllen sollten. Doch mag diese Position Macht und Reichtum versprechen, ist sie doch unangenehm. Der Kreole entspricht dem Reisenden, der nie ankommt, der nirgendwo zu Hause ist, weil er überall zu Hause ist. Für seine Identität[73] ist daher die Abgrenzung vom Indio, der zu einem bestimmten Raum gehört und dessen Minderwertigkeit durch seine bloße Andersartigkeit definiert wird, unerlässlich.[74]

3 Anthropologischer Pessimismus/Anthropologischer Optimismus

Alles, was ich bis hierher diskutiert habe, ist in Hand- und Lehrbüchern der Internationalen Beziehungen oder des Völkerrechts, sofern überhaupt, meist nur als kurze Eingangsreferenz zu finden. Beide Disziplinen erheben nämlich die Beziehungen zwischen *modernen* Nationalstaaten zum Gegenstand ihres Erkenntnisinteresses und definieren den Beginn des für sie relevanten

72 Eindrucksvoll zusammengefasst bei Sixel 1982 S. 224–235.

73 Siehe zur weiteren Erklärung dafür Kapitel E.2.

74 Weiter ausgearbeitet haben wir dieses Argument in Brunner/Dietrich/Kaller 1992.

Zeitraumes daher mit dem Westfälischen Frieden von Münster und Osnabrück von 1648, aus dem heraus sich ein entsprechendes Staatensystem entwickelte:

> Ab dem Beginn der Neuzeit beherrschen die europäischen Staaten dank ihrer technischen und organisatorischen Überlegenheit (vor allem durch Feuerwaffen und in der Schifffahrt) die Weltpolitik und gestalten das sich langsam entwickelnde „klassische" Völkerrecht nach ihren Wertvorstellungen und Interessen. [75]

> Das Internationale System, das heute zum Erkenntnisgegenstand einer weitgehend anerkannten wissenschaftlichen Disziplin geworden ist, ist das Produkt von rund fünf Jahrhunderten europäischer Expansion und nur aus dieser Historizität zu begreifen, nämlich dem mit der kapitalistischen Revolution eingetretenen Bruch in der menschlichen Geschichte.[76]

Diese beiden Zitate belegen exemplarisch, wie das Erkenntnisinteresse der entsprechenden Disziplinen von Beginn an gelagert ist. Wie Krippendorff[77] darüber hinaus festhält, leiten sich die entsprechenden Disziplinen aus dem Phänomen selbst ab. Das heißt, es kann die Disziplin der Internationalen Beziehungen oder des Völkerrechts erst geben, wenn es als solche verstandene internationale Beziehungen oder einen entsprechenden staatenübergreifenden Rechtskörper gibt. Da das Problembewusstsein erst mit beträchtlicher Verzögerung nach dem Erscheinen des Problems selbst auftritt, entstanden die entsprechenden Disziplinen einige Zeit nach der politischen Setzung der neuen Verhältnisse. Erst als sich die bis dahin bewährte und gültige Praxis der Konfliktregelung und das zu ihr gehörige Interpretationsschema nicht mehr zur Bearbeitung aktueller Konflikte eignete, entstand der Bedarf nach systematischer und wissenschaftlicher Untersuchung dieser Beziehungen und ihrer Normen.[78]

So definierte sich das Selbstverständnis der genannten Disziplinen. Das erklärt, warum sie innerhalb dieses Definitionsrahmens große Erkenntnisse produziert haben, zugleich aber in ihrem Friedensverständnis auf Sichtweisen beschränkt blieben, die durch die Voraussetzung des *modernen* Rechts-

---

75 Neuhold/Schreuer 1983 S. 13.
76 Krippendorff 1987 S. 28.
77 Krippendorff 1987 S. 25.
78 Krippendorff 1987 S. 25/26.

staates mit seinen Grundkomponenten Staatsterritorium, Staatsvolk und Staatsgewalt zumindest einmal nur begrenzte Reichweite erzielten. Diese Einschränkung gilt für all jene Fälle, in denen dieses Verständnis auf Gruppen von Menschen stieß, die dem Konzept nicht folgen konnten. Das war im Zeitalter der Entdeckungen und der kapitalistischen Expansion die große Mehrheit der Weltbevölkerung.

Darüber hinaus bedeutete die Neuordnung der innereuropäischen Rechtsordnung eine erhebliche Selbstbegrenzung der Eliten im Lichte der bisherigen Geschichte. Die traumatisierende Erfahrung der innerchristlichen Religionskämpfe im so genannten Dreißigjährigen Krieg führte zu einer geradezu panischen Flucht aus der *phobischen* Aufstiegsphilosophie, wie sie die Kirchen bis dahin zu diktieren vermochten. Da die Bekämpfung des *Phobos* mit Panik nicht zu Balance führt, entstand in der europäischen Politik eine rasche Hinwendung zur Abstiegsphilosophie des *Thanatos*, die sich bald in säkularem Fortschrittsdenken, radikalem Dogmatismus der Vernunft und rigidem politischen Absolutismus, den drei Grundpfeilern der so genannten *Moderne,* ausdrücken sollte. Aus friedenswissenschaftlicher Sicht gilt die Sorge dabei dem Umstand, dass diese neue Ordnung und dieses Selbstverständnis aus dem Trauma des Kriegs heraus erwachsen und somit eine römische Hinterlassenschaft in den Mittelpunkt des Interesses stellen, die sich als problematisch für die Frieden erwiesen hat: Sicherheit.

> Unter diesem Aspekt also sollte die Analyse der Außenpolitik und der internationalen Politik erfolgen. Die Suche nach Erkenntnis sollte von der Absicht angeleitet werden, die Existenz des einzelnen zunächst zu erhalten (Sicherheit) und sodann zu entfalten (wirtschaftliche Wohlfahrt und Partizipation an der Herrschaft). Daraus resultiert für die Außenpolitik und für die internationale Politik der oberste Wert der Vermeidung und zunehmenden Beseitigung der Möglichkeit der Anwendung organisierter militärischer Gewalt.[79]

Das klingt aufs Erste einleuchtend und innerhalb der bekannten Ordnung folgerichtig. Aber durch die stillschweigend akzeptierten Voraussetzungen der neuen internationalen Ordnung werden viele real existierende Denk- und Wahrnehmungsmöglichkeiten der Frieden von vornherein ausgeschlossen. Das ist das Dilemma der beiden wichtigsten, jeweils das Naturrecht, auf dem sie gründen, unterschiedlich interpretierenden Denkströmungen, die

79 Czempiel 1990 S. 7.

das europäische Friedensverständnis der Jahrhunderte nach dem Westfälischen Frieden bestimmen sollten. Ich nenne sie in Vorwegnahme ihrer Bezeichnungen im 20. Jahrhundert die Realistische und die Idealistische Schule der Internationalen Beziehungen.

Als Vorfahre der Realistischen Schule wird üblicherweise Thomas Hobbes[80] genannt. Im Kontext der Friedensforschung wirkt er weniger als originärer Denker denn als Gemütsverfassung, die sich aus persönlichen Erfahrungen als Zeitzeuge jenes Dreißigjährigen Kriegs ergibt. Seine schlechte Meinung vom Menschen, der des Menschen Wolf sei,[81] lässt sich aus seiner Lebensgeschichte verstehen. Ebenso seine grundsätzliche Angst vor der Bestie Mensch, die er in das intellektuelle Konzept des *Leviathan* [82] gießt, in den Vorschlag einer absoluten Staatsgewalt, die innere Sicherheit garantieren und das Individuum vor äußeren Angriffen schützen soll.[83]

Das Mitgefühl für die persönliche Perspektive und Erfahrung des Autors bewahrt nicht vor den grundsätzlichen Konsequenzen seiner rationalmechanistischen Philosophie. Hobbes verwarf die scholastische Denktradition und setzte an die Stelle des Primats der Wahrheit jenes des Friedens. Alles, was Menschen zu den Waffen greifen lässt, kann seiner Ansicht nach nicht wahr sein, denn die höchste Wahrheit der Vernunft wäre das Naturgesetz zum Frieden. Das heißt, Hobbes verwirft die problematische Denkfigur der Einen Wahrheit nicht. Er besetzt sie nur inhaltlich neu und nennt sie Frieden. Dieser Kunstgriff reicht nicht weiter als der kritische Umgang Platons mit *Eirene* runde 2000 Jahre zuvor. Der wünschenswerte Friede bedeutet Hobbes die Abwesenheit physischer Gewalt, weshalb er das Gebot der Sicherheit folgerichtig überhöht. Er opfert die Möglichkeit der Freiheit auf dem Altar der Sicherheit und begründet auf der Basis der Versatzstücke älterer Überlegungen von Thukydides bis Macchiavelli eine Denkweise, welche die Chance auf eine abendländische Friedenskultur vergibt, die aus dem offensichtlichen Scheitern des *phobischen* Herrschaftsprinzips entstehen hätte können.

---

80 1588 bis 1679.

81 Hobbes 1998. Der berühmte Satz: „*Homo homini lupus, homo homini deus*" findet sich in der Widmung dieses Buches an William Cavendish und nicht im Leviathan, wie oft behauptet wird.

82 Hobbes 1980.

83 Hüning 2005.

Das Gegenteil davon passiert. Das Prinzip Angst wurde säkularisiert, und so paradox es auch erscheinen mag, die analytische Vernunft ausgerechnet jenes frühen neuzeitlichen Empirikers wird von diesem Prinzip geleitet. So baut er auf dem, was er wahrnimmt und folglich für wahr hält, eine Ideologie auf, die später trotz aller widersprüchlicher Evidenz als realistisch bezeichnet werden wird, eine Etikettierung, die für langfristige Verwirrung in der Diskussion sorgen sollte.

Die Furcht vor dem Tod führt bei Hobbes über die Indienststellung der Vernunft, die als zweckrational verstanden wird, zum Wunsch nach Sicherheit. Diese wäre nur durch Unterwerfung unter die Macht eines Souveräns über alle möglich. Die Menschen sind bei Hobbes alle gleich, zum einen weil sie alle nach den gleichen Dingen streben, zum anderen, weil die gegenseitige Bedrohung immer die gleiche bleibe. Der Stärkste könne vom Schwächsten durch List und Klugheit getötet werden. Die Furcht vor dem Tod egalisiere die Menschen. Die Dinge, nach denen die menschliche Natur strebe, wären auf Selbsterhaltung und Lustbefriedigung zurückzuführen. Weil aber der Lustgewinn da an seine Grenzen stoße, wo zwei Individuen dasselbe begehren, wäre der Streit zwischen ihnen unausweichlich. Da alle Dinge begrenzt sind und nicht alle Menschen gleichermaßen und uneingeschränkt alle knappen Güter genießen können, folgt daraus die Frage der Durchsetzungsgewalt gegen die Ansprüche Anderer. Macht und Konkurrenz hören nach Hobbes erst da auf, wo sie auf eine noch größere Macht stoßen. Diese übergeordnete, alles regulierende Macht ist bei ihm der *Leviathan*.[84]

Hobbes legitimierte und inspirierte die neu entstehenden Nationalstaaten. Diese begaben sich in einen Wettlauf um Macht, Einfluss, Ressourcen und Akkumulationsmöglichkeiten, wobei es den Eliten auf der Basis dieses Denkens immer besser gelang, die breiten Massen in ihr kompetitives und in letzter Konsequenz kriegerisches Treiben so einzubeziehen, dass diese ihr Leiden und Sterben als natürliche und patriotische Pflicht ansahen. Auch wenn immer seltener für Gott und immer öfter für die Nation gestorben wurde, blieben die Angst und das Verlangen nach Sicherheit die entscheidende Triebfeder für den Kampf und Nährstoff für die Phantasie von der völligen Auslöschung des Anderen. Die Frage der strukturellen Gewalt stell-

84 Münkler 1993.

te sich für Hobbes nicht. Dies zeigt die konzeptuelle Begrenztheit seiner realistischen Sichtweise von Mensch, Staat und Friede.

Pax ist den Anhängern dieser Philosophie, oder besser, dieser Gemütslage, nur noch groß, so groß wie ihre eigene Angst. Der Begriff ist wörtlich zu nehmen und zu verstehen: Angst, *angustiae*, Enge bezeichnet die Atemnot im Angesicht einer unmittelbaren Bedrohung. Die Erinnung daran kann jederzeit das einmal erlebte Bedrohungsgefühl wieder abrufen und die entsprechende Atemnot wiederherstellen, auch wenn diese Bedrohung längst nicht mehr vorliegt.[85] Als friedenspolitisches Motiv ist Angst daher verhängnisvoll. In atemloser Gefolgschaft des *Thanatos* streben die Ängstlichen seit dem Beginn der *Moderne* der endlosen Akkumulation irdischer Güter für das Eigene zu, sei es die Person, sei es der Staat. Sie produzieren immer größere und verheerendere Kriege, und eine staatspolitische Friedensordnung, die Michel Foucault treffend als Fortsetzung des Kriegs mit anderen Mitteln bezeichnet hat.[86]

Als Universalgelehrtem steht Hobbes ein prominenter Platz unter den Vordenkern des *mechanistischen* Weltbildes zu. Als politischer Philosoph zog er aus seinem Anliegen, alle Vorgänge und Geschehnisse, die das Sein bestimmen, unter einen methodischen Überbau zu stellen, folgenschwere Schlüsse, die aus der Sicht der Friedenswissenschaft des 21. Jahrhunderts und den politischen Erfahrungen mit diesem Realismus, die zwischen Hobbes und unserer Zeit liegen, nur schwer angenommen werden können. Dennoch wirkte seine Arbeit bis weit ins 20. Jahrhundert hinein, wo sie nicht nur die Vertreter des klassischen Realismus, wie Hans Morgenthau,[87] beeinflusste, sondern auch noch die neo-realistische, oft systemisch genannte Schule des Realismus im Gefolge von Kenneth Waltz.[88] Die Friedensforschung als wissenschaftliche Disziplin hat diese Ansätze nicht aufgenommen. Im Gegenteil, sie verdankt ihre Entstehung seit den späten 1950er Jahren zu einem guten Teil der expliziten Ablehnung dieses so genannten politischen Realismus.

Ebenso wie Hobbes war sein aus Holland stammender Zeitgenosse Hugo Grotius,[89] der in der Literatur oft als Vater des *modernen* Völkerrechts

85 Freud 1953 S. 67–71.
86 Foucault 1977.
87 Morgenthau 1948.
88 Waltz 1979.
89 1583 bis 1645.

bezeichnet wird, von den Erfahrungen des Dreißigjährigen Kriegs geprägt. Er griff zur Bearbeitung seines Traumas auf die Figur des Naturrechts und ging davon aus, dass die Menschheit als abstrakte Rechtsgemeinschaft über dem Staatenrecht stehe. Sein so verstandenes Völkerrecht will er nicht in der Form eines Weltstaates umgesetzt wissen, sondern in einem Bund freier Staaten, die sich den elementaren sittlichen Pflichten unterwerfen. Grotius glaubte nicht an die Möglichkeit, über dieses Instrument einen dauerhaften Frieden herstellen zu können, und schlug deshalb in seinem Hauptwerk[90] die Verrechtlichung des Kriegs vor. Grotius dachte das Modell des gerechten Kriegs von da aus weiter, wo Thomas von Aquin und Francisco de Vitoria aufgehört hatten. Er kommt zu dem Schluss, dass es möglich wäre, auf beiden Seiten eines Konfliktes eine legitime Autorität stehen zu haben, aus deren Sicht sich auch die anderen Prämissen erfüllen würden. Das heißt, ein Krieg kann aus der Sicht beider Parteien gerecht sein.

Damit überwindet Grotius zwar das Theorem der Einen Wahrheit, nützt die Gelegenheit aber nicht, um auch das Modell vom gerechten Krieg zu verwerfen. Im Gegenteil, er weitet es zum *bellum iustum ex utraque parte* aus, was heißt, dass letztlich jeder von einer Obrigkeit geführte Krieg gerecht und der zivile Widerstand dagegen unzulässig sei. Wie Hobbes hielt Grotius nämlich für möglich, dass ein selbständiges Volk die Regierungsrechte einem oder mehreren Herrschern so weit übertrage, dass nichts davon zurück bleibe. Die derart ausgestattete Obrigkeit wäre autorisiert, gerechte Kriege zu führen. Von daher resultierte Grotius' Anliegen, die Auseinandersetzung selbst zu verrechtlichen und dem Sozialwesen Mensch normativ zu untersagen oder zu gebieten, was jedem von Natur aus einsichtig wäre. Dazu gehören die Unterscheidung zwischen Kombattanten und Zivilisten, das Folterverbot und das Gewaltverbot gegenüber Waffenlosen.[91] All das sind Themen, die schon dem alten germanischen Recht geläufig waren, im Zuge der Vergrößerung der *pax* und der Modernisierung der Kriegsführung aber verloren gegangen sind und deshalb neu verregelt werden mussten.

Wenn Huber und Reuter[92] meinen, dass es zu den Paradoxien der europäischen Geschichte gehöre, dass der Durchbruch zu einem Völkerrecht für Europa, das rechtliche Regeln für die Kriegsführung einschließe, ausgerechnet im Zeitalter des Dreißigjährigen Kriegs erfolgte, eines Kriegs, der

---

90 Grotius 2006.

91 Meder 2005 S. 243ff.

92 Huber/Reuter 1990 S. 80–82.

alle vorherigen an Länge und Grausamkeit übertraf, so sehe ich das Paradoxe daran nicht. Grotius nimmt den Krieg als gegeben hin und bemüht sich illusionslos um dessen Humanisierung. Dass dies immer ein Versuch innerhalb der Kultur des Kriegs bleibt, sollte niemanden überraschen. Wie leicht die naturrechtliche Falle gebaut ist, von einem allen gesunden Menschen einsichtigen Sachverhalt auszugehen, haben in dieser Arbeit mehrere Beispiele gezeigt. Grotius verfing sich darin, obwohl er die Perspektivität von Gewalt begründender Wahrheit durchschaute. Er übersah nämlich die engen Grenzen seiner eigenen zwar logisch-rationalen und empirischen, zugleich aber pessimistischen Wahrnehmung von der Natur des Menschen. Das lässt sich aus seiner Lebensgeschichte verstehen, begründet aber keine Notwendigkeit, sein Plädoyer für eine humane Kriegsführung unter Herrschaften und Heerscharen dauerhaft als zivilisatorisches und unausweichliches Recht der Völker zu interpretieren.

Wie die Realistische Schule, lässt sich auch die Idealistische grundsätzlich beliebig weit in die Geschichte zurückverfolgen. Es ist Usus geworden, dem Pessimismus des Thomas Hobbes das Menschbild eines anderen britischen Universalgelehrten, John Lockes,[93] gegenüber zu stellen. Locke beschreibt Frieden als natürliche Koexistenz vernunftbegabter Wesen, die in Freiheit und Gleichheit Konfliktregelung durch Schadensbegrenzung üben. Er greift somit auf Ideen zurück, die britische Utopisten wie Thomas Morus oder Francis Bacon schon zuvor geäußert hatten, und bringt diese in eine seiner Zeit gemäße Sprache, die meiner Ansicht nach in staatswissenschaftlicher Hinsicht relevanter ist als in friedenswissenschaftlicher.

Lockes anthropologischer Optimismus und sein daraus abgeleitetes Prinzip der Volkssouveränität interpretiert das Naturrecht dahingehend, dass zur Erhaltung des Friedens seine Vollstreckung in die Hand aller gelegt werden müsse. Das galt als Antithese zur Absolutismuslehre von Hobbes oder Grotius, entfaltete sich später bei Rousseau und Kant auch in friedenswissenschaftlich relevanterer Weise und hatte seinen realpolitischen Einfluss auf die Redaktion der amerikanischen Unabhängigkeitserklärung und auf die Französische Revolution.

Das mündige, freie und gleiche Subjekt des privaten Rechts, das eine *moralisch* und politisch freie Persönlichkeit darstellt, ist bei Locke immer auch ein besitzendes. Das Recht auf Eigentum durch selbständige Arbeit

93 1632 bis 1704.

emanzipiert den Bürger, der sich durch Kapitalakkumulation von der Aristokratie, den Besitzlosen und den Lohnabhängigen abhebt. Locke ist der Anwalt des aufstrebenden, besitzenden Bürgertums. Dieses ist gemeint, wenn er verlangt, dass alle Macht vom Volk ausgehe. Eigentum ist ihm das zentrale Merkmal der Vernunft. Dinge gewinnen ihren Wert durch die menschliche Arbeit, deren Früchte absolut persönliches Eigentum des Menschen seien. Indem er arbeite, besitze er und schaffe den Verkehrswert von Gütern. Da der vernünftige Mensch sein Eigentum beanspruche, schaffe er Besitz, Mehrwert von Arbeit. Folglich solle auch der Besitzende seinen Anspruch auf eine vernünftige Regelung der Tauschbeziehungen vertreten. Aus diesem Grunde lehnt Locke Krieg und Gewalt ab, denn sie stören den freien Lauf dieser Tauschbeziehungen.[94] Diese Diskussion gehört freilich in das Ringen um die Vorherrschaft in den neuen Staatswesen zwischen Aristokratie und Bürgertum und berücksichtigt noch nicht die Herausforderungen des 19. Jahrhunderts hinsichtlich Massenarmut und Demokratie. Dessen ungeachtet wurde die Sorge um die kostenbedingte Unvernunft der Kriegsführung ein dauerhaftes Argument des Idealismus in all seinen Facetten.

Locke beseitigte jedes *moralische* Bedenken, das dem Eigentum und der Verfügung über Kapital anhaftet. Vernünftiges Verhalten ist für ihn besitzanzeigend. Besitzlose sind unvernünftig. Die in diesem Modell auf der Strecke bleibende Bevölkerungsmehrheit wird im Status der Bedeutungslosigkeit in sein Friedensbild integriert. Dieser letzte Umstand erklärt, warum Locke bei aller Anerkennung seiner staatstheoretischen Leistungen kein Säulenheiliger der Friedenswissenschaften sein kann. Den *energetischen* Frieden kennt er nicht und den *moralischen* verwindet er naturrechtlich zugunsten einer eigentumsorientierten *Modernität*, die das Elend vieler akzeptiert, um unter dem Banner der Macht aller die Herrschaft weniger zu rechtfertigen. Locke ist Mitbegründer einer Ideologie, die nicht fragt, was gut für den Menschen und seinen Frieden ist, sondern für das Wachstum der Wirtschaft. Die unbewiesene These, dass alles, was gut für die Wirtschaft ist, auch das Wohl des Menschen fördere, verschleiert den unheilvollen Charakter der Dynamik, die dadurch ausgelöst wird.

Dieses Argument wird später von Adam Smith[95] weiter aufgegriffen, der auf die hohen Kosten der Kriegsführung und die dadurch bedingte Verarmung der Staaten hinwies. Kurz gesagt: Wer miteinander Handel treibe,

94 Thiel 1990.
95 1723 bis 1790.

schieße nicht aufeinander, weil sich das nicht rentiere.[96] David Ricardo[97] machte daraus schließlich die liberale Wachstumsideologie, wonach der Kapitalismus ein System sei, bei dem auf Dauer alle gewännen, wenn der komparative Kostenvorteil ausgenutzt würde.[98]

Der marxistisch inspirierte Psychologe Erich Fromm sollte all diese Überlegungen später als radikalen Hedonismus bezeichnen. Er sah darin Verheißungen, die sich nicht erfüllen können, weil neben den systemimmanenten ökonomischen Widersprüchen auch ihre beiden wichtigsten psychologischen Prämissen nicht zutreffen. Diese behaupten, dass erstens das Ziel des Lebens ein Maximum an Lust sei, worunter die Befriedigung aller Wünsche oder subjektiven Bedürfnisse, die ein Mensch haben kann, zu verstehen wären; und zweitens, dass Egoismus, Selbstsucht und Habgier – Eigenschaften, die dieses System fördern müsse, um existieren zu können – zu Harmonie und Frieden führen würden.[99] Beide sind nicht nur nach Fromm tragische Irrtümer, die bestenfalls, und selbst das nur in Ausnahmen, zu gesunden Nationalökonomien um den Preis kranker Menschen führen würden. Solange Gesellschaften hauptsächlich von Menschen geformt würden, deren hauptsächliche Motivationen das Haben und die Gier sind, würden sie notwendigerweise gegeneinander Krieg führen. Denn es wäre unvermeidlich, dass sie einer anderen Gesellschaft neiden, was diese hat, und versuchen, durch Krieg, ökonomischen Druck und Drohungen zu bekommen, was sie selbst begehren. Ganz gegen die vermeintliche ökonomische Vernunft würden diese Methoden gerade gegen schwächere Gesellschaften angewendet. Solange auch nur eine leidliche Chance auf den Sieg bestünde, würde eine so orientierte Gesellschaft aggressiv agieren. Nicht weil sie etwas dringend brauche, sondern weil das Verlangen, mehr zu haben und zu erobern, tief in der Existenzweise des Habens verwurzelt ist. Friede wird unter diesen Bedingungen nie mehr als *Eirene* sein. Die Vorstellung, es könne Frieden sein, während das Streben nach Besitz und Gewinn propagiert wird, ist nach Fromm eine Illusion, und zwar eine gefährliche, denn sie hindert die Menschen zu erkennen, dass sie sich einer Alternative stellen müssen: entweder eine Änderung des Paradigmas oder ewiger Krieg.[100]

96 Smith 2007.
97 1772 bis 1823.
98 Ricardo 2007.
99 Fromm 1976 S. 13.
100 Fromm 1976 S. 114.

Manche Autoren, wie etwa Nigel Young, meinen, dass die angelsächsische Welt überhaupt keine relevanten Beiträge zur *modernen* Friedenskultur geleistet habe:

> In theoretical and conceptual terms at least the English speaking peace traditions have produced little of note, as we shall see. Concepts of peace in the British and North American contexts have, from a religious and philosophical point of view, been both narrow and distinctly unoriginal. [101]

Youngs strenges Urteil trifft Namen und Werke, die andernorts als Vordenker der britischen und nordamerikanischen Friedenskultur gefeiert werden, weil sie seiner Ansicht nach bloß auf die hier schon vorgestellten Denkstrukturen aufbauen, ohne diese wesentlich zu verändern. Das reicht von Thomas Paine[102] und Thomas Jefferson[103] über den Liberalen John Stuart Mill.,[104] den Gewerkschafter Eugene Debs,[105] die anarchistisch orientierte Friedensaktivistin Emma Goldman[106] und den progressiven Kriegsgegner Randoph Bourne[107] bis zum Philosophen und Pädagogen John Dewey.[108] Nur Henry David Thoreau[109] und John Ruskin[110] kommen bei Young etwas besser weg.

Von einem derart vernichtenden Urteil werden üblicherweise die historischen Friedenskirchen, im angelsächsischen Kontext vor allem die Quäker und William Penn[111] mit seinem „Essay über den gegenwärtigen und künftigen Frieden Europas“ aus dem Jahr 1692 ausgenommen. Young[112] erkennt in deren religiös bestimmtem Friedensbegriff einen Charakter, den ich in dieser Arbeit als *energetisch* bezeichnet habe. In seiner sozialen Konsequenz tendiert dieser Friede nach Young zu Ruhe und Zurückgezogenheit. Wenn er aber mit Verfolgung oder Repression konfrontiert wäre, produziere er

---

101 Young (unveröffentlicht).
102 1737 bis 1809. Paine 1982.
103 1743 bis 1826;
104 1806 bis 1873. Mill 1992.
105 1855 bis 1926
106 1869 bis 1940. Goldman 1981.
107 1886 bis 1918. Bourne 2008.
108 1859 bis 1952. Dewey 2004.
109 1817 bis 1862. Thoreau 1967.
110 1819 bis 1900
111 1644 bis 1718.
112 Young (unveröffentlicht).

jene Ingredienzen der Widerstandskultur des linken Puritanismus, wie er vor allem aus Nordamerika bekannt wäre: das göttliche Gesetz über das staatliche zu stellen; kleine, demokratische Widerstandsgruppen, die auf Gerechtigkeit, Gleichheit, Gemeinsinn, Gewaltlosigkeit und Gesinnungsfreiheit rekurrieren, also durchwegs Werte, die im Widerspruch zur Kriegskultur stehen. Damit stellt sich die Frage, ob nicht auch William Penn in die Reihe der oben Genannten gehört. Schließlich stellte er die Gerechtigkeit in den Mittelpunkt seines demokratischen und genossenschaftlichen Friedensverständnisses. Damit griff er auf ein Modell zurück, das seit biblischen Zeiten bekannt ist und nicht auf einen *energetischen* Frieden abzielt, sondern auf einen *moralischen*, auch wenn die zentrale Stellung des Inneren Lichts und die Annahme, dass Gott in jedem Menschen wohne, in der Praxis der Quäker auf den ersten Blick anderes vermuten lässt. Aus der Erkenntnis, dass „Krieg nicht anders gerechtfertigt werden kann als durch erlittenes Unrecht und nicht erfüllte Rechtsansprüche...“[113] folgert Penn das Gebot der Gerechtigkeit, aus dem Friede resultiere. Da aber völlige Gerechtigkeit im Hier und Jetzt nur sehr selten wahrgenommen wird, verkommt Penns Gebot philosophisch zu einer Utopie, die er in seinem Projekt tatkräftig zu verwirklichen suchte. Auch sein Friedensideal, das Gerechtigkeit schaffen will, wo keine herrscht, wurzelt im Naturrecht. Religiöse Inspiration allein macht noch keinen *energetischen* Frieden, schon gar nicht, wenn sie eine mosaische ist. Daran ändert auch der Umstand nichts, dass den Quäkern Christus selbst und nicht die Bibel das Wort Gottes verkörpert, die biblischen Schriften daher nur eine Beschreibung der Quelle und nicht die Quelle selbst sind. Ihre tolerante und gewaltfreie Lebenshaltung ist eine frühe Realisierung idealistischer Werte, die sich auf innovative und eindrucksvolle Weise vom Puritanismus und Anglikanertum abheben, wurzelt jedoch im selben System ethischer Grundwerte. Die von Penn selbst erkannte Gefahr einer Konditionierung des Friedens durch die Gerechtigkeit nahm auch im Umkehrschluss ihren Lauf, als die demokratische Verfassung Pennsylvanias zur Vorlage der US-amerikanischen wurde. Deren Streben nach weltweiter Gerechtigkeit im Sinne ihrer eigenen Kriterien kolonisierte den Globus und verkehrte den idealistischen Ansatz in einen realistischen, was im unveränderten Rahmen der naturrechtlichen Grundannahmen kein logisches oder *moralisches* Problem kreiert.

113 Zitiert nach Koppe 2001 S. 164.

Youngs Kritik an der mangelnden Aufladung der angelsächsischen Staatsphilosophie mit innovativen Fragen der Frieden sollte nicht nationalistisch gelesen werden, denn der Autor betont, dass im Hinblick auf die zahlreichen Wechselwirkungen zwischen kontinentaleuropäischer Philosophie und der englischsprachigen im Grunde keine derartige Etikettierung wirklich hält. Damit hat er sicher Recht. Die Biographie des von ihm und den meisten Briten wenig geliebten Thomas Paine, der nicht nur ein Vordenker der amerikanischen und der republikanisch-französischen Verfassung von 1791 war, sondern auch der entsprechenden Menschenrechtserklärungen, belegt das exemplarisch.[114] Freilich zeigt dasselbe Schicksal auch auf dramatische Art, wie klein der Kreis jener Kämpfer und Denker insgesamt war, der die vermeintlich für alle Menschen gültigen Ideale, Werte und Rechte aus dem Naturrecht heraus definieren zu können beanspruchte. Es waren nicht die in jener Zeit als organische Körper wahrgenommenen Nationen, die Menschenrechte, Republik und Demokratie erfanden, sondern ein abenteuerlich kleiner Kreis von Idealisten, deren Visionen beeindruckend sein mögen, aber kaum die Repräsentanz aller Menschen der Welt beanspruchen können.

Im Kontext der Friedensforschung wird der schottische Skeptiker und Empirist David Hume,[115] der ebenfalls einen wichtigen Teil seines Lebens in Frankreich verbracht hat, nur selten genannt. Er gehört aber nicht nur zu den frühen Kritikern der rationalistischen Naturrechtslehren von Hobbes und Locke, sondern er weist auch den Weg in eine Richtung, die für die Friedensforschung später bedeutend werden sollte. In seinem 1739 veröffentlichten „Traktat über die menschliche Natur“ erklärt er empirische Erfahrung zum Beginn jedes Erkenntnisprozesses und schließt unumstößliche Gewissheitsprinzipien als unakzeptabel aus. Seine Unterscheidung zwischen Eindrücken und Vorstellungen sollte später der psychologisch orientierten Friedensforschung ein wichtiger Anhaltspunkt werden. Darüber hinaus lehnte er die vorherrschende Meinung seiner Zeit ab, dass die Vernunft die Quelle aller *Moral* sei. Er bezeichnete die aus der Erfahrung resultierenden Gefühle und Affekte als primäre Gegebenheiten, von denen die Moralphilosophie auszugehen habe. Er war der Meinung, dass bei der positiven Beurteilung eines Menschen, das Glück und die Befriedigung, die der Gesell-

114 Aldridge 1959.
115 1711 bis 1776.

schaft und seiner Umgebung aus seinen Taten erwachsen, in besonderer Weise bedeutsam wären.[116]

Wichtig an Humes Gesamtwerk ist, dass er Ausstiegsoptionen aus der totalen Verfangenheit im Denken und Fühlen des *Thanatos* aufmachte und relationales Denken wieder in die Debatte einführte. Sein Einfluss auf friedensphilosophisch explizite Denker wie Rousseau und Kant ist belegt. Er dachte Wege an, die aus der Verfangenheit des anthropologischen Pessimismus hinaus und nicht unbedingt in die Schwärmereien des Idealismus hinein führen müssen. Dass er auch ganz anders interpretiert wurde, ist evident. Sein Ansatz beeinflusst Generationen später viele friedensorientierte Denkschulen, die weitab der Hauptlinien der Gesellschaftswissenschaften, Staatsphilosophien und Internationalen Beziehungen agieren.[117]

In Frankreich war die Zahl von Denkern, deren Arbeiten in die Konvulsionen der Revolution hinein leiteten, größer als anderswo. Es ist schwer zu entscheiden, welchem von ihnen eine prominente friedenspolitische Rolle zuzuschreiben ist, die über die allgemeine rechtliche und staatsphilosophische Dimension hinaus weisen würde. Koppe[118] schlägt dafür den erst 1778 veröffentlichten „Plan des Ewigen Friedens“ des Abbé de Saint-Pierre[119] aus dem Jahr 1713 vor. Dem kann ich folgen, weil dieser realpolitisch wenig bedeutende Vorschlag eine Brücke zwischen dem Herzog von Sully und Jean Jacques Rousseau[120] schlägt. Für die Betrachtungen in diesem Kapitel ist letzterer eine der interessantesten Persönlichkeiten. Ich will aus all dem, was über ihn zu sagen wäre, nur jenen Aspekt herausnehmen, der für die weitere Argumentation dieses Buches wichtig wird:

Rousseau verbindet in seinen Werken[121] auf originelle Weise anthropologischen Optimismus mit einer zutiefst pessimistischen Geschichtsphilosophie. Geschichte lässt sich bei ihm nicht als Selbstentfaltung einer natürlichen Bestimmung des Menschen deuten, sondern als widernatürliches Heraustreten aus dem Naturzustand, das keineswegs notwendig, sondern durch Zufälle und Katastrophen bedingt sei. Das entspricht im tieferen Sinn dem, was ich in Anlehnung an Sigrist über die Entstehung des Patriarchats gesagt

---

116 Lüthe 1991.
117 So etwa Deleuze 1972.
118 Koppe 2001 S. 165–168.
119 1658 bis 1743.
120 1712 bis 1778.
121 Hier beziehe ich mich primär auf Rousseau 1998a.

habe. Das Übel der Ungleichheit materiellen Besitzes und säkularer Lebensbedingungen ist für Rousseau das Produkt einer durchdachten Dynamik, deren wirtschaftliche, soziale und geistigen Konsequenzen das Wesen des Menschseins verändern. Die Ungleichheit habe im Privatbesitz, der Arbeitsteilung und einer betrügerischen, die Unrechtsverhältnisse normativ absichernden politischen Institution, ihren Ursprung.[122] Als Konsequenz ergebe sich die Ordnung eines Rechts des Stärkeren, das zu jenen realistischen Verhältnissen führe, wie sie schon von Hobbes geschildert wurden. Das kommt in einem der meistzitierten Gedanken des Autors aus seinem frühen Text „Über den Ursprung und die Grundlagen der Ungleichheit unter den Menschen“ zum Ausdruck:

> Der erste, welcher ein Stück Landes umzäunte, es sich in den Sinn kommen ließ zu sagen: Dieses ist mein, und einfältige Leute fand, die es ihm glaubten, der war der wahre Stifter der bürgerlichen Gesellschaft. Wieviel Verbrechen, Kriege, Morde, wieviel Elend und Greuel hätte der dem Menschengeschlecht erspart, der die Pfähle herausgerissen, den Graben zugeschüttet und seinem Mitmenschen zugerufen hätte: `Glaubt diesem Betrüger nicht; ihr seid verloren, wenn ihr vergeßt, daß die Früchte allen gehören, der Boden aber niemandem.´[123]

Folgerichtig fordert Rousseau in seinem Hauptwerk, dem „Gesellschaftsvertrag“, eine politische Ordnung, die den Bruch zwischen abstraktem Recht und der dadurch geregelten Wirklichkeit aufhebe, um so einen normativen Ordnungsbegriff für die praktische Kritik bestehender Institutionen bereitzustellen. Wenn unter diesen Bedingungen nur jeder Mensch seiner Vernunft folge, würde sich ganz von selbst eine Mehrheit, ein Konsens bilden, die *volonté générale*, die zum Wohle aller gerät.[124]

Das ist idealistisch, weil der Mensch bei Rousseau wissen muss, was sein soll, damit er beurteilen kann, was ist. Er entwickelt das Ideal einer weitgehend egalitären Gesellschaft, in der durch einen bewussten Zusammenschluss die Person und das Vermögen jedes einzelnen verteidigt werden, und doch jeder, weil er sich mit allen vereint, selbst gehorcht und so frei

122 Fetscher 1975.

123 Rousseau 1981 S. 93.

124 Rousseau 1986.

bleibt wie zuvor. Die wahre Freiheit bestehe daher darin, dass sich alle an das Gesetz binden, das sie sich zuvor selbst gegeben haben und vor dem sie jene höhere Form der Gleichheit genießen, zu deren Gunsten sie auf ihre natürliche Gleichheit verzichtet haben. Somit ist dieser Vorschlag mehr als nur idealistisch. Er ist radikaldemokratisch und riskant, weil die *volonté générale* kein Garant für Vernunft und *Agape* ist.

Rousseaus Vorschlag hatte in unterschiedlichsten Interpretationen größte Auswirkungen auf die geistige und politische Geschichte der nachfolgenden Zeit. In Rousseau fließen viele Denkströmungen der Aufklärung zu einer originellen Neuschöpfung zusammen, aus der heraus ein Regenbogen an politischen Denk- und Handlungsmöglichkeiten der *Moderne* und mehr noch der *Postmoderne* erwachsen sollte. Dies hat nicht nur zu befreienden und friedlichen Entwicklungen geführt. Selbst der Faschismus beliebte sich Elemente der Rousseau'schen Lehre anzueignen und mit realistischen Gedanken zu einer gewaltträchtigen Ideologie zu vermengen.

Dessen ungeachtet bilden Rousseaus Texte auch einen Ursprung für die kritische Friedensforschung. Das betrifft vor allem seine radikaldemokratische Staatsphilosophie, welche die Hobbes'sche Angst und die Locke'sche Mechanik spielerisch verwindet. Er ermöglicht eine rationale und doch optimistische Kulturkritik und öffnet den Blick auf gesellschaftliche und philosophische Alternativen zur Faszination des *Thanatos* in seiner Zeit. Ohne Rousseaus Vorarbeit wären die Ideen Johan Galtungs im 20. Jahrhundert, aber auch die *postmodernen* Schulen der Friedensforschung nur schwer vorstellbar.

Die geistige und persönliche Anstrengung Rousseaus, die mehrfach im extremen Widerspruch zum Denken seiner Zeit stand, kennzeichnet ein dramatisches Schicksal und seine persönliche psychische Angegriffenheit, wie sie auch von vielen seiner Schicksalsgenossen bekannt ist. Allein die bis hierher erzählte Geschichte der vielen Frieden stimmt in vielen Ansätzen und Einschätzungen mit Rousseau überein, ohne sich der Brüchigkeit auch seiner Grundannahmen über die Natur des Menschen Illusionen zu machen.

Das optimistische Menschenbild teilt der von ihm beeinflusste Immanuel Kant[125] mit Rousseau. Zumindest in der kontinentalen Friedensforschung Europas dürfte kein Text mehr rezipiert worden sein als sein berühmter philosophischer Entwurf „Zum ewigen Frieden".[126] Er geht zwar

---

125 1724 bis 1804.
126 Kant 1982 S. 193–251.

wie Hobbes davon aus, dass der Naturzustand der Gesellschaften der Krieg wäre. Der Mensch als grundsätzlich vernunftbegabtes Wesen sei allerdings in der Lage, unter bestimmten Voraussetzungen Frieden zu stiften und zu leben:

> Aus ganz natürlichen Gründen zwingt die Selbstbehauptung die Menschen, die sie egoistisch und aggressiv macht, dazu, sich zu vertragen, weil es sinnlos wird, sich selbst erhalten zu wollen, wenn die Erhaltung des Selbst nur durch seine Preisgabe im Kampf um es zu erlangen ist.[127]

Diese Voraussetzungen sieht er vor allem in einer republikanischen und demokratischen, auf Gewaltenteilung beruhenden Verfassung der Staaten, weil er es für unwahrscheinlich hält, dass Menschen auf demokratischem Weg für einen Krieg entscheiden, den sie selbst auszukämpfen hätten.[128] Zum demokratischen Rechtssaat kommt bei Kant auf der überstaatlichen Ebene die Idee von einem Bund freier Staaten, die ihre Interessenskonflikte auf vernünftige Weise beilegen. In Kants Denken konkretisiert sich der *moderne* Rechtsstaat ebenso wie jenes internationale System, das später in den Vereinten Nationen seine Form finden wird.[129] Auch die Menschenrechte sind ihm ein Anliegen, und er erkennt früh das Problem der nationalen Staatsorganisation rings um ein stehendes Heer, weshalb er die dauerhaft am Krieg orientierte Logik ziviler Verwaltung kritisierte und für eine allgemeine, von den Menschen selbst kontrollierte Wehrpflicht als kleineres und vorübergehendes Übel gegenüber professionellen stehenden Heeren plädierte.[130]

Viele dieser Gedanken, nicht nur den Titel für den bahnbrechenden Text, übernimmt Kant beim Abbé Saint Pierre und anderen französischen Autoren. Dies gilt auch für die universalistischen und institutionalistischen Elemente seiner Arbeit. Die Gewaltenteilung geht auf Charles de Secondat, den Baron de Montesquieu,[131] und dessen Hauptwerk *De l'esprit des lois* aus dem Jahr 1748 zurück. Die Aspekte der kritischen Vernunft verweisen auf Rousseau, Hume und andere Vordenker dieser Richtung.

---

127 Scheppenhäuser 1996 S. 22.

128 Hackel 2000 S. 257.

129 Dazu ausführlich Beutin 1996.

130 Dieses Argument wurde ein zentraler und sorgfältig ausgearbeiteter Gedanke bei Krippendorff 1985.

131 1689 bis 1755.

Daneben war Kant auch ein Vertreter des *moralischen* Idealismus. Als solcher begründete er eine Friedensutopie,[132] deren Einfluss in Deutschland besonders stark blieb. Er gilt zu Recht als Ahnherr der so genannten Idealistischen Schule in der Disziplin der Internationalen Beziehungen. Diese Schule denkt den Frieden universal und *moralisch* in einem allgemeinen Sinn und auch in dem spezifischen meiner Definition. Daher denkt sie ihn auch dualistisch und normativ. Seit Kants Zeiten wandte sie sich gegen den ungerechten, schlechten Kolonialismus und Imperialismus.[133] Sie setzt sich nachdrücklich für die Ideale des guten Weltbürgerrechts oder der Menschenrechte ein und beruft sich dabei auf Kant, der sich mit dem tradierten Frieden aus dem Gastrecht ausführlich befasst hat.[134] Obwohl die meisten VertreterInnen dieser Schule eingestehen, dass diese Ideale in ihrer praktischen Vollendung unerreichbar bleiben, begrüßen sie jeden Schritt in diese Richtung und arbeiten an Modellen, welche die Bewegung dahin begünstigen könnten.

Auf dieser Basis entstand schon früh so etwas wie eine Friedensbewegung des 19. Jahrhunderts. Genannt seien in diesem Kontext die britische *Peace Society*, die bereits 1816 in London gegründet wurde, die *American Peace Society* seit 1828, die deutsche Königsberger Friedensbewegung seit 1850 oder die österreichische Friedensgesellschaft unter Bertha von Suttner seit 1891.[135] Die innovativen Beiträge dieser frühen idealistischen Zivilgesellschaft sind nicht unbedeutend. In Anlehnung an Kant stand im Zentrum ihrer Gemütslage das Prinzip Hoffnung. Das Charakteristikum all ihrer Vorschläge ist die Hinwendung von nationalen oder eurozentrischen zu universalen, aber dennoch originär europäischen Idealen und folgerichtig eine Interpretation der *pax*, welche diese Richtung groß und als institutionalisiertes Vertragsrecht versteht. Für die kontinentaleuropäischen Ansätze der Friedensforschung sind Kant und sein Friede aus Recht eine unverzichtbare Referenz. Im 20. Jahrhundert beruft sich unter vielen anderen der Friedensnobelpreisträger von 1954, Albert Schweitzer, ausdrücklich auf ihn.[136] Später

132 Ausführlich dazu Batscha/Saage 1979.

133 Cavallar 1992 S. 227.

134 Höffe 2001 S. 208.

135 Beutin 1996 S. 29.

136 Schweitzer 1955 S. 12/13.

bezog sich Jürgen Habermas[137] auf ihn. Schließlich folgt ihm die Schule der Friedensforschung um Dieter Senghaas in idealistischer Euphorie.[138]

Ein Idealist anderer Prägung war Karl Marx,[139] der jüngste aus der Reihe jener Philosophen und Gelehrten, die ich in dieser Kurzdarstellung ansprechen will. Wie bei den anderen Klassikern kann es hier nur darum gehen, einen konzentrierten Blick auf sein explizites Friedensverständnis zu werfen.

Marx[140] dreht, salopp gesagt, den liberal-idealistischen Glaubenssatz von Locke, Smith oder Ricardo um. Jener besagt, dass der Kapitalismus ein System ist, in dem auf die Dauer alle gewinnen. Marx hingegen meint, es müssten in diesem System auf lange Sicht immer mehr Menschen verlieren, damit immer weniger gewinnen. Im Ausbeutungsverhältnis liege die Ursache jeder Form von physischer Gewalt. Diesen negativen Befund, den er über den historischen Materialismus wissenschaftlich untermauern zu können glaubt, verbindet er mit der guten Nachricht, dass das nicht so bleiben müsse. Durch die Aufhebung der Klassengegensätze würde die Ursache für die dauerhaften Gewaltverhältnisse wegfallen. Der Weg zum Frieden zwischen Menschen und Staaten wäre dadurch automatisch frei und Staaten würden als Herrschaftsinstrumente überflüssig und absterben.

In meiner bisherigen Diktion heißt das, Friede ist eine Konsequenz der Gerechtigkeit. Die Problematik einer solchen Annahme habe ich schon im Zusammenhang mit dem biblischen Friedensbegriff diskutiert. Wenn unter dem Titel Gerechtigkeit die völlig gleiche Verteilung aller materiellen Güter gefordert wird, verbirgt sich dahinter eine durchgängig am Haben orientierte Haltung, die mit einem Wort zusammengefasst werden kann: Neid. Wer darauf besteht, dass niemand mehr haben dürfe als er selbst, schützt sich auf diese Weise vor dem Neid, den er empfände, wenn irgendwer auch nur ein Quäntchen mehr besäße. Die Vorstellung einer klassenlosen Gesellschaft in einer sozialistischen Welt, die zugleich vom Geist der Habgier geprägt ist, bleibt daher ebenso illusionär und gefährlich wie die Idee eines immerwährenden Friedens zwischen habgierigen Völkern.[141]

---

137 Habermas 1996.

138 * 1940. Seine jüngeren und bekanntesten Arbeiten dieser Ausrichtung finden sich in der Bibliographie.

139 1818 bis 1883.

140 Marx/Engels 2007, Marx 2007b.

141 Fromm 1976 S. 87 und 115.

Für Marx ist der Weg der Gerechtigkeit aber historisch vorgegeben. Der Kampf für die möglichst rasche Überwindung der Klassengegensätze und damit des Kapitalismus wäre das entscheidende Mittel zur raschen Schaffung eines dauerhaften Friedens. Der Marx'sche Ansatz sieht daher das revolutionäre Subjekt als Akteur in seiner eigenen Geschichte und will die Entfremdung der Arbeiter von den Produktionsverhältnissen überwinden. Daher verlangt er mehr als jene idealistischen Ansätze, die schon von vornherein wissen, was gut ist, nach konkreter Analyse, Orientierung und Handlungsanleitung für das revolutionäre Subjekt:

> Die Philosophen haben die Welt nur verschieden interpretiert, es kommt darauf an, sie zu verändern. [142]

Deshalb wird das Gesellschaftssystem im Marxismus akribischer untersucht als in anderen Schulen. Der *moralische* Protest gegen die gesellschaftlichen Verhältnisse wird durch den Versuch wissenschaftlicher Analyse ihrer Ursachen und ihrer immanenten Entwicklungstendenzen ersetzt. Die als ideal vorgestellte Gesellschaft soll nicht nur aus dem Kopf konstruiert, spekulativ entwickelt, sondern aus den realen Tendenzen und Widersprüchen der gegebenen Verhältnisse abgeleitet werden. Der Wandel wird nicht durch den Appell an die Vernunft, an das Mitleid der Besitzenden, an die Effizienz der Erziehung der Menschen zum Guten herbei geführt, sondern durch den Klassenkampf der abhängigen Arbeiter. Marx hofft nicht, er erwartet, was er wissenschaftlich berechnet hat.

Sowohl methodisch als auch faktisch haben diese Bemühungen weit über die Grenzen des Marxismus hinaus zum Werdegang der Sozialwissenschaften der nachfolgenden Jahrhunderte beigetragen. Insbesondere die Hinwendung von mechanistischen zu strukturalistischen und systemtheoretischen Ansätzen der Sozialwissenschaften ist dem Ursprung des historischen Materialismus innerhalb der Aufklärungsgeschichte wesentlich zu danken. Exemplarisch sei in diesem Zusammenhang die epochale Arbeit von Immanuel Wallerstein[143] seit den 1970er Jahren genannt, die ohne diese marxistischen Vorarbeiten undenkbar wäre.

So gut die Denkweise von Marx aus ihrem historischen Kontext heraus nachvollziehbar ist, so wenig ist sie aus friedenswissenschaftlicher Sicht frei

142 Elfte These aus Marx 2007a.

143 Als das bekannteste Werk dieser Schule sei genannt Wallerstein 1974.

von inneren Widersprüchen. Es tritt die Frage auf, was unter den gewünschten revolutionären Verhältnissen mit jenen Schlechten geschehen solle, die der Veränderung zum Besseren im Weg stehen. Eine Frage, die sich in der realen Revolutionsgeschichte immer wieder dramatisch gestellt hat. Die Friedensforschung fragt auch, wie jene Gewalttaten oder gar Kriege zu bewerten wären, die zur Förderung der revolutionären Verhältnisse beitragen. Lenin gab darauf unter Bezug auf den berühmten Clausewitz-Satz, dass der Krieg die Fortsetzung der Politik mit anderen Mitteln wäre, eine klare Antwort:

> Die Marxisten haben diesen Satz mit Recht stets als theoretische Grundlage ihrer Auffassung von der Bedeutung eines jeden konkreten Kriegs betrachtet. Marx und Engels haben die verschiedenen Kriege stets von diesem und keinem anderen Standpunkt aus betrachtet.[144]

Weiter schreibt Lenin, dass die Sozialisten sich von den Pazifisten dadurch unterscheiden, dass sie

> …die Berechtigung, Fortschrittlichkeit und Notwendigkeit von Bürgerkriegen voll und ganz anerkennen, d.h. von Kriegen der unterdrückten Klasse gegen die unterdrückende Klasse, der Sklaven gegen die Sklavenhalter, der leibeigenen Bauern gegen die Gutsbesitzer, der Lohnarbeiter gegen die Bourgeoisie. […] Es hat in der Geschichte manche Kriege gegeben, die trotz aller Gräuel, Bestialitäten, Leiden und Qualen, die mit jedem Krieg unvermeidlich verknüpft sind, fortschrittlich waren, d.h. der Entwicklung der Menschheit Nutzen brachten, da sie halfen, besonders schädliche und reaktionäre Einrichtungen (z.B. den Absolutismus oder die Leibeigenschaft) und die barbarischen Despoten Europas […] zu untergraben.[145]

Das ist aus Sicht meines Erkenntnisinteresses eine klare, aber keine befriedigende Antwort auf das Verhältnis von Marxismus und Frieden. In diesem Licht stellt sich die Frage, ob der hermetische Wahrheitsanspruch der rationalen Wissenschaftlichkeit, mit der Marx seine Sicht der Geschichte vorgetragen hat, empirisch haltbar ist. Denn es gibt keinen wissenschaftlichen Beweis dafür, dass nur Wissenschaft Wahrheit produziert. Solange dieser

---

144 Lenin 1972 S. 304f.

145 Lenin 1972 S. 299.

nicht vorliegt, ist jeder derartige Anspruch bloße Ideologie und als solche gewalttätig.

Im Spätwerk von Friedrich Engels[146] erfolgte nicht nur eine systematische Zusammenschau der philosophischen Lehre von Karl Marx und ihm selbst, sondern auch eine Verlagerung vom realutopischen Telos des historischen Materialismus zum Versuch der Begründung seiner Wissenschaftstheorie im ethischen Materialismus.[147] Engels betont die Unterscheidung zwischen den Philosophien des Idealismus, welche die Ursprünglichkeit des Geistes vor der Natur behaupten und damit von einer wie auch immer gearteten Schöpfung der Welt ausgehen, und jenen, welche die Natur als das Ursprüngliche betrachten. Letztere wäre nach Engels atheistisch. Mit diesem erkenntnistheoretischen Versuch schreibt Engels den Fortschrittsbegriff des *Thanatos* fest, der sich in dieser ausgereiften Form des Marxismus noch deutlicher manifestiert als im Wirtschaftsliberalismus.

Die Umkehrung und Akzentuierung des älteren idealistischen Denkens durch Marx und Engels lösen deren Lehren nicht aus der vektoralen, idealistischen und *moralischen* Logik heraus. Trotz aller scheinbar noch so radikalen Gegensätze gehen sie in derselben Matrix in Gegenbewegung. Damit vollenden sie den Übergang vom *Phobos* zum *Thanatos*. Die Frage nach dem Rechthaben der großen Friedensideen wies den Weg in das Massensterben des 20. Jahrhunderts.

4 Was ist ein *modern* begründetes Friedensbild?

Um dieses Kapitel nicht nur zusammenzufassen, sondern auch auswerten zu können, fehlt noch die Diskussion des Schlüsselwortes im Titel: *modern*. Wie bei den Werken aller namhaften Philosophen und Religionsgründer, die ich bisher genannt habe, kann es nicht darum gehen, einen weiteren Beitrag zu einer längst ausgeuferten Begriffsdebatte zu liefern, sondern nur darum, diesen Terminus für weitere Zwecke friedenswissenschaftlicher Überlegungen anwendbar zu machen. Aus diesem Grund habe ich ihn im Sinne der umgangssprachlichen französischen *temps modernes* verwendet, die das bezeichnen, was in der deutschen Sprache Neuzeit genannt wird. Diese Ver-

146 1820 bis 1895.

147 Engels 2007a; Engels 2007b.

wendung geht auf das lateinische Wort *modernus* für neu, neuzeitlich, gegenwärtig zurück und stammt vom Adverb *modo* für eben, eben erst, ab.

Die Verwendung des Begriffs *Moderne* im Deutschen ist nicht immer klar. Es kann die *Moderne* des 18. Jahrhunderts und die so genannte Aufklärung gemeint sein, aber auch die *Modernisierung* des 19. Jahrhunderts, das Fortschrittsprogramm des Industrialisierungsprozesses, oder die *Moderne* des 20. Jahrhunderts mit ihrer künstlerischen Avantgarde, der Grundlagenkrise der Wissenschaft, den politischen Totalitarismen und den Lifestyle-Diktaten.[148] In dieser Verwendung beschreibt *modern* neu als Gegensatz zum Alten. In einer Weltsicht, welche die soziale Zeit linear wahrnimmt, ergibt sich daraus, dass das *Moderne* von heute zwar auch das Gute, aber schon morgen das Überholte und damit Schlechte ist, womit sich in einer derart dualen Welt das *Moderne* permanent neu erfinden und definieren muss, indem es sich vom Alten abgrenzt. So verstanden ist der Begriff als historische Kategorie schwer fassbar und kaum tauglich, weshalb Antony Mansueto[149] die *Moderne* einfach und abfällig als eine christliche Häresie bezeichnete.

Aus diesem Grund gibt es Vorschläge, welche die *Moderne* nicht als Epoche definieren, sondern sie qualitativ erfassen wollen. Schon Ferdinand Tönnies, einer der Begründer der deutschsprachigen Soziologie, schlug als Definitionskriterium der *Moderne* die gesellschaftliche Organisationsform vor, die er von der gemeinschaftlichen unterschied.[150] Das löst das Problem nicht. Gemeinschaftlich klingt alt und letztlich schlecht, gesellschaftlich neu(zeitlich), *modern* und gut. Der Widerspruch, den Ivan Illich mit seiner schon diskutierten Sicht des Vernakulären erhoben hat, drängt sich mächtig auf. Fritjof Capra[151] begegnet dieser dynamischen Dychothomie mit seiner Unterscheidung zwischen dem organischen und dem mechanistischen Weltverständnis. Darauf komme ich weiter unten zurück.

Immanuel Wallerstein lehnt Dualitäten wie *Moderne* und Tradition, Rationalität und Aberglaube, Freiheit und geistige Unterdrückung als Unterscheidungskriterien ab. Er setzt das *moderne* Weltsystem mit dem historischen Kapitalismus gleich. Er greift auf die ältere These Eric Hobsbawms, der zufolge die Tradition selbst eine Schöpfung der Moderne, also Teil ihrer

148 Welsch 1994 S. 2/3.

149 In seinem Vortrag im Rahmen der Konferenz *Going Global – Interfaith Journeys on the Road to Liberation* am 11.10. 2007 an der Baylor University in Waco/Texas.

150 Tönnies 2005.

151 Capra 1982 S. 52.

großen Erzählung sei. Dieser definitorische Kunstgriff erlaube es, die Mehrheit der Weltbevölkerung zur Reservarmee eines weltweit etablierten Kapitalismus zu machen. Denn billige Arbeitskräfte dienen der Kapitalakkumulation. Der Kapitalismus wurde so zum globalen Phänomen. Der Universalismus ist nach Wallerstein die Voraussetzung dafür, die Globalisierung die Konsequenz. Der Universalismus:

> [...] ist eine Sammlung von Glaubenssätzen darüber, was erfahrbar ist und wie es erfahrbar ist. Der Kern dieser Ansicht ist, dass es sinnvolle generelle Feststellungen über die Welt gibt [...], die universell gültig sind, jetzt und immerfort, und dass das Ziel der Forschung die Suche nach diesen generellen Feststellungen in einer Form ist, die alle subjektiven, das heißt, alle historisch beschränkten Elemente aus seiner Formulierung ausschließt.[152]

So stößt auch Wallerstein auf das Thema der universellen Wahrheit. Aber wenn er dieses Thema als Charakteristikum der *Moderne* definiert, stellt er es nicht etwa einer Tradition der Vielheit gegenüber, sondern verweist auf seinen Einsatz zur Schaffung eines weltweiten bürgerlichen Rahmens, der verschiedene „nationale" Varianten bedienen kann. Für Wissenschaft und Technologie, aber ebenso für die politischen Ideen gilt:

> Die Überhöhung des Fortschritts und später der Modernisierung fasste diese Ideensammlung zusammen, die weniger als wahre Normen sozialen Tuns, denn als Statussymbol von Ehrerbietung und Partizipation an den weltweiten Oberschichten diente. Der Abfall von den vermeintlich kulturell engen religiösen Wissensgrundlagen zugunsten von vermeintlich überkulturellen wissenschaftlichen Wissensgrundlagen diente als Selbstrechtfertigung einer besonders bösartigen Form von Kulturimperialismus. Er herrschte im Namen der geistigen Befreiung; er betrog im Namen des Skeptizismus.[153]

Ich wage zu fragen, ob Wallerstein wirklich Universalismus meint. Der unflexible Hang eines vermeintlich aufgeklärten Rationalismus der heraufdämmernden *Moderne*, wie er ihn beschreibt, vertritt abstrakte, mechanische und formelhafte Versionen universeller Wahrheiten, welche die Individualität, die Eigentümlichkeiten und Unterschiede, die gerade aufgeklärtes Freiheitsdenken postulieren, missachtet. Universal steht für uniform, weil die

152 Wallerstein 1989 S. 70.
153 Wallerstein 1989 S. 73.

weltzentrische Perspektive eines monologischen und objektivierenden Universalismus rasch in ein gewalttätiges Uniformitätsdenken mündet. Die im Kontext nachvollziehbare Ablehnung der Vielheit religiöser Welterklärungen in dieser Epoche übersteigerte sich zu einer Haltung, die gar keine isolierten und sich widersprechenden Wahrheiten mehr zulässt, was Wilber folgend kommentiert:

> So entstand eine regelrechte Universalitätsmanie, ein Suchen nach den gemeinsamen Wahrheiten der Menschheit, die für jeden galten, die für alle Völker zutiefst wahr sein sollten. Alle individuellen Vorlieben, alle Besonderheiten und lokalen Unterschiede sollten als nicht zum gemeinsamen, universalen Menschsein gehörig ausgeklammert werden.[154]

Dieses Forschen nach universal gültigen und überall gleichen Gesetzen erfasste alle Ausdrucksformen des öffentlichen Denkens – Wissenschaft, politische Theorie, Gesellschaftstheorie und sogar die Kunst. Die Vorstellung von vielen Frieden ist einem solchen Zugang unmöglich. Alle Menschen müssen objektiviert werden, damit ihre Gemeinsamkeiten gefunden werden können. Es kann hier nur Einen Frieden geben, und der ist so normiert und uniform wie die Menschenrechte als Kernsatz dieses *modernen* Menschenbildes. Wird die Konvention gewordene Bezeichnung der Menschenrechte als universal durch die tiefere Bedeutung uniform ersetzt, zeigt sich ihre immer wieder problematisierte Ambivalenz und Gewaltneigung. Für Wallerstein ist das alles Ausdruck und Resultat des Kapitalismus.

Kapitalismus ist Kommodifizierung, wenn alles zur Ware wird. Kapitalismus hat einen Anfang, den Wallerstein als Übergang zum *modernen* Weltsystem sieht. Der ist kein Faktum, sondern eine sozialmächtige Interpretation. Dabei ist der Hinweis auf das Postulat der Einen Wahrheit wichtig, denn es zeigt, dass die Wende zur *Moderne* nicht zu neuen Freiheiten *sui generis* geführt hat, sondern zu einer eindimensionalen Umkehr des vorgestellten Vektors sozialer Orientierung. Weg vom aufsteigenden *Phobos*, hin zum absteigenden *Thanatos*, wie Wilber sagen würde. Kommodifizierung ist nur ein anderes Wort, ein anderer Fokus derselben Überlegung.

Deshalb ist es so schwer, die *Moderne* zu periodisieren. Weder die Erfindung Amerikas noch der Westfälische Frieden, die Aufklärung oder die Französische Revolution ist ein materieller Wendepunkt in der Zeit, der es

154 Wilber 2001 S. 540.

gestatten würde, sie ab da faktisch auszurufen. Jean-Francois Lyotard bezeichnet sie als einen Gemüts- und Geisteszustand, für den gesellschaftliches und individuelles Tun der Herrschaft eines Meta-Textes unterliege, der diesem Tun Sinn zuspricht. Er fasst die *Moderne* als jenes zeitlich nicht exakt begrenzbare Gesellschaftsprojekt zusammen, das auf der Newton'schen Physik, dem kartesianischen Reduktionismus und dem Hobbes'schen Nationalstaat fußt. Diese Säulen geben, nach Lyotard, dem politischen Handeln in der *Moderne* seinen Sinn, bewirken eine als real erlebte Selbstverständlichkeit von Zielvorstellungen, Handlungsanleitungen und deren Befolgung.[155]

In diesem Sinn hat die *Moderne* überhaupt nie existiert. Ein solches Selbstverständnis ist an keinem Ort und zu keinem Zeitpunkt jemals unwidersprochen aufgetreten. Deshalb meinen viele, die *Postmoderne* wäre seit dem ersten Moment *modernen* Denkens als rationaler, kritischer und inhärenter Gegenpart in der *Moderne* selbst angelegt gewesen. Lyotard schlägt vor, bestenfalls von einer Klassik zu sprechen, in der mit der Zukunft und der Vergangenheit so umgegangen wird, als ob sie zusammengenommen die Totalität des Lebens in einer Sinneinheit umfassen würden.[156] Das heißt, in Lyotards Klassik sind Anfang und Ende einer erzählten Geschichte so glaubhaft organisiert und strukturiert, dass darin ein stabiles, verlängertes Jetzt wahrgenommen wird. Lyotards Klassik ist so etwas wie eine kleine *Moderne*, örtlich, zeitlich und personell begrenzt, in diesem Rahmen aber wahr und weit über ihn hinaus wirksam in Kontexten, die sich selbst nicht mit ihr identifizieren. Deshalb lassen sich Klassiker des *modernen* Denkens benennen, *moderne* Verhältnisse, Produktionsweisen und Friedensbegriffe beschreiben, auch wenn die *Moderne* selbst ein in ihrer Gesamtheit unfassbares und widersprüchliches Phänomen bleibt.

Diese Überlegung bewog mich bei der Gestaltung dieses Kapitels, mit der Beschreibung *energetischer* Friedensbegriffe zu beginnen, die üblicherweise nicht unter dem Titel der *Moderne* aufgezählt werden. Sie alle sind nicht *vormodern* oder traditionell, denn sie entstehen synchron zur europäischen *Moderne* und greifen wie diese auf vorher erarbeitetes Wissen. Sie wenden sich, wie diese, gegen die soziale Erstarrung *moralisch* angelegter Welt- und Friedensbilder, die überall im Vorfeld existieren. Nur brechen sie in eine *unmoderne* Richtung auf, in der sie *Eros* und *Agape* wieder balanciert zu vereinen trachten, während die europäische *Moderne*, zumindest in ihrer klassischen

155 Lyotard 1994 S. 204–214.
156 Lyotard 1994 S. 205.

Form, die folgenschwere Flucht zum *Thanatos* vollzieht. Dabei integriert sie die Grundstrukturen der *phobischen* Anlage in der Form der Einen Wahrheit. Die daraus resultierenden Friedensbegriffe können nur innerhalb dieser Vorgabe verstanden werden und weisen viele argumentative Gemeinsamkeiten mit der *phobischen* Logik der *moralischen* Frieden auf. Sicherheit, Gerechtigkeit, Wahrheit und Norm als Determinanten der *moralischen* Frieden, die ich im vorangegangenen Kapitel diskutiert habe, dringen auch in den *modernen* Frieden ein. Innerhalb seiner Spielweisen werden sie zwar unterschiedlich gewichtet, spielen aber stets eine entscheidende Rolle.

Ich habe mich in diesem Kapitel über die *modernen* Frieden Europas auf einige wenige Stimmen beschränkt, die sich aus ihrem staats- oder rechtsphilosophischen Selbstverständnis heraus explizit auf Fragen des Friedens beziehen. Darauf blieb die Betrachtung vorerst begrenzt. Den Hintergrund dazu auszuleuchten, wird meine Aufgabe im nächsten Kapitel sein.

Zusammenfassend will ich die *modernen* Friedensbilder, die aus dem „vulkanischen Wagemut" entstanden sind, wie Friedell es nannte, soweit differenzieren, dass ihre Gemeinsamkeiten und Abweichungen innerhalb der *Moderne* sichtbar werden. Ich verwende für diesen Zweck Hobbes, Rousseau, Kant und Marx als Idealtypen der vier wesentlichen Denkvarianten des *modernen* Friedens, ohne die genannten Autoren allein zu meinen. Sie stehen für Denktraditionen, philosophische Strömungen, die bis heute wirken.

Sie alle unterwerfen ihre Frieden einem absoluten Wahrheitsdiktum. Daher ist die Frage nach ihrer Einstellung zur Natur des Menschen ein entscheidender Ausgangspunkt für alle weiteren Schlüsse. Bereits hier ergeben sich Abweichungen. Hobbes folgt einem radikalen anthropologischen Pessimismus, während Rousseau und Kant jeweils optimistische, der Vernunft vertrauende Ansätze wählen. Bei Marx ist diese Frage von seinem Geschichtsbild überlagert, hinter dem die Annahme steht, dass der Mensch seinem Wesen nach frei geboren und von Natur aus liebesfähig ist, sich jedoch einer objektiven Welt gegenüber sieht, die soziale Ungerechtigkeit, Unterdrückung und bösen Willen lehrt und verewigt. Der Überbau macht den Menschen schlecht und dies kann nur durch Revolution überwunden werden. Für Marx ist der Mensch nicht von Natur aus schlecht, aber schlecht gemacht. Ziehe ich das Geschichtsbild auch für die anderen Schulen heran, ergeben sich deutliche Abweichungen. Für Marx ist es so positiv, wie es für Hobbes nur negativ sein kann. Für Kant ist es tendenziell positiv, was Rousseau von einem zutiefst negativen Befund aus nicht teilen kann, obwohl er ein entsprechendes Potenzial nicht ausschließt.

	Hobbes	**Rousseau**	**Kant**	**Marx**
Menschenbild	-	+	+	-
Geschichtsbild	-	-	+	+
Erkenntnisleitende Gemütsverfassung	Angst	Zweifel	Hoffnung	Erwartung
Friedensgrundlage	Sicherheit	Harmonie	Wahrheit	Gerechtigkeit

So problematisch die Vereinfachung komplexer Gedankengebäude auf eine solche Darstellung sein mag, sie zeigt anschaulich, die Übereinstimmung und Divergenzen der jeweiligen Bilder.

Hobbes' Pessimismus gerinnt zu einem schlüssigen und deshalb nachhaltigen Konzept. Der Mensch und sein Tun werden als unheilbar schlecht eingestuft. Damit wird Sicherheit zur unverzichtbaren Grundbedingung des Friedens. Wo immer Angst als Erkenntnis leitende Gemütsverfassung angenommen wird, bleibt diese Aussage wahr. Entsprechende Maßnahmen sind auf individueller wie auf gesellschaftlicher Ebene gefragt. Als älteste der *modernen* Haltungen ist jene von Hobbes am meisten mit der *phobischen* Haltung verbunden, mit der sie durch ihre Hinwendung zum *Thanatos* in der Gestalt des Leviathans aber bereits gebrochen hat. Die Abkehr vom *Phobos* bedeutet nicht die Überwindung der Angst, sondern nur deren Umleitung in die weltliche Sphäre. Die Realistische Schule, die auf dieser Annahme baut, ist daher tendenziell gefährlich für all jene, vor denen sie sich fürchtet. Das belegt die Geschichte der Neuzeit. Der Name, den sich diese Schule gegeben hat, suggeriert in Kombination mit der Schlichtheit der Lehre, sie würde vermitteln, was wirklich ist. Die Voraussetzung dafür ist wiederum das Theorem der Einen Wahrheit. Alles zusammen eine explosive Mischung, die für die Anliegen der Friedensforschung nicht besonders weit führt.

Anders ist das mit Rousseau, der zwar den Lauf der Geschichte in der *Moderne* für Verirrung hält und im Befund nicht weit von Hobbes abweicht, den Umstand aufgrund seines anthropologischen Optimismus aber anders bewertet. Für ihn folgt aus jener Verirrung das Bedürfnis nach *Eros* und *Agape*. Ihm ist die Frage nach der gesellschaftlichen Norm und der gemeinschaftlichen Normenbildung das eigentliche Anliegen. Dies führt zum dauerhaften und berechtigten Zweifel über den richtigen Weg als die Erkenntnis leitenden Gemütszustand. Rousseau nimmt damit vorweg, was später als *postmodernes* Denken, aber auch als *postmoderne* Befindlichkeit bezeichnet werden wird. Denn in der Welt der Einen Wahrheit ist allein der Verdacht, dass diese nur vorgestellt wäre, erschreckend, befreiend und entfesselnd. Diese Art des Zweifels ist nichts für ängstliche Charaktere. Der Pfad führt zu bedrohlichen Abgründen, beinhaltet aber auch ein Potenzial für viele Frieden.

Bei Immanuel Kant stimmen Menschen- und Geschichtsbild überein. Er vertritt den Optimismus in reiner Form. Darin liegt seine Anziehungskraft für die Friedensforschung wie auch die Idealistische Schule in den Internationalen Beziehungen. Hoffnung als Erkenntnis leitender Gemütszustand wirkt attraktiv und inspirierend. Da aber auch dieser Ansatz in der Vorstellung der Einen Wahrheit verhaftet bleibt, gerät der *moralisch* gebotene Weg zur Annäherung an das Ideal leicht zur intellektuellen und kulturellen Gewalt, wenn er dekontextualisiert oder exportiert wird. Peter Sloterdijk hat die Wirkungsweise einer entfesselten Version der idealistischen *Moderne* in einem einzigen Satz grandios beschrieben:

> Beflügelt von einem geschichtemachenden Gemisch aus Optimismus und Aggressivität, hat sie die Herstellung einer Welt in Aussicht gestellt, in der es kommt, wie man denkt, weil man kann, was man will, und den Willen hat, zu lernen, was man noch nicht kann.[157]

Die Idealistische und die Realistische Schule als Hauptströmungen der Internationalen Beziehungen sind sich seit ihrer Gründung am Ende des so genannten Ersten Weltkriegs mit ihren Dogmen so unversöhnlich gegenüber gestanden als wären sie tatsächlich unvereinbar,[158] als wären Angst und Hoffnung Gegensätze und nicht zwei Seiten derselben Medaille, zwei irrationale Erscheinungsformen derselben menschlichen *Energie.* Dieser vermeintliche Gegensatz hat viel Aufmerksamkeit konsumiert und Friedenskulturen verkümmern lassen. Erstaunlich genug, dass sich beide Ansätze hartnäckig auf die Ratio berufen. Als Anhänger vormoderner Sichtweisen gilt hingegen der französische Alchemist Fulcanelli, der diesen Krieg so analysierte:

> An alle Philosophen, alle Gebildeten, alle Wissenschafter wie an alle Interessierten erlauben wir uns folgende Frage zu stellen: Haben Sie jemals über die

157 Sloterdijk 1989 S. 22.
158 Krippendorff 1986 S. 30.

> fatalen Folgen, die sich aus einem unbegrenzten Fortschritt ergeben, nachgedacht? Schon wegen der Vielfalt der wissenschaftlichen Errungenschaften kann der Mensch nur noch mit Hilfe von Energie … in einer ungesunden Umgebung leben. Er hat die Maschinerie geschaffen, die seine Kräfte verhundertfacht … aber er ist ihr Sklave und Opfer geworden: Ihr Sklave im Frieden, ihr Opfer im Krieg.[159]

Auf den Fortschritt beruft sich hingegen Karl Marx, der die idealistische Hoffnung zur wissenschaftlichen Erwartung steigert, ohne auf ein allzu optimistisches Menschenbild zu setzen. Er übernimmt aus den *moralischen* Friedensbegriffen die Annahme, dass Friede aus Gerechtigkeit resultiere und glaubt, das wissenschaftlich sowie rational beweisen und umsetzen zu können. In der marxistischen *Moderne* vollendet sich das Bild des *Thanatos* für einen weltgeschichtlich kurzen Augenblick im Sinne einer Lyotard'schen Klassik. Der rasche Kollaps jener politischen Organisationsform, die sich explizit auf Marx berufen hat, erscheint mir nicht als grundsätzliches Scheitern seiner Lehre. Unabhängig davon, wie marxistisch der reale Sozialismus tatsächlich gewesen ist, konnte die Marx'sche Lehre aufgrund ihrer idealistischen Wurzeln leicht vom realen Idealismus westlicher Prägung verwunden werden. In der vermeintlich wissenschaftlichen Doktrin des Neo-Liberalismus lässt sich diese Wesensgleichheit nicht nur in der Attitüde, sondern auch in der Denkstruktur besonders gut beobachten. *Thanatos* hat viele Ausdrucksformen.

Die Gemeinsamkeit all dieser Ansätze liegt darin, dass sich ihre Vordenker als eine Art Ingenieure der Maschine Gesellschaft fühlen. Rousseau und Kant, und mit Abstrichen auch Marx erscheinen als biedere, beinahe naive Bastler, die daran arbeiten, das Uhrwerk in seinen objektiven Dimensionen zu optimieren, damit das prinzipiell Gute im Subjekt zum Durchbruch käme. Für Hobbes hingegen – und von ihm zieht sich eine ganze Tradition bis hin zu Freud – ist genau das die Schreckensvision. Diese Denker wirken wie Sprengmeister, welche die unkontrollierte Explosion des hochbrisanten Problemstoffes Subjekt durch äußere Maßnahmen zu unterbinden trachten. All diese Ansätze spiegeln eine Sicht, die Welt und Gesellschaft als manipulierbare Maschine wahrnimmt. Wieweit diese Vorstellung trägt, werde ich im nächsten Kapitel diskutieren.

---

159 Fulcanelli zitiert nach Gebelein 1996 S. 127.

5 Zur *mechanistischen* Basis des *modernen* Friedensbildes

Bisher habe ich in diesem Kapitel jene Stimmen ausgesucht, die sich mehr oder minder explizit an der Schaffung des *modernen* Friedensverständnisses beteiligt haben. Keine ihrer Lehren kann im engeren Sinne des Wortes als Friedenswissenschaft bezeichnet werden, denn sie alle kamen von Universalgelehrten, deren Themen und Interessen ein viel breiteres Spektrum umfassten. Sie sind zumeist Staatsphilosophen, für die Frieden eine wünschenswerte, aber aus grundlegenderen Fragen abgeleitete Konsequenz ist. Das gilt selbst für Kant. Mit seinem „Traktat über den ewigen Frieden" schuf er zwar einen Schlüsseltext der Friedenswissenschaft, in seinem Gesamtwerk nimmt dieser aber einen marginalen Platz ein.

Daraus ergibt sich, dass alles, was bisher in diesem Kapitel gesagt wurde, erst Sinn hat, wenn auch jene grundlegenden Veränderungen der abendländischen Weltsicht mitberücksichtigt werden, aus denen sich die entsprechenden Friedensinterpretationen und die Denkmöglichkeit einer wie auch immer im Detail verstandenen *Moderne* ableiten. Hinter dem, was ich bislang in Anlehnung an Wilber als Flucht aus dem *Phobos* in den *Thanatos* bezeichnet habe, verbirgt sich der tiefste Bruch in der Kultur des Abendlandes seit der Achsenzeit. Die beim und für diesen ersten Bruch vollzogene Trennung des Menschen vom Göttinnenreich hat ein aus der ganzheitlichen Sicht des *energetischen* Ansatzes zwar verstümmeltes, aber immerhin noch organisches Weltbild hinterlassen, das den Menschen in einer wechselseitigen Beziehung mit der Natur erlebte, organisiert in entsprechenden Gemeinschaften, die ihre materiellen und spirituellen Bedürfnisse aus diesem Verständnis heraus regelten. Wenn der Mensch schon nicht mehr Aspekt des Göttlichen war, strebte er wenigstens Gott zu und richtete sein Leben in der materiellen Welt entsprechend aus, wie Augustinus das festgelegt hatte. Ziel des Wissenschaftens war daher, die Dinge auf der Basis von Vernunft und Glauben zu verstehen, nicht sie zu verändern oder gar zu prognostizieren.

Diese organische Weltsicht wurde durch die mechanistische Haltung der *Moderne* radikal verändert. Hatte das Christentum den Menschen vom Himmel getrennt, so trennte ihn die *Moderne* von der Natur und bescherte ihm die Vorstellung einer als mechanisches Uhrwerk ablaufenden Welt. Die entsprechenden Gedanken werden durch Namen und Schriften repräsentiert, die ich bislang, sofern überhaupt, nur im Vorübergehen erwähnt habe.

Wer das mechanistische Weltbild der *Moderne* verstehen will, braucht Hobbes und Bacon, aber es kommt auch niemand an Kopernikus, Kepler, Galilei, Descartes, Newton und Darwin vorbei. Ich möchte noch kurz auf jene Vorstellungen eingehen, welche diesen mechanistischen Ansatz prägten und damit allen *modernen* Friedensbildern zugrunde liegen.[160]

Nikolaus Kopernikus[161] widersprach mit seiner heliozentrischen Hypothese der geozentrischen Welterklärung und legte den intellektuellen Grundstein für jenen Paradigmenwechsel, der zu Recht nach ihm benannt ist: die kopernikanische Wende. Ihm folgte der pythagoreische Mystiker Johannes Kepler,[162] der auf seiner Suche nach der Harmonie der Sphären auf empirische Weise die Bewegung der Planeten zu formulieren vermochte und damit die Hypothese des Kopernikus stützte. Schließlich machte Galileo Galilei[163] aus alldem eine stringente wissenschaftliche Theorie. Galileos mathematischer Zugang zur Wissenschaft brachte ihn zu der Ansicht, dass die Forschung sich auf das Studium der quantifizierbaren, objektiven Eigenschaften materieller Körper beschränken solle, also auf Formen, Zahlen und Bewegungen. Andere Eigenschaften, wie Farbe, Klang, Geschmack oder Geruch waren für ihn subjektive Projektionen des Geistes, die er aus den Untersuchungen ausschließen wollte.

Damit traf er eine weitreichende Entscheidung, verbannte er doch Ästhetik, *Moral*, Werte, Empfindungen, Gefühle, Absichten und Bewusstsein, ja letztlich Geist und Seele aus der Wissenschaft. Die Möglichkeiten einer Wissenschaft vom Frieden werden auf dieser Basis sehr eng. Ich möchte daher Galileis Widersacher Giordano Bruno[164] gedenken, der als scharfer Gegner des mechanistischen Weltbildes aus der Hypothese des Kopernikus ganz andere Schlüsse zog. Bruno verwarf nicht nur das geozentrische Weltbild, sondern auch das heliozentrische und erkannte stattdessen die nichtzentralisierte Unendlichkeit des Universums. Von da gelangte er zur Annahme, dass alle Teile des Alls beseelt wären, und dass es eine Weltseele gäbe, der universelle Vernunft innewohne. Diese Annahme hätte die Debatte um die neuen Paradigmen in eine friedenswissenschaftlich interessante,

160 Ich folge dabei im Wesentlichen den Darstellungen von Capra 1982 S. 51–76. Von ihm übernehme ich diese Gedanken, soweit ich das nicht anders ausweise.

161 1473 bis 1543.

162 1571 bis 1630.

163 1564 bis 1642.

164 1548 bis 1600.

energetische Richtung zu lenken vermocht. Doch dies war weder den Hütern der *moralischen* Tradition, noch den Pionieren der heraufdämmernden *Moderne* genehm. Bruno starb am Scheiterhaufen, und die Wissenschaftsgeschichte bewegte sich in eine andere Richtung.[165]

Galileis Reduktion der fortan als wissenschaftlich geltenden Methoden und Fragestellungen verband sich auf revolutionäre Art mit Francis Bacons[166] Umorientierung des Zwecks wissenschaftlichen Tuns. Nicht um das organische Verstehen der Welt sollte es gehen, nicht um den Ruhm Gottes oder die natürliche Ordnung, sondern um die Beherrschung und Kontrolle der Natur. Bacon verstand die Natur zwar weiblich, wollte ihr aber mit seiner induktiven Methode von Experiment und Schlussfolgerung jene Behandlung angedeihen lassen, die dem Umgang mit Frauen in den Hexenprozessen seiner Zeit entsprach. Vielleicht war das Abendland zu keinem Zeitpunkt weiter vom Friedensbild der *Großen Mutter* entfernt als in seinem Denken und Wirken.

In seinem Glaubenssatz von der Gewissheit der wissenschaftlichen Erkenntnis begründete René Descartes[167] schließlich das Fundament *modernen* Denkens. Er verlagerte das Prinzip der absoluten und ultimativen Wahrheit Gottes in die Wissenschaft. Das erlaubte, ja verlangte von ihm, alles tradierte Wissen zu bezweifeln, Gedanken und Probleme in Stücke zu zerlegen und diese in ihrer logischen Ordnung aufzureihen. Er gründete seine Naturanschauung auf die fundamentale Unterscheidung zwischen menschlichem Geist und natürlicher Materie. Das materielle Universum war ihm eine Maschine, in der es weder Sinn noch Leben oder Geist gab. Die Natur, auch Pflanzen und Tiere, funktionierte für ihn nach mechanischen Gesetzen, und alles in der Welt der Materie konnte in Begriffen der Anordnung und Bewegung seiner Teile erklärt werden. Selbst der Körper des Menschen war ihm eine animalische Maschine.[168] Descartes verlieh dem wissenschaftlichen Denken eine neue Richtung – die Natur als perfekte Maschine, beherrscht von exakten mathematischen Gesetzen. Die kartesianische Anschauung der Welt als mechanisches Uhrwerk lieferte jene wissenschaftliche Rechtfertigung für die Manipulation und Ausbeutung der Natur, die bezeichnend für die *Moderne* geworden ist. *Moral* und Spiritualität, wesentliche Elemente der

165 Drewermann 1992.
166 1561 bis 1626.
167 1596 bis 1650.
168 Descartes 2007.

vorher beschriebenen Friedensbilder, gehören für ihn zur Welt des Geistes und spielen in diesem Kontext keine Rolle.[169]

Das mechanische Bild der vom Geist geschiedenen Natur dominierte alle Paradigmen der Wissenschaft, bis die neue Physik des 20. Jahrhunderts die begrenzte Reichweite kartesianischen Denkens aufzeigte, ja sogar bewies, dass Descartes' Grundannahme von der Gewissheit der wissenschaftlichen Erkenntnis samt allen daraus abgeleiteten Schlüssen ein Irrtum war. Es gibt – auch in der Wissenschaft – keine absoluten Wahrheiten. Alle Vorstellungen und Theorien sind perspektivisch und begrenzt, lautete das neue Credo.

Ähnlich wie Galilei fand auch Descartes gerade hinsichtlich dieses Themas einen prominenten, aber unterlegenen Widerpart. Giovanni Battista Vico,[170] der erst nach Descartes wirkte, trat gegen dessen reduktionistischen Rationalismus auf und vertrat die Meinung, dass der Mensch nur als wahr erkennen könne, was er auch selbst geschaffen habe. Die Natur aber wäre von Gott geschaffen und könne folglich auch nur von Gott adäquat erkannt werden. Die einzige dem Menschen vollständig zugängliche Wahrheit wäre die seiner eigenen Geschichte. Daher müsse die menschliche Geschichte der bevorzugte Gegenstand der Forschung sein. Diese werde im Unterschied zu der dem Menschen vorgegebenen Natur von ihm selbst gestaltet. Somit seien ihre Prinzipien auch innerhalb der Modifikationen des menschlichen Geistes zu finden.

Für Vico ergibt sich Erkenntnis nicht allein aus dem reflektierenden Verstand, sondern auch aus der sinnlichen Wahrnehmung. Im Kontext des von ihm zyklisch wahrgenommenen Laufs der Geschichte schlägt er vor, die Mythologie als ursprüngliche Form der Wahrheitsaussage zu verstehen. Die Erforschung der mythologischen Anfänge der Kulturen liefere die tiefste Einsicht in ihre Grundlagen. Da diese Kulturen und ihre Erzählungen vom Menschen gemacht sind, würde dieser Ansatz zu einem erschließbaren, relationalem Friedensbegriff führen. Vico übergibt die menschliche Geschichte aber nicht der *energetischen* Relationalität, sondern der Verantwortung der göttlichen Vorsehung, die sich der menschlichen Bestrebungen zur Erreichung ihrer Ziele bediene.[171] Somit gab er seiner Lehre einen strukturkonservativen Anstrich, was seine Bedeutung für unsere die Debatte begrenzt.

169 Poser 2003 S. 107.
170 1668 bis 1744
171 Vico 2000.

Jener Mann, der den kartesianischen Traum verwirklichte und die wissenschaftliche Revolution vervollständigte, war Isaac Newton.[172] Die Physik Newtons[173] lieferte eine geschlossene mathematische Theorie der Welt, die bis ins 20. Jahrhundert hinein die Grundlage allen wissenschaftlichen Denkens blieb. Newton kombinierte alle vorangegangenen Entdeckungen, indem er die allgemeinen Gesetze der Bewegung formulierte, denen alle Objekte im Sonnensystem folgen, vom einfachen Stein bis zum Planeten. Durch ihre allgemeine Anwendbarkeit schienen sie die kartesianische Naturanschauung zu bestätigen. Alle physikalischen Erscheinungen werden in der Newton'schen Mechanik auf die Bewegung von materiellen Teilchen im Raum reduziert, die durch ihre gegenseitige Anziehung, die Schwerkraft, verursacht wird. Die Wirkung dieser Kraft auf ein materielles Objekt wird mathematisch durch Newtons Bewegungsgleichungen beschrieben, welche die Grundlage der klassischen Mechanik bilden. Sie wurden als feste Gesetze betrachtet, nach denen sich materielle Objekte bewegen. Diese Wissenschaft glaubte, mit ihnen alle in der physikalischen Welt beobachtbaren Veränderungen erklären zu können.[174] Johann Wolfgang von Goethe warf Newton deshalb ein Weltverständnis vor, in dem die Natur buchstäblich auf die Folter gespannt wird, um die Fragen des Forschers zu beantworten.[175] Morris Berman meinte gar, „dass Europa, nachdem es die Newtonsche Sicht der Welt übernommen hatte, geschlossen den Verstand verlor."[176]

Die mechanistische Weltanschauung ist mit strengem Determinismus verbunden, mit dem Glauben an eine kausale und berechenbare kosmische Maschine. Alles, was geschieht, hat nach dieser Auffassung eine finale Ursache und Wirkung. Die Zukunft eines jeden Teils des Universums könnte mit absoluter Sicherheit vorausgesagt werden, wenn sein Zustand zu irgendeiner Zeit in allen Einzelheiten bekannt wäre.[177]

Descartes und Newton veränderte den Friedensbegriff derart, dass sich der normativ-*moralische* Zugang zur Organisation von Gesellschaften voll ausprägte, denn selbst die *Moral* unterlag nun rationalen Gesetzen. Die Normen folgten berechenbaren Prinzipien, welche die Interaktionen zwi-

172 1642 bis 1727.
173 Newton 2007.
174 Gleick 2004 S. 11f.
175 Gebelein 1996 S. 119.
176 Zitiert nach Gebelein 1996 S. 306
177 Heuser 2005 S. 103.

schen Individuen und der Gesellschaft regulieren sollten. Normen gelten deshalb, weil sie als bestmögliche Form der Gestaltung der Gesellschaft zum allgemeinen Wohl als allgemein gültig angesehen werden.

Was Newton für die Erschließung der Physiosphäre tat, leistete Charles Darwin[178] für die Biosphäre. Seine 1859 und 1871 veröffentlichten Bestseller über die Entstehung der Arten und die Abstammung des Menschen lösten die *moralische* Schöpfungsgeschichte der Bibel durch eine der Aufklärung würdige, *moderne* Evolutionstheorie ab. Darwin erkannte, dass sich Lebewesen im Verlauf vieler Generationen in unterschiedlichen Richtungen weiterentwickeln und so nicht nur unterschiedliche individuelle Eigenschaften, sondern auch neue Arten hervorbringen. Lebewesen mit neu ausgebildeten biologischen Eigenschaften, argumentierte er, könnten nur überleben, wenn ihnen die Anpassung an die äußere Welt gelinge. Sie seien einem Selektionsdruck ausgesetzt, der nur gut angepassten Exemplaren das Überleben ermögliche. Aus dieser Dynamik sei auch der Mensch entstanden.

Dies sind die seither weitgehend unbestrittenen Beobachtungen Darwins. Problematisch sind die Schlüsse, die er selbst und die ihm nachfolgenden Schulen aus diesem Befund zogen. Der erste dieser Schlüsse ist, dass die Variationen innerhalb von Arten wie auch die Arten insgesamt aufgrund des Selektionsdrucks dauerhaft gegeneinander um das Überleben kämpften. Im Umkehrschluss: Der Prozess der Auslese unter dem Druck des Überlebenskampfes sei die treibende Kraft der Entwicklung der Arten von niederen zu höheren Wesen. Dieser Krieg der Natur, der Kampf ums Überleben, sowie die Aussonderung der Schwächsten und die Auslese der Tüchtigsten sei daher die biologische Grundeigenschaft aller Lebewesen. Kooperation, Solidarität, Mitgefühl wären demnach ausschließlich diesem Kampf untergeordnete Hilfsmittel oder Alternativen im Krisenfall. Damit gab Darwin seinen epochemachenden Beobachtungen auch gleich einen Sinn. Der Sinn der Evolution und damit des Lebens an sich wäre nämlich die Hervorbringung höherwertiger Individuen, Arten und Rassen an der Stelle minderwertiger.[179]

Die Annahme vom Krieg aller gegen alle schien damit naturwissenschaftlich belegt. Auf dieser Basis kann ein Mensch von seinen Mitmenschen nichts als Kampf erwarten und er wird nur überleben, wenn er sich möglichst effektiv und mächtig vor der Bedrohung durch die anderen sichert. Die angstgetriebene Politik des 20. Jahrhunderts mit all ihren Folgen

---

178 1809 bis 1882.

179 Bauer 2007 S. 95–131

war damit paradigmatisch vorbereitet. Die Evolutionstheorie rückte in die Reihe der großen Erzählungen des *modernen* Welterklärens auf, und wie so oft bei derartigen Glaubenssystemen, wurde die Vermischung zwischen faktischer Beobachtung und konstruierter Sinnstiftung übersehen. Das mündete besonders in Deutschland, aber nicht nur dort, in eine rassistische Rezeption dieser naturfeindlichen Vorstellung vom Kampf ums Überleben, die Angst als Leitprinzip der Politik legitimierte und eine *moderne* Ideologie der Unmenschlichkeit begründete. Die wirkte weit über die Zeit des Nationalsozialismus hinaus.[180]

Es sei den späteren Kapiteln vorweggenommen, dass Darwins Interpretation, dass der natürliche Selektionsprozess ein Kampf Aller gegen Alle wäre, im Gegensatz zur auf systematisch erarbeiteten Belegen beruhenden Tatsachenbehauptung über die Entstehung der Arten und des Menschen, auch nicht im Sinne der üblichen naturwissenschaftlichen Methoden bewiesen ist. Selektion und Anpassung bedeuten nicht notwendigerweise Kampf und Vernichtung des anderen. Leben findet statt, weil alles mit allem verbunden ist. Eingebundenheit erfordert eher Kooperationsfähigkeit als Superiorität. Darwins Modell übersieht diese grundlegende Bedeutung des am Anfang aller Biologie stehenden Phänomens der Kooperation und gegenseitigen Abhängigkeit. Nicht der Kampf ums Dasein, sondern Kooperation, Zugewandtheit, Spiegelung und Resonanz sind die grundlegenden Größen biologischer Systeme.[181] Sie sind die Regel, Kampf die Ausnahme. Zwar gibt es in der Natur auch Wettbewerb, doch findet dieser gewöhnlich im Rahmen eines weiteren Zusammenhangs von Kooperation statt, sodass das größere System im Gleichgewicht bleibt. Selbst Räuber-Beute-Beziehungen, die für die Beute letal sind, nutzen im Allgemeinen beiden Arten. Dieser Befund steht in scharfem Gegensatz zu den Ansichten der Sozialdarwinisten, die das Leben ausschließlich als Wettbewerb, Kampf ums Überleben und Vernichtungsphantasie sahen. Eine solche Anschauung hat aus der Sicht *moderner* Wissenschaft keine Berechtigung, da sie die integrativen und kooperativen Prinzipien außer Acht lässt, also wesentliche Aspekte der Art und Weise, in der sich Lebewesen organisieren.[182]

180 Ausführlich dazu Klass 2003 S. 1–16.
181 Bauer 2007 S. 130.
182 Capra 1982 S. 310.

> Dass Lebewesen leben wollen, ist eine Tautologie. Dass die zentralen Antriebe lebender Systeme darauf gerichtet sind, sich maximal zu verbreiten und gegeneinander zu kämpfen, ist hingegen Ideologie.[183]

Das ist für die friedenswissenschaftliche Fragestellung von entscheidender Bedeutung, denn es geht um die grundsätzliche Friedensfähigkeit der Spezies Mensch. Hätte Darwins Kampf ums Überleben bewiesen werden können, bräuchten sich die Sozialwissenschaften nur noch um „realistische" Theorien zu kümmern. Viel eher scheint aber das Gegenteil der Fall. Darwins Glaubenssätze führten in die großen Vernichtungskriege des 20. Jahrhunderts,[184] an dessen Ende die Neurobiologie die grundsätzliche Ausrichtung des menschlichen Hirns auf Kooperation und Friedensfähigkeit belegte.

Das bis hierher gezeichnete Bild der Weltmaschine erfordert aller *Modernität* zum Trotz einen außerhalb stehenden Schöpfer, Sinnstifter und Regenten. Die Vordenker gingen davon aus, dass ein solcher die Welt von oben regiere, indem er ihr seine göttlichen Gesetze auferlege. Die physikalischen Vorgänge selbst galten nicht als göttlich. Da es unter dem Diktat der *modernen* Wissenschaft zunehmend schwieriger wurde, an einen solchen Gott zu glauben, verschwand das Göttliche letztlich vollkommen aus dieser Weltanschauung und ließ jenes spirituelle Vakuum zurück, das so charakteristisch für *moderne* Friedensbilder im Zeichen des *Thanatos* geworden ist. Die Vorstellung von der Weltmaschine verabsolutierte diese und löste sie von der menschlichen Perspektive. Eine objektive Beschreibung der Natur wurde zum Ideal der *modernen* Naturwissenschaft, wobei das Beispiel Darwins zeigt, wie rasch und unbemerkt in so einem Denksystem ein konstruierter Sinn die Leerstelle Gott einzunehmen vermag.

Für die Rationalität und die in ihr angelegte Perspektivenvielfalt kann es nicht darum gehen, Gemeinsamkeiten herauszuarbeiten, auch wenn das in einigen Bereichen, etwa der Medizin, sinnvoll erscheint. Rationalität ermächtigt die Menschen dazu, sich in die Lage anderer zu versetzen und die gegenseitige Bereicherung, die in allen Unterschieden liegt, zu erkennen. Rationalität bejaht Perspektivenvielfalt und unterwirft diese nicht abstrakten Uniformitätsfragen. Diese Position hielten romantische und idealistische Gegenpositionen mit ihrer Suche nach einem Leben jenseits der selbst definierten *persona* den Vordenkern der *Moderne* von Beginn an entgegen, doch

183 Bauer 2007 S. 221.
184 Weikart 2004.

zur Entfaltung kam diese Einsicht erst in der *Postmoderne*, die sich diesbezüglich lückenlos aus der Romantik herleiten lässt.

Das alles ist wichtig, weil die Begeisterung für die Erkenntnisse des kartesianischen Reduktionismus, der Newton'schen Physik und der Darwin' schen Evolutionslehre weit in die Sozialwissenschaften hineinreichte und sogar die Vorstellung einer Sozialphysik weckte. Thomas Hobbes, für den alle Erkenntnis auf Sinneswahrnehmung beruhte, kommt wieder ins Spiel. John Locke übernahm das und verglich den menschlichen Geist bei der Geburt mit einer *tabula rasa*, auf der sich das Wissen durch Sinneswahrnehmung einpräge. Darauf baute er seine atomistische Anschauung von Mensch und Gesellschaft und legte den Schwerpunkt sozialwissenschaftlichen Interesses auf das Verhalten der Individuen. Auf diese Art begründete Locke die bis zu Freud wirkende Annahme von der Gleichheit aller Menschen bei der Geburt. Als er diese Theorie von der menschlichen Natur auf gesellschaftliche Erscheinungen anwandte, wurde er von der Überzeugung geleitet, dass im Rahmen der verketteten Ordnung allen Seins die menschliche Gesellschaft genauso von Naturgesetzen gelenkt werde wie das physikalische Universum. So wie die Atome in einem Gas in ein Stadium des Gleichgewichts gelangen, würden das auch menschliche Individuen in einer Gesellschaft tun, sofern sie nicht von einer äußeren Gewalt daran gehindert würden. Diese Idee ist seinen friedenswissenschaftlichen Theoremen von Freiheit, Gleichheit und Eigentum vorgelagert und beeinflusst die gesamte weitere Debatte, und vor allem die Schule des Idealismus, entscheidend.

Diese Annahmen bilden den Rahmen für die in diesem Kapitel diskutierten Friedensvorstellungen. Das beschreibt auch buchstäblich ihre Begrenztheit, denn die Newton'sche Mechanik hat längst ihre Rolle als grundlegende Erklärung der materiellen Welt, und erst recht der Biosphäre und Noosphäre, verloren. Elektrodynamik und Evolutionstheorie gehen weit über das Newton'sche Modell hinaus. Sie legen offen, dass die Welt komplexer ist, als Newton und Descartes sich das vorstellen konnten.

Noch im Jahrhundert nach Einstein und Heisenberg wird die Methode des analytischen Reduktionismus ungern angezweifelt oder gar verworfen. Sie wurde zu einem Charakteristikum des *modernen* wissenschaftlichen Denkens. Der Glaube, alle Aspekte komplexer Phänomene könnten verstanden werden, wenn sie nur auf ihre Bestandteile reduziert würden, leitete die *Moderne* und befähigte sie vor allem in der Naturwissenschaft zu eindrucksvollen Leistungen, bis sie in den Erkenntnissen der neuen Physik ihre Grenzen fand.

Es fällt auf, dass die in diesem Kapitel zitierten Stimmen sich fast ausnahmslos auf Gott berufen. Dies mag zum Teil mit den realen Machtverhältnissen in ihren jeweiligen Staaten zu tun haben. Religiöse Zweifel waren oft gefährlich. Wichtiger erscheint mir aber, dass sie in ihrer Denkweise Gott als Referenz, als Sinn tatsächlich benötigten. Zwar argumentieren sie ihn meist nicht mehr als personifizierten, unmittelbaren Lenker der Welt, wie das im zweidimensionalen Schema der *moralischen* Friedensbilder der Fall ist. Sie schieben mit der Natur eine gesonderte und getrennte neue Ebene zwischen Mensch und Gott. Gott übersiedelt gleichsam in die dritte Etage, von wo aus er die zweite gestaltet, die der Mensch von den Niederungen der ersten aus wahrnimmt. In dieser zweiten Ebene sind Naturgesetze wissenschaftlich berechenbar und vorhersehbar. Sie begründen sich aber aus dem Schöpfungsakt des göttlichen Bewohners der exklusiven dritten Etage. Das mechanistische Weltbild der *Moderne* braucht jenen Schöpfergott, den es aus der christlichen Tradition ableitet. Doch durch seine lückenlose Allgegenwart zur kosmischen Integration unfähig geworden, verflüchtigte sich dieser Gott ins Abstrakte der obersten Etage. Abstraktionen gaben dem logisch-dialektischen Spiel neue Nahrung. Sie verloren aber jeden menschenähnlichen Zug und damit auch das Göttliche als utopisches Leitbild. An seine Stelle trat das Mechanische und Vernünftige. So arbeitete er daran, sich in letzter Konsequenz ganz abzuschaffen – der *moderne* monotheistische und patriarchale Gott.[185]

Der Urgrund der *modernen* Friedensbegriffe bleibt da, wo er auch für die *moralischen* liegt – jenseits der beziehungshaften Verfügbarkeit der Menschen. Nur dass an die Stelle der Priester als Experten der Deutung der absoluten Weltgesetze die Wissenschaft tritt, die nicht nur behauptet, dass sie das Uhrwerk Welt zu deuten und seine Bewegungen vorherzusagen verstehe, sondern überdies auch noch beansprucht, auf vernünftige Weise so an den Rädchen drehen zu können, dass dadurch eine friedlichere Welt entstünde.

185 Göttner-Abendroth 1990 S. 7.

Alles ist Interpretation und auch das ist Interpretation.
Gianni Vattimo[1]

2

D. *Postmoderne* Friedensinterpretationen

Am Schluss des vorangegangenen Kapitels habe ich mich mit der Definition des Begriffs *Moderne* befasst, obwohl mich das ein Stück weit von der Frage der Frieden im engeren Sinne weggeführt hat. Die akademische Übung ist notwendig, soll sich die Systematik dieses Textes nicht in einem Dschungel von attraktiven Meinungen zum Frieden verlieren, die sich in immer größerer Zahl aufdrängen. Der Sinn dieser Übung wird in diesem Kapitel offensichtlich, denn die Beziehungen der Begriffe werden noch komplexer und ich werde die Klärungen des vorangegangenen Kapitels dringend benötigen. Allein das Wort *Postmoderne* sagt aus, dass es jetzt um ein Thema geht, das irgendwie mit der *Moderne* zu tun hat, die folglich zumindest in diesem Text ein anwendbarer Begriff sein sollte. Wenn ich von der *Postmoderne* rede, mei-

1 Zitiert nach Weiß 2003 S. 74.

2 Entgegen einer weit verbreiteten Meinung beruht das meist verbreitete Friedenszeichen des 20. Jahrhunderts nicht auf einer Rune, sondern auf den Buchstaben N und D des Winkeralphabets. Es wurde vom britischen Künstler Gerald Holtom 1958 für den Protestmarsch gegen das Atomwaffenforschungszentrum Aldermaston entworfen. Das N steht für *nuclear*, das D für *disarmament*. Das Symbol der *Campain for Nuclear Disarmament* wurde von der Bürgerrechtsbewegung in den USA übernommen, fand Eingang in die Protestbewegung gegen den Vietnam-Krieg und in die Subkulturen der 1960er Jahre. Sein Ursprung im Widerstand gegen die rational-kriegerische Fortschrittstechnologie erhebt dieses Friedenszeichen als Ausdruck des „Nein Danke!" zum idealtypischen Symbol *postmodernen* Friedensdenkens. Campain for Disarmanet 2008.

ne ich nicht eine Periode, die chronologisch der *Moderne* folgt, habe ich bereits mit Lyotard festgehalten. Denn schon die *Moderne* habe ich nicht als Periode, sondern als eine Gemüts- und Geisteshaltung aufgefasst, die an jene große Erzählung glaubt, die sich in Hobbes, Descartes und Newton begründet.

Findige Geister könnten vorschlagen, zumindest einmal die Klassik der *Moderne* zwischen der Geburt des ältesten, Hobbes, und dem Tod des jüngsten von ihnen, Newton, anzusiedeln. Die Klassik der *Moderne* hätte demnach von 1588 bis 1727 gedauert. Doch so hat Lyotard das nicht gemeint: Die Rede war von einer Klassik, wenn in einem bestimmten sozialen Rahmen mit der Zukunft und der Vergangenheit so umgegangen wird, als ob sie zusammengenommen die Totalität des Lebens in einer Sinneinheit umfassen würden. Das gilt nicht einmal für die Biographien der drei Säulenheiligen der *Moderne*. Ich habe im vorangegangenen Kapitel ihre Lehren verkürzt, um die für die Friedensforschung relevante Geschichte erzählbar zu machen. Aus etwas breiterem Winkel sehe ich in Hobbes aber einen Empiriker und Skeptiker, dessen entsprechende Lehren eine Denkrichtung aufmachten, die sich weit ab jedes politikwissenschaftlichen Realismus entwickelte und auf erstaunliche Weise selbst noch in der *postmodernen* Philosophie und der *transpersonalen* Psychologie verborgene Blüten treibt. Descartes, der Weltenmechaniker, versuchte verzweifelt, die Existenz Gottes zu beweisen, und just er führte die Subjektivität in die *moderne* Philosophie ein.[3] Newton, der Weltenmaschinist, war Alchemist und Mystiker. Er repräsentierte die Allianz zweier Denkarten, die sich beide auf das Experiment und den unmittelbaren Augenschein berufen und so gemeinsam gegen das geschlossene Weltbild der damals zeitgenössischen Mythologie mit ihrem *moralischen* Friedensbegriff anrannten. Ähnliche Geschichten ließen sich über jeden anderen der im vorigen Kapitel genannten Autoren erzählen.[4] Nicht einmal in ihren eigenen Biographien und Werken manifestiert sich eine Klassik der *Moderne* im Sinne Lyotards.

Lyotard paraphrasierend müsste ich die Klassik selbst zu einem Pluralwort erheben. Denn wenn die Vordenker der *Moderne* widersprüchlich dach-

---

3 Das Entdecken der Perspektive war eines der größten Abenteuer seiner Zeit. Sie läßt sich unter anderem in der Malerei seit dem 15. Jahrhundert belegen und verfolgen. Das setzte sich in der Portraitmalerei und im Roman als Erzählform fort.

4 Giordano Bruno und Galileo Galilei wurden beispielsweise als Anhänger der hermetischen Naturphilosophie verfolgt. Gebelein 1996 S. 12.

ten, lebten und handelten, gab es solche Klassiken, in denen das *moderne* Weltbild stimmte, so oft und an so vielen Orten, dass in Anbetracht dieser Dichte unterschiedlicher Klassiken von geringer Reichweite und Dauer doch von einer *Moderne* gesprochen werden kann. Die lässt sich aber nicht mit letzter Gewissheit periodisieren. Das ist auch gar nicht nötig.

Die *Postmoderne* bezieht sich nicht auf eine Periode, sondern auf einen Gemüts- und Geisteszustand, in dem die Menschen *nicht* an die große Erzählung glauben, die sich in den drei Säulenheiligen Hobbes, Descartes und Newton begründet. So gesehen beginnt die *Postmoderne* mit dem ersten Zweifel im Denken des ältesten dieser Vordenker. Ich könnte salopp Hobbes als den ersten *Postmodernen* bezeichnen. Diesen Titel hat die Philosophiegeschichte aber an Friedrich Nietzsche verliehen, in dessen Werk sich Kritik, Widerspruch und Skepsis in epochaler Weise so verdichten, dass das Publikum sie nicht mehr als feine Differenzierungen des Denkens wahrzunehmen braucht, sondern mit dem Hammer eingedroschen bekommt, wie Nietzsche selbst das in der „Götzendämmerung" formuliert.[5] Die *Postmoderne* ist keine Verabschiedung der *Moderne*, sondern deren Verwindung, ihre Radikalisierung in Form eines kritischen Durcharbeitens. So gesehen gründet die *postmoderne* Philosophie in Nietzsche.

Der *postmoderne* Gemütszustand begleitet die *Moderne* überall. Ihre Klassiken haben viele Aspekte, die sich in Begriffen wie Aufklärung, Vernunft, Säkularisierung, Freiheit, Gleichheit, Gerechtigkeit, Wachstum, Freihandel, Toleranz, Demokratie, Menschenrechte, Fortschritt, Technologie, Entwicklung, Sicherheit, Nachhaltigkeit, Popkultur und etlichen anderen in immer neuen Formationen verdichten. Wo immer sie das tun, erzeugen sie Ungereimtes, Unbehagen, Widerspruch, Frustration und Protest, mit einem Wort: *postmoderne* Gemütszustände. Es findet sich immer jemand, der den *modernen* Anspruch und seine Versprechungen verweigert. So bringt jede *moderne* Klassik aufs Neue ihre *postmodernen* Akteure hervor.

Es ist dem freien Wissenschaften vorbehalten zu entscheiden, ob Methoden und Erkenntnisse der *postmodernen* Philosophie in die Forschung zu Fragen der Frieden einbezogen werden. Friedensforschung lässt sich auch idealistisch, rechthaberisch, *modern* und unbedarft betreiben, wie das allenthalben und vielerorts geschieht. Den *postmodernen* Gemütszustand von Gesellschaften gibt es aber überall, wo die *Moderne* wirkt. Deshalb muss ich

5 Nietzsche 1983d S. 371.

mich an dieser Stelle von den „stimmigen" Friedenslehren des vorangegangen Kapitels als Denkstrukturen verabschieden. Sie gehören der Metaphysik des mechanistischen Weltbildes an und stimmen nur in dessen Rahmen. Dieser aber wurde in der Physik, in der Biologie, den Kunst- und Kulturwissenschaften, der Philosophie und Psychologie an der Wende vom 19. zum 20. Jahrhundert gesprengt.[6] Im Werk Nietzsches jenen zentralen Impuls *postmodernen* Philosophierens zu sehen, auf den auch die Friedensforschung rekurrieren darf, ist deshalb zielführend.

Es ist paradox genug, dass die Disziplinengeschichte völlig asynchron zu dieser Beobachtung läuft. Das 20. Jahrhundert wird mit dem ersten Krieg eröffnet, dem der Name Weltkrieg verliehen wurde. Im Verlauf der sogenannten Friedensverhandlungen von Paris, die den ersten Teil dieses Weltkriegs beendeten, wurde beschlossen, wissenschaftliche Einrichtungen zur Erforschung der internationalen Beziehungen zu gründen. Mit dem *American Institute of International Affairs*, aus dem ab 1922 der *Council of Foreign Relations* wurde, und dem *British Institute of International Affairs*, das ab 1926 *Royal Institute of International Affairs* (Chatham House) hieß, entstanden diese im Jahr 1920, und andere sollten folgen.[7] Sie alle stimmten darin überein, dass der Kapitalismus die beste gesellschaftliche und ökonomische Organisationsform darstelle und auf absehbare Zeit bestehen bleiben solle. Der Weltkrieg wurde als Betriebsunfall dieses prinzipiell friedlichen Systems eingeschätzt. Die Kriegsverhinderung wurde daher zum Thema der neuen Disziplin. Das Abendland war wieder bei Platon angelangt: Die neuen Institute befassten sich mit Kodifizierungen, Parlamentarisierung, Völkerrecht. Besonders setzten sie sich mit der Harmonisierung der Interessen in jener Weltgesellschaft auseinander, die als natürliche Erweiterung der ebenso natürlichen, weil durch ihre materiellen Erfolge als Industrie- und Wohlstandsgesellschaften legitimierten, Nationalstaaten wahrgenommen wurde. Der Völkerbund und der Internationale Gerichtshof waren die Antwort auf die friedenspolitischen Herausforderungen dieser Zeit.[8]

Die wissenschaftlichen Institute arbeiteten weitgehend ohne Verbindung zu den zuvor entstandenen pazifistischen Initiativen der Zivilgesellschaft, wie sie etwa von Bertha von Suttners 1889 veröffentlichtem Roman „Die Waffen nieder" angeregt wurden. Im deutschen Sprachraum ist dies-

6 So schon Toynbee 1947 S. 39.
7 Menzel 2001 S. 32/33.
8 Krippendorff 1986 S. 30/31.

bezüglich die Gründung der Deutschen Friedensgesellschaft durch Alfred H. Fried zu nennen, die mit der „Friedens-Warte"[9] ein wichtiges publizistisches Organ dieser Bewegung herausgab. Weiters seien die „Internationale Liga für Frieden und Freiheit" unter Emile Arnaud genannt, in Amerika das 1910 gegründete *Carnegie Endowment for International Peace*, die 1911 in Boston entstandene *World Peace Foundation* und das seit 1917 bestehende *American Friends Service Committee.* Die 1919 eingerichtete *Hoover Institution in War, Revolution and Peace* an der Stanford University in Kalifornien ist wahrscheinlich das älteste Forschungsinstitut dieser Art.[10]

Die Rivalität zwischen der Realistischen und der Idealistischen Denkrichtung der neuen Disziplin begleitete sie seit ihrer Gründung. Das geschah nicht ohne Voraussetzung der entsprechenden Friedensbegriffe der *Moderne*, auf die gegriffen wurde, als diese *Moderne* gerade dabei war, ihre fundamentalen Glaubenssätze zu verwerfen. Die neue Disziplin schwang sich zweistimmig auf eine Welt ein, die gerade verklungen war. Dass sie nichts dazu beitragen konnte, den zweiten Teil des die ganze Welt umfassenden Kriegs zu verhindern, wurde oft genug beklagt. Nachdem auch dieser durchlitten war, ersann diese Disziplin beharrlich eine Reihe von Neo-Versionen ihrer gescheiterten Paradigmen, die beanspruchten, neue Erkenntnisse und die neuen Verhältnisse in den alten Bestand integriert zu haben.

Das *postmoderne* Unbehagen mit dieser Neo-Klassik war mancherorts so groß, dass sich eine Pioniergeneration veranlasst sah, eine weitere Disziplin zu erfinden, die sich nicht mehr mit der idealistischen Verhinderung von realen Kriegen innerhalb des kapitalistischen Systems auseinandersetzen wollte, sondern mit Fragen des Friedens trotz oder jenseits dieses Systems. Üblicherweise werden in Europa Johan Galtung und in Amerika Kenneth Boulding als Ikonen dieser Pioniergeneration genannt. Ich komme auf sie zurück.

In dieser Erzählweise ist die Friedensforschung als Disziplin bereits in ihrem Entstehen eine *postmoderne* Erscheinung. Ich könnte vorschlagen, alle akademischen Theorien und Methoden, die sich mit Fragen der Frieden befassen und nicht auf Idealistische oder Realistische Paradigmen greifen, als Elemente dieser Friedensforschung zu verstehen. Das hätte den Vorteil, eine nachvollziehbare Trennlinie zwischen den Internationalen Beziehungen als Disziplin und der Friedensforschung definieren zu können. Es hat aber den

---

9 Die Friedens-Warte, Journal of International Peace and Organization 2008.

10 Ausführlich dazu Koppe 2001 S. 180–198.

Nachteil, dass durch diese Definition der größte Teil der akademischen Arbeit, die sich als Friedensforschung versteht, ausgegrenzt würde. Was die im englischsprachigen Raum vorherrschende Schule des Realismus betrifft, geschieht das auch häufig. Selbst ein britisch-amerikanischer Autor wie Nigel Young zieht diesbezüglich enge Grenzen. In Kontinentaleuropa, besonders in Skandinavien, Spanien und im deutschen Sprachraum betrifft das aber auch jene idealistischen Tendenzen, die sich selbst als Herzstück der internationalen Friedensforschung sehen. Definiere ich sie aus der Friedensforschung hinaus, bleiben nur die (post)marxistischen Denkschulen und jene radikaldemokratisch-kritische Linie, die sich über Nietzsche zu Rousseau zurückverfolgen lässt. Da ich die Idealisten nicht einfach aus der Disziplin verbannen möchte, definiere ich diese beiden Ansätze, die beide nicht dem Idealismus verpflichtet sind, als *postmoderne* Interpretationen der Frieden.

Ich weiß nicht, ob Galtung und Boulding dieser Zuschreibung zustimmen würden. Beide haben in ihren frühesten Arbeiten Positionen eingenommen, welche diesen Schluss zulassen, wenngleich beide, und schon überhaupt ihre Gefolgschaft, diese Linie nicht behauptet oder konsequent durchgehalten haben. Das idealistische Biotop, in dem die Friedensforschung besonders in Europa wächst, fordert seinen Tribut.

Wie auch immer, es geht in diesem Kapitel um Interpretationen der Frieden, die jenseits des *modernen* Mainstreams ansetzen und die Grundlagenkrise der Wissenschaft des 20. Jahrhunderts in ihre Überlegungen einbeziehen. Das heißt, sie machen die Frieden nicht primär zu einer Funktion nationalstaatlichen Agierens, verzichten auf reduktionistische Methoden und wissen, dass die Welt kein Uhrwerk ist, in dem bloß ein Rädchen das nächste bewegt. Sie denken Frieden nicht linear und mechanisch als eindimensionale Fäden, Bänder oder Ketten, sondern vernetzt und systemisch als multiple Gewebe, Strukturen oder Felder. Der Nordatlantik erkennt durch diese *postmoderne* Richtung der Friedensforschung gleichsam das Netz des *Indra* und schließt zu den älteren Schulen im Osten und Süden auf.

1 Die Rückkehr des *Dionysus* zu *Apollo*

Ich habe Friedrich Nietzsche zum Schlüsselautor für das Verständnis dieses Kapitels ernannt. Daher stellt sich die Frage, was an seinem zweifelsfrei bemerkenswerten Werk für die Friedensforschung, die als wissenschaftliche

Disziplin erst ein halbes Jahrhundert nach seinem Tod entstand, so bedeutsam ist. Nietzsche hat sich immer wieder direkt zu Fragen des Kriegs und des Friedens geäußert und dies mit harscher Kritik am idealistischen Optimismus und an der angstgetriebenen Realpolitik der nationalstaatlichen Eliten verbunden. Ein Auszug aus „Menschliches, Allzumenschliches" geißelt ängstliche Kriegstreiberei und gipfelt in geradezu taoistischer Weise:

> Lieber zu Grunde gehen als hassen und fürchten, und lieber zweimal zu Grunde gehen, als sich hassen und fürchten machen – diess muss einmal auch die oberste Maxime jeder einzelnen staatlichen Gesellschaft werden.[11]

Doch selbst in so offen gegen den Krieg gerichteten Aussagen passt Nietzsche nicht in das pazifistische Schema, das seine idealistisch inspirierten Zeitgenossen so enthusiastisch vertraten. Er sah im Krieg, ja im gesellschaftlichen Leben überhaupt, auch und vor allem das *energetische* Moment, das aus den *moralischen* und *modernen* Positionen verdrängt worden war. Das machte ihn aus deren Blickwickel so missverstehbar und verdächtig. Ein anderes Zitat aus „Menschliches, Allzumenschliches" illustriert das:

> Krieg/Zuungunsten des Krieges kann man sagen: er macht den Sieger dumm, den Besiegten boshaft. Zugunsten des Krieges: er barbarisiert in beiden eben genannten Wirkungen und macht dadurch natürlicher; er ist für die Kultur Schlaf- oder Winterszeit, der Mensch kommt kräftiger zum Guten und Bösen aus ihm heraus.[12]

Nietzsche nimmt Einsichten vorweg, welche die kritische Debatte der Nachkriegszeit im 20. Jahrhundert bestimmen sollten, etwa Carl Gustav Jungs entschiedene Ablehnung aller politischen Bewegungen, die nach Vermehrung der Staatsgewalt trachten. Jung kritisierte lange nach Nietzsche, dass sie dem Einzelnen das Recht absprächen, authentisch zu werden, dem Gesetz seines eigenen Wesens treu zu sein.[13] Oder Michel Foucaults Einsicht, dass nicht der Krieg die Fortsetzung der Politik mit anderen Mitteln sei, wie die Realisten meinten, sondern die Politik der Nationalstaaten die Fortsetzung des Kriegs mit anderen Mitteln. Ebenso ist in der eigentümli-

---

11 Nietzsche „Menschliches, Allzumenschliches"; zitiert nach Koppe 2001 S. 176.
12 Nietzsche 1983f S. 235/236.
13 Stevens o.A. S. 169.

chen Sprache Nietzsches vieles von dem nachzulesen, was Johan Galtung 100 Jahre später unter dem eingängigen Begriff der strukturellen Gewalt auf den Punkt brachte.

Doch wären es bloß diese expliziten Aussagen geblieben, wäre Nietzsche ein sprachgewalt(tät)iger und widersprüchlicher, jedenfalls aber nur einer von Tausenden Mahnern allein in seiner Generation gewesen, die ich nicht alle zu erwähnen vermag. Das Bedeutende an Nietzsches Arbeit verbirgt sich in einem frühen Text, unter dessen Titel zunächst nichts friedenswissenschaftlich Relevantes zu vermuten wäre und den er selbst überdies 16 Jahre nach seinem Erscheinen als unmögliches Buch bezeichnete, um seine vernichtende Selbstkritik in zwei Wörtern zusammenzufassen.[14] Ich meine „Die Geburt der Tragödie aus dem Geiste der Musik“ aus dem Jahr 1872.[15]

Während des deutsch-französischen Kriegs von 1870/71 geschrieben, war dieser unkonventionelle Text so etwas wie Nietzsches heimliche Kriegsschrift. Der Untertitel „Griechentum und Pessimismus“ gibt Auskunft über die Stimmung des Verfassers. Eine mögliche Leseweise dieses aus der Sicht *moderner* Wissenschaft schwer annehmbaren Textes ist es, dass der Autor über die griechische Tragödie Einsichten in die damals gegenwärtigen und zukünftigen Verhältnisse gewinnen wollte, womit die vermeintlich kulturhistorische Untersuchung sich in ein zu seiner Zeit aktuelles und brisantes politisches Plädoyer verwandelte.[16]

Das in seinem Kontext Skandalöse, im Angesichte meiner bisherigen Untersuchung aber Nachvollziehbare an diesem Text ist Nietzsches Wiederentdeckung und Verehrung des *Dionysus* weniger *in der* als *über die* griechische Tragödie. Ohne sich weiter um Referenzen zu bemühen, aber unter Bezug auf die Schriften des Aristoteles,[17] meint Nietzsche, die Tragödie wäre als schrittweise Umwandlung des *dionysischen* Rituals entstanden. Er leitet die Funktion des Chors im Drama aus dem Dithyrambus der Satyrn im Ritual ab, was heißt, die Musik steht am Anfang der künstlerischen Schöpfung.

---

14 Nietzsche 1983b S. 585. Das Zitat stammt aus einer vorangestellten Selbstkritik aus der Auflage 1886.

15 Nietzsche 1983b S. 593–651.

16 Althaus 1985 S. 159.

17 Aristoteles 2008 S. 1449 ff.

> … die erschütternde Gewalt des Tones, der einheitliche Strom des Melos und die durchaus unvergleichliche Welt der Harmonie. Im dionysischen Dithyrambus wird der Mensch zur höchsten Steigerung aller seiner symbolischen Fähigkeiten gereizt; etwas Nieempfundenes drängt sich zur Äußerung, die Vernichtung des Schleiers der Maja, das Einssein als Genius der Gattung, ja der Natur. Jetzt soll sich das Wesen der Natur symbolisch ausdrücken; eine neue Welt der Symbole ist nötig, einmal die ganz leibliche Symbolik, nicht nur die Symbolik des Mundes, des Gesichts, des Wortes, sondern die volle, alle Glieder rhythmisch bewegende Tanzgebärde. Sodann wachsen die anderen symbolischen Kräfte, die der Musik, in Rhythmik, Dynamik und Harmonie plötzlich ungestüm. Um diese Gesamtentfesselung aller symbolischen Kräfte zu fassen, muß der Mensch bereits auf jener Höhe der Selbstentäußerung angelangt sein, die in jenen Kräften sich symbolisch aussprechen will: der dithyrambische Dionysusdiener wird somit nur von seinesgleichen verstanden.[18]

Die Tragödie entsteht als sichtbare Inszenierung dieser orgiastischen Musik. Der Chor ist nicht Rahmen, Beiwerk oder Kommentator der Handlung, sondern die schöpferische Kraft selbst. Er schöpft, was die Satyrn zu schöpfen pflegten – den energiegeladenen Lobgesang auf das Schicksal des *Dionysus*, der immer wieder geopfert wird, um neu geschaffen zu werden, dessen Blut die Erde tränkt, damit sie fruchtbar werde, damit das Leben der Menschen sein kann. Nietzsche beschreibt auf seine Art den *energetischen* Friedensbegriff.

Da jeder Dithyrambus der Preisung des *Dionysus* gilt, erzählt jede seiner Manifestationen diese Geschichte. Wie die Helden der frühen Tragödien auch heißen mögen, Ödipus, oder Prometheus, Nietzsche sind sie nur eine Erscheinung des ewigen und tragischen *Dionysus.* Für ihn ist *Dionysus* der Gott oder Aspekt der *energetischen* Künste, jedenfalls der Musik und des Tanzes, denen nachgeordnet und aus ihnen abgeleitet der Lyrik und Poesie. Dem stellt er die materielle Kunst des *Apollo* gegenüber. Als *apollinisch* bezeichnet er Architektur, Bildhauerei und Malerei.

In der Bühnenkunst der Tragödie vereinen sich beide. Die reine *Energie* des *Dionysus* bekommt durch die *apollinische* Form einen Ort, Rahmen, Handlung und Ausdruck. Nietzsche bewundert die Kunst der Tragödie als Verschmelzung dieser beiden Aspekte und

18 Nietzsche 1983b S. 599/600.

> … wie das Dionysische und das Apollinische, in immer neuen auf einander folgenden Geburten und sich gegenseitig steigernd, das hellenische Wesen beherrscht haben.[19]

Sein mit mächtigen Worten vorgetragener Vorwurf an Sokrates und alle von diesem beeinflussten Dramaturgen lautet, dass sie den *dionysischen* Aspekt in der Tragödie durch *Moral* und Vernunft verdrängt und ersetzt hätten. Daraus resultiere eine belanglos und gelehrt *moralisierende* Unterhaltungsform, die bürgerliche Mittelmäßigkeit eines Euripides für das städtische Publikum der nachsokratischen Zeit, welche die Wertschätzung als Kunst nicht verdiene.

Das Argument ist bekannt, nur dass *Dionysus* bislang als dienende Partner, als männliches Opfertier der Großen Göttin in der *Heiligen Hochzeit* oder auch als Androgyn beschrieben war. Auch wenn Nietzsche diesen zu seiner Zeit noch nicht diskutierten Aspekt der Großen Göttin, hier der *Cybele, Demeter* oder *Aphrodite* nahezu ignoriert, beobachtet er doch denselben Vorgang und gelangt zum selben Schluss. Die Trennung von Gegensätzen, die sich fruchtbar vereinen, führt zu Verödung, Langeweile und kultureller Gewalt. Dass sich dieses von ihm als sokratisch beschriebene Prinzip der Trennung und Verdrängung bei Platon fortsetzte und wesentlich auf das institutionelle Christentum und den Islam wirkte, habe ich schon diskutiert. Der männliche *Apollo* wurde zum Symbol des Lichtes, identifiziert mit dem Wahren, Schönen, Guten, dem Einen Gott der Christen. *Dionysus,* als Androgyn alleiniger Repräsentant der weiblichen *Energie*, wurde zum Symbol der Dunkelheit, zum Falschen, Hässlichen und Bösen, zum Satan. Getrennt und unvereinbar beschreibt es die schöne Welt der Gerechten, die über die anderen richten und gerechte Kriege führen.

Tugend bedeutet in der Welt der Dualitäten Wissen. Gesündigt wird aus Unwissenheit. Der Tugendhafte ist der Glückliche. Diese Denkstruktur habe ich in den Kapiteln über die *moralischen* und die *modernen* Friedensbilder diskutiert. Nietzsche schreibt sie dem Christentum zu, dem er in diesem Buch deshalb mit einem „behutsamen und feindseligen Schweigen" begegnet.[20] Er ist der erste Autor, der im Kontext *moderner* Friedensdeutungen die Trennung der Dualitäten und die Verdrängung des Bösen als Grundproblem einer inhärent kriegerischen Kultur erkennt,

---

19 Nietzsche 1983b S. 604.
20 Nietzsche 1983b S. 589.

> … wenn nämlich die mythischen Voraussetzungen einer Religion unter den strengen, verstandesmäßigen Augen eines rechtgläubigen Dogmatismus als eine fertige Summe von historischen Ereignissen systematisiert werden und man anfängt, ängstlich die Glaubwürdigkeit der Mythen zu verteidigen, aber gegen jedes natürliche Weiterleben und Weiterwuchern derselben sich zu sträuben, wenn also das Gefühl für den Mythus abstirbt und an seine Stelle der Anspruch der Religion auf historische Grundlagen tritt.[21]

Eine Kultur, die dauerhaft ihre eigene *energetische* Natur und ihre internen und externen Konflikte als böse unterdrückt, reduziert sich auf ein formales Konstrukt, das – aufgrund seines formalen Charakters – abweichende Kosmovisionen weder respektieren noch vorstellen kann. Eine solche Kultur wird stur, stark und aus der Sicht der anderen gefährlich.

> Das ist ja das Merkmal jenes „Bruches", von dem jedermann als dem Urleiden der modernen Kultur zu reden pflegt, dass der theoretische Mensch vor seinen Konsequenzen erschrickt und unbefriedigt es nicht mehr wagt, sich dem furchtbaren Eisstrome des Daseins anzuvertrauen: ängstlich läuft er am Ufer auf und ab. Er will nichts mehr ganz haben, ganz auch mit all der natürlichen Grausamkeit der Dinge. Soweit hat ihn das optimistische Betrachten verzärtelt. Dazu fühlt er, wie eine Kultur, die auf dem Prinzip der Wissenschaft aufgebaut ist, zugrundegehen muß, wenn sie anfängt, unlogisch zu werden, das heißt vor ihren Konsequenzen zurückzufliehen.[22]

Die Wiederentdeckung des *Energetischen* im *modernen* Kontext ist also die erste der wesentlichen Leistungen Nietzsches. Dabei entscheidet er sich nicht wie Marx einfach für eine Antithese. *Dionysus* ist *Energie*, doch

> …dass er überhaupt mit dieser epischen Bestimmtheit und Deutlichkeit erscheint, ist die Wirkung des Traumdeuters Apollo, der dem Chore seinen dionysischen Zustand durch jene gleichnisartige Erscheinung deutet.[23]

Die Trennung der Elemente der *Großen Triade* wird bei Nietzsche durch das *dionysische* Prinzip geheilt:

21 Nietzsche 1983b S. 623.
22 Nietzsche 1983b S. 650.
23 Nietzsche 1983b S. 622.

> Unter dem Zauber des Dionysischen schließt sich nicht nur der Bund zwischen Mensch und Mensch wieder zusammen: auch die entfremdete, feindliche und unterjochte Natur feiert wieder ihr Versöhnungsfest mit dem verlorenen Sohne, dem Menschen. Freiwillig beut die Erde ihre Gaben, und friedfertig nahen die Raubtiere der Felsen und Wüste.[24]

Die Trennung des *Moralischen* vom *Energetischen*, die dogmatische Verdrängung und erzieherische Unterdrückung des als böse eingestuften *Energetischen* erkennt er, als zweite große Leistung schon in diesem Text, als Krankheit des weißen Mannes, die Wurzel der Neurose des *modernen* westlichen Menschen.[25] Zumindest laut Platons Aristophanes war es *Apollo*, der den wie *Dionysus* androgynen Kugelmenschen in eine weibliche und eine männliche Hälfte zerschnitten hat, die sich seither verzweifelt suchen, um Frieden zu machen, weil eine für sich allein nicht nur unvollständig, sondern auch krank und behindert ist.[26]

Nietzsche zitiert Anaxagoras: „Im Anfang war alles beisammen; da kam der Verstand und schuf Ordnung", und gelangt von da aus zu Euripides, Sokrates und Platon mit ihren Schlüsselsätzen: „Alles muß bewußt sein, um schön zu sein", und „Alles muß bewußt sein, um gut zu sein". Nietzsche entlarvt fast im selben Atemzug Descartes, der die Realität der empirischen Welt nur mit dem Appell an die Wahrhaftigkeit Gottes zu beweisen vermochte, und entfaltet seinen ganzen Text als Schrei der Verzweiflung gegen diese einseitig *apollinische* Weltsicht.[27] Schließlich meint er:

> Vielleicht gibt es ein Reich der Weisheit, aus dem der Logiker verbannt ist? Vielleicht ist die Kunst sogar ein notwendiges Korrelativum und Supplement der Wissenschaft?[28]

Er bezeichnet den Glauben des Sokrates, dass das Denken am Leitfaden der Kausalität bis in die tiefsten Abgründe des Seins reiche, und dass das Denken das Sein nicht nur zu erkennen, sondern sogar zu korrigieren imstande

24 Nietzsche 1983b S. 596.

25 Rock 1990 S. 33. Ohne auf Nietzsche Bezug zu nehmen, zeichnet Gabriele Sorgo 1997 dieses Krankheitsbild in ihrer Arbeit penibel nach.

26 Diese Stelle wurde und wird oft in der Debatte um Homosexualität zitiert, was hier aber von untergeordneter Bedeutung ist.

27 Das alles auf einer einzigen Seite in Nietzsche 1983b S. 630.

28 Nietzsche 1983b S. 637.

sei, als tiefsinnige Wahnvorstellung. Seine Warnung könnte nicht drastischer ausfallen:

> Nun soll man nicht erschrecken, wenn die Früchte dieses Optimismus reifen, wenn die von einer derartigen Kultur bis in die niedrigsten Schichten hinein durchsäuerte Gesellschaft allmählich unter üppigen Wallungen und Begehrungen erzittert, wenn der Glauben an das Erdenglück aller, wenn der Glauben an die Möglichkeit einer solchen allgemeinen Wissenskultur allmählich in die drohende Forderung eines solchen alexandrinischen Erdenglücks, in die Beschwörung eines euripideischen deus ex machina umschlägt! Man soll es merken: die alexandrinische Kultur braucht einen Sklavenstand, um auf die Dauer existieren zu können: aber sie leugnet, in ihrer optimistischen Betrachtung des Daseins, die Notwendigkeit eines solchen Standes und geht deshalb, wenn der Effekt ihrer schönen Verführungs- und Beruhigungsworte von der „Würde des Menschen" und der „Würde der Arbeit" verbraucht ist, allmählich einer grauenvollen Vernichtung entgegen. Es gibt nichts Furchtbareres als einen barbarischen Sklavenstand, der seine Existenz als Unrecht zu betrachten gelernt hat, und sich anschickt, nicht nur für sich, sondern für alle Generationen Rache zu nehmen.[29]

Im Bild des unterdrückten, von *Apollo* verdrängten und getrennten *Dionysus* legt Nietzsche die Blaupause für die spätere Arbeit Siegmund Freuds. Auch in Carl Gustav Jungs Interpretation des *Wotan*, des leidenschaftlich irrationalen Gottes des Sturms, der Raserei und des Krieges, kann Nietzsches *Dionysus* wieder erkannt werden, wenn Jung schon 1918 schreibt:

> Das Christentum zerteilte den germanischen Barbaren in seine untere und obere Hälfte, und so gelang es ihm – nämlich durch Verdrängung der dunklen Seite – die helle Seite zu domestizieren und für die Kultur geschickt zu machen. Die untere Hälfte aber harrt der Erlösung und einer zweiten Domestikation. Bis dahin bleibt sie assoziiert mit den Resten der Vorzeit, mit dem kollektiven Unbewussten, was eine eigentümliche und steigende Bewegung des kollektiven Unbewussten bedeuten muss. Je mehr die unbedingte Autorität der christlichen Weltanschauung sich verliert, desto vernehmlicher wird sich die blonde Bestie in ihrem unterirdischen Gefängnis umdrehen und uns mit einem Ausbruch mit verheerenden Folgen bedrohen.[30]

---

29 Nietzsche 1983b. S. 648/49.
30 Jung 1995 §385.

Durch solche Einsichten fand der *energetische* Aspekt durch die *Postmoderne* hindurch seinen weiteren Weg bis in den *transrationalen* Ansatz der Friedensforschung und wurde aus seiner konzeptuellen Verbannung in der *Vormoderne* geholt. Das allein schon würde Nietzsches innovativen Text zu einem epochemachenden erheben. Doch er leistet viel mehr. Indem Nietzsche in seiner Erzählung die Tragödie aus dem Dithyrambus entstehen lässt, erkennt er die Musik als archaische Manifestation jener *dionysischen Energie*. Das heißt, er erhebt die Musik zum ursprünglichsten Ausdruck des Schwingens menschlicher und gemeinschaftlicher *Energie*, aus deren ritueller Pflege der ewige Kreislauf des Lebens und Sterbens, der Fruchtbarkeit und des Verblühens, und damit Friede entspringt. Das ist abseits der Frage nach der kulturhistorischen Haltbarkeit seiner These eine tiefe Einsicht in das Funktionieren menschlicher Gemeinschaften und von höchster Relevanz für mein Thema.[31] Musik wurde im Rahmen der *moralischen* und *modernen* Friedensbilder stets in den Bereich des *Dionysus,* des Wilden, Unkontrollierbaren und damit des Bösen geschoben. Deshalb bemühten sich das *moralische* und das *moderne* Kulturverständnis darum, sie innerhalb seiner Ästhetik *apollinisch* zu verregeln oder besser noch zu verbieten. Das hat in der Geschichte von Islam und Christentum eine lange Tradition.

Von den Pythagoreern bis Nietzsche haben sich viele für mein Thema wichtige Denker mit der Frage von Musik und ihrer grundlegenden Bedeutung für die Frieden auseinandergesetzt. Nicomachus, Franz von Assisi, Descartes, Kepler, Rousseau, Schopenhauer, um nur einige abendländische Namen zu nennen. Nietzsche, in diesem Punkt ganz eins mit dem von ihm so bewunderten Sufi-Dichter Hodscha Schamsu-eddin Muhammad-i-Hafis aus dem Persien des 14. Jahrhunderts,[32] bringt diese zentrale Einsicht über die sich in der Musik manifestierende tiefe Natur des Menschen zurück in die *Moderne* und gestattet ihr damit sowohl in methodischer als auch in interpretativer Hinsicht neue Perspektiven auf die Frieden.[33] Deshalb gehören die Musik und alle aus ihr abgeleiteten Künste in die Friedensforschung. Eine Friedensforschung, die auf die Kraft der Musik, des Tanzes, der Lyrik

31 Hier hat Nietzsche der humanistischen Psychologie, die Gegenstand des Kapitels E.3 sein wird, substanziell vorgearbeitet. Siehe etwa Rosenberg/Rand/Asay 1996 S. 347.

32 Makowski 1997 S. 87/88.

33 Die Faszination für die Sufis findet sich auch bei Johann Wolfgang von Goethe, Heinrich Heine oder Richard Wagner, aber keiner von ihnen hat daraus so tief greifende Schlüsse für das Friedensdenken gezogen wie Nietzsche.

und Poesie vergisst, verdient ihren Namen nicht. Dabei geht es nicht um die Primärintention von einigen friedensschwärmerischen Romantikern, sondern um die Präintention, das, was sozial „in der Luft liegt" und von begabten Medien hör- und sichtbar gemacht wird. Musik ist nach Nietzsche nicht einfach ein Hilfsmittel der Kommunikationspsychologie, sondern ursprünglicher Ausdruck natürlicher *Energie* und damit ein Kernthema jeder gesellschaftsorientierten Untersuchung.

Eine weitere Leistung dieses frühen Textes von Nietzsche ist die Anerkennung der Denknotwendigkeit der harmonischen Einheit von unvereinbaren Gegensätzen am gleichen Ort und zur gleichen Zeit über das Bild des *Dionysus*:

> Der Widerspruch im Herzen der Welt offenbart sich ihm als ein Durcheinander verschiedener Welten, zum Beispiel einer göttlichen und einer menschlichen, von denen jede als Individuum im Recht ist, aber als einzelne neben einer anderen für ihre Individuation zu leiden hat. Bei dem heroischen Drange des einzelnen ins Allgemeine, bei dem Versuche, über den Bann der Individuation hinaus zu schreiten und das eine Weltwesen selbst sein zu wollen, erleidet er an sich den in den Dingen verborgenen Urwiderspruch, das heißt, er frevelt und leidet. [...] Alles Vorhandene ist gerecht und ungerecht und in beidem gleichberechtigt.[34]

Dieser in seinem Kern tantrische Satz ist das Fundament seiner späteren, expliziten Ausführungen zum Krieg, zur Überwindung der Rache und zur Schelte des Nationalstaats. Das hebt auch Koppe in seiner Ideengeschichte zum abendländischen Frieden hervor:

> Das heißt aber: sich die Moralität und den Nachbar die Immoralität vorbehalten, weil angriffs- und eroberungslustig gedacht werden muss, wenn unser Staat notwendig an die Mittel der Nothwehr denken soll; überdies erklärt man ihn, der genau ebenso wie unser Staat die Angriffslust leugnet und auch seinerseits das Heer vorgeblich nur aus Nothwehrgründen unterhält, durch unsere Erklärung, wesshalb wir ein Heer brauchen, für einen Heuchler und listigen Verbrecher, welcher gar zu gerne ein harmloses und ungeschicktes Opfer ohne allen Kampf überfallen möchte. So stehen nun alle Staaten jetzt gegen einan-

34 Nietzsche 1983b S. 620/621

der: sie setzen die schlechte Gesinnung des Nachbars und die gute Gesinnung bei sich voraus.[35]

Damit wiederholt Nietzsche die empiristische Einsicht Hobbes' hinsichtlich der Vielheit der Perspektiven, entkleidet die Beobachtung ihrer *phobischen* Aufladung und öffnet die Möglichkeit eines neuen, *postmodernen* Umgangs mit ihr. Zudem erkennt er diese Widersprüchlichkeit schon in der androgynen Figur des *Dionysus* angelegt und zelebriert deren ewige Wiederkehr:

In jener Existenz als zerstückelter Gott hat Dionysus die Doppelnatur eines grausamen, verwilderten Dämons und eines milden sanftmütigen Herrschers. Die Hoffnung der Epopten ging aber auf eine Wiedergeburt des Dionysus, die wir jetzt als Ende der Individuation ahnungsvoll zu begreifen haben: diesem kommenden dritten Dionysus erscholl der brausende Jubelgesang der Epopten. Und nur in dieser Hoffnung gibt es einen Strahl von Freude auf dem Antlitze der zerrissenen, in Individuen zertrümmerten Welt: wie es der Mythus durch die in ewige Trauer versenkte Demeter verbildlicht, welche zum ersten Male wieder sich freut, als man ihr sagt, sie könne den Dionysus noch einmal gebären.[36]

Auch wenn Nietzsche die „Geburt der Tragödie" später selbst scharf kritisierte, wenn viele seiner Exegeten sie nicht so schätzen und wenn sie viele Leseweisen zulässt, scheint mir in diesem Text schon angelegt, was in späteren vielleicht deutlicher, vielleicht besser ausgearbeitet, teilweise auch korrigiert wiederkehrt. Im besonderen Maße gilt das für „Jenseits von Gut und Böse", jenen Text, in dem er den klassischen Moralbegriff zertrümmert, indem er ihn in den Plural setzt, womit er der *Postmoderne* eine Lehrstunde erteilt und die Idee der vielen Frieden inspiriert:

Es gibt Moralen, welche ihren Urheber vor anderen rechtfertigen sollen, andere Moralen sollen ihn beruhigen und mit sich zufrieden stimmen; mit anderen will er sich selbst ans Kreuz schlagen und demütigen; mit anderen will er Ra-

35 Zitiert nach Koppe 2001 S. 175/176.
36 Nietzsche 1983b S. 622. Zum Begriff der Epopten: griechisch für Zuschauer, die in den dritten und letzten Grad der Eleusinischen Mysterien Aufgenommenen und damit zur vollständigen Erkenntnis der heiligen Geheimnisse Zugelassenen; es ist auch ein spöttischer Name für die, welche sich einer nur wenigen Menschen zugänglichen, geheimen Erkenntnis oder gar einer unmittelbaren Anschauung göttlicher Dinge rühmen, daher auch „Schwärmer". Meyers Konversationslexikon 2007.

> che üben, mit anderen sich verstecken, mit anderen sich verklären und hinaus, in die Höhe und Ferne setzen; diese Moral dient ihrem Urheber, um von sich vergessen zu machen; mancher Moralist möchte an der Menschheit Macht und schöpferische Laune ausüben.[37]

Seine Auseinandersetzung mit der vorsokratischen Denkweise in jungen Jahren hat seinen weiteren Weg bestimmt. Die Wiederentdeckung und Fruchtbarmachung dieser vergessenen Philosophie zu einem Zeitpunkt, zu dem das *moderne* Denken auf seinem unwiderstehlichen Höhepunkt zu stehen schien, ist eine außergewöhnliche Leistung. Er öffnete weite Perspektiven nicht nur für sich selbst, sondern auch für das Denken seiner Zeit und der nachfolgenden Generationen.

Aus der Sicht eines idealistischen Pazifismus ist Nietzsche aber ein Störenfried, eine einzige Irritation, ein Ärgernis. Ja, es scheint an vielen Stellen als wäre er nicht nur ein Antidemokrat, sondern gar ein ästhetisierender Rechtfertiger des Krieges und des Mordens. Als solchen wollten ihn manche Idealisten lesen. Doch wäre er bloß das gewesen, wäre er längst vergessen. Sein Zugang zur Frage von Gewalt und Krieg nährt sich aus dem Spannungsverhältnis seines bürgerlichen Kontexts mit seiner vorsokratischen Interessensprägung. Auf der einen Seite steht die Kritik an den bestehenden Verhältnissen, in denen er scharfsinnig das erkannte, was heute strukturelle Gewalt genannt wird. In diesem Punkt findet er sich im Einklang mit Marx. Ihn interessieren aber stärker die Aspekte der kulturellen Gewalt, der Denkgewalt in seinem bürgerlichen Kontext und dessen demokratischem Friedensverständnis. Gegen diese Art von Frieden schreibt er an. Er erkennt den untrennbaren Zusammenhang zwischen physischer, struktureller und kultureller Gewalt und weiß, dass es auf Dauer keinen physischen Frieden geben kann, wo strukturelle und kulturelle Gewalt herrschen. Daraus folgt Nietzsches These, dass Friede stets aufs Neue gestiftet werden muss. Er folgt den Ansichten der Vorsokratiker über den Naturaufbau und schließt daraus, dass der Krieg vernichte, aber auch Neues schaffe. Er lege den Weg frei für Zukünftiges. An äußerlich ruhigen Verhältnissen struktureller und kultureller Gewalt gehen laut Nietzsche die Völker ebenso zugrunde wie an der physischen Gewalt.

37 Nietzsche 1983e S. 205.

> Unter friedlichen Umständen fällt der kriegerische Mensch über sich selber her.[38]

Aus dem Verständnis des untrennbaren Zusammenhangs zwischen allen Gewaltformen schließt er, dass die physische nicht schlimmer sei als die anderen. Diese Gleichsetzung erschreckt all diejenigen, die von den Verhältnissen der strukturellen Gewalt profitieren und den bewaffneten Widerstand als physische Gewalt kategorisch ablehnen. Vor dieser Herausforderung steht Nietzsche ebenso wie Marx, der mit dem Mittel der Gewalt den endgültigen Frieden erreichen will.

Bei Nietzsche gehören die so verstandene Theorie vom Krieg und die Bejahung des Lebens zusammen. Das kann nicht als Handlungsanleitung für reaktionäre Regimes, deren Ideale und Herrschaftsformen verstanden werden. Es ging ihm um die Befreiung aus jener Sklavenmentalität, die Nietzsche überall um sich herum wahrnahm, um die Verhältnisse und Resultate der kulturellen Gewalt, die ihm so wichtig war wie Marx die strukturelle. Sein so oft missverstandener Übermensch war einer, der sich aus dieser Ergebenheit erhob, befreite und Gewalt nicht mehr nötig hatte. Er ist aber kein Ideal, sondern eine immer wiederkehrende Erscheinung, ein Versuchender, Strebender, sich selbst Überwindender.

Nietzsche erkennt somit die Notwendigkeit der Befreiung aus den Bedingungen der strukturellen und kulturellen Gewalt und verurteilt die gewalttätige Friedhofsruhe der bürgerlichen Gesellschaft ebenso wie Marx. Wie dieser hält er die Unterdrückung von physischer Gewalt unter diesen Bedingungen für unmöglich und unsinnig. Aber er rekurriert, anders als Marx, angesichts dieses Dilemmas auf das *energetische* Prinzip der Vorsokratiker. Die daraus gewonnene Einsicht ist, dass Langeweile nicht mit Frieden verwechselt werden sollte. Er plädiert für ein gefährliches Leben, das zur Erkenntnis führe, nichts anderes als das, was in anderen Kontexten *werra* oder *innerer dschihad* heißt.[39] Nietzsches Übermensch ist ein Erwachter, ein *bodhisattva*, der keine Angst zu haben braucht, weil er schon durch alle Leidenschaften des Lebens gegangen ist. Er ist sicher keine Matrize für eine völkisch-rassistische Herrenrassenideologie, als die er auch interpretiert wurde. Der Übermensch ist der Sklavenmentalität entwachsen, weil er die Welt in ihrer Ganzheit erkannt hat:

38 Nietzsche 1983e S. 198.
39 Althaus 1985 S. 511.

> Diese Welt: ein Ungeheuer von Kraft, welche nicht größer, nicht kleiner wird, die sich nicht verbraucht, sondern nur verwandelt, als Ganzes unveränderlich groß, ein Haushalt ohne Ausgaben und Einbußen, aber ebenso ohne Zuwachs, ohne Einnahmen.[40]

Das ist eine poetische Formulierung des ersten thermodynamischen Hauptsatzes jener Wärmelehre, die in Nietzsches Lebzeit entscheidend dazu beitrug, die Grenzen der klassischen Physik so zu erweitern, dass wenig später alle bis dahin geglaubten Grundlagen der Naturwissenschaften revidiert werden mussten. Er macht klar, dass alle *Energie* im System Welt wirksam bleibt, weil nichts verloren geht. Krieg und Gewalt aus ihr wegzuphilosophieren hat keinen Sinn, schlicht weil es Krieg und Gewalt gab und gibt. Doch anders als im Realismus führt diese Einsicht bei Nietzsche nicht zum Ruf nach Sicherheit. Der Weg zu den Frieden führt über Pfade, auf denen Gefahr und Verführung lauert. Die Kunst der Frieden liegt darin, diese Pfade balanciert zu durchschreiten, ohne unerträgliche Disharmonien zu schaffen oder zu erleiden.

Nietzsches Arbeiten spiegeln gemeinsam mit denen zahlreicher seiner Zeitgenossen aus den Geistes-, Natur- und Gesellschaftswissenschaften einen orgiastischen Höhe- und Wendepunkt der Wissenschaftsgeschichte. Indem sie Ungeheuerliches herausfinden und vermitteln, krönen sie die Vernunft der *Moderne* mit deren eigenen Mitteln und lösen sie dadurch auf. Eines der Prinzipien dieses neuen Wissenschaftsverständnisses formulierte Nietzsche so:

> Erst wenn die Überzeugung aufhört, Überzeugung zu sein, darf sie Eintritt in die Wissenschaft erlangen.[41]

Weil es vernünftig ist, hinterlässt dieses Denken keine Eindeutigkeiten, verkauft keine abschließenden Wahrheiten, misstraut der Vernunft und zwingt das Publikum, seine Aussagen nicht einfach zu glauben oder gar zu wissen, sondern sie laufend neu zu interpretieren, die Grenzen der Vorstellungskraft zu erweitern. Das zu tun ist riskant, der Irrtum kann fatal sein, wie das 20. Jahrhundert gelehrt hat, in dem Nietzsche beileibe nicht der einzige war, dessen wissenschaftliche und künstlerische *Energie* destruktiv umgesetzt

---

40 Nachlassfragment 1885; zitiert nach Ries 1995 S. 629.

41 Nietzsche 1983a S. 109.

wurde. Doch gerade der Umstand, dass dieses Ergebnis nicht eindeutig bestimmbar ist, sondern von der Perspektive der Beobachter abhängt, weist auch der Friedensforschung den Weg in die *postmoderne* Praxiologie. Im Laufe des 20. Jahrhunderts haben sich originelle DenkerInnen zum Thema Frieden auf dieser Basis versucht.

2 Die Wendezeit: Systemtheorien und Frieden

Was Fritjof Capra Wendezeit[42] nannte, hat in der Systematik dieser Arbeit ebenso große Bedeutung wie die Achsenzeit nach Karl Jaspers. In beiden Fällen geht es um eine grundlegende Verschiebung in der Deutung der Welt und damit der Frieden. Wurde in der Achsenzeit die Betrachtung der Physiosphäre als eine Kerntätigkeit des Philosophierens betrachtet, hatte sich zur Wendezeit für diesen Zweck eine eigene wissenschaftliche Disziplin gebildet, die daran ging, ihre eigenen Grenzen auf spektakuläre Art zu sprengen. Da die Physiosphäre schon als Grundlage für Biosphäre und Noosphäre bezeichnet wurde, geht es hier um eine fundamentale Veränderung im doppelten Sinne des Wortes. Ich wiederhole nicht die gesamte Argumentation Capras[43], sondern folge ihm aufs Erste und fasse zusammen, worin das Ungeheuerliche dieser Verschiebung lag. Ich spreche von der Erschließung der Quantenphysik, von jenen Erkenntnissen in der ersten Hälfte des 20. Jahrhunderts, die untrennbar mit Namen wie Max Planck,[44] Albert Einstein,[45] Niels Bohr,[46] Erwin Schrödinger[47] und Werner Heisenberg[48] verbunden sind.

Diese Forschergeneration fand im Zuge ihrer Beschäftigung mit subatomaren Teilchen heraus, dass ein Elektron weder ein Teilchen noch eine Welle ist. Es kann in einigen Situationen teilchenähnliche Aspekte haben und in anderen wellenähnliche. Auf diese Art kommt es zu einer fortgesetz-

42 Capra 1982.

43 Capra 1982 S. 77–107. Schon früher Capra 1975. Prägnant zu Capras Friedensverständnis liest sich Capra/Gottwald 1998.

44 1858 bis 1947.

45 1879 bis 1955.

46 1885 bis 1962.

47 1887 bis 1961.

48 1901 bis 1976.

ten Umwandlung von Teilchen zu Welle und umgekehrt. Das bedeutet, dass weder das Elektron noch irgendein anderes atomares Objekt innerliche Eigenschaften besitzt, die von seiner Umwelt unabhängig sind. Seine Eigenschaften hängen von der Beobachtung ab. Der Beobachter sieht es in einer Wechselbeziehung. Teilchen und Welle sind zwei sich ergänzende Beschreibungen derselben Wirklichkeit, von denen jede nur teilweise richtig und in ihrer Anwendungsmöglichkeit beschränkt ist. Beide Wahrheiten werden benötigt, um die atomare Wirklichkeit voll darzustellen. Dieses Paradoxon nötigte die Physiker, einen Aspekt der Wirklichkeit zu akzeptieren, der die Grundlage der mechanistischen Weltanschauung seit Newton in Frage stellte: die Vorstellung von der Wirklichkeit der Materie. Auf subatomarer Ebene lösen sich die festen materiellen Objekte der klassischen Physik in wellenartige Wahrscheinlichkeitsstrukturen auf.

In der Beobachtung der Atomphysik haben subatomare Teilchen als isolierte Einheiten keine Bedeutung, sondern nur als Verknüpfungen und Korrelationen zwischen verschiedenen Beobachtungsvorgängen. Subatomare Teilchen sind keine Dinge, sondern Verknüpfungen von Dingen, und diese Dinge sind ihrerseits Verknüpfungen von anderen Dingen und so fort. In der Quantenphysik gibt es keine Dinge, nur Gewebe und Wechselbeziehungen. Das hat weitreichende Auswirkungen.

Die klassische Physik verwendet zur Berechnung von Wahrscheinlichkeiten verborgene Variablen, die als innerhalb des maßgeblichen Objektes vorhanden angenommen und deshalb als lokal bezeichnet werden. In der experimentellen Beobachtung der kleinsten Bestandteile der Materie hat sich erwiesen, dass diese Teilchen nicht nur den berühmten Welle-Korpuskel-Charakter aufweisen, sondern auch die Eigenschaft der Ortsunschärfe oder Nichtlokalität. Das bedeutet, dass sie Wechselbeziehungen zeigen, die sich über die normalen Grenzen von Zeit und Raum hinwegsetzen. Ein Teilchen ist nicht genau an einem Ort lokalisierbar, sondern es befindet sich an mehreren Orten gleichzeitig – es ist nicht-lokal. In der Quantenphysik gibt es daher jenseits der lokalen Variablen auch nicht-lokale Verknüpfungen, die augenblicklich und unmittelbar wirken. Die verborgenen Variablen in der klassischen Physik sind lokale Mechanismen, während es in der Quantenphysik um nicht-lokale, unmittelbare Beziehungen zum Universum als Ganzes geht.[49] Jedes Ereignis in der Welt wird vom gesamten Universum beeinflusst.

49 Laszlo 2002 S. 99.

Das wurde lange als Marotte eines kleinen Kreises angesehen. Tatsächlich hat sich durch diese Theorien und Berechnungen das, was als manifeste Welt wahrgenommen wird, nicht merkbar verändert. Die Äpfel fallen weiterhin von den Bäumen wie jener legendäre, der Newton zur Gravitationslehre inspiriert haben soll. In der Praxis verloren Newton's Lehren nicht an Relevanz. Dennoch wurde ihnen buchstäblich das Fundament entzogen. Sobald die Wissenschaft sich kleineren Einheiten zuwendet, wird der Einfluss der nicht-lokalen Zusammenhänge stärker. Die physikalischen Gesetze können nur mehr als Wahrscheinlichkeiten formuliert werden und es wird schwieriger, sich Teile des Ganzen getrennt vorzustellen. Das widerspricht den Annahmen des mechanistischen Weltbildes. Während in der klassischen Mechanik die Eigenschaften und das Verhalten der Teile das Ganze bestimmen, ist die Lage in der Quantenphysik umgekehrt: Das Ganze bestimmt das Verhalten der Teile.

Da jedes Objekt, das mit den menschlichen Sinnen wahrgenommen werden kann, seinerseits aus kleinsten Teilen besteht, bedeutet diese Umkehr eine Revolution in der Wahrnehmung der Welt. Die kartesianische Trennung zwischen Geist und Materie, Beobachter und Beobachtetem, lässt sich nicht mehr aufrechterhalten. Niemand kann von der Natur sprechen, ohne von sich selbst zu sprechen. Wenn die Newton'schen Gesetze aus der menschlichen Wahrnehmung zutreffen, liegt das nicht daran, dass sie objektiv wahr sind, sondern daran, dass sie mit diesen Sinnen, mit deren Möglichkeiten und Einflüssen, so wahrgenommen werden.

Die zweite große Erkenntnis jener Zeit war, dass das kosmische Gewebe von Natur aus dynamisch ist. Der dynamische Aspekt der Materie ergibt sich aus der Wellennatur der subatomaren Teilchen. Aus menschlicher Perspektive mögen manche materielle Objekte passiv und tot erscheinen. Wird aber ein toter Stein vergrößert, bis seine Teilchen sichtbar werden, zeigt er seine Aktivität. Je näher er betrachtet wird, je mehr Details sichtbar werden, desto mehr lebt er. Die neue Physik beschreibt Materie nicht als passiv und träge, sondern in tanzender und vibrierender Bewegung, wobei die rhythmischen Muster durch die molekulare, atomare und nukleare Zusammensetzung bestimmt werden. Es existieren in der Natur keine statischen Strukturen. Zwar gibt es Stabilität, aber das ist eine Stabilität dynamischen Gleichgewichts. Die wichtigste Folge dieses damals neuen relativistischen Rahmens war die Erkenntnis, dass Masse nichts als eine Form der *Energie* ist. Selbst ein ruhender Gegenstand hat in seiner Masse *Energie* gespeichert. Die Beziehung zwischen beiden wird in Einsteins berühmter Formel $E = mc^2$ ausgedrückt.

Diese Erkenntnis stellte einen radikalen Bruch mit der traditionellen Grundlagenforschung in der Physik dar, die bis dahin darauf ausgerichtet war, die Grundbausteine der Materie zu finden. Zugleich ist sie der Durchbruch zur Vorstellung von der materiellen Welt als einem dynamischen Gewebe. Es muss nicht nur der Gedanke an fundamentale Bausteine der Materie aufgegeben werden, sondern auch der an fundamentale Einheiten irgendeiner Art. Das Universum wird als ein pulsierend expandierendes Netz untereinander verbundener Geschehnisse betrachtet. Keine der Eigenschaften irgendeines Teiles begründet dieses Gewebe. Das heißt, es gibt keinen letzten Grund, keine letzte Erklärung, keinen personifizierten Schöpfergott und keine letzte Wahrheit außerhalb des Universums. Wer Gott denken will, muss ihn sich als dieses universale, pulsierende Gewebe des All-einen vorstellen, wie das viele alte Lehren in ihrer Sprache sagen.

Die Eigenschaften aller Teile ergeben sich aus den Eigenschaften der anderen Teile. Die Übereinstimmung ihrer Wechselbeziehungen determiniert die Struktur des gesamten Netzes. Wenn alle Eigenschaften der Teilchen von Prinzipien bestimmt werden, die von den Beobachtungsmethoden abhängen, bedeutet das, dass sich die Strukturen der materiellen Welt daraus konstruieren, wie sie beobachtet werden. Die beobachteten Strukturen der Materie sind Spiegelungen der Strukturen des Bewusstseins. In den Worten Werner Heisenbergs heißt das, dass jedes Wort oder jeder Begriff, so klar er auch scheinen mag, nur einen begrenzten Anwendungsbereich hat. Wissenschaftliche Theorien können niemals eine vollständige und definitive Beschreibung der Wirklichkeit liefern. Sie werden stets nur Annäherungen an die Natur der Dinge sein. Um es gerade heraus zu sagen: Wissenschafter befassen sich nicht mit der Wahrheit; sie beschäftigen sich mit begrenzten und annähernden Beschreibungen der Wirklichkeit.[50]

Es ist verblüffend, wie die neue Physik in ihrer Sprache bestätigt, was zuvor Nietzsche in seiner philosophischen und poetischen Erzählweise gesagt hat. $E = mc^2$ drückt nichts anderes aus als die dynamische (c^2) Beziehung zwischen *Dionysus* (E) und *Apollo* (m). Sie beschreibt das Drama des Lebens. Dass alles mit allem verbunden ist, gehört zu den Grundannahmen des *energetischen* Welt- und Friedensverständnisses, das auf diese Art in die

50 Zitiert nach Capra 1987 S. 71.

Moderne zurückkehrt. Daraus leiten sich Friedensbilder ab, die *Dionysus* oder *Energie* nicht mehr leugnen, unterdrücken oder verdrängen, weil Frieden ohne *Energie* nicht denkbar ist. Was wäre ein toter Frieden, der nicht einmal gedacht werden kann? In dieser neu gewonnen Weltsicht ist Frieden die Stabilität des dynamischen Gleichgewichts im pulsierenden System Welt, daher ein sich ständig veränderndes, von der Beobachtung abhängiges Phänomen, eine Spiegelung des Bewusstseins.

Die Quantenphysik erhielt Assistenz von weiteren naturwissenschaftlichen Disziplinen. Chemie und Mikrobiologie folgten mit dem Schluss, dass das grundlegende Phänomen Leben auf der Erde nur zu verstehen sei, wenn das gesamte System Welt als ein einziger lebender Organismus angesehen wird. Der Planet Erde wimmelt nicht nur von Lebewesen, sondern er selbst lebt. Die gesamte lebende Materie bildet mit der Atmosphäre, den Ozeanen und dem festen Land ein komplexes System, das über alle typischen Kennzeichen der Selbstorganisation verfügt. Mit ihrer nach der Großen Erdgöttin *Gaia* benannten Hypothese schlossen James Lovelock und Lynn Margulis auf bemerkenswerte Art den Kreis zwischen *moderner* Naturwissenschaft und den *energetischen* Friedenskonzepten.[51]

Diese Hypothese schließt alles Seiende, alle Elemente der *Großen Triade* mit ein und bezieht sich auf die Resonanz von Allem mit Allem. Sie löst auch den tradierten, teleologischen *Moralbegriff* auf, der dem *modernen* Friedensbild zugrunde liegt. Es lässt nur noch eine Ethik im Sinne des indischen Karmabegriffs zu, der davon ausgeht, dass jede Handlung Folgen hat, deren Bewertung aber jenseits von Gut und Böse liegt.

Etliche der eingangs genannten Pioniere haben diese Erkenntnisse keineswegs euphorisch aufgenommen. Die ältere Generation wollte für sich und die ihrigen soviel wie möglich vom *modernen* Weltbild retten. Das ist menschlich nachvollziehbar und genau darin drückt sich die *postmoderne* Gemütslage aus. Sie erkannten, dass das alte unwiederbringlich verloren ging, dass es Aufgabe der Wissenschaft werden würde, die Welt neu zu denken und zu erklären, neue Schlüsse für das Dasein und menschliche Beziehungen zu ziehen. Sie konnten ihre eigene Erkenntnis aber noch nicht als Basis für eine solche schlüssige Interpretation der Welt und der Orientierung in ihr einsetzen. Das Neue war noch nicht entfaltet, als das Alte zerbrach. Nicht nur für die Masse der Menschen, sondern auch für den Mainstream

51 Lovelock 1979.

der Sozialwissenschaften war das Ungeheuerliche, das jene Pioniere entdeckt hatten, Jahrzehnte lang nicht zu verstehen. So hielten sie in ihrer *postmodernen* Gemütslage an den *modernen* Glaubenssätzen von Newton über Marx bis Darwin fest.[52] Das ist aus Sicht des 21. Jahrhunderts lediglich festzustellen, nicht zu bewerten, obwohl die explosive Mischung aus der Technologie, welche die neue Physik ermöglichte, und der als *modern* aufrecht erhaltenen Realpolitik dieser Jahrzehnte in den Faschismus und Stalinismus, nach Auschwitz und Hiroshima und in ein Jahrhundert großflächiger Vernichtung führte.

Nach dem bis hierher Gesagten überrascht nicht, dass der Sozialwissenschafter Quincy Wright[53] mit seinem 1935 erschienen Monumentalwerk *The Causes of War and the Conditions of Peace*[54] ausgerechnet in der Pause des großen Weltkriegs die *moderne*, wissenschaftliche Kriegsursachenforschung begründete. An der Wiege jener Richtung der Friedensforschung, die ich hier als *postmodern* etikettiere, standen am Ende des großen Krieges hingegen die Physiker.

Der amerikanische Atombombenabwurf auf Hiroshima und Nagasaki hatte den Naturwissenschaften dramatisch vor Augen geführt, wohin das kriegerische Potenzial ihrer Erfindungen reicht. Der Schrecken darüber dauerte fast ein Jahrzehnt und war auf paralysierende Art mit dem Entsetzen über den Holocaust verwoben, ehe das Problem einigermaßen analytisch und radikal angegangen wurde. Im Juli 1955 veröffentlichte Albert Einstein gemeinsam mit dem britischen Mathematiker und Philosophen Bertrand Russel[55] und neun weiteren Naturwissenschaftern, überwiegend Physikern, jenes berühmte Manifest, das seither vielen als Impulsdokument der Friedenswissenschaft gilt. Kurz gesagt, wies dieses Manifest darauf hin, dass der Einsatz von Wasserstoffbomben die gesamte Menschheit vernichten könne, und es forderte im bereits angelaufenen Wettrüsten den Abbau der Kernwaffen von allen Seiten. Darüber hinaus war es ein Plädoyer für die Rückbesinnung auf die eigene Menschlichkeit und für die bewusste Entscheidung gegen bewaffnete Konflikte, weil erst dadurch der Fortbestand der Menschheit gesichert werden könne.[56]

---

52 Laszlo 1998 S. 117.
53 1890 bis 1970.
54 Wright 1965.
55 1872 bis 1970.
56 Volltext in Koppe 2001 S. 131–134

Aus diesem Impuls entstand die sogenannte *Pugwash* Bewegung, die ihren nach einer okkulten Sekte klingenden Namen jenem kanadischen Dörfchen verdankt, in dem 1957 die erste *Conference on Science and World Affairs* stattfand. Von da an kamen auf internationalen Konferenzen und Workshops renommierte und einflussreiche Wissenschafter zusammen, um Beiträge zu Fragen der atomaren Bedrohung, zu bewaffneten Konflikten und Problemen der globalen Sicherheit zu leisten. *Pugwash International* veranstaltet seither regelmäßig Jahrestagungen und Workshops zu Themen der nuklearen Abrüstung, biologischer und chemischer Waffen, regionaler Konflikte, der Proliferation *moderner* Waffentechnologien und der Verantwortung der Naturwissenschaften für Fortschritt, Krieg und Frieden, und hat sich auch der Umweltfrage angenommen.[57] *Pugwash* genoss seit seiner Gründung hohe internationale Reputation. Dass 1995, genau 50 Jahre nach dem Atombombenabwurf auf Japan, mit Jòzef Rotblat[58] ein damals noch lebender Initiator stellvertretend für die Bewegung den Friedensnobelpreis erhielt, ist nur folgerichtig.

Dennoch fällt auf, dass die in *Pugwash* vereinten Persönlichkeiten nicht zu radikalen philosophischen Schlüssen aus ihren eigenen wissenschaftlichen Erkenntnissen gelangten. Über die Jahrzehnte beobachtet, weist ihr Wirken zwar einige spektakuläre Erfolge auf, wie ihren Einfluss auf den Atomteststopp 1963 und den Atomwaffensperrvertrag zwischen den USA und der Sowjetunion von 1968, den Anti-Raketen-Vertrag von 1972 und das Verbot chemischer und biologischer Waffen von 1972 und 1973. Beratend wirkten sie auch bei den SALT-Abrüstungsgesprächen von 1969 bis 1979, sowie bei der Vorbereitung der Konferenz für Sicherheit und Zusammenarbeit in Europa (KSZE). So anerkennenswert das ist, friedenswissenschaftlich erfolgte es paradoxerweise auf der Basis eines traditionellen, überwiegend idealistischen Ansatzes. Das mag anfangs damit zusammen gehangen haben, dass in der Gründergeneration die Gruppe um Einstein eher aus Persönlichkeiten bestand, die nicht bereit waren, das *moderne* Weltbild aufzugeben und damit die politische Konsequenz aus ihren wissenschaftlichen Erkenntnissen zu ziehen. Später mag die erfolgreiche Kommunikation mit den Eliten diesen Stil verfestigt haben. Die Krönung der Arbeit durch den Friedensnobelpreis belegt das eindrucksvoll.

---

57 Pugwash Online 2007.

58 1908 bis 2005.

Die Erfolge *Pugwashs* können nur innerhalb dieser Logik bewertet werden. Es lässt sich argumentieren, dass das 20. Jahrhundert ohne *Pugwash* womöglich noch größere Katastrophen erlebt hätte. Andererseits vermochte *Pugwash* mit seinem Ansatz nicht aus dem inhärent aggressiven Charakter der *Moderne* heraus in eine Wendezeit, ein neues Bild von Welt und Frieden zu führen, obwohl sein naturwissenschaftliches Potenzial ein Wirken in diese Richtung nahegelegt hätte. *Pugwash* ist damit ein prominentes Beispiel für *postmoderne* Gemütsverfassung, nicht für *postmoderne* Friedensphilosophie.

An den Universitäten der USA entstanden nach 1945 viele Institute zur Erforschung von Kriegsursachen, Friedensbedingungen und Konfliktlösung, die auch entsprechende Studienprogramme hervorbrachten. Die meisten bewegten sich in ihrer theoretischen Ausrichtung irgendwo zwischen traditionellen *International Relations*, Völkerrecht und Behaviorismus. Erst in den späten 1960er bis 1980er Jahren öffnete die tiefe Verunsicherung vieler Menschen in den USA bezüglich ihrer eigenen Rolle und der ihres Landes im Weltsystem das Tor von der *postmodernen*, aber immer noch hoch *moralisierenden* Orientierungslosigkeit, hin zu einem weiten Bogen von Ansätzen, Methoden, Vorschlägen und Lehren, die es erlauben, von einer Praxiologie *postmoderner* Friedensforschung zu sprechen.

Die notwendige Voraussetzung war die Bereitschaft der Vertreter der damals etablierten wissenschaftlichen Teilgebiete, sich zu einer disziplinenübergreifenden Methode der Friedensforschung durchzuringen, die dem prinzipiellen Wissen über den Systemcharakter der Welt gerecht zu werden versucht. Dies regte bereits 1954 der Biologe Ludwig von Bertalanffy[59] an, der die *Society for General Systems Research* an der Stanford Universität ins Leben rief. Mit dabei waren der Mathematiker und Systemtheoretiker Anatol Rapoport,[60] der Physiologe Ralph Gerard[61] und der Ökonom Kenneth Boulding,[62] der als bekanntester aus diesem Quartett als Vater der interdisziplinären Friedenswissenschaft in den USA bezeichnet wird. Was dieser Kreis unter interdisziplinär meinte, verstehe ich in dieser Arbeit als *postmodern*. Das gemeinsame Interesse dieser Schulengründer lag in der allgemeinen Systemtheorie, die versucht, auf Grundlage des methodischen Holismus gemeinsame Gesetzmäßigkeiten in physikalischen, biologischen und sozia-

59 1901 bis 1972.
60 1911 bis 2007.
61 1900 bis 1974.
62 1910 bis 1993.

len Systemen zu finden und zu formalisieren. Prinzipien, die in einer Klasse von Systemen gefunden werden, sollen demnach auch auf andere Systeme anwendbar sein. Diese Prinzipien sind zum Beispiel Komplexität, Gleichgewicht, Rückkoppelung und Selbstorganisation.

Die erkenntnisleitende Beobachtung dieser Schule ist, dass 85 bis 90 Prozent aller gesellschaftlichen und zwischengesellschaftlichen Aktivität gewaltfrei abläuft. Nur zehn bis 15 Prozent der menschlichen Tätigkeiten befassen sich mit Krieg oder dessen Vorbereitung, erhalten aber aufgrund ihres spektakulären Charakters weit mehr Aufmerksamkeit als die gewaltfreien Abläufe dessen, was sie *inclusive peace* nannten. Auf der Basis dieser Beobachtung stellten sie die Prozesse des Friedens im Weltsystem in den Mittelpunkt ihres Interesses und verstanden gewalttätige Eskalationen als Randbereich, als Begrenzung ihres Arbeitsgebietes.[63] Damit kehrten sie die Ausrichtung der bis dahin gepflogenen *International Relations*, der Kriegsursachen- und Konfliktforschung um. Dieser substanzielle Unterschied wurde innerhalb der Friedensforschung in späteren Arbeiten immer wieder aus den Augen verloren und musste stets aufs Neue entdeckt werden. Elise Boulding nahm sich dieser Aufgabe Zeit ihres Lebens an.[64] In Europa griff Francisco Muñoz[65] dieses Argument erfolgreich auf.

Der von Bertalanffy vorgeschlagene Begriff des dynamischen Gleichgewichts rekurriert auf die oben dargelegten Erkenntnisse der neuen Physik und definiert von da aus einen neuen Friedensbegriff, jenseits aller *moralischen* und *modernen* Ansätze. Der Universalgelehrte Rapoport, übrigens ein weiterer Musiker unter den friedenswissenschaftlichen Vordenkern, brachte in diesen Wissenspool die Kybernetik ein und machte die ältere Spieltheorie, auf die auch andere Ansätze griffen, in diesem Kontext anwendbar. Ralph Gerard brachte den psychologischen Aspekt ein, der ein dynamisches Element dieser Denkschule werden sollte.

Der Quäker Kenneth Boulding schließlich stand für die theoretische Fundierung einer nicht-wachstumsorientierten Wirtschaft. Er betonte die Rolle der volkswirtschaftlichen Substanz für die Befriedigung menschlicher Bedürfnisse. In einem geschlossenen System müssen die Gesellschaften versuchen, mit möglichst wenig Durchfluss auszukommen. Diese Gedanken und insbesondere die von ihm geprägte Metapher vom Raumschiff Erde

---

63 Boulding 2001 S. 257–263.

64 Zusammenfassend Boulding 2000.

65 Muñoz 2006 S. 392–434.

sind häufig rezipiert und kritisiert worden. Er hatte bereits 1945 eine Arbeit unter dem Titel *The Economics of Peace*[66] publiziert, welche die Richtung andeutete, die sein späteres Lebenswerk nehmen sollte und zumindest von ihrer Grundidee her nie an Aktualität verloren hat. Bouldings Plädoyer für systemorientiertes Wissenschaften impliziert, dass die Wirtschaftslehre nicht Grundlage nationaler Politik sein sollte. Er reduzierte die Wirtschaftswissenschaft auf eine buchhalterische Disziplin, deren primäre Aufgabe darin lag, die realen, ökologischen und humanen Kosten wirtschaftlichen Tuns zu errechnen.[67]

In der Arbeit dieser Schule verbindet sich die Frage der Frieden mit ökologischen Prinzipien. Von da aus nahm ein wesentlicher Teil der Friedensforschung seine Anregungen. Hervorzuheben ist, dass diese amerikanische Gründergeneration, die sich praktisch ausschließlich aus europäischstämmigen Immigranten zusammensetzte, zumindest nicht primär von *moralischer* Empörung über die herrschenden Verhältnisse getrieben war, von einem idealistischen Besserwissen, sondern von einer tief greifenden wissenschaftlichen Einsicht über das Wesen des Seins. Dieses *postmoderne* Wissen befreite sie freilich nicht von ihrem persönlichen Eingebettetsein in das *postmoderne* Befinden ihrer Zeit, in dem sie mit ihren Ansätzen politische Minderheitenpositionen vertraten. Trotz gewisser konjunktureller Aufmerksamkeit konnten sie aber keine Abkehr vom idealistisch-realistischen Mainstream der Tagespolitik erreichen. Boulding stellte den Unterschied in einem späteren Aufsatz fest:

> Ich gestehe zu, dass ich mich sehr viel mehr dafür interessiere, wie Frieden zur Eigenschaft eines Ökosystems wird, und weniger dafür, wie er Teil einer organisatorischen Struktur wird.

Die Abgrenzung vom idealistischen Zugang folgt:

> Was meinen wir beispielsweise, wenn wir sagen, dass sich die Dinge eher zum Besseren als zum Schlechteren wenden? Wie können wir uns über solche Vorgänge besser klar werden und welche Politik können wir uns vorstellen, die im Prozess realistischer gesellschaftlicher Dynamik aufeinander abfolgende Zu-

66 Boulding 1945.
67 Boulding 1980.

stände verwirklicht, die von einer breiten Öffentlichkeit tatsächlich als besser und nicht als schlechter erkannt werden?[68]

Die Systemtheorie wurde zu einer wissenschaftlichen Mode in vielen Disziplinen, aber oft eher eine Methode, deren epistemologische Tragweite so mancher, der sie anwandte, selbst nicht erkannte. Viele glaubten idealistische Anliegen mit systemtheoretischen Methoden argumentieren zu können, was ein unheilbarer Widerspruch ist. John Paul Lederach betont, dass in einem Systemansatz das Vertrauen in die Selbstregulierungskräfte als Grundhaltung über die Hingabe an ein Ideal zu stellen ist:

> First, we must trust the capacity of systems to generate options and avenues for change and moving forward. Second, we must pursue those that appear to hold the greatest promise for constructive change. Third, we must not lock rigidly onto one idea or avenue.[69]

Der Widerspruch zwischen Systemtheorie und Idealismus zeigte sich besonders stark in der entwicklungspolitischen Debatte, einem Feld der Wissenschaft, das sich ebenfalls interdisziplinär auftat, nachdem US-Präsident Harry Truman 1949 in seiner berühmten Rede das Entwicklungszeitalter ausgerufen hatte:

> Wir müssen ein neues, kühnes Programm aufstellen, um die Segnungen unserer Wissenschaft und Technik für die Erschließung der unterentwickelten Weltgegenden zu verwenden [...] Der alte Imperialismus – das heißt zugunsten ausländischer Geldgeber – hat mit diesem Konzept eines fairen Handels auf demokratischer Basis nichts zu tun ...[70]

Truman war bei dieser ersten offiziellen Proklamation der Unterentwicklung von der modernisierungstheoretischen Schule inspiriert, die das lineare Geschichtsbild des Karl Marx neuerlich kippte und auf liberal-hegelianische Beine (zurück)stellte. Der bekannteste Vertreter dieser Denkschule, Walt W. Rostow,[71] formalisierte das etwas später in seinem ebenfalls berühmt ge-

68 Boulding 1978 S. 1–8.
69 Lederach 2003 S. 54.
70 Deutsche Übersetzung zitiert nach Truman o.A. S. 251/255.
71 1916 bis 2003.

wordenen *Non-communist Manifesto.*[72] Der Name der entwicklungspolitischen Modernisierungstheorie erklärt ausreichend, welchem Welt- und Friedensbild sie zugehört. Ihr ebenso *moderner* Gegenpart waren die Dependenzansätze, die seit den 1950-er Jahren besonders in Lateinamerika diskutiert wurden[73] und vom Sitz der CEPAL[74] in Santiago de Chile aus zu einer Weltkarriere antraten. Ihr bekanntester Vertreter war Raúl Prebisch.[75]

Beide Ansätze hatten in ihrem Kern dasselbe Ziel vor Augen, nämlich eine möglichst rasche und effiziente *Modernisierung* der als unterentwickelt definierten Staaten der Welt. Sie analysierten in einem hektischen Wettstreit die Ursachen dieser Unterentwicklung und entwarfen Empfehlungen und Politiken, wie dieser unerwünschte Zustand überwunden werden könnte. Der Gegensatz dieser Schulen lag nicht in ihren Zielvorstellungen, sondern in der Analyse und in der *moralischen* Bewertung der Ausgangssituation. Der Modernisierungsansatz glaubte an ein wirtschaftlich erfolgreiches und aus seiner Sicht daher gutes Zentrum, das der unterentwickelten und daher schlechteren Peripherie in ihren Modernisierungsbemühungen helfen sollte, während die Dependenzansätze ein böses Zentrum die gute, aber deswegen arme Peripherie ausbeuten sahen und das Heil in der Flucht aus dieser Beziehung suchten.[76] Wenngleich im Laufe der Zeit komplexere Vorschläge eingebracht wurden, die auch den Faktor Mensch und später sogar die als Umwelt deklarierte Natur mitberücksichtigten, folgen beide Modelle einer mechanistischen Denkweise, von der zu meinen wäre, sie könne für wissenschaftliche Erkenntnis in der zweiten Hälfte des 20. Jahrhunderts nicht mehr leitend sein. Das Gegenteil war der Fall. Beide Schulen erlebten nicht nur eine Blüte ihrer Konjunktur, sondern Entwicklungspolitik überzog als Weltmechanik in einer geradezu endzeitlichen Euphorie den Erdball, wobei sich die vermeintlichen Antagonisten in ihren reduktionistischen Experimenten gegenseitig übertrafen und eine Gesellschaft nach der anderen ins Elend stürzten.

In dieses Ambiente trat die sozialwissenschaftliche Systemtheorie erst Anfang der 1970-er Jahre. Ein innovativer Beitrag dazu kam vom schon

72 href="http://www.spartacus.schoolnet.co.uk/COLDrostow.htm"Rostow 1960.

73 Prebisch 1950.

74 Kommission der Vereinten Nationen für Wirtschaft in Lateinamerika und der Karibik; seit 1948 Hauptsitz in Santiago de Chile.

75 1901 bis 1986.

76 Besonders populär wurde die so illustrativ titelnde Arbeit von Galeano 1983.

mehrfach erwähnten Immanuel Wallerstein,[77] der, kurz gesagt, vorschlug, den Kapitalismus selbst als System zu verstehen und zu analysieren. Wallerstein verknüpfte die Systemtheorie mit den originellen Lehren der französischen *Annales* Schule, besonders Fernand Braudels,[78] der die historischen Bewegungen unterhalb der Ereignisgeschichte in den Mittelpunkt des Interesses gestellt hatte, griff auf einen von ihm re-interpretierten Marxismus und nahm schließlich etliche Begriffe der *dependencia*-Schule auf.[79]

Daraus ergab sich, dass für Wallerstein die historische Relevanz des Staates geringer war als in der mechanistischen Geschichts- und Sozialwissenschaft. Er gewichtete andere Akteure mehr, sodass er sich keiner reduktionistischen Analyse hingab und das Wirken des kapitalistischen Weltsystems als Ganzes vor die Betrachtung von Einzelereignissen stellte. Wenngleich Wallerstein üblicherweise nicht als *postmoderner* Wissenschafter bezeichnet wird, erfüllt er nach meiner Definition viele Merkmale dafür. Sein Zugang ist für die Geschichtswissenschaft eine Bereicherung und für die Sozialwissenschaften eine Herausforderung.[80] Was aber bedeutet seine Lehre für die Friedenswissenschaft?

Wenn Immanuel Wallerstein selbst vermutet, dass das kapitalistische Weltsystem nur eines unter mehreren zumindest möglichen Weltsystemen sei, so konkretisiert Samir Amin[81] diese Vermutung, indem er den Rückgang der Effizienz des Staates, die Aushöhlung des Politischen, der Macht, der Kultur und der Ideologie als Krise zwischen den Systemen, als Phase des Chaos bezeichnet. Über die Deutung von Chaos in der Friedenswissenschaft gab es eine intensive, aber nicht abgeschlossene Debatte. Dabei ging es, angeregt durch entsprechende Versuche in den Naturwissenschaften,[82]

---

77 * 1930.

78 1902 bis 1985.

79 Wallerstein 1974; Wallerstein 1980; Wallerstein 1989.

80 Ich halte Wallerstein 1995 für einen der interessantesten Beiträge zur sozialwissenschaftlichen Grundsatzdebatte der letzten Jahrzehnte.

81 Amin 1992. S. 21–25.

82 Chaos- und Anti-Chaos-Theorie fußen auf Rechenexperimenten, die mittels komplizierter Computermodelle durchgeführt wurden. Beide wissen um die Begrenztheit der Newton'schen Physik, wobei sich erstere mit der Auflösung von Ordnungen durch die voranschreitende Abweichung von minimalen Einzelelementen befasst, wohingegen zweitere die Selbstorganisationskraft scheinbar unzusammenhängend und chaotisch bestehender Teilchen untersucht. Diese Versuche befassen sich parallel mit Aspekten der Physiosphäre und der Biosphäre. Mit der Anti Chaos Theorie wird etwa die Organisation im Bewegungsablauf eines Fischschwarmes oder einer Vogelschar aus dem bloßen

um komplexe nichtlineare Prozesse, innerhalb derer Regeln, Gesetze und Ordnungen bestehen. Deren Dynamik überfordert durch die Vielfalt der Wirkungsfaktoren, die immer wieder neue Ordnungsmuster und Ordnungsformen hervorbringt, die Prognosefähigkeit *moderner* Analysen.

Über die Anwendbarkeit dieser Theorie in den Friedenswissenschaften gibt es verschiedene Meinungen.[83] Wenn die Naturwissenschaften aber das Newton'sche Weltbild vom Universum als gigantischem und verlässlichem Uhrwerk von höchster Präzision verwerfen, muss dies auch tief greifende Auswirkungen für Diskussionen über menschliche Gesellschaften haben. Die idealistische Annahme über die Prognosefähigkeit friedenswissenschaftlicher Forschung, die sich aus dem mechanistischen Reduktionismus ableitet, wird dadurch von Grund auf erschüttert.

Der Verzicht auf die sooft widerlegte wissenschaftliche Anmaßung, jeden Schritt des Uhrwerks Gesellschaft vorhersagen zu können, hat nichts mit Resignation zu tun. Vielmehr suggeriert die aus den Naturwissenschaften entlehnte Denkstruktur die begrenzte Prognostizierbarkeit innerhalb eines funktionierenden Systems, wie es der historische Kapitalismus für Wallerstein ist. Zugleich impliziert dieses Bild eine Häufung von Abweichungen an den räumlichen und zeitlichen Rändern dieses Systems. Friedenswissenschaftliche Prognosen werden sich auf der Basis einer solchen Erkenntnis und im Angesicht einer vermuteten zeitlichen und räumlichen Nähe zu Grenzlagen auf kurzfristige Wahrscheinlichkeiten innerhalb eines breiten Spektrums von Möglichkeiten beschränken. Die komplizierte Wechselwirkung von Gesellschaften und Individuen unterliegt weit mehr Komponenten als lange vermutet. Einer Vielfalt, welche die Gültigkeitsdauer und Treffsicherheit sozialwissenschaftlicher Prognosen in Grenzlagen auf die Ebene von leichter berechenbaren Wettervorhersagen verweist. Dennoch bleibt das Verstehen beobachteter Abläufe möglich und eine Aussage über Erwartungen begründbar.

Nach Wallerstein ist erstens davon auszugehen, dass das kapitalistische Weltsystem keinen Einzelfall in der Menschheitsgeschichte darstellt. Zwei-

---

Bestehen der Masse erklärbar. Die scheinbar unabhängigen Einzelindividuen werden durch das Bestehen der Masse zu einer Ordnung bestimmt, die durch das abweichende Verhalten der einzelnen wieder aufgelöst wird. Diese Theorie ermöglicht somit viel Verständnis, aber wenig Prognose. Erhellend dazu Coveney/Highfield 1992.

83 Beispielhaft dazu die in Politischer Club Potsdam 1994 S. 9–24 veröffentlichte Diskussion.

tens steht über ihm quasi ein Metasystem,[84] das die Entstehung und Auflösung der Weltsysteme bestimmt. Drittens können mit den bekannten wissenschaftlichen Methoden wohl kurzfristige Trends innerhalb eines Systems berechnet werden. Doch viertens ist auf ihrer Basis die Gesamtbewegung des Systems weder erklärbar noch vorhersehbar. Das heißt, dass die Wahrheiten der Newton'schen Physik und der *modernen* Sozialwissenschaften nicht einfach als widerlegt angesehen werden müssen. Sie sind in ihrer Erklärungs- und Prognosemächtigkeit aber beschränkter als die *Moderne* annahm und können in und von *postmodernen* Methoden integriert und differenziert werden.

Mit diesem Thema kämpfte Wallerstein selbst und ebenso etliche seiner AnhängerInnen. Der materialistische und idealistische Impetus der marxistischen Wurzeln verführte sie immer wieder zu säkularen Prognosen und idealen Zielformulierungen, die aus dem systemtheoretischen Rahmen hinausglitten und den Ansatz angreifbar machten. Die Weltsystemanalyse im Sinne Wallersteins ist ein nützliches Instrument für *postmodernes* Arbeiten in der Friedenswissenschaft, aber wegen der zu engen Selbstbegrenzung des Ansatzes kann sie nicht als die eigentliche Methode *postmoderner* Friedenswissenschaft bezeichnet werden.

Das gilt auch für den zweiten systemtheoretischen und friedenswissenschaftlich relevanten Ansatz, der parallel zu Wallersteins Arbeiten am *Massachusetts Institute for Technology* entstanden ist und 1972 unter dem Titel *The Limits to Growth* als Bericht an den *Club of Rome* Berühmtheit erlangte.[85] Was die AutorInnen, Donella und Dennis Meadows, samt MitarbeiterInnen machten, war die Erfüllung von Kenneth Bouldings Traum. Sie erstellten eine nach den damaligen Möglichkeiten hoch leistungsfähige Computersimulation zur Analyse des Weltsystems mit einem Rechenmodell, das die hohe Vernetzung globaler Prozesse berücksichtigte. Auf dieser Basis berechneten sie Szenarien mit unterschiedlich hoch angesetzten Rohstoffvorräten der Erde, unterschiedlicher Effizienz von landwirtschaftlicher Produktion, Geburtenkontrolle oder Umweltschutz. Im Ergebnis ergab sich immer wieder ein Kollaps des linearen Wachstumsprinzips, in der Erstversion um das Jahr 2030, in späteren Versionen, die vom Datenmaterial und Rechenmodell her verfeinert und aktualisiert wurden, immer noch im Laufe des 21.

---

84 Wallerstein 1995 S. 290.

85 Meadows/Meadows/Randers/Behrens 1972.

Jahrhunderts.[86] Ihre Arbeit wurde häufig in der Weise fehlinterpretiert, dass sie den Untergang der Welt für ein bestimmtes Jahr vorhersagen würde. Das konnten und wollten sie nicht. Sie können lediglich Modelle unter bestimmten Annahmen durchrechnen und dabei möglichst viele Komponenten in realitätsnaher Verknüpfung aufeinander beziehen, wobei die technologische Entwicklung die Möglichkeiten ihres WORLD3 Modells enorm ausgeweitet hat. Nichtsdestotrotz bleibt es ein Rechenmodell, das niemals alle Aspekte der Wirklichkeit berücksichtigen kann. Es zeigt nur Tendenzen auf, aus denen sich Rückschlüsse für wirtschaftliches, politisches, soziales und kulturelles Handeln ergeben.

Dieses Modell liefert wichtige Erkenntnisse zu einer systemorientierten Friedenswissenschaft, die in Bouldings Sinn die Spezies Mensch nicht vom Ökosystem trennt, sondern ihn als ein Element desselben versteht. Es ist das für sich selbst noch nicht systemorientierte, interdisziplinäre oder *postmoderne* Friedenswissenschaft, weil den Rechenmodellen der Wertecharakter fehlt. Ihre Ergebnisse lassen sich auch idealistisch interpretieren und zu einer apokalyptischen „Rettet die Welt"-Kampagne verformen, wie das allenthalben getan wurde.[87] In einer globalisierten Weltgesellschaft, die weiterhin *postmodern* verfasst ist, aber *modern* denkt, verkommt derartiges zu *moralisierender* Selbstreferenz. Die Rolle *postmoderner* Friedensforschung als Gesellschaftswissenschaft liegt daher darin, die *modernen* Konzeptionen von Gesellschaft zu verwinden und den Systemcharakter der Welt auch in die Analyse des Ablaufs sozialer Prozesse zu integrieren. Damit sie das tun kann, ohne selbst in *moralisierende* Appelle zu verfallen, benötigt sie ein plausibles philosophisches Konzept, das systemisches Denken gesellschaftsfähig macht. Diesen Faden hat ein prominentes Mitglied des *Club of Rome*, der Systemtheoretiker Ervin Laszlo, aufgegriffen. Dazu aber später.

3 Die Irrwische des *Thanatos*

Die Systemtheorien wurden in ihren Varianten vor allem von europäischen Immigranten in den USA ausformuliert. Von dort aus trugen sie zur *postmo-*

86 Meadows/Meadows/Randers 1993; Meadows/Meadows/Randers 2006.

87 In diese Richtung lese ich World Commission on Environment and Development 1987, den sogenannten Brundtland-Report, und die Agenda 21 der United Nations Conference on Environment and Development von Rio 1992.

dernen Friedensforschung bei. In Europa entstand die *postmoderne* Ausrichtung hingegen aus dem Strukturalismus, einem selbst unscharfen Sammelbegriff für eine Großgruppe wissenschaftlicher Methoden, die sich an die Strukturhypothese Siegmund Freuds anlehnten. Gemeinsam ist ihnen die Annahme, dass die Dinge in der Welt nicht vereinzelt existieren, sondern stets in Verflechtung mit anderen Phänomenen. Soweit deckt sich die Grundannahme mit den Systemtheorien. Der Strukturalismus definiert seinen Kernbegriff Struktur als eine – nicht immer sichtbare – Ordnung der Beziehungen und Abhängigkeiten von Teilen zueinander und in einem Ganzen. Der Strukturalismus geht in *moderner,* mechanistischer Art davon aus, dass die Teile das Ganze bilden, während die Systemtheorien von den Erkenntnissen der neuen Physik ausgehend mit dem *postmodernen* Wissen arbeiten, dass das Ganze die Teile bestimmt. Sich auf die Kant'sche Erkenntnistheorie und die noch zu besprechende Subjekttheorie Descartes' beziehend, geht der Strukturalismus davon aus, dass die Struktur an sich nicht bestehe, sondern erst durch den Beobachter konstruiert würde:

> Die Ordnung und Regelmäßigkeit an den Erscheinungen, die wir Natur nennen, bringen wir selbst hinein, und würden sie auch nicht darin finden können, hätten wir sie nicht, oder die Natur unseres Gemüts ursprünglich hineingelegt.[88]

Die Struktur existiert demnach nur in der Wahrnehmung, die der Beobachter als Teil seiner Realität konstruiert. Da der Beobachter aber selbst Bestandteil der Wirklichkeit ist, ist auch die Struktur der Wirklichkeit immanent. Auf der Basis dieser Annahme werden im Strukturalismus die wahrnehmbaren und beschreibbaren Dinge nach der Methode des Konstruktivismus segmentiert und anschließend wird der Zusammenhang zwischen ihnen wieder rekonstruiert. Erst durch diese schöpferische Tätigkeit entsteht nach diesem Ansatz die Welt aus ihren Bestandteilen, weil jene entsprechend erkannt und verstanden würden. Die Vernunft der Subjekte begründet die Welt aus ihren Teilen.[89] Diese mechanistische Methode beruht auf dem Wunsch, alle Phänomene mit naturwissenschaftlicher Exaktheit zu analysieren, und bewegt sich in die gegenteilige Richtung der Systemtheorie. Das Verfahren wurde auch auf kultur- und gesellschaftswissenschaftliche

88 Kant 1974 S. 125.
89 Barthes 1982.

Fragen angewandt und zu differenzierten Analysetechniken weiterentwickelt. Es gewann nachhaltigen Einfluss vor allem in der frankophonen Philosophie, wo Sprache zu einem zentralen Thema der Strukturalisten wurde. Denn sie gehen davon aus, dass auch das vermeintlich autonome Subjekt der Aufklärung nach der vollen Integration seiner unbewussten organischen Triebe nicht autonom sein könne. Es verbleibe im Kontext der sprachlichen Strukturen, die in eigener Autonomie ihre Bedeutungen festlegen, ohne dass das Subjekt darauf Einfluss hätte. Die sprachlichen Strukturen wären ihrerseits auch nicht autonom, weil sie als vorsprachliche Weltanschauungen existieren, die sich der Sprache bedienten, ohne dass diese das registriere. Diese Weltanschauungen sind ihrerseits Bestandteile im großen und dichten Geflecht gesellschaftlicher Praxis, die viele Autoren im Gefolge Hegels als Geist bezeichnen.[90]

Die für die Friedensforschung wichtige Schule nach Claude Lévi-Strauss[91] meinte, dass nicht nur die Sprache, sondern auch kulturelle Produkte Zeichensysteme wären. Nach den ihnen zugrunde liegenden Strukturen könne ebenso geforscht werden. So wurde der Strukturalismus zu einer allgemeinen Forschungsmethode, besonders in der Ethnologie, aber auch in der Psychologie und der Soziologie. Bei Lévi-Strauss tauchen *Apollo* und *Dionysus* in neuer Gestalt als zwei gegensätzliche, aber gleichberechtigte Denksysteme auf. Das „wilde Denken" drückt sich in Zeichen aus, das wissenschaftliche in Konzepten. Beide Denkmuster seien gleich strukturiert und in der Lage, zu verallgemeinern und Analogien zu bilden. Lévi-Strauss meinte, dass die Mythen und Rituale einer bestimmten, oft ignorierten Ordnung gehorchten. Er verneinte historische Totalität und nahm Geschichte als Vielheit nicht an ein zentrales Subjekt gebundene Geschichten wahr. Lévi-Strauss sah in jeder Gesellschaft den Ausdruck eines konkreten Universellen. Er wandte sich strikt gegen jede Hierarchie in der Beurteilung von Zivilisationen und legte damit einen schrillen Widerspruch gegen die modernisierenden Konzepte der Entwicklungspolitik dieser Jahre ein.[92]

Der Strukturalismus kann in seiner politischen Erscheinungsform als linksintellektueller Versuch eines meist frankophonen Kreises interpretiert werden, nach der Erfahrung mit dem Faschismus das Unbewusste in der

90 So etwa Wilber 2001 S. 102.

91 Lévi-Strauss, * 1908, bezeichnete sich selbst nicht als Strukturalist, wird aber oft dieser Kategorie zugeordnet.

92 Levi Strauss 1972.

kollektiven Praxis zu verstehen. Er versuchte für diesen Zweck eine neue gesellschaftstaugliche Erkenntnistheorie zu konstruieren. Dafür wollte er den Marxismus *modernisieren*, indem er ihn mit der Freud'schen Psychoanalyse verband.[93]

Die politische Absicht der Strukturalisten war bis zum Pariser Mai 1968 ideologiekritisch und zerbrach folgerichtig an diesen Ereignissen. Sie reagierten mit Abneigung auf die Revolte und wurden selbst Ziel heftiger Kritik. Zwar etablierte sich ihre Lehre gerade dadurch an den Universitäten, dies jedoch um den Preis des Vorwurfs, in der bürgerlichen Philosophie und der mechanistischen Psychoanalyse aufzugehen.[94] Diese Kritik kam von einer Strömung, die schließlich als poststrukturalistisch bezeichnet wurde. Erkenntnis leitend für viele dieser AutorInnen wurde die politische Frage, wie Herrschaft und Unterdrückung produzierende gesellschaftliche Strukturen und kulturelle Formationen durch subversive Praktiken unterlaufen werden können.

Sowohl die Strukturalisten als auch die Poststrukturalisten lassen sich schwer in Schulen zusammenfassen. Beide Strömungen brachten eher intellektuelle Ikonen hervor und die Grenzen zwischen ihnen bleiben fließend. Oft überschneiden sich die Ansätze innerhalb der Biographien. Daher sind Zuordnungen riskant. Das bekannteste Beispiel hierfür wäre Michel Foucault.[95] Nicht alle großen Namen aus der philosophischen und linguistischen Debatte sind für die Zwecke dieses Buches von Bedeutung. Das intellektuelle Ambiente ist aber ein wichtiger Rahmen für die Entstehung der *postmodernen* Tradition kontinentaleuropäischer Friedensforschung.

Als deren „Vater" wird üblicherweise der polyglotte Norweger Johan Galtung[96] bezeichnet, wobei mit der Gründung des *Peace Research Institute Oslo* PRIO 1959 und des *Journal of Peace Research* 1964 zwei biographische Daten aus seinem Leben mit dem institutionellen Entstehen der Disziplin in Europa gleichgesetzt werden. Die frühen Arbeiten aus dem enormen Oeuvre dieses Autors[97] bieten das Bild eines von Gandhi inspirierten[98] und anarchis-

93 Althusser 1999.
94 Dosse 1998.
95 1926 bis 1984.
96 * 1930.
97 Eine Auswahl gibt es bei Schmidt/Trittmann 2002. S. 291–298. Dort wird von insgesamt mehr als 1250 Titeln gesprochen.
98 Galtung selbst beschreibt das in Galtung 2007.

tisch angehauchten Idealisten,[99] dessen publizistischer Durchbruch mit dem Begriff der strukturellen Gewalt verbunden ist, den er folgend definierte:

> Strukturelle Gewalt liegt vor, wenn Menschen so beeinflusst werden, dass ihre aktuelle somatische und geistige Verwirklichung geringer ist als ihre potentielle Verwirklichung. Frieden ist demnach nicht bloß die Abwesenheit von Krieg, sondern auch die Abwesenheit struktureller Gewalt.[100]

Im Kontext der Strukturalismusdebatte ist diese Definition weder originell noch radikal. Ein immer wieder bewiesenes Talent Galtungs liegt darin, komplexe Sachverhalte oder Theorien in einfache Formen zu gießen. Was Galtung sagt, vermochte vorher von Dutzenden strukturalistisch orientierten Autoren nicht annähernd so publikumsfreundlich formuliert zu werden. Mehr noch, strukturelle Gewalt ist die Lehre von Marx und Freud – auf drei Zeilen reduziert. Das ist die Stärke eines Schlüsselbegriffs, der seit seinem Auftauchen aus der europäischen Friedensforschung nicht wegzudenken ist, gleichsam einem Bannerträger der Disziplin auf ihrem Weg zur allgemeinen Akzeptanz in der akademischen Welt. Strukturelle Gewalt war eine Zauberformel, mit der (post)marxistisches Denken an westeuropäischen Universitäten und Institutionen salonfähig wurde. Zugleich liegt darin ihre Schwäche. Denn sie ist mit all dem strukturalistischen Ballast der Freud'schen Psychoanalyse und des philosophischen Marxismus befrachtet. Damit ist sie in ihrem Kern ein mechanistisches und idealistisches Konzept, dessen Wurzeln bis in jene biblischen Tage der Achsenzeit zurück reichen, in denen Friede mit Gerechtigkeit verkuppelt wurde. Das ist der Grund, warum es so leicht seinen Weg in die Alltagssprache gefunden hat und auf erstaunlich wenig kritischen Widerstand stieß.

---

99 Der junge Galtung greift für den Begriff des positiven Friedens auf Kant zurück, folgt sonst aber gerne Gandhi und gerät mit ihm in eine gedankliche Nähe zu Klassikern des aufgeklärten Anarchismus wie Joseph Proudhon (1809 bis 1865) oder Mikhail Bakunin (1814 bis 1876). Siehe dazu auch die Einschätzung bei Scherrer 2002 S. 76. Kritischer und mit einem anderen Fokus, der die positivistische Seite am jungen Galtung hervorhebt, Lawler 1995.

100 Die älteste Version dieser Definition, die ich finden konnte, liegt vor in Galtung 1969 S. 167–191. Die deutsche Version zitiert nach Galtung 1971 S. 57. In Buchform Galtung 1975. Das Zitat wurde von Galtung selbst und anderen in unzähligen Publikationen wiederholt.

Galtungs erste Definition struktureller Gewalt macht es unnötig, einen Gewalttäter zu benennen, ja nicht einmal ein sich selbst so verstehendes Opfer muss gegeben sein. Die strukturelle Gewalt skandalisiert die herrschenden Verhältnisse als ungerecht und kann damit all jene Geistesgifte in Bewegung setzen, die schon im Kapitel über den Buddhismus problematisiert wurden – Rache, Hass und Gier. Galtung mag *Agape* gemeint haben, wo ein guter Teil seines Publikums *Thanatos* hörte. Das ist verständlich. Zum einen irrlichterte *Thanatos* wie ein wütender Troll der *Moderne* durch die *postmoderne* Gemütsverfassung der 1968er und ist überall zu vermuten, wo das Wort Struktur auftauchte. Zum Anderen verursachte Galtung selbst die Irritation durch den unabgeschlossenen Charakter seines Konzepts. *Agape* ohne *Eros* ist nun einmal *Thanatos*, und damit musste an den Kritiker der strukturellen Gewalt dieselbe Frage gerichtet werden wie an alle anderen Propheten der Gerechtigkeit von Jesaia über Thomas von Aquin bis Marx: Darf, oder muss sogar, zur Förderung des Guten Gewalt eingesetzt werden?

Im Rahmen der politischen Diskussion dieser Zeit saß Galtung in einem Boot mit Michel Foucault[101] oder Herbert Marcuse,[102] die schon vorher und fundierter apersonale Macht- und Gewaltstrukturen aufgezeigt und kritisiert hatten. Im Kontext der Studentenbewegung von 1968 bis 1972 dienten all diese Konzepte als Legitimation eines natürlichen Rechts auf Widerstand gegen das System, den Kapitalismus, das *establishment*. Bei der sexuellen Revolution, welche die Bewegung damals vor allem unter Berufung auf Herbert Marcuse und Wilhelm Reich[103] ausrief, ging es nicht primär um eine Revolutionierung des Sexualkodex als Selbstzweck, sondern um die Veränderung der Machtstrukturen über die revolutionäre Neuinterpretation des Sexuellen als gesellschaftliches Momentum. Nach Reichs Auffassung sollte die Befreiung der Sexualität eine friedliche Veränderung der gesellschaftlichen Strukturen bewirken. Der Widerstand richtete sich daher nicht gegen konkrete Personen, namentlich nennbare, physische Gewalttäter oder Unterdrücker, sondern gegen die Ordnung der Dinge bei Foucault, die repressive Toleranz bei Marcuse, oder die strukturelle Gewalt im Kapitalismus nach Galtung.

Für die Friedensforschung als junge, kontinentaleuropäische Disziplin ergab sich daraus das Problem, dass Galtungs Konzept nicht nur in Latein-

---

101 Foucault 1974.

102 Marcuse 1967.

103 Reich 1945.

amerika, Südostasien und Afrika auf große Begeisterung stieß, wo gerade die große Zeit der national-marxistischen Befreiungsbewegungen begann, die auf Basis leicht nachvollziehbarer Forderungen nach sozialer Gerechtigkeit ihre Revolutionen mehr oder minder erfolgreich vorantrugen. In diesen Regionen schien das Konzept empirisch kaum widerlegbar. Aber radikal zu Ende gedacht musste es auch in Westeuropa und den USA gültig sein. Als sich die RAF in Deutschland oder die Roten Brigaden in Italien seiner bemächtigten, stand die Disziplin vor mehr als nur einem intellektuellen Problem. Dass Friedensbewegung und linker Terrorismus sich vom *establishment* immer wieder ins gleiche ideologische Eck gerückt fanden, lag nicht an den Intentionen der Akteure, sondern an der Schwäche der Konzepte. War der Strukturalismus ein *modernes* Konzept in einer *postmodernen* Welt, so umschrieb die strukturelle Gewalt eine Teilwahrheit, die in ihrer Unvollständigkeit missverstanden werden musste. Wenn er es als zulässig erachtete, die strukturelle Gewalt der *topdogs* durch die physische Gewalt der *underdogs* zu überwinden, so öffnete Galtung diesen Deutungen und ihren Konsequenzen alle Tore.[104]

Galtung flankierte das Schlagwort deshalb mit einer definitorischen Unterscheidung, die ebenfalls dauerhafte Aufnahme in den Jargon der europäischen Friedensforschung fand: negativer und positiver Friede. Hinsichtlich des negativen Friedens bediente er sich an der griechischen *Eirene*, der Abwesenheit physischer Gewalt. Den positiven Frieden konzipierte er als Spiegelbild der strukturellen Gewalt, als Zustand, in dem keine strukturelle Gewalt herrscht. Negativer Friede ist demnach zwar unvollständig, aber immerhin einer, in dem keine physische Gewalt angewendet wird, während der positive als vollständige Erfüllung des Ideals anzustreben wäre. Das klingt freundlicher, ist aber kein inhaltlicher Ausweg. Denn wie die strukturelle Gewalt ist auch dieser positive Friede ein diffuses und materialistisches, von willkürlicher Einschätzung abhängiges Konzept, das auf unterschiedliche und damit widersprüchliche Weise gelesen werden kann.

Die kontinentaleuropäische Friedensforschung, die damals im Wesentlichen eine skandinavisch-deutsche war, zerfiel vor dieser Frage früh in drei Hauptströmungen. Eine, für die Ekkehart Krippendorff[105] als prominentester Vertreter zu nennen ist, blieb auf der Linie der Institutionen- und Staatskritik, wenngleich Krippendorff Mitte der 1980-er Jahre eine markante Keh-

104 Galtung1975 S. 24–30.
105 * 1934.

re von der polit-ökonomischen Richtung zu einer macht- und vor allem militärzentrierten Kritik der Internationalen Politik vollzog, die vom Ansatz her dem französischen Strukturalismus nicht unähnlich war.[106]

Näherte sich Krippendorff in seiner Staatskritik zeitweise den Vordenkern des Anarchismus an, so wählte Dieter Senghaas[107] den umgekehrten Weg. Bekannt geworden als Importeur der lateinamerikanischen *dependencia* nach Deutschland und früher Proponent des später spektakulär gescheiterten Dissoziationsansatzes in der Entwicklungspolitik, steht Senghaas als Friedensforscher vor allem für ein Zivilisierungsdenken, in dem die Institution Staat die zentrale Rolle in der Friedensordnung spielt. Er verschrieb sich ganz dem *Tanathos* und dem Weg des entwicklungs- und friedenspolitischen Idealismus.[108] Im „zivilisatorischen Hexagon" fand auch er ein marktgerechts Emblem für diesen Ansatz.[109] Für seine angepassten Arbeiten erhielt er viel Applaus, betrat damit aber ein für die Betrachtungen der *postmodernen* Frieden wenig relevantes Feld.

Galtung begab sich auf jene physische und geistige Odyssee, die ihn im Laufe der Jahrzehnte aus der strukturalistischen Enge befreite und zur Anreicherung seines Konzepts mit *energetischen* Friedenskonzepten befähigte. *Eros* sollte ihm 20 Jahre später im Begriff der kulturellen Gewalt erscheinen. Kombiniert mit seinem Talent für griffige Formulierungen und publikumsfreundliche Kommunikation erschloss diese Suche der europäischen Wissenschaft und Politik eine Fülle von Entdeckungen und Wiederentdeckungen von Potenzialen der Frieden, worauf ich noch zurückkommen werde.

Das Spannungsverhältnis zwischen Frieden aus Gerechtigkeit und der Anwendung von Gewalt beschäftigte in jenen Jahren auch die Katholische Kirche. Das Zweite Vatikanische Konzil 1962–1965 befasste sich noch relativ moderat mit dieser Frage. Die Enzyklika *Pacem in Terris* des Papstes Johannes XXIII. aus dem Jahr 1963, die dem Konzil als Orientierung diente, spiegelt das wider. Nur wenig später, 1967, nahm sich der nachfolgende Papst Paul VI. in der Enzyklika *Populorum Progressio* gegen den Einspruch etlicher seiner Ratgeber des Themas neuerlich an. In diesem Rundschreiben titelt das umstrittenste Kapitel „Entwicklung, der neue Name für Friede",

---

106 Markant drückt sich das aus in Krippendorff 1985.
107 * 1940.
108 Exemplarisch Senghaas 1982.
109 Senghaas 1994; Senghaas 1995 S. 196–223.

und dort meinte der Papst unter Verweis auf *Pacem in Terris* und deutlich vor Galtungs entsprechender Formulierung:

> Der Friede besteht nicht einfach im Schweigen der Waffen, nicht einfach im immer schwankenden Gleichgewicht der Kräfte. Er muss Tag für Tag aufgebaut werden mit dem Ziel einer von Gott gewollten Ordnung, die eine vollkommenere Gerechtigkeit unter den Menschen herbeiführt. [110]

Die Entwicklung, die der Papst meinte, war dem Zeitgeist entsprechend jene Vorstellung, die im Spannungsfeld von Modernisierungstheorie und *dependencia* diskutiert wurde und jedenfalls ein *modernes* Konzept war. Entsprechend dieser Konjunktur kam der intellektuelle Schwung in dieser Debatte aus Lateinamerika, wo sich so etwas wie ein Endkampf um das Christentum anzubahnen schien. Che Guevara meinte:

> An dem Tag, an dem sich die Christen in die Revolution integrieren, wird sie in Lateinamerika unbesiegbar sein.[111]

Diese Einschätzung, die in der Sache auch der damalige Papst teilte, war nicht unbegründet, denn die pastoralen Defizite hatten in Lateinamerika über das ganze 20. Jahrhundert hinweg dazu geführt, dass sich vielerorts auf dem Land christliche Basisgemeinden formierten, die seit den 1950-er Jahren dynamisch darangingen, das Evangelium aus ihrer konkreten Situation der Armut heraus zu interpretieren und sich entsprechende Handlungsanleitungen zurechtzulegen.[112] Revolutionäre Konzepte zur Erlangung eines gerechten Friedens wurden immer populärer. Zwischen diesen Gruppen und den pastoral überforderten, aber für sie zuständigen Priestern entwickelte sich eine dynamische Allianz, die einer konzeptuellen Interpretation bedurfte. Die entstand im Laufe der 1960-er Jahre aus dem Zusammenfluss einer armenorientierten Bibelexegese und marxistischer Gesellschaftsanalyse. Den pastoralen wie intellektuellen Durchbruch erlangte diese Bewegung einerseits auf der berühmt gewordenen zweiten Generalkonferenz des lateiname-

110 Paul VI. 2007 §76.

111 Frei übersetzt nach Richard 1980 S. 92.

112 Der Begriff "Kirche der Armen" wurde von Papst Johannes XXIII. anläßlich der Eröffnung des Zweiten Vatikanischen Konzils eingeführt. Er nannte damals als die großen Aufgaben: Die Öffnung der Kirche zur Welt, die Bewahrung der Einheit der Christen und die Anerkennung der Kirche der Armen.

rikanischen Episkopats von Medellín 1968 und durch das einflussreiche Werk von Gustavo Gutiérrez.[113] 1969 prägte er im Rahmen einer Rede in der Schweiz den Begriff „Theologie der Befreiung". Zwei Jahre später erschien sein gleichnamiger theologischer Bestseller. [114]

Gustavo Gutiérrez stellte aus katholischer Sicht die Frage, wie den Armen glaubhaft verkündet werden könne, dass Gott sie liebt. Die Armen und Ausgeschlossenen wurden das zentrale Thema seiner Theologie. Die Armut, die nicht nur ein wirtschaftliches oder soziales Phänomen, sondern multidimensional wäre, galt es nach Gutiérrez zu überwinden. Christ zu sein bedeute, sich auf die Seite der Armen zu stellen und in Solidarität mit ihnen zu leben. Gutiérrez erklärte in seiner Theologie den Wandel von Entwicklung zu Befreiung.[115] Unter Entwicklung verstand er im Geiste seiner Zeit wirtschaftliches Wachstum und einen umfassenden sozialen Prozess, der den ökonomischen, sozialen, politischen und kulturellen Aspekt umfasst. Aus seiner humanistischen Perspektive ist die Ökonomie eine

> Wissenschaft, die zeigt, wie man den Übergang von einer weniger menschlichen zu einer menschlicheren Phase schafft. Unter diesem Blickpunkt bedeutet die Entwicklung, mehr haben, um mehr zu sein. [116]

Befreiung bezieht sich bei Gutiérrez auf Bedürfnisse und Wünsche sozialer Klassen und in diesem Sinne unterdrückter Völker. Angesichts der konfliktgeladenen, ungerechten gesellschaftlichen Situation in den Entwicklungsländern erschien ihm das Wort Entwicklung als Verniedlichung. Der Terminus Befreiung war ihm radikaler, tiefer und daher angebrachter.[117] Außerdem war er im strukturalistischen Zeitgeist leicht kommunizierbar, weil dessen Denkmodell verwandt und entliehen.

Die Befreiung ist Gutiérrez zudem und auf einer tieferen Ebene der in der Geschichte erfolgende dynamische, persönliche Prozess eines jeden Menschen, bei dem er sein Geschick selbst in die Hand nimmt. In diesem Zusammenhang bedeutet Befreiung nicht nur die Verbesserung der materiellen Lebensbedingungen für den Menschen, die radikale Veränderung der

113 * 1928.

114 Gutiérrez 1973.

115 Kaller-Dietrich 2008b S.68-82.

116 Gutiérrez 1973 S. 25–27. Die Definition der Entwicklung übernahm Gutiérrez von Lebret 1967 S. 18.

117 Gutiérrez 1973. S. 41.

Strukturen, eine soziale Revolution, sondern mehr: das stetige Entwickeln einer neuen Lebensform. Der Mensch ist in diesem Konzept ein dynamisches und geschichtliches Subjekt, das in Verbindung mit anderen Mitgliedern der Gesellschaft stets auf die Zukunft ausgerichtet ist.[118] Schließlich enthält Befreiung bei Gutiérrez einen theologischen Aspekt, der im Begriff der Entwicklung nicht enthalten und der Bibel entnommen ist. Da ist einerseits die ebenso paradigmatische wie metaphorische Befreiung der Juden aus Ägypten und andererseits Christus als allumfassender Befreier.

> Christus macht in Wahrheit frei, d.h. ermöglicht ein Leben in Gemeinschaft mit ihm, die Grundlage aller Brüderlichkeit ist.[119]

Die Dimensionen bedingen sich bei Gutiérrez gegenseitig. Dieser Meinung schloss sich der lateinamerikanische Episkopat auf seiner Generalkonferenz 1968 in Medellín an, indem er die bestehenden Zustände in Lateinamerika scharf verurteilte und radikale Änderungen forderte:

> Für unsere wahre Befreiung brauchen wir Menschen eine tief greifende Veränderung, damit das Reich der Gerechtigkeit, der Liebe und des Friedens komme. Der Ursprung aller Geringschätzung des Menschen, aller Ungerechtigkeit, muss in der inneren Unausgewogenheit der menschlichen Freiheit gesucht werden, welche in der Geschichte zu allen Zeiten einer entsprechenden Berichtigung bedurfte. Die Originalität der christlichen Botschaft besteht nicht direkt in der Bestätigung dieser Notwendigkeit eines Strukturwandels, sondern im Bestehen auf die Erlösung des Menschen, welche schließlich einer solchen Veränderung bedarf. Wir werden keinen neuen Kontinent ohne neue und erneuerte Strukturen bekommen. Ganz besonders wird es keinen neuen Kontinent ohne neue Menschen geben, welche im Lichte des Evangeliums wirklich frei und verantwortungsvoll zu sein verstehen.[120]

Die Bischöfe stellten sich unmissverständlich auf die Seite der Armen, und erklärten, dass

> ... das Elend, welches eine allgemeine Tatsache ist, zum Himmel schreit.

---

118 Gutiérrez 1973 S. 41.

119 Gutiérrez 1973 S. 42.

120 II Conferencia General del Episcopado Latinoamericano 2007 II.3. (Übersetzung durch den Autor).

Daraus schlossen sie:

> …entsprechend dem Auftrag des Evangeliums, die Rechte der Armen und Unterdrückten zu verteidigen… [und] …energisch die Missbräuche und die ungerechten Konsequenzen der übermäßigen Ungleichheit zwischen Reichen und Armen, Mächtigen und Schwachen anzuklagen. […] Den Frieden erlangt man nur, indem man eine neue Ordnung schafft, die eine vollkommenere Gerechtigkeit unter den Menschen herbeiführt.[121]

Dieser Ansatz war realpolitisch explosiv und die Konsequenzen beschäftigten die Katholische Kirche über die nachfolgenden Jahrzehnte, weit über die ebenso kontroversielle dritte gesamtkontinentale Bischofskonferenz von Puebla 1979 hinaus, wobei die innere Unentschlossenheit der Institution Kirche vielen prominenten, befreiungstheologisch orientierten Kirchenmännern nicht nur ihr Amt, sondern, wie schon 1966 dem legendären Camilo Torres in Kolumbien, auch ihr Leben kostete. Besonders hoch war der Blutzoll in Zentralamerika während der 1970-er und 1980-er Jahre. Es sei nur an die Ermordung Erzbischofs Romero in El Salvador erinnert.

Die Friedensforschung interessieren weniger die theologischen und innerkirchlichen Implikationen dieser Debatte, etwa um die Brüder Boff, die Brüder Cardenal, Miguel D'Escoto, Ignacio Ellacuría, Segundo Montes, Enrique Dussel, Jon Sobrino und viele andere, als viel mehr die politischen. In der Befreiungstheologie laufen mit traditionellem Christentum und Marxismus zwei Strömungen zusammen, von denen eine der *moralischen*, die andere der *modernen* Ausrichtung zugehören, die aber gemeinsam die *postmoderne* Gemütsverfassung von Gesellschaften anklagen.

Das würde ad hoc auf eine Gleichzeitigkeit von *Phobos* und *Thanatos* schließen lassen – eine etwas paradoxe Vorstellung, sollten beide gemeinsam doch so etwas wie die Balance zwischen *Eros* und *Agape* fördern. Die eben wiedergegebenen Zitate zeigen jedoch, dass die aufklärerische Absicht der Befreiungstheologie dem Unterfangen eine recht deutliche Ausrichtung zur *Agape* hin gab. Das befreiungstheologische Friedensverständnis entspricht seinem Wesen nach dem strukturalistischen und ist ein *modernes* Konzept. Der Aspekt des *Eros* blieb oft unterbelichtet und der des *Phobos* wich auf *moderne* Art dem *Thanatos*. Aus diesem Grunde stieß die Befreiungstheologie

121 II Conferencia General del Episcopado Latinoamericano 2007 I.1. (Übersetzung durch den Autor).

in konservativen Kirchenkreisen auf Ablehnung, und diese setzten unter Anleitung des damaligen Kardinals Ratzinger zur Gegenbewegung an.

All das hätte eine spektakuläre, aber auf die Katholische Kirche und eventuell auf Lateinamerika als Region beschränkte Debatte sein können, wäre da nicht auf der anderen Seite eine Herrschaftsklasse gestanden, die auf *phobische* Art dem *Thanatos* huldigte. Das heißt, sie glaubte auf geradezu religiöse Art an die Legitimität ihrer irdischen Privilegien und sah diese – zu Recht – von der Befreiungstheologie bedroht. Sie empfand ihren Frieden aus Sicherheit durch die Forderung nach einem Frieden aus Gerechtigkeit herausgefordert und reagierte, wie es Menschen tun, für die sich Frieden in Sicherheit begründet – ängstlich und aggressiv. Die Popularität der dem Faschismus entliehenen Doktrin der Nationalen Sicherheit, auf die nahezu alle Regierungen Lateinamerikas dieser Jahre rekurrierten, drückte dies nachhaltig aus.[122] Jene Regierungen, genauer die Eliten, die sie beschickten, hatten in den USA ihre Entsprechungen und Alliierten, nämlich jene, welche durch die Ausbeutung der Ressourcen in Lateinamerika gute Geschäfte machten. Somit ist die Eskalation von Gewalt, die vor allem den großkaribischen Raum zwischen Kolumbien und Südmexiko in diesen Jahren erfasste, mit dem Begriff Bürgerkrieg schlecht umschrieben. Es handelte sich eher um das gewalttätige Aufeinanderprallen zweier unbalancierter *moderner* Friedensbilder unter den Bedingungen der *Postmoderne.* Die Involvierung der Theologie der Befreiung in diesen Kampf –nicht nur auf der Opferseite – illustriert das Risiko des Konzeptes, das von der Kirchenhierarchie bald massiv zurückgefahren wurde. Dabei war es in seinem Kern nichts anderes als die *modernisierte* Erzählweise des uralten jüdisch-christlich-moslemischen Mythos vom Frieden durch Gerechtigkeit, der schon so viel Gewalt in die Welt getragen hatte. Auf die innerkirchlichen Debatten und Vorgänge gehe ich nicht ein.

4 Die Verwindung *postmoderner* Friedensforschung

Der Begriff Poststrukturalismus ist in Europa seit dem Ende der 1960-er Jahre im Umlauf und wird zumeist mit dem Pariser Mai von 1968 in Verbindung gebracht. Er meint die Abkehr von den großen Heilsversprechun-

---

122 Erhellend dazu unter vielen anderen Tobler/Waldmann 1991.

gen, als Reaktion auf den Strukturalismus und vor allem die bald ausufernde Debatte über die verdrängten Aspekte des damaligen Kultur- und Wissenschaftsbetriebes. Damit umschreibt der Begriff nicht nur eine markante Wende in der europäischen Geistesgeschichte, sondern auch einen Bruch in den Biographien von Schlüsselautoren wie Gilles Deleuze[123] oder Michel Foucault. Mit dem Zusammenbruch der Sowjetunion am Ende der 1980-er Jahre sollten die Überlegungen dieser Denkrichtung nochmals Schwung erhalten und sich seither unter dem Titel *Postmoderne* in der Theorie und Praxis allen Wissenschaftens und Kulturschaffens ausbreiten. In diesem Kapitel werde ich nach den Konsequenzen für die Friedenswissenschaft fragen.

Hegel, Marx, Kant, Nietzsche und Freud sind den Poststrukturalisten so wichtige Referenzautoren wie schon den Strukturalisten. Es geht ihnen aber immer weniger um die Ordnung der Dinge oder deren mögliche Gestaltung und immer mehr um die Nischen im System, die Orte des Exils und des Widerstands. Randgruppen rücken ins Zentrum des Interesses, die MigrantInnen, die Gefangenen, die Verrückten, die Arbeits- und Obdachlosen, Frauen, Schwarze, Schwule und so fort. Das Interesse der wichtigsten Autoren wie Deleuze, Foucault, Lyotard[124] und Vattimo[125] gilt nicht mehr der Eroberung der Staatsmacht oder deren Zerstörung, sondern deren pluralistischer Zersetzung von den Rändern her. Vor allem die älteren, Foucault und Deleuze, richten ihr Denken radikal auf das Diesseits. Das Leben ist für sie der höchste Wert, manifestiert im Körper, der sie mehr interessiert als der Geist oder das Streben nach selbstloser, objektiver Erkenntnis, nach Wahrheit. Die Abkehr von den großen Erzählungen oder Metatexten, die zum Banner dieser Gruppe wird, schließt im Kontext der realpolitischen Vorgänge nicht nur Platonismus, Christentum und Rationalismus, sondern auch Marxismus und Freud'sche Psychoanalyse mit ein.[126]

Diese Debatte hat auch einen literaturwissenschaftlichen Fokus im Umfeld Jacques Derridas,[127] dessen Methode der Dekonstruktion weit über die Grenzen seiner Disziplin hinaus wirkte, ebenso wie die Diskursanalyse nach Michel Foucault. Abseits dieser methodischen oder besser praxiologischen

---

123 1925 bis 1995.

124 1924 bis 1998.

125 * 1936.

126 Zima 1997 S. 124–206.

127 1930 bis 2004.

Fragen kann vorsichtig und zusammenfassend als Gemeinsamkeit der poststrukturalistischen Methode ausgemacht werden:

- die Vorstellung der Einen Wahrheit wird als lebensfeindlich eingestuft;
- die Vorstellung einer das Sein bestimmenden Wesenheit wird abgelehnt;
- die *moderne* Konstruktion eines bewussten, rationalen und autonomen Subjekts wird als solche erkannt und verwunden;
- Sprache und ihre Regeln werden als Instrumente der Macht erkannt, untersucht und behandelt.

Poststrukturalismus bezeichnet den Verzicht auf die Bezugnahme auf ein Zentrum, auf ein Subjekt, auf eine privilegierte Referenz oder auf einen Ursprung. Daraus folgt die Ablehnung oder wenigstens Kritik der zentralen Glaubenssätze, auf welche die Denksysteme und Friedensbilder seit Platon gebaut haben und denen ich im bisherigen Verlauf dieses Textes gefolgt bin. Diese finden, wenn überhaupt, nur noch in der Vorstellung der anerkannten Vielheit und Gleichzeitigkeit widersprüchlicher Wahrheiten begrenzte Gültigkeit.

Dem Poststrukturalismus geht es nicht darum, wahre Theorien zu bilden, es besser zu wissen. Er versteht Theorien vielmehr als Erklärungen von Zusammenhängen, die als solche, und zwar nur als solche, in einem bestimmten Kontext besser oder schlechter zu gebrauchen sind. Deshalb bringt er nicht Methoden hervor, sondern Praktiken der Dekonstruktion, die zu keinem abgeschlossenen Ergebnis führen.

Das bedeutet, dass das *postmoderne* Friedensdenken im Gefolge des Poststrukturalismus auf philosophische Art die Wahrheiten der *Moderne* bezweifelt. Das macht es für viele suspekt, wie wütende Versuche, die Unhaltbarkeit dieses Zugangs zu beweisen, belegen.[128] Sie alle liegen richtig, aber eben innerhalb ihres eigenen *modernen* Metatextes, der mit dem Poststrukturalismus unvereinbar bleiben muss, so wie *energetische* Friedensdeutungen den rein *modernen* unzugänglich sind. Wenn etwa Jürgen Habermas den Poststrukturalismus und *postmodernes* Denken als neukonservativ einstuft,[129] hat er Recht, weil er selbst aus der idealistischen Position des *modernen* Philo-

---

128 Habermas 1988; Herzinger/Stein 1995; Sokal/Bricmont 2001.

129 Habermas 1994 S.110–120.

sophen nur als falsch ansehen kann, was nicht richtig ist, als schlecht, was nicht gut ist, und folglich als rückschrittlich, was nicht fortschrittlich ist.[130] Fortschrittlich will die *postmoderne* Philosophie tatsächlich nicht sein. Um das festzustellen, hätten keine spitzfindigen Beweisführungen über die *moralische* Unvertretbarkeit der *Postmoderne* geschrieben werden müssen.

So wie die *Postmoderne* die Rationalität mit rationalen Mitteln verwindet, dekonstruierten einige *postmoderne* Autoren den Marxismus (der 1960-er Jahre) mit Marx. Das Ergebnis eines solchen Tuns ist nicht die *Eine Postmoderne*, sondern eine Vielheit *postmodernen* Wissens und *postmoderner* Ansichten, die oft gegeneinander stehen. Aus dieser Vielheit scheint mir zur Betrachtung der Frieden – neben der generellen Bedeutung der Vielheit für das Verständnis der Frieden – die neuerliche Wiederentdeckung des *Dionysus* in der Leseweise Nietzsches durch Gilles Deleuze[131] bedeutend. Der tragische *Dionysus* ist Deleuze ein Garant für das Schöpferische und die Vielfalt.[132]

Deleuze sieht *das Leben* gezügelt, verstümmelt und vernünftig gemacht, wo die Verwobenheit der Denk- und Lebensverhältnisse nicht berücksichtigt wird. Wenn *das Denken* über *das Leben* urteilt und ihm höhere Werte entgegensetzt, wenn *das Leben* an diesen höheren Werten gemessen wird, wenn ihm Grenzen gesetzt werden, spricht Deleuze von einer Entartung der Philosophie. Wird aus *dem Leben* etwas, das beurteilt, gemessen und eingegrenzt werden muss, das im Namen höherer Werte, wie dem Wahren, Schönen und Guten, domestiziert wird, erscheint der Typus des freiwillig und spitzfindig geknechteten Philosophen, für den bei Deleuze Sokrates sinnbildlich steht.

> Der Übermensch hat nie etwas anderes bedeuten sollen als: im Menschen selbst gilt es das Leben zu befreien, da der Mensch selbst eine Weise darstellt, es einzusperren. Das Leben wird zum Widerstand gegen die Macht, wenn die Macht das Leben zu ihrem Objekt macht.[133]

Das Leben, das ist der abendländisch verdrängte *Dionysus* Nietzsches. *Das Denken* steht für *Apollo*. Beide stehen sich aber nicht feindselig, dualistisch

130 Die diesbezügliche Auseinandersetzung zwischen Habermas und Lyotard wird übersichtlich beschrieben bei Zima 1997. S. 176–195.

131 1925 bis 1995.

132 Deleuze 1991 S. 22.

133 Deleuze 1987 S. 129.

gegenüber, sondern die aktive Kraft *des Lebens* und die bejahende Macht *des Denkens* bewegen sich gegenseitig, anziehend, ergänzend. Deleuze entwirft eine Gemeinsamkeit der Dualitäten im Sinne eines *energetischen* Friedensverständnisses. Bei ihm zerfällt die Eine universelle Wahrheit in unzählige Wahrheiten begrenzter Reichweite, die je nach Kontext und Interesse variieren können:

> Wir haben die Wahrheit, die wir verdienen, je nachdem, wo wir uns aufhalten, zu welcher Stunde wir wachen, in welchem Element wir uns befinden.[134]

Wenn Wahrheit in der *Postmoderne* konventionellen Charakter hat, an Ort und Zeit gebunden ist, kann sie keine universelle Geltung beanspruchen, weil sie Ausdruck von besonderen Konstellationen und Machtverhältnissen ist. Zusammen mit der begrifflichen Wahrheit verabschieden die *Postmodernen* auch das rationalistische und marxistisch-hegelianische Ideal von einer allgemeingültigen wissenschaftlichen Erkenntnis. Daraus folgt die generelle Absage der *Postmoderne* an Metatexte oder große Erzählungen. Das hat – obwohl sie alle darin übereinstimmen – wahrscheinlich keiner ihrer Vertreter so deutlich gemacht wie Jean Francois Lyotard in seiner Kritik an Kant, Hegel und Marx.[135] Er erreichte damit ein breiteres Publikum, als er im Zuge des Zusammenbruchs des realen Sozialismus den Marxismus als letzten Spross des Christentums und der Aufklärung bezeichnete, der seine kritische Kraft eingebüßt und mit der Berliner Mauer gefallen wäre.[136] Lyotard schließt daraus, dass Konflikte nicht im Rahmen eines übergreifenden Metadiskurses geschlichtet werden können, denn ein solcher Versuch würde die Unvereinbarkeit der Gruppensprachen und der entsprechenden Interessen übersehen oder missachten, indem er sie dem Machtanspruch einer übergeordneten Sprache unterwerfe. Konflikte zwischen heterogenen Sprachspielen können ihm nicht mittels einer übergeordneten Sprache oder Sprachregel in einen entscheidbaren Rechtsstreit verwandelt werden, ohne dass dabei Unrecht geschehe. Damit führt er eine interessante Deutung dieses letzten Begriffs ein. Unrecht resultiere daraus, dass die Regeln der Diskursart, nach denen beurteilt wird, von denen der beurteilten Diskursarten abweichen, weshalb diese nur verurteilte Diskursarten sein können.

---

134 Deleuze 1991 S. 113.
135 Lyotard 1994b S. 16.
136 Lyotard 1993 S. 68.

> Aus diesem Grund scheint es weder möglich noch ratsam, die Ausarbeitung des Problems der Legitimierung wie Habermas auf die Suche nach einem universellen Konsens auszurichten mit Hilfe dessen, was er einen Diskurs nennt, das heißt den Dialog der Argumentationen […] Der Konsens ist ein veralteter und suspekter Wert geworden, nicht aber die Gerechtigkeit. Man muss also zu einer Praxis der Gerechtigkeit gelangen, die nicht an jene des Konsens gebunden ist.[137]

Lyotard löst auch die tradierte Vorstellung eines Friedens aus Gerechtigkeit auf, denn Gerechtigkeit resultiert bei ihm nur aus Vielheit, was zwangsläufig zu einer Vielheit der Gerechtigkeiten führen muss. Für Idealisten ist dieser Vorschlag erschreckend, unannehmbar, skandalös, aber selbst sie werden bei näherer Betrachtung eines jeden Konfliktes von keinem anderen Ist-Stand ausgehen können als von einer Vielheit der Ansprüche und Verständnisse von Gerechtigkeit, somit also von widersprüchlichen, aber subjektiv als richtig wahrgenommen, vielen Gerechtigkeiten. Das ist eine simple Definition von Konflikt. Wie mit dieser Vielheit umgegangen wird, ist eine Frage der Methode, nicht der Deutung. Lyotard setzt die Vielheit dem Universalismus gegenüber, was er in den ihn nicht überzeugenden Resultaten des Handelns nach dessen Glaubenssätzen begründet.

Lyotard betont die Bedeutung des Dissenses. „Der Konsens ist ein Horizont", sagte er, „er wird niemals erworben."[138] Von daher ruft seine Staatsphilosophie in der Form einer radikalen Kritik an den Institutionen zu einem Aufstand aller Partikularismen gegen das Universelle, somit gegen den Platonismus, den er mit dem Kapitalismus identifiziert, gegen die Vernunft als Auswuchs der Staatsmacht, gegen jedes zentralisierende Denken. Dadurch wird er zu einem Fürsprecher der neuen sozialen Bewegungen, der Zivilgesellschaft.

Auch Gianni Vattimo beginnt die Herleitung seines friedenswissenschaftlich bedeutsamen Begriffs vom „schwachen Denken" mit der *postmodernen* Feststellung, dass ihm die Hegel'sche Aufhebung oder die Marx'sche Überwindung bestehender gesellschaftlicher Verhältnisse nicht möglich erscheine.[139] Die dialektische Überwindung als einen auf Wahrheit gründen-

137 Lyotard 1994a S. 188 und 190.

138 Lyotard 1994a S. 177.

139 Da Vattimo üblicherweise nicht als Friedensforscher geführt wird und die Zusammenhange auf das Erste schwierig wirken, empfiehlt sich zur Erhellung seiner Arbeit und deren Bedeutung für die Friedensforschung Sützl 2006.

den Vorgang ersetzt er im Rekurs auf Nietzsche und Heidegger durch die Verwindung.[140]

> Der heideggersche Begriff der „Verwindung" ist die radikalste Anstrengung, das Sein in den Begriffen einer „Kenntnisnahme" zu denken, die immer auch ein „Abschiednehmen" ist, weil man es weder als stabile Struktur antrifft, noch als logische Notwendigkeit eines Prozesses registriert und akzeptiert.[141]

Die Wahrheit der Verwindung ist Vattimo eine andenkende, also das Resultat eines Erkennens, des Verifizierens, das sie mit Rücksicht auf jeweils vorangegangene Erfahrungen, Zugehörigkeiten und Bindungen produziert. Nachprüfungen und Abmachungen geschehen im jeweils herrschenden Horizont, der zwischenmenschliche Beziehungen ebenso umschreibt wie Beziehungen zwischen Kulturen und Generationen. In diesem Horizont konstituieren sich die Wahrheiten. Nichts und niemand geht von einem festen Grund aus, sondern stets von Beziehungen und Zugehörigkeiten, die ihn selbst konstituieren. Die Wahrheit ist daher die Frucht von Interpretation. Das nicht in der Weise, dass durch irgendeine Interpretation ein direkter und tatsächlicher Bezug zur Wahrheit erreichbar wäre, sondern allein dadurch, dass der Prozess der Interpretation selbst als die Form verstanden wird, in der sich Wahrheit konstituiert. In dieser rhetorischen Konzeption der Wahrheit erfährt das Sein seine Schwäche. Es wird Überlieferung, indem es sich auch in den Prozessen der Rhetorik auflöst.[142]

Für Vattimos friedenspolitische Botschaft bilden die christlichen Kategorien der *Pietät* und *Caritas* die Ausgangspunkte. Wenn jemand pietätvoll handle, dann in einem von der schweren Last der Metaphysik befreiten Sinne.[143] Ein solcher Anspruch löst zwangsläufig Proteste der Protagonisten des *moralischen* und des *modernen* Friedensbegriffs aus. Im Falle Vattimos wurde sogar Papst Johannes Paul II. aktiv, der in seiner Enzyklika *Fides et Ratio* 1998 meinte:

> Es ist illusorisch zu meinen, angesichts einer schwachen Vernunft besitze der Glaube größere Überzeugungskraft; im Gegenteil, er gerät in die ernsthafte Gefahr, auf Mythos bzw. Aberglauben verkürzt zu werden. In demselben Maß

140 Vattimo 1990 S. 178/179.
141 Vattimo 2006 S. 86.
142 Vattimo 2006 S. 89/90
143 Forti 2007.

wird sich eine Vernunft, die keinen reifen Glauben vor sich hat, niemals veranlasst sehen, den Blick auf die Neuheit und Radikalität des Seins zu richten.*[144]

Demgegenüber gründet nach Vattimo der Glaube an die Überlegenheit der Wahrheit über die Unwahrheit auf der Überzeugung, der Mensch könne die Dinge an sich erkennen. Diese setzt sich in bestimmten Lebenssituationen durch, in denen es darauf anzukommen scheint, Unsicherheit zu überwinden oder einen Krieg aller gegen alle zu kämpfen.[145]

Was Vattimo sagt, ist am Ende dieser langen Rundschau einsichtig. Das „schwache Denken" ist die friedenswissenschaftliche Praxis der *Postmoderne.* Es ist das ein andenkendes, verwindendes und unbegründetes Denken, unbedingt, relational und keinem wie auch immer genannten Gott verschrieben, welcher der Metaphysik den geringsten Anspruch von Verbindlichkeit geben könnte. Das Andenken der Geistesformen der Vergangenheit hat nicht die Funktion, etwas anderes vorzubereiten. Es hat in sich selbst emanzipatorische Kraft. Der Fortschrittsglaube hingegen gründet nach Vattimo in einem metaphysischen Zeitverständnis und konstruiert eine Abfolge von Jetztpunkten, die in einer ekstatisch-funktionalen Beziehung zueinander stünden. Das heißt, im Fortschrittsdenken hat jeder Augenblick in der Zeit seine Bedeutung nicht in sich selbst, sondern in anderen, in denen, die ihm voraus, und denen, die ihm nachfolgen. Vattimo bezeichnet das als Entfremdetheit des Augenblicks, als Getrenntsein der faktischen Existenz des Menschen von ihrer Bedeutung.[146] Im Zeichen dieser Kritik stellt Vattimo den metaphysischen Ethiken der Entwicklung, des Wachstums und des Fortschritts in der *Moderne* eine *postmoderne* Ethik aus *Pietas* und *Caritas*,[147] oder in anderen Worten aus Liebe zum Leben und Wertschätzung des Anderen, entgegen. Deren Chance wäre, dass nicht einer bloßen Kritik und Überwindung der *Moderne* gehuldigt würde, sondern die Menschen sich um eine Aneignung ihrer Möglichkeiten bemühen. Vattimo durchschreitet die *Postmoderne* und akzentuiert *postmoderne* Philosophie friedenswissenschaftlich. Wo keine absolute Wahrheit herrscht, auf die sich irgendwer beziehen könnte, gibt es auch keine, die zum Töten legitimiert.

---

144 Johannes Paul II. 2007 §48.

145 Vattimo 1994 S. 235.

146 Weiß 2003 S. 28.

147 Die beiden Begriffe meinen wohl das, was bei Wilber *Eros* und *Agape* heißt.

Die *postmoderne* Philosophie entsprang in erster Linie französichen Verhältnissen und Debatten, deren strukturalistischen Vorlauf sie prinzipiell zu verwinden trachtet. Ich habe die Argumente dieser Debatte auf ihre friedenswissenschaftliche Relevanz hin untersucht, dabei aber nicht einmal allen herausragenden Namen dieser Philosophie Referenz erweisen können. In Italien wurde eine etwas jüngere Generation, aus der Gianni Vattimo herausragen mag, aber keineswegs mit einem Alleinvertretungsanspruch, von der französischen Debatte beeinflusst. Jenseits dieses Sprachraums erfuhr *postmodernes* Denken erhebliche Verunreinigungen, wie Vattimo wohl sagen würde, durch die jeweiligen Denkströmungen des Mainstreams. So überrascht nicht, dass in der englischsprachigen Postmoderne, wo es auch unzählige Verzweigungen gibt, der zuletzt mit Vattimo gemeinsam publizierende[148] Richard Rorty[149] und selbst der ganz an Lyotard orientierte Zygmunt Bauman[150] für liberale Spielweisen stehen. Bauman[151] und eine Reihe weiterer AutorInnen, die häufig aus jüdischem Milieu stammen und die Holocaust-Debatte in den Mittelpunkt ihrer Überlegungen zur *Moderne* stellen, fragen wie, ja ob überhaupt, nach dem Holocaust noch über den Frieden philosophiert werden könne. Das ist eine Frage, die mit Recht mehr als nur eine Generation herausragender DenkerInnen beschäftigte und aktuell im Konzept der *Revolutionary Forgiveness* von Mark Ellis[152] eine umstrittene Neuauflage erfährt.

Für Bauman ist der Holocaust keine *prämoderne* Irrationalität oder Barbarei, sondern der höchste Ausdruck organisierter und rationalisierter *Modernität.* Bauman definiert die *Moderne* als eine historische Etappe, in der *moralische* Standards hinter die Bedeutung des technischen Erfolgs und der bürokratischen Effektivität gestellt wurden. Die Rationalität der Technik trennt die Subjekte von ihrem Tun und entmenschlicht sie auf diese Art. Dieser Terror dauere an, solange die Seifenblase der *modernen* Rationalität

---

148 Rorty 2006.

149 1931 bis 2007.

150 * 1925.

151 Bauman 1989 S. 203.

152 Ellis 2000. Seine Arbeiten trugen ihm gleich neben Noam Chomsky einen ehrenvollen Platz in der Liste der 101 gefährlichsten amerikanischen Intellektuellen, erstellt vom konservativen Publizisten David Horowitz, ein. Horowitz 2006. Ellis, Begründer der jüdischen Theologie der Befreiung, beruft sich seinerseits auf die älteren Denker der Auschwitz-Generation um Richard Rubenstein. Siehe auch Ellis 2005.

nicht platze. Von da aus beginnt Bauman seine Diskussion einer liberalen *Postmoderne*.[153]

Judith Butler,[154] die ebenso bekannte wie umstrittene Vordenkerin der poststrukturalistischen Theorie des Feminismus, entstammt ebenfalls einer jüdischen Familie in den USA. Sie sieht Geschlecht in einem von diskursiven Praktiken beherrschten Spannungsfeld von Natur und Kultur und legte ihren Arbeitsschwerpunkt in Anlehnung an Michel Foucault in die Erforschung des Zusammenhangs von Macht, Geschlecht, Sexualität und Identität. Ihre *postmoderne* Kritik hält dem *modernen* Feminismus entgegen, dass dieser Frauen als Gruppe mit gemeinsamen Merkmalen und Interessen betrachte, ethnopolitische, kulturelle oder klassenspezifische Differenzen unterschätze und durch diese binäre Betrachtung des Geschlechterverhältnisses bestehende Machtstrukturen diskursiv verstärke, statt sie aufzulösen.[155] Zentraler Inhalt ihrer Theorie ist die Kritik am Identitäts- und Subjektbegriff der normativen Heterosexualität. Ihren wichtigen Hinweis auf die normierende Wirkung des zweigeschlechtlichen Denkens radikalisierte Rosi Braidotti,[156] indem sie ihn auch auf das Verhältnis zwischen Mensch und Tier sowie Mensch und Maschine ausdehnte.[157] Das wird in der Friedensforschung gerne aufgegriffen und ist untrennbar mit der Vorstellung von individuellem und gesellschaftlichem Frieden verbunden. Dennoch bildet dieser dekonstruktivistische Ansatz eher eine eigene, komplexe und heftig umstrittene Richtung der Geschlechterforschung als einen Kernbereich der Friedensforschung.

Vor der Dominanz des Idealismus im deutschen Sprachraum wird der *postmodernen* Philosophie mit einem Misstrauen begegnet, das den Eindruck erweckt, der historische Umgang mit Friedrich Nietzsche habe ein unaufgearbeitetes kollektives Schuldgefühl hinterlassen. Ich erinnere mich persönlich an einen Vortrag von Peter Glotz an der Universität Innsbruck 1998, in dem er die *postmoderne* Philosophie als Re-Import Nietzsches durch die Hintertür bezeichnete. Kurz davor meinte Ulrich Menzel in einem Streitgespräch mit mir sinngemäß, dass man den Franzosen nicht jeden Unsinn nachplappern müsse. Die in diesem Zusammenhang so emotionalen Reflexe sonst doch rationaler Intellektueller drücken exemplarisch das massive Un-

153 Zima 1997 S. 121.

154 * 1956.

155 Butler 1991; Butler 1993.

156 * 1954.

157 Unter zahlreichen anderen Veröffentlichungen in Braidotti 1994.

behagen des Idealismus mit dem *postmodernen* Denken aus. Deshalb gibt es in Deutschland neben Wolfgang Welsch, der eher ein Experte als ein Vertreter der *Postmoderne* ist,[158] nur wenige wirklich prominente Denker der *postmodernen* Philosophie. Selbst der „Eurotaoist" Peter Sloterdijk[159] ist nicht eindeutig zuzuordnen. Die Technikkritik eines Günther Anders,[160] das Kleinheitspostulat Leopold Kohrs[161] und Ernst Friedrich Schumachers[162] oder die Kritik am Fortschritt und den *modernen* Institutionen eines Ivan Illich[163], ja selbst noch die Entwicklungskritik eines Wolfgang Sachs[164] oder die Risikogesellschaft eines Ulrich Beck[165] stimmen unübersehbar mit Leitsätzen des Poststrukturalismus und des *postmodernen* Denkens überein, aber kaum einer von ihnen hat sich methodisch dem Poststrukturalismus verpflichtet. Eine Ausnahme bildet der in seinem wissenschaftlichen Habitus an Vattimo und generell an der mediterranen Debatte orientierte österreichische Friedensforscher Wolfgang Sützl.[166] Dazu noch einmal Ivan Illichs pointierte Aussage zum Thema Frieden:

> Der Krieg tendiert dazu, die Kulturen einander anzugleichen, während der Friede jener Zustand ist, in dem jede Kultur auf ihre eigene Art blüht.[167]

Das klingt wie ein Leitsatz der *Postmoderne,* und doch gründet das Vernakuläre als Schlüsselbegriff beim katholischen Priester Ivan Illich, der kein Befreiungstheologe war und nie aus der Kirche austrat, stark,[168] zwar kritisch, alternativ, aber dennoch in der Denkstruktur des Idealismus. Dasselbe könnte auch für die anderen aufgezählten AutorInnen gesagt werden, weshalb sie in ihrem Kontext durchwegs dual, als dem *modernen*, aufgeklärten, idealistischen Mainstream feindliche VertreterInnen eines anderen, daher bösen, schlechten, falschen Ideals wahrgenommen und bekämpft wurden. Bei ihnen allen

---

158 * 1946.
159 * 1947.
160 1902 bis 1992.
161 1909 bis 1994.
162 1911 bis 1977; Schumacher 1973.
163 1926 bis 2002.
164 * 1946.
165 * 1944.
166 * 1961. Sützl 2006.
167 Illich 2006. S. 17.
168 Kaller-Dietrich 2008.

verbrämt sich die Kritik am Bestehenden letztlich doch mit dem einen Grund, einer idealistischen Vision von der Schönheit des Kleinen, Vielen, Schwachen, Langsamen, des Vernakulären eben, die sie nicht bereit sein lässt, der gedanklichen Radikalität eines Lyotard, Deleuze oder Vattimo zu folgen. Keiner von ihnen bezeichnete sich je als *Postmoderner*. Ebenso wenig taten dies die Ökofeministinnen Maria Mies,[169] Veronika Bennholdt-Thomsen[170] oder Claudia von Werlhof,[171] die sich als prominente Vertreterinnen dieser Richtung in Deutschland, im „Bielefelder Kreis" fanden und in poststrukturalistischer Manier ihre Subsistenzperspektive entwarfen. Sie begründeten ihre Nischen eher aus der post-marxistischen Weltsystemanalyse im Sinne Immanuel Wallersteins als im poststrukturalistischen Kontext.

In Spanien, wo die kontinentaleuropäische Friedensforschung am Ende des 20. Jahrhunderts einen neuen, wichtigen Schwerpunkt entwickelte, gelang es, diese philosophischen Überlegungen zu einem explizit friedenswissenschaftlichen Konzept zusammen zu führen. Es ist unter dem Schlagwort *la paz imperfecta*[172], das von Francisco Muñoz pünktlich zur Jahrtausendwende lanciert und von Vicent Martínez Guzmán[173] als „epistemologische Wende in der Friedensforschung" bezeichnet wurde, bekannt geworden.[174]

In seinem Schlüsseltext gelingt dem gelernten Historiker Muñoz die Übersetzung poststrukturalistischen Denkens in das Soziolekt der Friedensforschung, wodurch er wohl einen der ersten Texte dieser Disziplin schrieb, der durchgängig *postmodern* argumentiert, ohne die dauernde Referenz auf *postmoderne* Philosophie und ihre Autoren zu benötigen. Sein Konzept des imperfekten oder unvollkommenen Friedens meint folgendes:

> Das Adjektiv unvollkommen dient hier dazu, die verschiedenen Bedeutungen von Frieden gewissermaßen offen zu legen. Auch wenn es sich dabei um eine Negation handelt – deren Gebrauch im Zusammenhang mit dem Begriff Frieden mir im Übrigen missfällt, da ich gerade eine solche Ausrichtung in diesem Kontext zu vermeiden versuche –, kann es in seinem etymologischen Sinn

---

169 * 1931.
170 * 1944.
171 * 1943.
172 Muñoz 2001 S. 21–66.
173 * 1949.
174 Martínez Guzmán 2001.

> auch als etwas „Unvollendetes“, „sich im Prozess Befindliches“ verstanden werden, was hier auch die zentrale Bedeutung ist.[175]

Diese Definition liegt nahe bei meinem kurz vor dem Erscheinen von Muñoz’ Aufsatz in Österreich vorgeschlagenen und von Lyotard inspirierten Konzept der „Vielen Frieden“ und meint in Übereinstimmung mit all den vorher zitierten Autoren dasselbe. Muñoz beginnt mit der Dekonstruktion des idealistischen Friedensverständnisses, wie es die spanische Friedenswissenschaft vor allem aus Deutschland übernommen hat, wobei er das starke Denken im Begriff der Ursünde gründen lässt und dieses auch unter den Bedingungen der Aufklärung fortwirken sieht:

> Diese „Gewaltperspektive“ ist nicht frei von einer gewissen kognitiven Dissonanz, die zuweilen der Schizophrenie nahe kommt, da zwar viel eher Friede gewünscht, gesucht und geschätzt wird, aber in Gewalt-Schemata gedacht wird, was letztendlich einen korrosiven Prozess einleitet, der dazu führt, dass sich das Gewalt-Bild stärker hervorhebt. Viele „Vorurteile“, mit denen der Friede wahrgenommen wird, hängen nicht nur von den ethischen und axiologischen Ausgangspunkten ab, sondern ebenso von den methodologischen Herangehensweisen sowie den epistemologischen und ontologischen Forderungen, die ihnen zugrunde liegen.[176]

Von da aus erweist er Nietzsche seine Referenz:

> Ereignisse werden dem menschlichen Bewusstsein über eine symbolische oder konzeptuelle Vermittlung übertragen. Worte und Konzepte arbeiten nicht in einem Bewusstseinsvakuum. Wir Menschen interpretieren Tatsachen durch gewisse Prämissen, an Hand von Schemata oder Symbolen. In einem gewissen Sinn gibt es gar keine Tatsachen, sondern lediglich symbolisch vermittelte Interpretationen.[177]

Muñoz denkt den Menschen als ein auf Kooperation und Konflikt hin angelegtes Wesen. Die Dualität zwischen Kooperation und Konflikt ist bei ihm nicht dialektisch, sondern gleichsam taoistisch. Der Konflikt ist der Kooperation ebenso inhärent wie umgekehrt und Frieden nur auf Basis der Aner-

---

175 Muñoz 2006 S. 92.
176 Muñoz 2006 S. 95.
177 Muñoz 2006 S. 104.

kennung beider definier- und erlebbar. Kooperation und Konflikt sind Vorgänge, keine Zustände. Folglich muss auch Muñoz unter expliziter Berufung auf Heraklit Frieden prozessual denken. So heißt es an einer der Schlüsselstellen:

> Dieser Standpunkt erlaubt uns auch, den Frieden als einen Prozess, einen unvollendeten Weg zu verstehen, und so kann auch Gandhis Satz „Es gibt keinen Weg zum Frieden - der Frieden ist der Weg" ausgelegt werden. Es könnte anders gar nicht sein, denn die sozialen, uns umgebenden Realitäten „entwickeln" sich ebenso wie die konfliktiven Formen ständig weiter. Friede ist kein teleologisches Ziel, sondern eine Annahme, die täglich anerkannt und neu aufgebaut wird.[178]

Daran schließt eine an Foucault erinnernde Abhandlung über das Beziehungsdreieck Idee – Friede – Macht und eine andenkende Verwindung der friedenswissenschaftlichen Leitsätze, sowohl der amerikanischen Systemtheorie nach Boulding als auch des kontinentaleuropäischen Ansatzes nach Galtung. Muñoz bringt seinen Vorschlag auf den Punkt:

> Egal von welcher Perspektive betrachtet, Friede sollte nicht als „total", als etwas in sich abgeschlossenes, als Endpunkt, als ein schwierig, nur durch viele Opfer zu erreichendes „utopisches" Ziel, als etwas wenig realistisches und folglich frustrierendes angesehen werden, weil in diesem Sinne Frieden eine Quelle der Gewalt sein kann.
>
> Der unvollkommene Frieden könnte daher als Mittelweg zwischen dem maximalistischen Utopismus und dem konservativen Konformismus dienen. Es geht darum, unsere Realität durch das Wissen um die menschliche Beschränktheit und um die gegenwärtigen Gegebenheiten zu verändern (Wissen, das uns die unterschiedlichen Wissenschaften, die Vorschau und die Zukunftsstudien vermitteln), aber ohne auf eine Zukunftsplanung oder Zielsetzung zu verzichten. Den unvollkommenen Frieden, der auch weiterhin, wenn auch in einem bescheideneren Rahmen, ein globales und wünschenswertes Ziel darstellt (und von daher auch eine normative Dimension besitzt).[179]

---

178 Muñoz 2006 S. 113.
179 Muñoz 2006 S. 137/138.

In Muñoz und Martínez Guzmán schließt die spanische Friedenswissenschaft stellvertretend für die kontinentaleuropäische den Übergang vom strukturalistischen Epistem zur *postmodernen* Rhizomatik ab. Innerhalb der Grenzen der Disziplin hatte sich das etwa zehn Jahre zuvor angekündigt, als Johan Galtung sein strukturalistisches Gewaltkonzept um das Element der kulturellen Gewalt erweiterte:

> Kulturelle Gewalt ist jedes intellektuelle oder weltanschauliche Konzept, welches physische oder strukturelle Gewalt legitimiert.[180]

Wieder wartet Galtung mit einem einfachen, revolutionären Satz auf, der die komplexen philosophischen Debatten der vorangegangen Jahre in eine allgemein verständliche Form bringt. Er vertritt die Meinung, dass der Säkularismus nicht in der Lage sei, verbindliche Normen für das menschliche Verhalten hervorzubringen, als globale Heilslehre kulturelle Gewalt produziere und Anomie verursache, während strukturelle Gewalt Atomie bewirke. Beides zusammen wäre der Preis der Modernisierung,[181] die er seiner friedenswissenschaftlichen Kritik unterzieht.

Ich habe in diesem Zusammenhang Galtungs Ausführungen zu direkter, struktureller und kultureller Gewalt in Anlehnung an Freud als Eisberg der Gewalt bezeichnet.[182] Die Metapher vom Eisberg erscheint mir erhellend, weil üblicherweise jener Teil von ihm die Aufmerksamkeit des Betrachters erregt, der sichtbar aus dem Wasser ragt. Ebenso verhält es sich bei Gewalt, der immer dann besondere Aufmerksamkeit geschenkt wird, wenn sie physisch und somit deutlich sichtbar angewendet wird. Der unspektakuläre, größere und gefährlichere Teil liegt beim Eisberg wie bei der Gewalt im Verborgenen. Wird versucht, die aus dem Wasser ragende Spitze des Eisberges physisch abzutragen, taucht stets nur eine neue Spitze aus der Tiefe des Meeres. Physische Gewalt lässt sich kurzfristig „abtragen", also durch größere Gewalt unterdrücken, bis neue physische Gewalt aus den Tiefen menschlicher Gesellschaften auftaucht, wo sich strukturelle und kulturelle Gewalt erhalten und immer wieder neu aufbauen. Ein Eisberg besteht, auch wenn ein Teil von ihm aus dem Meer ragt, überall aus ein und demselben

180 href=Galtung 1990.

181 So auch der Titel des Buches von Galtung 1997.

182 Erstmals in Dietrich 1998 S. 169. Freuds Eisberg-Methapher wurde oft kopiert und variiert. Eine große Rolle spielt sie unter anderem auch bei Kabbal 2008 S. 37ff.

Stoff. Genau so verhält es sich mit der Gewalt, deren physische, strukturelle und kulturelle Erscheinungsformen nicht in einem linearen Wirkungsverhältnis verstanden werden können, sondern nur in einem in alle Richtungen wirkenden Wechselverhältnis. Physische Gewalt ist nicht nur die Folge struktureller und kultureller Gewalt, sondern auch deren Ursache. Aus der individuellen oder kollektiven Erinnerung an physische Gewalt wird strukturelle Gewalt aufgebaut und als kulturelle Gewalt gepflegt, die dann und wann als neue physische Gewalt sichtbar wird. Der Eisberg besteht nicht nur für sich selbst aus ein und demselben Stoff. Auch im Verhältnis zum Wasser, in dem er schwimmt, ist er dasselbe. Eis ist gefrorenes Wasser. Ebenso ist Gewalt nichts menschlichen Gesellschaften Fremdes, sondern eine emotional erkaltete, erhärtete Form sozialer Interaktion. Ein Eisberg verliert seinen Schrecken für die Schifffahrt, wenn er sich durch langsame Erwärmung in Wasser verwandelt. Umgekehrt kann Wasser immer zu Eis gefrieren. Auch Gewalt lässt sich durch zwischenmenschliche Wärme in einen Zustand friedfertiger Normalität transformieren, während jede noch so friedlich scheinende Gesellschaft das Potenzial zu kultureller, struktureller und physischer Gewalttätigkeit in sich trägt.

Dies ist ein weiteres zentrales Element aus Galtungs Friedenslehre, das jener Schaffensperiode zuzurechnen ist, die ich poststrukturalistisch nenne. Wieder steht Galtung mitten in der aktuellen Debatte der Zeit und schafft es, dem Publikum eine griffige und nützliche Formulierung für die Konfliktanalyse anzubieten. Auch hier ist spiegelbildlich die Vorstellung vom kulturellen Frieden mitzudenken, die sich bei Galtung nicht wesentlich von dem unterscheidet, was Muñoz anspricht.

In seinem Hauptwerk *Peace by Peaceful Means* gelang es Galtung, einen zusammenfassenden und einigermaßen systematisierten Bericht seiner intellektuellen Abenteuer vorzulegen. Sein Versuch, aus diesem Spätwerk im Rahmen der von ihm gegründeten Organisation TRANSCEND eine gleichnamige Methode zu machen, scheiterte aber meiner Meinung nach an methodischer Inkonsistenz.[183] So führte er mit dem Friedensarbeiter einen Experten ein, der Sigmund Freuds Rolle des Analysten[184] nachempfunden

183 Galtung 1998.

184 Bei Freud ist der Analyst ein Faktor, der den Vollzug des therapeutischen Prozesses ermöglicht, selbst aber unverändert aus ihm hervorgeht, obgleich sein Einfluss in jedem Stadium notwendig ist. Siehe etwa Stafford-Clark 1965 S. 125. Offensichtlich sieht Gal-

ist und einem idealistischen Neutralitätsgebot folgen soll. Ebenso dem Idealismus verpflichtet ist das Diagnose-Prognose-Therapie-Modell, das Galtung griffig als DPT emblemisiert. Dieses verbindet er mit seinen älteren, strukturalistischen Überlegungen, den jüngeren poststrukturalistischen zur kulturellen Gewalt sowie den teils Freud, teils der post-jungianischen Systemtheorie entnommenen Gedanken zur Tiefenstruktur und Tiefenkultur zu einem Gemisch, das voll griffiger Formulierungen aber keine konsistente Methode ist.[185] Dabei orientiert er sich mit etlichen seiner Modelle immer wieder am eben erklärten, bei Freud entliehenen Eisberg, der als physische – strukturelle – kulturelle Gewalt ebenso auftaucht wie als ABC (*attitude – behaviour – contradiction*) -Zusammenhang und in etlichen anderen Gestalten wie etwa dem DMA (*Dichotomization – Manicheism – Armageddon*).[186] Nichts davon ist unbrauchbar, doch es ergibt keine Methode, weil die Modelle Denkwelten entliehen sind, die nicht nur verschieden, sondern auch unvereinbar sind.[187]

Galtungs präskriptives Konzept wurde zwar populär, in der wissenschaftlichen Debatte blieb es aber umstritten. Besonders die systemorientierte Friedenswissenschaft der USA nach Boulding hielt es trotz aller im Laufe der Jahrzehnte versuchten Adaptionen – wohl zu Recht – für idealistisch und bis zuletzt dem Strukturalismus verhaftet, weshalb sie es als wirklichkeitsfremd ablehnte. Dieser Auffassungsunterschied wurde nie ausgeräumt. Ich muss mich der Kritik anschließen. Was TRANSCEND-Methode genannt wird, hängt nach meiner Beobachtung in seiner praktischen Bedeutung von der intuitiven Kreativität seines Erfinders ab und kann in den Händen weniger Begabter leicht zur Orientierungslosigkeit einer *postmodernen* Gemütslage verkommen, die mit *postmodernem* Wissenschaften wenig gemein hat.[188]

Die Debatte um die *Postmoderne* ist in ihrem Kern europäisch. Zunächst ist sie vor allem eine französische, wurde im Laufe der Zeit in verschiedene Kontexte übernommen und dort verwunden. Außerhalb Europas treten ähnliche friedenwissenschaftlich relevante Überlegungen vor allem in der

---

tung ungachtet aller Diskussionen seinen neutralen Friedensarbeiter in einer ähnlichen Position, was mich erstaunt.

185 Von der methodischen Seite her werde ich mich im zweiten Band dieser Trilogie eingehender damit auseinandersetzen.

186 Galtung 1996 S. 271.

187 Besonders deutlich wird dies in den Versuchen, die TRANSCEND-Methode in publikumsfreundlicher Kürze zusammenzufassen. Etwa in Galtung 2007, auf der offiziellen Homepage von TRANSCEND Austria.

188 Boulding 1980 S. 10. Sehr kritisch auch Lawler 1995.

Gestalt des Postkolonialismus auf, wie er vom Jamaikaner Stuart Hall[189] lanciert wurde, vom Palästinenser Edward Said[190] über den Begriff des Orientalismus[191] oder von der Inderin Gayatri Chakravorty Spivak[192] mit ihren *subaltern studies*. In Lateinamerika wirkte der aus Deutschland stammende und an der Systemtheorie orientierten US-Amerikaner Andre Gunder Frank,[193] der die wichtigsten seiner akademischen Arbeiten inspiriert von den dortigen Verhältnissen schrieb.

Vielleicht noch deutlicher manifestierte sich dieses Denken in der radikalen Entwicklungskritik des Mexikaners Gustavo Esteva,[194] dem die Idee von Entwicklung unausweichlich Unterentwicklung und somit Entwertung von Bestehendem impliziert. Esteva ist der prominenteste Vertreter jenes weltumspannenden Zirkels von Entwicklungskritikern, der vor allem von Ivan Illich beeinflusst ist und es ablehnt, sich einer der hier genannten Schulen explizit zuordnen zu lassen. Sie praktizieren ein Deleuze'sches Rhizom, ohne Deleuze zu rezipieren, betreiben Diskursanalyse und Begriffsarchäologie, ohne sich um Foucault zu kümmern, und plädieren mit Illich für kulturelle Vielheit, ohne dafür Lyotard zu bemühen. Denn sie denken nicht immer schwach im Sinne Vattimos. Neben Estevas viel zitiertem Klassiker[195] dieser Praxis haben vor allem der Deutsche Wolfgang Sachs[196] und der Perser Majid Rahnema[197] Sammelbände herausgebracht, welche die Arbeit dieses Kreises bestens illustrieren. Auch die Arbeit von Aram Ziai[198] empfiehlt sich zu diesem Thema.

Diese Aufzählung müsste noch lange fortgesetzt werden. Wenn ich sie mit der Einladung an meine Leserschaft abbreche, die für den eigenen Friedensbegriff relevanten Verknüpfungen mit dem hier Vorgetragenen selbst zu suchen, so hat dies weder mit Erschöpfung noch mit einer missverstandenen Beliebigkeit der Friedensbegriffe zu tun. Vielmehr verlangt dies das im *postmodernen* Sinne erkannte Geworfensein, die Hinfälligkeit der Friedens-

---

189 * 1932.
190 1935 bis 2003.
191 Said 1979.
192 *1942. Spivak 2007.
193 1929 bis 2005. Frank 1975.
194 * 1936.
195 Esteva 1995.
196 Sachs 1993.
197 Rahnema/Bawtree 1997.
198 Ziai 2006.

begriffe, die es nicht zulässt, dass ich anderen DiskutantInnen über das Setzen der Zeichen hinaus diese Aufgabe abnehme. *Postmodernes* Denken führt zu einem Schluss, den der im nächsten Kapitel prominenter behandelte und so umstrittene indische Guru Osho prägnant zusammengefasst hat:

> Buddha hat getrunken und seinen Durst gelöscht. Jesus hat getrunken und ist ekstatisch geworden. Auch ich habe getrunken – aber wie soll das deinen Durst löschen? Du wirst selber trinken müssen.[199]

5 Was ist ein *postmodern* begründetes Friedensbild?

Auf der Basis dieses Kapitels lässt sich zusammenfassen, dass ein *postmodernes* Friedensbild eines ist, das den Hobbes' schen Nationalstaat, den kartesianischen Reduktionismus und die Newton'sche Physik verwindet. Diese aus der üblichen Formel für die Beschreibung *postmodernen* Denkens abgeleitete Definition ist dafür allerdings nicht ausreichend. Was soll das für ein Friede sein, der einerseits Hobbes, Descartes und Newton im Andenken führt, andererseits deren Leitsätze aufhebt? Reicht diese dreifache Verwindung schon? Müssen nicht auch Kant, Marx, Darwin und Freud gleich mitverwunden werden? Die Antwort wird positiv sein, doch das erhebt die Frage nach einem weiteren Dutzend wichtiger Namen und könnte fast endlos fortgesetzt werden. Die *Postmoderne* ist die unvollendete Verwindung von verschiedenen Teilaspekten der *Moderne*. Wäre die *Moderne* vollständig verwunden, würden wir weder *postmodern* denken, noch *postmodern* fühlen können. Da das nicht so ist, da die Verwindung ein komplexer, vielfältiger und asynchroner Prozess ist, muss die Vielheit die zentrale Größe *postmodernen* Friedendenkens sein. *Postmoderne* Frieden können nur plural gedacht werden, weil jeder einheitliche Standard der Ungleichzeitigkeit der Verwindung Gewalt antun würde.

Unvollkommen, unvollendet zu sein, wie Muñoz sagt, ist das einzige gemeinsame Charakteristikum eines jeden der zahllosen kleinen, alltäglichen und unspektakulären Frieden, welche die *Postmoderne* der universalistischen Kultur der Gewalt entgegensetzt. Dieser kleine Frieden vereint die Dualität von Kooperation und Konflikt zu einer Praxis, die sich aus dem jeweiligen

---

199 Osho 2000 S. 47. Herausehebung im Original.

Kontext heraus definiert. Aber eben dies, sie definiert sich, sie ist relational, kontextual, vernakulär und alles andere als beliebig. Deshalb sind die vielen Frieden der *Postmoderne* schwerer zu erkennen, zu definieren und zu diskutieren als die auf der Einen Wahrheit beruhenden Konzepte der *Moderne*. *Postmoderne* Frieden versprechen kein Heil, weshalb sie auch so oft und so wütend bekämpft werden. Da sie auch ständig neu erfunden und erfochten werden wollen, sind sie auch nichts für träge Gemüter. Auf *postmodernen* Frieden ist nie Verlass. Er will stets gelebt, getan und gewonnen werden.

Postmoderne Frieden entziehen sich der Differenz zwischen Sollen und Sein und lösen auf diese Art die lineare Chronosophie der *Moderne* auf. Fortschritt und Entwicklung, Gerechtigkeit und Sicherheit verlieren in der *Postmoderne* ihre Attraktivität. Wo der trügerische Charakter ihrer Heilsversprechungen, die Leerheit der Denkhülsen erkannt ist, geht das Sollen seiner Macht verlustig. So versteht sich *postmoderne* Freiheit.

Wenn es keine lineare Chronosophie gibt, hat ein Präfix wie Post- oder Prä- keine vektorale Bedeutung. Im Rahmen der *postmodernen* Philosophie wäre eine Periodisierung von *Prämoderne, Moderne* und *Postmoderne* unsinnig. Nicht, dass Vergangenheit oder Zukunft als erfahrbare Größen geleugnet würden, Vergangenheit ist jedoch niemals wahr. Sie ist nicht mehr und nicht weniger als die Gesamtheit der im Augenblick verfügbaren, wenn auch oft unbewußten Erinnerungen, die im nächsten Augenblick schon eine neue Gesamtheit und damit eine neue Perspektive bilden, während die Zukunft bloß ein Meer von Möglichkeiten darstellt.

Die Vorstellung, dass die Evolution einen Sinn habe, zu dessen Erfüllung die Besseren über die Schlechteren siegen müssten, ist der *Postmoderne* nicht zugänglich. Da die Welt für sie ein System ist, in dem alles mit allem zusammenhängt, hat auch jede Handlung Folgen. Die entsprechenden Veränderungen sind aber keine Fortschritte zum Besseren sondern Anpassungen an das Neue. Das gilt auch für alle Subsysteme, inklusive der menschlichen Spezies und ihrem Geschick. Diese Haltung öffnet dem *postmodernen* Denken eine dem *modernen* verwehrte Begegnung mit dem *unmodernen,* die ich im nächsten Kapitel ansprechen werde. Der Unterschied zwischen beiden wird hier nicht als der zwischen dem Zeitgemäßen und dem Unzeitgemäßen wahrgenommen, sondern zwischen der einen Erfahrung, die durch die *Moderne* gehen musste, und der anderen, der dieses erspart blieb. Der zeitliche Vektor wird wertfrei aufgelöst. Das erlaubt Kommunikation, nicht unbedingt Verstehen, aber doch einen Austausch, der die Bemühungen *postmoder-*

ner Akteure befruchten und unterstützen kann. Es schafft die Möglichkeit zu neuen Beziehungen und damit zu neuen Frieden.

Auf diese Art können *postmoderne* und *unmoderne* Friedensbilder ihre Übereinstimmung in der lebensbezogenen Vieldeutigkeit der Frieden feiern. Die Befreiung des *Dionysus* aus der Verdrängung *moralischer* und *moderner* Friedensbilder wird zum zentralen Geschick der *Postmoderne.* Diese bringt in uralten Weisheiten und Religionen überlieferte Einsichten in eine neue, dem von der *modernen* Eindimensionalität entfesselten Menschen vermittelbare Sprache. Sei es hinsichtlich der Physiosphäre die fundamentale Neudeutung von Masse und *Energie* in der Zeit durch die Quantenphysik, hinsichtlich der Biosphäre das Denken in dynamischen Gleichgewichten von Systemen, sei es hinsichtlich der Noosphäre die Anerkennung von Anteil nehmender Perspektivität in jeder Wahrnehmung.

Ich kann nicht sagen, dass *postmoderne* Frieden in diesen Einsichten gründen. Denn just das tun sie nicht. Sie gründen nicht, weil im *postmodernen* Denken nichts gründet. Sie formieren sich bloß zu unvollkommenen und unvollendbaren Zusammenhängen, zu dynamischen Gleichgewichten eben, die augenblicklich und perspektivisch als gewiss empfunden werden können, sofern ihre kleine Wahrheit zu nichts Dauerhaftem, zu Sicherheit etwa oder zu Gerechtigkeit, erhoben wird. Kaum geschieht das, verschwinden sie auch schon wieder und neue Anstrengungen um die Frieden werden nötig. Die *Postmoderne* vollzieht das Friedensritual, das seit den alten *Dionysuskulten* bekannt ist. Sie entmannt und zerstückelt den mächtig, diesseitig und zur globalen Bedrohung gewordenen Friedensgott der *Moderne.* Sie tränkt die Erde mit den Resten seiner Bedeutung und befruchtet damit das Wachsen vieler neuer Frieden. Die *moderne* Flucht in den *Thanatos* hat *Dionysus* dieser Opfergottfunktion beraubt. Während die *Postmoderne* ihn zaghaft aus der Verbannung befreit, ist es dem *postmodernen* Denken der materielle *Apollo*, das Wahre, Schöne, Gute, das geopfert werden muss, damit neue Frieden wachsen, Leben und Denken *Heilige Hochzeit* feiern und neue Beziehungen, neue Zusammenhänge schaffen können. Zusammenhang ist der Schlüsselbegrif der in das nächste Kapitel überleitet.

Alles Vergängliche ist bloß Gleichnis.
Johann Wolfgang von Goethe[1]

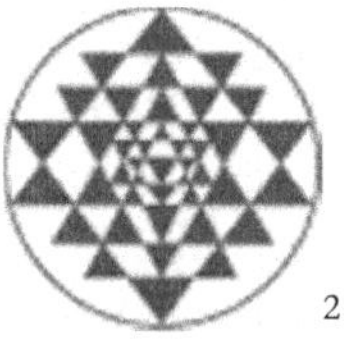

2

E. *Transrationale* Friedensinterpretationen

Wir verdanken der *Postmoderne* in erster Linie die Verwindung der *moralischen* und *modernen* Friedensbegriffe. Dank erscheint mir als angebrachte Kategorie, denn diese Verwindung ist eine Befreiung von der monologischen und gewalttätigen Strenge der in Gott, Wahrheit, Sicherheit oder Gerechtigkeit gründenden Friedensbegriffe.

---

1 Siehe zu diesem berühmten Schlusssatz aus Goethes Faust den Kommentar von Ekkehart Krippendorff, in dem es unter anderem heißt: Mephisto weiß, dass zum Leben auch die Transzendenz gehört und dass – wir werden es miterleben – ein Leben ohne Transzendenz, ein Leben in rein empirischer Immanenz, ohne kosmologisches Bewusstsein, dass das Handeln der Menschen ohne demütige Anerkennung einer geistig-spirituellen Ordnung in den Grenzen, die unserer Erkenntnis gesetzt sind, Zerstörung, und unbedingte Selbstverwirklichung Selbstzerstörung bedeuten – die Ziele und Absichten mögen noch so gut sein.[…] Die Zeit könnte dafür gekommen sein, dass unsere Generation den Mut der Umkehr zu einer religiösen Haltung jenseits organisierter Religion aufbringt, indem sie „Faust" von seinem Finale her liest und darin Goethes Radikalität einer kosmologisch begründeten Vernunft entdeckt. Krippendorff 2007 S.1.

2 Das indische Shanti-Yantra gilt als ein bevorzugtes Meditationswerkzeug der Yogis. Es steht für den inneren Frieden im All-Einen. Die mehrdimensionalen Dreiecke im Kreis symbolisieren die Verbindung des *Energetischen* mit dem Rationalen. Die abwärts gerichteten Dreiecke stehen für Shakti-*Energie*, die aufgestellten für Shiva-Form. Die Vereinigung beider ergibt die rational-energetische Harmonie des All-Einen. Das Shanti-Yantra stammt aus einer uralten Friedenskultur und repräsentiert die zeitgenössische Erkenntnis *transrationaler* Friedensphilosophie.

Andererseits blieb die *Postmoderne* hinsichtlich ihrer Mittel und Methoden dem verpflichtet, wovon sie sich zu befreien trachtete. Die Befreiungstheologie gründet wieder in Gott und Wahrheit, und die Freiheit, die Strukturalismus und Poststrukturalismus beschert haben, ist grund-vernünftig, begeisternd und Furcht einflößend. Die Befreiung von den rigiden Leitsätzen der *Moderne* mittels der ihr eigenen Vernunft ist jenes qualitative Moment, welches das Präfix *Post-* beschreibt. Die *Postmoderne* endet daher, wo die Rationalität an die Grenzen ihrer Verbindlichkeit und Kritisierbarkeit stößt. Um jene Grenzen wird es in diesem Kapitel gehen, wobei das Thema nicht eine *moderne* Rückwärtswendung in vormoderne Ansätze der Alchemie, von Magie und Mythos sein soll, sondern die Frage, welche Felder die Überschreitung der Grenzen einer wirklich verwundenen *Moderne* für die Friedensforschung öffnet.

Die Schlüsselbegriffe dieses Versuches sind *Transpersonalität* und *Transrationalität.* Ich wage mich damit in ein für die Friedensforschung neues Terrain. Deshalb ist es mir wichtig, das Land vorzustellen, das sich innerhalb dieses erweiterten Horizonts auftut. Habe ich vorher von einer verwundenen *Moderne* gesprochen, betrachte ich sie an dieser Stelle nicht mehr mit Habermas als unvollendet oder mit Muñoz als unvollkommen, sondern als tatsächlich verklungen. Der Begriff der Verwindung sagt, dass das Verklungene erinnert und in das erweiterte Dasein jenseits seiner Grenzen integriert wird. Ich werde die Vernunft der *Moderne* nicht vergessen, sondern im Rahmen einer erweiterten Friedensvorstellung bewahren, indem ich sie mir in eine Welt jenseits ihrer ultimativen Gültigkeit gebettet denke und ihre monologische Aggressivität zu neutralisieren trachte. Ich werde nicht für eine der Vernunft unbewusste Metaphysik der Frieden plädieren, sondern eine bewusste Überschreitung der Grenzen der Vernunft anregen.

Dafür muß ich zuerst fragen, wie sich die Friedensforschung das friedensfähige Wesen Mensch vorstellt. Über wessen Beziehungen soll Frieden wahrgenommen und verstanden werden? Die zentrale Frage dieses Kapitels lautet daher: Wer oder was ist die Person, die Akteur in einer *transpersonalen* Friedenswelt sein kann und soll?

Diese Frage würde im Rahmen der *energetischen* Tradition der Friedensphilosophie Indiens keine Besonderheit darstellen. Denn eine *Moderne* im Sinne meiner Eingangsdefinition zu Hobbes, Descartes und Newton hat es in Indien nie gegeben, weshalb indische Lehren, die frei von mechanistischen Vorstellungen argumentieren, weder als *modern* noch als *postmodern* und schon gar nicht als *vormodern* qualifiziert werden können. Sie sind allenfalls *unmodern*, im Sinne von nicht der *Moderne* verpflichtet, nicht von ihr berührt, aber sie selbst beeinflussten erheblich die Krise des *modernen* Denkens an den nördlichen Küsten des Atlantiks. Da dieser Einfluss für *postmoderne* und *transrationale* Friedensbegriffe wesentlich ist, beginne ich dieses Kapitel mit der Vorstellung einflussreicher indischen Friedensdenker des 20. Jahrhunderts und schließe die Diskussion von *Transpersonalität* und *Transrationalität* daran an.

1 Unmoderne Botschaften aus Indien

Für Theorie und Praxis der Frieden im 20. Jahrhundert gibt es weltweit wohl keine bekanntere Symbolfigur als Mohandas Karamchand Gandhi,[3] bekannt als Mahatma Gandhi. Sein Name überstrahlt den aller anderen Väter der Friedensforschung. Das lässt sich aus seiner bemerkenswerten Biographie und seiner besonderen Rolle im Kampf Indiens um die politische Unabhängigkeit erklären und rechtfertigen. Die Fixierung auf seine Biographie und seine persönlichen Lehren verstellt aber oft den Blick auf den Umstand, dass der indische Subkontinent die Welt zu allen Zeiten mit originellen Denkern und Lehrern beschenkt hat und die europäische Philosophie und Literatur besonders seit dem 19. Jahrhundert, quasi im Gegenzug zur ökonomischen und militärischen Kolonisierung des Subkontinents, erheblich beeinflusste. Das gilt besonders für die indische Friedensphilosophie. Gandhi war weder der erste noch der letzte große indische Denker und Aktivist, der durch ein Studium in England schon früh in seinem Leben mit *modernen* Denkweisen vertraut wurde, ohne seine geistigen Wurzeln dafür aufzugeben. Auf diese Art erlernten Leute wie er, durch die Sprachspiele, Philosophien, Ideologien, Religionen, Kulturen und Traditionen hindurch zu kommunizieren. Daraus wiederum ergibt sich die allgemeine Bekanntheit, aber höchst unterschiedliche Rezeption dieser Denker und ihrer Texte in Indien, Europa, den USA und anderen Weltregionen. Und es erklärt sich daraus die ebenso unterschiedliche Einschätzung ihrer Bedeutung.

Den indischen Gepflogenheiten entsprechend schöpften diese Denker aus dem Schatz der Jahrtausende alten Lehren ihres Subkontinents, aber sie

3 1869 bis 1948.

taten es auf originelle und persönliche Weise, mit wenig Sorge um dogmatische Zuschreibungen oder konfessionelle Grenzen. Die meisten von ihnen können nur auf sich selbst reduziert und nicht als Repräsentanten größerer Strömungen über ihre unmittelbare Gefolgschaft hinaus bezeichnet werden. Ich stelle einige dieser herausragenden indischen Vordenker vor und diskutiere ihren Einfluss auf die Friedenswissenschaft:

Aurobindo Ghose, bekannt als Sri Aurobindo,[4] aus Kalkutta wurde schon als Siebenjähriger nach England geschickt und kehrte 1893 21-jährig als Nationalist und Aktivist der indischen Unabhängigkeitbewegung nach Hause zurück. Er wurde Publizist und der erste Politiker, der öffentlich für die vollständige Unabhängigkeit Indiens eintrat. 1908 wurde er dafür inhaftiert. Während seines Gefängnisaufenthaltes vollzog sich seine schon vorher begonnene Wandlung vom säkularen Nationalisten zum Internationalisten und Yogi. Er publizierte regelmäßig in der Zeitschrift *Arya*, wobei eine verblüffende Gleichzeitigkeit der nüchternen politischen Aufsätze mit den spirituellen Texten des Yogi Aurobindo zu beobachten ist.

Als politischer Autor neigte er zu einer scharfen, teils imperialismustheoretisch anmutenden, teils juristisch formulierten Kritik an der Institution des Staates,[5] die vielen späteren Theoretikern als Vorlage diente und auch 100 Jahre nach ihrer Erstveröffentlichung geradezu erschreckend aktuell erscheint. Mit manchen seiner detaillierten Überlegungen, etwa zu den „Vereinigten Staaten von Europa"[6] oder zur „Welt-Union"[7] war er seiner Zeit gedanklich weit voraus. Als Friedensdenker betonte er unter Vorwegnahme Immanuel Wallersteins oder Michel Foucaults, dass im Kapitalismus die Politik nichts anderes als die Weiterführung des Kriegs mit anderen Mitteln sei, und nicht umgekehrt. Mit seiner Kritik am Friedensverständnis der hohen Diplomatie nach dem Ersten Weltkrieg bewies er Weitblick:

> Wie aber kann der Krieg verhütet werden, wenn der alte Zustand kommerzieller Rivalität zwischen den politisch unabhängigen Nationen andauern soll? Wie

4 1872 bis 1950.

5 Diese Aufsätze wurden in viele Sprachen übersetzt und unter verschiedensten Sammeltiteln veröffentlicht. Eine deutsche Übersetzung seiner staatstheoretischen Arbeiten findet sich unter einem ziemlich irreführenden Titel in Sri Aurobindo 1973.

6 Sri Aurobindo 1973 S. 80–92.

7 Sri Aurobindo 1973 S. 212–215.

> will man den physischen Schock eines Kriegs verhindern, wenn Friede nur verdeckter Krieg, eine Organisation von Kampf und Konkurrenz ist?[8]

Diese Frage war dem europäischen oder amerikanischen Publikum von 1919, wie alle politischen Texte Aurobindos, problemlos vermittelbar. Auch sein Plädoyer für eine spiritualisierte Religion der Humanität, eine Art Welt-Ethos, wie Hans Küng das später nennen sollte, als Voraussetzung für die friedliche Einigung der Menschheit war gut kommunizierbar und nahm etliche der politischen und *moralischen* Initiativen des 20. Jahrhunderts vorweg. Aurobindo erlebte noch die Gründung der Vereinten Nationen und der Europäischen Gemeinschaften und starb als leidenschaftlicher Befürworter dieser Entwicklungen.[9] Die spirituelle Substanz seiner Vorstellung von einer Welt-Union unterschied sich aber erheblich von den idealistischen Strömungen, welche diese Institutionen schließlich leiten sollten.

Schon ab 1910 lebte Aurobindo in Pondicherry. Dort begründete er seinen Ashram und die Lehre vom Integralen Yoga oder der umfassenden Bewusstseinsentwicklung. Obwohl er sich immer mehr aus der Politik und der Öffentlichkeit zurückzog, trat er noch während des Zweiten Weltkriegs massiv gegen den Nationalsozialismus und die indischen Tendenzen zur Kooperation mit Hitler und den Japanern auf, wie sie etwa Subhash Chandra Bose[10] betrieb.[11]

Die wichtigste Quelle für Aurobindos spirituelle Inspiration war die Bhagavat Gita. Das gestattet es, ihn als hinduistischen Yogi zu bezeichnen, was aber eine unzulängliche Definition ist. Seine spirituelle Lehre, die außerhalb Indiens weitaus schwerer zu vermitteln war als seine politischen Schriften, versucht einerseits die traditionellen Yogaschulen zusammen zu führen, andererseits über deren Grenzen hinaus zu gehen. Aurobindo sagt, dass das Eine, *brahman*, in all seinen Zustandsformen, Aspekten und Manifestationen immer dieses Eine sei, nur durch eine niedere Natur verhüllt. Er integriert das Göttliche in die diesseitige, materielle Welt. Daher braucht er sie nicht abzulehnen oder zu überwinden. Im doppelten Sinn des Wortes ist *ātman* in *brahman* aufgehoben – überschritten und beherbergt. Alle Wesensteile des Menschen müssen dem Göttlichen dargebracht werden. Kör-

8 Sri Aurobindo 1973 S. 243.
9 Sri Aurobindo 1973 S. 345–362 [Nachtrag, erstveröffentlicht 1950]
10 1897 bis 1945.
11 Sri Aurobindo 1994 S. 7–81.

per, Emotion, Geist, das innere Wesen und die individuelle Seele, *ātman*, werden nach einem Stufenmodell bis zum *supermind* transformiert. Es geht ihm, ganz im Sinne indischer Yoga-Tradition, wesentlich darum, die Kräfte des Ego zu überwinden und den Willen des Menschen nach und nach mit dem Willen der göttlichen *Energie*, *Shakti,* die bei ihm im Zentrum aller Überlegungen steht, in Einklang zu bringen.[12]

Die begriffliche Verwandtschaft mit Nietzsche und Freud ist nicht zufällig. Aurobindo befasste sich intensiv mit beiden. Freud bezeichnete er als primitiv. Der Aurobindo-Interpret Ken Wilber begründet das damit, dass Freuds Ansatz nach Aurobindos Meinung zu Unrecht als Tiefenpsychologie bezeichnet würde. Es sei vielmehr eine „Untiefen-Psychologie", eine seichte. In der neunschaligen Zwiebel des Ich, wie Aurobindo sie verwendet, ist die Materie die erste Schale oder Hülle, die Libido ist die zweite. Zwar wäre das Vordringen zur zweiten Schale, das Freud vollbrachte, ein Fortschritt gegenüber dem Verharren an der rein materiellen Oberfläche, wie der Behaviorismus das macht, doch Aurobindo fragt, was mit den sieben weiteren Schalen ist. Das Erforschen der Libido bedeute kein Vordringen in große Tiefen, sondern ignoriere alle höheren oder tieferen kognitiven Fähigkeiten, um vorübergehend auf einer seichteren, im ontologischen Sinn oberflächlicheren Ebene zu argumentieren, so als ob dies das gesamte Leben umfassen würde.[13]

Dem Übermenschen Nietzsches stellte Aurobindo seinen *supermind* gegenüber, der in Einheit mit allem lebt und alle Dinge akzeptiert, um sie zu verwandeln. Gelinge die Überwindung der eigenen egoistischen Instinkte, würde der transzendente Mensch die Gesetzmäßigkeit im Handeln der anderen Lebewesen erkennen und sie von innen heraus verstehen. Daraus erwachse Mitgefühl, weil er in ihnen auch einen Teil von sich selbst erkenne.[14]

Aurobindo formuliert eine seiner Zeit angepasste Erzählweise der älteren hinduistischen Traditionen und eine Re-Interpretation ihrer Praxis. Dies inkludiert, ohne dass er selbst es so genannt hätte, auch die Aktualisierung der *energetischen* Friedenslehre des Hinduismus für die Herausforderungen des 20. Jahrhunderts. Seine Lehre erlangte nach dem Zweiten Weltkrieg und besonders nach 1968 auch in Europa und den USA, wo sie sich in der Al-

---

12 Sri Aurobindo 1972 S. 761–778.

13 Wilber 2001 S. 554. Ich komme auf diese Frage im nächsten Subkapitel ausführlich zurück.

14 Sri Aurobindo 1960 S. 144–156.

ternativ- und Friedensbewegung niederschlug, einige Bedeutung, ohne dass sich deren Vertreter immer des Ursprungs in Aurobindo bewusst gewesen wären.

Mohandas Karamchand Gandhi[15] war um drei Jahre älter als Aurobindo, trat aber später als jener in den indischen Unabhängigkeitskampf ein, weil er erst als 18-Jähriger zum Studium nach England gegangen war und sein politisches Profil als Rechtsanwalt in Südafrika entwickelte, bevor er 1915 nach Indien zurückkehrte. Bei dieser Gelegenheit verlieh ihm der indische Philosoph und Literaturnobelpreisträger Rabindranath Tagore, der zuvor schon poetische Lobpreisungen auf Aurobindo geschrieben hatte, den Ehrentitel *Mahatma*, große Seele, den Gandhi selbst wenig schätzte, auch wenn er damit weltberühmt wurde. Über Gandhis Leben und Werk wurde schon so viel publiziert, dass ich mich darauf beschränke, ihn im Kontext der anderen indischen Friedensdenker des 20. Jahrhunderts kurz zu beschreiben.[16]

Hatte sich Aurobindo aus einem religionsfeindlichen Elternhaus und weltlicher Erziehung heraus dem Hinduismus zugewandt, so waren Gandhis Eltern Vishnuiten und gehörten damit einer der Hauptströmungen des Hinduismus an. Sie waren aber auch anderen Hindus, Muslimen, Parsen und Jains freundschaftlich verbunden. Vor allem die asketische Lehre der Letzteren und das Prinzip der *ahimsa* hat Gandhi von klein auf beeinflusst. In London las Gandhi auch die Bibel und die Bhagavat Gita, die ihm von da an wie Aurobindo zur wichtigsten Quelle der Inspiration wurde.

Noch in Südafrika fand Gandhi das Schlüsselwort seiner Friedenslehre, *satyagraha*. Diese Wortschöpfung ist am Besten mit „Kraft der Wahrheit" übersetzbar und wurde im Zusammenhang mit der politischen Praxis der bewussten Übertretung ungerechter Gesetze erdacht. Dies war eine Fortentwicklung des passiven Widerstands und zivilen Ungehorsams, wie ihn Henry David Thoreau,[17] ein wesentlicher Inspirator Gandhis, und auch Leo Tolstoi, vorgeschlagen hatten. Es ging bei *satyagraha* um aktives, aber stets am Prinzip der Gewaltlosigkeit, *ahimsa,* orientiertes Auftreten gegen ein unmoralisches Regime.

Gandhi entwarf den *satyagrahi* als einen gewaltfreien Kämpfer, der zwar aus der Position der politischen und militärischen Unterdrückung, aber

15 1869 bis 1948.

16 Etwa Parekh 1997; Richards 1992; Rothermund 1997.

17 1817 bis 1862; Thoreau 1967.

zugleich der *moralischen* Überlegenheit handelte. Für diesen Zweck übernahm er als Tugenden des *satyagrahi* die ersten Stufen der alten Yoga Sutras Patanjalis: Wahrheit, Gewaltlosigkeit, Keuschheit und Besitzlosigkeit. Ihnen fügte er Mut, richtige Ernährung, Nicht-Stehlen, Arbeit, religiöse und soziale Toleranz und vernakuläres Wirtschaften, wie ich es schon im Kontext des Shivaismus diskutiert habe, als weitere Tugenden hinzu. Das verband er mit der Dualität von Gehorsam und Freiwilligkeit sowie Disziplin und Vertrauen als Organisations- und Führungsprinzipien. Der auf diese Art *moralisch* überlegene *satyagrahi* sollte den Autoritäten der Unterdrückung freundlich und höflich begegnen, um sie auf diese Weise von der Schwäche ihrer eigenen Position zu überzeugen und zur Empathie mit dem Leiden der Unterdrückten anzuregen.

Während Gandhis politische Taktik *moderne* Züge trägt, ist seine Metaphysik gänzlich *unmodern*. Des Menschen höchste Aufgabe besteht für ihn, wie für Aurobindo, darin, Gott oder das Göttliche in der Welt zu vergegenwärtigen. All seine politischen, sozialen und religiösen Handlungen müssen von dem Ziel bestimmt sein, Gott zu erkennen. Das ist das sich selbst verwirklichende Ziel allen Daseins, wobei Gandhi, wenn er Gott sagte, wohl das Bild *Ramas* vor Augen hatte. Das ist zuweilen nicht eindeutig, weil Gandhi die Meinung vertrat, dass alle Religionen auf ihre Art richtig, zugleich unvollständig und daher einem Prozess permanenter Veränderung und gegenseitiger Beeinflussung unterworfen seien. Er hielt nichts von Dogmentreue und wenn er im religiösen Kontext von Wahrheit sprach, meinte er, dass der Mensch diese wohl anstreben, aber niemals besitzen könne. Wahrheit war ihm gleichbedeutend mit Gott, immer erstrebenwert, niemals besitzbar oder endgültig feststehend. Dessen ungeachtet war sein Denken ganzheitlichen Vorstellungen verpflichtet:[18]

> Ich bin Teil des Ganzen, und ich kann „Ich" nicht getrennt vom Rest der Menschheit finden.[19]

Alle Lebewesen sind bei Gandhi eins. Gewalttätigkeit gegenüber irgendeinem Lebewesen ist daher Gewalt gegen sich selbst. Diese aber verhindert die Selbstverwirklichung. Mehr noch, irgendjemandes Gewalttätigkeit gegenüber irgendeinem Lebewesen verhindert die Selbstverwirklichung aller.

18 Arun Gandhi (unveröffentlicht).
19 M.K.Gandhi Institute for Nonviolence 2007.

Daher muss der *satyagrahi* nicht nur selbst gewaltfrei handeln, sondern sorgen, dass Gewalt verhindert wird. Die Selbstverwirklichung des einzelnen hängt von der Selbstverwirklichung aller ab. Daher muss der *satyagrahi* die Selbstverwirklichung aller anstreben, auch die seiner politischen Gegner. Denn solange irgendjemand andere hasst, kann es keine Selbstverwirklichung von irgendjemandem geben. Der Mensch kann nach Gandhi nicht Gott, in welcher Erzählform auch immer, lieben und gleichzeitig Mitmenschen hassen.

Wenn *satyagraha* unter diesen Bedingungen ein politischer Kampfbegriff sein sollte, war es unabdinglich, auch einen entsprechenden Friedens- und Gewaltbegriff zu definieren. Gandhi nahm in dieser Hinsicht vieles vorweg, was in Europa erst in der zweiten Hälfte des 20. Jahrhunderts diskutiert wurde. Friede war ihm nicht einfach *Eirene*, Abwesenheit von Krieg, sondern das Bauen an der Harmonie innerhalb der Gesellschaft und zwischen den Nationen, wobei diese Harmonie auf den Verzicht von individueller oder kollektiver Ausbeutung beruhen sollte. Daher schlug er vor, Gemeinschaften zu gründen, in denen der gewaltfreie Lebensstil gepflegt und geübt werden konnte.

Es ist darin unschwer zu erkennen, was Johan Galtung später positiven Frieden nennen sollte. Auch bezüglich des Gewaltbegriffs ging Gandhi weit voran. Er fügte der offensichtlichen Kategorie der physischen Gewalt den Begriff passive Gewalt hinzu. Er meinte damit jede Handlung oder Äußerung, die ohne Anwendung direkter Gewalt Dritten Leiden zufügt. Denn die Folge passiver Gewalt wäre Zorn auf der Seite des Opfers, und wenn dieses keine andere Ausdrucksform kenne, würde es auf direkte Gewalt zurückgreifen, um sein Recht zu erkämpfen. Aus diesem Grunde war es ihm wichtig, dass die Menschen den Zorn in sich erkennen und die Dinge begreifen, welche diese Emotion provozieren. Er wollte, dass sie lernen, den unkontrollierten Ausbruch von Zorn zu vermeiden und diese *Energie* in hilfreiches Handeln zu transformieren. Er teilte nicht die Meinung, dass Zorn etwas Böses sei, das die Menschen unterdrücken oder verstecken müssten. Er war überzeugt davon, dass die Menschen sich ihrer Emotionen nicht schämen müssen, sondern nur deren destruktiver Verwendung. Die *Energie* des Zorns und anderer Emotionen müsse konstruktiv zum Wohle aller Wesen, zur allgemeinen Verbesserung der Verhältnisse genutzt werden. So wie Dunkelheit nicht mit Dunkelheit durchbrochen werden könne, sondern nur mit Licht, könne selbst im Zorn Gewalt nicht mit Gewalt beendet werden, sondern nur mit Respekt und Verständnis.[20] Insofern ist er ein Vorläufer der Integration spiritueller und psychotherapeutischer Ansätze. Gandhi wollte keine Feinde kennen, keine Gegner, nur Freunde, deren Meinungen und Ansichten geändert werden wollten. Seine Gewaltfreiheit ist weder passiv noch absichtslos oder schwach. Sie wuchs sich von einer politischen Taktik zu einer Strategie aus, die in Gandhis persönlicher Vorstellung mit einem konkreten Lebensstil verbunden war.

Der vor allem im nordindischen Hinduismus traditionelle Dienst an der und ein Leben für die Allgemeinheit ist innerhalb dieses metaphysischen Systems im Grunde genommen ein Dienst des Einzelnen an sich selbst. Gandhis größte Leistung als Vater der Nation lag darin, durch die *satyagraha* den kolonisierten Menschen in Indien das Gefühl der Minderwertigkeit und Unterworfenheit gegenüber den mächtigen Engländern in ein Gefühl geistiger und *moralischer* Superiorität umgekehrt zu haben. Damit stellte er dem *modernen*, zivilisatorischen Friedensbild einen hinduistisch geprägten Begriff gegenüber.[21]

In das Spannungsfeld des Kampfes um die politische Unabhängigkeit Indiens gesetzt, musste *satyagraha* gleichzeitig zwei unterschiedliche Kommunikationssysteme bedienen und miteinander in Beziehung setzen. Einerseits war da der mehrheitlich *energetische*, aber in unzählige Interpretationen und Interessen aufgespaltete Friedensbegriff der Menschenmasse am Subkontinent selbst, für die Wahrheit und deren Kraft nichts Absolutes, sondern perspektivisch und situativ war. Andererseits war da der *moralisch*, normativ und zivilisatorisch argumentierte Machtanspruch der Kolonialherren, an deren Bewusstsein der Kampf des *satyagrahi* appellierte. Daher ist *satyagraha* ein bemerkenswertes Hybrid. Das ethische Fundament bildet prinzipiell der Hinduismus in jener offenen Version, die Gandhi in seinem Elternhaus kennengelernt hatte. Die Integration des Leitbegriffs *ahimsa* aus dem Jainismus ist dabei nichts Überraschendes. Auch der Umstand, dass die Mission des *satyagrahi* stark an jene des *bodhisattva* im Mahāyāna-Buddhismus erinnert, bleibt im *energetischen* Kontext. All das sind Aspekte, die dem indischen Publikum über die Religionsgrenzen hinweg vertraut sind. Der Wahrheitsbegriff aber, den Gandhi ins Zentrum seiner Wortschöpfung stellt, verweist ebenso wie sein Rekurs auf Frieden durch Gerechtigkeit, in die von ihm so geschätzte Bergpredigt des Christentums, von dessen Gottesbegriff Gandhi

20 Gandhi (unveröffentlicht).

21 Kantowyky 1986 S. 126.

nicht unberührt blieb. Zwar ist die *energetische* und ganzheitliche Substanz seiner Metaphysik hinduistisch, sie wird aber durch Gandhis gewollt unscharfe Verwendung des Gottesbegriffs auch christlich interpretierbar.

Hierin zeigt sich der doppelte Sinn der Begriffsschöpfung. Eine wesentliche Leistung Gandhis besteht darin, die klassische brahmanische Daseinsinterpretation so gewandelt zu haben, dass narzisstisches Streben nach Selbstverwirklichung und ein sozialbezogenes Leben im Dienst für andere sich nicht mehr widersprechen, sondern einander bedingen. Derartige Überlegungen gab es innerhalb der hinduistischen Reformbestrebungen lange vor Gandhi: *Sewa hi parmo dharma* – „Dienen ist die erste Religion", heißt es im nepalesischen Hinduismus. Gandhi hat diesen Ansatz nicht erfunden, aber geschickt ins Zentrum seiner Lehre gehoben. Dadurch schöpfte er die *moralische* Überlegenheit seiner Widerstandsbewegung gegenüber den gewalttätigen Kolonialherren. Nur in der Auseinandersetzung mit ihnen ergab dieser Überlegenheitsanspruch Sinn, denn sie, und nicht primär die Menschen in Indien selbst, dachten und argumentierten *moralisch*, weshalb der gewaltlose und weltöffentliche Appell an ihre Vernunft und Empathie sie treffen konnte. Sie, die Träger eines *modernen,* zivilisatorischen Friedensbildes – und in diesem Kontext nur sie – waren von der Existenz einer absoluten Wahrheit überzeugt, vor der sie unter der Herausforderung Gandhis *moralisch* zu versagen begannen. Deshalb konnte er mittels *moralischer* Superiorität durch Gewaltlosigkeit einen für die ganze Welt beispielhaften Sieg erringen. Mit der *Moral* hatte Gandhi gleichsam ein trojanisches Pferd in den publizistischen Kampf eingeführt, das jene schwächte, die gegen *moralisches* Argumentieren nicht immun waren.

Doch außerhalb dieses Spannungsverhältnisses versagte die Methode, weil sie keinen Adressaten fand. In Indien war und blieb die Idee von der Wahrheit unbedingt und unvollständig, weshalb auch die Kraft der Wahrheit kein absolutes, innenpolitisch durchsetzungsfähiges Konzept werden konnte. Mit dem historischen Triumph der *satyagraha* in der Form der politischer Unabhängigkeit Indiens ging das Gegenteil von *ahimsa* einher: die politische Teilung des Subkontinents. Sie begann mit Massenmorden, Vertreibungen und Gewaltorgien, *amok,* und setzte sich in zwischenstaatlichen Spannungen fort, die bis heute nicht überwunden sind. Der unabhängige indische Staat ging ab dem ersten Augenblick seines Bestehens in eine ganz andere Richtung als Gandhi vorgeschlagen hatte. Seine langjährigen Mitstreiter interpretierten die Prinzipien der *satyagraha* in Windeseile von strategischen Zielen zu taktischen Mitteln um. Der interessierten Öffentlichkeit offenbarte sich binnen kürzester Zeit, dass in Indien nicht ein übermoralisches Volk von *satyagrahis, boddhisatvas* oder *superminds* lebte, sondern eine postkoloniale Gesellschaft mit all den unvermeidbaren Traumata und Fragmentierungen, die Kolonisierung hinterlässt. Gandhis gewaltsamer Tod steht dafür sinnbildlich.

Weniger bekannt als Gandhi ist sein muslimisches Pendant Abdul Ghaffar Khan.[22] Auch dieser universitär gebildete Spross einer relativ wohlhabenden paschtunischen Familie im Nordwesten des heutigen Pakistan symbolisiert den gewaltlosen Einsatz für ein geeintes und von der britischen Kolonialmacht unabhängiges Indien. Er orientierte sich an Gandhis Strategie von *satyagraha* und argumentierte leidenschaftlich, dass sich dessen Ethik des gewaltfreien Kampfes auch aus dem Koran ableiten lasse. Dementsprechend fühlte er sich aus tiefer religiöser Überzeugung dazu berufen, mitten in der berüchtigten Kriegskultur am nordwestlichen Einfallstor zum indischen Subkontinent ein Befreiungsheer der Gewaltlosen, *Khudai Khidmatgar*, die „rothemdigen Diener Gottes", aufzubauen. Er begann damit auf Basis seiner seit 1910 betriebenen Bildungs-, Gesundheits- und Sozialprojekte. Taktisch kooperierte er mit Gandhi und dem Indischen Nationalkongress, argumentierte aber stets muslimisch. Wie Gandhi und Aurobindo begründete er seine Projekte mit dem Dienst an Gott, hier *Allah*. Damit machte er sich nicht nur die Briten zum Feind, sondern auch viele muslimische Mullahs, die mit seiner Interpretation des Korans, vor allem mit seinem Gewaltverständnis im primären *dschihad*, nicht einverstanden waren. Es sei an das schon zitierte Wort des Propheten erinnert: „Der beste dschihad ist das Wort der Wahrheit und des Rechts vor einem ungerechten Herrscher."[23] Das steht nahe an Gandhis *satyagraha*, der Kraft der Wahrheit, ein *unmodernes* und *moralisches* Bild von Frieden und Freiheit.

Khudai Khidmatgar stellen in vielerlei Hinsicht ein Kuriosum und ein Novum in der Geschichte von Befreiungskriegen dar. Sie waren nach dem Muster traditioneller Armeen organisiert, kämpften aber gewaltlos für die Erlangung von politischen, sozialen und ökonomischen Reformen. Ihr Eid verlangte freiwilligen Einsatz bis zur gewaltlosen Hingabe des eigenen Lebens und unbedingten, nicht absoluten Gehorsam jedes legitimen Befehls.

---

22 1890 bis 1988.

23 Überliefert von Abu Said in der Hadith-Sammlung von Tirmidhi; zitiert nach Islamische Glaubensgemeinschaft in Österreich 2008.

Das bedeutet, dass jeder Befehlsempfänger selbständig die Legitimität des Befehls zu prüfen hatte. Ein gravierender Unterschied zur tradierten Kriegerethik bestand darin, dass die Bereitschaft, sein Leben für ein höheres Ziel zu opfern, nicht nur vom Gebot gelöst wurde, möglichst viele Gegner zu vernichten, sondern diese Bereitschaft völligen Gewaltverzicht implizierte.

Ghaffar Khans Idee war, den hohen Stellenwert der Tapferkeit in der paschtunischen Kriegerethik in eine soziale, egalitäre und gewaltlose Utopie zu integrieren. Das Gefühl der *moralischen* Überlegenheit der Paschtunen gegenüber den britischen Besatzern zu wecken, mag einfacher gewesen sein als im Falle Gandhis, weil der Versuch innerhalb eines sich ohnedies *moralisch* überlegen fühlenden Weltbildes stattfand. Umso mehr verblüfft der durchschlagende Erfolg, diese Gesellschaft von einer gewaltfreien Strategie zu überzeugen. Ghaffar Khan bewirkte in seinem Gebiet bis zum Abzug der Engländer einen ähnlichen politischen Effekt wie Gandhi unter den Hindus.[24]

Der Kampf von *Khudai Khidmatgar* setzte 1930 in vollem Umfang ein, als britische Soldaten in Peschawar in eine gewaltlos gegen die Inhaftierung Ghaffar Khans protestierende Menge schossen und sich die Kolonialmacht durch diesen Massenmord an Unbewaffneten selbst an Prestige und *Moral* beschädigte. Es wurde deutlich, dass diese Art des Widerstandes die an Feuerkraft überlegenen Engländer mehr zermürbte als jede noch so heldenmütige kriegerische Reaktion. Nichts war den Kolonialherren unangenehmer als eine außerhalb militärischer Gewaltlogik agierende Unabhängigkeitsbewegung. Ein gewaltloser Paschtune schien ihnen bald gefährlicher als jemand, der nach der tradierten Logik der Gewalt handelte. *Khudai Khidmatgar* soll 1938 über 100.000 Aktive gezählt haben, wobei Frauen, für deren Rechte Ghaffar Khan vehement eintrat,[25] gleichberechtigte Mitglieder waren.

Der Abzug der Engländer war auch ein Erfolg Ghaffar Khans und seiner Rothemden. Der Epilog zu dieser muslimischen Erfolgsgeschichte liest sich als Parallele zum Scheitern Gandhis. Da Ghaffar Khan gegen die Teilung Indiens und ebenso gegen die Integration der Nordwestprovinzen in den neuen Staat Pakistan auftrat, fand er sich von der Staatsführung unterdrückt und verfolgt. Das unabhängige Pakistan schlug, so wie Indien, eine völlig andere Richtung ein als von Ghaffar Khan gewünscht. Er selbst wurde immer wieder inhaftiert oder ins Exil gezwungen, wobei es wie eine Iro-

24 Mehdi (unveröffentlicht).

25 Das ist ein zentraler Punkt für Mehdi (unveröffentlicht).

nie des Schicksals klingt, dass er weit mehr Zeit seines langen Lebens in den Gefängnissen des unabhängigen Pakistan verbrachte als in jenen der britischen Kolonialmacht, gegen die er sich ursprünglich erhoben hatte. Die *Khudai Khidmatgar* wurden verfolgt und verloren ihre politische Bedeutung. Abdul Ghaffar Khan wird heute in keinem offiziellen Geschichtsbuch Pakistans erwähnt und ist außerhalb des Subkontinents praktisch vergessen, obwohl seine Erinnerung in der explosiven Lage dieser Region Bedeutung haben könnte. Was mehr würde die moslemische Welt heute im globalen Kontext benötigen als versöhnliche Symbolfiguren, die in der Lage sind, die eigene Würde, den eigenen Glauben und die eigene Opferbereitschaft mit einer weltweit kommunizierbaren Friedenskultur zu verbinden?[26]

Am anderen Ende Indiens, im äußersten Süden, wurde 1895 Jiddu Krishnamurti[27] in eine hinduistische Brahmanenfamilie geboren. Er war vielleicht der originellste aller hier erwähnten Friedensdenker des Subkontinents. Als 17-Jährigen holten ihn die Theosophen nach England und wollten in ihm den neuen Weltenlehrer oder Heiland erkennen, weshalb sie für ihn einen eigenen Orden gründeten und ihm eine entsprechende Ausbildung angedeihen ließen.

Die Theosophische Gesellschaft, die schon seit 1875 bestand, könnte in einem sehr weiten Sinn auch als eine zivilgesellschaftliche Friedensgemeinschaft des 19. Jahrhunderts bezeichnet werden. Ihr erklärtes Ziel war, neben der Erforschung der noch unerklärten Gesetze der Natur, die Errichtung einer universellen Bruderschaft der Menschen ohne Beachtung der Rasse, des Glaubens, des Geschlechts oder der Kaste. Freilich zeigte sie in ihrem Drang, die Fesseln herkömmlicher, gewalttätiger Glaubensgemeinschaften und sozialer Entitäten zu sprengen, ihrerseits Tendenzen zu Sektierertum, Institutionalismus, Rechthaberei und Vereinnahmung ihrer Anhänger.[28]

Gerade von letzterem war Krishnamurti von Kindheit an betroffen. Er konnte sich nach einigen persönlichen Katastrophen erst 1929 von dieser Vereinnahmung befreien. Seine eigentliche Karriere als eigenwilliger Philosoph und Psychologe begann ab 1947. Die Substanz seiner Lehre fasste er aber schon programmatisch in einem Satz jener berühmt gewordenen Rede zusammen, mit der er 1929 den für ihn gegründeten Orden auflöste:

---

26 Ausführlicher zu Ghaffar Khan: Easwaran 1999; Mehdi (unveröffentlicht); Tendulkar 1967.

27 1896 bis 1985.

28 Blau 1995 S. 17.

> Ich behaupte, dass die Wahrheit ein pfadloses Land ist und dass es keine Pfade gibt, die zu ihr hinführen – keine Religionen, keine Sekten. Das ist mein Standpunkt, den ich absolut und bedingungslos vertrete. Die Wahrheit ist grenzenlos, sie kann nicht konditioniert, sie kann nicht auf vorgegebenen Wegen erreicht und daher auch nicht organisiert werden. Deshalb sollten keine Organisationen gegründet werden, die die Menschen auf einen bestimmten Pfad führen oder nötigen.[29]

Krishnamurti wurde ein radikaler Kritiker des religiösen wie des staatlichen Institutionalismus, Gegner jedweden Dogmatismus und Vertreter einer holistischen Weltsicht, in der die Einheit aller Dinge in einem *transpersonalen* Sinne wahrgenommen wird. Der Denkende, das Denken und das Gedachte sind eins. Darauf baut er seine Weltsicht. Ideen und Idealen schreibt er keine die Welt verbessernde Bedeutung zu. Er versucht, im Gegenteil, ihre Gefährlichkeit darzustellen. Da Ideale ihren Ursprung ausschließlich im Denken und im Ich hätten, sind sie ihm die Ursache von Konflikten. Er meint, die Idee wäre den Menschen oft wichtiger als die Wirklichkeit. Was sie sein sollten, liege ihnen mehr am Herzen, als das, was sie sind. Ihr Streben wäre darauf gerichtet, die Wirklichkeit in die Schablone ihrer Vorstellungen zu pressen. Da dies nicht gelinge, schafften sie damit einen Gegensatz zwischen dem was ist, und dem, was sein sollte. Die Idee wäre aber nur eine Schöpfung der Phantasie. Es komme daher zum Konflikt zwischen Illusion und Wirklichkeit – nicht nach außen hin, sondern in den Menschen selbst. Der Geist verlange nach Gewissheit, Sicherheit.

> Ein Geist, der sich in Sicherheit wiegt, ist ein spießiger Geist, ein schäbiger Geist. Doch das ist es, was wir alle wollen: vollkommen sicher sein. Und psychisch gibt es so etwas überhaupt nicht. Schauen Sie sich an, was sich draußen abspielt – das ist ganz interessant zu beobachten – jeder Mensch möchte Sicherheit, Gewissheit haben. Aber psychisch tut er alles, um seine eigene Zerstörung herbei zu führen. Das kann man beobachten. Solange es Nationen mit souveränen Regierungen, mit Armeen und Kriegsflotten und so weiter gibt, muss es Krieg geben. Aber wir sind psychisch so konditioniert, dass wir akzeptieren, zu einer bestimmten Gruppe, einer bestimmten Nation, einer bestimmten Ideologie oder Religion zu gehören. Ich weiß nicht, ob Sie je beobachtet haben, welchen Unfug die religiösen Organisationen in der Welt angerichtet haben, wie sie die Menschheit gespalten haben. Sie sind Katholik, ich bin Pro-

29 Jayakar 2003 S. 86f.

testant. Diese Bezeichnung ist uns viel wichtiger als die tatsächliche Zuneigung, Liebe, Freundlichkeit.[30]

Ideale sind für Krishnamurti Projektionen, die den Menschen dazu dienten, von sich selbst und den eigentlichen Problemen und Konflikten abzulenken, um nicht auf sie schauen zu müssen. Aus diesem Grunde würden die Konflikte nach außen verlagert. Die Menschen verschleierten ihre Eigenschaften mit dem exakten Gegenteil dessen, was sie sind: Sie sind gewalttätig, darum erschaffen sie das Ideal der Gewaltlosigkeit. Sie hassen, darum erheben sie die Liebe zum Ideal. Sie sind innerlich unsicher und verwirrt, darum streben sie nach Sicherheit und Ordnung. Tatsachen aber bergen keinen Widerspruch. Eine Tatsache bleibt eine Tatsache. Zorn, Gewalttätigkeit, Eifersucht und Gier sind Tatsachen. Sagt aber jemand:„Ich bin gewalttätig“, taucht daneben sofort der Gedanke auf, dass er nicht gewaltsam sein soll. Und dieses „Ich darf nicht gewaltsam sein“ wird zu einem Ideal - zum Ideal der Gewaltlosigkeit. So kommt es zu einem Kampf zwischen der Gewaltsamkeit, und dem Versuch gewaltlos zu sein. Die Gewaltlosigkeit ist keine Tatsache.

> Ich weiß, es ist modern über Tolstoi und Gandhi zu sprechen und dass wir alle gewaltlos werden müssen, während wir aber in Wirklichkeit gewaltsame Menschen sind. Würden Sie das zugeben? Also, warum stellen wir dann den Gegensatz auf? Ist es eine Flucht vor der Tatsache? Und wenn es eine Flucht vor der Tatsache ist, warum fliehen wir davor? Liegt es daran, dass wir nicht wissen, wie man mit der Tatsache umgehen soll? Ich fliehe vor etwas, weil ich nicht weiß, wie ich damit umgehen soll. Wenn ich aber weiß, wie ich damit umgehen muss, kann ich mich damit befassen.[31]

Krishnamurti will – anders als Gandhi oder Ghaffar Khan – die Gewalt transformieren, indem er sie anerkennt. Das ist eine unübersehbare Parallele zur Schattenarbeit im Sinne Carl Gustav Jungs, auf die ich weiter unten ausführlicher eingehen werde. Krishnamurti bezieht sich auf Menschen, die sagen, dass man unter keinen Umständen Gewalt anwenden solle. Dann könne ein friedliches Leben gelingen, wenn auch in einer aggressiven, gewalttätigen Umgebung.

---

30 Krishnamurti 1993 S. 55.

31 Krishnamurti 1985b S. 113/114.

> Man wäre eine kleine Insel der Friedfertigkeit inmitten einer wilden, brutalen, gewalttätigen Umwelt. Doch wie wird der Geist frei von dieser akkumulierten, kultivierten, sich selbst beschützenden Gewalt, der Gewalt der Aggression, des Konkurrenzkampfs, des Geltungsdrangs, der Selbstdisziplinierung nach einer bestimmten Schablone, weil man jemand sein will und sich dabei selbst unterdrückt und bedroht, gegen sich selbst Gewalt anwendet, um gewaltlos zu sein?[32]

Wie kann sich der Geist von der Gewalt befreien? Krishnamurti plädiert nicht für Pazifismus, sondern für ein Bewusstsein des All-Einen, aus dem folgt, dass sich die Menschen gegenseitig keine Gewalt antun, weil jeder Teil des anderen ist und Gewalt sich gegen den Ausübenden selbst richtet. In diesem letzten Punkt ist er sich mit Gandhi einig, aber um jenseits die Gewalt zu gelangen, darf sie nicht unterdrückt oder abgelehnt werden. Sie muss betrachtet und erforscht werden. Das gelingt nicht, wenn sie verurteilt oder gerechtfertigt wird.[33] In Krishnamurtis holistischer Sicht transformiert sich Gewalt durch die Einsicht in die Verbundenheit von allem. Diese kann und darf nicht zum *moralischen* Gebot werden. Sie muss eine Einsicht sein, zu der sich jeder in seinem Leben selbst den Weg bahnt. Das ist nach Krishnamurti eine lohnende Aufgabe, weil auf diesem Weg nicht nur die Gewalt verwunden wird, sondern auch die Angst, die aus der Spaltung von Wahrnehmung und Vorstellung, von Tatsache und Wunsch resultiert. Spaltung per se ist Gewalt, weshalb nach Krishnamurti Gewalt stets mit dieser inneren Spaltung beginnt und durch ihre Verwindung endet.

Aus diesem Grunde ist ihm die Chronosophie, die Wahrnehmung sozialer Zeit, ein besonderes Anliegen. Im Idealismus ist soziale Zeit die Spanne zwischen dem, was ist, und dem, was sein soll. Sie ist ein Konstrukt. Durch die Vorstellung von dem, was sein soll, wird die Aufmerksamkeit, das Leben im Jetzt, auf eine imaginierte Zukunft verlagert. Daraus entstehen Konflikte, Probleme und Wünsche. Diese verhindern die Anerkennung der jeweils aktuellen Situation. Vermeintliche Problemlösung wird in eine vorgestellte Zukunft projiziert. Aus der Kindheit stammende Ängste, die Angst vor dem Tod, Wünsche und das Verlangen nach Wiederholung erlebter Lust sind der Stoff, aus dem diese Projektionen gebaut werden. Denn wenn das Denken und nicht die aktuelle Wahrnehmung das Bewusstsein leiten, was anderes

32 Krishnamurti 1979 S. 62/63.
33 Krishnamurti 1985a S. 49.

kann dann erlebt werden als die Erinnerung an in der Vergangenheit Wahrgenommenes, das als Tatsache vergangen ist, aber als Erinnerung, sei es als Angst vor Wiederholung, sei es als Wunsch nach Wiederholung, das Bewusstsein bestimmt? Diese Projektionen bewirken das Anhaften an die Zeit. Krishnamurti argumentiert, dass diese Vorstellung von sozialer Zeit Konflikte kreiert und sie niemals lösen kann.

Er verkehrt den Idealismus in sein Gegenteil. Wäre der Begriff in der *Moderne* nicht schon anderweitig und irreführend vergeben, könnte Krishnamurti als Realist bezeichnet werden. Er plädiert für einen Frieden, der aus der Anerkennung dessen resultiert, was gerade jetzt ist. Krishnamurti sieht, wie der *moderne* Realismus, das gewalttätige Potenzial, das Wölfische eines jeden Menschen und jeder Gruppe. Er glaubt nicht an ein wie auch immer geartetes Ideal, welches das überwinden könnte. Er ist kein Optimist. Er leitet daraus aber auch keine angstgetriebene Philosophie oder Praxis ab, weil er davon ausgeht, dass das menschliche Verlangen nach Erlösung, der tiefere Sinn von Frieden, nichts anderes meine als Angstfreiheit. Das hält er für möglich. Er ist kein Pessimist. Er gibt keine Handlungsanleitung, wie diese Befreiung vonstattengehen könnte, weil er annimmt, dass dies herauszufinden, ein tieferer Sinn des Daseins sei. Er ist kein *Moderner*. Lineare Wahrnehmung sozialer Zeit als Konstrukt der Vorstellung statt der Wahrnehmung ist die Wiege aller Wünsche, Ängste und Konflikte. Konfliktfreies Handeln kann nach Krishnamurti immer nur unmittelbar und bedingungslos, somit wunschlos und angstfrei sein. Es kann sich weder in der Vergangenheit begründen noch in der Zukunft erfüllen, sondern nur im Hier und Jetzt stattfinden.

> Wir haben die Angst akzeptiert und mit ihr gelebt, so wie wir Gewalt und Krieg als Lebensweise akzeptiert haben. Wir haben Abertausende von Kriegen geführt und unentwegt von Frieden geredet; aber die Art und Weise, wie wir unser tägliches Leben leben, ist Krieg, ist ein Schlachtfeld, ein Konflikt. Und wir nehmen das als unvermeidlich hin. Wir haben uns nie gefragt, ob wir imstande wären, ein Leben des vollkommenen Friedens zu führen, das heißt ohne Konflikt irgendwelcher Art.[34]

Nach Krishnamurti existieren Konflikte, weil die Menschen im Inneren voller Widerspruch sind. Sie haben verschiedene widersprüchliche Wünsche,

34 Krishnamurti 1993 S. 41.

einander widersprechende Bedürfnisse. Dies verursacht die Konflikte. Der Mensch müsse sich aber von allem Glauben befreien, um herauszufinden, ob es so etwas wie Wirklichkeit, einen zeitlosen Zustand gäbe. Das bedürfe der Freiheit von Angst, damit das Bewusstsein klar sei: Ein klares Bewusstsein ist still, und nur der stille Geist kann herausfinden, ob es das Ewige gibt. Stille ist nach Krishnamurti nicht durch Übung oder Disziplin zu erreichen. Sie kommt aus der Freiheit, der Freiheit von Angst, Brutalität, Gewalt, Eifersucht. Der Geist kann frei sein – und zwar sofort![35] Diese Unmittelbarkeit setzt alle *moralischen* und *modernen* Bedingungen der Frieden, wie Wahrheit, Gerechtigkeit und Sicherheit außer Kraft, ohne deshalb *unmoralisch* zu sein, weil sich jeder Zusammenhang seine eigene *Moral* begründet. Der Mensch kann nach Krishnamtrti von jeglicher gesellschaftlicher *Moral* frei sein, weil die Gesellschaftsmoral nicht *moralisch* wäre. Ein Geist, der nicht *moralisch* ist, sei zur Freiheit unfähig. Deshalb wäre es wichtig, sich selbst zu verstehen, sich selbst zu kennen, die Struktur des Selbst zu begreifen – Gedanken, Hoffnungen, Ängste, Sorgen, Ambitionen und den wettbewerbsorientierten, aggressiven Geisteszustand.[36] *Modern* im Sinne meiner Definition ist Krishnamurti, wie gesagt, nicht.

> Denn was haben die traditionellen, bürokratischen, kapitalistischen oder kommunistischen Gesellschaften eigentlich zu bieten? Sehr wenig, außer Nahrung, Kleidung und Obdach. Vielleicht hat der eine mehr Gelegenheit, Arbeit zu finden, oder kann mehr Geld verdienen, aber letzten Endes stellt man fest, dass diese Gesellschaften sehr wenig zu bieten haben; und der Geist, sofern er denn intelligent und wach ist, lehnt all dies ab. Die Physis des Menschen braucht Nahrung, Kleidung und Obdach, das ist absolut wesentlich. Aber wenn das zur Hauptsache wird, dann verliert das Leben seinen wunderbaren Sinn.[37]

Zusammengefasst beginnt für Krishnamurti Friede immer im Erkenntnisprozess des Einzelnen und der Verwindung der Leidenschaften, während sich Gewalt aus Abspaltungen in der Psyche von Personen und Gruppen ableitet. In diesem Punkt deckt sich seine Sicht mit jener Nietzsches. Aus der Begierde nach Sicherheit werden Einrichtungen oder Ideologien erschaffen, die Sicherheit vortäuschen; doch je mehr um Sicherheit gekämpft

35 Krishnamurti 1993 S. 42.
36 Krishnamurti 1993 S. 78.
37 Krishnamurti 1993 S. 77.

würde, desto weniger werde sie erlangt. Der Wunsch nach Sicherheit fördere nur die Trennung und verstärke Feindseligkeit. Wenn das als wahr erkannt und begeiffen würde, veränderten sich die Beziehungen der Menschen zur unmittelbaren Umgebung grundlegend; und nur so bestünde die Möglichkeit, Einheit und Brüderlichkeit zu erreichen. [38] Die meisten Menschen verzehrten sich in Furcht und wären um ihre Sicherheit besorgt. Sie hofften, dass Kriege wie durch ein Wunder einmal aufhören würden. Dabei beschuldigten sie andere, Gewalt angestiftet zu haben, während diese ihnen die Schuld an ihrem Unheil zuschieben. Obwohl Gewalt und Krieg der Gesellschaft so offensichtlich schaden, bereiten sich doch alle darauf vor und fördern dadurch das kriegerische Denken.

> Wenn man das gesamte Problem der Angst verstanden hat, glaubt man an gar nichts. Dann funktioniert der Geist glücklich, ohne Verzerrung, und der Mensch erfährt einen Zustand großer Freude, ja Ekstase.[39]

So ist die Angst vor dem anderen der erste Schritt zur Gewalt. Krishnamurtis beißende Kritik an den Grundfesten *modernen* Denkens konzentriert sich auf deren wettbewerbsorientierten Charakter, der die Angst vor der Niederlage als Grundhaltung impliziert und inhärent gewalttätig ist. Die *Moderne* gründet nach Krishnamurti auf einer todesfürchtigen, gewalttätigen Emotionslage und egozentrischer Weltsicht, welche die Bezeichnung als Philosophie nicht verdienten: Die *moderne* Zivilisation sei auf Gewalt begründet und huldige dem Tode. Solange die Macht angebetet würde, werde Gewalt in der Lebensweise vorherrschen.[40]

Krishnamurti zerschlägt mit der spitzbübischen Freude des großen Intellektuellen alle Glaubenssätze der westlichen *Moderne* und zugleich jene der indischen Tradition. Er stürzt die Heiligen von ihren Sockeln, verweigert jegliche Heilsversprechung oder Handlungsanleitung und weist genau dadurch den Weg in die holistischen Auffassungen der *transpersonalen* Psychologie und der *transrationalen* Frieden. Ohne sich in die zu seiner Zeit bereits einsetzende Debatte um die *Postmoderne* explizit einzubringen, erweist er sich als ein Meister der Dekonstruktion. Seine Beiträge sind weit davon entfernt, zynisch oder offensiv zu sein. Sie entwickeln auf der Basis bestehender

38 Krishnamurti 1981 S. 71/72.
39 Krishnamurti 1994 S. 34.
40 Krishnamurti 1981 S. 75.

Weisheit eine Sicht der Dinge, die nicht anleitet, sondern einlädt, die Suche nach den Wegen zu den vielen Frieden zu beginnen, die seiner Überzeugung nach im All-Einen endet. Insofern ist er ein Unzeitgemäßer aber kein *Postmoderner*, weil ihm die Verwindung der *Moderne* kein Anliegen ist. Dafür ist sie ihm schlicht zu unwichtig. Er ist ein *Unmoderner.*

Transrational hingegen ist der Friedensbegriff eines weiteren, noch umstritteneren indischen Lehrers des späten 20. Jahrhunderts. Rajneesh Chandra Mohan,[41] bekannter als *Baghwan*, Gesegneter, oder *Osho*, Mönch. Er stammte aus einer asketischen Jaina-Familie in Madhya Pradesh und war mit Askese und *ahimsa* von Kindheit an vertraut. Er begann seine Karriere als Universitätsprofessor für Philosophie und gründete 1974 seinen Ashram in Poona, von wo aus sich seine Lehre und Praxis explosionsartig auf der Welt zu verbreiten begann. Von 1981 bis 1985 fand sein konfliktreiches Zwischenspiel in den USA statt, von dem er auf Umwegen nach Poona zurückkehrte. Sein Tod 1990 gab Anlass für Spekulationen und Legendenbildung. Zumindest in der Erzählweise der veröffentlichten Meinung der *Moderne* war Osho ein zweifelhafter Prophet der sexuellen Revolution. Sein hedonistischer Lebensstil und die ungereimten Geschichten aus seiner Umgebung verbanden sich mit seinem unbekümmerten bis provokanten Umgang mit eben jener veröffentlichten Meinung und ihren Institutionen zum vernichtenden Bild eines skrupellosen Verführers.[42] Seine Biographie ist in vielen Details umstritten. Seine Reden sind aber aufgezeichnet und verlässlich dokumentiert. In Buchform finden sie bis heute große Verbreitung. Unbestritten sind das Charisma und die Faszination, die für viele seiner Anhänger von ihm ausging. Es reicht mir daher nicht, die *moralische* Empörung über seine Lehre und die Einstufung seiner Kommune als Sekte zu teilen und ihn damit abzutun, wenngleich es riskant sein mag, ihn in einem Atemzug mit Aurobindo, Gandhi oder Krishnamurti zu nennen. Doch er schöpfte aus denselben Quellen wie diese und zieht wie sie seine eigenen, auch für die Frage der Frieden relevanten Schlüsse daraus. Da seine Texte bisweilen mehr gelesen werden als jene vieler akademischer Fachautoren, scheint es mir sinnvoll, auf seinen Friedensbegriff einzugehen. Denn das Verschweigen des Ungewünschten ist ein Aspekt des *moralischen* und *modernen* Denkens, dem ich nach allen bisherigen Ausführungen nicht huldigen möchte.

---

41 1931 bis 1990.

42 Bundesverband Sekten- und Psychomarktberatung Bonn 2007.

Den Reflex auf tantrische Lehren, Lehrer und Denksysteme scheint es zu geben, seit sich die *Moderne* als verpflichtende Welterklärung in Europa und Amerika durchgesetzt hat. Er lässt sich durch das 19. und 20. Jahrhundert als eine Art Konstante des *modernen* Eskapismus beobachten, wobei er sich mit der Verbesserung der Reise- und Kommunikationsmöglichkeiten von der eher abstrakten Bewunderung für tantrische Philosophien und Religionen zur konkreten Gefolgschaft östlicher Lehrer gewandelt hat, die *unmoderne* Alternativen anzubieten schienen. Osho ist nur ein jüngerer aus der langen Liste derartiger Gurus. Substanziell unterschied ihn von Vorgängern wie Aurobindo, Gandhi oder Krishnamurti, auf die er sich oft berief, seine ungehemmte Bereitschaft, diese Erlöser-Rolle auch anzunehmen und eine institutionalisierte Bewegung aufzubauen, vor der sich kirchliche wie staatliche Einrichtungen zu fürchten begannen. Dies wäre zwar nicht notwendig gewesen, weil die Institutionalisierung selbst die Bewegung ad absurdum führte, indem sie, wie jede andere Institution auch, die oben erwähnten Ungereimtheiten und Eifersüchte produzierte. Doch so denkt die *Moderne* nicht. Sie geht affektiv in den Wettbewerb und trachtet nach Überwindung des ihr als Antichrist oder *Dionysus* erscheinenden Gegners.

Abgesehen davon unterschied sich Osho in seiner Botschaft und Methode nicht allzu sehr von anderen indischen Lehrern. Wie diese griff er tief in den Schatz traditioneller Weisheiten des Subkontinents und seiner Nachbarregionen und interpretierte diese ohne Rücksicht auf Dogma und Konsistenz auf seine Weise neu. Für ihn sind der Shivaismus, der tantrische Buddhismus, Taoismus, Zen, der Sufismus und in geringerem Maße auch Elemente des brahmanischen Hinduismus und Jainismus die wichtigsten Inspirationsquellen. Er kannte aber auch den damaligen Stand der Diskussion in der *modernen* Philosophie und Psychologie, zitierte locker und gerne Nietzsche, Heidegger, Freud, Jung, Adler und Reich, und verwob seine Lehren mit den Erkenntnissen, therapeutischen Techniken, Methoden und dem Vokabular von *Encounter*, Psychodrama und Gestalttherapie.

Im Ergebnis produzierte er gemischte Meditationstechniken,[43] die weit über den spirituellen Rahmen indischer Yogis hinaus auf der ganzen Welt Verbreitung fanden, weil er sie der Verfasstheit, den Bedürfnissen und Mög-

43 Die *Dynamische Meditation*, *Nataraj*, *Kundalini*, *Heart Chakra*, *Whirling* oder *Chakra Breath* sind auf Sufi-Basis fußende Klassiker Oshos, die bis heute in spirituellen und therapeutischen Kontexten eingesetzt werden.

lichkeiten *moderner* Menschen anpasste.[44] Sein Ruf als umstrittener Prophet der sexuellen Revolution resultierte nicht aus seiner persönlichen Lebensführung, sondern aus dem Umstand, dass er dasselbe mit den Lehren und Techniken des Tantra machte,[45] die außerhalb ihres ursprünglichen Kontexts leicht missverstanden und missbraucht werden können. Die Verbreitung des Regenbogen- oder Neotantra fiel in Europa und den USA mit der sexuellen Befreiung nach 1968 zusammen. Die Botschaften, die sich aus der spirituellen Interpretation und den praktischen Spielarten des Tantra ergeben, vermischten und verwischten sich dabei gründlich. Es ist nicht zu beantworten, wie viel von der ursprünglichen Friedensbotschaft des Tantra der unmittelbaren und mehr noch der mittelbaren Gefolgschaft Oshos ein Anliegen war und blieb. Durchgängig im Zentrum ihrer Praxis stand sie sicher nicht. Andererseits verbreitete sie sich rasch in der Arbeit der namhaftesten *postmodernen* Philosophen, wie zum Beispiel bei Peter Sloterdijk, der sich explizit auf Osho bezieht,[46] was die meisten seiner in derselben Weise angeregten KollegInnen zu vermeiden trachten. Deshalb möchte ich Osho weder als Sektenführer noch als spirituellen Lehrer betrachten, sondern eher danach fragen, wie die traditionellen Lehren Indiens in seiner populären Interpretation Einfluss auf die Friedensdebatte nahmen.

Für Osho ist die einzig relevante religiöse Tätigkeit die Meditation. Sie ist die Essenz aller Religion. Meditation ist Religion. Nichts anderes sei nötig. Alles andere wären Rituale, die nichts mit der Essenz zu tun haben.[47] Sein Begriff von Meditation ist keine Neuschöpfung. Er greift zurück auf Patanjali oder Mahavira und bezeichnet Meditation als einen Zustand, in dem der Verstand, *mind*, schweigt. Meditation ist ein Zustand jenseits des Denkens. Sie ist ein Zustand des reinen Bewusstseins ohne Inhalt.[48] Von da aus leitet er sein Verständnis von Konflikt oder Spannung in einer Weise ab, die jener Krishnamurtis entspricht: Der Ursprung von Spannung sei das Werden. Der Mensch versuche immer, etwas anderes zu werden als er ist. Niemand wäre mit sich zufrieden, so wie er ist. Das Sein würde nicht akzeptiert, sondern verleugnet, und etwas anderes, das erreicht werden muss, zum

44 Osho 2002.
45 Osho 1999.
46 Sloterdijk/Heinrichs 2007.
47 Osho 2000 S. 145. Zum Begriff der Essenz ausführlicher und systematischer Almaas 2003.
48 Osho 2000 S. 282.

Ideal gemacht. Die grundlegende Spannung bestehe zwischen dem, was ist, und dem Ziel der Sehnsucht. Das Sein an sich wäre entspannt. Spannung entstehe aus hypothetischen, noch nicht verwirklichten Möglichkeiten. In der Gegenwart gebe es keine Spannung. Sie komme aus der Zukunftsorientierung, aus der Vorstellung.[49] Wird diese Voraussetzung akzeptiert, ergibt seine provokante Friedensdefinition Sinn:

> Entweder ist Frieden, doch dann schweigt der Verstand, oder es existiert der Verstand, doch dann gibt es keinen Frieden. [...] Dies ist die Essenz aller Experimente, die der Osten seit Jahrtausenden im spirituellen Bereich gemacht hat: Friede oder Verstand. Du kannst wählen. Der Friede ist ein ganz normales, einfaches Phänomen. Du kennst ihn auch, doch der Verstand steht daneben und gibt seine Kommentare ab: „Da muss es noch mehr geben. Gib nicht auf! Such weiter!" [...] Deshalb bin ich gegen die so genannte Moral. Sie ist meditationsfeindlich, denn ein so genannter moralischer Mensch trägt so viele moralische Vorstellungen, Gebote und Verbote in sich, dass er nicht beobachten kann; er kann nicht einfach nur zuschauen. Er zieht übereilte Schlüsse: „Das ist falsch und das ist richtig". Und alles, was ihm richtig erscheint, will er festhalten, und alles, was ihm falsch erscheint, will er loswerden. Er springt mitten zwischen die Gedanken und fängt an, sie zu packen und mit ihnen zu ringen – und dabei verliert er sein Zeugesein. [...] Der Verstand ist ein Faschist und er hält ständig Ausschau nach Führern oder nach Leuten, die ihm folgen.[50]

Im Umkehrschluss: Die Alternative heiße Krieg oder Meditation, Krieg oder spirituelle Revolution.[51] Sein Verständnis von Konflikttransformation steht in enger Verbindung zu seinem radikal *energetischen* Weltbild:

> Bis zu dem Zeitpunkt, wenn wir in der Lage sein werden zu verstehen, dass alle unsere widersprüchlichen Gefühle Formen derselben Energie sind, werden wir unfähig sein, die Probleme des Menschen zu lösen. Unser größtes Problem ist, dass wir auch hassen, wenn wir lieben.[52]

Es müsse verstanden werden, dass die den verschiedenen Gefühlen zugrunde liegende *Energie* dieselbe wäre. Es bestehe kein Unterschied. Seine Insti-

49 Osho 2003 S. 183 und 185.
50 Osho 2000 S. 252, 387 und 500.
51 Osho 2000 S. 310.
52 Osho 2003 S. 88.

tutionenkritik ist nicht weniger entschieden und beißend als die Krishnamurtis:

> Seht euch doch die letzten fünftausend Jahre an! Ist es denkbar, dass es ohne Regierungen auf dieser Welt noch schlimmer aussehen könnte? Wie denn? In dreitausend Jahren wurden fünftausend Kriege geführt. Denkt ihr, ohne Regierungen hätte es noch mehr Kriege gegeben? Noch mehr Chaos, noch mehr Verbrechen?[53]

Gandhis Zugang zum Thema Gewaltlosigkeit lehnt er noch entschiedener ab als Krishnamurti,[54] weil er ihn für Gewaltunterdrückung im asketischen Stil indischer Tradition hält. Als Jaina weiß er, dass *ahimsa* im Sinne Patanjalis beim Praktizierenden selbst beginnt. Der Asket aber wendet die Gewalt gegen sich selbst – und das wirft er Gandhis asketischen Inszenierungen vor. Er geht soweit, Gandhi als für den Ausbruch der kollektiven Gewalt im Zuge der indischen Unabhängigkeit ursächlich zu sehen, weil dieser zuvor die Unterdrückung der Gewalt gepredigt habe. So habe Gandhi und mit ihm ganz Indien die Gewalt des Aggressors in sich aufgeladen, ohne sie zu transformieren. Oshos gänzlich *energetisches* Verständnis vom Sein schließt daraus, dass die im langen Freiheitskampf unterdrückte *Energie* sich letztlich in einer Orgie physischer Gewalt entladen musste. Ein Befund, in dem ihm so mancher westliche Psychoanalytiker folgen könnte, auch wenn das politisch inkorrekt ist.

> Wir unterdrücken die Liebe für unsere Feinde, und wir unterdrücken den Hass auf unsere Freunde. Wir unterdrücken! Wir lassen nur eine Bewegung, nur einen Pol zu, aber da er immer wieder kommt, sind wir beruhigt. Irgendwann schwingt es zurück und wir sind beruhigt. Aber es ist immer ein Pol ausgespart, es ist keine ununterbrochene Bewegung, das können wir nicht zulassen. [...] Transformation kann nicht durch Unterdrückung entstehen. [...] Die so genannten „Gewaltlosen" sind die hässlichsten Leute auf der Welt. Sie sind keine guten Menschen, denn sie hocken auf einem Vulkan.[55]

In dieser Einschätzung drückt sich die Differenz zwischen Gandhis asketischer Weltsicht und der yoginischen seiner indischen Kritiker deutlich aus.

53 Osho 2000 S. 241.
54 Osho 2000 S. 260.
55 Osho 2003 S. 286, 157 und 316.

Hier unterscheiden sich Krishnamurti oder eben Osho fundamental von Gandhi. In die *Moderne* übertragen sind diese Jüngeren, trotz allem, was sie untereinander wieder unterscheidet, Wegweiser in *transrationale* Frieden, weit mehr als Gandhi, dessen Asketismus mehr in den *modernen* Idealismus weist, oder zumindest mit dessen Werten und Reflexen spielt, als das radikal *energetische* Denken von Osho und das *unmoderne* Krishnamurtis.

> Wenn ihr seht, dass ihr nicht das Zentrum seid, seht ihr auch, dass kein Zentrum existiert – oder dass das Zentrum überall ist. Entweder gibt es keinen Mittelpunkt – und die Schöpfung existiert als ein Ganzes, als eine Einheit, ohne jegliches Zentrum als Kontrollpunkt – oder jedes einzelne Atom ist ein Mittelpunkt.[56]

Dieser Satz rekurriert auf die *energetische* Tradition der großen Lehren Indiens. Er ist ganz und gar *unmoralisch* und *unmodern*, weil er kein Zentrum, keinen Grund, keine Wahrheit, ja nicht einmal ein Individuum, ein Ego zulässt. Osho setzt ihn durch sein Auftreten vor *modernem* Publikum in Beziehung zur *Moderne*, und schon steht da ein Kernsatz der *postmodernen* Philosophie. Der Brückenschlag zwischen beidem ist in Oshos Lehre und ihrer inneren Widersprüchlichkeit angelegt. Wie leidenschaftlich die *Moderne* Oshos Überlegungen auch ablehnen mag, er empfahl seinem Publikum neben weisen Sprüchen eine rebellische Praxis, die im Kontext der neuen sozialen Bewegungen nach 1968 lebbar schien, auf Erfahrungen von Jahrtausenden fußte und so eine revolutionäre Dynamik gewann, die für die Interpretation der Frieden neue Varianten brachte.

> Tantra sagt: Wenn Du in Ordnung bist, dann ist die ganze Welt für dich in Ordnung. Wenn Du ausgeglichen bist, dann ist die ganze Existenz in Harmonie für dich. Und wenn in dir keine Ordnung ist, dann ist auch die ganze Welt in Unordnung. Und die Ordnung darf nicht falsch sein, sie darf nicht erzwungen sein. Wenn du dir eine Ordnung aufzwingst, spaltest du nur dein Wesen, und tief in deinem Inneren existiert die Unordnung weiter.

Alle politischen Revolutionen verwandelten sich am Ende in Anti-Revolutionen. Sobald die Revolutionäre an der Macht kämen, würden sie Anti-Revolutionäre. Macht sei per se anti-revolutionär – das wäre der innere

---

56 Osho 2000 S. 493.

Mechanismus der Macht. Tantra bietet nach Osho eine andere Perspektive. Es ist nicht revolutionär, es ist rebellisch. Rebellion ist für ihn individuell. Jeder könne allein rebellieren und brauche dafür keine Partei zu gründen Rebellion bedeute nicht Kampf gegen die Gesellschaft. Sie gehe einfach über die Gesellschaft hinaus. Rebellion sei nicht anti-sozial, sondern asozial. Sie habe mit der Gesellschaft nichts zu tun. Sie richte sich nicht gegen die Sklaverei. Sie stünde für die Freiheit eines jeden, so zu sein, wie er ist.[57] Das schließt den Kreis zu Nietzsches Übermenschen, vielleicht zu einer poststrukturalistischen Interpretation davon.

Ich kann diese Auflistung nicht schließen, ohne auf Tenzin Gyatso einzugehen. Das ist der Mönchsname des tibetischen Bauernbuben Lhamo Dhondrub,[58] der als vierzehnter Dalai Lama, also höchste weltliche Autorität des buddhistischen Tibet, und Friedensnobelpreisträger von 1989 weltberühmt wurde. Der Dalai Lama ist eine der bedeutenden religiösen Autoritäten des tibetischen Buddhismus, der ihn als *bodhisattva* betrachtet. Er ist ein Mönch der Gelupga-Schule, einer reformierten und mächtigen Interpretation des tibetischen Buddhismus. Das ist erwähnenswert, weil die Zugehörigkeit des Dalai Lama zu Gelupga Abweichungen zu den Lehren und Meinungen der Schulen der „geflüsterten Überlieferung“, Kagyus, erklärt. Deren von der Lehre des Dalai Lama abweichenden Ansichten, vor allem Drikung, haben für die Interpretation des Tantra in diesem Buch eine gewisse Rolle gespielt. Der Dalai Lama ist nicht der autorisierte Repräsentant des gesamten oder auch nur des tibetischen oder tantrischen Buddhismus, als der er in Europa und Amerika oft missverstanden wird. Er ist nicht das buddhistische Pendant zum römischen Papst. In diesen Verdacht geriet er in Europa vor allem durch die dramatische Geschichte seines Landes – die chinesische Invasion Tibets – und die politische Rolle, die er im Anschluss daran aus dem indischen Exil heraus spielte. Seine Botschaften sind keine indischen, aber sie kommen derzeit aus Indien. Sein hartnäckiges Eintreten für eine gewaltfreie politische Lösung in der Tibetfrage rückte den Dalai Lama in der veröffentlichten Meinung in den Pantheon der großen *moralischen* Autoritäten des 20. Jahrhunderts, wobei der Umstand, dass sein politischer Widerpart das kommunistische China war, seiner Popularität in den Medien des Westens nicht eben geschadet hat.

57 Osho 2003 S. 299–301.
58 * 1935.

Als spiritueller Lehrer vertritt der Dalai Lama seine Schule, worauf ich nicht weiter eingehen möchte.[59] Als Philosoph und Friedensdenker mögen seine persönlichen Ansichten in dieser Spiritualität begründet sein. Sie folgen jedoch keinem Dogma. Im Gegenteil, die politische Schriften des Dalai Lama zielen auf eine Art Weltethos des 20. Jahrhunderts, in dem buddhistische Traditionen wohl einen prominenten Platz haben, dies aber gleichberechtigt und im Gleichklang mit anderen religiösen und *moralischen* Lehren, die ausreichend sozialmächtig sind. Der Versuch des Dalai Lama, diesen Gleichklang zu kommunizieren, führt zu einer Anpassung an europäische Sprachspiele, die über die entsprechenden Versuche aller vorher genannten Autoren hinausgeht. Das Resultat ist die Einbettung einer ursprünglich buddhistischen Ethik in das Sprachspiel der *Moderne*, das sie dort als exotischen Moralismus rezipierbar macht, der von manchen gerne an jene Leerstellen gesetzt wird, die der Autoritätsverlust der christlichen Kirchen hinterlassen hat.

> Der Dalai Lama engagiert sich für die Werte, die jeder anständige Mensch bejaht. Er setzt sich ein für Frieden, für Gerechtigkeit und für alles, was das Leben lebenswert macht. [60]

Das meint der hier naturrechtlich argumentierende Nelson Mandela, der vier Jahre nach dem Dalai Lama den Friedensnobelpreis erhalten hat. Der Dalai Lama ist demnach in der *Moderne* ein Guter und die Schlüsselwörter in Mandelas kurzem Zitat lassen im Hinblick auf das bis hierher Erarbeitete aufhorchen. Eine buddhistische Autorität als Vertreter mosaischer und platonischer Grundlagen der *Moderne*? Welchen Frieden meint der Dalai Lama? Diese Frage stellt er gelegentlich selbst und erklärt:

> Ich schreibe meinen „Frieden" eher dem Bemühen zu, Anteilnahme für andere zu entwickeln. [...] Je mehr Anteilnahme am Wohl anderer wir entwickeln, desto leichter fällt es uns, in ihrem Sinn zu handeln. Und je mehr wir uns an die dazu notwendigen Anstrengungen gewöhnen, desto leichter fallen sie uns. [...] Mitgefühl und Liebe sind kein Luxus. Als Quellen des inneren wie äußeren Friedens sind sie grundlegender Bedeutung für das weitere Überleben unserer Art. Auf der einen Seite ermöglichen sie gewaltloses Handeln, und zum

59 Unter mehreren gut lesbaren Texten dazu Dalai Lama 1999.

60 Dalai Lama 2003. Klappentext.

> anderen bringen sie alle geistig-spirituellen Qualitäten hervor: Vergebung, Toleranz und all die anderen Tugenden.[61]

Diese im Mahāyāna und Vajrayana fest verankerte Anteilnahme resultiert für ihn aus dem *energetischen* Verständnis, dass alles mit allem zusammenhängt und daher nichts und niemand für sich allein gedacht werden kann. Die Tatsache, dass die Menschheit einem Netzwerk gleicht, legt nahe, dass der einzige Frieden, von dem zu sprechen einen Sinn macht, der Weltfrieden ist.[62] Der Weltfriede ist dem Dalai Lama mehr als die Abwesenheit von Krieg. Er zielt auf einen Frieden, der einem Zustand der Ruhe entspricht, dessen Ursache in einer im Inneren empfundenen Sicherheit zu finden ist, die aus gegenseitigem Verständnis, aus der Tolerierung anderer Ansichten und aus der Respektierung der Rechte anderer entsteht. Frieden wäre nichts, was unabhängig vom Menschen existiere, genauso wenig wie Krieg.

> Ein echter dauerhafter Weltfrieden wird nämlich nur möglich sein, wenn jeder von uns sich von innen heraus darum bemüht. Deshalb ist es entscheidend, dass wir anderen gegenüber einfühlsam bleiben und – aus dem Bewusstsein heraus, dass ihr Glück dem unseren gleichgestellt ist – nichts tun, was ihnen Leid zufügen könnte.[63]

Daraus resultiert sein Plädoyer für Gewaltlosigkeit, *ahimsa*, die in der tibetischen Variante *sö pa* heißt. Anteilnahme, Mitgefühl sind ihm zentrale Tugenden, weil in einem universell verbundenen System niemand inneren Frieden finden kann, solange andere leiden. Diese Einsicht verweist in die Ursprünge *energetischer* Friedensbegriffe. Der Dalai Lama macht ein grundlegendes Bedürfnis nach Frieden aus, weil Frieden zu Leben und Wachstum führe, während Gewalt nur in Richtung Elend und Tod ziele.[64] Soweit wäre das im bereits diskutierten Rahmen des immerhin tantrischen Buddhismus Tibets stimmig. Von hier aus wäre die *energetische* Aufhebung aller scheinbaren Dualitäten in das Zentrum der weiteren Überlegungen zum Weltfrieden zu erwarten. Die auch dem Dalai Lama geläufige Übereinstimmung mit den grundlegenden Erkenntnissen der Quantenphysik würde dieses Vorhaben auch einem mit dem Buddhismus nicht befassten, aber *postmodernen* Publi-

61 Dalai Lama 2000 S. 65, 134 und 145.
62 Dalai Lama 2000 S. 219.
63 Dalai Lama 2000 S. 220 und 225.
64 Dalai Lama 2000 S. 80/81.

kum kommunizierbar machen.[65] Die argumentative Allianz mit der *postmodernen* Naturwissenschaft ist ihm tatsächlich ein Anliegen,[66] doch er scheint sie eher auf den spirituellen Bereich zu beziehen. In seinen konkreten Vorschlägen zum Weltfrieden geht es nämlich nicht um die Aufhebung der scheinbaren Dualitäten, sondern um eine idealistische, affirmative Ethik, in der alle institutionellen Bemühungen der *Moderne* gut geheißen werden. Der Dalai Lama freut sich über die Erfolge der Vereinten Nationen und ihrer Unterorganisationen, betrachtet die Europäische Union als vorbildlich für andere Weltregionen, den Nationalstaat als nützliches Übergangsvehikel zu größeren Friedenszonen. Er tritt für die Universalität der Menschenrechte ein, feiert die ethischen Gemeinsamkeiten der großen Religionen und schlägt Verbesserungen und Reformen der Institutionen und Kommunikationsmittel vor. Polizei und Militär sind ihm unentbehrlich als *ultima ratio*, als in bestimmter Form institutionalisierte Exekutivorgane auch auf globaler Ebene, wo Übeltäter nicht auf andere Weise von der Störung des Weltfriedens abgehalten werden können.[67] Das alles gipfelt in einem Plädoyer für einen Frieden aus Gerechtigkeit und Wahrheit: Niemand könne hoffen, wahren Frieden zu genießen, solange es autoritäre Regimes gäbe, die mit Waffengewalt installiert werden und nicht zögern, Ungerechtigkeiten nach Gutdünken zu begehen. Ungerechtigkeit unterhöhle die Wahrheit, und ohne Wahrheit könne es keinen Frieden geben, der von Dauer ist. Wer die Wahrheit auf seiner Seite habe, verfüge über Geradlinigkeit und Selbstvertrauen. Fehle die Wahrheit, wären nur kleine Ziele zu erzwingen.[68] Der Dalai Lama überrascht sein Publikum mit einem Konzept, das Dualitäten, ob scheinbar oder real, nicht nur nicht aufzuheben trachtet, sondern sogar festschreibt und gut heißt. Seine „Ethik für unsere Zeit", wie das entsprechende Buch im Untertitel heißt, baut auf den Gegensatz von richtig und falsch, gut und böse, gerecht und ungerecht samt den dazu gehörigen Begrenzungen, Bedrohungen und Sanktionen. Der Dalai Lama selbst meint dazu:

65 Dalai Lama 2000 S. 56/57.

66 Sehr anschaulich dazu Hayward/Varela 1996.

67 Das ist zusammengefasst der Inhalt des Kapitels „Frieden und Abrüstung" in: Dalai Lama 2000 S. 218–236.

68 Dalai Lama 2000 S. 223/224.

> Ich streite nicht ab, dass die von mir ersehnte Abrüstung und Entmilitarisierung etwas Idealistisches hat.[69]

Da kann ich ihm nur zustimmen, und ich kann nachempfinden, dass er sein Land gerne frei von jener Unterdrückung sehen würde, die er offenbar im Auge hat. Ich kann aber nicht nachvollziehen, wie er aus der buddhistischen, und schon überhaupt der tantrischen Ethik, zu solchen Schlüssen gelangt, die mir mehr noch als idealistisch naiv scheinen. Es drängt sich der Verdacht auf, dass die politische Absicht oder die sprachliche Form die Herrschaft über den spirituellen Gehalt gewonnen hat und die *energetische* Substanz einem als global Gutem daherkommenden Moralisieren geopfert wurde. Unter diesen Bedingungen verkommt die buddhistische Ethik zu einem *moralischen* Schönsprech, dessen exotisches Flair im konkreten Kampf für politische Ziele opportun sein mag,[70] aus friedenswissenschaftlicher Perspektive aber wenig Erkenntnisgewinn bringt. So interpretiert, ist der buddhistische Friedensbegriff nicht *unmodern*, sondern vormodern im Sinne von *moralisch*, auch wenn der Dalai Lama hinsichtlich der religiösen Wahrheit *postmodern* argumentiert:

> Den scheinbaren Widerspruch zwischen dem Anspruch jeder Religion auf die „eine Wahrheit" und der Realität mit ihrer Vielheit an Glaubensbekenntnissen löse ich für mich selbst, indem ich mir klarmache, dass es für einen einzelnen Menschen tatsächlich nur eine einzige Wahrheit und daher auch nur eine einzige Religion geben kann, wohingegen wir aus dem Blickwinkel der gesamten Menschheit das Konzept von „vielen Wahrheiten innerhalb vieler Religionen" akzeptieren müssen.[71]

Die Beispiele dieses Unterkapitels können die enorme Bedeutung der Beiträge des indischen Subkontinents zum weltweiten Verständnis von Frieden nur andeuten. Neben den genannten haben spirituelle Lehrer wie Paramahansa Yogananda, Swami Rama oder Swami Veda Bharati, Literaten von Rabindranath Tagore bis Salman Rushdie oder Arundhati Roy, kritische Denker wie Smithu und Rajni Kothari, Claude Alvarez oder intellektuelle

69 Dalai Lama 2000 S. 228.

70 Ich danke Daniela Ingruber für den Hinweis, dass dieses Flair möglicherweise auf schlechte Übersetzungen zurückzuführen ist und im Tibetischen nicht so gelesen würde. Dennoch: Im Westen werden die Übersetzungen rezipiert.

71 Dalai Lama 2000 S. 224.

Aktivistinnen wie Vandana Shiva oder Medha Patkar, um wieder nur einige wenige zu nennen, Schlüsselrollen in der dynamischen Debatte über die Frieden gespielt. Teilweise haben sie selbst die Übersetzungsarbeit der indischen Texte in die Sprachen der *Moderne* und *Postmoderne* geleistet. Sie fanden aber auch auf europäischer Seite kongeniale und vor allem theologisch gut gebildete Partner, wie den als Swami Abhishiktananda bekannten Henry Le Saux,[72] Raimon Panikkar,[73] Jacques Dupuis,[74] den als Sri Vaman Das publizierenden Walther Eidlitz[75] oder den als Swami Danayanda bekannten Bede Alan Richard Griffith.[76] Sie alle haben überaus Wertvolles zur Integration indischer Denktradition in die weltweite Debatte zur Friedensphilosophie beigetragen.

2 Zur polymorphen *pax universalis* der *transpersonalen* Frieden

Mit dieser Überschrift eröffne ich ein Thema, das die Philosophie schon über Jahrhunderte beschäftigt und dennoch im Rahmen dieses Textes in eine neue Frage aufwirft. Was heißt es, ein Individuum, ein Subjekt, eine Person, ein Ich, ein Ego, ein Selbst oder eine Persönlichkeit zu haben oder zu sein? Das war Gegenstand vielfältiger Analyse und Debatte in den verschiedensten akademischen Disziplinen. Ich kann das nicht zum Abschluss bringen, beziehe aber Stellung und lege meine Sichtweise für den Zweck der weiteren Argumentation dar.

Im fünften Jahrhundert unserer Zeitrechnung definierte der richtungsweisende christliche Philosoph Boethius die Person als individuelle Substanz von rationaler Natur.[77] Er hat den Begriff nicht erfunden. Er verwendete das lateinische Wort *per-sonare*, das „durch eine Maske klingen" meint und etymologisch entweder im Griechischen *prosôpon* oder im Etruskischen *phersu* wurzelt. Beide bedeuten Maske. Die Maske wiederum repräsentierte in den frühen griechischen Ritualen und Tragödien den formellen Aspekt des

72 1910 bis 1973.
73 * 1918.
74 1924 bis 2004.
75 1892 bis 1976.
76 1906 bis 1993.
77 Boethius 2007.

Göttlichen. Die Maske oder die Rolle stellt nur die sichtbare Oberfläche von etwas Größerem dar. Im *dionysischen* Ritual und der vorsokratischen Tragödie bestimmte die *Energie*, ausgedrückt durch die Musik, den Dithyrambus, das Geschehen – nicht umgekehrt.[78] In seinem materiellen Aspekt, *Apollo*, ist das Geschehen nicht vollständig, es benötigt die *Energie*, *Dionysus*, die durch die Maske klingt.

In der christlichen Tradition wurde diese *Energie* als Seele überliefert. Die Person besteht demnach aus Körper, Geist und Seele. Boethius führte den Geist, die rationale Natur, in diese Debatte ein, die er unter allen existierenden Wesen nur dem Menschen zuschrieb. Der Mensch sei die höchste aller Lebensformen, ausgestattet mit besonderer Würde und speziellen Rechten. Daher macht für Boethius noch keiner der genannten Aspekte allein einen Menschen aus, sondern erst das Zusammenwirken aller drei. Nach dieser Definition ist der Mensch eine substanzielle Erscheinung, die auf rationale Weise eine sozial wahrnehmbare Rolle spielt, eine Funktion wahrnimmt, und dabei von ihrem metaphysischen Aspekt, der Seele, die sie mit Gott verbindet, geleitet wird. Das wurde durch Jahrhunderte herrschende Lehre, obwohl der metaphysische Aspekt stets Raum für Zweifel, Widersprüche und Manipulationen offen ließ.

Boethius benötigt für die Definition der Person eine individuelle Substanz, da Materie die Grundlage für die Individuation bildet. Das Individuum stellt den materiellen Aspekt der Person dar. Es ist weniger als eine ganze Person. Der Begriff lässt sich auch auf nicht-menschliche Lebensformen anwenden. Doch was macht eine lebende Substanz unteilbar? Wie kann das Individuum von seiner Herde, seinem Schwarm, seiner Schar oder seiner Mitwelt unterschieden werden? Wo hört es auf? Wo fängt es an? Ist die Luft, die es einatmet, die Nahrung, die es verdaut, Teil von ihm? Oder sind das separate Dinge, obwohl sie im Körper zu finden sind und in einer dauernden Abfolge integriert, transformiert und wieder ausgeschieden werden?[79]

Das Wort Individuum unterstellt, dass etwas nicht mehr geteilt werden kann, dass die kleinstmögliche Einheit einer Lebensform erreicht wäre. Das wirft gleich zweifachen Zweifel auf. Einerseits stellt sich die Frage, ob irgendeine Lebensform von ihrer Umgebung getrennt werden kann, ohne sie

78 Nietzsche 1983b S. 593–651.

79 Ich bin nicht der erste, der diese Fragen stellt. Unter vielen anderen siehe dazu Perls 1991 S. 14/15.

zu töten. Nichts, was sich jemals entwickelt hat, meint etwa Ervin Laszlo, existiere für sich allein. Alles ist mit allem verbunden, alles ist Teil eines organischen Ganzen. Jedes Individuum ist Teil eines größeren Ganzen und unterliegt in seiner Autonomie dem Einfluss größerer Kräfte und Systeme, in denen es den Status einer Komponente hat. Umgekehrt repräsentiere sich das Ganze im Individuum. Alle Dinge, die sich gemeinsam im Universum befinden und bewegen, stünden in einem fortwährenden, intimen Kontakt. Sie wären durch Beziehungen und Botschaften verknüpft, die unsere Wirklichkeit zu einem gewaltigen Netzwerk aus Interaktion und Kommunikation werden lassen.[80] Wenn das stimmt, ist die Natur oder der Kosmos, das All-Eine, das einzig existierende Individuum. Jedes Konzept der Trennung ist dann zumindest intellektuelle Gewalt. Das ändert nichts am Grundmuster, aber das vermeintliche Individuum ist allerlei Einschränkungen und Bedingungen unterworfen, die seine Ausdrucks- und Handlungsmöglichkeit beeinflussen. In vielerlei Hinsicht ist es dem Regime der übergeordneten Größe unterworfen.

Für Individualität im Sinne Boethius' wäre eine weitere Voraussetzung, dass kein abgetrennter Teil des individuellen Organismus für sich allein leben könne. Doch unter dieser Voraussetzung wäre die Reproduktion unmöglich. Die populäre Frage, wie viele Individuen eine schwangere Frau wäre, ist der simple Ausgangspunkt für eine komplexe und kontroversielle Debatte. Das Konzept der Individualität trägt nämlich einen inhärenten Widerspruch in sich.[81] Schon Henri Bergson hat festgestellt, dass Individualität jede beliebige Zahl von Ebenen zulässt und auf keiner vollständig realisierbar ist, auch nicht im Menschen.[82] Das hat ernste Folgen für den Individualismus in der *Moderne*. Ich kann argumentieren, dass der Körper gar nicht die kleinstmögliche Einheit von Leben bildet. Was geschieht, wenn Teile des vermeintlich unteilbaren Körpers vom Rest abgetrennt und künstlich am Leben erhalten werden? Ist das keine individuelle Substanz im Sinne des Boethius? Welch ein Individuum entsteht, wenn diese Teile mit anderer lebender Substanz zusammengesetzt werden, wie das die *moderne* Medizin laufend macht? Individualität mag in ihrer ganzen Geschichte ein Irrlicht gewesen sein, doch wenn das aus rein technischen Gründen offensichtlich

80 Laszlo 2002 S. 20.

81 Bachir Diagne 2007 S. 49–60.

82 Bergson 1944. S. 16.

wird, verlangt es nach einer neuen ethischen Orientierung. Das ist eine der Herausforderungen unserer Zeit.

Der Umgang mit dieser Frage wurde dadurch, dass René Descartes 1641 in seinen *Meditationes de prima philosophia* das klassische Konzept der Seele zertrümmerte, in dem er die *moderne* Subjektphilosophie entwarf, nicht gerade erleichtert. Sein Schlüsselwort leitet sich aus dem Lateinischen *subiectum* ab und meint das Fundamentale, den Grund. Nach Descartes ist der Verstand der Träger von *cogitationes*, des Denkens, der Erinnerung, der Idee und der Vorstellung. Der Verstand schafft das Subjekt, denn er sorgt für die Gewissheit einer konstituierenden, andauernden und bewussten Selbstreferenz. Ein Subjekt ist demnach ein Wesen, das eigene Erfahrungen hat und in der Lage ist, diese zu erinnern und anzuwenden. Aus der Sicht des Subjekts ist alles außerhalb ein Objekt. Das Subjekt ist der bewusste Beobachter und das Objekt alles Beobachtete. Das Subjekt ist demnach ein bewusstes, wahrnehmendes, erinnerndes und agierendes Individuum. Descartes setzt das Denken mit dem Sein, Identifizierung und folglich Identität mit dem Denken gleich. Oder in anderen Worten, sein Subjekt ist eine Person, die keine Seele oder Beziehung zu Gott benötigt. Er selbst erkannte den dogmatischen Skandal und die logische Schwäche in seinem Vorschlag, den ich als gottlose Person bezeichnen könnte. Das wurde mit Recht angegriffen, denn auch wenn ein solches Subjekt keinen Gott für das Wissen benötigt, braucht Descartes doch Gott, um seine bloße Existenz zu erklären. Es ist die Erfahrung um die Beschränktheit im Wissen des endlichen Subjekts, die ein latentes Gottesbewusstsein provoziert.[83] Descartes' Philosophie benötigte einen transzendenten Gott als letzten Grund, weshalb er versuchte, dessen Existenz zu beweisen, um seine Philosophie zu begründen.

John Locke wiederum definierte eine Person als ein Lebewesen, das sich über die Zeit hinweg seiner selbst bewusst ist und daher in der Lage, bewusste Entscheidungen über die Zukunft zu fällen, als

> ...a thinking intelligent Being, that has reason and reflection, and can consider it self as it self, the same thinking thing in different times and places; which it does only by that consciousness, which is inseparable from thinking, and as it seems to me essential to it.[84]

83 Fischer 2007.

84 Locke 1975 S. 335.

Diese rationale Definition verlangt nach einem Grund. Die Aufklärung löste das Problem, indem sie diesen Grund säkularisierte. Sie setzte Vernunft und Normen an die Stelle Gottes und erreichte so ein scheinbar stabiles Fundament. Immanuel Kant meinte auf der Basis seiner Annahme einer transzendentalen Schranke, die nicht überwunden werden könne, dass objektives Wissen nur möglich wäre, wenn die Objekte in der Erkenntnisfähigkeit des Subjekts begründet wären.[85] Die Person wurde damit endgültig zum autonomen Subjekt und dieses zur Grundlage für das Wissen in der *modernen* Wissenschaft.

Die Eigenschaft, die bei John Locke die Person zur Persönlichkeit macht, ist ihr Wunsch, die Welt zu beeinflussen. In ihrem Umfeld versucht eine solche Persönlichkeit alle Faktoren zu verändern, die ihr missfallen, um jene Bedingungen zu erreichen, die sie glücklich machen. Das führt zur Beurteilung dessen, was richtig oder falsch ist. Das Richtige zu tun, um die gewünschte Position zu erreichen, resultiert aus den Möglichkeiten der Persönlichkeit, ihrem Wissen, ihrer Erfahrung und ihrem Besitz, die sie alle erworben hat, um möglichst erfolgreich nach Glück zu streben. Daher sind Anerkennung und Schutz der gesetzlichen Stellung substanziell für die Persönlichkeit, weil sie ihr nach dieser Vorstellung, erlauben, zum Besten der Gesellschaft selbst zu prosperieren. Eine Persönlichkeit ist auf dieser aufgeklärten, materialistischen und positivistischen Basis ein Individuum, ein Subjekt und eine Person, die durch das Gesetz anerkannt und geschützt ist. Dieses normative Prinzip wird oft mit der Gleichheit vor dem Gesetz verbunden, auf der die Bürgerrechte, Nationalität, Gemeinschaft, Rechte und Pflichten beruhen. So fand das Eingang in die meisten Menschenrechtskodifikationen.

Friedrich Nietzsche zertrümmerte all diese Konzepte, als er feststellte, dass das autonome Subjekt nichts als eine grammatikalische Fiktion wäre und dass es hinter der Maske keinen Akteur gebe:

> Das wahre Wesen der Dinge ist eine Erdichtung des vorstellenden Seins, ohne welche es nicht wirklich vorzustellen vermag.[86]

Seine Kritik richtete sich dahin, dass es reine Substanz nicht gebe, weil alles aus oszillierenden Energieformationen gebildet würde, die sich gegenseitig

85 Kant 1974.

86 Nietzsche 1983c S. 134.

beeinflussten, für einen Moment kristallisierten, um sich gleich wieder aufzulösen. Demnach gebe es nur Erscheinungen, keine Fakten. Bewusst werden sich die Menschen nur als eines Haufens von Affekten: Und selbst die Sinneswahrnehmungen und Gedanken gehören unter diese Offenbarung der Affekte.[87] Nietzsche betrachtete die subjektive Erfahrung als jenseits aller *modernen* Wissenschaftlichkeit angesiedelt, weil wissenschaftliches Verstehen in der *Moderne* nach einer objektiven Perspektive verlangt, die dem subjektiven Standpunkt diametral entgegengesetzt sei.

Gemeinsam mit den Ideen von Karl Marx und wenig später der Strukturhypothese Sigmund Freuds schuf dies den Ausgangspunkt für das systematische Hinterfragen der Existenz eines einheitlichen, autonomen Subjekts und damit der Grundlage des *modernen* Menschen- und Gesellschaftsbildes. All diese Denker öffneten den Weg für die Dekonstruktion des Subjektbegriffs, indem sie feststellten, dass *Moral(en)* und Ethik nur relational und intersubjektiv konstruiert würden. Einem unabhängigen Individuum könne so etwas wie *Moral* in keiner Weise helfen. So verwandelte sich auch für die Menschen im so genannten Westen die Auseinandersetzung mit den Frieden von einer Frage christlicher Moralität oder aufgeklärter Vernunft zu einer Angelegenheit angemessener Therapie. Das hatte weitreichende Folgen.

Sigmund Freud[88] bewahrte die Vorstellung einer dreifaltigen Struktur der Person und revolutionierte sie vollständig. Nietzsches *dionysische Energie* taucht bei ihm als Libido des triebhaften Es auf, die *apollinische* Form im Über-Ich und zwischen beiden vermittelt das bewusst urteilende und handelnde Ich. Hatte Boethius die Person über die metaphysische Seele mit dem Universum, Gott oder dem All-Einen verbunden, so verbindet Freud sein Überich auf mechanistische Weise mit der säkularen Welt der Gesellschaft und lässt die Lebensenergie über die Triebe des Individuums fließen.

Freuds Ich hat die Verfügung über die willkürliche Bewegung des Körpers. Es hat die primäre Aufgabe der Selbstbehauptung und erfüllt sie, indem es äußere Reize kennenlernt, im Gedächtnis Erfahrungen über sie abspeichert, überstarke Reize durch Flucht meidet, mäßigen Reizen durch Anpassung begegnet und lernt, die Außenwelt in zweckmäßiger Weise zu

87 Nietzsche 1983c S. 145. Wie zuvor bei Kant, geht es auch bei Nietzsche um die Debatte „Sein oder Schein". Erst die Phänomenologie und Autoren wie Husserl, Merleau-Ponty, Waldenfels und schließlich Sartre versuchten dies aufzulösen.

88 Freud 1927.

seinem Vorteil zu beeinflussen. Nach innen beansprucht es gegenüber dem Es die Kontrolle über die Triebe und entscheidet, ob deren Befriedigung zugelassen, aufgeschoben oder unterdrückt werden soll. Ich verweise dabei auf die Parallele der Freud'schen Struktur zur *Großen Triade* von Himmel (Überich), Natur (Es) und Mensch (Ich).

Das Freud'sche Ich hat sich vom unbewussten Es so differenziert, dass es nicht nur den Reizen von außen, sondern auch denen von innen wie ein Beobachter gegenüberstehen kann. Es bleibt aber ein Teil dessen, was beobachtet wird und hält auch unbewusste Anteile.[89] Das Ichbewusstsein ist in diesem Konzept ein zweifaches, oder ich könnte auch sagen, ein gespaltenes, denn das Ich ist einerseits Subjekt, was heißt, erlebende Form und Akteur, andererseits Objekt, was heißt, Gegenstand des selbst Erlebten.[90] Das Ich kann in Bezug auf sich selbst zugleich Beobachter und Beobachtetes sein. Das Ich als Subjekt seiner Erlebnisse ist notwendig, auch wenn es sich seiner selbst gerade nicht bewusst ist. Alles, was ein Mensch erlebt, kann er nur ichbezogen erleben. In allen Ereignissen nimmt er sich selbst als denjenigen wahr, der augenblicklich erlebt. Das Ich bildet den einheitlichen Beziehungspunkt aller Erlebnisse einer Person und den Inbegriff aller Eigenschaften, Verhaltensweisen und psychischen Akte, die es sich zurechnet. Es erlebt sich als diejenige Instanz, die auf Umweltereignisse und die eigenen Entschlüsse reagiert. Es ist sich als Konstante seiner psycho-physischen Einheit bewusst, die zugleich abgeschlossen und allverbunden ist. Freuds dissidenter Schüler Carl Gustav Jung setzte das Ich daher einfach mit dem Bewusstsein gleich.[91]

Das Ich ist nach dieser Definition Voraussetzung für das Bewusstsein einer Person, weil sich das subjektiv Erlebende und das objektiv Erlebte verschränken. Das Erleben als Eigenpersönlichkeit bildet die Voraussetzung dafür, dass das Ich sich selbst zugleich von außen erleben und sich seiner selbst als Teil der Welt bewusst sein kann. Das Ich ist nur mit anderen und der Welt verbunden vorstellbar, obwohl es zugleich eine sich ihrer selbst bewusste und derart vollständige Einheit bildet. Diese vom Verstand ge-

---

89 Freud 1953 S. 67–71.

90 Das erscheint nur im mechanistischen Weltbild der *Moderne*, das Freud noch leitete, paradox. *Transrationale* Weltbilder bauen wie schon die *energetischen* auf die Einheit des Universellen oder Kosmischen mit dem Individuellen. Sie können die Subjekt-Objekt-Trennung der *Moderne* nicht nachvollziehen.

91 Stevens o.A. S. 65.

schaffene Dualität ist die Besonderheit der Spezies Mensch und Quell aller Komplikationen in den sozialen und individuellen Beziehungen.

Freuds Matrix des Interpersonellen, für die ich die Frage der Frieden stelle, weicht signifikant vom Modell des Boethius ab, weil jedes Wesen mehr oder weniger Einfluss auf das Überich aller anderen hat. Obwohl Freud das Ich einerseits auf mechanistische Weise als Individuum wahrnimmt, ist dieses strukturell in einen größeren Zusammenhang eingebettet. Deshalb unterscheidet diese Lehre zwischen dem Charakter[92] eines Menschen, der die Gesamtheit der dem einzelnen Individuum gegebenen Möglichkeiten umschreibt, und der Persönlichkeit, womit jener Anteil davon gemeint ist, der im konkreten Leben tatsächlich zur Entfaltung kommt und sich für die Mitwelt wahrnehmbar ausprägt.[93] Carl Gustav Jung beschrieb das sehr blumig:

> Persönlichkeit ist höchste Verwirklichung der eingeborenen Eigenart des besonderen lebenden Wesens. Persönlichkeit ist die Tat des höchsten Lebensmutes, der absoluten Bejahung des individuell Seienden und der erfolgreichsten Anpassung an das universal Gegebene bei größtmöglicher Freiheit der eigenen Entscheidung.[94]

Ich und Ego werden in der Literatur oft als synonyme Begriffe verwendet, wobei vor allem englische Texte das Ego gerne als bloße Übersetzung des deutschen Ich verwenden und somit das Organisationsprinzip der Psyche meinen. Ken Wilber stellt fest, dass dabei das empirische Ich, das Gegenstand des Bewusstseins und der Introspektion sein kann, von dem zu unterscheiden sei, was Kant, Fichte oder Husserl als das reine Ich oder absolute Subjekt bezeichnet haben, das unter keinen Umständen als Gegenstand gesehen werden kann. Das reine Ich steht für eine Vorstellung radikaler Autonomie. Es entspricht dem hinduistischen *ātman*, dem reinen Zeugen,

---

92 Nicht zu verwechseln mit dem Charakter oder der Charakterstruktur nach Wilhelm Reich. Dort sind damit die festen Muskelhaltungen, die emotionalen Reaktionen und Glaubenssysteme, die sich im Körper und Verhalten niederschlagen, gemeint.

93 Zum Beispiel Nowotny 1973 S. 181.

94 Jung 1995 §289. Augusto Boal sollte das später so ausdrücken, dass die Persönlichkeit jener winzige Ausschnitt des Potenzials der Person wäre, das tatsächlich aktiv wird. Die Persönlichkeit wäre demnach die teilweise freiwillige Handlungsbegrenzung der Person. Das Potenzial der Person köchle gleichsam im Topf, während die Persönlichkeit über das Sicherheitsventil entweiche. Boal 2006 S. 47.

der niemals Objekt ist und daher niemals betrachtet werden kann, aber alle Objekte in sich enthält.[95]

Zwischen dem Ich als lebenserhaltende Struktur im Sinne Freuds und dem Ego als Schattenaspekt des Ich, das seine Ziele gegen die Ansprüche anderer durchsetzt, die Grenzen nicht respektiert, kontrolliert und manipuliert, um das Beste für sich selbst herauszuholen, unterscheidet Sylvester Walch.[96] Seine Definition des Ego korrespondiert weitgehend mit dem Begriff des Schattens bei Carl Gustav Jung.[97] Letzterer verstand darunter ins Unbewusste abgeschobene Anteile der *persona*, die von dort aus ihre Dynamik entwickeln würden. Demnach würden wir Menschen unsere Schatten nicht nur verdrängen, sondern ihre Existenz in uns selbst leugnen und nach außen in Andere hinein projizieren. Das geschehe unbewusst. Wir würden nicht wahrnehmen, dass wir uns so verhalten, und dieser Akt der Aufrechterhaltung des Ich würde es ermöglichen, unsere eigene Schlechtigkeit zu verleugnen, sie anderen zuzuschreiben und diese dafür zur Verantwortung zu ziehen. Das ist Jungs Erklärung für das Sündenbockphänomen und nach seiner Ansicht die Grundlage für alle möglichen Vorurteile gegen Menschen, die einer als anders definierten Gruppe zugehören. Schattenprojektion kann demnach sowohl die sozialen als auch die internationalen Frieden massiv bedrohen. Sie ermöglicht es, Menschen, die als Feinde bezeichnet werden, als Teufel oder Parasiten wahrzunehmen, die berechtigterweise gehasst, angegriffen und vernichtet werden müssen. Auf dieser Basis lassen sich Völker manipulieren. So wurde der Holocaust vorbereitet. Derselbe Mechanismus wirkt in allen Pogromen, so genannten ethnischen Säuberungen und Kriegen.

Das Erkennen der eigenen Schatten und das Lernen, mit ihren Inhalten zu leben, gewährt dem Individuum nach Jung ein höheres Niveau an Lebendigkeit. Die Bereitschaft, die Verantwortung für den eigenen Schatten zu übernehmen, öffne das eigene *moralische* Verhalten und mache es selbstbestimmter. Das Bewusstsein für den Schatten ist aber nicht nur für die persönliche Entwicklung von Bedeutung, sondern eine Grundvoraussetzung für sozialen Frieden und internationale Verständigung.

Bei Erich Fromm bedeutet Ego-ismus, ähnlich wie bei Walch, dass jemand alles für sich haben möchte und ihm nicht das Teilen, sondern das

95 Wilber 2001b S. 283/284.
96 Walch 2002 S. 141.
97 Stevens o.A. S. 68–71.

Besitzen Vergnügen bereite. Wenn das Haben mein Ziel ist, muss ich habgieriger werden, denn mein Ego ist mehr, wenn es mehr hat.[98]

Eckhart Tolle[99] definiert das Ego daran anschließend als eine Selbstsuche, bei welcher der Mensch das Selbst mit irgendeiner Form identifiziert. Das Ego ist für ihn die Zusammenballung sich ständig wiederholender Gedankenformen und konditionierter mental-emotionaler Muster, denen ein Ichgefühl unterlegt wird. Durch diese Identifikation sind ego(ist)ische Menschen blind für ihre Anhaftungen. Diese Blindheit ist für Tolle das, was mit der Erbsünde im Christentum, dem Leiden im Buddhismus und der Täuschung im Hinduismus gemeint ist. Er beschreibt das Ego als Schmerzkorper des Ich, als den Schatten der Angst vor dem Licht des Bewusstseins.[100] Dieser Schmerzkörper sei eine aus dem Restschmerz vergangener Verletzungen im Ich entstandene Emotion, die Lebensenergie aus der gegenwärtigen Gesamtheit des Energiefeldes abspalte und durch die Identifikation des Verstandes mit dem somatischen Schmerzempfinden Autonomie erreiche.[101] Das Ego wäre unbeaufsichtigter Verstand, der das Leben der Person übernimmt, wenn das Ich nicht als beobachtendes Bewusstsein präsent ist. Das Ego wächst aus der Identifikation des Ich mit Gedanken oder Emotionen. Hier ist die Unterscheidung zwischen Emotion als erinnerte Gefühlslage aus vergangenen Situationen einerseits und aktuellen Gefühlen in unmittelbar erlebten Zusammenhängen andererseits ebenso wichtig wie die zwischen den Gedanken als Fragmente unbewusster Geschichten, die aus der Vergangenheit aufsteigen, und der bewussten Rationalität gegenwartsbezogenen Handelns. Diese Lehren richten sich also nicht gegen Rationalität als Prinzip, sondern gegen Emotionen und Gedanken als Nährstoffe des Ego und Hindernisse gegenwärtiger Bewusstheit.

Das Ego ist eine Reaktion auf die Erinnerung an die eigene Schwäche, aus der das Verlangen nach Haben-wollen, Besitzen, Herrschen oder gar Töten resultiert. Es nimmt sich selbst als Fragment in einem feindseligen Universum wahr, ohne innere Verbindung zu irgendeinem anderen Wesen und umgeben von anderen Egos, die es entweder als mögliche Bedrohung

98 Fromm 1976 S. 16.

99 Tolle 2005 S. 32.

100 Tolle 2007 S. 48–58. und Tolle 2005 S. 139–172.

101 Ähnlich sah das auch schon der junge Freud, der meinte, dass die Erinnerung an das psychische Trauma nach der Art eines Fremdkörpers wirke, der noch lange Zeit nach seinem Eindringen als gegenwärtiges Agens weiter wirke. Freud/Breuer 1950 S. 227.

ansieht oder die es für seine eigenen Zwecke zu benützen versucht. Die Bedürfnisse dieses Ego sind ohne Grenzen. Es fühlt sich verletzlich und bedroht und lebt in einem Zustand von Angst und Bedürftigkeit. Das Ego braucht Wettbewerb, Probleme, Konflikte und Feinde, um das Gefühl der Getrenntheit, von dem seine Identität abhängt, aufrechterhalten zu können. Daher ernähren und befriedigen Geist und Körper das Ego mit immer neuem Schmerz, der sich selbst oder anderen zugefügt werden muss. Das Ego steht am Beginn aller Gewaltspiralen, ob sich das auf persönliche Verhältnisse bezieht oder auf kollektives Unheil wie Krieg, Völkermord, Sklaverei und Folter, die Ausfluss des Ego jener Persönlichkeiten sind, die nach politischer oder wirtschaftlicher Macht und einer herausragenden sozialen Stellung streben.

Ken Wilber analysiert Ich und Ego als eine ambivalente Errungenschaft der Aufklärung:

> Das rationale Ich hatte sich die Umwandlung egozentrischer Neigungen und ethnozentrischer Herrschaftshierarchien in eine weltzentrische und freiheitliche Haltung des universellen Pluralismus, Altruismus und Wohlwollens vorgenommen. Das war eine Unabhängigkeitserklärung mit mehr als einer Zielrichtung: Unabhängigkeit von religiösen und mythischen Herrschaftsansprüchen, von staatlicher Einmischung in das persönliche Leben, von Konformismus und Herdendenken, von einer als Ursprung noch-nicht-moralischer Antriebe aufgefassten Natur. Die Autonomie des rationalen Ich musste erkämpft werden, musste aktiv beschützt werden vor all den Kräften der Heteronomie, die es immer wieder von seiner weltzentrischen Haltung universaler Toleranz abbringen wollten.[102]

Bei Pluralismus, Altruismus und Freiheit für alle handelt es sich um zentrale Werte der *Moderne* und der *Postmoderne* und darüber hinaus sind es Werte, die einen guten Teil der Menschenwürde ausmachen. Doch kaum hatte das rationale Ich der Aufklärung eine gewisse Vorstellung von diesen Werten gewonnen, begann es auch schon, sich von anderen Werten nicht nur zu differenzieren, sondern sie auch zu verdrängen und sich gänzlich von ihnen loszusagen. Dabei erkennt und kritisiert Wilber[103] drei Hauptrichtungen der Bewegung des rationalen Ich zum Ego:

102 Wilber 2001b S. 537.
103 Wilber 2001b S. 538.

- Die Abkehr von allen nicht personalen oder rationalen Komponenten der prämodernen Frieden, weil das rationale Ich der Aufklärung nichts von seiner neuen Freiheit in eine Richtung abzugeben bereit war, die mit Gott, Göttlichem oder Spiritualität zu tun haben könnte.
- Die Missachtung der relationalen Dimension der Frieden. Das beziehungslose, vereinzelte, hyperagentische Subjekt der Aufklärung sieht in anderen Menschen nicht mehr kommunizierende Subjekte, sondern nur noch informierende Objekte.
- Statt die biosphärische *Energie* (*Dionysus*) zu transzendieren und einzuschließen, sagt sich das rationale Ich der Aufklärung davon los und verdrängt sie. Die Natur wird nach innen und außen objektiviert, denn keine wie auch immer geartete Abhängigkeit oder Eingebundenheit soll der neuen Freiheit dieses rationalen, rein noosphärischen Ich in die Quere kommen.

Das rationale Ich verkommt auf diese Art zum Ego. Dieses kreist um sich selbst. Im Sinne einer über die Aufklärung, die *Moderne* und *Postmoderne* hinausgehenden Friedensidee muss das Ego daher transformiert werden. Egoismus ist nicht nur eine Erscheinung im Verhalten der Persönlichkeit und eine Entscheidungsfrage in der Charakterbildung der Menschen, sondern der Angelpunkt für jede nachmoderne Friedensidee.

Das *transpersonale* Selbst[104] ist (unter anderem) ein Begriff der Chakren-Psychologie des Yoga.[105] Dort scheint es als unlokalisierbarer Seinsgrund durch die leib-seelisch-geistige Einheit des personalen Selbst. Dieses ist im *transpersonalen* aufgehoben, beherbergt und transzendiert. Im personalen Selbst gibt es eine Öffnung, durch die das *transpersonale* hindurchscheint.[106] Es ist jener Aspekt des Seins, der die bloß persönliche Sphäre integriert, überschreitet und differenziert. Im Selbst sind wie im reinen Ich weder gute noch schlechte Eigenschaften. Das Selbst ist frei von Eigenschaften. Nach

---

104 Mit dem Begriff Selbst schlage ich ein komplexes, in der Psychologie ausufernd und kontroversiell diskutiertes Kapitel auf, das ich in diesem Band nicht in angemessener Weise würdigen kann. Es wird Gegenstand weiterführender Erläuterungen im zweiten Band sein. Das Selbst im hier vorgestellten Verständnis ist jenem C.G. Jungs ähnlich, aber nicht mit ihm gleichzusetzen. Ebenso wenig ist der Begriff, wie ich ihn verwende, mit der Psychologie des Selbst in der Tradition Heinz Kohuts verbunden, wenngleich es mit beiden Überschneidungen gibt. .

105 Swami Veda Bharati 1986 S. 3–23.

106 Walch 2003 S. 140–152.

Sri Ramana Maharashi ist das Selbst das reine Sein. So interpretiert er jene Stelle in der Bibel, wo es heißt: „Ich bin der ich bin.“ [107] Das Selbst ist nicht Körper, nicht Geist, nicht Denken. Es ist nicht Gefühl oder Empfindung oder Wahrnehmung. Es ist frei von allem Objekthaften, allem Subjekthaften, aller Dualität. Es kann weder gesehen, gedacht oder erkannt werden. Es ist jenseits von Zeit und Raum und immer da.

Diese Lehre interpretiert das Ego so wie Locke die Persönlichkeit, die in diesem Verständnis allerdings am Weg zur Erkenntnis aufgelöst werden muss. Was Locke hochleben lässt, gehört im Buddhismus zu den drei Geistesgiften. Daher enthält buddhistische Weisheit die Einladung, das Ich von seinem weltlichen, egoischen Verlangen zu lösen, von den materiellen, subjektiven Leidenschaften zu befreien und dadurch den Weg zum Bewusstsein für das höhere Selbst zu öffnen.

Ich möchte zum besseren Verständnis dieser Sichtweise den „Bauplan“ des Selbst-Bewusstseins in der Chakren-Psychologie des Yoga[108] nachzeichnen, da er von der westlichen Psychologie, etwa von Wilhelm Reich oder Araham Maslow,[109] kopiert wurde und für den Bereich der Konflikttransformation in der Tradition humanistischer Psychologie ein hilfreiches Raster anbietet.[110] Er führt in den meisten Versionen stufenweise[111] vom Ego zum Nirvana.[112]

Das erste Charkra, *muladhara*, bezieht sich auf den physischen Körper und seine materiellen Funktionen, wie Ernährung und Ausscheidung, Geburt und Fortpflanzung, Atmung und Sterben. Ihr egoischer Aspekt liegt dabei in der Maßlosigkeit, die nicht *moralisch* als Völlerei und Ausschweifung

---

107 Sri Ramana Maharashi 1879 bis 1950; zitiert in Wilber 2001b S. 375.

108 Ich beziehe mich auf Hatha-Yoga, Kundalini-Yoga, Kriya-Yoga, Pranayama und besonders Tantra-Yoga. Dieses Muster ist in Patanjalis Yoga-Sutras beschrieben. Ausführlich Swami Veda Bharati 1986.

109 Rosenberg/Rand/Asay 1996 S. 141 und 370.

110 Auch die Entwicklungspsychologie verwendet mehr oder minder explizit dieses Muster. Ich werde mich aber nicht an deren Nomenklatura halten, da mir ihre vektorale und aufsteigende Chronosophie an dieser Stelle nicht angebracht erscheint. Sie ist im Wesentlichen ein *modernes* Konzept.

111 Sylvester Walch meint, es wäre besser, von einer spiralartigen Entwicklung statt von einer starren Hierarchie zu sprechen, da die Öffnung der Chakren nicht unbedingt und immer nacheinander erfolgt. Jedes Chakra habe einen unbewussten, materiellen und spirituellen Aspekt. Ich danke für diesen Hinweis, und bitte, meine aus systematischen Gründen hierarchisch angelegte Darstellung so zu verstehen.

112 Golzio 1998 S. 27–58.

verurteilt wird, sondern wegen ihres Suchtcharakters als Leiden schaffendes Hindernis am Weg zur Erfahrung des Selbst. Der yogische Weg rät daher zur Mäßigung. Auf materieller Ebene steht nicht die quantitative Verfügbarkeit von Ressourcen im Mittelpunkt der Daseinsfrage, sondern jene nach dem maßvollen Umgang mit ihnen. Ein gieriges Ich wird als ebenso arm betrachtet wie ein darbendes. Denn es ist zu beachten: Für ein bewusstes Ich ist das Gegenteil von Haben nicht das Nichthaben, sondern das Nicht-haben-wollen. Ego(ist)isch ist, wer begehrt und sich selbst dadurch Leiden schafft. Dies ist nicht strickt an die Verfügbarkeit materieller Ressourcen gebunden. Auch und gerade wer über umfangreichen Besitz verfügt, begehrt oft mehr davon und ist deshalb arm, während Personen, die materiell in bescheidenen Verhältnis leben, oft, aber nicht zwangsläufig, weniger von diesem Begehren geplagt sind.

Im zweiten Chakra, *svadisthana*, werden Erinnerungen in Emotionen umgewandelt. Eine Emotion ist, wie schon erwähnt, ein *energetisch* aufgeladenes Erinnerungsmuster in der Gegenwart.[113] Mentale Angst und körperlicher Schmerz sind zusammen Antrieb ego(ist)ischen Handelns. Mut ist nicht das Gegenteil von Angst, sondern eine andere Erscheinungsform derselben *Energie*. Im Grunde ist er nur die andere Seite derselben Medaille. Dazu gehört aber ebenso und ganz besonders auch der Wunsch, vergangene körperliche (sexuelle) Lusterfahrung zu wiederholen. Sexuelle *Energie* reproduziert, solange sie unbalanciert und unbewusst bleibt, sich selbst und damit Begehren, das sich in Gewaltneigung und Aggression laufend neu formiert.

Das dritte Chakra, *manipura*, betrifft Intellekt und Gesellschaftsfähigkeit. Der egoische Aspekt ist das Verlangen nach gesellschaftlicher Macht, Unterwerfung und Anerkennung. Das führt zu Kalkül und Misstrauen als Gewalt förderndes Verhalten, denn Macht über andere ist Schwäche, die sich als Stärke maskiert. Die Transformation zur inneren Stärke über Vertrauen und Bewusstheit ist auf dieser Ebene nur allzu rational, was nicht heißen soll, dass sie besonders leicht zu erreichen wäre, denn auch hier führt nicht die Unterdrückung der entsprechenden Aspirationen zur Transformation, sondern der leidenschaftslose Umgang mit ihnen, der Machtspiele und Streitigkeiten, die in Beziehungen so zersetzend wirken, beendet.

Das vierte Chakra heißt *anahata*. Hier geht es um Herzensqualitäten wie Liebe, Mitgefühl, Selbstlosigkeit und Hingabe. Auf dieser Ebene beginnt das

113 Ausführlich dazu Kabbal 2008 S. 75–91.

Ich sich vom Ego zu reinigen, sich selbst zu überschreiten und zu transformieren, aber noch ist es der Dualität zwischen männlich und weiblich und damit dem von Leidenschaft, Begehren und Machtstreben geprägten Potenzial ausgeliefert. Die Dualitäten Gut – Böse, Liebe – Hass, wir – ihr, richtig – falsch, mögen – nicht mögen wirken weiter.[114] Liebe ist hier noch personenbezogen, aber hinsichtlich des spirituellen Aspektes ist es gerade das Herzchakra, dessen Öffnung den Nahbereich der personalen Liebe verlässt und sich universell zu vermitteln beginnt. Liebe ist dann nicht mehr an Personen und Bedingungen gebunden, sondern fließt und strömt. Sie umfasst alles Lebendige, die Natur, den Kosmos und das Leben selbst.

Bevor ich zum fünften Chakra komme, muss wiederholt werden, dass das Ich einen Körper und einen Verstand hat, aber keines von beiden ist. Es ist mehr als beide zusammen. Sein Friede beginnt, wenn es erkennt, dass es weder mit dem Verstand, dem Denker, noch mit dem Körper, dem Handelnden, ident ist. Wenn es in der Lage ist, selbst seinen Denker zu beobachten, wird eine höhere Bewusstseinsebene aktiviert. *Anahata* ist nach dieser Anschauung das Tor zur Friedenserfahrung. Das kartesianische Subjekt, das zu sein glaubt, weil es denkt, stößt hier an die Grenzen seiner Möglichkeiten. Die Maske der *persona* ist vollendet. Jenseits wartet das, was durch die Maske klingt, der Friede des Selbst, das einfach nur ist und dafür keine Begründung benötigt. Individuum, Ego, Subjekt und Person sind Form, die Frieden aber sind formlos. Wenn das Bewusstsein nicht mehr von Gedanken gefangen ist, bleibt ein Teil von ihm in seinem formlosen, unbedingten Zustand erhalten, den dieses Verständnis Frieden nennt.[115] In den Upanischaden heißt es dementsprechend:

> Der *ā*tman ist das von aller Unwissenheit und Finsternis und Verblendung völlig befreite Ich.[116]

Unwissenheit, Finsternis und Verblendung meinen das, was in der akademischen Psychologie als Vorstellung, Illusion gehandelt wird, die Summe allen

114 Jack Rosenberg bezeichnet sarkastisch das *svadisthana* als das Freud'sche Chakra, *manipura* als das Adler'sche und *anahata* als das Jung'sche. Meiner Ansicht nach wäre konsequenterweise *muladhara* das Reich'sche, das Perls'sche oder Kabbal'sche Chakra, aber ich glaube nicht, dass Rosenberg da zustimmen würde. Rosenberg/Rand/Asay 1996 S. 370–373.

115 Tolle 2005 S. 236–250.

116 Zitiert nach der Übersetzung von Das 2000 S. 9.

in der Vergangenheit Wahrgenommenen, das sich als Angst, Wunsch, Hoffnung, Bewertung oder Verlangen, als Gedanken oder Emotion vor die aktuelle Wahrnehmung stellt, sodass diese nicht unverfälscht in vollem Bewusstsein erlebt werden kann.[117]

Das „völlig befreite Ich" kann, darf und will nicht mehr aus derartigen Vorstellungen leben. Wenn dieses Ich seinen eigenen Gedanken oder Emotionen zuhört, ist es sich ihrer bewusst und zugleich auch seiner selbst als deren Zeuge. Auf diese Art tritt das tiefere Selbst aus dem Schatten des in Gedanken verlorenen und von Emotionen getriebenen Ich hervor. Seine Wahrnehmung ist frei für alles Gegenwärtige. Wenn es gelingt, die entsprechende Trennungsangst auszuhalten, öffnet sich der Weg zu den *transpersonalen* Frieden, die nicht dual sind, somit kein Gegenteil haben.[118]

Die unmaskierte Stimme des reinen Selbst wird *vishuddha* genannt. Liebe meint auf dieser Ebene nicht ein auf bestimmte Personen oder Zustände gerichtetes Gefühl, sondern eine generelle, die Welt umfassende Grundhaltung. Die völlige Freiheit von allen Vorstellungen führt dazu, dass sich mit den aus dem Ego gespeisten Vorstellungen auch das Ich auflöst, weil es seine Identität nur aus Erinnerungen schöpfen kann. Identität bedeutet, dass jemand hier und jetzt mit dem übereinstimmt, was er sich als sein vorheriges Sein vorstellt. Er benötigt ein gewisses Selbsterhaltungsvermögen und Kohärenz in Raum und Zeit. Sonst hört er als identes Individuum zu existieren auf.

Ich habe bereits diskutiert, dass Erinnerung ein konstituierendes Merkmal der *persona* ist. Da Vergangenes stets nur vorgestellt werden kann, weil es schon vorbei und daher in der Gegenwart nicht real ist, erlischt mit der Erinnerung an den, der ich war, auch das Ich. Solange es aber noch ein Ich gibt, existiert notwendigerweise auch ein anderes und damit jene aus der Dualität genährte Angst, die mit dem Ich-Tod verschwindet. Die Identifikation mit Gedanken und Emotion als Wurzel des Unfriedens wird erkannt. Werden Gedanken überwunden, so ist der Verstand nicht beiseite gescho-

---

117 Kabbal 2008 S. 91–105.

118 Wilber 2001a S. 208–210. Walch unterscheidet meine hier vorgetragene Definition von den „essentiellen Emotionen", die fließend unsere Gegenwärtigkeit begleiten und Präsenz ausstrahlen. Er schlägt die Unterscheidung zwischen Mustergefühlen, die kompensatorischen Charakter haben, und essentiellen Gefühlen, die eine offene und weite Atmosphäre schaffen, vor. Ich denke, er meint mit ersteren, was ich schlicht als Emotion bezeichne, mit zweiterem, was ich Gefühl nenne.

ben, sondern bewusst und gegenwärtig. Daher kann er so sein, wie er ist, ohne sich in seine vergangenen Geschichten zu verwickeln. Die Spaltung, die das sich selbst reflektierende Bewusstsein erzeugt, wird aufgehoben. Es gibt kein Ego mehr, das sich selbst lieben oder hassen könnte, stolz auf sich wäre oder Scham empfinden würde. Dadurch öffnet sich der Weg zur *transpersonalen* Form von Frieden und Freiheit.

Die äußeren Lebensumstände werden von dieser Perspektive aus nicht mehr als positiv oder negativ wahrgenommen, sondern so angenommen wie sie sind. Ein aus materiellen Faktoren genährtes und duales Glücklichsein macht einem inneren Frieden Platz, der davon nicht abhängig ist. Daher wird auch Streit schwer vorstellbar. Streit setzt voraus, dass die Kontrahenten mit ihren Gedanken und einer Haltung identifiziert sind, die auf die Position der anderen reagiert und sie abwehrt. Dadurch werden die gegeneinanderstehenden Meinungen und Polaritäten gestärkt und Konflikte, die für sich genommen nichts anderes sind als Ausdruck sozialer Lebendigkeit,[119] werden mit *Energie* überladen. Das sind die Mechanismen der Unbewusstheit, die im *vishuddha* mangels entsprechender Ego-Aspekte nicht mehr zum Zug kommen.

Die Grenzen der *persona* verschwinden hier und es öffnet sich der Wahrnehmung eine Welt, die über diese Grenzen hinausgeht. Ich nenne sie *transpersonale* Sphäre. In der Literatur wird sie oft spirituell genannt. Meiner Ansicht nach sind die beiden Begriffe aber nicht synonym zu verwenden. Spirituelle Erfahrungen sind *transpersonal*, aber nicht jede *transpersonale* Erfahrung ist spirituell. Viele, die *transpersonale* Erfahrungen (gemacht) haben, sprechen sich aufgrund der institutionalisierten religiösen Konnotation gegen die Verwendung des Wortes spirituell aus.[120]

Wie auch immer sie bezeichnet wird, auch auf dieser Ebene ist Verirrung möglich. Da Menschen aus Erfahrungen kommen, die von Emotionen und Gedanken geprägt sind, erleben sie das hier erreichte Bewusstsein als so beglückend, dass sie dazu neigen, ihm anzuhaften. Unaufhörliche Glückseligkeit, wenn sie dualistisch gedeutet wird, ist für den menschlichen Geist so ermüdend wie die ständig gleiche Melodie für das Ohr. Glückseligkeit ist nicht dasselbe wie Friede. Daher bewirkt das Verharren in diesem Gefühl, dass aus einer potenziell tiefgründigen Friedenserfahrung stumpfe Verlorenheit wird.

---

119 Lederach 2003 S. 18.

120 Rosenberg/Rand/Asay 1996 S. 339.

Nach der Terminologie der Chakren-Psychologie des Yoga bewegt sich das Bewusstsein ab der sechsten Stufe, *anja*, zu diesem Frieden hin und erreicht ihn in der siebenten, *sahasrar*. Das Selbst löst sich im All-Einen, dem Göttlichen, auf, womit das Ziel des spirituellen Weges der Yogis erreicht ist, das unmittelbare und formlose Gewahrsein, das ohne Ich, ohne anderes und ohne Gott ist. In diesem formlosen und schweigenden Gewahrsein sieht der Yogi das Göttliche nicht, denn er ist das Göttliche. Er erkennt es von innen als Selbstgefühl und nicht von außen als Objekt. Der Zeuge ist nicht zu sehen, weil er der Sehende ist. Es gibt keine Grenzen zwischen dem wahrnehmenden Subjekt und dem Wahrgenommenen. Alles Sichtbare ist Objekt, endliches Ding oder Geschöpf, Bild, Begriff oder Vision – und eben das sind wir nicht.[121]

> Die Welt ist illusorisch;
> Brahman allein ist wirklich;
> Brahman ist die Welt.[122]

An dieser Stelle bekommt der von mir so oft zitierte Bergsee seine eigentliche Bedeutung: Wenn jemand über die Grenzen und Gegensätze hinausgegangen ist, die der Verstand erschafft, wird dieser innere Bergsee der Frieden real.

> Wenn Menschen die Erfahrung machen, dass es ihnen gelungen ist, an einer Grenze so lange spürend zu bleiben, bis die Grenze sich aufgelöst hat, dann machen sie die Erfahrung eines großen Glücks, und es ist für sie wie ein Ankommen bei sich selber, in einem Neuland, das sie sich selbst erschlossen haben.[123]

Die äußere Lebenssituation und was immer dort passiert, ist wie die Oberfläche des Sees, hingeworfen, meist ruhig, aber manchmal auch windig und rau, entsprechend den Zeiten und Gezeiten. Doch in einem tieferen Sinn bleibt der Bergsee stets still, denn er ist nicht nur seine Oberfläche und bedeutet dem von Dualität nicht irritierten und mit seiner eigenen Tiefe verbundenen Beobachter in seiner Gesamtheit Harmonie, Frieden.

---

121 Wilber 2001b S. 373.

122 Sri Raman Maharashi, zitiert nach Wilber 2001b S. 371.

123 Schellenbaum 2004 S. 13/14.

Der Friede in *anja* und *sahasrara* ist daher der Tod des Glaubens, dass die Existenz nur individuell ist. An die Stelle, wo vorher das Ich war, tritt unter den Bedingungen einer solchen Freiheit subjektlose Stille. Der Mensch muss die Verwindung des Ich akzeptieren, um zu diesem Frieden zu gelangen. Sich vom Unbewussten zum Ichbewusstsein bewegen, heißt, sich den Tod des Ich bewusst zu machen. Sich vom Ichbewusstsein zum *transpersonalen* Frieden bewegen, heißt, den Tod ungültig zu machen.[124]

Das Geheimnis der Frieden, des Existierens, liegt demnach darin zu sterben, bevor der Körper stirbt, und so herauszufinden, dass es gar keinen Tod gibt. Das Wort Existenz ist im Sinn seiner lateinischen Wurzel *exsisto* zu verstehen, als temporäres Heraustreten aus dem All-Einen, das nicht in einen individuellen Tod, sondern in die Rückkehr zur Alleinheit mündet. Was immer in der manifesten Welt auftaucht, es ist in letzter Instanz nur ein vorübergehender Aspekt des All-Einen.

Frieden und Gewaltlosigkeit sind in diesem Weltbild eine Angelegenheit für Helden. Der Weg zu den *transpersonalen* Frieden führt durch die Angst und durch die Lust. Tabus binden die *Energie* der Frieden. Das bewusste Durchschreiten von Angst und Lust transformiert die egoischen Aspekte und differenziert Emotionen von Gefühlen und Gedanken von Bewusstsein. Wieder tritt die Unterscheidung zwischen aus der Erinnerung gespeisten kompensatorischen Emotionen und dem gegenwärtigen Gefühl auf. Angst ist im Augenblick der Bedrohung ein Gefühl, aber eine Emotion, wenn sie aus der Erinnerung an eine frühere Bedrohung genährt wird. Transformation geschieht nicht über durch die Unterdrückung von Angst und Lust, sondern durch die Differenzierung der auslösenden, auf die Vergangenheit bezogenen Emotionen von den gegenwartsbezogenen Gefühlen, die zur situativen Resonanz und Gelassenheit ermächtigen. Das führt zu der in ihrem Kern urchristlichen Einsicht in die tiefere Bedeutung von Nächstenliebe. Nur wer sich selbst bewusst spürt, kann Bewusstsein für das Leiden anderer aufbringen und wird ihnen keine Gewalt antun.[125] Es geht nicht um *moralische* oder asketische Unterdrückung als negativ oder unzivilisiert

---

124 Wilber 2002. S. 389. In diesem Sinne erheben die Sufis die Sure 6, Vers 122 des Koran zum Lebensprinzip „Sterbt, bevor ihr sterbt". Makowski 1997 S. 23.

125 Diese schon bei Sigmund Freud prominent diskutierte Feststellung haben andere, ganz anders orientierte Analytiker Europas aus dem Buddhismus übernommen. Freud 1950 S. 145. Die späteren Argumente wurden breit publiziert, etwa bei Gruen 2002; Schellenbaum 1984; Schellenbaum 2004 S. 43.

definierter Affekte, sondern um die bewusste und anerkennende Balance, die als Liebe, Empathie, Nächstenliebe oder *Agape* wahrgenommen wird.

Das ist für das westliche Verständnis, dessen Philosophie vom antiken Griechenland bis zur *Postmoderne* auf Todesangst fußt, ein skandalöser und unwissenschaftlicher Gedanke. Obwohl er sich längst aus den Naturwissenschaften bestätigt und seit Schopenhauer, Nietzsche oder Jung immer wieder aufgegriffen wurde, konnte er vor den *transpersonalen* Ansätzen nie in den Kanon westlicher Philosophie oder Psychologie Eingang finden. Aber gerade für die Friedensphilosophie ist dieser Ansatz befreiend, weil er nicht nur dem physischen Tod den Schrecken, sondern auch der Gewalt jeden Grund entzieht.

Ich stelle als Leitsatz der *transpersonalen* Friedens- und Konfliktforschung fest, was auch John Paul Lederach[126] unter Berufung auf Carl Rogers festhielt, nämlich dass gerade jene Dinge, welche die persönlichsten zu sein scheinen, diejenigen sind, die wir Menschen universell teilen. Seien es die schrecklichsten existenziellen Überlebensängste, die wüstesten sexuellen Phantasien, das brutalste Herrschaftsprojekt oder die innigste Liebe zu einer anderen Person – diese Ego-Aspekte in all ihren Facetten und das dazugehörige Potenzial ihrer Verwindung sind der gesamten Spezies eigen. Wer sich der Friedensarbeit verschreibt, kann und muss dies zuerst in sich selbst durchschreiten. Was immer er dort findet, es ist schrecklicher, edler, vollständiger und universeller als objektive Befunde empirischer Wissenschaft jemals sein können. Wie Therapie und Analyse mit der Person des Therapeuten beginnen, muss das auch die Friedensarbeit tun:

> Here I believe is a fundamental paradox in the pursuit of peace. Peacemaking embraces the challenge of personal transformation, of pursuing awareness, growth, and commitment to change at a personal level.[127]

Dieser Weg kann mit Erschütterungen und Krisen aller Art gepflastert sein. Denn die Transformation zwingt zur Aufgabe von Angst und vermeintlicher Sicherheit, vertrauten Fähigkeiten, gewohnten Mustern und Selbstbildern. Die entsprechende Trennungsangst ist in einem *modernen* Kontext umso größer, weil hier alles, was jenseits des Glaubens an die individuelle Exis-

---

126 Lederach 2005 S. VIII. An welcher Stelle Carl Rogers das gesagt hat, wird bei Lederach nicht angegeben.

127 Lederach 1995 S. 19/20.

tenz liegt, mit größtem Misstrauen betrachtet und entsprechend der linearen Chronosophie einem primitiveren Evolutionsstand zugeschrieben und verachtet wird.

Im Grunde handelt es sich, mit der Chakren-Psychologie gesprochen, von *muladhara* bis *anahata* um eine anders gewichtete Erzählweise einer *persona*, sei es im Sinne Boethius', sei es im Sinne Sigmund Freuds. Die yogische Tradition und in der Folge die humanistische Psychologie und die *transrationale* Friedensforschung sehen darin erst das Tor zu den Frieden, das es zu durchschreiten gilt, womit auch verständlich wird, wieso schon Sri Aurobindo Freuds Psychologie als primitiv eingestuft hat.[128] Er konnte auf ein lebendiges, altes Wissen greifen, das der *Moderne* abhanden gekommen war. Freud war weniger ein Er-finder als ein vom mechanistischen Denken geleiteter Wieder-finder. So sehr die Begeisterung seiner Gefolgschaft darob aus westlicher Sicht geteilt wird, so gering mutet sie aus einem yogischen Blickwinkel an.

Die *persona* ist in der Chakren-Psychologie so etwas wie eine Energiekonstellation. Die *Energie*, die als innerstes Selbst vorgestellt wird, ist im Körper enthalten, der selbst eine Ansammlung von *Energie* ist, mehr oder weniger von einer festen Form umschlossen. Diese Form ist durchlässig, denn jeder Mensch hat auch außerhalb seines Körpers ein Energiefeld, und dieses wird von anderen Menschen ebenso beeinflusst, wie er selbst Einfluss auf deren Energiefeld nimmt. Zudem existiert dieses Feld auch weiter, wenn die feste Form des Körpers verschwindet. In einem geschlossenen System geht keine *Energie* verloren.[129]

Die Systemtheorien nähern sich dieser Ansicht auf erstaunliche Weise an, wobei der Begriff des Geistes eine wichtige Rolle spielt. Gregory Bateson[130] schlug vor, Geist als ein Systemphänomen zu definieren, das typisch für alle lebenden Dinge ist. Er führte eine Reihe von Kriterien ein, die Systeme erfüllen müssten, um Geist erkennen zu lassen. Jedes System, das diesen Kriterien entspräche, würde imstande sein, Informationen zu verarbei-

128 Sri Aurobindo 1960 S. 144–156. Er bezog sich dabei vor allem auf Freuds mechanistisches Weltbild und sein aus Aurobindos Sicht peinlich verkürtes Verständnis von Spiritualität und Gott, wie er das vor allem in „Die Zukunft der Illusion“ aus dem Jahr 1927 und „Das Unbehagen in der Kultur“ aus dem Jahr 1930 herauslas. Freud 1950, Band 14, S. 379 und Band 9, S. 434.

129 Rosenberg/Rand/Asay 1996 S. 26, 28 und 346.

130 Bateson 1972 und Bateson 1979.

ten und Phänomene zu entwickeln, die mit Geist in Verbindung gebracht werden – Denken, Lernen, Gedächtnis und so fort. In der geschichteten Ordnung der Natur ist der jeweilige individuelle menschliche Geist in den umfassenden Geist gesellschaftlicher und ökologischer Systeme eingebettet. Alle strahlen ihre Gedanken, Eigenschaften und Gefühle auf andere Menschen aus und empfangen die Gedanken, Eigenschaften und Gefühle, die von anderen Menschen ausgestrahlt werden. Was immer sich im Bewusstsein abspielt, hinterlässt Spuren in der Welt.[131] Alles, was in der Welt vorgeht, kann vom Gehirn empfangen werden. Die Menschen sind in das „planetare geistige" System, das wohl dem *anja* entspricht, integriert. Dieses hat seinerseits am kosmischen oder universalen, dem *sahasrara* entsprechenden System teil.

Für Bateson war der Geist eine notwendige und unvermeidliche Konsequenz systemischer Komplexität, die vorhanden ist, noch bevor die einzelnen Organismen oder Körper ein Gehirn oder ein höheres Nervensystem entwickeln. Er meinte auch, dass sich mentale Eigenschaften nicht nur in individuellen Organismen, sondern auch in Gesellschaftssystemen und Ökosystemen manifestierten. Geist wäre demnach nicht nur dem individuellen Körper immanent, sondern auch den Kommunikationspfaden und Botschaften außerhalb des Körpers. Mit dieser Definition öffnete Bateson eine neue Dimension der Geistes-Wissenschaften, die vom umstrittenen Biologen Rupert Sheldrake[132] mit seiner Theorie von den morphischen Feldern[133] prominent besetzt wurde, die aber auch der Systemtheoretiker und Friedensforscher Ervin Laszlo bespielt:

> Die heraufdämmernde und bislang noch revolutionäre Erkenntnis lautet, dass die Informationen, die unserem Gehirn über die Vorgänge und Eigenschaften der Welt jenseits unserer Schädelkapsel zur Verfügung stehen, sich nicht auf das sichtbare Spektrum der elektromagnetischen Wellen und den hörbaren Bereich der Schallwellen beschränken, sondern auch Wellen umfassen, die vom Holofeld des Quantenvakuums ausgehen.[134]

---

131 In völliger Übereinstimmung damit, der Kriya-Yoga-Ansatz von Paramahansa Yogananda 1950.

132 *1942.

133 Sheldrake 1983.

134 Laszlo 2002 S. 261.

Laszlo vermutet, dass neben den in der Physik bekannten Kraftfeldern, der Gravitation, dem Elektromagnetismus, der schwachen und der starken Kernkraft noch ein subtiles fünftes existiere, welches das entscheidende Medium für diese Kommunikation darstelle. In Anlehnung an die hinduistische Kosmologie bezeichnet er es als *Akasha*. Dieses Feld wäre das subtile Netz, das unseren Geist mit dem Rest des Universums verbindet.[135] Gilles Deleuze assistiert mit einer philosophischen Erklärung:

> What is a transcendental field? It can be distinguished from experience in that it doesn't refer to an object or belong to a subject (empirical representation). It appears therefore as a pure stream of a-subjective consciousness, a pre-reflexive impersonal consciousness, a qualitative duration of consciousness without a self.[136]

Laszlo geht davon aus, dass alles mit allem verbunden ist. Die Frage der Frieden ist die Frage nach der Gestaltung dieser Verbundenheit. Nur die Jagd nach dem individuellen und selbstgeschaffenen Lebensglück habe zu dem Irrglauben geführt, dass die Menschen von der übrigen Gesellschaft und der Natur kategorisch getrennt und in das Gefängnis ihres Körpers eingesperrt wären. Das Gedankengebäude dieses Systemansatzes wird durch die Assoziierung des subtilen Holofelds mit der vormodernen Vorstellung von Gott nicht eingeengt. Nach Erich Jantsch[137] ist dieser Gott aber nicht der Schöpfer, sondern der Geist des Universums. Gott im Sinne von Jantsch meint die Selbstorganisationskraft des Kosmos, so wie sie auch in *energetischen* Friedensvorstellungen gedacht ist. Ken Wilber ergänzt, dass dies nicht Gott als ontologisch Anderes meint, das abgetrennt vom Kosmos, von den Menschen und von der Gesamtheit der Schöpfung existiere, sondern Gott als archetypischen Gipfel des Bewusstseins.[138]

Das widerspricht all jenen Lehren, welche die göttliche *Energie* in einer persönlich manifestierten und der Welt vorgelagerten Form wahrnehmen wollen. Damit wird auch die Tragweite der historischen Wende vom *energetischen* zum *moralischen* Friedensbild mit seinem personalisierten Vatergott und von da weiter zum *modernen* mit seinem finalen Sinn immer verständlicher.

---

135 Laszlo 2002 S. 261.
136 Deleuze 2002 S. 25.
137 Jantsch 1980 S. 308.
138 Wilber 2001a S.106.

Wenn das Systembild des Geistes nicht auf individuelle Organismen begrenzt ist, sondern auf gesellschaftliche und ökologische Systeme ausgedehnt werden kann, besitzen Gruppen von Menschen, Gesellschaften und Kulturen einen kollektiven Geist und verfügen über ein kollektives Bewusstsein. Die Schule von Carl Gustav Jung würde dem hinzufügen, dass zum kollektiven Geist auch ein kollektives Unbewusstes gehöre.[139]

Dass dieser Vorschlag Vorschub für Totalitarismus und Faschismus im Denken leisten und in der Folge zu physischer Gewalt führen kann, wird immer wieder eingewendet. Er zersetzt nämlich den naturrechtlichen Anspruch auf die individuellen Freiheitsrechte im Namen einer übergeordneten Wesenheit oder Vernunft. Das wird gefährlich, wenn der kollektive Geist samt seinem Bewussten und Unbewussten einer abstrakten größeren Einheit wie dem Volk, der Nation, dem Vaterland, der Heimat und Ähnlichem zugeschrieben wird. Die haben aber nichts mit dem hier gemeinten kollektiven Geist gemein. Sie sind vielmehr Ausdruck der Pathologie eines kollektiven Ego. Pathologisch ist bekanntlich die allgemeine Bezeichnung für krankhaft und leitet sich aus dem griechischen Wort *pathos* für Leiden ab. Da jedes Ego Leiden schafft, ist es, ob individuell oder kollektiv, immer auch pathologisch. Das kollektive Ego weist die gleichen Merkmale auf wie ein individuelles. Zum Beispiel das Bedürfnis nach Gegnern und Konflikten, das Verlangen nach mehr, die Neigung, Andere ins Unrecht zu setzen und selbst recht zu behalten. Früher oder später gerät jedes kollektive Ego mit anderen Kollektiven in Konflikt, weil es unbewusst darauf aus ist und Widerstand braucht, um seine Grenzen und damit seine Identität zu definieren. Volk oder Nation sind kompetitiv gedachte Konstrukte, an Vergangenheit und Zukunft gebundene Gedanken, Emotionen, Funktionsstörungen der Frieden im Jetzt, Ausdruck einer pathologischen Denkart, die den Feind, das angebliche Übel stärken, oder neue Feinde schaffen, oftmals schlimmere und gefährlichere als das Übel, das der Anlass der Störung war. Je unbewusster einzelne Menschen, Gruppen und Völker sind, desto größer ist die Wahrscheinlichkeit, dass diese Pathologie die Form physischer Gewalt annimmt. Gewalt ist ein primitives, aber weit verbreitetes Mittel, zu dem das Ego greift, um sich zu behaupten und zu beweisen, dass es im Recht und der Andere im Unrecht ist. Dabei wirkt ein kollektives Ego erfahrungsgemäß noch unbewusster als die Individuen, aus denen es sich zusammensetzt.

139 Jung 1951 S. 261.

So sind zu zeitweiligen Egokollektiven versammelte Massen zu Abscheulichkeiten fähig, die keines ihrer Mitglieder individuell gut heißen oder gar begehen würde.[140]

Ein nicht von Ego-Aspekten krankgemachtes System besteht aus konkreten Beziehungen Gleichartiger untereinander und zur übergeordneten Größe, die zumeist kooperativ sind, gelegentlich konfligieren, nicht aber prinzipiell rivalisieren, wie das der Sozialdarwinismus annimmt. Vor allem sind seine Grenzen transparent, durchlässig, niemals exklusiv. Es gibt soziale Zusammenhänge wie Familien, Nachbarschaften, Dorfverbände, Arbeitsgemeinschaften und Ähnliches, die auch über einen kollektiven Geist verfügen. Individuen gehören aber gleichzeitig mehreren Systemen an. Sie können zwischen ihnen wechseln und spätestens auf der übergeordneten Ebene werden alle auch nur temporär angenommenen Grenzen wieder transformiert.[141] So etwas wie ein Stamm, ein Staat, ein Volk oder eine Nation ist immer eine Annahme, ein Konstrukt, die Erfindung[142] von zeitlich, räumlich und personell begrenzter Reichweite, die innerhalb des Systemansatzes zu keinerlei Ausgrenzungen oder Rivalitäten legitimiert.

Personen haben an diesen geistigen Beziehungen Anteil, werden von ihnen geleitet und formen sie zugleich mit. In der Psychologie wird von *transpersonalen* Erfahrungen gesprochen, wenn der individuelle Geist, oder besser, das im Selbst integrierte oder reine Ich, Kontakt mit den kollektiven und später in aufsteigender Ordnung mit planetaren (*anja*) oder kosmischen (*sahasrara*) Ebenen aufnimmt. Dass eine solche Übereinkunft als Erlebnis des tiefsten Friedens empfunden wird, berichten die mystischen Traditionen aller Zeiten und Gegenden.

Die Friedenswissenschaft mag auf *postmoderne* Art an solchen Berichten Kritik üben. Allein, sie sind ernst zu nehmen, weil die bloße Existenz des Narrativen sie gesellschaftsmächtig macht. Ich stehe hier einmal mehr vor der Eingangsmetapher vom Bergsee, die scheinbar auch aus den ernsthaftesten Überlegungen über die Frieden nicht zu eliminieren ist. Frieden sind in all ihren Manifestationen zumindest auch von diesem mystischen Aspekt mitgetragen. Das führt auch zu einer überraschenden Herausforderung des *postmodernen* Friedensbegriffs, die *moderne* Kritiker als neokonservativ bezeichnen dürften.

---

140 Tolle 2005 S. 130–136 in offensichtlicher Anlehnung an Canetti 1994.

141 Ausführlich dazu Kaller-Dietrich 2008 S. 18–23.

142 Anderson 1983.

Wenn es nämlich so etwas wie einen planetarischen Geist samt dem entsprechenden Bewusstsein und Unterbewusstsein gibt, muss folgen, dass es auch einen planetarischen und in der Folge universellen Frieden, also so etwas wie einen Weltfrieden gibt. Da die Welt aber eine einzige ist, würde Friede auf diese Art vom *postmodernen* Plural in einen *transpersonalen* Singular überführt, der mit dem Gewaltpotenzial *moralischer* und *moderner* Friedensbegriffe aufgeladen wäre. Das löst das *energetische*, daher dynamische Element der *Transpersonalität*, das sich vom statisch-*moralischen* und mechanistisch-*modernen* Weltbild unterscheidet. In einem dynamischen System pulsiert so wie der personale auch der *transpersonale* Geist unaufhörlich. Daher mag der in ihm erfahrbare Frieden zwar von planetarischer oder gar kosmischer Einzigartigkeit sein, er wird aber stets in unterschiedlicher Form auftreten und wahrgenommen. So stellt sich Frieden als ein kosmisches Mysterium dar, das der menschlichen Wahrnehmung eine unendlich große Zahl von Interpretationen gestattet. Stets abhängig vom jeweiligen Bewusstsein existieren tatsächlich viele verschiedene „Welten", denn die menschliche Welt wird durch das kollektive Bewusstsein erschaffen, das Verstand oder Geist genannt wird.

Innerhalb jener kollektiven menschlichen Welt gibt es große Unterschiede, „Unterwelten", je nach dem, wer die jeweilige Welt wahrnimmt oder erschafft. Prämoderne Mythologien, wie etwa die im ersten Kapitel diskutierte Weltenordnung der Maya bekommen unter diesem Blickwinkel eine neue Bedeutung und erscheinen weniger phantastisch.[143] Die rationale Vielheit der Frieden in *postmoderner* Lesart transformiert sich zu einem universalen, aber in seiner Relationalität nur perspektivisch und ausschnitthaft wahrnehmbaren, *dharmischen* Frieden. Ich könnte das auch eine polymorphe *pax universalis* nennen. Das heißt in einfacheren Worten, dass auch in mystischen Erfahrungen die Wahrnehmung der Frieden durch den individuellen Geist vielgestaltig ist.

Mich erstaunt, wie wenig Widerhall diese Erkenntnis in der *modernen* oder *postmodernen* Friedensforschung gefunden hat, denn Bedeutenderes kann über Frieden eigentlich nicht gesagt werden. Es hat tief greifende Rückwirkungen auf die Einstellung von uns Menschen zur Mitwelt. Wer geistige Phänomene von den umfassenden Systemen, denen sie immanent sind, trennt und auf menschliche Individuen, Subjekte oder Personen be-

143 Das meint Wilber in Anlehnung an Hegel mit „Aufhebung" – das Differenzieren und Integrieren früher erworbenen Wissens und Bewusstseins.

schränkt, muss die Mitwelt als geist-los wahrnehmen. Das ist schon seit der Romantik und Rousseau bekannt. Trotz dieses Wissens beutet der Mensch die Mitwelt als Ressource aus. Ganz anders wäre das Verhalten, wenn es Übereinstimmung gäbe, dass die Mitwelt nicht nur lebendig, sondern wie die Menschen auch mit Geist begabt ist.[144]

Der Widerspruch zwischen dem autonomen Subjekt der Aufklärung einerseits, dem yogischen Selbst und dem systemtheoretischen Geist andererseits scheint aufs Erste unüberwindbar. Zahlreiche namhafte Autoren, von Carl Gustav Jung[145] über Roberto Assagioli[146] bis zu Karlfried Dürkheim,[147] die aufgrund ihrer Einsichten allesamt als Wegweiser und Vorläufer der *transpersonalen* Psychologie angesehen werden, beschäftigten sich damit. Zwar verwendeten sie unterschiedliche Begriffe, stimmten aber in der Ansicht überein, dass jedem Menschen *transpersonale* Erfahrung zugänglich wäre. Voraussetzung dafür, dass dies auch als ein heilsamer Prozess erlebt würde, sei die vorangehende Ausbildung des Ichbewusstseins unter Transformation des Ego. Ich darf hinzufügen, dass *Transpersonalität* nur unter dieser Voraussetzung Frieden bedeuten kann. Nichts steht dem Ich mehr im Weg als das Ego, dem Selbst mehr als das Ich. Das Ego ist eine Bewusstseinsbarriere gegen das Selbst. Diese Hindernisse gilt es am Weg zum *transpersonalen* Frieden Schritt für Schritt zu integrieren und zu transformieren. Ein stabiles Ichbewusstsein ist die entscheidende Vorbedingung für jede Art der Selbst-Erfahrung im Rahmen der Friedensarbeit und Konflikttransformation.

Da für die weitere Debatte eine klare Terminologie notwendig ist, die Literatur aber mit einer Fülle von unterschiedlichen Bezeichnungen derselben oder ähnlich wahrgenommener Phänomene aufwartet, oder auch oft mit denselben Begriffen unterschiedliche Dinge beschreibt, möchte ich zum Abschluss meiner Herleitung des Personalen und *Transpersonalen* die von mir gewählte Begriffsbestimmung erklären:

Ich folge in meiner Systematik der Chakren-Psychologie des Yoga und bezeichne die einzelnen Stufen als materielle, emotionale, soziale, mentale, spirituelle, planetarische und kosmische, wobei ein Individuum die ersten beiden Stufen integriert, ein Subjekt zusätzlich die dritte, eine Person auch

144 Capra 1982 S. 322.
145 Jung 1971.
146 1888 bis 1974; Assagioli 1927.
147 1896 bis 1988. Dürkheim 1992.

die vierte. Die Integration dieser vier Stufen zu einem ausgereiften Ich ist die Voraussetzung dafür, dass sich die *transpersonale* Dimension des Seins eröffnet.[148] Dies zuerst als Erfahrung des Selbst oder reinen Ich. Das kollektive Bewusstsein, das manche Geist nennen, integriert auch das Selbst und dieses ist seinerseits ins kosmische Bewusstsein eingebettet. Ich begreife diese Ebenen als raumzeitliche Schichtungen, als raum- und zeitloses Realisierungspotenzial und nicht als Abfolge einer chronologischen Entwicklungsgeschichte oder einer hierarchischen Bestimmtheit.

3 Humanistische Psychologie und *transrationale* Frieden

Im Kapitel über die *postmodernen* Frieden habe ich zu zeigen versucht, wie die *modernen* Friedensbegriffe sich mit ihren eigenen Methoden widerlegten, bis Systemtheorien, Strukturalismus und Poststrukturalismus auf der Basis rationalen Denkens relationale Paradigmen hervorgebracht haben. In meiner verkürzten Erzählung sind Marx, Nietzsche und Freud als Ikonen der Erzählung hervorgetreten, in deren Folge sich jene neuen Denkschulen entwickelt haben, die schließlich auch der Friedensforschung als Disziplin den Weg bereiteten.

Für Freud war das Unbewusste hauptsächlich persönlicher Natur, mit Bestandteilen, die nie bewusst gewesen, und anderen, die vergessen oder verdrängt werden. Für Carl Gustav Jung war das Unbewusste das und noch viel mehr. Er hielt es für den eigentlichen Ursprung des Bewussten und meinte, das Leben beginne mit dem Unbewussten und nicht mit einer leeren Matrize, wie Freud das dachte. Nach Jung entwickelt sich der bewusste Geist aus einer unbewussten Psyche, die älter ist als er. Daher unterschied er zwischen dem zum Individuum gehörigen Unterbewussten und einem kollektiven Unbewussten, an dem die ganze Menschheit teilhabe und das, wie oben beschrieben, eine tiefere Schicht der Psyche darstelle. Er widersprach nicht Freuds These, dass die persönlichen Erfahrungen entscheidend für die Entwicklung des Einzelnen sind, aber er lehnte die Vorstellung ab, dass diese Entwicklung in einer unstrukturierten *persona* vor sich gehe. Er sah die

148 Autoren wie Maslow 2005 oder Walch 2003 betonen darüber hinaus die spontanen Seinserfahrungen und Durchbrüche. Sie halten fest, dass die menschliche Entwicklung nicht linear verlaufe. Das mag zutreffen, bildet aber nicht Gegenstand des systematischen Erkenntnisinteresses der Friedenwissenschaft.

Rolle der persönlichen Erfahrung darin, das zu entwickeln, was seiner Ansicht nach a priori im archetypischen Potenzial des Charakters vorhanden wäre. Die Psyche war ihm so viel oder so wenig das Produkt der Erfahrung wie der Körper jenes der Nahrung, die dieser zu sich nimmt.[149]

Jung, der an der Symbolwelt der Alchemie als Individuationsprozess[150] ebenso interessiert war wie an Tao und Yoga, vertrat eine Psychologie der Verbundenheit des Individuums mit der gesamten Art, der Mitwelt, dem Planeten und dem Kosmos.[151] Er fand es nicht nur unangemessen, sondern grotesk, der menschlichen Psyche mit einer ausschließlich rationalen Einstellung begegnen zu wollen:

> Die überschätzte Vernunft hat das mit dem absoluten Staat gemein: unter ihrer Herrschaft verelendet der Einzelne.[152]

Damit wurde er zu einem der Wegbereiter der humanistischen Psychologie und in weiterer Konsequenz der *transrationalen* Friedensvorstellungen. Diese beziehen sich auf gegenwärtige Prozesse, die im berühmten Hier und Jetzt auftauchenden leiblichen Empfindungen. Für die Friedensforschung ist das wichtig, weil Frieden, um real zu sein, wahrgenommen, empfunden werden müssen. Ich erinnere einmal mehr an den inneren Bergsee, die Erfahrungen des Selbst, die nur friedlich genannt werden können, wenn sie jemand erlebt.

Den Platz der Ikonen der *Postmoderne* nimmt ab hier eine neue Generation ein, aus der ich Abraham Maslow,[153] Tony Sutich,[154] Laura[155] und Fritz

---

149 Stevens o.A. S. 50.

150 Gebelein 1996 S. 17.

151 Shamdasani 1998.

152 Zitiert nach Stevens o.A. S. 174. Am radikalsten brachte er seine Ablehnung mechanistischer und rationalistischer Psychoanalyse bereits 1932 in seiner berühmt gewordenen Abrechnung mit Sigmund Freud unter dem Titel „Sigmund Freud als kulturhistorische Erscheinung" auf den Punkt. Jung 1990 S. 59–66.

153 1908 bis 1970. Maslow 1973.

154 1907 bis 1976. Gründete 1969 als erster Herausgeber das *Journal of Transpersonal Psychology*.

155 1905 bis 1990. Begründete gemeinsam mit ihrem Mann, Fritz Perls, und Paul Goodman die Gestalttherapie, die wesentlichen Einfluss auf neue Formen der Konflikttransformation hatte.

Perls,[156] Paul Goodman,[157] Carl Rogers,[158] Ruth Cohn,[159] Virginia Satir,[160] Stanislav[161] und Christina Grof,[162] generell die berühmte Schule von Esalen in Kalifornien,[163] sowie als jüngere Fritjof Capra,[164] den schon erwähnten Rupert Sheldrake und Ken Wilber[165] nennen möchte.[166] Wie Freud, Reich oder Jung hat sich mit Ausnahme Goodmans keiner von ihnen je als Friedensforscher oder Friedensaktivist verstanden. Dennoch sind sie alle Pioniere einer neuen Interpretation der Frieden.

Die Biographien dieser AutorInnen verweisen auf eine erhebliche Verschiebung des kulturellen Feldes, in dem jene Interpretation stattfindet. In Europa dominieren bis heute ein streng *moderner* Idealismus und etwas Poststrukturalismus die Friedensforschung. Demgegenüber entwickelten sich in

---

156 1893 bis 1970. Begründete gemeinsam mit seiner Frau, Laura Perls, und Paul Goodman die Gestalttherapie, die wesentlichen Einfluss auf neue Formen der Konflikttransformation hatte.

157 1911 bis 1972. Der anarchistische Friedensaktivist und Literat entwickelte auf der Basis des Denkens von Freud, Jung und Reich mit Laura und Fritz Perls die Gestalttherapie. Während Perls dies eher auf der individuellen, psychologischen Ebene praktizierte, verstand es Goodman als einen politischen Akt der Befreiung. Goodman war Initiator der Anti-Vietnam-Krieg-Bewegung, und Vorreiter der radikalen Institutionenkritik der 1968er Generation. Er hatte auch Einfluss auf Ivan Illich. Sein bekanntestes Werk ist Goodman 1960.

158 1902 bis 1987. Gründer der *client centred therapy*.

159 * 1912. Gründerin der *theme centred therapy*.

160 1916 bis 1988. Gründerin der *family centred therapy*.

161 * 1931. Erster Präsident der 1978 gegründeten *International Association of Transpersonal Psychology*. Hauptwerke Grof 1987; Grof 1993.

162 Grof/Grof 1991.

163 Das *Esalen Institute* für alternative Bildung wurde 1962 in Big South/Kalifornien gegründet, um sich mit dem zu befassen, was als *human potential* bezeichnet wurde – mit der Welt der bis dahin unrealisierten menschlichen Potenziale. Esalen wurde berühmt für seine experimentelle Vermischung westlicher Wissenschaft mit östlichen Philosophien und seine experimentellen didaktischen Workshops. Die Vermengung von neuen Philosophien mit Psychologie und Psychotherapie, Kunst und religiösen Ansätzen provozierte jene revolutionäre Stimmung, die in der Studentenbewegung von 1968 in Berkeley ihren Ausdruck fand. Auf die neu entstehende Friedensbewegung hatte Esalen großen Einfluss durch die Entwicklung alternativer Methoden der Konflikttransformation.

164 *1939. Begründer der holistischen Schule in der Physik, Systemtheoretiker und Vordenker der *transpersonalen* Psychologie.

165 * 1949. Vordenker der *transpersonalen* Psychologie.

166 Werk und Wirken der meisten von ihnen werden im zweiten Band dieser Trilogie größere Aufmerksamkeit erhalten als in diesem ersten.

den USA aus der Nische der Systemtheorien heraus, die Kenneth Boulding und seine Generation schlugen, der *transpersonale* und der *transrationale* Zugang als sensible Alternativen zu jener rüden Form des Realismus, der aus den Ängsten und Schuldgefühlen der intellektuellen und ökonomischen Eliten des Landes entstanden ist. Mit Idealismus ist diesem Pathos erfahrungsgemäß nicht beizukommen, weshalb der *transrationale* Zugang eine Randstellung einnimmt, die aus der Sicht der Friedensforschung mindestens so bedeutend und innovativ ist, wie dies einst der europäische Poststrukturalismus war. Aus dem Kreis der zeitgenössischen Autoren sei hier John Paul Lederach hervorgehoben, der aus einem mennonitischen Hintergrund kommend wohl mit einer aus der Gerechtigkeit geschöpften Friedensvorstellung ringt, aber das Verhältnis von Frieden und Konflikt lebensbejahend und *energetisch* deutet, wenn er etwa sagt:

> … conflict creates life like the pulsating heart creates rhythmic blood flow which keeps us alive and moving [...] One way to truly know our humaness is to recognize the gift of conflict in our lives. Without it, life would be a monotonously flat topography of sameness and our relationship would be woefully superficial.[167]

Dieser Ansatz wurde notwendig, weil mit dem *modernen* Verständnis von Mensch und Gesellschaft, das mit der Geburt beginnt und dem Tod endet, den großen Fragen der Friedensforschung, jener nach dem Dasein, seiner Gestaltung und seinen Krisen, wie Kriegen, Krankheiten oder Katastrophen, nicht beizukommen ist. Weder der Behaviorismus noch die (ichbezogene) personale Psychoanalyse oder die *moderne*, empirische Friedensforschung hatten auch nur annähernd befriedigende Antworten oder Methoden bereit.

Eine Strömung der humanistischen Psychologie nahm Konzepte der spirituellen Lehren des Zen-Buddhismus, des Tantrismus, des Sufismus, des Yogismus und der christlichen Mystik in ihre Überlegungen auf, verband diese mit den Erkenntnissen des westlich rationalen Wissenschaftens und entwickelte so den *transpersonalen* Ansatz, der mir für die Friedensforschung höchst relevant erscheint. Dabei wendet sie sich nicht gegen die grundle-

---

167 Lederach 2003 S. 18.

genden Aussagen der klassischen Wissenschaften, zeigt aber, dass deren absoluter und objektiver Wahrheitsanspruch vermessen ist.[168]

Abraham Maslow[169] teilte Freuds Interesse an psychisch kranken Menschen wenig. Er und mehr noch Fritz Perls lehnten den objektivierenden Behaviorismus, der Menschen zu komplexen Tieren erniedrigt, ab.[170] Sie wandten sich dem Studium gesunder Menschen und positiver Aspekte des menschlichen Verhaltens wie Glück, Freude, Friede zu und plädierten für eine allgemein anwendbare Psychologie des menschlichen Wachstums. In Anlehnung an den innovativen Carl Rogers[171] und die von ihm entwickelte klientenzentrierte Therapieform, machte Maslow aus Patienten Klienten, die dem Therapeuten auf gleicher Augenhöhe und mit dem Interesse des persönlichen Wachstums begegnen konnten. Der therapeutische Prozess wird von ihm nicht als Behandlung einer Krankheit betrachtet, sondern als Abenteuer der Selbsterforschung. Der Therapeut spielt keine herrschende Rolle. Er schafft nur die Rahmenbedingung für ein Geschehen, in dem der Klient Hauptperson ist und die volle Verantwortung trägt.

In Analogie dazu gibt es in der Konfliktforschung den Mediator als eine Person, die den Konfliktparteien auf gleicher Augenhöhe begegnet und dabei ihre Geschichte und ihre Interessen miteinbringt. Aufgrund ihrer Ausbildung und ihres Bewusstseins kann sie diesen Umstand offenbaren und aus dieser Position die Rahmenbedingungen für eine gelingende Konflikttransformation schaffen. Hier unterscheidet sie sich fundamental von distanzierten Therapeuten und Mediatoren *modernen* Zuschnitts, die Eigeninteressen leugnen und Neutralität oder gar Superiorität beanspruchen. Beides ist in einem relationalen Rahmen denkunmöglich.

Über die individuelle Ebene hinaus führten jene für die Friedenswissenschaft so wichtigen Zugänge, die sich auf die Familie und soziale Gruppen als Systeme bezogen. Virginia Satir und Ruth Cohn habe ich als herausragende Pionierinnen dieser Richtung schon genannt. Mit der vor allem von Fritz Perls[172] entwickelten und auf der Gestaltpsychologie, die sich mit der Wahrnehmung von Sinneinheiten auseinandersetzt, basierenden Gestalttherapie teilen diese Ansätze die grundlegende Auffassung, dass der Mensch die

168 Zum Beispiel Perls 1991 S. 21.
169 Maslow 1962.
170 Perls 1991 S. 10.
171 Erstmals schon in Rogers 1951.
172 Perls 1989.

Dinge nicht als zusammenhanglose und isolierte Elemente wahrnimmt, sondern sie während des Wahrnehmungsvorganges zu einem sinnvollen Ganzen ordnet. Eine Gestalt ist eine Ganzheit, eine Vollständigkeit, eine organische Funktion, eine letzte Erfahrungseinheit, ein erlebtes Phänomen, das nur als Ganzes existiert. Wird eine Gestalt analysiert, in ihre Teile zerlegt, wird sie etwas anderes. Wird eine Gestalt aufgebrochen, ist sie keine Gestalt mehr. Die Gestalttherapie stärkt das Gewahrsein dieser vollständigen Erlebniseinheit im Hier und Jetzt. Sie zielt auf die Reintegration unterdrückter oder abgespaltener Anteile der Persönlichkeit und auf die daraus resultierende Erweiterung der Handlungsmöglichkeiten des Individuums oder der Gruppe.[173]

Fritz Perls reduziert die Definition der Gestalttherapie auf die beiden Worte Wie und Jetzt. Das Wie drückt das Verständnis des Daseins, der Beziehungen und der Frieden als prozesshaft und systemisch aus. Wie fragt, anders als das mechanistische Warum, nach der Art und Weise von Abläufen, nicht nach ihrer Ursache oder ihrem Zweck. Das Wie umfasst jedes Verhalten, das tatsächlich geschieht. Es verbindet sich mit dem Jetzt als einzig realem Zeitpunkt der Wahrnehmung. Die Vergangenheit ist nicht mehr, die Zukunft noch nicht. Beide sind Vorstellungen, welche die Wahrnehmung der Frieden im Jetzt behindern. Ziel der Gestalttherapie ist es, die Vorspiegelungen des Verstandes zu verwinden und immer mehr zu Sinnen zu kommen, mehr in Kontakt mit sich selbst und der Welt zu sein als in Phantasien, Ängsten und Vorurteilen.[174]

Das Verhältnis zwischen Unterdrücker und Unterdrückten, Richter und Gerichteten, Mutter und Kind, das in der Gestalttherapie eine große Rolle spielt, fand schnell Eingang in Paulo Freires Pädagogik der Unterdrückten und in der Folge auch in Augusto Boals Theater der Unterdrückten. Weil das wichtige Elemente der Konflikttransformation sind, werde ich mich mit diesen Therapieformen und den aus ihnen abgeleiteten Methoden im zweiten Band dieser Trilogie ausführlich beschäftigen.

Jener Zweig der humanistischen Psychologie, der sich mit den spirituellen, transzendentalen und mystischen Aspekten der Selbstverwirklichung befasste, wurde auf Vorschlag Abraham Maslows und Tony Sutichs als *transpersonale* Psychologie bezeichnet. Sie ist jene Plattform, von der aus ich mich weiterbewegen will. Stanislav Grof hat den Begriff der *transpersonalen*

173 Perls 1991 S. 23/24.
174 Perls 1991 S. 51/52.

Erfahrungen in die Diskussion eingeführt und unterschied sie in der Beschreibung der Hauptbereiche des Unbewussten von den psychodynamischen und den perinatalen. Zu den psychodynamischen Erfahrungen zählte er seelisch bedeutsame Erlebnisse aus früheren Lebensperioden des Individuums, zum perinatalen gehören Erlebnisse im Zusammenhang mit biologischen Phänomenen beim Geburtsvorgang, und *transpersonal* sind jene Erfahrungen, welche die biographischen Grenzen der Person überschreiten und die Einschränkungen durch Raum und Zeit transzendieren.[175] Grof ist gemeinsam mit Maslow der Begründer jener Schule, die sich mit diesem letzten Aspekt besonders auseinandersetzt. Ihre *transpersonale* Psychologie fußt auf folgenden Annahmen:

- Die Quelle der Frieden liegt im Inneren. Die Bilder aus der Mythologie sind Projektionen der Psyche. Alle Götter des Himmels und der Hölle wohnen in der Vorstellung.
- Der Mensch kann über das Ego und das Ich hinauswachsen.
- Alle Existenz ist vernetzt und verbunden.
- Die psychische Situation eines Einzelnen lässt sich nicht von seiner gefühlsmäßigen, sozialen und kulturellen Umwelt trennen. Aber das Schicksal jedes Einzelnen liegt in seinen eigenen Händen. Jeder ist verantwortlich für sich selbst und kann sich nur selbst helfen.
- In jedem Teil ist das Ganze enthalten.
- Durch Atmung und Arbeit an der Muskelpanzerung des Körpers lässt sich die psychologische Struktur eines Menschen verändern.

Die entsprechenden Therapieformen gehen davon aus, dass psychische Erfahrungen und damit auch Störungen des Friedensempfindens, Unfrieden, in die Speicher des Körpers eingelagert werden.[176] Daher sollen abgedrängte, traumatisierte und vereiste Gefühlsreaktionen, Friedensstörungen, direkt erlebbar und in kontrolliertem Rahmen ausagierbar gemacht werden. Die Therapie erfolgt durch körpernahe Energiearbeit. Die in der Muskulatur eingebundene und als belastend empfundene *Energie* wird freigesetzt, ins Bewusstsein gebracht, und kann kreativ für alternatives Handeln eingesetzt werden. In dieser therapeutischen Praxis ist unschwer der Gedanke von

175 Grof 1976.
176 Reich 1978.

Harmonie und Balance in jenem *energetischen* Friedensverständnis zu erkennen, das von der *Moderne* weitgehend unterdrückt wurde. Harmonie findet wieder Eingang in das Friedensdenken, verbindet sich aber mit einem rationalen Ansatz.[177] Dafür entwickelte das bunte Spektrum dieser Schulen ein umfangreiches Repertoire *energetischer* Techniken. Auch diese Sicht folgt explizit der Zusammenschau von Körper, Trieb, Sozialisation, Gefühl und Verstand.

Nach Grofs Lehre ist das menschliche Bewusstsein grundsätzlich zu zwei komplementären Formen der Wahrnehmung fähig. Im kartesianischen Modus nimmt es die Alltagswirklichkeit in Form von getrennten Objekten wahr, im dreidimensionalen Raum und in linearer Zeit. Im *transpersonalen* Modus werden die gewöhnlichen Grenzen der Sinneswahrnehmung und des rationalen Denkens überschritten, und die Wahrnehmung verlagert sich von festen Objekten auf fließende Energiemuster. Für Grof verhalten sich diese beiden Wahrnehmungsmuster komplementär im Sinne der Partikelartigkeit und Wellenartigkeit der Teilchen in der Quantenphysik. Zwischen den beiden Bewusstseinsformen scheint eine fundamentale dynamische Spannung zu herrschen.

Ich konnte in der Literatur keine überzeugendere Beschreibung dieser Modi und ihrer Zusammenhänge finden als Ken Wilbers „Vier Quadrantenmodell",[178] das ich deshalb zusammenfassend in meiner eigenen Sprache wiedergebe. Wilber postuliert, dass jeder vollständige Akt menschlicher Kommunikation und Beziehung eine innere wie eine äußere und eine individuelle wie eine kommunale Komponente habe, die ich aufgrund der oben beschriebenen Begriffsdiskussion lieber Singular und Plural nenne. Keine dieser Komponenten kann von den anderen getrennt existieren. Von dieser Annahme ausgehend konstruierte Wilber seine Matrix mit den vier Quadranten, von denen jeder für einen Aspekt des Seins steht: intentional, verhaltensbezogen, kulturell und sozial. Ich ergänze die entsprechenden Begriffe, die ich bislang in der Beobachtung der Variationen über die vielen Frieden vorgefunden habe und die für Wilber keine Rolle spielten. Diese Matrix sieht dann so aus:

177 Walch 2002 S. 24–33.

178 Wilber 2001b S. 160–196 und 236–244.

Innen Energetisch und postmodern	**Außen** Moralisch und modern	
Intentional *Frieden aus Harmonie*	*Verhalten* *Frieden aus Sicherheit*	**Singular** (Individuell)
Kulturell *Frieden aus Wahrheit*	*Sozial* *Frieden aus Gerechtigkeit*	**Plural** (kommunal)

Es ist leicht zu erkennen, wo die Aufmerksamkeit friedenswissenschaftlichen Arbeitens in den jeweiligen Zugängen liegt. Die *Moderne* fasst Frieden als eine Frage des äußerlich-pluralen Quadranten auf und konzentriert sich auf die sichtbaren Verhaltensaspekte des Sozialen, die sie vom Familienverband bis zu weltumspannenden Systemen untersucht und bearbeitet. Das führt sie üblicherweise zur *moralischen* oder auch idealistischen Forderung eines Friedens aus Gerechtigkeit. So geartete Friedensforschung konzentriert sich auf empirisch erfassbare Fragen. Sie ist nicht falsch, weil jede relevante Frage des Seins eine soziale Komponente hat. Sie ist aber ziemlich unvollständig. Es ist für die *modernen* Sozialwissenschaften insgesamt eine Herausforderung, sich diesem positivistischen Trend zu entziehen und zusätzlich zu den bloßen Verhaltensaspekten von sozialen Formationen weitere Aspekte zu untersuchen.

Schon der Quadrant, der sich auf die innerlich pluralen Aspekte bezieht, die üblicherweise als Kultur bezeichnet werden, bereitet Probleme. Wertvorstellungen, Weltbilder und deren Wahrheitsansprüche sind schwerer zu erfassen als Einkommensgefälle, Arbeitslosigkeit, Geburten- oder Sterberaten, Analphabetismus, Kriminalität, Industrialisierungsgrad und ähnlich quantitativ Beschreibbares aus der Welt des Sozialen. Kollektive Einstellungen und Gefühle oder gar Erinnerungen sind einer gewissen Unwägbarkeit ausgesetzt. Das bedeutet eine Herausforderung, die dem erkennenden Subjekt abverlangt, sich selbst und seine Perspektive zu definieren und seine Interpretation zu begründen. Das ist ein unbequemerer Stoff als das Soziale. Die *postmoderne* Philosophie und Friedenswissenschaft hat sich dieses Feldes bevorzugt angenommen. Symbolik, Sprache und Diskurse wurden ihr im Anschluss an Foucault, Deleuze, Derrida oder Lyotard zum Gegenstand und sie entwickelte Praxiologien, welche diese nachvollziehbaren Beziehungen des innerlich-pluralen Aspekts zu beleuchten helfen.

Sozial im Sinne des empirisch Beobachtbaren einerseits und kulturell als Bezeichnung für gemeinsame Weltbilder, Erinnerungen, Erwartungen, Wertvorstellungen und Wahrheiten andererseits, beschreiben die äußeren und inneren Aspekte der Friedensbeziehungen. Sie verhalten sich zueinander wie Frieden aus Wahrheit zu Frieden aus Gerechtigkeit. Zwischen den beiden bestehen so enge Korrelationen und Wechselwirkungen, dass das eine nicht ohne das andere vorstellbar ist. Dennoch wäre es irreführend, den einen Aspekt auf den anderen reduzieren oder über ihn erschließen zu wollen. Gerechtigkeit ist nicht einfach wahr, und Wahrheit ist nicht einfach gerecht. Beides sind unterschiedliche Erscheinungsformen ein und derselben gemeinschaftlichen *Energie*, die schon der Versuch verstümmeln würde, den kulturellen Aspekt ohne den sozialen oder den sozialen ohne den kulturellen zu erfassen.

Bezüglich des singulären Aspekts ist einsichtig, dass jedes Individuum in die soziale Stratifikation seiner Mitwelt eingebunden ist und nur unter Einsatz seines Lebens entrinnen kann. Soweit sich dieses Verhältnis äußerlich abspielt, weckt es wieder Interesse der *modernen* Wissenschaft. Das Verhalten eines Individuums innerhalb seiner Gemeinschaft lässt sich beobachten, messen, klassifizieren und qualifizieren. Dies ermöglicht normative Aussagen über allgemein Richtiges und Falsches und somit Handlungsanleitungen für die praktische Gestaltung von Gesellschaft, Macht und Ordnung. Die Erarbeitung derart handlungsanleitender Erkenntnisse wird in der *Moderne* als Aufgabe der Sozialwissenschaften betrachtet. Das Individuum interessiert als materieller Baustein eines materiell Größeren, der Gesellschaft, und soll in diesem Sinne möglichst vorhersehbar funktionieren. Tut es das, wird es als normal, gesund und sicher eingestuft. Das Verhältnis zwischen dem Individuum und der Gemeinschaft wird primär zu einer Frage der Sicherheit. Verhält sich das Individuum gegen die Norm, wird das als Risiko für die Sicherheit der Gemeinschaft angesehen und üblicherweise bestraft. Im umgekehrten Fall gewährleistet die Gemeinschaft die physische und soziale Sicherheit für das normenkonforme Individuum.

Das Verhältnis zwischen dem plural-inneren Aspekt des Kulturellen und dem singulär-äußeren des Verhaltensbezogenen war das große Thema der Strukturalisten, Foucaults und der meisten seiner Nachfolger. Sie präsentieren Kultur gewissermaßen als gigantisches Überich, das aus der Logik der sozialen Struktur gespeist wird und das Individuum so zurichtet, das es entspricht und der sozialen Struktur funktionierend zuarbeitet. Das Verhalten des Individuums leitet sich derart aus den Wahrheiten der kulturellen Imperative ab und stützt eine als gerecht empfundene Sozialstruktur, ohne dass dafür physische Repression angewendet werden muss. Schon Nietzsche geißelte zum Beispiel in „Jenseits von Gut und Böse" diesen Zusammenhang und das, was er mit den Individuen macht, als Sklavenmoral und schloss:

> Die Demokratisierung Europas ist zugleich eine unfreiwillige Veranstaltung zur Züchtung von Tyrannen – das Wort in jedem Sinne verstanden, auch im geistigen.[179]

Diese, damals wie heute sensible Aussage resultiert aus der analytischen Verbindung des Singulär-äußeren mit dem Plural-inneren und deren gemeinsamem Bezug zum Plural-äußeren. Schon Nietzsches oftmals missverstandene und missbrauchte Kritik richtete sich auf den fehlenden Bezug zu dem, was ich hier Singulär-innerlich nenne. Der vierte Quadrant stellte für die *moderne* Wissenschaft immer schon das größte Problem dar, denn seine Intentionen lassen sich mit keiner ihrer Methoden endgültig erforschen oder beweisen. Schon das Verhältnis zwischen dem individuellen Verhalten und der Kultur stellt an die Wissenschaft Fragen, die positivistisch nicht zu beantworten sind. Immerhin ist Kultur eine intersubjektive Größe und lässt sich, wenn nicht in ihrer Substanz, so doch in ihrer Manifestation beobachten, verstehen und auslegen. Symbole, Sprache und Diskurse lassen sich zwar nicht im Inneren der Sender und Empfänger kontrollieren, sie sind aber auf dem Weg zwischen beiden auch für Dritte wahrzunehmen und interpretierbar. Daraus leitet *postmoderne* Kulturwissenschaft ihren Daseinsgrund ab, der sich freilich als unsicherer erweist als jener der *modernen* positivistischen Sozialwissenschaft.

Der intentionale Quadrant beraubt die Wissenschaft auch dieser Hilfskonstruktion. Positivisten, Behavioristen können zwar das aus den Intentionen resultierende Verhalten studieren, Neurologen mögen Gehirnströme messen und lokalisieren, aktive Neuronen identifizieren und so fort,[180] sie werden aber den singulären Gedanken, die Empfindung, das Gefühl selbst von der Innenseite her nicht beweisen können. Das ist eine Sphäre, die nur erfahrbar ist. Plausibilität oder Beweis sind hier keine Kriterien. Es ist das

179 Nietzsche 1983e S. 245.
180 Singer/Ricard 2002.

eine faszinierende Sphäre, weil sie jedem menschlichen Wesen bekannt ist. Alle wissen, dass sie denken und fühlen und dass es doch niemanden gibt, der die Gedanken oder Gefühle mit Sicherheit nachweisen könnte. Erst wenn Menschen kommunizieren, ihre Gedanken artikulieren, eröffnen sie Dritten diese Möglichkeit. Der allergrößte Teil des Erlebens der Welt spielt sich in dieser unkommunizierten und unbeweisbaren Sphäre ab. Was auch immer nach außen dringt, es ist ein Ausdruck dieser inneren *Energie,* des Gedankens oder des Gefühls, nie der Gedanke oder das Gefühl selbst.

Hier ist die Welt, in der mein viel bemühter Bergsee ruht, der Frieden, den jeder nur selbst erfahren kann, die Harmonie,[181] die nur wahr, gerecht und sicher ist, wenn sie auch tatsächlich gespürt wird. Hier ist die Sphäre, wo alle großen *moralischen*, sozialen und kulturellen Entwürfe, Erkenntnisse und Übereinkünfte anfangen und enden. Hier ist der Drehpunkt der *transrationalen* Friedenserfahrungen. Es geht hier um das reine Ich, nicht um die *persona*, die äußere Maske. Damit werden an dieser Stelle alle Überlegungen des vorangegangenen Kapitels schlagend. Eine Diskussion der Frieden ohne Auseinandersetzung mit dem Selbst hinter der *persona* und seiner Bedeutung in der Welt hat keinen Sinn. Dieser Quadrant, der scheinbar die kleinste, persönliche und innere Dimension der Frieden umschreibt, ist größer, weiter und tiefer als alle anderen, obwohl er von diesen geformt wird und ohne sie nicht sein kann. Deshalb erschließt er die *transrationale* Dimension der Frieden.

Carl Gustav Jung übernahm bekanntlich den Begriff des Selbst aus dem Tao[182] und entwickelte auf dieser Basis seine allgemeine Energetik der Psychologie.[183] Bemerkenswert ist dabei seine Überlegung, dass die Beziehung jedes Menschen zum Selbst zugleich die Beziehung zu den Mitmenschen umschreibt, „...und keiner hat einen Zusammenhang mit diesen, er habe ihn denn zuvor mit sich selbst."[184] Erich Fromm vollendet auf dieser Basis die Definition der *transrationalen* Harmonie, welche die volle Entwicklung der Vernunft des Menschen bis zu einem Stadium voraussetzt, in dem sie ihn nicht mehr daran hindert, die Natur unmittelbar und intuitiv zu erfassen.

181 Ich erinnere an das erste Kapitel dieses Bandes, in dem ich herausgearbeitet habe, dass die Vorstellung von Frieden aus Harmonie den vorgelagerten Begriff des Friedens aus Fruchtbarkeit im *energetischen* Kontext in sich verwunden hat.

182 Jaffé 1971 S. 211.

183 Jung 1985.

184 Jung 1995 § 432.

Dieses Ziel liegt nach Fromm stets vor uns, nicht in der Vergangenheit, weshalb *Transrationalität* etwas gänzlich Anderes meine als die von der *Moderne* so gefürchtete Prärationalität.[185]

So wie das Soziale nicht die Summe allen individuellen Verhaltens in einer bestimmten Gemeinschaft darstellt, ist das Kulturelle nicht die Summe aller individuellen Intentionen. Vielmehr sind im Rahmen einer *transrationalen* Friedensforschung alle vier Aspekte miteinander verbunden und ihre Frieden sind mehr als die Summe aller einzelnen. Dabei kann das Innere als der *energetische* Aspekt verstanden werden. Die äußeren Erscheinungen sind nicht einfach Abbilder der inneren Aspekte, sondern jene Form, die auf diese gestaltend rückwirkt.

In der *transrationalen* Friedensforschung erweitert sich ein Friedensbild, das in den bisherigen Abschnitten fragmentarisch blieb. Die Eisberge Freuds und Galtungs sind nicht falsch, sie übersehen nur einen Aspekt der Frieden – und zwar den entscheidenden, den alle Zusammenhänge für die Transformation ihrer Energie auf eine *transrationale* Ebene benötigen. Denn, wie Wilber[186] erklärt, steht jede Gesellschaft im Konfliktfall vor vier Optionen. Sie kann sich im ersten Extrem soweit an einen größeren oder rivalisierenden Zusammenhang anpassen, dass sie darin vollkommen aufgeht, oder sie kann sich im zweiten so zu behaupten versuchen, dass sie sich völlig von anderen Zusammenhängen abgrenzt. Dieses Pendeln zwischen Selbsterhaltung und Selbstbehauptung wird in der Praxis selten bis ins Extrem gelangen, sich eher um die Annäherung daran bemühen. Häufig werden die offensichtlichen Veränderungen als Lösungen der aktuellen Konflikte gefeiert. Gleichwohl, es ist dieses Pendeln eine horizontale Bewegung. Konfliktlösung ist bloß horizontal und dem Manifesten verpflichtet. Deshalb ist sie oberflächlich, schwach und wenig nachhaltig.[187] Denn in einer horizontalen Bewegung wird die konfliktive *Energie* der sozialen Zusammenhänge nicht transformiert, nur verschoben. So wie das Umstellen der Möbel in einem Appartement zwar ein neues Wohngefühl vermitteln mag, aber keinen Umzug in eine höhere Etage darstellt. Wilber nennt das Translation anstelle von Transformation.

In vertikaler Richtung kann die konfliktive *Energie* eines solchen Zusammenhangs drittens auch zu seiner Selbstauflösung oder Vernichtung

---

185 Fromm 1971 S. 221.

186 Wilber 2001b S. 63.

187 Lederach 2003 S. 12.

führen. Ob Familien oder Freundschaften, Staaten oder Unionen, immer wieder zeigt sich in der Praxis, dass Konfliktenergie diese Selbstzerstörung oder auch Vernichtung durch Dritte bewirkt. Das ist eine Katastrophe für die Betroffenen, nüchtern betrachtet aber normal, weil der Abstieg vom Komplexeren zum Einfacheren ein natürlicher Vorgang ist, wenn sich das Komplexere als nicht lebensfähig erweist. Das gilt auch für die Menschheit als Ganzes. Der Mensch als Geisteswesen braucht die Biosphäre zum Überleben, aber nicht umgekehrt. Die Biosphäre ihrerseits braucht die Physiosphäre, aber nicht umgekehrt.

Die vierte Option, die der Konflikt bietet, ist die Selbsttranszendenz. Konflikt entsteht im holistischen Prozess nach Wilber[188] aus Beschränkungen auf einer bestimmten Stufe, die zum Anstreben der weiteren Stufe führen. Frieden sind somit, wenn der erweiterte Horizont gefunden und das Gleichgewicht im System wieder hergestellt ist. Das ist durch Translation nicht einmal denkmöglich, geschieht durch Transformation aber selbstverständlich. Wenn die *moderne* und die *postmoderne* Friedensforschung die Bedeutung des Innerlich-singulären übersehen, begrenzen sie sich selbst auf Konflikttranslation und berauben sich des Tors zur Transformation im *transrationalen* Sinn. Denn aus der Position *moderner* Ratio oder *postmoderner* Befindlichkeit ist zwingend, dass die begehrten Frieden erst durch Transformation des Konflikts in *transrationale* Wahrnehmung erreicht werden können.

Transrationale Frieden sind mehr als die horizontale Verknüpfung der vier Einzelaspekte. Sie heißen so, weil das intentionale Moment, das gewissermaßen der Energiespender aller Frieden ist, rational, aber friedensfähig und konfliktiv zugleich ist. Meine Matrix ist nicht zwei-, sondern dreidimensional, pyramidenförmig, und der intentionale Quadrant ist gleichsam der Zugang zum Stiegenhaus. Das Zusammenspiel der einzelnen Aspekte über das Äußere und die Rationalität hinaus ist Gegenstand der *transrationalen* Friedensforschung. Sie überschreitet unter Berücksichtigung des Intentionalen die Grenzen der Rationalität. Aus dieser Erklärung ergibt sich, dass *transrationale* Frieden *transpersonal* sind, denn auch wenn die einzelnen Aspekte nicht getrennt werden können, ist jedes noch so verinnerlichte und individuelle Friedensempfinden mit den pluralen Aspekten verbunden.

Die Wirklichkeit ausschließlich auf der inneren Ebene zu erleben, ist mit dem Funktionieren in der Welt des Alltags unvereinbar. Wer den Kon-

188 Wilber 2001 S. 108.

flikt und Zusammenprall der beiden Formen erlebt, ohne imstande zu sein, sie zu integrieren, gerät aus der Balance und erlebt Unfrieden. Dasselbe gilt für die Ausschließlichkeit der äußeren, kartesianischen Wahrnehmungsform:

> Ein Mensch, der ausschließlich nach kartesianischem Modus funktioniert, mag vielleicht frei von manifesten Symptomen sein, kann jedoch nicht als psychisch gesund gelten. Solche Individuen führen gewöhnlich ein egozentrisches, vom Wettbewerbsdenken beherrschtes, zielorientiertes Leben. Überbeschäftigt mit ihrer Vergangenheit und ihrer Zukunft, neigen sie dazu, die Gegenwart nur in einem beschränkten Rahmen wahrzunehmen, weshalb sie aus ihren Aktivitäten im Alltagsleben nur begrenzte Befriedigung finden. Sie konzentrieren sich darauf, die äußere Welt zu manipulieren, und messen ihren Lebensstandard an der Menge materiellen Besitzes, während sie sich mehr und mehr ihrer inneren Welt entfremden und außerstande sind, den Vorgang des Lebens zu würdigen. Menschen, deren Existenz von dieser Art der Erfahrung beherrscht wird, kann keine Ebene des Wohlstandes, der Macht oder des Ruhmes echte Befriedigung bringen, weshalb sie von einem Gefühl der Sinnleere, der Wertlosigkeit und selbst der Absurdität erfüllt werden, das kein noch so großer äußerer Erfolg verdrängen kann.[189]

Nach der yogischen Psychologie leiden diese Menschen bereits auf der ersten Ebene des *muladhara* an ihrer Rastlosigkeit. Auch im Sinne der Friedensforschung ist das ein problematischer Geistes- und Gemütszustand, der sich oft bei Personen beobachten lässt, die politische oder wirtschaftliche Führungsfunktionen anstreben. Daher muss dem besondere Sorge gelten, denn

> ...die Symptome dieses kulturellen Wahnsinns sind in unseren akademischen, unternehmerischen und politischen Institutionen allgegenwärtig.[190]

Transrationale Frieden greifen stets über die Grenzen der *persona* hinaus in deren Oszillieren mit ihrer Umgebung, der Physiosphäre, der Biosphäre, der Noosphäre, dem All-Einen. Dieser Aspekt erscheint von einer *modernen* Perspektive aus häufig als esoterisch und wird meist als unwissenschaftlich abgelehnt. Das ist aus der Sicht der *Moderne* folgerichtig, aus friedenswissenschaftlicher Perspektive ist es aber unmöglich, evidente Aspekte der menschlichen Natur aus dem Kernbereich der Forschung zu verbannen.

---

189 Capra 1987 S. 132/133.
190 Capra 1987 S. 132/133.

Auf welchem Menschenbild soll die Friedensvorstellung ruhen, wenn unkommunizierte Gedanken und Gefühle ausgespart bleiben? Wenn aber *Transpersonalität* als ein konstituierender Aspekt *transrationaler* Friedensforschung anerkannt wird, ist auch ein entsprechendes Bild von der *persona* vonnöten, wie ich es im vorangegangenen Kapitel zu diskutieren versucht habe.

Dabei ist meine methodische Entscheidung für die Chakren-Psychologie des Yoga nur eine unter vielen Möglichkeiten. Welche Alternative auch immer gewählt wird, sie muss alle vier der hier diskutierten Aspekte abdecken und berücksichtigen, dass jede auch noch so komplexe Gesellschaft oder Kultur ihre Vitalität aus der persönlichen *Energie* jedes einzelnen ihrer Individuen bezieht. Diese *Energie* ist a priori intentional, nicht rational. Mechanistische Menschenbilder, wie sie vom Behaviorismus oder der Psychoanalyse und der auf sie aufbauenden Modelle geliefert werden, liefern unvollständige Ergebnisse. Über sie hinauszugehen, bedeutet nicht Rückfall in eine prärationale, magische oder mythische Spiritualität, sondern Integration der Spiritualität in ein *transrationales, transpersonales* und vollständigeres Friedensbild. Eine sich selbst ernst nehmende Friedensforschung wird daher *Transrationalität* und *Transpersonalität* als gegebene Größen ihres Erkenntnisinteresses anerkennen und akzeptieren, dass die Abspaltung oder Aussparung irgendeines Aspekts menschlicher Wirklichkeit aus der Friedensfrage zu Unfrieden, zu Gewalt führt.

Der *transpersonale* Modus ist erst seit kurzer Zeit Gegenstand der Friedenswissenschaft. Ervin Laszlo[191] zählt Experimente auf, die als mehr oder minder relevant dafür betrachtet werden können. Feststeht aber, dass Erkenntnisse über die Existenz eines *transpersonalen* Kommunikationsmodus der Friedensforschung, die sich definitionsgemäß mit zwischenmenschlichen Beziehungen auf der Mikro- oder Makroebenen befassen muss, gänzlich neue Arbeitsannahmen vermittelt.

Transpersonales Friedensverständnis setzt deshalb konzeptuell in der Friedenswahrnehmung des Einzelnen an, ist von da aus aber streng relational. Der Gegenstand der Friedenswissenschaft ist die Beziehung selbst und nicht ein als autonom oder autark unvorstellbares Individuum, eine Monade, ein Subjekt oder eine als geschlossene Gruppe vorgestellte Gesellschaft von Individuen und Subjekten. In einem solchen Friedensverständnis kann es

191 Laszlo 2002 S. 139–158.

weder eine absolute, außerhalb des All-Einen liegende Wahrheit, Gerechtigkeit, Sicherheit oder Harmonie geben, noch einen außenstehenden Vatergott als ultimativen Referenzpunkt. Fritjof Capra brachte das Notwendige dieses Zugangs auch und vor allem für die Friedenswissenschaften auf den Punkt:

> Die Integration der kartesianischen Wahrnehmungsmethode in eine umfassendere ökologische und transpersonale Perspektive ist nunmehr zu einer dringenden Aufgabe geworden, die auf allen individuellen und gesellschaftlichen Ebenen angefasst werden muss. Eine echte psychische Gesundheit erfordert ein ausgeglichenes Wechselspiel zwischen beiden Formen der Erfahrung, einen Lebensstil, bei dem die eigene Identifizierung mit dem Ego mehr spielerisch und provisorisch als absolut und zwingend ist, während die Sorge um materiellen Besitz mehr pragmatisch als zwanghaft sein sollte. Ein solcher Lebensstil wäre gekennzeichnet durch Lebensbejahung, Hingabe an den Augenblick und tiefes Gewahrsein der spirituellen Dimension der Existenz.[192]

4 Die Ethik und Ästhetik der *transrationalen* Frieden

Das Studium der belebten und der unbelebten Materie führt immer wieder zu zwei grundlegenden Themen, die oft in den Lehren der Mystik auftauchen, aber auch den relationalen Charakter der Frieden bestimmen. Das ist zum einen die Verbundenheit und gegenseitige Abhängigkeit aller Phänomene, aus denen sich die Ethik der Frieden ergibt, sowie die dynamische Natur aller Beziehungen, welche die Ästhetik der Frieden bestimmt. *Transrationale* Friedensvorstellungen leiten sich aus diesen Erkenntnissen ab. Frieden sind so relational wie im *energetischen* oder im *postmodernen* Verständnis, integrieren aber zusätzlich den rationalen Aspekt.

In der Ethik von Frieden sind Menschen miteinander verbundene Wesen. Das Individuum bezieht sich nicht auf eine Person sondern auf ein Netz, ein Gewebe von Beziehungen wie Familien, Nachbarschaften, Klans, Gemeinschaften, Firmen, Verbände, Vereinigungen, Dörfer, Städte, Staaten, die Weltgesellschaft. Diese explizite Struktur leitet Frieden aus kartesianischer Wahrheit ab. Doch diese Wahrheit ist nicht absolut in einem platonischen oder christlichen Sinne. Sie entspricht eher der hinduistischen Vorstellung von *dharma*, das in seiner Ganzheit jenseits der menschlichen Wahr-

192 Capra 1982 S. 428.

nehmungsmöglichkeit liegt. Der Mensch kann aus seiner beschränkten irdischen und zeitlichen Perspektive nur einen Ausschnitt interpretieren. Die Welt und ihre Wahrheit sind weder festgeschrieben noch teilbar. Ihr beziehungshafter Charakter bedeutet, dass sie ständig oszillieren. Friedensethik anerkennt das und fokussiert auf die Transformation der ihr immanenten Konflikte.[193] Daher ist eine globale Ethik nur friedlich, wenn sie von letztgültigen Normen frei ist, wie das schon die *postmoderne* Philosophie festgestellt hat. Sobald Wahrheit, Gerechtigkeit und Sicherheit dualistisch mit der absoluten Bedeutung von Gut und Böse, richtig und falsch belegt werden, verlieren sie ihr friedensethisches Potenzial. Friedensethik verbindet, aber sie bindet nicht.

Etymologisch bedeutet Ästhetik sinnliche Wahrnehmung oder Klarheit der Sinne, wobei sich das auf Erfahrungen und Sichtweisen bezieht, welche die Dinge in ihrer Ganzheit und nicht als Teile wahrnehmen. Die Ästhetik der Frieden zielt auf menschliche Beziehungen in ihrer Gesamtheit und meint über das ethische Moment hinaus auch und vor allem deren *energetischen* Aspekt. Sie leitet Frieden aus Harmonie ab. Harmonie ist, wenn die *Energie* des Lebens ungehindert fließen kann. Daher geht es bei der Ästhetik der Frieden um die implizite Beziehung dessen, was Seele, Selbst oder *ātman* genannt werden kann, zueinander und zum All-Einen, das auch Gott, Weltseele, *brahman*, Existenz, Kosmos oder Universum genannt werden kann. Es geht um die höheren Stockwerke meiner Matrix, die von hier aus zugänglich sind. Das ist der *dionysische* Aspekt des Seins, der unter vielen Namen bekannt wurde: als *unio mystica* in der jüdischen, christlichen und islamischen Tradition, als *satori* im Zen, *shunyata* im Buddhismus oder *samadhi* im Yoga.

Die Ästhetik der Frieden bezieht sich auf transzendentale Erfahrung. Sie ist zu einem gewissen Grad metaphysisch, und weil sie *energetisch* ist, errichtet sie ein individuelles System. Doch das bedeutet keine esoterische Spekulation, denn die implizite Ästhetik der Frieden kann in der physischen Welt als explizite Eigenschaft der oben erwähnten Strukturen wahrgenommen werden. Sie tönt durch die Masken der *personae*, ob diese das zulassen wollen oder nicht, und manifestiert sich in den Eigenschaften ihrer Beziehungen.

> Aesthetics help those who attempt to move from cycles of violence to new relationships and those of us who wish to support such movement to see our-

193 Lederach 2003 S. 55.

> selves for whom we are: artists bringing to life and keeping alive something that has not existed. As artists, aesthetics requires certain disciplines from us. Be attentive to image. Listen for the core. Trust and follow intuition. Watch metaphor. Avoid clutter and busy-ness. See picture better. Find the elegant beauty where complexity meets simplicity. Imagine the canvas of social change. [194]

Diese praxisrelevante Anweisung von John Paul Lederach wird mich im zweiten Band dieser Trilogie befassen. Ich folge vorerst ihrem konzeptionellen Bedeutungs- und Deutungsgehalt.

Ethik und Ästhetik der Frieden sind nicht ausschließend oder getrennt. Vielmehr stimme ich auch in Bezug auf die Frieden mit Wittgenstein überein, dass Ethik und Ästhetik eins sind.[195] Frieden sind Gegenstand und Eigenschaft von Beziehungen, aber aufgrund der Begrenztheit des Wissens des endlichen Subjekts, hängt es vom Erkenntnisinteresse ab, ob sie als das eine oder das andere erscheinen, so wie es in der Quantenphysik von der Position des Beobachters abhängt, ob er ein Teilchen oder eine Welle wahrnimmt, obwohl beide nur Aspekte des einen sind.

Deshalb unterliegen die Frieden auch dem Gödel'schen Unvollständigkeitssatz,[196] der besagt, dass ein hinreichend mächtiges formales System entweder widersprüchlich oder unvollständig sein muss. Es kann konsistent sein oder vollständig, niemals aber beides gleichzeitig. Wenn ein System in sich selbst vollkommen stimmt, gibt es grundlegende Wahrheiten, die aus ihm nicht abgeleitet werden können. Daher ist es unvollständig. Wird das System aber so verändert, dass es diese Wahrheiten aufnehmen kann, wird also Vollständigkeit angestrebt, wird es an manchen Stellen Widersprüche aufweisen und inkonsistent sein.

Übertrage ich Gödels Überlegung aus der Mathematik in die Friedensforschung, wird klar, dass ein vollkommen ethischer, kartesianischer Frieden, wie ihn die *moderne* Friedensforschung im Geiste des *Thanatos* anstrebt, ebenso Widersprüche erzeugt wie ein vollkommen ästhetischer, den die *phobischen* Vorstellungen *moralischer* Friedensbilder bewirken. Vorstellung ist das richtige Wort, denn in der Praxis ist noch nie ein vollkommener Frieden, sei er ethisch oder ästhetisch, beobachtet worden. Jeder einigermaßen konsi-

194 Lederach 2005 S. 73/74.

195 Wittgenstein 2003 Satz 6.421.

196 Gödel 1931 S. 173.

stente Frieden in der Geschichte hat sich als unvollkommen erwiesen, denn die untrennbar ineinander verflochtene Ethik und Ästhetik, der Gegenstand und die Eigenschaft der Frieden, oszillieren permanent zwischen inkonsistenter Vollkommenheit und unvollkommener Konsistenz. Die Vorstellung von einem vollständigen und konsistenten Frieden ist nicht nur totalitär, sondern auch gegen das Wesen des Seins gerichtet, ebenso menschenverachtend wie unrealistisch.

Erst wenn die Perspektive auf *transrationale* Ebene gerichtet und Konfliktlösung zur Konflikttransformation wird, kann der vermeintliche Widerspruch verwunden werden. Es ist das dasselbe Phänomen wie der Widerspruch zwischen dem voranschreitenden Chaos der grundlegenden Physiosphäre, wie es das zweite thermodynamische Grundgesetz postuliert, und der Ausdifferenzierung immer komplexerer Lebensformen der Biosphäre, welche die Evolutionstheorien feststellen. Die Verwindung liegt nicht in einem endzeitlichen Entweder–oder, sondern in einem transformatorischen Sowohl–als-auch, in der Integration beider Bewegungen im Rahmen einer geistigen Betrachtung. Was die Frieden als Beziehungsgröße betrifft, lässt sich der Widerspruch zwischen Ethik und Ästhetik nicht mit dem Verstand lösen, sondern nur *transrational* integrieren. *Transrationalität* umfasst die Gleichzeitigkeit des rational Widersprüchlichen als systemnotwendiges, dynamisches Element und erkennt darin einen umfassenderen Friedensbegriff, der damit versöhnt ist. John Paul Lederach definiert die Friedensarbeit konsequenterweise folgend:

> … Peace work, therefore, is characterized by intentional efforts to address the natural ebb and flow of human conflict through nonviolent approaches, which address issues and increase understanding, equality and respect in relationships.[197]

Für die Friedensforschung hat das weitreichende Folgen. Sie muss auf dieser Basis die in der Geschichte faktisch erfolglosen Ansätze des Realismus wie des Idealismus als Irrlichter erkennen, da sie aus dieser Sicht auf falschen Annahmen fußen. Weder existieren die autonomen Subjekte, die ihren Axiomen zugrunde liegen, noch konstituieren sich Gesellschaften konsistent und vollkommen entlang der von ihnen angenommenen Regeln.

197 Lederach 2003 S. 21.

Die erkenntnisleitende *Energie* realistischer Zugänge ist die Angst. Erinnerungen oder Erzählungen rufen Emotionen hervor, die sich als scheinbar rationale Überlegungen vergegenständlichen. Innerhalb dieses Rahmens mag das auch stimmen, doch aus *transpersonaler* Sicht steht außer Zweifel, dass Angst als Eigenschaft von Beziehungen den freien Fluss der Lebensenergie blockiert, was eine Vergegenständlichung von Friedensethik unterbindet. Angst, als Kluft zwischen dem Jetzt und dem Später, bringt den *élan vital*, die Lebensenergie, die Menschen in sich tragen, ins Stocken.[198] Deshalb dienen angstgetriebene Theorien oder gar Ideologien weder der Friedensforschung noch der Friedenspraxis.

Der Idealismus hingegen speist sich *energetisch* aus dem Prinzip Hoffnung, das der Ästhetik der Frieden zuträglich ist. Er geht allerdings mit dem Anspruch des Wissens und Rechthabens einher, aus dem die Gedanken eines Sollens resultieren, das als Gegenstand von Beziehungen gewaltträchtige Formen annehmen kann.[199] Der Hoffende, oder gar der Erwartende, glaubt zu wissen, was getan werden muss, damit die Welt besser wird, und blockiert mit diesem ästhetischen Anspruch die Ethik der Frieden.

Wenn der Gegenstand, das Thema von zwischenmenschlichen Beziehungen zugleich ihre Eigenschaft ist, bleibt der Positionswechsel des Beobachters die einzige Möglichkeit zur Veränderung der Beziehung. Egal, ob es sich um einen bewusst an dieser Beziehung teilnehmenden oder einen vermeintlich passiven Beobachter handelt. Dass der Positionswechsel eines aktiven Beobachters die Beziehung verändert, versteht sich von selbst. Passiv ist auch jeder sich selbst so einschätzende Beobachter deshalb nie, weil keine *Energie* verloren geht. Das heißt, verändert der vermeintlich passive oder neutrale Beobachter, der Mediator, die Position, so verändert sich nicht nur diese und seine eigene Sichtweise, sondern auch die Beziehung selbst. Zwar ist jede Wahrnehmung des Beobachters nichts als eine Projektion an seinen eigenen Vorstellungshorizont. Da dieser aber selbst Teil des Gesamtsystems ist, verändert sich durch seine eigene Projektion das System insgesamt.

Darin begründet sich das Plädoyer für *transrationale* Konflikttransformation anstelle der *modernen* oder *postmodernen* Konfliktlösung in der Friedensforschung, und es illustriert, dass sich John Paul Lederachs *transpersonale* Friedensphilosophie zum *postmodernen* Ansatz Johan Galtungs in etwa so

198 Perls 1991 S. 11.
199 Rosenberg 2003 S. 23.

verhält wie die Psychologie Jungs zu jener Freuds oder die Physik Einsteins zu jener Newtons.[200]

Der kartesianische oder rationale Modus begründet nach Grofs Beobachtung zu den komplementären Formen der Wahrnehmung im menschlichen Bewusstsein die Friedensethik, der *energetische* die Ästhetik der Frieden. Nicht nur Grof sieht diese beiden Wahrnehmungsmuster sich im Sinne der Partikelartigkeit und Wellenartigkeit komplementär verhalten. Auch in der *transrationalen* Friedensvorstellung herrscht zwischen Ethik und Ästhetik der Frieden eine Spannung, die erklärt, warum reine Ethik, *moralische* oder *moderne* Friedensvorstellungen, ebenso kurz greifen wie die reine Ästhetik der *energetischen* oder *postmodernen* Friedensinterpretationen. Der *transrationale* Ansatz anerkennt diese Spannung. Er versucht sie wahrzunehmen, zu integrieren und zu balancieren.

Daraus ergibt sich, dass in einem *transrationalen* Rahmen Friedenskonzepte der herkömmlichen Art, seien sie idealistisch oder realistisch orientiert, nur sehr begrenzte Reichweite haben. Ihre Teleologie verhält sich zur *Transrationalität* wie ein Faden zum Gewebe. Wer die Rationalität durchschreitet, findet in der ästhetischen Erfahrung Raum für *Transpersonalität.* Menschen brauchen dieses Gefühl.[201] Wo das erkannt wird, schlägt es sich auch in den Leitfragen der Friedensforschung nieder.

Transrationale Frieden vertrauen auf die *transpersonale* Wirkung dieses Suchens und Erkennens. Sie sind daher auch immer *transpersonal*, denn durch ihre ästhetische Komponente sprengen sie die Beschränktheit eines bloß rationalen Sollens, für das der Idealismus plädiert, oder eines ebenso rationalen Müssens, für das der Realismus steht. Er setzt an deren Stelle ein relationales Können, das nichts als die Beziehung selbst benötigt, um gegenständlich zu werden.

Für die Konflikttransformation heißt das, dass die Analyse eines Konfliktes und eine allfällige Mediation unter *transpersonalen* Grundannahmen nicht ausschließlich auf eine materielle Intervention in die Konfliktlage gerichtet sein muss, sondern primär auf die Wahrnehmung des Beobachters

---

200 Tatsächlich lässt Galtung seine Rolle in der Friedensforschung gerne mit jener Freuds in der Psychoanalyse vergleichen, weshalb mir dieses Gedankenspiel nicht ganz unberechtigt erscheint. siehe: Österreichisches Studienzentrum für Frieden und Konfliktlösung 2008; Transcend. A Peace and Development Network for Conflict Transformation by Peaceful Means 2008.

201 Laszlo 1998 S. 121.

oder Mediators selbst, der die Konfliktlage dadurch *energetisch* und gegenständlich beeinflusst.

> I am part of this pattern. My choices and behaviours affect it.[202]

> Often the most critical parts of the process are the cultivation of internal, self or intra-group spaces, where safe and deep reflection about the nature of the situation, responsibility, hopes and fears can be pursued.[203]

Ich weiß, dass mein Verständnis von Konflikttransformation nicht das einzige ist, und wahrscheinlich darf ich nicht einmal annehmen, dass es in der Disziplin mehrheitsfähig ist, obwohl es der Sicht John Paul Lederachs recht nahe kommt. Aber *transrationale* Konflikttransformation meint aufgrund ihres Bewusstseins der ästhetischen Komponente ganz anderes als *moderne* oder *postmoderne* Deutungen. Auf theoretischer Ebene scheint mir das ausreichend dargelegt. In der Praxis steht auch der *transrationale* Ansatz vor dem Problem, dass Frieden und Konflikte als Beziehungsenergie wohl gut gedeutet, aber schlecht behandelt werden können. Für die konkrete Aktion benötigt auch sie die Ethik der Frieden und damit Methoden, die mit Akteuren, mit Themen, mit Regeln und mit Strukturen umgehen. Diese von Vayrynen[204] vorgeschlagene Einteilung scheint mir nützlich, weil die vierfache Struktur dem nahe kommt, was erfolgreiche Methoden wie die Gewaltfreie Kommunikation nach Marshall Rosenberg oder die Kommunikationspsychologie nach Friedemann Schultz von Thun in der Praxis anwenden. In der *transpersonalen* Logik ist jedes Wort, jeder Gedanke über einen scheinbar unabhängigen Konflikt Dritter bereits ein Beitrag zu ihm. Die Ethik und Ästhetik der Frieden kann ebenso herbeigeredet, gedacht oder vorgestellt werden wie die Notwendigkeit der Gewalt im Konflikt, weshalb es zu einer wesentlichen Frage der Friedensethik wird, wie ästhetisch mit Konflikten umgegangen wird. Das ist die zentrale Herausforderung für *transrationale* Friedensforschung und Konflikttransformation: Wie können destruktive, gewaltträchtige Narrative so neu erzählt werden, dass sie die Beziehungen, die Plätze in der Welt und ihre eigene Geschichte heilen.

---

202 Lederach 2005 S. 35.

203 Lederach 2003 S. 10.

204 Vayrynen 1991 S. 1–25.

Das wird das Thema des zweiten Bandes dieser Trilogie sein. Ich nehme vorweg, dass zumindest John Paul Lederach meint,[205] es gäbe darauf keine mechanistische Antwort.

> This quest is one that must take seriously the process of listening to the deeper inner voice, a spiritual and deeply human exploration that should not be relegated to occasional conversations among friends or, worse, to the couches of therapy when professional life crises emerge. This is the heart, the art and soul of who we are in the world and it cannot be disconnected from what we do in the world.[206]

Da FriedensarbeiterInnen immer Teil des Systems sind, zu dessen Heilung sie beitragen wollen, benötigen sie ein hohes Maß an Intuition, Empathie, ethischer Reife und ästhetischer Wachheit, die sich über die Erfahrung des inneren Bergsees, der *transpersonalen* Erschließung der Frieden erwerben lassen. John Paul Lederachs praktische Vorschläge folgen weniger den präskriptiven Ansätzen der *modernen* Denkweise als dem, was er *elicitive* nennt, eine „der konfliktiven Situation entlockte“ Methode, deren Zugang er in seinen Trainings vermittelt,[207] und der auch im Lehrgang für Friedensstudien, den ich leite,[208] gefolgt wird. Der Lehrgang dient nicht dazu, aus den Studierenden Friedensingenieure in der Maschine Welt zu machen. Er bietet einen geschützten Übungsrahmen für reflektierend Praktizierende im Netzwerk des Lebens.

5 Was sind *transrationale* Frieden?

Als Schlüsselsatz für die Diskussion über die *transrationalen* Frieden halte ich fest, dass alles, was auf empirische Weise über die Menschheit insgesamt ausgesagt werden kann, auch in jedem Individuum unserer Spezies zu finden ist. Deshalb richtet sich der Blick der *transrationalen* Friedensforschung aus der Sicht des jeweils erkennenden Subjekts oder der potenziellen FriedensarbeiterInnen zuerst nach innen. So wie die Ausbildung von Therapeu-

205 Lederach 2005 S. 146.
206 Lederach 2005 S. 176.
207 Lederach 1995 S. 37–73.
208 UNESCO Chair for Peace Studies 2008.

tInnen mit Selbsttherapie beginnt, erkunden und bearbeiten *transrational* orientierte FriedensarbeiterInnen zunächst ihre egoischen Aspekte und befassen sich mit dem Ichtod. Von da aus verwinden und überschreiten sie die Grenzen der *persona* und öffnen sich auf diese Art der Kommunikation und Resonanz mit anderen Menschen, der Mitwelt und im weitesten Sinne mit dem Universum. Sie werden sich ihres Potenzials als Akteure der *elicitiven* Methode bewusst und trainieren deren Einsatz. Dabei verstehen sie, dass sie selbst ein Element des Gesamtsystems sind und Frieden daher einerseits in ihrer Wahrnehmung konstruiert werden, sie andererseits durch jeden Denk- oder Handlungsimpuls das System verändern. Mediation als Friedensarbeit ist niemals neutral. Sie sollte bewusst kommunizierend sein.

Transrationale Friedensarbeit ist kein neues Konzept im Sinne *moderner* Innovation. Sie tritt ihrem Selbstverständnis nach nicht in Wettbewerb mit älteren, präskriptiven Konzepten um die Anerkennung ihrer Wahrheiten. Sie will diese nicht überwinden, sondern integrierend und differenzierend aufheben. Dieser Ansatz bewahrt deren Wahrheiten, neutralisiert ihre Einseitigkeiten und hebt sie auf eine Perspektive, die eine Erweiterung der gewohnten Wahrnehmungen und Deutungen der Frieden erlaubt.

Transrationale Frieden integrieren aus dem *energetischen* Ansatz das Moment der *Transpersonalität* und Spiritualität, der Intentionalität sowie der Verbundenheit aller Dinge und damit das Konzept der Frieden aus Harmonie. Die *ästhetische* Verbindung von Frieden und Wahrheit ist ihnen unbedingt, nicht absolut, weil sie das System Welt als Verbundensein des All-Einen auffassen, woraus folgt, dass alle Werte relational und nur intersubjektiv kommuniziert werden. Die Feststellung absoluter Wahrheiten und objektiver Wertigkeiten ist nicht möglich. In dieser Beziehung decken sie sich mit *energetischen* wie mit *postmodernen* Friedensbildern. Von ersteren unterscheiden sie sich allerdings dadurch, dass sie die Rationalität der *Moderne* durchschritten haben, kennen und anerkennen. Wie die *Postmoderne* tun sie das in unbedingter und relationaler, nicht in absoluter oder abstrakter Weise. Relationalität bedeutet ihnen mehr als der *postmodernen* Friedensphilosophie, nämlich *Transpersonalität.* Vereinfacht heißt das, *transrationale* Friedensvorstellungen entscheiden sich nicht zwischen Spiritualität und Rationalität, sondern integrieren beides.

Sicherheit und Gerechtigkeit, die sich im *moralischen* und *modernen* Friedensverständnis aus der absoluten Wahrheit ableiten, sind für die *transrationalen* Frieden so relativ wie relational. Dies ist nicht bedrohlich, weil sich der *transpersonale* Hintergrund *transrationaler* Frieden auf den bewussten Tod des Ego und des Ich stützt, sodass eine todesängstliche Philosophie im *moralischen* oder *modernen* Sinne nicht darauf gründen kann.

Voraussetzung für all das ist ein Menschenbild, das über die *moralischen* und *modernen* Konzepte vom Individuum, dem Subjekt, der Person und der Persönlichkeit hinausgeht. Das mit dem *transpersonalen* Potenzial ausgestattete Selbst ist die Kategorie, auf der die friedenswissenschaftlichen Vorstellungen fußen. Über sie bezieht sich die Person auf das System Welt, auf die menschliche, natürliche und kosmische Dimension. Friede umschreibt den Charakter und die Eigenschaft dieser Beziehungen. Friede meint die Balance der entsprechenden Beziehungen und nicht ein Urteil über einzelne Akteure.

Transrationalität leugnet die Rationalität nicht. Sie überwindet sie auch nicht, sondern sie durchschreitet und ergänzt sie um die ästhetische Komponente, die zwischenmenschlichen Beziehungen immer innewohnt, welche die *Moderne* aber nicht allzu aufmerksam beobachtet hat. Sie holt auf diese Art ein definitorisches Moment in die Gesellschaftswissenschaften zurück, welches die Aufklärung zurückstellen musste, um die große Einsicht in den Wert der Vernunft durchzuargumentieren. Nachdem das unter den kritischen Augen der *Postmoderne* vollzogen ist, darf im respektvollen Anerkennen dieser Leistung und der aus ihr resultierenden Errungenschaften der Mensch wieder mit all seinen Sinnen und all seinem Potenzial wahrgenommen werden. Das bedeutet keine Rückkehr zu vormoderner Bigotterie, sondern den Durchbruch zu einer nachmodernen *Transrationalität*, die den Menschen (wieder) als Gattungswesen mit der Natur und dem Kosmos verbunden versteht. Sie begreift, dass Fragen der Frieden oder Unfrieden nichts anderes sind als jene nach eventueller >Unruhe im sozialen System Mensch selbst oder in seinem Wechselverhältnis mit der Physiosphäre, Biosphäre oder Noosphäre, in die es eingebettet ist. Frieden und Unfrieden können sich auf ethische wie ästhetische Weise äußeren. Das hängt vom Standpunkt der BeobachterInnen ab.

Die Beziehungen der Menschen zueinander und zu ihrer gesamten Mitwelt stehen im Mittelpunkt des Interesses dieser Art von Friedensforschung. Die Herausforderung liegt darin, dass der Gegenstand, das Thema der zwischenmenschlichen Beziehungen, zugleich ihre Eigenschaft ist. Würde das Thema, das Problem einer Beziehung, der Konflikt, im Sinne der *Moderne* gelöst, verlöre diese Beziehung im *transrationalen* Kontext nicht nur ihre Eigenschaft, sondern sie hörte auf zu existieren. Konfliktlösung wäre in diesem Sinn Beziehungsauflösung. Da in einem System Alles mit Allem in Verbindung bleibt und Beziehungen nicht abzuschaffen sind, ist Konflikttransformation im Sinne der Friedensforschung die einzig rationale Option. Beziehungen und ihre *Energien* werden aufrechterhalten und in ein dynamisches Gleichgewicht gebracht. Das ist ein end- und zeitloser Prozess, da der Konflikt eine inhärente und dynamische Eigenschaft jeder Beziehung ist und Beziehungen niemals enden, auch nicht mit dem physischen Tod, selbst wenn die Akteure das glauben, wollen oder aus dem Gesichtsfeld verschwinden.

Ich habe Harmonie, Wahrheit, Gerechtigkeit und Sicherheit als Ecksteine *transrationaler* Frieden definiert und zugleich festgestellt, dass ein abschließendes Urteil über deren Verhältnis unmöglich ist, weil sie in der materiellen Welt nur perspektivisch als Eigenschaften von Beziehungen wahrnehmbar sind. Aussagen über die Ethik von Beziehungen sind möglich, aber unvollständig. Der Anspruch abschließender Urteile über den Einen Frieden, wie ihn *moralische* und *moderne* Ansätze erheben, scheitert an der vorgegebenen Widersprüchlichkeit. Rationale Aussagen über die Eigenschaften von Frieden sind konkret, klein und relational, also unvollständig – oder widersprüchlich.

Dafür gibt es zwei Gründe: Der eine ist die unvermeidbare Perspektivität des menschlichen Beobachters, der selbst immer Teil des Systems Welt ist, weshalb es ihm unmöglich ist, dessen Gesamtheit zu sehen. Die Beobachtung bestimmt das Gesehene.

Der zweite Grund ist die permanente Bewegung aller Teile des Systems. Diese Dynamik seiner unaufhörlichen Neuformation mögen wir Menschen immer wieder als konfliktträchtig erleben, doch das ist eine subjektive Wahrnehmung, die keine Aussage über das Gesamtbefinden des Systems zulässt. Das ist der *energetische* Aspekt des Systems, der sich oft grausam und bedrohlich anfühlt, das aber nur ist, wenn er als grausam und bedrohlich wahrgenommen wird. Erneut bestimmt die Perspektive den Befund.

Transpersonale Friedensvorstellungen beenden alle *modernen* Illusionen finaler Gewissheiten. Sie klären über das Oszillieren der Ethik und Ästhetik der Frieden auf, weisen auf die begrenzten Möglichkeiten der Wahrnehmung von Gegenstand und Eigenschaft der Frieden hin. Die Spannung zwischen dem re-integrierten *energetischen* und dem rationalen Moment verbietet jede abschließende Gewissheit.

Transrationale Frieden schicken den Menschen auf eine lebenslängliche Suche nach dem dynamischen Gleichgewicht, in dem sich ethische Momente als Eigenschaften von ästhetischen und ästhetische als Gegenstand von ethischen manifestieren mögen. Harmonie mag eine Funktion von Sicherheit sein, Sicherheit eine von Gerechtigkeit, Gerechtigkeit eine von Wahrheit, die ihrerseits wieder nur in Harmonie existieren kann. Somit bedingen sich all diese Größen gegenseitig. Dieses banal scheinende und doch so große Wort, ist viel zu klein. Denn all diese Begriffe sind bloß Kategorien, Hilfsmittel. Die Ethik und Ästhetik der *transrationalen* Frieden sind unsagbar, unerhört und allgegenwärtig.

Transrationalität scheint für Gesellschaften, welche die *Postmoderne* durchleiden mussten, zugleich attraktiv und erschreckend. Sie ist attraktiv, weil sie jene Leerstelle füllt, welche die Delogierung Gottes in der *Moderne* und der Verlust des *modernen* Sinns in der *Postmoderne* hinterlassen haben. Sie gestattet erfahrbare Spiritualität und vermittelt soziale Wärme. Begriffe wie Liebe oder Harmonie dürfen zur Definition der Frieden wieder verwendet werden. Der beschriebene Bergsee kehrt als Thema zurück. Zugleich droht *Transrationalität*, wie spirituelle Lehren aller Zeiten und Richtungen, mit der Entschleierung der Konstruiertheit der Individualität in der manifesten Welt, ohne die Leerstelle, die Gott und Sinn hinterlassen haben, mit einer neuen Teleologie zu besetzen.

Ich vermute, dass solche Definitionen für einen guten Teil meines Publikums eine Herausforderung sind. Der unvermeidbare Widerspruch der *moralisch* inspirierten Stimmen der *Moderne* klingt schon in meinem Ohr. Wie soll auf einer solchen Basis Frieden gemacht werden? Berauben solche Theorien uns, die vom Frieden Beseelten, nicht des Grundes, des Zieles und auch noch der Mittel unserer Aufgabe – der Friedensarbeit? Ich denke nicht. Vielmehr will mir scheinen, dass sie uns vor der Verführung einer einseitigen Moralität bewahrt, der nach all der Frustration präskriptiv gestalteter Friedensarbeit ohnedies nur noch wenige ernsthaft erliegen. Ich sehe in der Hinwendung zu *elicitiven* Methoden der Friedensarbeit auf der Basis *transrationaler* Friedensbilder ein attraktives Abenteuer, dem ich den zweiten Band dieser Trilogie widmen werde.

Konklusion des ersten Bandes

Ich habe mein Forschungsprojekt mit der These begonnen, dass sich die Deutungen des Begriffs Frieden in den unterschiedlichen Kulturen unserer Welt in zwei nicht konfligierende Großfamilien, nämlich die *energetischen* und die *moralischen* Friedensbegriffe, teilen lassen. Im Zuge der Arbeit hat sich diese Annahme einerseits bestätigt, andererseits als unzureichend erwiesen. Die Deutungen von Frieden haben sich als komplexer und vielfältiger herausgestellt, als ursprünglich angenommen. *Moderne* Friedensbegriffe integrieren die Denkstruktur der *moralischen*, deuten Frieden aber in inverser Weise. Was den einen der *Phobos* ist den anderen der *Thanatos* in ihrem Weltbild, und aufgrund ihrer strukturellen Ähnlichkeit stehen sich die beiden Bilder unversöhnlich gegenüber. Dieser empirisch wenig überraschende Befund, besonders im Kontext der nordatlantischen Geschichte, legt nahe, die beiden in verschiedene Kategorien zu fassen.

Es könnte eingewendet werden, dass durch diese Differenzierung eher dem unterschiedlichen Erscheinungsbild an der Oberfläche als der tieferen Wirkungsweise Referenz erwiesen würde. Dem stimme ich zu. Dennoch, dieser Band handelt von den Deutungen des Begriffs Frieden, und die Überzeugung der entsprechenden *frameworks*, sich vom jeweils anderen grundlegend zu unterscheiden, wurde als so groß empfunden, dass es einige akademische Arroganz erfordern würde, die gegenseitige Abgrenzung zu ignorieren.

Indem ich *moderne* von *moralischen* Friedensbildern unterscheide, habe ich das Tor für weitere Differenzierungen an ähnlichen Scheidelinien geöffnet. Dass der *Moderne* auch die *Postmoderne* innewohne, haben vor mir etliche AutorInnen festgestellt. Wende ich diese Einsicht auf die entsprechenden Friedensbilder an, zeigt sich ein Befund, der nicht nur zu Kritik und Zweifel an den Postulaten der *Moderne* führt, sondern auf spektakuläre Weise eine abweichende Interpretation der Frieden als Plural konstruiert. Dafür dient die *postmoderne* Praxiologie der Dekonstruktion, denn letztlich werden *postmoderne* Frieden mit demselben gedanklichen Werkzeug konstruiert wie *moderne* – mit der Vernunft. Doch während den einen diese Vernunft sagt, dass es nur Einen Wahren Weltfrieden geben könne, gelangen die anderen zur Einsicht, dass alles, was universelle, uniforme, dauerhafte und ultimative Gültigkeit beansprucht, kein Frieden sein könne. Für die *Postmoderne* ist Frieden eine Vielheit, klein, schwach, relational und flexibel. John Paul Lederach sagte, dass die Welt farblos wäre, würde blau die einzige Farbe sein, die existiert. Blau wird erst blau im Verhältnis zu anderen Farben und gerade diese Spannung mache die Welt bunt.[1] Ich könnte versucht sein, beide Ansichten davon zu überzeugen, dass sie im Rahmen der inkonsistenten Vollkommenheit ihres *frameworks* dasselbe suchen. Das habe ich diskutiert, gelangte dabei aber zu Überzeugung, dass es sinnvoller ist, die widersprüchlichen Denkrichtungen mit unterschiedlichen Etiketten zu versehen. So ist ein eigenes Kapitel zu den *postmodernen* Friedensbegriffen entstanden.

Als auch diese mit ihrer Verwurzelung in der Vernunft an ihre Grenzen stießen, tauchte das *energetische* Moment wieder auf. Es wurde deutlich, dass sich hier nicht ein argumentativer Kreis schloss, sondern dass sich alle diskutierten Konzepte zu einer immer komplexer werdenden Begrifflichkeit hin verdichten. Die Mündung *postmoderner* Denkwege in – unter anderem auch – *energetische* Interpretationen bedeutet nicht die Rückwärtswendung zu prämodernen oder prärationalen Friedensdeutungen, sondern den Durchbruch zu dem, was ich als *transrational* bezeichnet und als fünfte Kategorie eingeführt habe. Ich bin zur Ansicht gelangt, dass die Präfixe eine große Rolle für die Klärung dessen spielen, was mit Frieden gemeint ist. Denn ich schließe mich der populären Meinung an, dass der Begriff *Postmoderne* für jenen der *Moderne* inhärenten Anteil zweifelnden Verstandes zwar Konvention geworden, aber eigentlich irreführend ist. Die *Postmoderne* kommt nicht nach der *Moderne*, sondern sie ist ein Teil von ihr. Das Präfix *post* suggeriert einen chronologischen Ablauf, wie er in den *modernen* Denkstrukturen angelegt ist.

Davon versucht der *transrationale* Ansatz wegzukommen. Er stellt sich selbst nicht als das bessere, überlegene Konzept dar, das die *Moderne* überwinden würde, sondern als eine Perspektive, die sie in ein größeres, breiteres, sie respektierendes und doch über sie hinausgehendes Konzept integriert. Der *transrationale* Ansatz bietet somit umfassendere und differenziertere Deutungen des Begriffs Frieden. Er steht nicht in einem Widerspruch zu den anderen Konzepten. Er bewahrt sie und hebt sie auf eine Ebene, auf

1 Lederach 2003 S. 55.

der sich vermeintliche Widersprüche weitgehend neutralisieren. *Transrationale* Frieden erkennen die Vielheit in der Einheit und die Einheit in der Vielheit.

Transrational bedeutet nicht postrational – hier komme ich zu einem Scheidepunkt: Während für *moderne* Friedensbegriffe mit ihrer Abhängigkeit von Fortschritt, Wachstum, Gerechtigkeit und Sicherheit der lineare Ablauf sozialer Zeit ein konstituierendes Merkmal ihres Wesens ist, wird aus *transrationaler* Perspektive diese vektorale Wahrnehmung der Zeit als begrenzendes Konstrukt erkennbar.

Die menschlichen Sinne nehmen Abläufe und Wirkungen wahr, in denen es ein Vorher und ein Nachher gibt. Im Gegensatz zur Absolutheit dieser Chronosophie im mechanistischen Weltbild, sehen *transrationale* Friedensbilder die unauflösbare Verbundenheit des Beobachters mit dem Geschehen. Wie in der Quantenphysik beeinflusst die Beobachtung das Beobachtete, weil der Beobachter selbst Teil des Systems ist. Zeitabläufe werden wohl wahrgenommen, aber als relativ verstanden. In anderen Worten rekurrieren *moderne* Friedensbilder auf Identitäten, die aus vergangenen Erfahrungen schöpfen, sowie auf Ängste und Erwartungen, die sich auf die Zukunft beziehen, wodurch die Gegenwart als eine Art Korridor zwischen Vergangenheit und Zukunft keine praktische Bedeutung hat. Die Gegenwart liegt für die *Moderne* zwischen vergangenem Grund und zukünftigem Zweck.

Transrationales Friedensverständnis erkennt die Konstruiertheit solcher Chronosophie und stellt nicht den Ablauf der Zeit, sondern, so wie es auch *energetische* Friedensbilder tun, ihre Tiefe in den Mittelpunkt. Auch das ist kein neuer Gedanke. In der griechischen Mythologie stehen sich *Kronos* und *Kairos* als Symbole der Quantität und Qualität, des Ablaufs und der Tiefe von Zeit gegenüber. Jean-Jacques Rousseau[2] stellte fest, dass nicht jener Mensch am meisten gelebt hat, der die meisten Jahre zählt, sondern jener, der sein Leben am meisten empfunden habe. Immanuel Wallerstein[3] brachte den Gedanken in die Sozialwissenschaften ein.

In diesem Sinne integrieren *transrationale* Friedensbegriffe, die auf den *Kairos*, die Qualität, Tiefe und Harmonie des gelebten Augenblicks abzielen, alle anderen, sind ihrerseits in allen anderen enthalten, aber aus den jeweiligen Perspektiven nicht in ihrer Gesamtheit sichtbar. Daher mag auch mein Text eine zeitliche Struktur aufweisen, welche die Kommunikation zwischen mir und meinem Publikum ermöglicht. Ich sehe die Phänomene aber nicht

---

2 Rousseau 1998.

3 Wallerstein 1995.

wie den Ablauf eines Uhrwerks, sondern als eine Rückkoppelung zwischen dem Früheren und dem Späteren, sodass eigentlich Alles bereits in Allem enthalten ist. Die Chronologie ergibt sich aus meiner reduzierten Perspektive als Erzähler. Es geht nicht um eine objektive Entwicklung von Qualität, sondern um Wahrnehmungsabläufe an meinem Vorstellungshorizont. Im Sinne von Karl Jaspers verstehe ich meinen Umgang mit der Geschichte als ein Ringen. Die Geschichte geht mich an und was mich angeht, erweitert sich ständig. Was mich angeht, ist eine gegenwärtige Frage meines Seins. Die Geschichte wird umso gegenwärtiger, je weniger sie sich auf die bloße Darstellung von Gewesenem reduziert.[4]

Daraus kann die Versöhnung mit den *energetischen* Frieden folgen, eine wachsende Aufmerksamkeit für die Möglichkeiten und Perspektiven eines umfassenderen Friedensbildes als jenem, das die Schulen und Denkmuster des Idealismus oder Realismus bieten. Auch an einer Erweiterung des Spektrums an friedensfördernden Handlungsweisen orientiert sich mein Erkenntnisinteresse.

Energetische Friedensbilder sehen die menschliche Existenz in die Alleinheit alles Seienden eingebettet und gehen von einer Beziehung von Allem mit Allem aus. Deshalb bedeuten ihnen Frieden die Harmonie aller wahrnehmbaren Phänomene zueinander. In der ausgereiften Form verstehen sie im Rahmen der *Großen Triade* die Balance der *Energien* von Kosmos, Natur und Gesellschaft und benützen für deren Deutung eine symbolische, oft magische Sprache. Frieden sind ihnen relational und dynamisch. Die Aufgabe der menschlichen Existenz liegt in der Suche nach dem dynamischen Gleichgewicht, der Harmonie alles Seienden im „Sturm des kosmischen Atems". Gesellschaftliche Frieden oszillieren in den Beziehungen der Individuen und Gemeinschaften. Sie müssen ständig neu definiert und gefunden werden.

Moralische Friedensbilder nehmen das *energetische* Moment in einem außerhalb der Welt stehenden Schöpfergott wahr, einem Gott, der das Leben und mit ihm das Potenzial der Frieden spendet. Da sich dieser Gott selten manifestiert, benötigen sie zur Deutung seines Friedens Experten, welche diese Aufgabe für die Gesellschaft übernehmen. Die Erzählungen sind zumeist mythisch und die Frieden spalten sich zwischen dem ewigen, göttlichen Frieden und dem zeitlichen der irdischen Existenz. Die Annahme

4 Jaspers 1955 S. 257.

eines Schöpfergottes erlaubt ihnen, einen kommenden hermetischen und exklusiven Frieden als das einzig Wahre, Schöne und Gute zu versprechen. Deshalb sorgen sie sich um die Sicherheit der Gerechten. Da der irdische Friede als ein Vorlauf zum ewigen Frieden in Gott verstanden wird, definieren sich alle Frieden der aus Körper, Geist und Seele bestehenden *personae* theoretisch über die direkte Beziehung zu Gott. In der Praxis unterliegt diese dem Urteil der Priesterschaft über ihre Qualität.

Moderne Friedensbilder basieren auf einem mechanistischen Weltbild, das Gott gewissermaßen delogiert und an seiner Stelle Vernunft vermutet. Da diese nicht von vornherein manifest ist, benötigt auch die *Moderne* eine Expertenkaste, die für die breite Masse entscheidet, was vernünftig ist. Strukturell unterscheiden sich diese Bilder nicht wesentlich von den *moralischen*, nur erzählen sie die Frieden auf rationale Weise, was heißt, dass wie all ihre Annahmen auch die über die zwischenmenschlichen Beziehungen in der manifesten Welt gründen. Der Mensch wird als erkennendes Subjekt und vernunftbegabtes Wesen definiert, das seine säkularen Beziehungen vom abstrakten und unsichtbaren Gott zu emanzipieren vermag. Da letzte Entscheidungen über die ultimative Wahrheit als über der Welt stehend angenommen werden, bleiben Gerechtigkeit und Sicherheit zentrale Anliegen. Rationale Erklärungen stehen dafür zur Verfügung.

Postmoderne Friedensbilder bezweifeln die Existenz jeder ultimativen Wahrheit und erklären Gott für tot. Damit ist der Mensch als erkennendes Wesen auf sich selbst und seine individuellen und kollektiven Beziehungen in einer einzig existierenden und wahrnehmbaren Welt zurückgeworfen. Die *Große Triade* besteht nicht mehr aus Gesellschaft, *kósmos* und Natur, die *persona* nicht mehr aus Körper, Geist und Seele, sondern aus Ich, Überich und Es. Die Frieden werden zu einer Frage des Umgangs des rationalen Ich mit dem ethischen Überich und dem ästhetischen Wollen des Es. Rationalität vereint sich mit Relationalität. Wahrheit, Sicherheit und Gerechtigkeit werden als Konstrukte erkannt, Frieden daher vielgestaltig und in jedem Kontext definitionsbedürftig.

Transrationale Frieden erkennen die Begrenztheit eines materiellen Weltverständnisses und überschreiten das Menschenbild der *Moderne* durch die rationale Anerkennung der *energetischen* Natur der Spezies Mensch. Sie erweitern das ethische und ästhetische Moment der Existenz über die Grenzen der *modernen persona* hinaus in die *Transpersonalität* und gewinnen dadurch das *Energetische* zurück, ohne das Rationale aufzugeben. Weil das Individuum kollektive *Energie* erfährt, wird bewusste *transpersonale* Harmonie zum Synonym für Frieden. Ihre Erzählung ist sowohl rational als auch *energetisch*, ohne magisch oder mythisch zu sein. Im unmodernen Wissen um die untrennbare Alleinheit der Existenz ist ihnen die Ästhetik der Frieden nichts anderes als deren Ethik. Gerechtigkeit und Sicherheit sind materielle Aspekte der Frieden, Wahrheit und Harmonie deren dynamische. Sie integrieren alle anderen Erscheinungsformen der Frieden, bewahren deren Inhalte, neutralisieren deren Einseitigkeiten und heben sie auf eine rational-*energetische* Ebene.

Ich schließe diesen ersten Band mit der Einsicht, dass meine ursprüngliche These von den zwei Großfamilien der Friedensbegriffe ebenso richtig wie unvollständig ist. Letzteres in der Hinsicht, dass sich solche Großfamilien beliebig konstruieren lassen, sodass zwei keine zwingende Anzahl ist. Entlang der Kriterien meines Erkenntnisinteresses habe ich fünf derartige Großfamilien definiert, die auf den ersten Blick voneinander geschieden scheinen, bei näherem Hinsehen aber alle in einer nicht-hierarchischen und synchronen Form miteinander verbunden sind. Was sich verändert, ist nicht die Substanz dessen, was Frieden genannt wird, sondern die Vorstellung davon, sowie ihre Einbettung in Sozialsysteme und deren Rituale. So gesehen ist jede Friedensdeutung in jeder anderen enthalten, aber nicht aus jeder Perspektive erkennbar.

Mit der Beschränktheit der menschlichen Wahrnehmung scheint der jeweilige Friedensbegriff stets kohärent und vollständig, weshalb wir ihn für natürlich und zwingend erachten. Ein Ergebnis dieser Studie könnte lauten, dass Frieden gerade das – gleichzeitig kohärent und vollständig – nie sein kann. Auch wenn Menschen sich innerhalb eines bestimmten *frameworks* auf eine Formel einigen, die kohärent und vollständig erscheint, was für das Zusammenleben unerlässlich ist, bleibt das ein kleiner Friede von begrenzter Reichweite. Zu anderem sind Menschen nicht fähig. Die Einsicht und das Bewusstsein dieser Beschränktheit ist entscheidend, soll dieser kleine Friede nicht hermetisch, stark, starrsinnig, ewig und damit groß und gewalttätig werden. Daher sind meine fünf Großfamilien nur deshalb fünf, weil ich sie so definiert habe. Legt jemand andere Kriterien an, kann eine andere Anzahl herauskommen. Das ist eine Frage der Konvention.

Dennoch war die Zahl zwei in meiner Ausgangsthese nicht falsch. Sie kann allerdings nicht auf reale Grundkategorien der Frieden bezogen werden, wie ich zu Beginn annahm, sondern auf die zwischen Ethik und Ästhetik oszillierenden Erscheinungsformen. Was ich zunächst als *energetisch* bezeichnete, meint die Ästhetik der Frieden, die keine exklusive Eigenschaft *energetischer, postmoderner* oder *transrationaler* Friedensbilder, magischer oder mythischer Kosmovisionen, der prä- oder *transrationalen* Spiritualität ist, auch wenn andere sie gering schätzen oder völlig ignorieren. Was ich am Beginn *moralisch* nannte, ist hingegen die Ethik der Frieden. Auch sie ist kein ausschließliches Merkmal *moralischer* oder *moderner* Friedensbilder, der Rationalität oder Weltlichkeit.

Frieden sind immer ethisch und ästhetisch zugleich. Sie umschreiben die Beziehung zwischen real Existierendem. Alles, was aus dem All-Einen hervorgetreten ist, also im eigentlichen Sinn des Wortes existiert, ist zugleich Materie und *Energie*. Die Annahme, dass die beiden Bilder nicht konfligieren, trifft darum zu, denn es handelt sich um unterschiedliche Erscheinungsformen ein- und derselben Beziehung. Ob ich es als das eine oder das andere wahrnehme, hängt nur von meiner Perspektive ab. Somit ist es die Beobachtung selbst, die bestimmt, welche Art von Frieden, ja ob überhaupt irgendein Friede wahrgenommen wird, ob Frieden sind. Der metaphorische Bergsee ist in letzter Konsequenz ein innerer. Es hängt vom Beobachter ab, ob er ihn wahrnimmt. Alles andere ist Gleichnis.

Bibliographie

Monographien, Sammelbände und Aufsätze

Aldridge, Alfred Owen: Man of Reason – The Life of Thomas Paine; New York, 1959.

Almaas, A.H.: Essenz – Der diamantene Weg der inneren Verwirklichung; Freiamt, 2003.

Althaus, Horst: Friedrich Nietzsche. Eine bürgerliche Tragödie; München, 1985.

Althusser, Louis: Writings on Psychoanalysis. Freud und Lacan; New York, 1999. [Erstauflage 1964]

Amin, Samir: Das Reich des Chaos; Hamburg, 1992.

Anderson, Benedict: Die Erfindung der Nation – Zur Karriere eines folgenreichen Konzepts; Frankfurt, New York, 1983.

Assagioli, Roberto: A New Method of Healing; New York, 1927.

Assmann, Jan: Monotheismus und die Sprache der Gewalt; Wien, 2006.

Bachir Diagne, Souleymane: Iqbal – Philosophie des Neuseins; in: Polylog, Zeitschrift für interkulturelles Philosophieren /17 (2007) Wien. S. 49–60.

Balibar, Etienne/Immanuel Wallerstein: Rasse, Klasse, Nation; Berlin, 1990.

Bandini, Pietro: Der heilige Kalender der Maya – Zeitmythos und Zukunftsprophezeiung einer geheimnisvollen Kultur; München, 1998.

Bandini, Pietro: Voodoo – von Hexen, Zombies und schwarzer Magie; München, 1999.

Barthes, Roland: Am Nullpunkt der Literatur; Frankfurt, 1982. [Erstauflage 1953]

Batchelor, Stephen: Buddhismus für Ungläubige; Frankfurt, 2003.

Bateson, Gregory: Mind and Nature; New York, 1979.

Bateson, Gregory: Steps to an Ecology of Mind; New York, 1972.

Batscha, Zwi/Richard Saage Hg.: Friedensutopien. Kant, Fichte, Schlegel, Görres; Frankfurt, 1979.

Bauer, Joachim: Prinzip Menschlichkeit; Hamburg, ³2007.

Baumann, Zygmunt: Modernity and the Holocaust; Cambridge, 1989.

Beestermöller, Gerhard: Thomas von Aquin und der gerechte Krieg: Friedensethik im theologischen Kontext der Summa Theologiae; Köln, 1990.

Berendt, Joachim-Ernst: Nada Brahma – die Welt ist Klang; Reinbek, 1981.

Béky, Gellért: Die Welt des Tao; Freiburg/München, 1972.

Bénézet, Bujo: Afrikanische Theologie im gesellschaftlichen Kontext; Düsseldorf, 1986.

Bergson, Henri: Creative Evolution; New York. 1944.

Beutin, Wolfgang: Zur Geschichte des Friedensgedankens seit Immanuel Kant; Hamburg, 1996.

Bitterli, Urs: Alte Welt – Neue Welt; München, 1986.
Blau, Evelyne: Krishnamurti – 100 Jahre; Grafing, 1995.
Boal, Augusto: Der Regenbogen der Wünsche. Methoden aus Theater und Therapie; Berlin, Milow, Strasbourg, 2006.
Botermann, Helga: Ciceros Gedanken zum „gerechten Krieg"; in: Archiv für Kulturgeschichte (AfK) 69/1987. Köln.
Boulding, Elise: Cultures of Peace. The Hidden Side of History; Syracuse, Pugwash Online, 2000.
Boulding, Kenneth: A Proposal for a Research Program in the History of Peace; in: Koppe, Karlheinz: Der vergessene Frieden – Friedensvorstellungen von der Antike bis zur Gegenwart; Opladen, 2001. S. 257–263. [Erstauflage 1989]
Boulding, Kenneth: Beyond Economics; Ann Arbor, 1980.
Boulding, Kenneth: Möglichkeiten und Grenzen interdisziplinärer Friedensforschung; in: DGFK-Informationen 1/1978; Bonn. S. 1-8.
Boulding, Kenneth: The Economics of Peace; New York, 1945.
Boulding, Kenneth: Twelve Friendly Quarrels with Johann Galtung; in: Gleditsch, N.P. ed.: Johan Galtung, a Bibliography of his Scholarly and Popular Writings 1951–1980; Oslo, 1980.
Braidotti, Rosi: Nomadic Subjects: Embodiment and Sexual Difference in Contemporary Feminist Theory; New York Chichester,1994.
Braudel, Fernand: Die neue Großmacht im Osten – das Wunder der osmanischen Expansion; in: Beck, Rainer Hg.: 1492. Die Welt zur Zeit des Kolumbus. Ein Lesebuch; München, 1992. S.12–21.
Breier, Karl-Heinz: Hannah Arendt zur Einführung; Hamburg, 1992.
Brucker, Karin/Christian Sohns: Tibetischer Buddhismus; Bern, 2003.
Brunner, Markus/Wolfgang Dietrich/Martina Kaller: Projekt Guatemala; Vorder- und Hintergründe der österreichischen Wahrnehmung eines zentralamerikanischen Landes 1850–1992; Frankfurt, 1993.
Butler, Judith: Das Unbehagen der Geschlechter; Frankfurt, 1991. [Englische Erstauflage 1990].
Butler, Judith: Körper von Gewicht. Die diskursiven Grenzen des Geschlechts, Frankfurt, 1993.
Campbell, Joseph: The Masks of God; Vol. 1–4; New York, 1959–1968.
Campbell, June: Göttinen, Daikinis und ganz normale Frauen. Weibliche Identität im tibetischen Tantra; Berlin, 1997.
Camphausen, Rufus: Yoni; München 1999.
Canetti, Elias: Masse und Macht; München 1994. [Erstauflage 1960].
Capra, Fritjof; Das neue Denken; Bern, München, Wien, 1987.
Capra, Fritjof: The Tao of Physics; Berkeley, 1975.
Capra, Fritjof: Wendezeit. Bausteine für ein neues Weltbild; Bern, München, Wien, 1982.
Capra, Fritjof/Franz-Theo Gottwald Hg.: Die Capra-Synthese – Grundlegende Texte des führenden Interpreten ganzheitlichen Forschens und Denkens; Bern, 1998.

Cavallar, Georg: Pax Kantiana. Systematisch-historische Untersuchung des Entwurfs „Zum ewigen Frieden“ (1795) von Immanuel Kant; Wien, Köln, Weimar, 1992.
Chafetz, Janet: Sex and Advantage; Totowa/ N.J., 1984.
Chebel, Malek: Die Welt der Liebe im Islam. Eine Enzyklopädie; Wiesbaden, 1995.
Cooper, Jean Campbell: Der Weg des Tao; Reinbek, 1977.
Coveney, Peter/Roger Highfield: Anti-Chaos. Der Pfeil der Zeit in der Selbstorganisation des Lebens; Reinbek, 1992.
Crosby, Alfred W.: Ecological Imperialism: The Biological Expansion of Europe, 900-1900; Cambridge, 1986.
Czempiel, Ernst-Otto: Internationale Beziehungen: Begriff, Gegenstand und Forschungsabsicht; in: Knapp, Manfred/Gert Krell Hg.: Einführung in die Internationale Politik; München, Wien, 1990. S. 2-26.
Dalai Lama: Das Buch der Menschlichkeit. Eine neue Ethik für unsere Zeit; Bergisch Gladbach, 2000.
Dalai Lama: Ratschläge des Herzens; Zürich, 2003.
Dalai Lama: Vision des Herzens; Freiburg, Basel, Wien, 1999.
Daly, Mary: Gyn/Ökologie – Eine Metaethik des Radikalen Feminismus; München, 1980.
Daniélou, Alain: Gods of Love and Ecstasy – The Traditions of Shiva and Dionysus; New York, 1984.
Das, Vaman: Der Sinn des Lebens. Der indische Weg zur liebenden Hingabe; Goloka Vrindavan, 2001.
Das, Vaman: Die indische Gottesliebe; Goloka Vrindavan, 2000.
Deleuze, Gilles: Foucault; Frankfurt, 1987.
Deleuze, Gilles: La Philosophie – De Galilée à Jean-Jacques Rousseau; Paris, 1972.
Deleuze, Gilles: Nietzsche und die Philosophie; Hamburg, 1991. [Französische Erstauflage 1962]
Deleuze, Gilles: Pure Immanence: Essays on a Life; New York, 2002. [Französische Erstauflage 1995]
Denison, T.S.: Primitive Aryans of America: Origins of the Aztecs and Kindred Tribes; Whitefish, 2003. [Erstauflage 1908]
Dewey, John: Philosophie und Zivilisation; Frankfurt, 2004. [Englische Erstauflage 1916].
Dietrich, Wolfgang: Kulturelle Gewalt als Mittel und Indikator von Herrschaft im Weltsystem; in: Gruber, Petra/Klaus Zapotoczky Hg.: Globalisierung versus Demokratie? Plädoyer für eine umwelt- und sozialverträgliche Weltordnung; Frankfurt, Wien, 1998. S. 166-183.
Dietrich, Wolfgang: Morne des Sauteurs und Cyanidium Caldarium – Grenadinische Perspektiven des Universalismus; in: Österreichische Zeitschrift für Politikwissenschaft 2/1995a, Wien.
Dietrich, Wolfgang: Plädoyer für die vielen Frieden; in: Dietrich, Wolfgang/Josefina Echavarría Alvarez/Norbert Koppensteiner Hg. Schüsseltexte der Friedensfor-

schung/Key Texts of Peace Studies/Textos claves de la Investigación para la Paz; Wien, Münster, 2006. [Erstauflage 1998]
Dietrich, Wolfgang: Samba Samba – Eine politikwissenschaftliche Untersuchung zur fernen Erotik Lateinamerikas in den Schlagern des 20. Jahrhunderts; Wien, 2003.
Dietrich, Wolfgang: Utziläj k'aslen – Zur Unvereinbarkeit von Staat, Militär und ziviler Gesellschaft in Guatemala; in: Birk, Fridolin Hg.: Guatemala – Ende ohne Aufbruch oder Aufbruch ohne Ende? Frankfurt, 1995b.
Dietrich, Wolfgang/Josefina Echavarría/Norbert Koppensteiner Hg.: Schlüsseltexte der Friedensforschung/Key Texts of Peace Studies/Textos claves de la Investigación para la Paz (= Kommende Demokratie/2); Münster, Wien, 2006.
Dinkler, Erich: Eirene – Der urchristliche Friedensgedanke; Heidelberg, 1973.
Dosse, François: Geschichte des Strukturalismus Bd. 1&2; Hamburg, 1998.
Douglas-Klotz, Neil: Der Prophet aus der Wüste – die verborgenen Botschaften des aramäischen Jesus; München, 2001.
Drekonja-Kornat, Gerhard: La Habana: Stadt-Gänge; in: Drekonja-Kornat, Gerhard Hg.: Havanna – Vergangenheit, Gegenwart, Zukunft; Wien, Berlin, 2007.
Drewermann, Eugen: Giordano Bruno oder der Spiegel des Unendlichen; München, 1992.
Duden, Barbara: Der Frauenleib als öffentlicher Ort; Frankfurt, 1990.
Dundas, Paul: The Jains; Oxford, 2002.
Dürkheim, Karlfried Graf: Erlebnis und Wandlung; Frankfurt, 1992. [Erstauflage 1956]
Easwaran, Eknath: Nonviolent Soldier of Islam; New Delhi, 1999.
Ehrenreich, Paul: Die Sonne im Mythos; Leipzig, 1915.
Eisler, Riane: The Chalice and the Blade. Our History, Our Future; New York, 1987.
Eliade, Mircea: Der Yoga des Patanjali; Freiburg, Basel, Wien, 1999. [Französische Erstauflage 1962]
Elias, Norbert: Civilizing Process; Oxford, 1988. [Erstauflage 1939]
Eller, Cynthia: The Myth of the Matriarchal Prehistory. Why an Invented Past Won't Give Women a Future; Boston, 2000.
Ellis, Mark: Revolutionary Forgiveness: Essays on Judaism, Christianity, and the Future of Religious Life; Waco/Tx, 2000.
Ellis, Mark: Towards a Jewish Theology of Liberation. The Challenge of the 21st Century; Waco/ Tx., 2005. [Erstauflage 1987]
Engels, Friedrich: Ursprung der Familie, des Privateigentums und des Staates; Stuttgart 1892. [Erstauflage 1884].
Esteva, Gustavo: Fiesta – Jenseits von Entwicklung, Hilfe und Politik; Frankfurt, Wien, [2]1995.
Evans, Arthur: The Earlier Religion of Greece in the Light of the Cretan Discoveries; London, 1931.
Fetscher, Irving: Rousseaus politische Philosophie; Frankfurt, 1975.
Forschner, Maximilian: Stoa und Cicero über Krieg und Frieden; Barsbüttel, 1988.
Foucault, Michel: Die Ordnung der Dinge: Eine Archäologie der Humanwissenschaften; Frankfurt, 1974. [Erstauflage 1966]

Foucault, Michel: Rede vom 21. Jänner 1976; in: Microfísica del Potere; Turin, 1977.
Frank, Andre Gunder: On Capitalist Underdevelopment; Oxford, 1975.
Freud, Sigmund: Abriß der Psychoanalyse; Frankfurt, 1953. [Englische Erstauflage 1938]
Freud, Sigmund: Das Unbehagen in der Kultur (= Gesammelte Werke/9); London, 1950.
Freud, Sigmund: Die Zukunft der Illusion (= Gesammelte Werke/14); London, 1950.
Freud, Sigmund: Moses, sein Volk und die monotheistische Religion (= Gesammelte Werke/16); London, 1959. [Erstauflage 1938]
Freud, Sigmund: Neue Folge der Vorlesungen zur Einführung in die Psychoanalyse (= Gesammelte Werke/6); London, 1950.
Freud, Sigmund/Josef Breuer: Studien über Hysterie. (Gesammelte Werke 1892–1899); London, 1950. [Erstauflage 1895]
Freud, Sigmund: The Ego and the Id, London, 1927. [Erstauflage 1923]
Fridell, Egon: Kulturgeschichte der Neuzeit; München, 1979. [Erstauflage 1927]
Friedli, Richard: Afrika zwischen Tradition und Moderne; Interreligiöse Verständigung in der Bantu-Umweltethik Rwandas; in: Lähnemann, Johannes Hg.: Das „Projekt Weltethos" in der Erziehung. (= Pädagogische Beiträge zur Kulturbegegnung/14); Nürnberg, Hamburg, 1995a.
Friedli, Richard: Frieden wagen; Freiburg, 1981.
Friedli, Richard: Kindoki ist verwirrt. Zaïrische Stadtkonflikte und afrikanische Palaversysteme. Beitrag der afrikanischen Palavertechniken an das internationale Konfliktmanagement. (= Arbeitspapier der Schweizerischen Friedensstiftung, Nr. 20); Bern, 1995b.
Fromm, Erich: Haben oder Sein; Stuttgart, 1976.
Fromm, Erich: Psychoanalyse und Zen-Buddhismus; in: Fromm, Erich/Daisetz Teitaro Suzuki/Richard de Martino Hg.: Zen-Buddhismus und Psychoanalyse; Frankfurt, 1971. S. 101–180.
Galeano, Eduardo: Die offenen Adern Lateinamerikas; München, 1983. [Erstauflage 1971]
Galimberti, Umberto: Die Seele – Eine Kulturgeschichte der Innerlichkeit; Wien, 2005.
Galtung, Johan: Cultural Violence; in: Journal of Peace Research. Vol. 27/3 1990. S. 291–305. (Oslo)
Galtung, Johan: Der Preis der Modernisierung; Wien, 1997.
Galtung, Johan: Friede mit friedlichen Mitteln. Frieden und Konflikt, Entwicklung und Kultur; Opladen, 1998. [Englische Erstauflage 1996]
Galtung, Johan: Gewalt, Frieden und Friedensforschung; in: Senghaas, Dieter Hg.: Kritische Friedensforschung; Frankfurt, 1971.
Galtung, Johan: Strukturelle Gewalt, Beiträge zur Friedens- und Konfliktforschung; Reinbek, 1975.
Galtung, Johan: Violence, Peace and Peace Research; in: Journal of Peace Research. Vol. 69/1969. S. 167–191. (Oslo)
Gandhi, Mohandas Karamchand: The Selected Works of Mahatma Gandhi; Ahamadabad, 1968.

Gäng, Peter: Buddhismus; Frankfurt, 2002.
Garber, Klaus/Jutta Held/Friedhelm Jürgensmeier/Friedhelm Krüger/Ute Széll Hg.: Erfahrungen und Deutungen von Krieg und Frieden. Religion – Geschlechter – Natur und Kultur; München, 2001.
Gebelein, Helmut: Alchemie. Die Magie des Stofflichen; München, 1996.
Geyer, Carl-Friedrich: Die Vorsokratiker; Hamburg, 1995.
Gimbutas, Marija: The Goddesses and Gods of Old Europe; London, 1982.
Girard, Rene: Der Sündenbock; Zürich, 1988. [Französische Erstauflage 1982]
Gleick, James: Isaac Newton. Die Geburt des modernen Denkens; Düsseldorf, Zürich, 2004.
Gloy, Karen: Die Geschichte des ganzheitlichen Denkens. Das Verständnis der Natur; München, 1996.
Gödel, Kurt: Über formal unentscheidbare Sätze der Principia Mathematica und verwandter Systeme; in: Monatshefte für Mathematik und Physik 38 (1931); Wien. S.173–198.
Goldman, Emma: Anarchismus, seine wirkliche Bedeutung; Berlin, 1981. [Englische Erstauflage 1911].
Golther, Wolfgang: Handbuch der Germanischen Mythologie; Wiesbaden, 2003.
Golzio, Karl-Heinz: Der Buddhismus – Wer den Bogen beherrscht; Düsseldorf, 1998.
Goodman, Paul: Growing up Absurd. Problems of Youth in the Organized System; New York, 1960.
Göttner-Abendroth, Heide: Das Matriarchat; Geschichte seiner Erforschung; Stuttgart, Berlin, Köln, 1988.
Göttner-Abendroth, Heide: Die Göttin und ihr Heros; München, 1980.
Grewal, J. S.: The Sikhs of the Punjab; New Delhi, 1994.
Grof Christina/Stanislav Grof: Die stürmische Suche nach dem Selbst; München, 1991. [Englische Erstauflage 1990]
Grof, Stanislav: Das Abenteuer der Selbstentdeckung; München, 1987.
Grof, Stanislav: Die Welt der Psyche; München, 1993.
Grof, Stanislav: Realms of the Human Unconscious; New York, 1976.
Gronemeyer, Marianne: Das Leben als letzte Gelegenheit. Sicherheitsbedürfnisse und Zeitknappheit; Darmstadt, 1996.
Grotius, Hugo: De iure belli ac pacis libri tres; Paris, 2006. [Erstauflage 1625]
Gruen, Arno: Der Kampf um die Demokratie – Der Extremismus, die Gewalt und der Terror; Stuttgart, 2002.
Gülcicek, Ali Duran: Der Weg der Aleviten (Bektaschiten). Menschenliebe, Toleranz, Frieden und Freundschaft; Köln, 1996.
Gutiérrez, Gustavo: Theologie der Befreiung; München, 1973. [Spanische Erstauflage 1971]
Habermas, Jürgen: Der philosophische Diskurs der Moderne; Frankfurt, 1988.
Habermas, Jürgen: Kants Idee des ewigen Friedens – aus dem historischen Abstand von zweihundert Jahren; in: Lutz-Bachmann, Matthias/James Bohman Hg.: Frieden

durch Recht. Kants Friedensidee und das Problem einer neuen Weltordnung; Frankfurt, 1996. S. 7-24.
Habermas, Jürgen: Moderne und postmoderne Architektur; in: Welsch, Wolfgang Hg.: Wege aus der Moderne. Schlüsseltexte der Postmoderne-Diskussion; Berlin, 1994. S.110–120.
Habermas, Jürgen: Zur Rekonstruktion der Historischen Materialismus; Frankfurt, 1976.
Hackel, Volker Marcus: Kants Friedensschrift und das Völkerrecht; Berlin, 2000.
Hagenlocher, Albrecht: Der guote vride. Idealer Friede in deutscher Literatur bis ins frühe 14. Jahrhundert; Berlin, New York, 1992.
Hardacre, Helen: Shinto and the State, 1868–1988; Princeton, 1991.
Hartmann, Nicolai: Philosophie der Natur. Abriss der speziellen Kategorienlehre; Berlin, 1950.
Hayward, Jeremy/Francisco Varela Hg.: Gewagte Denkwege. Wissenschaftler im Gespräch mit dem Dalai Lama; München, 1996.
Heine, Hartmut: Granada und das Ende der „Convivencia“, Spaniens Weg in den Konformismus; in: Beck, Rainer Hg.: 1492. Die Welt zur Zeit des Kolumbus. Ein Lesebuch; München, 1992. S. 61–70.
Heinzmann, Richard: Philosophie des Mittelalters; Stuttgart, Berlin, Köln, 1998.
Heuser, Harro: Der Physiker Gottes. Isaac Newton oder die Revolution des Denkens. Freiburg, 2005.
Herodot: Das Geschichtswerk des Herodot von Halikarnassos; Frankfurt, 2001.
Herzinger, Richard/Hannes Stein: Endzeit-Propheten oder die Offensive der Antiwestler; Reinbek, 1995.
Hibbert, Christopher: Renaissance und Dekadenz – Rom und die Borgia; in: Beck, Rainer Hg.: 1492. Die Welt zur Zeit des Kolumbus. Ein Lesebuch; München, 1992. S.86–95.
Hobbes, Thomas: Leviathan; Stuttgart, 1980 [Erstauflage 1651]
Hobbes, Thomas: Man and Citizen: De Homine and De Cive; Indianapolis, 1998. [Erstauflage De Cive 1642].
Hobsbawm, Eric: Die Banditen. Räuber als Sozialrebellen; München, 2007 [Englische Erstauflage 1989].
Höffe, Otfried: Königliche Völker. Zu Kants kosmopolitischer Rechts- und Friedenstheorie; Frankfurt, 2001.
Hofmann, Murad Wilfried: Der Islam als Alternative; München, 1992.
Horowitz, David: The Professors: The 101 Most Dangerous Academics in America; Washington, 2006.
Howell, Llewellyn/Palmer, Ronald: Malaysia – The Anxieties of Success; in: Young, Kim Hg.: The Southeast Asian Economic Miracle; New Brunswick, London, 1995.
Huber, Wolfgang/Hans-Richard Reuter: Friedensethik; Stuttgart, 1990.
Hüning, Dieter: Der lange Schatten des Leviathan. Hobbes' politische Philosophie nach 350 Jahren; Berlin, 2005.
Illich, Ivan: Der gemeine Frieden; in: Dietrich, Wolfgang/Josefina Echavarría Alvarez/Norbert Koppensteiner Hg.: Schüsseltexte der Friedensforschung/Key Texts

of Peace Studies/Textos claves de la Investigación para la Paz; Wien, Münster, 2006. S. 15–25. [Englische Erstauflage 1973]
Illich, Ivan: Die Nemesis der Medizin; Reinbek, 1981.
Imbusch, Peter / Ralf Zoll Hg.: Friedens- und Konfliktforschung. Eine Einführung mit Quellen; Opladen, 1996.
Jaffé, Aniela Hg.: Erinnerungen, Träume, Gedanken von C.G. Jung; Olten, Freiburg, 1971.
Jäger, Georg: Die Landfahrer – eine verschwundene Tiroler Randgruppe; in: Tiroler Bauernkalender, 86. Jahrgang (1999). Innsbruck.
Jäger, Georg: Die Landfahrer oder Jenischen – Eine vergessene Tiroler Sprachgruppe; in: Holzer, Peter/Cornelia Feyrer Hg.: Text, Sprache, Kultur; Frankfurt, Berlin, Bern u.a., 1998.
Jantsch, Erich: The Self-Organizing Universe; New York, 1980.
Jaspers, Karl: Vom Ursprung und Ziel der Geschichte; Frankfurt, 1955. [Erstauflage 1949].
Jayakar, Pupul: Krishnamurti. Ein Leben in Freiheit; Freiburg, 2003.
Jung, Carl Gustav: Die Beziehung zwischen dem Ich und dem Unbewußten; Freiburg i.B., 1971.
Jung, Carl Gustav: Gesammelte Werke; Olten, Freiburg, 1995.
Jung, Carl Gustav: On Synchronicity (= The Collected Works of Carl Gustav Jung/8); Princeton, 1951.
Jung, Carl Gustav: Über die Energetik der Seele; Olten, 1985. [Erstauflage 1928]
Jung, Carl Gustav: Wirklichkeit der Seele; München, 1990. [Textsammlung 1929–1934]
Kabbal, Jeru: Quantensprung zur Klarheit. Mit dem Clarity Process zu innerem Frieden; Bielefeld, 2008. [Englische Erstauflage 2006].
Kaller-Dietrich, Martina: Haben Christina von Brauns Frauenkörper eine Perspektive? In: Kaller-Dietrich, Martina/Silvia Ruschak/Gabriele Sorgo Hg.: Körperkontroversen. In: Wiener Zeitschrift zur Geschichte der Neuzeit 4. Jg. (2004/2). (Wien).
Kaller-Dietrich, Martina: Ivan Illich (1926–2002) Sein Leben, sein Denken (= Enzyklopädie des Wiener Wissens. Portraits/ 1); Weitra, 2008a.
Kaller-Dietrich, Martina: Theologie der Befreiung: Medellín 1968; in: Kastner, Jens / David Mayer Hg.: Weltwende 1968? Ein Jahr aus globalgeschichtlicher Perspektive; Wien, 2008b. S. 68-82.
Kant, Immanuel: Die Kritik der reinen Vernunft; (= Werke, III und IV), Frankfurt, 1974. [Erstauflage 1781]
Kant, Immanuel: Schriften zur Anthropologie, Geschichtsphilosophie, Politik und Pädagogik 1 (= Werkausgabe/XI); Frankfurt, 1982. [Erstauflage 1795]
Kantowyky, Detlef: Indien – Gesellschaft und Entwicklung; Frankfurt, 1986.
Kaur, Nikky-Guninder: The Feminine Principle in the Sikh Vision of the Transcendent; Cambridge, 1993.
Keown, Damien: Der Buddhismus – Eine kurze Einführung; Stuttgart, 2001.

Kienitz, Friedrich-Karl: Westliches Mittelmeer – Muslimische Freibeuter gegen das aufstrebende Spanien; in: Beck, Rainer Hg.: 1492 – Die Welt zur Zeit des Kolumbus; München, 1992 S. 37–45.
Ki-Zerbo, Joseph: Die Geschichte Schwarzafrikas; Frankfurt, 1981.
Klass, Morton: Mind over Mind. The Anthropology and Psychology of Spirit Possession; Lanham, Boulder, New York, Oxford, 2003.
Kluge, Friedrich: Etymologisches Wörterbuch der deutschen Sprache; Berlin, New York, [22]1989.
Knolle, Helmut: 500 Jahre Verirrung – Voraussetzungen und Folgen der Entdeckung Amerikas; Olten, 1992.
Koppe, Karlheinz: Der vergessene Frieden – Friedensvorstellungen von der Antike bis zur Gegenwart; Opladen, 2001.
Kramer, Samuel Noah: Cuneiform Studies and the History of Literature: The Sumerian Sacred Marriage Texts. Proceedings of the American Philosophical Society 107 (1963), pp. 485–527. Philadelphia.
Kreuzer, Franz/Rudolf Haller: Grenzen der Sprache – Grenzen der Welt. Wittgenstein, der Wiener Kreis und die Folgen; Wien, 1982.
Krippendorff, Ekkehart: Internationale Politik; Frankfurt, 1986.
Krippendorff, Ekkehart: Staat und Krieg. Die historische Logik der politischen Unvernunft; Frankfurt, 1985.
Krishnamurti, Jiddu: Autorität und Erziehung; Bern, 1981.
Krishnamurti, Jiddu: Die Vorträge in Washington; München, 1985a.
Krishnamurti, Jiddu: Du bist die Welt – Reden und Gespräche; Frankfurt, 1993.
Krishnamurti, Jiddu: Jenseits der Gewalt; Frankfurt, 1979.
Krishnamurti, Jiddu: Welt des Friedens; München, 1985b.
Kufulu Mandunu, Joseph: Das „Kindoki" im Licht der Sündenbocktheologie: Versuch einer christlichen Bewältigung des Hexenglaubens in Schwarz-Afrika, (= Studies in the Intercultural History of Christianity/85); Frankfurt, 1992.
Lama Thubten Yeshe: Wege zur Glückseligkeit – Einführung in das Tantra; München, 1998.
Laszlo, Ervin: Das dritte Jahrtausend; Reinbek, 1998.
Laszlo, Ervin: Das fünfte Feld. Materie, Geist und Leben. Vision der neuen Wissenschaften; Bergisch Gladbach, 2002.
Laszlo, Ervin: Evolution – The Grand Synthesis; Boston, 1987.
Lawler, Peter: A Question of Values: Johan Galtung's Peace Research; Boulder, London, 1995.
Lebret, Louis-Joseph: Dynamique concrète du développement; Paris, 1967.
Lederach, John Paul: Building Peace – Sustainable Reconciliation in Divided Societies; Washington, 1997.
Lederach, John Paul: Preparing for Peace: Conflict Transformation Across Cultures; Syracuse, 1995.
Lederach, John Paul: The Little Book of Conflict Transformation; Intercourse, 2003; ders.: The Journey Toward Reconciliation; Scottdale/PA, 1999.

Lederach, John Paul: The Moral Imagination – The Art und Soul of Building Peace Oxford, 2005.
Lenin, Wladimir Iljitsch: Sozialismus und Krieg; in: Werke Band 21; Berlin, 1972. [Erstauflage 1915]
Levi Strauss, Claude: Rasse und Geschichte; Frankfurt, 1972. [Erstauflage 1952]
Lewis, Bernard: Die politische Sprache des Islam; Hamburg, 2002.
Locke, John: An Essay Concerning Human Understanding; Oxford, 1975. [Erstauflage 1690]
Lovejoy, Arthur: The Great Chain of Being; Cambridge, 1964.
Lovelock, James E.: Gaia; New York, 1979.
Lüthe, Rudolf: David Hume; Freiburg, 1991.
Lyotard, Jean-Francois: Das postmoderne Wissen; Wien, 1994a. [Französische Erstauflage 1979].
Lyotard, Jean-Francois: Die Moderne redigieren; in: Welsch, Wolfgang Hg.: Wege aus der Moderne. Schlüsseltexte der Postmoderne-Diskussion; Berlin, 1994b. S. 204–214.
Lyotard, Jean-Francois: Moralités postmodernes; Paris, 1993.
Maciejewski, Franz: Psychoanalytisches Archiv und jüdisches Gedächtnis. Freud, Beschneidung und Monotheismus; Wien, 2002.
Maes, Jürgen/Manfred Schmitt: Gerechtigkeit und Gerechtigkeitspsychologie; in: Fuchs, Albert/Gert Sommer Hg.: Krieg und Frieden, Handbuch der Konflikt- und Friedenspsychologie; Berlin, 2004.
Magnis-Suseno, Franz von: Neue Schwingen für Garuda – Indonesien zwischen Tradition und Moderne; München, 1989.
Makowski, Stefan: Allahs trunkene Poeten – Islamische Liebesmystiker; Zürich, Düsseldorf, 1997.
Mann, Michael: States, War and Capitalism; Oxford, 1988.
Marcuse, Herbert: Der eindimensionale Mensch; Frankfurt, 1967.
Martínez Guzmán, Vicent: Filosofía para hacer las paces, Barcelona, 2001.
Maslow, Abraham: A Theory of Human Motivation; in: Psychological Review 50 (1943) (Washington D.C.)
Maslow, Abraham: Toward a Psychology of Being; Princeton, 1962.
Maslow, Abraham: Motivation und Persönlichkeit; Reinbek, 2005. [Englische Erstauflage 1954]
Maslow, Abraham: Psychologie des Seins; München, 1973. [Englische Erstauflage 1968]
Mbiti, John: Afrikanische Religion und Weltanschauung; Berlin, New York, 1974.
Meadows, Donella H./Dennis L. Meadows/Jorgen Randers/William W. Behrens III: Limits to Growth; New York, 1972.
Meadows, Donella H./Dennis L. Meadows/Jorgen Randers: Die neuen Grenzen des Wachstums; Reinbek 1993.
Meadows, Donella H./Dennis L. Meadows/Jorgen Randers: Grenzen des Wachstums - Das 30-Jahre-Update; Stuttgart, 2006.
Meder, Stephan: Rechtsgeschichte; Köln, Weimar, Wien, 2005.

Mellaart, James: Chatal Hüyük, Stadt aus der Steinzeit; Bergisch Gladbach, 1962.
Menzel, Ulrich: Zwischen Idealismus und Realismus. Die Lehre von den Internationalen Beziehungen; Frankfurt, 2001.
Mill, John S.: Über die Freiheit; Paderborn, München, Wien, Zürich, 1992. [Englische Erstauflage 1859]
Miller, Christopher: A Glossary of Terms and Concepts in Peace and Conflict Studies; Genf, 2005.
Morgenthau, Hans: Politics among Nations. The Struggle for Power and Peace; New York, 1948.
Mungenast, Romed Hg.: Jenische Reminiszenzen; (= Am Herzen Europas/3), Landeck; 2001.
Münkler, Herfried: Thomas Hobbes; Frankfurt, New York, 1993.
Muñoz, Francisco: La Paz Imperfecta; in: Dietrich, Wolfgang/Josefina Echavarría/Norbert Koppensteiner Hg.: Schlüsseltexte der Friedensforschung/Key Texts of Peace Studies/Textos claves de la Investigación para la Paz; Wien, 2006. S. 392–434. [Erstauflage 2001]
Muñoz, Francisco: La paz imperfecta en un universo en conflicto; in: Muñoz, Francisco Hg.: La paz imperfecta, Granada, 2001. S. 2–66.
Muñoz, Francisco/Beatriz Molina Rueda Hg.: Cosmovisiones de paz en el mediterráneo antiguo y medieval; Granada, 1998.
Neuhold, Hanspeter/Christoph Schreuer: Westliches Völkerrecht: Geschichte, Methoden, Positionen; in: Neuhold, Hanspeter/Waldemar Hummer/Christoph Schreuer Hg.: Österreichisches Handbuch des Völkerrechts; Wien, 1983. S. 12-20.
Neumann, Erich: The Origins and History of Consciousness; Princeton, 1973.
Nietzsche, Friedrich: Die Fröhliche Wissenschaft (= Werke in vier Bänden/4); Salzburg, 1983a. S. 7–153. [Erstauflage 1882]
Nietzsche, Friedrich: Die Geburt der Tragödie aus der Musik (= Werke in vier Bänden/1); Salzburg, 1983b. S. 577–651. [Erstauflage 1872]
Nietzsche, Friedrich: Entstehungslehre des Willens zur Macht (= Werke in vier Bänden/2); Salzburg, 1983c. S. 125–234. [Erstmals herausgegeben 1899]
Nietzsche, Friedrich: Götzendämmerung oder wie man mit dem Hammer philosophiert (= Werke in vier Bänden/4); Salzburg, 1983d. S. 371–431. [Erstauflage 1889]
Nietzsche, Friedrich: Jenseits von Gut und Böse (= Werke in vier Bänden/4); Salzburg, 1983e. S. 153–281. [Erstauflage 1886]
Nietzsche, Friedrich: Menschliches, Allzumenschliches (= Werke in vier Bänden/3); Salzburg, 1983f. S. 125-421. [Erstauflage 1878]
Nitsche, Gerald: Österreichische Lyrik und kein Wort Deutsch; Innsbruck, 1991.
Nowotny, Ernst: Psychologie; Wien, 1973.
Nzita, R. and Mbaga-Niwampa: The Peoples and Cultures of Uganda; Kampala, 1998.
O'Gorman, Eduardo: La invención de América; México, 1958.
Ohler, Norbert: Krieg und Frieden im Mittelalter; München, 1997.
Ohlig, Karl-Heinz/Gerd-Rüdiger Puin Hg.: Die dunklen Anfänge. Neue Forschungen zur Entstehung und frühen Geschichte des Islam; Berlin, 2005.

Osho: Das Buch vom Ego – Von der Illusion des Ichs zur Freiheit des Seins; München, ^{4}2000.
Osho: Das Chakra Buch; Köln, 2003.
Osho: Meditationsführer; München, 2002. [Erstauflage 1988]
Osho: Tantra – Energie und Ekstase; München, 1999.
Paine, Thomas: Common Sense; Stuttgart, 1982. [Erstauflage 1776]
Palaver, Wolfgang/Andreas Exenberger/Kristina Söckl Hg.: Aufgeklärte Apokalyptik – Religion, Gewalt und Frieden im Zeitalter der Globalisierung (= Edition Weltordnung – Religion – Gewalt/1); Innsbruck, 2007.
Paramahansa Yogananda: Autobiography of a Yogi; Los Angeles, 1950. [Erstauflage 1946]
Parekh, Bhikhu: Gandhi; London, 1997.
Perls, Frederick S.: Das Ich, der Hunger und die Agression; München, 1989. [Englische Erstauflage 1947]
Perls, Frederick S.: Gestalt-Therapie in Aktion; München, 1991. [Englische Erstauflage 1969]
Pescosta, Toni: Die Tiroler Karrner als Gegenstand politischer Maßnahmen; Wien, 2001 [Diplomarbeit].
Platon: Der Staat; Stuttgart; 1982.
Polanyi, Karl: The Great Transformation – Politische und ökonomische Ursprünge von Gesellschaften und Wirtschaftssystemen; Frankfurt, ^{3}1995.
Politischer Club Potsdam Hg.: Chaos Europa – Auf dem Weg zu einer neuen Normalität; in: Welt Trends – Internationale Politik und vergleichende Studien/2, Berlin, März 1994.
Poser, Hans: René Descartes. Eine Einführung. Stuttgart, 2003.
Prauss, Gerold: Kant und das Problem der Dinge an sich; Bonn, 1989.
Prebisch, Raúl: El desarrollo económico de América Latina y algunos de sus principales problemas; Mexico, 1950.
Rahnema, Majid/Victoria Bawtree Hg.: The Post-Development Reader; London, 1997.
Raumer, Kurt: Ewiger Friede – Friedensrufe und Friedenspläne seit der Renaissance; Freiburg, München, 1953.
Reich, Wilhelm: Charakteranalyse; Frankfurt, 1978. [Erstauflage 1933].
Reich, Wilhelm: The Sexual Revolution; London, 1945. [Deutsche Erstauflage 1936].
Reid, Richard: Political Power in Precolonial Buganda. Economy, Society and Welfare in the Nineteenth Century; Ohio, 2003.
Riccabona, Markus: Mantra – Die Macht des Wortes; Wien, 2004.
Richards, Glyn: The Philosophy of Gandhi; London, 1992.
Ricken, Friedo: Platon und Aristoteles über Krieg und Frieden; Barsbüttel, 1988.
Richard, Pablo: La iglesia latinoamericana entre temor y esperanza; San Josè de Costa Rica, 1980.
Ries, Wiebrecht: Friedrich Nietzsche; in: Lutz, Bernd Hg.: Metzler Philosophen Lexikon; Stuttgart, Weimar, ^{2}1995. S. 624–630.
Riese, Berthold: Die Maya. Geschichte, Kultur, Religion; München, 2004.

Rock, William Pannel: Performing Inside Out; Acton/Mass., 1990.
Rogers, Carl: Client-Centered Therapy; Boston, 1951.
Rorty, Richard/Gianni Vattimo: Die Zukunft der Religion; Frankfurt, 2006.
Rosenberg, Jack Lee/Marjorie Rand/Diane Asay: Körper, Selbst und Seele. Ein Weg zur Integration; Paderborn, 1996. [Englische Erstauflage 1985]
Rosenberg, Marshall B.: Nonviolent Communication: A Language of Life; Chicago, 2003.
Rostow, Walt W.: The Stages of Economic Growth, a Non-communist Manifesto; Cambridge, 1960.
Rothermund, Dietmar: Mahatma Gandhi, eine politische Biographie. München, ^{2}1997.
Rousseau, Jean-Jacques: Der Gesellschaftsvertrag; Stuttgart, 1986. [Erstauflage 1762]
Rousseau, Jean-Jacques: Émile oder Über die Erziehung; Stuttgart, 1998b. [Erstauflage 1762]
Rousseau, Jean-Jacques: Sozialphilosophische und Politische Schriften; München, 1981.
Rousseau, Jean-Jacques: Über den Ursprung und die Grundlagen der Ungleichheit unter den Menschen; Stuttgart, 1998a. [Erstauflage 1755].
Rufin, Jean-Christophe: Das Reich und die neuen Barbaren; Berlin, 1991.
Sachs, Wolfgang Hg.: Wie im Westen so auf Erden; Reinbek, 1993. [Englische Erstauflage 1992]
Said, Abdul Aziz/Nathan Funk/Ayse Kadayifci: Peace and Conflict Resolution in Islam: Precept and Practice. Lenham, 2001.
Said, Edward W.: Orientalismus, Frankfurt, 1979. [Englische Erstauflage 1978]
Salzlechner, Felix: Als die Karrner noch durch Tirol zogen; Imst, 1997.
Sanday, Peggy: Female Power and Male Dominance; Cambridge, 1981.
Schellenbaum, Peter: Das Nein in der Liebe; Stuttgart, 1984.
Schellenbaum, Peter: Hingabe, die Grenzen sprengt. Ja aus Liebe; München, 2004.
Schweppenhäuser, Hermann: „Zum ewigen Frieden“: Kants kosmopolitisches Vermächtnis; in: Beutin, Wolfgang Hg.: Hommage á Kant. Kants Schrift „Zum ewigen Frieden“; Hamburg, 1996. S. 9-23.
Scherrer, Christian: Structural Prevention of Ethnic Violence; New York, 2002.
Schleichert, Hubert: Klassische Chinesische Philosophie – Eine Einführung; Frankfurt, 1990.
Schmid, Hans Heinrich: Shalom – Frieden im Alten Orient und im Alten Testament; Stuttgart, 1971.
Schmidt, Hajo/Uwe Trittmann Hg.: Kultur und Konflikt – Dialog mit Johan Galtung; Münster, 2002.
Schneider, Ulrich: Der Buddhismus – Eine Einführung; Darmstadt, 1997.
Schnübbe, Otto: Der Friede (shalom) im Alten und Neuen Testament – eine notwendige Korrektur; Hannover, 1992.
Schubart, Walter: Religion und Eros, München, 2001. [Erstauflage 1941]
Schumacher, Ernst Friedrich: Small is Beautiful. Economics as if People Mattered; London, 1973.

Schumann, Hans Wolfgang: Mahāyāna-Buddhismus – Das Große Fahrzeug über den Ozean des Leidens; München, 1995.

Schwab, Gustav: Die schönsten Sagen des klassischen Altertums; München, 1972.

Schwager, Raymund: Für Gerechtigkeit und Frieden. Der Glaube als Antwort auf die Anliegen der Gegenwart; Innsbruck, 1986.

Schweitzer, Albert: Das Problem des Friedens in der heutigen Welt; München, 1955.

Senghaas, Dieter Hg.: Den Frieden denken; Frankfurt, 1995.

Senghaas, Dieter: Frieden als Zivilisierungsprozeß; in: ders. Hg.: Den Frieden denken; Frankfurt, 1995. S. 196–223.

Senghaas, Dieter: Friedensprojekt Europa; Frankfurt, 1992.

Senghaas, Dieter Hg.: Frieden machen; Frankfurt, 1997.

Senghaas, Dieter Hg.: Kritische Friedensforschung; Frankfurt, 1971.

Senghaas, Dieter: Von Europa lernen. Entwicklungsgeschichtliche Betrachtungen; Frankfurt, 1982.

Senghaas, Dieter: Wohin driftet die Welt? Über die Zukunft friedlicher Koexistenz; Frankfurt, 1994.

Shamdasani, Sonu: Carl Gustav Jung – Die Psychologie des Kundalini Yoga. Nach Aufzeichnungen des Seminars 1932; Zürich, Düsseldorf, 1998.

Shankland, David: The Alevis in Turkey; London, 2003.

Sharma, Chandradhar: A Critical Survey of Indian Philosophy; New Delhi, 1992 (Erstauflage 1960).

Sharma, D.S.: What is Hinduism? Madras, 1939.

Shaw, Miranda: Erleuchtung durch Ekstase. Frauen im tantrischen Buddhismus; Frankfurt, 1997.

Sheikhalaslamzadeh, Ashraf: Philosophie der Liebe bei Jalal ad-Din Rumi; in: Polylog. Zeitschrift für Interkulturelles Philosophieren 17/2007. (Wien).

Sheldrake, Rupert: Das schöpferische Universum. Die Theorie des morphogenetischen Feldes. München, 1983. [Englische Erstauflage 1981]

Sigrist, Christian: Regulierte Anarchie – Untersuchungen zum Fehlen und zur Entstehung politischer Herrschaft in segmentären Gesellschaften Afrikas; Frankfurt, 1979. [Erstauflage 1967]

Simon, Erika: Eirene und Pax – Friedensgöttinnen in der Antike; in: Sitzungsberichte der Wissenschaftlichen Gesellschaft an der Johann-Wolfgang-Goethe-Universität, Frankfurt am Main/Bd. 24/3; Stuttgart, 1988.

Singer, Wolf/Mathieu Ricard: Hirnforschung und Mediation. Ein Dialog; Frankfurt, 2002.

Sixel, Friedrich: Christoph Kolumbus war kein Freund von mir; in: Kohl, Karl-Heinz Hg.: Mythen der Neuen Welt. Zur Entstehungsgeschichte Lateinamerikas; Berlin, 1982 S. 224–235.

Sloterdijk, Peter: Eurotaoismus. Zur Kritik der politischen Kinetik; Frankfurt, 1989.

Sokal, Alan/Jean Bricmont: Eleganter Unsinn – Wie die Denker der Postmoderne die Wissenschaften missbrauchen; München, 2001.

Sorgo, Gabriele: Martyrium und Pornographie; Düsseldorf, 1997.

Spivak, Gayatri Chakravorty: Can the Subaltern Speak? Postkolonialität und subalterne Artikulation, Wien, 2007. [Englische Erstauflage 1988]
Spretnak, Charlene: Lost Goddesses of Early Greece; Boston, 1981.
Sri Aurobindo: Das Ideal einer geeinten Menschheit, Bellnhausen, 1973. [Erstveröffentlichungen 1915–1918]
Sri Aurobindo: Die Synthese des Yoga; Bellnhausen, 1972.
Sri Aurobindo: The Life Divine; Pondicherry, 1960. [Erstauflage 1939 sammelt ergänzte und kommentierte Einzelaufsätze aus den Jahren 1914 bis 1919].
Sri Aurobindo: Über sich selbst; Bellnhausen, 1994.
Stafford-Clark, David: Was Freud wirklich sagte; Wien, 1965.
Stausberg, Michael: Zarathustra und seine Religion; München, 2005.
Steinmann, Kurt Hg.: Erasmus von Rotterdam – Die Klage des Friedens; Frankfurt, 2001.
Stevens, Antony: Jung; Freiburg, Basel, Wien, o.A.
Stöhr, Waldemar/Piet Zoetmulder: Die Religionen Indonesiens; Stuttgart, Berlin, 1965.
Streng, Petra/Günther Bakay: Bauernerotik in den Alpen; Innsbruck, 1997.
Strizek, Helmut: Geschenkte Kolonien. Ruanda und Burundi unter deutscher Herrschaft; Berlin, 2006.
Sun, Wu/Samuel Griffith Hg.: Die Kunst des Krieges; Köln, 2006.
Susemihl, Franz von Hg.: Aristoteles, Politik. Wien, 1992.
Sützl, Wolfgang: Emancipación o violencia. Pacifismo estético en Gianni Vattimo; Barcelona, 2006.
Swami Veda Bharati: Yoga-Sutras of Patanjali with the Exposition of Vyasa – A Translation and Commentary Vol. I; Honesdale/Penn., 1986.
Tendulkar, D.G.: Abdul Ghaffar Khan – Faith is a Battle; New Delhi, 1967.
Thiel, Udo: John Locke; Reinbek, 1990.
Thoreau, Henry David. The Resistance to Civil Government; New York, 1967 [Erstauflage 1849].
Tobler, Hans Werner/Peter Waldmann Hg.: Staatliche und parastaatliche Gewalt in Lateinamerika; Frankfurt, 1991.
Todorov, Tzvetan: Die Eroberung Amerikas – Das Problem des Anderen; Frankfurt, 1985.
Tolle, Eckhart: Jetzt – Die Kraft der Gegenwart; Bielefeld, 172007.
Tolle, Eckhart Eine neue Erde – Bewusstseinssprung anstelle von Selbstzerstörung; München, 52005.
Tönnies, Ferdinand: Gemeinschaft und Gesellschaft; Darmstadt, 2005. [Erstauflage 1887]
Toynbee, Arnold: A Study of History, 1947.
Transpersonale Psychologie und Psychotherapie – Wissenschaft des Bewusstseins. (Petersberg) [verschiedene Bände der seit 1994 bestehenden Zeitschrift]
Truman, Harry S.: Memoiren, Bd. II: Stuttgart, o. J.
Uhlig, Helmut: Das Leben als kosmisches Fest – magische Welt des Tantrismus; Bergisch Gladbach, 1998.

Ulrich, Rudolph: Islamische Philosophie. Von den Anfängen bis zur Gegenwart; München, 2004.

Vattimo, Gianni: Das Ende der Moderne; Stuttgart, 1990.

Vattimo, Gianni: Dialektik, Differenz, Schwaches Denken; neu aufgelegt in Dietrich, Wolfgang/Josefina Echavarría/Norbert Koppensteiner Hg.: Schlüsseltexte der Friedensforschung/Key Texts of Peace Studies/Textos claves de la Investigación para la Paz (= Kommende Demokratie/2); Wien, Münster, 2006. S. 75–91.

Vattimo, Gianni: Nihilismus und Postmoderne in der Philosophie; in: Welsch, Wolfgang: Wege aus der Moderne. Schlüsseltexte der Postmoderne-Diskussion; Berlin, 1994. S.233–246.

Vayrynen, Raimo: To Settle or to Transform? Perspectives on the Resolution of National and International Conflicts; in: Vayrynen, Raimo Hg.: New Directions in Conflict Theory – Conflict Resolution and Conflict Transformation; London, 1991. S. 1–25.

Vélez Saldarriaga, Marta Cecilia: Los hijos de la Gran Diosa – Psicología analítica, mito y violencia; Medellin/Col., 1999.

Vessantara: Das weise Herz der Buddhas – Eine Einführung in die buddhistische Bilderwelt; Essen, 1999.

Vessantara: Flammen der Verwandlung; Essen, 2003.

Vico, Giovanni Battista: Die neue Wissenschaft über die gemeinschaftliche Natur der Völker, Berlin, New York, 2000. [Erstauflage 1725].

Vogelsang, Fritz Hg.: Teresa von Avila – Die innere Burg; Zürich, 1979.

Voss, Karen-Claire: The Hierosgamos Theme in the Images of the Rosarium Philosophorum; in: von Martels, Zweder Hg.: Alchemy Revisited: Proceedings of the International Conference on the History of Alchemy at the University of Groningen, 17–19 April 1989; Leiden, 1990.

Voss, Jutta: Das Schwarzmond-Tabu; Zürich, ^{4}1988.

Wagner, Elisabeth: Mitos de la creación y cosmografía de los Mayas; in: Grube, Nicolai Hg.: Mayas – Una civilización milenaria; Bonn, 2006.

Walch, Sylvester: Dimensionen der menschlichen Seele. Transpersonale Psychologie und holotropes Atmen; Düsseldorf, Zürich; 2002.

Walker, Barbara: Das geheime Wissen der Frauen. Ein Lexikon; Frankfurt, 1993. [Englische Erstauflage 1983].

Wallerstein, Immanuel: Der historische Kapitalismus; Berlin, Hamburg, ^{2}1989.

Wallerstein, Immanuel: Die Sozialwissenschaften „kaputt-denken". Die Grenzen der Paradigmen des 19. Jahrhunderts; Weinheim, 1995. [Englische Erstauflage 1991]

Wallerstein, Immanuel: The Modern World-System, vol. I: Capitalist Agriculture and the Origins of the European World-Economy in the Sixteenth Century; New York, London, 1974.

Wallerstein, Immanuel: The Modern World-System, vol. II: Mercantilism and the Consolidation of the European World-Economy, 1600–1750; New York, 1980.

Wallerstein, Immanuel: The Modern World-System, vol. III: The Second Great Expansion of the Capitalist World-Economy, 1730–1840's; San Diego, 1989.

Waltz, Kenneth: Theory of International Politics; Reading, 1979.
Watzlawick, Paul: Vom Schlechten des Guten oder Hekates Lösungen; München, 1991.
Weber, Max: Gesammelte Aufsätze zur Religionssoziologie/3. Das antike Judentum; Stuttgart, 1981. [Erstauflage 1921]
Weber, Max: Wirtschaft und Gesellschaft; Tübingen, 1922.
Weikart, Richard: From Darwin to Hitler. Evolutionary Ethics, Eugenics and Racism in Germany; New York, 2004.
Weiler, Gerda: Ich verwerfe im Lande die Kriege. Das verborgene Matriarchat im Alten Testament; München, 1984.
Weiler, Ingomar Hg.: Grundzüge der politischen Geschichte des Altertums; Köln, Wien, 1995.
Weiß, Martin Hg.: Gianni Vattimo. Einführung. Wien, 2003.
Welsch, Wolfgang: Einleitung; in: Welsch, Wolfgang Hg.: Wege aus der Moderne. Schlüsseltexte der Postmoderne-Diskussion; Berlin, 1994.
Wesel, Uwe: Der Mythos vom Matriarchat. Über Bachofens Mutterrecht und die Stellung von Frauen in frühen Gesellschaften; Frankfurt, 1980.
Whitehead, Alfred North: Prozess und Realität; Frankfurt, 1979.
Wilber, Ken: Das Atman-Projekt. Der Mensch in transpersonaler Sicht; Paderborn, 2001a.
Wilber, Ken: Das Wahre, Schöne, Gute; Frankfurt, 1999. [Englische Erstauflage 1997]
Wilber, Ken: Eros, Kosmos, Logos; Frankfurt, 2001b. [Englische Erstauflage 1995]
Wilber, Ken: Halbzeit der Evolution. Der Mensch auf dem Weg vom animalischen zum kosmischen Bewusstsein; Frankfurt, ^{6}2002.
Wimmer, Franz M.: Interkulturelle Philosophie; Wien, 2004.
Wittgenstein, Ludwig: Tractatus Logico-Philosophicus, Frankfurt am Main, 2003. [Erstauflage 1921].
Wolf, Doris: Was war vor den Pharaonen? Die Entdeckung der Urmütter Ägyptens; Stuttgart, 1994.
Wolf, Eric: Die Völker ohne Geschichte; Frankfurt, 1991.
World Commission on Environment and Development ed.: Our Common Future; Oxford, 1987.
Wright, Quincy: The Causes of War and the Conditions of Peace; Chicago, 1965. [Erstauflage 1935]
Yamamoto, Tsunetomo: Hagakure – Der Weg des Samurai; München, 2000. [Erstauflage 1817]
Yamasaki, Taiko: Shingon. Der esoterische Buddhismus in Japan; Zürich, München, 1990.
Yang Erche Namu/Christine Mathieu/Barbara Röhl: Das Land der Töchter. Eine Kindheit bei den Moso, wo die Welt den Frauen gehört; Berlin, 2005.
Zahner, R.C.: Concordant Discord – The Interdependence of Faiths; Oxford, 1970.
Ziai, Aram: Zwischen Global Governance und Post-Development. Entwicklungspolitik aus diskursanalytischer Perspektive; Münster, 2006.
Zima, Peter: Moderne/Postmoderne; Tübingen, Basel, 1997.

Internetquellen

Aristoteles: Nikomachische Ethik;
http://www.textlog.de/33547.html (27.5.2007)

Aristoteles: Poetics;
http://classics.mit.edu/Aristotle/poetics.html (30.4.2008)

Augustinus: De Civitate Dei;
http://www.unifr.ch/bkv/kapitel1937-11.htm (27.5.2007)

BBC: Abuser Speaks of Witch Belief;
http://news.bbc.co.uk/1/hi/england/london/4609327.stm (11.11.2006)

Boethius: The Consolation of Philosophy;
http://ccat.sas.upenn.edu/jod/boethius/boetrans.html (14.5.2007)

Bourne, Randolph: The State:
http://fair-use.org/randolph-bourne/the-state/ (17.6.2008)

Bundesverband Sekten- und Psychomarktberatung Bonn: Bhagwan-Osho: Sex, Rolls-Royce und Waffen;
http://www.agpf.de/Osho-Bhagwan.htm (1.4.2007)

Campain for Nuclear Disarmanent: The Disarmament Symbol;
http://www.cnduk.org/pages/ed/cnd_sym.html (9.6.2008)

Der Innsbrucker Theologische Leseraum: Altes Testament/Neues Testament;
http://www.uibk.ac.at/theol/leseraum/bibel/roem13.html (9.4.2008)

Descartes, René: Abhandlung über die Methode des richtigen Vernunftgebrauchs und der wissenschaftlichen Wahrheitsforschung;
http://www.textlog.de/descartes-methode.html (19.2.2007) [Französische Erstauflage 1637]

Die Friedens-Warte, Journal of International Peace and Organization;
https://bwv-verlag.de/Zeitschriften.htm#Die_Friedens-Warte (30.4.2008)

Engels, Friedrich: Dialektik der Natur;
http://www.mlwerke.de/me/me20/me20_305.htm (16.2.2007a) [geschrieben 1873 bis 1883]

Engels, Friedrich: Ludwig Feuerbach und der Ausgang der klassischen deutschen Philosophie;
http://www.mlwerke.de/me/me21/me21_259.htm (16.2.2007b) [Erstauflage 1888]

Episcopado Latinoamericano: II Conferencia General del Episcopado Latinoamericano;
http://multimedios.org/titulos/d000273.htm (2.3.2007)

Evangelische Informationsstelle Kirchen – Sekten – Religionen: Voodoo, Macumba, Candomblé;
http://www.relinfo.ch/voodoo/info.html (20.6.2007)

Forti, Simona: Ethos der Freiheit, des Widerstands und der Verantwortung. Laudatio für Gianni Vattimo;
http://www.hannah-arendt.de/preistraeger/preis_2002_6.html (6.6.2007)

Franz von Assisi: Sonnengesang;
http://www.garten-literatur.de/Leselaube/franz.htm (30.1.2007)

Galtung, Johan: Konflikttransformation mit friedlichen Mitteln – Die Methode der Transzendenz;
http://www.transcend.at/methode.html (18.2.2007)

Galtung, Johan: Wie Zukunft Gestalt annimmt. Biographische Notizen 1998.
http://u1u1.de/G/Galtung/biografie.htm (27.5.2007)

Guru Granth Sahib;
http://www.sikh-religion.de/html/download.html (28.4.2008)

Islamische Glaubengemeinschaft in Österreich: Dschihad. Vom Selbstverständnis des Islam – Friedenspotential oder Aufruf zum „Heiligen Krieg"?
http://www.derislam.at/islam.php?name=Themen&pa=showpage&pid=48 (2.5.2008)

Islamische Glaubensgemeinschaft in Österreich: Verurteilung der Geiselnahmen im Irak/Stellungnahme zum Drama in Beslan
http://www.derislam.at/islam.php?name=Themen&pa=showpage&pid=191 (18.2.2008)

Johannes Paul II: Enzyklika Fides et Ratio an die Bischöfe der Katholischen Kirche über das Verhältnis von Glaube und Vernunft, vom 14. September 1998.
http://www.stjosef.at/dokumente/fides_et_ratio.htm (6.6.2007)

Kalachakra for World Peace;
http://www.shedrupling.at/KC/deu/deu_ikal/short_expl.html (4.11.2006)

Kaller-Dietrich, Martina: Dienen Politische Aufstellungen der Friedensarbeit? Transformation politischer Konflikte;
http://www.interpeacenet.org/peacestudies/constellation.pdf (28.5.2008)

Köbler, Gerhard: Deutsches Etymologisches Wörterbuch;
http://www.koeblergerhard.de/der/DERS.pdf (5.1.2008)

Kōbō Daishi Kūkai und der Shingon Buddhismus;
http://www.univie.ac.at/rel_jap/gesch/kukai.htm (2.2.2007)

Krippendorff, Ekkehart: Die unerschöpfliche Faustparabel;
http://userpage.fu-berlin.de/~kpdff/texte/faust.pdf (4.12.2007)

Little-wound: The Feast by Tate;
http://www.sacred-texts.com/nam/pla/sdo/sdo70.htm (5.3.2008)

Mader, Elke: Mythen in Lateinamerika;
http://www.lateinamerika-studien.at/content/kultur/mythen/mythen-titel.html (11.11.2006)

Mars/Venus;
http://de.encarta.msn.com/encnet/refpages/search.aspx?q=mars+venus (2.11.2006)

Marx, Karl: Thesen über Feuerbach;
http://www.mlwerke.de/me/me03/me03_533.htm (16.2.2007a) [Erstauflage 1845].

Marx, Karl/Friedrich Engels: Manifest der Kommunistischen Partei;
http://www.mlwerke.de/me/me04/me04_459.htm (16.2.2007) [Erstauflage 1848].

Marx, Karl: Zur Kritik der politischen Ökonomie;
http://www.mlwerke.de/me/me13/me13_003.htm (16.2.2007b) [Erstauflage 1859]

Meyers Konversationslexikon;
http://susi.e-technik.uni ulm.de:8080/Meyers2/seite/ werk/meyers/band/5/seite/0709 /meyers_b5_ s0709.html (22.2.2007) [Erstauflage 1885]

M.K.Gandhi Institute for Nonviolence;
http://www.gandhiinstitute.net/aboutGandhi.html (22.3.2007)

Newton, Isaac: Philosophiæ naturalis principia mathematica;
http://dz-srv1.sub.uni-goettingen.de/sub/digbib/loader?did=D294010 (19.2.2007) [Erstauflage 1726]

Nietzsche, Friedrich Wilhelm: Die Geburt der Tragödie;
http://www.authorama.com/die-geburt-der-tragoedie-24.html (14.11.2006) [Erstauflage 1872]

Ökumenisches Heiligenlexikon: Teresa von Jesus (von Ávila, „die Große“);
http://www.heiligenlexikon.de/BiographienT/Teresa_von_Avila.htm (31.1.2007)

Sloterdijk, Peter/Hans- Jürgen Heinrichs: Kantilenen der Zeit – Zur Entidiotisierung des Ich und zur Entgreisung Europas;
http://www.lettre.de/archiv/36_sloterdijk.html (1.4.2007)

Österreichisches Studienzentrum für Frieden und Konfliktlösung;
http://www.aspr.ac.at/epu/study.php (2.2.2008)

Paul VI.: Populorum Progressio; Enzyklika vom 26. März 1967.
http://theol.uibk.ac.at/itl/317.html#h10 (2.3.2007)

Platon: Symposion;
http://www.textlog.de/platon-symposion.html (22.9.2007) [Übersetzung Schleiermachers aus dem Jahr 1807]

Pugwash Online;
http://www.pugwash.org/ (24.2.2007)

Rahner, Karl: Foundations of Christian Faith; (paraphrase by Mark F. Fischer);
http://users.adelphia.net/~markfischer/Rahner000.htm (20.5.2007)

Ricardo, David: On the Principles of Political Economy and Taxation;
http://socserv2.socsci.mcmaster.ca/econ/ugcm/3ll3/ricardo/prin/index.html (5.11.2007) [Erstauflage 1817]

Runde, Ingo: Francisco de Vitoria und der Disput um die Rechtstitel der Conquista in der Neuen Welt;
http://www.uni-duisburg.de/FB1/GESCHICHTE/Vitoria.htm (10.2.2007)

Smith, Adam: An Inquiry into the Nature and Causes of the Wealth of Nations;
http://www.econlib.org/library/Smith/smWN.html (5.11.2007) [Erstauflage 1776]

Teresa von Àvila;
http://www.yoga-vidya.de/Bilder/Galerien/TheresavonAvila.htm (31.1.2007)

The University of North Carolina: Greek Mythology/Dionysos;
http://web.uncg.edu/dcl/demo/unit3/dionysus.asp (7.11.2006)

Transcend. A Peace and Development Network for Conflict Transformation by Peaceful Means;
http://www.transcend.org/ (2.2.2008)

Tunger-Zanetti, Andreas: Frieden, Sicherheit, Dialog – Drei kulturelle Missverständnisse?;
http://www.lips-org.ch/pdf/Vortrag_Frieden_neu.pdf (21.4.2008)

Uhlmann, Gabriele: Catal Höyük – Interpretation am Scheideweg;
http://www.gabriele-uhlmann.de/grosse_goettin.htm (26.4.2008)

UNESCO Chair for Peace Studies/MA Program for Peace Studies, University of Innsbruck/Austria;
http://www.uibk.ac.at/peacestudies und http://www.tirol.gv.at/peacestudies (8.5.2008)

United Nations Conference on Environment and Development: Agenda 21;
http://www.un.org/documents/ga/conf151/aconf15126-1annex1.htm (30.4.2008)

Werlhof, Claudia von: Das Patriarchat als Negation des Matriarchats – Perspektive eines Wahns; in: Innsbrucker Diskussionspapiere zu Weltordnung, Religion und Gewalt 07/2006;
http://www.uibk.ac.at/plattform-wrg/idwrg/idwrg_07.pdf (2.11.2006)

Wiyono, Gani: Ratu adil: A Javanese Face of Jesus? in: Journal of Asian Mission;
http://www.apts.edu/jam/99-1/g-wiyono.pdf (29.9.2007)

Zeidan, David: The Alevi of Anatolia (1995);
http://www.angelfire.com/az/rescon/ALEVI.html (15.7.2007)

Zettel, Peter D.: Dao-Zen;
http://www.zettel.net (11.11.2006)

Unveröffentlichte Literatur

Aufsätze aus dem bei Erscheinen dieses Buches noch nicht publizierten Sammelband Dietrich, Wolfgang/Gustavo Esteva/Norbert Koppensteiner Hg.: Anthology of Many Peaces. [Voraussichtliches Erscheinen: New York, 2010]

Ariyaratne, Vinya: Paticcasamuppada – A Theravada Buddhist Perspective on Peace. A Theravada Buddhist Lay Experience from Sri Lanka.

Ellis, Mark S.: Shalom – A Meditation on the Future of the Jewish People after the Holocaust and Israel.

Gebrewold, Belachew: Mannu manna ihanohu manninet – A Kambaata Perspective on Peace.
Gandhi, Arun: Gandhi's Nonviolence: A Grandson's Perspective.
Haneef, Aurangzeb: Salaam – A Moslem Perspective on Peace.
Horsley, Peter: He Taura Whiri – A Maori Perspective on Peace.
Lauderdale, Pat: Skennen – North American Indians and Peace.
Lekshe Tsomo, Karma: Shi wa – A Vajrayana Buddhist Perspective on Peace.
Kalisch, Hannes: Nengelaasekhammalcoo – An Enhlet Perspective on Peace.
Kam-por, Yu: He Ping – A Confucian Perspective on Peace.
Mehdi, Sikander: Ghaffar Khan – The Siddhartha of Hashtnagar.
Rehman, Uzma: Salam – A Sufi Perspective on Peace.
Rengifo, Grimaldo: Hawkalla – An Andean-Amazonian Perspective on Peace.
Vachon, Robert: Kayanerekowa – A Mohawk Perspective on Peace.
Young, Nigel: A Peace of the Action. Forgetting Peace Concepts; Praxis Centred Peace-Work in the English Speaking World.

Dietrich, Ivo: Memoiren; 2003.
Salamun, Kurt: Multikulturalität, Gewalt, Religion; Innsbruck, 2006. [Vortragsmanuskript vom 24.11.2006]

Belletristik

Esquivel, Laura: Malinche; Mexiko, 2006.
Hesse, Hermann: Klein und Wagner; Frankfurt, 1984. [Erstauflage 1919]
Hilton, James: Der verlorene Horizont. Ein utopisches Abenteuer irgendwo in Tibet; Frankfurt, 1989. [Englische Erstauflage 1933]
Zweig, Stefan: Der Amokläufer; Frankfurt, 2000. [Erstauflage 1922]

Filmdokumente

Der Judas von Tirol. Regie: Franz Osten, Buch: Karl Schönherr, D 1933.
Der Judas von Tirol. Regie: Werner Asam, Buch: Karl Schönherr, D 2005.
Die Freiheit des Adlers. Regie: Xaver Schwarzenberger; Buch: Felix Mitterer; Ö/D 2002.

Theaterstücke

Aristophanes: Lysistrata; [übersetzt von Erich Fried und kommentiert von Barbara Schichtermann; Berlin, 2003]
Schönherr, Karl: Der Judas von Tirol. 1897.

MIX
Papier aus verantwortungsvollen Quellen
Paper from responsible sources
FSC® C105338

Printed by Books on Demand, Germany